Leben durchDenken

Impulse für den Ethikunterricht

VERLAG EUROPA-LEHRMITTEL · Nourney, Vollmer GmbH & Co. KG
Düsselberger Straße 23 · 42781 Haan-Gruiten

Europa-Nr.: 73204

Autoren:

Ralf Glitza, Studienrat, Lektor des Deutschen Akademischen Austauschdienstes (DAAD), 44866 Bochum

Prof. Dr. phil. Gunter Scholtz, 44795 Bochum

Das vorliegende Buch wurde auf der Grundlage **der aktuellen Rechtschreibregeln** erstellt.

ISBN 978-3-8085-7320-4

1. Auflage 2010

Druck 5 4 3 2 1

Alle Drucke derselben Auflage sind parallel einsetzbar, da sie bis auf die Behebung von Druckfehlern untereinander unverändert sind.

Alle Rechte vorbehalten. Das Werk ist urheberrechtlich geschützt. Jede Verwertung außerhalb der gesetzlich geregelten Fälle muss vom Verlag schriftlich genehmigt werden.

© 2010 by Verlag Europa-Lehrmittel, Nourney, Vollmer GmbH & Co. KG, 42781 Haan-Gruiten
http://www.europa-lehrmittel.de

Layout, Grafik, Satz und Umschlaggestaltung: Satz+Layout Werkstatt Kluth GmbH, 50374 Erftstadt
Druck: Triltsch Print und digitale Medien GmbH, 97199 Ochsenfurt-Hohestadt

Vorwort

Leben durch Denken?

Nein, wir bilden uns nicht ein, durch Nachdenken Leben schaffen zu können. Aber können wir leben und überleben, ohne zu denken und nachzudenken?

Leben durchdenken?

Nein, wir wissen sehr wohl, dass wir unser Leben nicht wie eine Rechenaufgabe durchdenken und uns zu völliger Klarheit bringen können. Aber sind wir nicht ständig dabei, uns ein bisschen Klarheit über uns und unsere Situation zu verschaffen?
Ein Dichter hat gesagt: „Ein König ist der Mensch, wenn er träumt; ein Bettler, wenn er denkt." Das sollte uns aber weder das Träumen noch das Denken vergraulen, wir brauchen schließlich beides. Und es stimmt ja nicht, dass das Träumen immer schöner ist als das Denken. Schließlich haben wir auch Alpträume, und Denken kann auch Spaß machen. Oder sollten wirklich jene Wesen, die auf der Weide Muh und Mäh sagen, immer glücklicher sein als wir?
Unser Buch gilt dem Bereich der Philosophie, den man „Ethik" oder „Praktische Philosophie" nennt, was in der Einführung erläutert wird. Um etwas Orientierung zu geben, haben wir uns bemüht, den Stoff nach Themenkreisen zu ordnen. Natürlich muss die Lektüre nicht unbedingt der Kapitelanordnung folgen. Man kann sich auch vom eigenen Interesse oder von den Anforderungen des Unterrichts leiten lassen. Im Fach Philosophie sind die Gebiete ohnehin oft eng verkettet oder überschneiden sich sogar. Mancher philosophische Text beantwortet sehr verschiedene Fragen und gehört in mehrere Rubriken. Gelegentlich sollte der Leser das Register einsehen, um die nötigen Ergänzungen oder die Voraussetzungen für ein besseres Verständnis der Texte und für die Lösung von Aufgabenstellungen zu erfahren.
Schülerinnen und Schüler sind so verschieden wie Lehrerinnen und Lehrer und wie die Menschen überhaupt. Deshalb haben wir auch sehr verschiedene Texttypen ausgewählt, die auch verschiedene Schwierigkeitsgrade aufweisen und Neugierige ganz unterschiedlicher Altersgruppen anlocken können. Manchmal setzt übrigens ein Gedicht oder ein Bild unsere Gedanken leichter in Bewegung als eine bestimmte Theorie.
Das Fach „Praktische Philosophie" bzw. „Ethik" wird vornehmlich in der Sekundarstufe I unterrichtet. Aber auch in der Sekundarstufe II gewinnt es zunehmend an Bedeutung, wie die Lehrpläne aller Bundesländer verdeutlichen. So eignet sich das vorliegende Lehrwerk nicht nur für den Einsatz an allgemeinbildenden, sondern insbesondere auch an berufsbildenden Schulen mit den unterschiedlichsten Bildungsgängen, beispielsweise an der „Berufsfachschule", der „Höheren Berufsfachschule", der „Berufsschule" und dem „Beruflichen Gymnasium".

Bochum, Winter 2009/2010
Ralf Glitza und Gunter Scholtz

Inhalt

	Zur Einführung: Was ist „Ethik"?	11
1	**Was ist der Mensch?**	**13**
A1	Protagoras: Der Mensch als Mängelwesen	13
A2	Der Mensch im Garten Eden	15
A3	Kants philosophische Deutung des Sündenfalls	16
A4	Blaise Pascal: Der Mensch – sich selbst ein Rätsel	19
A5	Blaise Pascal: Vorzug und Grenze des Denkens	20
A6	Matthias Claudius: Der Mensch	21
A7	Der Mensch im Weltall	21
	a) Vincent Willem van Gogh: Sternennacht	21
	b) Ernesto Cardenal: Das Weltall sind wir selbst	21
A8	La Mettrie: Ist der Mensch eine Maschine?	22
A9	Menschsein durch Arbeit	25
	a) Karl Marx: Menschwerdung durch Arbeit	25
	b) Friedrich Engels: Die Menschwerdung des Affen	25
A10	Fortschritt oder Rückschritt der Menschheit?	26
	a) Konrad Lorenz: Der Begriff „Deszendenztheorie"	27
	b) Erich Kästner: Entwicklung der Menschheit	27
A11	Gerhard Neuweiler: Der Mensch – kein Produkt des blinden Zufalls	28
A12	Hellmuth Plessner: Der nicht festgelegte Mensch	30
A13	Sigmund Freud: Die drei Kränkungen des Menschen	31
A14	Hellmuth Plessner: Wissenschaft vom Menschen und Menschlichkeit	31
2	**Wer bin ich? Bin ich frei?**	**33**
B1	Otto Müller: Akte vor dem Spiegel	33
B2	Sokrates deutet den Spruch „Erkenne dich selbst!"	34
B3	Konrad Lorenz: Erkenne dich als Teil der Natur!	36
B4	Immanuel Kant: Das Gebot der Selbsterkenntnis	37
B5	Goethes Zweifel an der Selbsterkenntnis	38
B6	Annette von Droste-Hülshoff: Das Spiegelbild	39
B7	Karl R. Popper: Lernen, ein Ich zu sein	39
B8	Martin Buber: Die Frage aller Fragen	41
B9	Martin Heidegger: Das Selbst-Sein als Aufgabe	41
B10	Martin Buber: Ich – Du, Ich – Es	42
B11	Wilhelm Schapp: Die Geschichte steht für den Mann	43
B12	Friedrich Nietzsche: Der Mensch als Schauspieler	44
B13	Georg Simmel: Verschiedene Rollen als Chance	45
B14	Handelt der Mensch naturnotwendig?	46
	a) Aesop: Der Frosch und der Skorpion	46
	b) Christa Reinig: Skorpion	46
B15	Pico della Mirandola: Der Mensch als freies Geschöpf	47
B16	David Hume: Freiheit – der Gegensatz zu Zwang	49
B17	Jean-Paul Sartre: Zur Freiheit verurteilt	49
B18	Freiheit oder Determination?	50
	a) Gerhard Roth: Das Problem der Willensfreiheit	50

	b) Ingo-Wolf Kittel: Determiniert zu „hirnigen Konstruktionen"?	51
	c) Grenze der Wissenschaft	51
B19	Isaia Berlin: Negative Freiheit – positive Freiheit	52

3 Das Böse – eine Folge der Freiheit? ... 54

C1	Ludwig Mödl: Die sieben Todsünden	54
C2	Immanuel Kant: Das Böse und die Übel (I)	56
C3	Ingolf U. Dalferth: Das Böse und die Übel (II)	56
C4	Heinz Streib: Die Faszination des Bösen	58
C5	Charles Baudelaire: Die Blumen des Bösen	59
C6	Anton A. Bucher: Wird das Böse gelernt?	60
C7	Jean-Claude Wolf: Die Banalisierung des Bösen durch Wissenschaft	61
C8	Hannah Arendt: Über das Böse	62
	a) Der Horror des Bösen	62
	b) Banalität und Gedankenlosigkeit	64
C9	Harald Welzer: Vom normalen Menschen zum Massenmörder	65
C10	Josef Wieland: Spielt das Böse in der Wirtschaft eine Rolle?	66
C11	Voltaire: Das Gewissen als Bewusstsein des Guten und des Bösen	68
C12	Immanuel Kant: Gewissen als innerer Gerichtshof	69
C13	Robert Spaemann: Das Gewissen	70
C14	Louis Fürnberg: Lied der Partei (1950)	71

4 Wie sollte ich sein? ... 72

D1	Vorbilder – Idole?	72
D2	„Tugend" – längst veraltet?	72
D3	Menzius: Das Herz als Sitz der Tugend	74
	a) Die Übereinstimmung der Herzen	74
	b) Die vier Anlagen des Menschen	74
D4	Johann Wolfgang von Goethe: Der Mensch in seinem dunklen Drange	75
D5	Platon: Die Weisheit der Bewohner von Atlantis	75
D6	Joachim Ringelnatz: Was du erwirbst an Geist und Gut	76
D7	Iris Mauss: Besonnenheit als Gefühlskontrolle	76
D8	Christian Morgenstern: Schweigen	77
D9	Max Weber: Augenmaß	77
D10	Mut als Zivilcourage	78
D11	Ingeborg Bachmann: Alle Tage	79
D12	Dschuang Dsï: Mut	79
D13	Aristoteles' Prinzipien der Gerechtigkeit	80
D14	Heinrich Beckmann: Demokratische Tugenden: Anerkennung und Toleranz	81
D15	Karl R. Popper: Das Paradox der Toleranz	82
D16	Hans Tietgens: Höflichkeit – Grund- oder Sekundärtugend?	83
D17	Wilhelm Busch: Wer möchte diesen Erdenball	84
D18	Johann Wolfgang von Goethe: Der „edle Mensch"	84
D19	Menzius: Der Edle	85
D20	Am größten aber ist die Liebe	85

5 Wie sollte ich mich entscheiden? ... 87

E1	Das Fundament der traditionellen Ethik	87
	a) Die Zehn Gebote	87
	b) Gebote im Islam	88
E2	Hans Küng: Warum soll der Mensch Gutes tun?	89
E3	Wilhelm Busch, Erich Kästner und Kurt Schwitters: Das Gute	90
E4	Immanuel Kant: Pflichtethik	91
	a) Der gute Wille	91
	b) Der Begriff der Pflicht	92
	c) Das allgemeine Gesetz	93
	d) Immanuel Kants autonome und formale Ethik	93

E5	Otfried Höffe: Immanuel Kant – ein umfassender Kosmopolit	95
E6	Sri Aurobindo: Das Moralgesetz	96
E7	Bhagavadgita: Handeln aus Pflicht	96
E8	Max Weber: Wert- und Zweckrationalität	97
E9	Aristoteles: Das Einhalten der rechten Mitte	99
E10	Konfuzius: Maß und Mitte als Ziel	101
E11	Die „goldene Regel"	101
	a) Li Gi: Die „goldene Regel" des Morgenlandes	101
	b) Konfuzius: Praktischer Imperativ	102
	c) Die „goldene Regel" im Neuen Testament	102
	d) Bertha von Suttner: Die „goldene Regel"	102
	e) Norvin Jakob Hein: Die „Goldene Regel" als globale Regel	102
E12	Die Formeln des „kategorischen Imperativs"	103
E13	Shi Lin: Edle Gesinnung und Tugend	104
E14	Immanuel Kant: Zwei Dinge erfüllen das Gemüt	105
E15	Jürgen Habermas: Was ist Diskursethik?	106
E16	Lawrence Kohlberg: Wechselseitige Rollenübernahme	107
E17	Eugen Roth: Kleiner Unterschied	108
E18	Moralische Dilemmata	108

6 Woraufhin leben und handeln wir? 110

F1	Facetten des Glücks?	110
F2	Glück oder Unglück, wer weiß das schon?	111
F3	Johann Wolfgang von Goethe: Vorstellungen vom Glück	112
F4	Alfred Bellebaum: Glücksforschung	112
F5	Eine Allegorie des Glücks	114
F6	Robert H. Schuller: Das Leben ist nicht fair	114
F7	Aristoteles: Glückseligkeit als höchstes Gut	116
F8	Epikur: Die Lust als Endziel	117
F9	Albrecht von Haller: Wollust	118
F10	Seneca: Das höchste Gut und das glückliche Leben	119
F11	Epiktets stoische Moral	120
	a) Der Weise verliert nichts	121
	b) Böses nimm auch für gut	121
	c) Wer hat den Schaden?	121
	d) Schlechte Logik – schlechte Moral	121
F12	Buddhismus: Über den Zusammenhang von Leben, Leid und Erkenntnis	121
	a) Darstellungen Buddhas	121
	b) Die „vier edlen Wahrheiten"	122
	c) Zen-Buddhismus	123
	d) Pang Yun: Schlichter Vers	123
	e) Wang Fanzhi: Andere reiten auf stolzen Rossen	123
F13	Taoismus: Haben, als hätte man nicht	124
	a) Nicht-Haften an den Dingen	124
	b) Der Spiegel des Herzens	124
F14	Platon: Das Gericht über die Toten	124
F15	Platon: Der Tod des Sokrates	125
F16	Seligkeit und Endzeit im Christentum und im Islam	125
	a) Das endzeitliche Urteil	125
	b) Seligkeit und Verheißung	126
	c) Das Glück des Paradieses im Koran	127
F17	Augustin: Höchstes Gut und äußerste Übel	128
F18	Thomas Hobbes: Das Gute	129
F19	Max Stirner: Plädoyer für Egoismus	130
F20	Die ideale Gesellschaft im Marxismus	131
	a) Karl Marx: Das Kennzeichen der idealen Gesellschaft	131
	b) W. I. Lenins Kommentar zu Marx	132

F21	Das Prinzip der Nützlichkeit	132
	a) Jeremy Bentham: Nützlichkeit und Glück	132
	b) Otfried Höffe: Die vier Teilprinzipien des Utilitarismus	133
F22	Odo Marquard: Die Frage nach dem Sinn des Lebens	135
F23	Friedrich Kambartel: Selbstverwirklichung und gutes Leben	136
F24	Das Parlament der Weltreligionen: Prinzipien eines Weltethos	137

7 Warum brauchen wir einen Staat? 139

G1	Aristoteles: Die natürliche Existenz des Staates	139
G2	Thomas Hobbes: Der Vernunftursprung des Staates	140
	a) Naturzustand, -recht und -gesetz des Menschen	140
	b) Der Staat als Garant des Friedens	142
G3	Max Weber: Das staatliche Machtmonopol	143
G4	Jean-Jacques Rousseau: Volkssouveränität	144
G5	Montesquieu: Die Funktion der Gewaltenteilung	145
G6	John Locke: Staat und religiöse Toleranz	146
G7	Hans-Jürgen Papier: Die Wahrung der Freiheit als Zweck des Staates	147
G8	Claus Offe: Voraussetzungen der Demokratie	149
G9	Friedrich Nietzsche: Ende der Religion – Tod des Staates	151
G10	Ernst-Wolfgang Böckenförde: Das Problem des säkularisierten Staates	151
G11	Gustav Radbruch: Gerechtigkeit und Recht	152
G12	Hans Peters: Was ist ein Sozialstaat?	154
G13	Martin Kriele: Der Grund des Sozialstaates: die Freiheit	155
G14	Werner Steinjan: Eigentum und Freiheit	157
G15	John Rawls: Gerechtigkeit als Fairness	158
G16	Henry David Thoreau: Über die Pflicht zum Ungehorsam gegen den Staat	159
G17	Martin Luther King: Rechtfertigung des zivilen Ungehorsams	159
G18	Thomas Laker: Ziviler Ungehorsam	161
G19	Der Heilige als Dieb	161
G20	Widerstandsrecht	161
	a) Grundgesetz der Bundesrepublik Deutschland, Art. 20	161
	b) Urteil des Bundesverfassungsgerichts	162
G21	Immanuel Kant: Friede durch Völkerrecht	162
G22	Johann Gottfried Herder: Friede durch Ausbreitung der Humanität	163

8 Menschenrechte – wozu und worauf? 165

H1	Die Umwandlung des Naturrechts in positives Recht: „Schutz- und Abwehrrechte des Individuums"	165
	a) Die „Bill of Rights" (Auszüge)	165
	b) Die amerikanische Unabhängigkeitserklärung (Auszüge)	165
	c) Die französische „Erklärung der Menschenrechte" (Auszüge)	166
	d) „Allgemeine Erklärung der Menschenrechte" der UNO vom 10.12.1948	167
	e) Das Grundgesetz der Bundesrepublik Deutschland: Die Würde des Menschen	170
H2	Die Begründung der Menschenrechte	170
	a) Friedrich Kirchner: Die Anlage zur Persönlichkeit	171
	b) Ernst Tugendhat: Naturrecht und Menschenrechte	171
	c) Immanuel Kant: Das angeborene Recht ist nur ein einziges	172
	d) Gerhard Luf: „Geschichtlichkeit" naturrechtlicher Prinzipien und die „Würde des Menschen" als grundlegendes Naturrechtsprinzip	173
	e) Douglas Hogg: Die Universalität der Menschenrechte	174
H3	Lisa Nienhaus/Winand von Petersdorff: Würde oder kalkulierbarer Wert? Hat jedes Leben seinen Preis?	175
H4	UNESCO: Kulturelle Bezugsgrößen des Menschenrechtsverständnisses	176
H5	Wong Kan Seng: Sind die Menschenrechte gesellschaftliche Entwicklungshemmnisse?	177
H6	Konvention über die Rechte der Kinder	178
H7	Sklaverei – ein (immer noch moderner) Verstoß gegen die Menschenrechte	179

		a) Jean-Jacques Rousseau: Über die Entstehung der Sklaverei	179
		b) „Noch nie gab es so viele Sklaven wie heute"	180

9 Der Andere – Freund, Fremder oder Feind? 182

J1	Eigenes, Anderes und Fremdes	182
J2	Volker Kalisch: Das Eigene im Fremden	183
J3	Kurt Röttgers: Der Fremde als Selbstdistanzierungskonzept	184
J4	Friedrich Nietzsche: So fern wie der Feind, so nah wie der Freund?	185
J5	Der Fremde – mein Nächster	186
J6	Schließung der Grenzen – ein moralisches Dilemma?	186
J7	Abschiebung?	187
J8	Franz Kafka: Heimkehr	187
J9	Friedrich Nietzsche: Umgang mit dem Fremden	188
	a) Die Liebe macht gleich	188
	b) Erkenntnis als das Fremde im Bekannten	188
	c) Jeder ist sich selbst der Fernste	189
J10	Kulturelle Deutungsmuster, interkulturelle Interaktion und Vorurteile	190
	a) Hans Jürgen Heringer: Kulturstandards	190
	b) Kulturelles Missverständnis: Wie Willy auf seine chinesische Freundin wirkt	191
	c) Max Frisch: Der andorranische Jude	191
J11	Samuel P. Huntington: Gibt es eine universale Kultur?	192
J12	Von Angesicht zu Angesicht	194
	a) Ümit: Warum seht ihr uns so an?	194
	b) „Wie erkennt man, dass die Nacht zu Ende geht?"	194
	c) Thomas Bernhard: Der Anstreicher	195
J13	Crister S. Garrett: Käufliche Klischees – Neues vom Stereotypenmarkt	196
J14	Urteile und Vorurteile	198
	a) Epiktet: Urteile nicht vorschnell	198
	b) Martin von der Mühlen: Die drei Siebe des Sokrates	198
	c) Dschuang Dsi: Lösung von Meinungsverschiedenheiten?	198

10 Was hält uns zusammen? 200

K1	David Hume: Das Gefühl der Menschlichkeit	200
K2	Daniel Goleman: Die Wurzeln der Empathie	201
K3	Joachim Bauer: Warum ich fühle, was du fühlst	202
K4	Max Scheler: Störung des Mitgefühls	203
K5	Was ist Solidarität?	204
	a) Pjotr Kropotkin: Solidarität in Tier- und Menschenwelt	204
	b) Bertolt Brecht: Solidaritätslied	205
	c) Alois Baumgartner: Universelle Solidarität	206
	d) Globalisierung und Solidarität: Forderung der Kirchen	206
	e) Horst E. Richter: Ressentiment als Solidaritätshemmnis	207
K6	Otto Friedrich Bollnow: Das Wagnis im Vertrauen	208
K7	Simon Dach: Der Wert der Freundschaft	209
K8	Nicolai Hartmann: Grundlage der Freundschaft	210
K9	G. W. F. Hegel: Das Paradox der Liebe	210
K10	Friedrich Schiller: Was die Welt zusammenhält	211
K11	Musonius: Das Wesen der Ehe	212
K12	Bedeutungsverlust der Ehe heute?	212
K13	Brigitte Berger/Peter L. Berger: Familie und Demokratie	213
K14	Amatai Etzioni: Das Programm des Kommunitarismus	214
K15	Alasdair MacIntyre: Ist Patriotismus eine Tugend?	216
K16	Konrad Lorenz: Bewältigung der Aggression	217
K17	Eugen Roth: Homo ludens	218
K18	Arthur Schopenhauer: Eine Gesellschaft von Stachelschweinen	219

11	**Ökonomie und Moral – ein Gegensatz?**	220
L1	Cicero: Eigentum und Gemeinnutz	220
L2	Bernard Mandeville: Private Laster, öffentlicher Nutzen	220
L3	Was ist „Soziale Marktwirtschaft"?	221
L4	Karl Homann: Der systematische Ort der Moral für die Wirtschaft	222
L5	Peter Ulrich: Wirtschaftliche Effizienz ist Mittel, nicht Selbstzweck	223
L6	Ulrich Thielemann: Kritik der Ökonomisierung	225
L7	Josef Meran: Moral und Geschäft	226
L8	Notwendigkeit von Tugenden in der Wirtschaft	228
L9	Michael Baurmann: Tugend als Basis des Vertrauens	228
L10	Eugen Roth: Das liebe Geld	229
L11	Das Gefangenendilemma	229
L12	Ein Dilemma der sogenannten „Dritten Welt"	230

12	**Der Mensch – Herr oder Opfer der Naturbeherrschung?**	231
M1	Francis Bacon: Die Utopie des Glücks durch Naturbeherrschung	231
M2	Aldous Huxley: Eine schöne neue Welt?	232
M3	Richard Walther Darré: 80 Merksätze und Leitsprüche über Zucht und Sitte	233
M4	Astrid Ley/Kerstin Wirth: Vererbungslehre – Die Zwillingsforschung von Auschwitz	234
M5	Bischof Graf von Galen: Vernichtung „lebensunwerten Lebens"	235
M6	Der Eid des Hippokrates	236
M7	Gelöbnis der Ärzte	236
M8	Paul Schölmerich: Maximen ärztlicher Ethik	237
M9	J. Tristram Engelhardt jun.: Das Dilemma in den Heilberufen: Autonomieprinzip oder Fürsorgeprinzip?	238
M10	Rita Kielstein/Hans-Martin Sass: Wer soll für mich entscheiden?	238
M11	Organe spenden	239
M12	Sterben helfen?	240
M13	Peter Singer: Über die Zweckmäßigkeit, schwersterkrankte Kinder zu töten	241
M14	Christiane Nüsslein-Volhard: Grundlagen der Gentechnologie	242
M15	Hubert Markl: Schöner neuer Mensch?	244
M16	Harikesa Visnupada: Kritik am Streben nach biologischer Vollkommenheit	245
M17	Jürgen Habermas: Umgang mit der genetischen Ausstattung der Nachkommen	246
M18	Robert Spaemann: Wann ist der Mensch ein Mensch?	247

13	**Wie weit reicht unsere Verantwortung?**	249
N1	Jörg Zink: Menschliche Schöpfung	249
N2	Albert Schweitzer: Ehrfurcht vor dem Leben	250
N3	Hans Jonas: Verantwortung für die Zukunft	251
N4	Ein neues Staatsziel	252
	a) Richard von Weizsäcker: Verantwortung für die Umwelt	252
	b) Grundgesetz: Verantwortung für die künftigen Generationen (Artikel 20a)	253
N5	Joachim Ringelnatz: Seehund und Robbenjäger	253
N6	Biblische Tierethik	253
N7	Michel de Montaigne: Gegen die Grausamkeit an Tieren	254
N8	Jean-Jacques Rousseau: Mitleid auch mit Tieren	255
N9	Immanuel Kant: Pflichten „in Ansehung der Natur"	256
N10	Aus dem Tierschutzgesetz der Bundesrepublik Deutschland	257
N11	Schwierigkeit: Was sind Tiere?	258
N12	Angela Kallhoff/Ludwig Siep: Tierethik aufgrund von Tradition und Reflexion	258
N13	Bernhard Rambeck/Andrea Clages/Edmund Haferbeck: Welche sachlichen Überlegungen sprechen gegen Tierversuche?	259
N14	Pflanzenethik – Projekt: Eine Million Bäume für ein besseres Klima	260
N15	Würde der Pflanzen?	261
N16	Grüne Gentechnik: Pro und Contra	262
N17	Bertolt Brecht: Zweck der Wissenschaft	263
N18	Carl Friedrich von Weizsäcker: Die Verantwortung der Wissenschaft	264

N19	Ethische Grundsätze des Ingenieurberufs	265
N20	Das Verhältnis des Menschen zur Technik	267
	a) Slade: „Ready to explode"	267
	b) Thomas Bernhard: Eine Maschine	267
N21	Robert Spaemann: Natur – Kultur	268
14	**Medien: Welt des Scheins oder Wahrheitsquellen?**	270
O1	Deutscher Presserat: Pressekodex	270
O2	Presseratsrügen für Falschmeldungen	271
	a) „Bild" macht aus Tätern Türken	271
	b) „Bild" macht Opfer zum Täter	271
O3	Johann Martin Chladenius: Die Bedeutung des Gesichtspunktes	272
O4	Der Witz von der Wahrheit, die eine Lüge ist	273
O5	Persönlichkeitsrechte	273
O6	Reality-TV	274
O7	Hermann Schäfer: Bilder, die lügen	274
O8	Clemens Albrecht: Bilder lügen – immer	275
O9	Friedrich Schiller: Der ästhetische Schein	276
O10	Thomas de Zengotita: Second Life	278
O11	Wilhelm Dilthey: Das Realitätsgefühl	279
O12	Gute Musik – böse Musik	280
	a) Musikmagie bei Pythagoras	280
	b) Michael Grossbach/Eckart Altenmüller: Musik und Emotion	281
	c) Thomas Pfeiffer: Musik im Rechtsextremismus	282

Bildquellenverzeichnis ... 283

Register ... 285

Zur Einführung: Was ist Ethik?

Wir leben – wie es mit Recht heißt – in einer „wissenschaftlichen Zivilisation", d. h. in einer Gesellschaft, die nur aufgrund von Wissenschaften und entsprechender Technik bestehen kann. Schon wenn unsere Computer ausfielen, brächen Wirtschaft und Handel, Versorgung und Verwaltung zusammen. Aber bekanntlich sagen uns die modernen Wissenschaften nur, was wir tun *können,* nicht aber, was wir tun und unterlassen *sollen.*

Das war immer die Aufgabe der Ethik oder der praktischen Philosophie. Schon diese Begriffe bereiten Schwierigkeiten: Bedeuten sie dasselbe oder nicht? Das hängt davon ab, wie wir das Wort Ethik verwenden. Schon in der griechischen Antike, der wir die Ausdrücke verdanken, konnte der Begriff der Ethik eine weite und eine engere Bedeutung haben. Häufig verstand man unter „Ethik" das Wissen von der menschlichen Welt insgesamt, und zwar besonders von den geltenden oder den richtigen Sitten. In der Schule des Aristoteles aber nannte man jenes ganze Wissensgebiet „praktische Philosophie" und unterteilte diese in die Ethik, die sich überwiegend mit dem richtigen Verhalten und Handeln des Einzelnen beschäftigt, in die Politik, also die Staatslehre, sowie in die Ökonomik (eine Lehre von der Hausgemeinschaft). Unser Lehrbuch wendet sich der Ethik in jenem weiten Sinne zu oder eben der praktischen Philosophie. Denn es befasst sich auch mit Fragen der Staatsphilosophie und Sozialethik, mit der Lehre vom Menschen und mit seinen Gemeinschaftsformen.

Den Wortursprung von „Ethik" finden wir im griechischen *ethos,* was zuerst soviel wie Wohnort und dann Gewohnheit, Brauch und Sitte bedeutete. Im Lateinischen konnte das mit *mos* übersetzt werden, und deshalb trat die Ethik auch als *philosophia moralis* und in Deutschland später als „Moralphilosophie" in Erscheinung. Man sieht es jenem griechischen Wort *ethos* also schon an, worauf ethisches oder moralisches Verhalten sich zuerst gründete: auf die Einstellungen und Umgangsformen oder Sitten, die in einer Gemeinschaft in Geltung waren. Je mehr diese ihre Selbstverständlichkeit verloren, desto mehr mussten sie eigens bedacht und begründet werden. Und das war der Ursprung der Ethik als wichtiger Teil der Philosophie. Gerade in der wissenschaftlichen Zivilisation haben alte ethische Traditionen weiter an Fraglosigkeit eingebüßt, schon deshalb, weil mit dem Anwachsen des technischen Könnens stets ganz neue Fragen nach dem Sollen und Dürfen auftreten. Wir haben uns in diesem Buch z. B. bemüht, den Fragenkreisen der ökologischen Ethik gerecht zu werden, wissen aber, dass wir hier wie auch sonst keine Vollständigkeit beanspruchen können. Gerade die wissenschaftliche Zivilisation wirft weit mehr ethische Fragen auf, als sich in einem Buch stellen oder gar beantworten lassen.

In unserer Gesellschaft, die auf exaktes Wissen und Hightech ausgerichtet ist, wird Ethik zwar in besonderer Weise benötigt und deshalb heute allenthalben auch gefordert, zugleich hat sie aber als philosophische Disziplin einen schweren Stand. Denn ist sie noch wie im Denken der griechischen Antike eine Wissenschaft wie die Physik? Einflussreiche Philosophen haben besonders am Beginn des 20. Jahrhunderts die Auffassung vertreten, sie sei nur Ausdruck subjektiver Gefühle oder die Sache unbegründbarer Entscheidungen. Aber diese Ansicht hat an Überzeugungskraft verloren. Denn erstens zeigten sich die ethischen Gefühle nicht als bloß subjektiv, sondern wurden von sehr vielen geteilt. Und zweitens lassen sich für ethische Einschätzungen und Entscheidungen oft sehr plausible Gründe nennen. Die Ethik hat deshalb einen Zwischenstatus: Es lässt sich zu ihr zwar kein Lehrbuch schreiben wie zur Chemie – sie ist aber auch nicht das Feld des beliebigen Geredes, von *tea table talks.* So wie im 18. Jahrhundert der Philosoph Immanuel Kant gesagt hatte, man könne nicht die Philosophie, sondern nur das Philosophieren lernen, so will unser Buch zum ethischen Denken und Argumentieren anregen, zum Suchen nach dem, was einleuchtet und was nicht. Deshalb haben wir auch Texte aufgenommen, die keineswegs unsere eigene

Meinung wiedergeben. Zur ethischen Reflexion gehört heute in besonderer Weise, sich mit sehr verschiedenen Positionen auseinanderzusetzen.

Philosophie gilt als schwieriges Fach – und doch philosophieren eigentlich alle in der einen oder anderen Weise, da wir als Menschen eben nicht nur leben, sondern uns zu unserem Leben auch verhalten müssen. Je komplizierter das Leben in der Gesellschaft wird – schon durch die Erfahrung von Unerwartetem: von technischen Innovationen und Reaktionen darauf, von Umbrüchen in der Wirtschaft und Sozialstruktur –, desto nötiger wird es, darüber nachzudenken, sich nicht verblüffen zu lassen, nicht in Panik zu geraten, nicht dem Neuen um des Neuen willen nachzulaufen. Die alltägliche und mehr unwillkürliche Reflexion muss deshalb geschult und fortgebildet werden, will man in diesem Leben sich zurechtfinden. Darauf nimmt auch der Titel *Leben durchDenken* Bezug: Die wissenschaftliche Zivilisation gründet auf Denken und Wissen, ohne diese besäßen wir keine Autos oder Zeitungen. Und sie erfordert in besonderer Weise, dass auch jeder einzelne denkend zu ihren Problemen Stellung bezieht und in ihr bewusst sein eigenes Leben gestaltet. Denn die Menge dessen, was selbstverständlich ist, wird ständig kleiner. Ohne jene Fähigkeit des Nachdenkens wäre auch keine Demokratie möglich, die von jedem begründete Entscheidungen verlangt. Allerdings besteht die Gefahr, dass der Einzelne vorschnell resigniert. In der modernen Gesellschaft scheinen anonyme Systeme – der Wirtschaft, des Finanzmarkts, der Verwaltung, der Medien – zu regieren, so dass das ethische Denken und Handeln der einzelnen Menschen ohnmächtig und belanglos geworden zu sein scheint. Aber wie aus den Stimmen vieler Einzelner in der Demokratie eine bestimmte Regierung entsteht, so entstehen aus den Spenden vieler Einzelner Rettungsaktionen, aus den Plastiktüten der Einzelnen riesige Müllberge und aus der Gleichgültigkeit und den Untaten vieler Einzelner sogar Kollektivverbrechen. Wir können und dürfen also auf ethisches Nachdenken nicht verzichten.

1 Was ist der Mensch?

A1 Protagoras: Der Mensch als Mängelwesen

Heinrich Friedrich Füger: Prometheus bringt Feuer (1817)

■ INFO zur Einführung

Schon in der Philosophie der griechischen Antike wurde erkannt, dass der Mensch ohne Kultur nicht überlebensfähig, dass er also ein Kulturwesen ist. Protagoras (485–415 v. Chr.) hat das mit einer Geschichte deutlich gemacht, deren Elemente er der griechischen Sagen- und Mythenwelt entnahm. Diese Geschichte wurde berühmt, weil sie erstmals den Menschen als ein „Mängelwesen" begreift, wie man später sagte. Dieser Grundgedanke des Textes ist aktuell geblieben.

[Die Ausstattung der Lebewesen]

Es war einmal eine Zeit, wo es zwar Götter gab, aber noch keinerlei Art von sterblichen Wesen. Als aber für diese die vom Schicksal bestimmte Zeit ihrer Erzeugung gekommen war, da formten die Götter im Inneren der Erde sie aus einer Mischung von Erde und Feuer und allem, was sich dem Feuer und der Erde durch Mischung beigesellt. Als es nun so weit war, dass diese Geschöpfe an das Tageslicht emporkommen sollten, gaben sie dem Prometheus und dem Epimetheus den Auftrag, sie auszustatten und einem jeden die ihm nötigen Kräfte zuzuteilen. Epimetheus aber wusste durch Bitten den Prometheus zu bewegen, ihm die Austeilung allein zu überlassen. Habe ich sie vollzogen, fügte er hinzu, so magst du sie nachprüfen. Seine Bitte fand Erhörung und er nahm die Verteilung vor. Dabei verfuhr er so: Einigen verlieh er Stärke ohne Schnelligkeit, die Schwächeren hinwiederum versah er mit Schnelligkeit; den einen gewährte er Waffen, für die anderen, denen er eine wehrlose Natur gab, ersann er irgendein anderes Schutzmittel. Denjenigen nämlich von ihnen, die er mit kleiner Gestalt bekleidete, schenkte er Flügel zur Flucht oder unterirdische Wohnstätte; denjenigen dagegen, die er durch Größe auszeichnete, gewährte er eben durch diese ihre Größe auch Sicherheit. Und so vollzog er die Austeilung aller übrigen Gaben mit ausgleichender Gerechtigkeit. Bei diesem Verfahren war er aber mit aller Vorsicht darauf bedacht, dass keine Gattung etwa dem Untergange geweiht wäre. Nachdem er ihnen nämlich ausreichenden Schutz gegen die Vernichtung im Kampfe miteinander gewährt, sann er darauf, ihnen den Wechsel der Witterung erträglich zu machen. Zu dem Ende umkleidete er die einen mit dichten Haaren und starken Fellen, hinreichend zum Schutze gegen die Winterkälte und geeignet auch zur Abwehr der Hitze; und wenn sie sich ihrer Lagerstätte zuwandten, so sollten eben diese Schutzmittel ihnen zugleich als eigene und von der Natur selbst mitgegebene Decke dienen; ihr Fußwerk aber sicherte er teils durch Hufe, teils durch starke und blutlose Häute. Des Weiteren sodann verschaffte er ihnen Nahrung, den einen diese, den anderen jene, den einen die Kräuter der Erde, anderen Früchte von Bäumen, wieder anderen Wurzeln; und einigen sollten andere Tiere zur Nahrung dienen; die Zahl dieser reißenden Tiere schränkte er auf ein geringes Maß ein, wogegen die ihnen zur Beute dienenden mit großer Fruchtbarkeit bedacht wurden, um die Gattung vor dem Untergang zu bewahren.

[Die Teilhabe des Menschen an göttlichen Gütern]

Epimetheus nun, mit Blindheit geschlagen, bemerkte nicht, dass er seinen Vorrat an schutzkräftigen Gaben schon völlig aufgebraucht hatte, ehe noch das Menschengeschlecht ausgestattet war, das nun allein noch übrig war; so war er denn ratlos, was er mit ihnen anfangen sollte. Wie er so nicht ein und nicht aus wusste, nahte sich ihm Prometheus in der Absicht, die Verteilung nachzuprüfen. Alle anderen Geschöpfe nun fand er wohl versehen mit allem Nötigen, den Menschen aber nackend, ohne Schutz für die Füße, ohne Decke und Wehr. Und schon war auch der vom Schicksal bestimmte Tag erschienen, an dem auch der Mensch aus der Erde ans Tageslicht hervortreten sollte. In seiner Bedrängnis und Ratlosigkeit über das Schutzmittel, das er für den Menschen ausfindig machen sollte, stahl nun Prometheus die kunstreiche Weisheit des Hephaistos [die Schmiedekunst] und der Athene [die anderen Techniken] mitsamt dem Feuer – denn ohne Feuer konnte sich niemand in den Besitz dieser Weisheit setzen und sie sich nutzbar machen – und so beschenkte er denn damit den Menschen. Dadurch gewann denn der Mensch zwar die zur Erhaltung des Lebens nötige Einsicht, aber die staatsbürgerliche hatte er noch nicht. Denn sie war hoch oben in der Hut des Zeus; und in die Burg, die hohe Behausung des Zeus einzudringen war auch dem Prometheus nicht möglich, zumal sie auch außerdem noch durch furchtbare Wachen gesichert war. […].

[Die Verleihung von Recht und Scham]

Da aber der Mensch nun göttlicher Güter teilhaftig geworden war, war er erstens unter allen Geschöpfen wegen dieser Verwandtschaft mit den Göttern das einzige, das an Götter glaubt, und machte sich daran, den Göttern Altäre und Standbilder zu errichten. Ferner schied und gliederte er auch bald die Laute der Stimme und gestaltete sie zu Worten; auch Wohnstätten, Kleider, Schuhe und Nahrung aus der Erde wusste er sich zu schaffen. So ausgerüstet, wohnten die Menschen anfangs noch zerstreut, und Städte gab es noch nicht. Sie wurden daher eine Beute der wilden Tiere, weil sie ihnen durchweg an Kraft unterlegen waren; denn ihre kunstmäßige Geschicklichkeit bot ihnen zwar für den Lebensunterhalt hinreichende Sicherung, für den Kampf aber gegen die wilden Tiere war sie unzureichend. Denn noch fehlte ihnen die staatsbürgerliche Kunst, von der die Kriegskunst einen Teil ausmacht. So waren sie denn von dem Wunsche beseelt, sich zusammenzutun und zu sichern durch Gründung von Städten. Jedesmal aber, wenn sie sich zusammentaten, kam es zu Vergehungen und Beleidigungen gegeneinander, denn noch waren sie nicht im Besitz der staatsbürgerlichen Kunst; sie zerstreuten sich also bald wieder und fielen so dem Verderben anheim. Dem Zeus also ward bange um das Menschengeschlecht, dessen völliger Untergang sich vorzubereiten schien; darum entsandte er den Hermes als Bringer der Scham und des Rechts an die Menschen, auf dass durch diese den Staaten Ordnung und freundschaftlicher Zusammenhalt zuteil werde. So fragte denn Hermes den Zeus, auf welche Art er Recht und Scham an die Menschen verleihen solle. Soll ich mich hierbei, fragte er, nach dem Muster richten, das die Verteilung der Künste bietet? Diese Verteilung ist folgender Art: Ein Einzelner, der im Besitz der ärztlichen Kunst ist, reicht aus für viele Laien, und so steht es auch mit den anderen Werkmeistern. Soll ich es nun mit der Gründung von Recht und Scham unter den Menschen ebenso halten, oder soll ich sie an alle austeilen? An alle, erwiderte Zeus, und jeder soll daran teilhaben. Denn nie wird es zum Bestehen von Staaten kommen, wenn nur wenige jener Güter teilhaftig sind wie bei den anderen Künsten. Ja, du sollst in meinem Namen das Gesetz geben, dass, wer nicht imstande sei, sich Scham und Recht zu eigen zu machen, dem Tod verfallen sei; denn er ist ein Geschwür am Leibe des Staates.

Platon: Protagoras, 320c–322d. Sämtliche Dialoge, hg. von O. Apelt, Bd. 1, Hamburg 1993, S. 54 ff.

■ **HINWEIS**

Bereitet die Nennung der Götter aus der griechischen Mythologie (Prometheus, Epimetheus, Hephaistos, Athene, Zeus und Hermes) dem Verständnis Schwierigkeiten, so kann man sich z.B. leicht bei Wikipedia über sie informieren.

■ AUFGABEN:
1. Warum betont Protagoras die Bedeutung des Feuers für die Kultur?
2. Welche Bereiche der Kultur werden aufgezählt, welche fehlen?
3. Muss die These des Protagoras, für das Überleben des Menschen reiche technisches Können nicht aus, heute korrigiert werden oder nicht? Was würden wir ergänzen?
4. Warum nennt unser Text nicht nur das Recht, sondern auch die Scham?
5. Worauf gründen nach dieser Auffassung die Regeln von Moral und Recht?

A2 Der Mensch im Garten Eden

a) Lucas Cranach d. Ä.: Adam und Eva (1526)

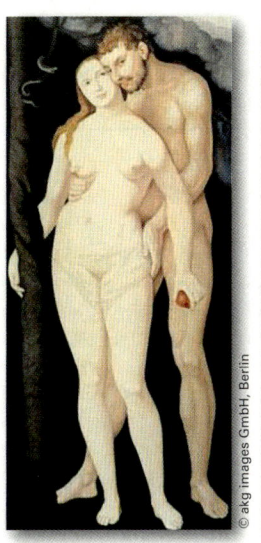

b) Hans Baldung Grien: Adam und Eva (Gen 2–3) (um 1531–1535)

c) Hans Baldung Grien: Adam und Eva (Gen 2–3) (1511)

■ AUFGABEN:
Beschreiben Sie die Gemälde! Richten Sie Ihren Blick insbesondere auf die Stellung der Menschen in der Welt, auf ihr Verhältnis zueinander und auf ihr Verhältnis zur Umwelt!
Informieren Sie sich nun über die biblischen Schöpfungsberichte im Buch Genesis und setzen Sie sich mit den folgenden Aufgaben auseinander!
1. In welcher Beziehung zueinander stehen Gott und Mensch, Gott und seine Schöpfung sowie Mensch und Gottes Schöpfung?
2. Gliedern Sie den zweiten Schöpfungsbericht in die folgenden Teile: a) der Mensch als Mitte der Schöpfung, b) der Garten Eden als Gabe und zu bewältigende Aufgabe, c) die Bindung des Menschen an den göttlichen Willen, d) die Vollendung des Menschseins in der Gemeinschaft, e) Wesens- und Wertgleichheit von Mann und Frau!, f) Versuchung, Begierde und Selbstüberhebung, g) Gottes Ruf zur Verantwortung, h) der Mensch zwischen Gericht und Erbarmen!
3. Erläutern Sie die Stellung und den Wert des Menschen in der Welt!
4. Warum erlässt Gott das Verbot, vom Baum der Erkenntnis des Guten und des Bösen zu essen? Warum reicht die Frau dem Mann einen Apfel?
5. Diskutieren Sie, ob die Erkenntnis des Guten und des Bösen zwangsläufig zum Tod des Menschen führen muss!
6. Stellen Sie sich vor, Sie wären Gott und sollten die Welt neu erschaffen! Was würden Sie verändern? Welche Rolle würde der Mensch in Ihrem Schöpfungsplan spielen?
7. Auch der Koran enthält Schöpfungsberichte (z. B. Sure 2, 31-39; 7, 54; 21, 30-33; 32, 4-9). Vergleichen Sie die Ausführungen mit denen der Bibel!

A3 Kants philosophische Deutung des Sündenfalls

■ INFO zur Einführung

Der Philosoph Immanuel Kant (1724–1804), Hauptvertreter der europäischen Aufklärung im 18. Jahrhundert, betrachtet den Menschen als ein Vernunftwesen, das im Verlauf einer Emanzipationsgeschichte „aus der Vormundschaft der Natur in den Stand der Freiheit" tritt: Diesen Übertritt erläutert Kant, indem er den in der Bibel berichteten sog. „Sündenfall" in neuer Weise interpretiert bzw. umformt. Für Kant ist es der Prozess, in dem der Mensch erst seine typisch menschlichen Fähigkeiten entwickelt und so erst recht eigentlich zum Menschen *wird*. Während Kant also Bezug zum Text der Bibel nimmt, entwickelt er eine hypothetische Werdegeschichte des Menschen.

Lektürehinweis:
Erarbeiten Sie jeden der folgenden acht Abschnitte und vergleichen Sie jeweils Kants Ausführungen mit dem biblischen Schöpfungsbericht!

[Abschnitt 1: Die Existenz des Menschen]

Will man nicht in Mutmaßungen schwärmen, so muss der Anfang von dem gemacht werden, was keiner Ableitung aus vorhergehenden Naturursachen durch menschliche Vernunft fähig ist, also mit der *Existenz des Menschen;* und zwar in seiner *ausgebildeten Größe,* weil er der mütterlichen Beihilfe entbehren muss; in einem *Paare*, damit er seine Art fortpflanze; und auch nur *einem einzigen Paare*; damit nicht sofort der Krieg entspringe, wenn die Menschen einander nahe und doch einander fremd wären, oder auch damit die Natur nicht beschuldigt werde, sie habe durch die Verschiedenheit der Abstammung es an der schicklichsten Veranstaltung zur Geselligkeit, als dem größten Zwecke der menschlichen Bestimmung, fehlen lassen; denn die Einheit der Familie, woraus alle Menschen abstammen sollten, war ohne Zweifel hierzu die beste Anordnung. Ich setze dieses Paar in einen wider den Anfall der Raubtiere gesicherten und mit allen Mitteln der Nahrung von der Natur reichlich versehenen Platz, also gleichsam in einen *Garten,* unter einem jederzeit milden Himmelsstriche. Und was noch mehr ist, ich betrachte es nur, nachdem es schon einen mächtigen Schritt in der Geschicklichkeit getan hat, sich seiner Kräfte zu bedienen, und fange also nicht von der gänzlichen Rohigkeit seiner Natur an; denn es könnten der Mutmaßungen für den Leser leicht zu viel, der Wahrscheinlichkeiten aber zu wenig werden, wenn ich diese Lücke, die vermutlich einen großen Zeitraum begreift, auszufüllen unternehmen wollte.

■ AUFGABEN:
1. Wie begreift Immanuel Kant die „Existenz des Menschen", die man für die Rekonstruktion seiner Entwicklung voraussetzen muss? Ist sie vom Dasein der Tiere unterschieden?
2. Warum beschreibt Kant die Existenz des Menschen nicht „von der gänzlichen Rohigkeit seiner Natur" her?

[Abschnitt 2: Die erworbenen „Geschicklichkeiten" des Menschen]

Der erste Mensch konnte also *stehen* und *gehen*; er konnte *sprechen* (1. Mose Kap. II, 20), ja *reden*, d. i. nach zusammenhängenden Begriffen sprechen (II, 21), mithin denken. Lauter Geschicklichkeiten, die er alle selbst erwerben musste (denn wären sie anerschaffen, so würden sie auch anerben, welches aber der Erfahrung widerstreitet); mit denen ich ihn aber jetzt schon als versehen annehme, um bloß die Entwicklung des Sittlichen in seinem Tun und Lassen, welches jene Geschicklichkeit notwendig voraussetzt, in Betrachtung zu ziehen.

■ AUFGABEN:
1. Welche Kompetenzen umfassen die von Kant aufgezeigten „Geschicklichkeiten"?
2. Inwiefern setzt sittliches (moralisches) Handeln die aufgezeigten Fähigkeiten voraus?

[Abschnitt 3: Instinkt, Vernunft und Freiheit]

Der Instinkt, diese *Stimme* Gottes, der alle Tiere gehorchen, musste den Neuling anfänglich allein leiten. Dieser erlaubte ihm einige Dinge zur Nahrung, andere verbot er ihm (III, 2–3). Solange der unerfahrene Mensch diesem Rufe der Natur gehorchte, so befand er sich gut dabei. Allein die *Vernunft* fing bald an sich zu regen und suchte durch Vergleichung des Genossenen mit dem, was ihm ein anderer Sinn als der, woran der Instinkt gebunden war, etwa der Sinn des Gesichts, als dem sonst Genossenen ähnlich vorstellte, seine Kenntnis der Nahrungsmittel über die Schranken des Instinkts zu erweitern (III, 6). Dieser Versuch hätte zufälligerweise noch gut genug ausfallen können, obgleich der Instinkt nicht anriet, wenn er nur nicht widersprach. Allein es ist eine Eigenschaft der Vernunft, dass sie Begierden mit Beihilfe der Einbildungskraft, nicht allein *ohne* einen darauf gerichteten Naturtrieb, sondern sogar *wider* denselben erkünsteln kann, welche im Anfange den Namen der *Lüsternheit* bekommen, wodurch aber nach und nach ein ganzer Schwarm entbehrlicher, ja sogar naturwidriger Neigungen unter der Benennung der *Üppigkeit* ausgeheckt wird. Die Veranlassung, von dem Naturtriebe abtrünnig zu werden, durfte nur eine Kleinigkeit sein; allein der Erfolg des ersten Versuchs, nämlich sich seiner Vernunft als eines Vermögens bewusst zu werden, das sich über die Schranken, worin alle Tiere gehalten werden, erweitern kann, war sehr wichtig und für die Lebensart entscheidend. Wenn es also auch nur eine Frucht gewesen wäre, deren Anblick durch die Ähnlichkeit mit anderen annehmlichen, die man sonst gekostet hatte, zum Versuche einladete; wenn dazu noch etwa das Beispiel eines Tieres kam, dessen Natur ein solcher Genuss angemessen sowie er im Gegenteil dem Menschen nachteilig war, dass folglich in diesem ein sich dawider setzender natürlicher Instinkt war: so konnte dieses schon der Vernunft die erste Veranlassung geben, mit der Stimme der Natur zu schikanieren (III, 1) und trotz ihrem Widerspruch den ersten Versuch von einer freien Wahl zu machen, der als der erste wahrscheinlicherweise nicht der Erwartung gemäß ausfiel. Der Schade mochte nun gleich so unbedeutend gewesen sein, als man will, so gingen dem Menschen hierüber doch die Augen auf (III, 7). Er entdeckte in sich ein Vermögen, sich selbst eine Lebensweise auszuwählen und nicht gleich anderen Tieren an eine einzige gebunden zu sein.

■ AUFGABEN:
1. Wie charakterisiert Kant den Instinkt- und wie den Vernunftgebrauch des Menschen?
2. Erläutern Sie Kants Definition der Vernunft als Vermögen, „das sich über die Schranken, worin alle Tiere gehalten werden, erweitern kann"!
3. Worüber gingen dem Menschen, so Kant, doch die Augen auf?

[Abschnitt 4: Folgen der Wahlfreiheit]

Auf das augenblickliche Wohlgefallen, das ihm dieser bemerkte Vorzug erwecken mochte, musste doch sofort Angst und Bangigkeit folgen: wie er, der noch kein Ding nach seinen verborgenen Eigenschaften und entfernten Wirkungen kannte, mit seinem neu entdeckten Vermögen zu Werke gehen sollte. Er stand gleichsam am Rande eines Abgrundes; denn aus einzelnen Gegenständen seiner Begierde, die ihm bisher der Instinkt angewiesen hatte, war ihm eine Unendlichkeit derselben eröffnet, in deren Wahl er sich noch gar nicht zu finden wusste; und aus diesem einmal gekosteten Stande der Freiheit war es ihm gleichwohl jetzt unmöglich, in den der Dienstbarkeit (unter der Herrschaft des Instinkts) wieder zurückzukehren.

■ AUFGABEN:
1. Beschreiben Sie die von Kant aufgezeigten Folgen der Wahlfreiheit! Warum erzeugt sie Angst?
2. Warum schließt Kant die Möglichkeit aus, weiterhin instinktgeleitet handeln zu können?

[Abschnitt 5: Geschlechtsinstinkt, Weigerung und Sittsamkeit]

Nächst dem Instinkt zur Nahrung, durch welchen die Natur jedes Individuum erhält, ist der *Instinkt zum Geschlecht*, wodurch sie für die Erhaltung jeder Art sorgt, der vorzüglichste. Die einmal rege gewordene Vernunft säumte nun nicht, ihren Einfluss auch an diesem zu beweisen. Der Mensch fand bald: dass der Reiz des Geschlechts, der bei den Tieren bloß auf einem vorübergehenden, größtenteils periodischen Antriebe beruht, für ihn der Verlängerung und sogar Vermehrung durch die Einbildungskraft fähig sei, welche ihr Geschäft zwar mit mehr Mäßigung, aber zugleich dauerhafter und gleichförmiger treibt, je mehr der Gegenstand den *Sinnen entzogen* wird, und dass dadurch der Überdruss verhütet werde, den die Sättigung einer bloß tierischen Begierde bei sich führt. (III, 7) *Weigerung* war das Kunststück, um von bloß empfundenen zu idealischen Reizen, von der bloß tierischen Begierde allmählich zur Liebe, und mit dieser vom Gefühl des bloß Angenehmen zum Geschmack für Schönheit, anfänglich nur an Menschen, dann aber auch an der Natur überzuführen. Die *Sittsamkeit*, eine Neigung, durch guten Anstand (Verhehlung dessen, was Geringschätzung erregen könnte,) anderen Achtung gegen uns einzuflößen, als die eigentliche Grundlage aller wahren Geselligkeit, gab überdem den ersten Wink zur Ausbildung des Menschen als eines sittlichen Geschöpfs. [...]

■ AUFGABEN:
1. Wie beurteilt Kant des Geschlechtstrieb des Menschen?
2. Erläutern Sie Kants Ausführungen zum Begriff der Schönheit!
3. Welche Rolle spielt die „Sittsamkeit" Kant zufolge für die Entwicklung des Menschen?

[Abschnitt 6: Das Vermögen der Vergegenwärtigung des Zukünftigen]

Der dritte Schritt der Vernunft, nachdem sie sich in die ersten unmittelbar empfundenen Bedürfnisse gemischt hatte, war die überlegte *Erwartung* des Künftigen. Dieses Vermögen, nicht bloß den gegenwärtigen Lebensaugenblick zu genießen, sondern die kommende, oft sehr entfernte Zeit sich gegenwärtig zu machen, ist das entscheidendste Kennzeichen des menschlichen Vorzuges, um seiner Bestimmung gemäß sich zu entfernten Zwecken vorzubereiten, – aber auch zugleich der unversiegendste Quell von Sorgen und Bekümmernissen, die die ungewisse Zukunft erregt, und welcher alle Tiere überhoben sind (III, 13–19). Der Mann, der sich und eine Gattin samt künftigen Kindern zu ernähren hatte, sah die immer wachsende Mühseligkeit seiner Arbeit; das Weib sah die Beschwerlichkeiten, denen die Natur ihr Geschlecht unterworfen hatte, und noch obendrein diejenigen, welche der mächtigere Mann ihr auferlegen würde, voraus. Beide sahen nach einem mühseligen Leben noch im Hintergrunde des Gemäldes das, was zwar alle Tiere unvermeidlich trifft, ohne sie doch zu bekümmern, nämlich den Tod, mit Furcht voraus und schienen sich den Gebrauch der Vernunft, die ihnen alle diese Übel verursacht, zu verweisen und zum Verbrechen zu machen. In ihrer Nachkommenschaft zu leben, die es vielleicht besser haben, oder auch wohl als Glieder einer Familie ihre Beschwerden erleichtern könnten, war vielleicht die einzige tröstende Aussicht, die sie aufrichtete (III, 16–20).

■ AUFGABEN:
1. Charakterisieren Sie das o. g. Vermögen!
2. Inwiefern benötigt der Mensch Trost? Worin besteht die vielleicht „einzig tröstende Aussicht" des Menschen?

[Abschnitt 7: Der Mensch als Zweck der Natur]

Der vierte und letzte Schritt, den die den Menschen über die Gesellschaft mit Tieren gänzlich erhebende Vernunft tat, war: dass er [...] begriff, er sei eigentlich der *Zweck der Natur*, und nichts, was auf Erden lebt, könne hierin einen Mitwerber gegen ihn abgeben. Das erstemal, dass er zum Schafe sagte: *den Pelz, den du trägst, hat dir die Natur nicht für dich, sondern für mich gegeben*, ihm ihn abzog und sich selbst anlegte (III, 21), ward er eines Vorrechtes inne, welches er vermöge seiner Natur über alle Tiere hatte, die er nun nicht mehr als seine Mitgenossen an der Schöpfung, sondern als seinem Willen überlassene Mittel und Werkzeuge zur Erreichung seiner beliebigen Absichten ansah. Diese Vorstellung schließt [...] den Gedanken des Gegensatzes ein: dass er so etwas zu keinem *Menschen* sagen dürfe, sondern diesen als gleichen Teilnehmer an den Geschenken der Natur anzusehen habe;

eine Vorbereitung von weitem zu den Einschränkungen, die die Vernunft künftig dem Willen in Ansehung seines Mitmenschen auferlegen sollte, und welche weit mehr als Zuneigung und Liebe zur Errichtung der Gesellschaft notwendig ist.

■ AUFGABEN:
1. Worin besteht Kant zufolge der Hauptunterschied zwischen Mensch und Tier?
2. Worauf beruht die Möglichkeit einer gesellschaftlichen Ordnung?

[Abschnitt 8: Gleichheit aller vernünftigen Wesen]

Und so war der Mensch in eine *Gleichheit mit allen vernünftigen Wesen,* von welchem Range sie auch sein mögen, getreten (III, 22): nämlich in Ansehung des Anspruchs, *selbst Zweck zu sein,* von jedem anderen auch als ein solcher geschätzt und von keinem bloß als Mittel zu anderen Zwecken gebraucht zu werden. Hierin und nicht in der Vernunft, wie sie bloß als ein Werkzeug zu Befriedigung der mancherlei Neigungen betrachtet wird, steckt der Grund der so unbeschränkten Gleichheit des Menschen, selbst mit höheren Wesen, die ihm an Naturgaben sonst über alle Vergleichung vorgehen möchten, deren keines aber darum ein Recht hat, über ihn nach bloßem Belieben zu schalten und zu walten. Dieser Schritt ist daher zugleich mit *Entlassung* desselben aus dem Mutterschoße der Natur verbunden: eine Veränderung, die zwar ehrend, aber zugleich sehr gefahrvoll ist, indem sie ihn aus dem harmlosen und sicheren Zustande der Kindespflege, gleichsam aus einem Garten, der ihn ohne seine Mühe versorgte, heraustrieb (III, 23) und ihn in die weite Welt stieß, wo soviel Sorgen, Mühe und unbekannte Übel auf ihn warten. Künftig wird ihm die Mühseligkeit des Lebens öfter den Wunsch nach einem Paradiese, dem Geschöpfe seiner Einbildungskraft, wo er in ruhiger Untätigkeit und beständigem Frieden sein Dasein verträumen oder vertändeln könne, ablocken. Aber es lagert sich zwischen ihm und jenem eingebildeten Sitz der Wonne die rastlose und zur Entwicklung der in ihm gelegten Fähigkeiten unwiderstehlich treibende Vernunft und erlaubt es nicht, in den Stand der Rohigkeit und Einfalt zurückzukehren, aus dem sie ihn gezogen hatte (III, 24).

Kant, Immanuel: Mutmaßlicher Anfang der Menschengeschichte. Gesammelte Werke, hg. von W. Weischedel, Bd. 6, Frankfurt a. M. 1977, S. 86 ff.

■ AUFGABEN:
1. Worauf beruht die von Kant angeführte Gleichheit der Menschen?
2. Inwiefern erlaubt die Vernunft es nicht, in den ursprünglichen Naturzustand der „Rohigkeit" zurückzukehren?
3. Vergleichen Sie abschließend Kants Ausführungen mit dem biblischen Schöpfungsbericht!
4. Was sind die wichtigsten Unterschiede?

A4 Blaise Pascal: Der Mensch – sich selbst ein Rätsel

■ **INFO zur Einführung**

Blaise Pascal (1623–1662) war ein französischer Mathematiker, Physiker und Philosoph, der – geprägt von einer christlichen Reformbewegung – Geist und Natur als Schöpfungen Gottes betrachtete. Schöpfungsglaube und Naturwissenschaft versuchte Pascal in Einklang zu bringen.

Der Mensch ist für sich selbst der wunderbarste Gegenstand der Natur, denn er kann nicht fassen, was Körper ist, und noch weniger, was Geist ist, und noch weniger als irgend etwas, wie ein Körper mit einem Geist vereint sein kann. Das ist der Gipfel des Unbegreiflichen für ihn und doch ist es sein eigenes Wesen. Die Art, wie der Geist mit den Körpern verbunden ist, kann von den Menschen nicht begriffen werden und doch ist das der Mensch.

Pascal, Blaise: Gedanken über die Religion und einige andere Gegenstände (1669). Berlin 1840, S. 149 f.

AUFGABEN:
1. Kennen Sie Beispiele dafür, dass der Geist auf den Körper einwirkt und der Körper auf den Geist?
2. Wie stellen Sie sich eine mögliche Verbindung von Körper und Geist vor? Können Sie ein Modell konstruieren?

A5 Blaise Pascal: Vorzug und Grenze des Denkens

■ INFO zur Einführung

Nicht zu allen Zeiten und in allen Kulturen hat man das Wesen des Menschen durch eine Abgrenzung vom Tier bestimmt. Auch im alten Griechenland wurde der Mensch zuerst und vor allem von den Göttern abgehoben: Diese seien unsterblich, die Menschen aber nur vergängliche Wesen, ja bloße „Eintagsgeschöpfe". Jedoch mit der Entstehung der Philosophie kontrastierte ein Arzt namens Alkmaion um 500 v. Chr. den Menschen erstmals mit den Tieren und lehrte, der Mensch sei das einzige Lebewesen, das denken könne, während die anderen nur Sinneswahrnehmungen hätten. Seither wurde der Mensch oft als „animal rationale", als denkendes Tier, und später als „homo sapiens", als weiser oder kluger Mensch definiert. Schon in der Antike sahen manche Philosophen die ganze Natur auf dieses denkende Wesen hin geordnet, und für die Theologie galt das Denken oft als Zeichen dafür, dass der Mensch das Ebenbild Gottes ist. Im 17. Jahrhundert teilte Blaise Pascal die traditionell hohe Einschätzung des menschlichen Denkens, aber er machte zugleich auf Probleme aufmerksam.

Ich kann mir wohl einen Menschen vorstellen ohne Hände, ohne Füße und ich könnte ihn mir selbst ohne Kopf vorstellen, wenn nicht die Erfahrung mich lehrte, daß er damit denkt. Das Denken also ist es, was das Wesen des Menschen macht und ohne das man ihn sich nicht vorstellen kann. Was fühlt in uns Vergnügen? Ists die Hand? der Arm? das Fleisch? das Blut? Man wird sehen, dass es etwas Immaterielles sein muss. [...] Der Mensch ist nichts als ein Rohr, das schwächste der Natur, aber ein denkendes Rohr. Es ist nicht nötig, dass das ganze Universum sich rüste ihn zu zermalmen. Ein Dunst, ein Tropfen Wasser reicht hin, ihn zu zermalmen. Ein Dunst, ein Tropfen Wasser reicht hin, ihn zu töten. Aber wenn das Universum ihn zermalmte, würde der Mensch noch edler sein als das, was ihn tötet, weil er weiß, dass er stirbt und welchen Sieg das Universum über ihn hat, das Universum weiß nichts davon. Also alle unsre Würde besteht im Denken. Dessen müssen wir uns rühmen, nicht des Raums und der Dauer. Wir müssen uns also bemühen, gut zu denken, das ist die Grundlage der Moral. [...] Offenbar ist der Mensch zum Denken gemacht, das ist seine ganze Würde und sein ganzes Verdienst. Seine ganze Pflicht besteht darin zu denken, wie es sein soll, und die Ordnung des Denkens ist [es,] anzufangen mit sich, mit seinem Urheber und mit seinem Zweck. Aber woran denkt man in der Welt? Hieran nie, sondern sich zu vergnügen, reich zu werden, einen Ruf zu erlangen, sich zum König zu machen, ohne zu denken, was das ist, König [zu] sein und Mensch [zu] sein. Das menschliche Denken ist bewundernswert seinem Wesen nach. Es muss seltsame Mängel haben, um verächtlich zu sein, aber es hat so große, dass nichts lächerlicher ist. Wie ist es groß seinem Wesen nach und wie klein durch seine Mängel!

Pascal, Blaise: Gedanken über die Religion und einige andere Gegenstände (1669). Berlin 1840, S. 122 ff., 387.

■ AUFGABEN:
1. Inwiefern besteht die Würde des Menschen im Denken? Hat er nicht auch Gefühl und Willen?
2. Was sagt Pascal über die Leiblichkeit des Menschen?
3. Welche „seltsamen Mängel" des Denkens könnte Pascal meinen? Wie verhalten sich diese Mängel zur Größe und Würde des Menschen?
4. Vor welche Aufgaben ist der Mensch durch das Denken gestellt?

A6 Matthias Claudius: Der Mensch

Matthias Claudius (* 15.8.1740 in Reinfeld/Holstein, † 21.1.1815 in Hamburg)

*Empfangen und genähret
vom Weibe wunderbar,
kömmt er und sieht und höret
und nimmt des Trugs nicht wahr;
gelüstet und begehret
und bringt sein Tränlein dar;
verachtet und verehret;
hat Freude und Gefahr;
glaubt, zweifelt, wähnt und lehret,
hält nichts und alles wahr;
erbauet und zerstöret
und quält sich immerdar;
schläft, wachet, wächst und zehret;
trägt braun und graues Haar,
und alles dieses währet,
wenn's hoch kommt, achtzig Jahr.
Dann legt er sich zu seinen Vätern nieder,
und er kömmt nimmer wieder.*

Claudius, Matthias: Der Mensch. In: Das große Hausbuch deutscher Dichtung, hg. von H. Bemmann und D. Pinkerneil. Bonn 1982, S. 64.

■ AUFGABEN:
1. Fassen Sie mit eigenen Worten die von Claudius aufgezeigten Entwicklungsphasen des Menschen zusammen! Ergänzen Sie die Liste der Lebensphasen!
2. Vergleichen Sie Ihre eigene Biographie oder die eines Bekannten mit dem von Claudius beschriebenen Werdegang des Menschen!
3. Ist die Aussage dieses Gedichtes mit der Ansicht Pascals (A5) vereinbar?

A7 Der Mensch im Weltall

a) Vincent Willem van Gogh: Sternennacht

■ AUFGABEN:
1. Beschreiben Sie Vincent van Goghs Gemälde „Sternennacht"! Was empfinden Sie bei der Betrachtung des Gemäldes?
2. Deuten Sie das Gemälde hinsichtlich der These Ernesto Cardenals, dass wir selbst das Weltall seien!

b) Ernesto Cardenal: Das Weltall sind wir selbst

Wenn wir uns in einer sternenklaren Nacht in die Unendlichkeit des Weltalls vertiefen […], dann sollten wir uns nicht klein und unscheinbar fühlen, sondern uns vielmehr gerade unserer Größe bewusst sein. Denn der menschliche Geist ist unendlich viel größer als alle Welten, weil er sie verstehen und in sich aufnehmen kann. Die

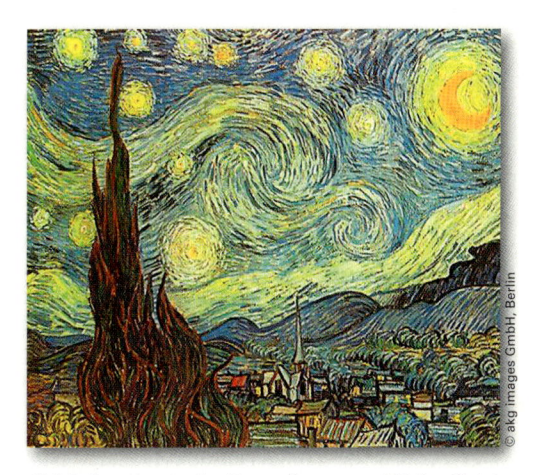

Welten dagegen können den Menschen nicht begreifen. Sie sind aus einfachen Molekülen zusammengesetzt wie der Wasserstoff, dessen Moleküle nur aus einem Kern und einem Elektron bestehen. Der menschliche Körper aber besteht aus vielen komplizierten Molekülen, und vor allem hat er ein Leben, dessen Vielfältigkeit über die molekulare Welt hinausgeht.

Der Mensch hat ein Gewissen und kennt die Liebe. Wenn ein Verliebter sagt, die Augen seines Mädchens glänzten heller als tausend Sterne, so hat er tatsächlich recht damit, auch wenn Sigma des Dorado 300.000-mal heller als die Sonne ist. Denn aus diesen Augen strahlt das Licht der Intelligenz und der Liebe, und einen solchen Glanz haben weder Sigma des Dorado noch Alfa der Leier noch Antares. Und wenn der Radius des Universums auch 100.000.000.000 Lichtjahre umfasst, irgendwo ist er doch einmal zu Ende. Der elendste aller Menschen ist größer als das ganze Universum, seine Art von Größe geht über die Masse bloßen Rauminhalts hinaus. Denn das ganze materielle Weltall kann zu einem kleinen Punkt im Hirn eines Menschen zusammenschrumpfen.

Und diese Welten sind stumm. […] Wir aber sind die Stimme dieser Welten und ihr Gewissen. Auch zur Liebe sind sie nicht fähig, wir aber sind in Liebe verwandelte Materie.

Der Mensch ist die Krone der sichtbaren Schöpfung, es geht also nicht an, ihn unscheinbar und niedrig zu heißen („gemeiner Erdenwurm") […]. Wenn wir also in einer sternenklaren Nacht die Unermesslichkeit des Weltalls bedenken, wird diese Unermesslichkeit noch viel größer, wenn wir uns gleichzeitig auch in unsere eigene Seele vertiefen. Das Weltall sind wir selbst – da betrachtet also das Weltall das Weltall.

Das Kalzium unseres Körpers ist auch im Meer enthalten. Wir haben es aus dem Meer mitgebracht, denn unser Leben entstammt dem Meer. Und das Kalzium unseres Körpers und des Meeres ist auch in den Sternen und in den interstellaren Ozeanen, aus denen die Sterne hervorgegangen sind, vorhanden. Die Sterne sind eine Konzentration der schwachen Materie der interstellaren Räume und die Räume zwischen den Milchstraßen ja auch nicht leer. Das ganze Weltall besteht aus der gleichen Materie, die nur mehr oder weniger verdünnt oder konzentriert ist, so dass der ganze Kosmos eigentlich ein einziger Körper ist. Die Elemente von den Meteoriten, die von den entferntesten Sternen kamen (Kalzium, Eisen, Kupfer und Phosphor), sind die gleichen wie die unseres Planeten und wie die unseres Körpers. So sind wir praktisch aus Sternen gemacht oder, wie man auch sagen könnte, das ganze Weltall besteht aus unserem eigenen Fleisch. […] In unserem Körper vereinigen sich alle lebendigen Tiere und alle Fossilien, alle Metalle und die gesamten Elemente des Universums.

Cardenal, Ernesto: Buch von der Liebe. Wuppertal ²2007, S. 121 f.

■ AUFGABEN:
1. Welche Bedeutung hat der Blick in den sternenklaren Himmel für den Menschen?
2. Erläutern Sie die Stellung des Menschen in der Welt!
3. Halten Sie selbst den Menschen für die „Krone der Schöpfung"?

A8 La Mettrie: Ist der Mensch eine Maschine?

■ INFO zur Einführung

Der Mediziner Julien Offroy de La Mettrie (1709–1751) war seit 1734 als Schriftsteller tätig, nahm an verschiedenen Feldzügen teil und wurde – so wird berichtet – aufgrund einer Erkrankung auf die Abhängigkeit des Denkens vom Körper aufmerksam. Er gehörte zu den sogenannten „französischen Materialisten", die den Standpunkt vertraten, seelische Vorgänge seien automatenhaft und liefen ohne Beteiligung des Bewusstseins oder einer freien Willensentscheidung ab. Bereits im 17. Jahrhundert hatte René Descartes (1596–1650) die These aufgestellt, dass Tiere Maschinen, d. h. seelenlose Automaten, seien. Diese These mündete im 18. Jahrhundert dann in die Frage, ob der Mensch ein freies oder ein durch die Natur vollständig bestimmtes Wesen sei. Die Vorstellung der „französischen Materialisten", dass für das menschliche Wesen lediglich „Materie und Bewegung" charakteristisch seien, spielt auch in der naturalistischen Gegenwartsphilosophie und Naturwissenschaft eine zentrale Rolle: Der Mensch sei das Produkt eines evolutionär bestimmten biochemischen Prozesses. Sittliches Bewusstsein und Egoismus basierten auf einem „egoistischen Gen" (Richard Dawkins).

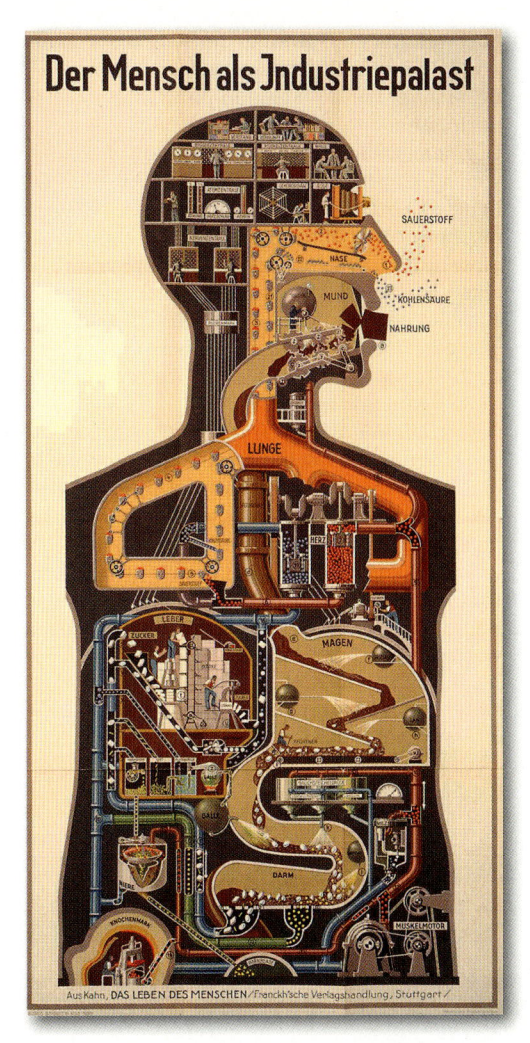

Fritz Khan: Der Mensch als Industriepalast (1926)

Der Mensch ist eine Maschine, welche so zusammengesetzt ist, dass es unmöglich ist, sich zunächst von ihr eine deutliche Vorstellung zu machen und folglich sie zu definieren. Deshalb sind alle Untersuchungen theoretischer Natur, welche die größten Philosophen angestellt haben, das heißt, indem sie gewissermaßen auf den Flügeln des Geistes vorzugehen versuchten, vergeblich gewesen. Also kann man nur praktisch, oder durch einen Versuch der Zergliederung der Seele, nach Art der Aufklärung über die körperlichen Organe, […] mit Sicherheit die Natur des Menschen enträtseln, aber doch wenigstens den möglichst höchsten Grad von Wahrscheinlichkeit über diesen Gegenstand erreichen. Ergreifen wir also den leitenden Stab der Erfahrung und lassen wir die Geschichte aller eitlen Ansichten der Philosophen unberührt auf sich beruhen. […]

Soviel Temperamente es gibt, ebenso viele verschiedene Geister, Charaktere und Sitten kann man aufzählen. […] Wahr ist es, dass das melancholische, das cholerische, das phlegmatische und sanguinische Temperament je nach der Beschaffenheit, dem Reichtum und der verschiedenen Anordnung der Säfte aus jedem Menschen einen verschiedenen machen. Während der Krankheiten verdunkelt sich entweder die Seele und zeigt kein Zeichen ihres Daseins, in einem anderen Falle möchte man meinen, dass sie verdoppelt sei, so heftig wird sie im Zustande der Wut erregt; in einem noch anderen Falle verliert sich der Schwachsinn und die Wiedergenesung gestaltet aus einem Blödsinnigen einen vernünftigen Menschen.

Endlich aber kann der schönste Geist verdummen und ist nicht wieder zu erkennen; denn dahin sind die mit so großem Aufwand, mit so vieler Mühe erlangten schönen Kenntnisse! Hier ist ein Gelähmter, welcher fragt, ob sein Bein in seinem Bette sei. Dort ist ein Soldat, welcher sich im Besitze des Armes wähnt, welchen man ihm abgeschnitten hat. Das Andenken an seine gewohnten Empfindungen und an den Ort, an welchen seine Seele sie hinversetzte, bringt seine Täuschung und diese Art von Phantasie zu Wege. Es genügt eine Bemerkung über das ihm fehlende Glied, um ihn an alle Bewegungen desselben zu erinnern und sie ihn fühlen zu lassen, wobei die Vorstellung in das unaussprechlichste Missbehagen versetzt wird. […]

Ich will mich auch nicht länger bei den Einzelheiten über die Wirkung des Schlafes aufhalten. Man sehe einen müden Soldaten! Er schnarcht im Graben, beim Donner von hundert Kanonen. Seine Seele hört nichts, sein Schlaf ist ein vollkommener Schlagfluss. Eine Bombe ist im Begriff ihn zu zerschmettern; vielleicht wird er sie weniger empfinden, als das Insekt einen Fußtritt.

Andrerseits kann jener Mensch, welchen die Eifersucht, der Hass, der Geiz, oder der Ehrgeiz verzehrt, nirgends Ruhe finden. Der stillste Ort, die erfrischendsten und beruhigendsten Getränke sind sämtlich für denjenigen unnütz, welcher sein Herz nicht von der Qual der Leidenschaften befreit hat.

Seele und Körper schlafen zusammen ein. Sobald die Blutbewegung ruhiger wird, verbreitet sich eine sanfte Empfindung von Frieden und Ruhe in der ganzen Maschine. Die Seele empfindet süße Beruhigung beim Sinken der Augenlider und verliert ihre Spannkraft mit den Fibern des Gehirns. Sie wird auf diese Weise nach und nach wie gelähmt mit allen

Muskeln ihres Körpers. Die Muskeln können die Last des Kopfes nicht mehr tragen, der Kopf kann das Gewicht des Gedankens nicht mehr aushalten, er ist im Schlafe, als sei er nicht vorhanden. [...]

Das Opium steht mit dem Schlafe, welchen es verschafft, in zu nahen Beziehungen, um seine Erwähnung hier zu unterlassen. Dieses Heilmittel berauscht eben so wie der Wein, der Kaffee etc. jeden in seiner Weise und je nach der Dosis. Es macht den Menschen glücklich in einem Zustande, welcher das Grab jeder Empfindung, gleich wie das Bild des Todes ist. Wie angenehm ist diese Lethargie! Die Seele möchte sich ihrer niemals entäußern. Sie war eine Beute der größten Schmerzen: nun fühlt sie nur noch das einzige Vergnügen, nicht mehr zu leiden und die reizendste Ruhe zu genießen. Das Opium ändert sogar den Willen: es bezwingt die Seele, welche wachen und sich unterhalten wollte, derart, dass der Mensch geht und sich ins Bett legt. [...]

Der Kaffee, das bekannte Gegengift des Weines, erregt in hohem Grade unsere Phantasie, leitet dadurch den Kopfschmerz ab und zerstreut unseren Kummer, ohne uns, so wie das auch mit jenem Getränke der Fall, hiervon für den folgenden Tag verschonen zu können.

Betrachten wir die Seele in ihren anderen Bedürfnissen:

Der menschliche Körper ist eine Maschine, welche selbst ihr Triebwerk aufzieht, das lebendige Bild eines perpetuum mobile (beständig bewegten Gegenstandes). Die Nahrungsmittel unterhalten, was das Fieber erregt. Ohne jene schmachtet die Seele, gerät in Wut und stirbt im höchsten Grade der Ermattung. Sie ist wie eine Kerze, deren Licht, ehe es erlöscht, noch einmal aufflackert. Aber wenn man den Körper ernährt, wenn man in seine Gefäße einen kräftigen Saft, stärkende Getränke eingießt, dann wird auch die Seele stark wie diese und bewaffnet sich mit stolzem Mute; der Soldat, welcher beim bloßen Genuss von Wasser geflohen wäre, wird heldenmütig und geht unter dem Klang der Trommel freudig in den Tod. In solcher Weise setzt erhitzendes Getränk das Blut, welches durch kühlenden Trunk beruhigt worden wäre, in stürmische Bewegung.

La Mettrie, Julien Offray de: Der Mensch eine Maschine (1748). Berlin 1875, S. 21 ff.

■ AUFGABEN:
1. Wie begründet Julien Offray de La Mettrie die These, dass der Mensch eine Maschine sei?
2. Kennen Sie Situationen, in denen Sie selbst wie eine Maschine reagiert haben?
3. Sind die Gefühle, die der Autor erwähnt, auch materielle Gegenstände? Wie müsste man Gefühle im Kontext dieses Denkens beschreiben?

Adolf Menzel: Das Eisenwalzwerk (1875)

A9 Menschsein durch Arbeit

a) Karl Marx: Menschwerdung durch Arbeit

■ INFO zur Einführung:

In der Moderne wird der Mensch oft als „homo faber" verstanden, wie man sagt, d. h. als arbeitender und herstellender Mensch. Wichtige und einflussreiche Repräsentanten dieser Auffassung waren auch Karl Marx (1818–1883) und Friedrich Engels (1820–1895). Auf ihre Philosophie berufen sich bis heute Parteien und politische Systeme.

Friedrich Engels hat versucht, die eigenen Überlegungen mit der Evolutionstheorie von Charles Darwin zu verbinden.

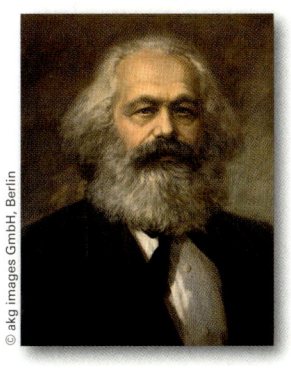

Karl Marx (1818–1893)

Die Arbeit ist zunächst ein Prozess zwischen Mensch und Natur, ein Prozess, worin der Mensch seinen Stoffwechsel mit der Natur durch seine eigne Tat vermittelt, regelt und kontrolliert. Er tritt dem Naturstoff selbst als eine Naturmacht gegenüber. Die seiner Leiblichkeit angehörenden Naturkräfte, Arme und Beine, Kopf und Hand, setzt er in Bewegung, um sich den Naturstoff in einer für sein eignes Leben brauchbaren Form anzueignen. Indem er durch diese Bewegung auf die Natur außer ihm wirkt und sie verändert, verändert er zugleich seine eigne Natur. Er entwickelt die in ihr schlummernden Potenzen und unterwirft das Spiel ihrer Kräfte seiner eignen Botmäßigkeit. […]
Eine Spinne verrichtet Operationen, die denen des Webers ähneln, und eine Biene beschämt durch den Bau ihrer Wachszellen manchen menschlichen Baumeister. Was aber von vornherein den schlechtesten Baumeister vor der besten Biene auszeichnet, ist, dass er die Zelle in seinem Kopf gebaut hat, bevor er sie in Wachs baut. Am Ende des Arbeitsprozesses kommt ein Resultat heraus, das beim Beginn desselben schon in der Vorstellung des Arbeiters, also schon ideell vorhanden war. Nicht dass er nur eine Formveränderung des Natürlichen bewirkt; er verwirklicht im Natürlichen zugleich seinen Zweck, den er weiß, der die Art und Weise seines Tuns als Gesetz bestimmt und dem er seinen Willen unterordnen muss. Und diese Unterordnung ist kein vereinzelter Akt. Außer der Anstrengung der Organe, die arbeiten, ist der zweckmäßige Wille, der sich als Aufmerksamkeit äußert, für die ganze Dauer der Arbeit erheischt, und um so mehr, je weniger sie durch den eignen Inhalt und die Art und Weise ihrer Ausführung den Arbeiter mit sich fortreißt, je weniger er sie daher als Spiel seiner eignen körperlichen und geistigen Kräfte genießt.

Marx, Karl: Das Kapital. Kritik der politischen Ökonomie. Marx/Engels: Werke Bd. 23, Berlin 1962, S. 192 f.

■ AUFGABEN:
1. Charakterisieren Sie Marx' Vorstellung von Arbeit!
2. Sehen Sie Übereinstimmungen zwischen Ihrer Vorstellung von Arbeit und der von Marx?
3. Wie unterscheidet sich Marx' Auffassung vom Menschen von der La Mettries (A8)?

b) Friedrich Engels: Die Menschwerdung des Affen

Die Arbeit ist die Quelle alles Reichtums, sagen die politischen Ökonomen. Sie ist dies – neben der Natur, die ihr den Stoff liefert, den sie in Reichtum verwandelt. Aber sie ist noch unendlich mehr als dies. Sie ist die erste Grundbedingung alles menschlichen Lebens, und zwar in einem solchen Grade, dass wir in einem gewissen Sinn sagen müssen: Sie hat den Menschen selbst geschaffen.
Vor mehreren hunderttausend Jahren, während eines noch nicht fest bestimmbaren Abschnitts jener Erdperiode, die die Geologen die tertiäre nennen, vermutlich gegen deren Ende, lebte irgendwo in der heißen Erdzone – wahrscheinlich auf einem großen, jetzt auf den Grund des Indischen Ozeans versunkenen Festlande – ein Geschlecht menschenähn-

licher Affen von besonders hoher Entwicklung. Darwin hat uns eine annähernde Beschreibung dieser unsrer Vorfahren gegeben. Sie waren über und über behaart, hatten Bärte und spitze Ohren, und lebten in Rudeln auf Bäumen.

Wohl zunächst durch ihre Lebensweise veranlasst, die beim Klettern den Händen andre Geschäfte zuweist als den Füßen, fingen diese Affen an, auf ebner Erde sich der Beihilfe der Hände beim Gehen zu entwöhnen und einen mehr und mehr aufrechten Gang anzunehmen. Damit war *der entscheidende Schritt getan für den Übergang vom Affen zum Menschen.* […]

Wenn der aufrechte Gang bei unsern behaarten Vorfahren zuerst Regel und mit der Zeit eine Notwendigkeit werden sollte, so setzt dies voraus, dass den Händen inzwischen mehr und mehr anderweitige Tätigkeiten zufielen. […] *Die Hand war frei geworden* und konnte sich nun immer neue Geschicklichkeiten erwerben, und die damit erworbene größere Biegsamkeit vererbte und vermehrte sich von Geschlecht zu Geschlecht.

Engels, Friedrich: Anteil der Arbeit an der Menschwerdung des Affen (1876). Marx/Engels Werke Bd. 20, Berlin 1962, S. 444.

■ AUFGABEN:
1. Worin genau liegt bei Marx und Engels der Unterschied zwischen Tier und Mensch?
2. Ließe sich ein Übergang von instinktivem zu bewusstem Herstellen denken?
3. Welche Parallelen und welche Unterschiede zwischen den Auffassungen von Protagoras (Text A1) einerseits und von Marx/Engels andererseits stellt man fest? Was macht bei jenem und was bei diesen den Menschen zum Menschen?

A10 Fortschritt oder Rückschritt der Menschheit?

Höhlenbewohner zur Steinzeit/Schulwandbild

■ AUFGABEN:
1. Beschreiben Sie die Erscheinungsweise und Tätigkeiten der Höhlenbewohner!
2. Halten Sie die Entwicklung der Menschheit in der vorliegenden Phase für fortgeschritten?
3. Worin sehen Sie die wesentlichen Unterschiede zu Ihrer eigenen Kultur?
4. Könnten Sie sich vorstellen, dass die „Höhlenbewohner" in mancherlei Hinsicht entwickelter als die heutigen Menschen waren? Worin besteht Ihrer Meinung zufolge der „wahre" Fortschritt der Menschheit?

a) Konrad Lorenz: Der Begriff „Deszendenztheorie"

Ein […] Grund für die allgemeine Ablehnung der Abstammungslehre ist die Hochschätzung, die wir Menschen unseren Ahnen zuteil werden lassen. Abstammen heißt auf lateinisch descendere, also wörtlich herabsteigen, und schon im römischen Recht war es üblich, den Ahnherrn oben in der Ahnentafel einzusetzen und einen sich nach unten verzweigenden Stammbaum zu zeichnen. Dass ein Mensch zwar nur zwei Eltern aber 256 Urururururgroßeltern hat, kommt in solchen Stammtafeln auch dann nicht zum Ausdruck, wenn sie sich über entsprechend viele Generationen erstrecken. Man vermeidet dies deshalb, weil sich in dieser Zahl nicht genügend viele Vorfahren fänden, deren man sich rühmen könnte. Nach einigen Autoren hat der Ausdruck Descendenz vielleicht auch damit zu tun, dass man in alter Zeit seine Herkunft gerne von Göttern ableitete. Dass der Stammbaum des Lebens nicht von oben nach unten, sondern von unten nach oben wächst, entzog sich bis zur Zeit Darwins der Beobachtung der Menschen, und so besagt das Wort „Descendenz" eigentlich das Gegenteil von dem, was es sagen sollte, es sei denn, man wollte es wörtlich dahin auslegen, dass unsere Vorfahren seinerzeit von den Bäumen herabgestiegen seien. Das haben sie tatsächlich getan, wenn auch, wie wir heute wissen, geraume Zeit *bevor* sie zu Menschen wurden.

Lorenz, Konrad: Das sogenannte Böse. Zur Naturgeschichte der Aggression. Wien 1963, S. 340.

Grandville: Phantasie: Der Mensch steigt zum Tier hinab (1843)

■ AUFGABEN:
1. Beschreiben Sie Grandvilles „Phantasie"! Achten Sie nicht nur auf die Gesichter, sondern auch auf die Kleidung! Wie verhält sich diese „Phantasie" zum Begriff Deszendenz, wie ihn K. Lorenz erklärt?
2. Versuchen Sie, Grandvilles Bild zu deuten!

b) Erich Kästner: Entwicklung der Menschheit

■ INFO zur Einführung:
Der nach dem Zweiten Weltkrieg als Kinderbuchautor berühmt gewordene Dichter Erich Kästner (1899–1974) war dem deutschsprachigen Publikum bereits seit Ende der 20er-Jahre des 20. Jahrhunderts aufgrund seines lyrischen Schaffens und verschiedener Theaterrezensionen bekannt. Kästner gehört zu den von den Nationalsozialisten verachteten Autoren, dessen Werke am 10. Mai 1933 verbrannt worden sind. Das folgende Gedicht erschien 1932 in dem Gedichtband „Gesang zwischen den Stühlen".

Einst haben die Kerls auf den Bäumen gehockt,
behaart und mit böser Visage.
Dann hat man sie aus dem Urwald gelockt
und die Welt asphaltiert und aufgestockt,
bis zur dreißigsten Etage.

Da saßen sie nun, den Flöhen entflohn,
in zentralgeheizten Räumen.
Da sitzen sie nun am Telefon.
Und es herrscht noch genau derselbe Ton
wie seinerzeit auf den Bäumen.

Sie hören weit. Sie sehen fern.
Sie sind mit dem Weltall in Fühlung.
Sie putzen die Zähne. Sie atmen modern.
Die Erde ist ein gebildeter Stern
mit sehr viel Wasserspülung.

Sie schießen die Briefschaften durch ein Rohr.
Sie jagen und züchten Mikroben.
Sie versehn die Natur mit allem Komfort.
Sie fliegen steil in den Himmel empor
und bleiben zwei Wochen oben.

Was ihre Verdauung übrig lässt,
das verarbeiten sie zu Watte.
Sie spalten Atome. Sie heilen Inzest.
Und sie stellen durch Stiluntersuchungen fest,
dass Cäsar Plattfüße hatte.

So haben sie mit dem Kopf und dem Mund
Den Fortschritt der Menschheit geschaffen.
Doch davon mal abgesehen und
bei Lichte betrachtet sind sie im Grund
noch immer die alten Affen.

Kästner, Erich: Die Entwicklung der Menschheit. In: Ders.: Gesammelte Schriften für Erwachsene, Bd. 1, München, Zürich 1969, S. 223 f.

■ AUFGABEN:
1. Erläutern Sie, in welchen Bereichen die Menschheit Erich Kästner zufolge Fortschritte gemacht hat!
2. Wären auch andere Fortschritte denkbar?
3. Beschreiben Sie in einem eigenen Gedicht oder Lied Ihre Vorstellung vom Fortschritt der Menschheit!

A11 Gerhard Neuweiler: Der Mensch – kein Produkt des blinden Zufalls

■ INFO zur Einführung:
Die meisten Biologen vertreten die Ansicht, dass durch Variation oder Mutation, d. h. durch zufällige Änderungen des Erbguts, und natürliche Auslese der Stärksten der Mensch so wie alle anderen Lebewesen in der Kette der organischen Gestaltungen entstanden ist. Doch diese Auffassung ist innerhalb der Naturwissenschaften strittig. Der Zoologe Gerhard Neuweiler (1935–2008) vertritt eine andere These.

„Sagt mir, was bedeutet der Mensch? Woher ist er kommen? Wo geht er hin?" In Heinrich Heines Gedicht „Fragen" aus dem zweiten Zyklus „Nordsee" steht ein Jüngling „am wüsten, nächtlichen Meer" und stellt sich diese Fragen. Das Gedicht endet: „Und ein Narr wartet auf Antwort."
Heute, 150 Jahre später, braucht man kein Narr zu sein, um wenigstens auf die ersten beiden Fragen eine Antwort der Wissenschaften zu erwarten. Der Mensch mit dem Artnamen Homo sapiens, wie er vor etwa 160.000 bis 100.000 Jahren auf die Bühne trat, war das Ergebnis von sich selbst organisierenden Systemen und von adaptiver, natürlicher, Darwin'scher Evolution, also von genetischer Variabilität und deren Auslese durch äußere Lebensumstände wie Klima, Nahrungsangebot, Konkurrenz um Ressourcen, Infektionsepidemien und anderes mehr. Wie die Debatten über Klimawandel und Vogelgrippe zeigen, sind wir auch heute noch den gleichen äußeren Einflüssen ausgesetzt. Doch der aktuelle Klimawandel ist Menschenwerk, und Epidemien werden durch die täglichen, weltumspannenden Menschenströme in Flugzeugen und Autos begünstigt.
Seit wenigen tausend Jahren lebt Homo sapiens in einer Welt, die zunehmend von selbstgeschaffenen zivilisatorischen und kulturellen

Bedingungen beherrscht wird. Diese kulturelle im Gegensatz zur natürlichen Evolution hat sich mit der Aufklärung und dem Siegeszug von Wissenschaft und Technik exponentiell beschleunigt. Lebensqualität und Lebenschancen des Homo sapiens im 21. Jahrhundert hängen so sehr von menschengemachten Umständen ab, dass er ohne Einbindung in Gesellschaften mit sozialen, gesundheitlichen, ausbildenden und versorgenden Netzwerken nicht mehr lebensfähig ist. Einige Anthropologen bezeichnen den heutigen Menschen wegen seiner umfassenden gesellschaftlichen Abhängigkeit nicht mehr als soziales, sondern als ultrasoziales Wesen, das als Einzelwesen faktisch nicht mehr existieren kann. In seiner menschengeschaffenen Lebenswelt erfindet sich der Mensch der Gegenwart ständig selbst und bestimmt sein zukünftiges Gesicht. Er agiert in einer hochzivilisierten Gesellschaft, in der er in einer Art Spinnennetz höchstspezialisierter Arbeitsteilung hängt und direkt oder indirekt Teil eines globalen Waren- und Informationsflusses geworden ist, der sich treffend mit dem wunderbaren Namen world wide web (www) charakterisieren lässt. Die Anforderungen an einen solchen modernen Homo faber sind ganz anderer Natur als die an den Homo sapiens, der in antiken und vorgeschichtlichen Zeitaltern seinen Flecken Land bestellte und ihn gegebenenfalls mit Schwert und Schild verteidigte.

Nach herrschender Lehrmeinung entstand dieser sich selbst schaffende Mensch durch den Zufall und die natürliche Auslese. Bekannte Wortführer der Evolutionsbiologie wie Stephen Jay Gould und Richard Dawkins waren und sind davon überzeugt, dass der Mensch ein reines Zufallsprodukt natürlicher Evolution sei und bei einem fiktiven Neubeginn des Lebens nicht wieder entstehen würde. Es ist eine Tatsache, dass wir Menschen das Ergebnis natürlicher Evolution sind und insoweit Gestalt-, Struktur- und Funktionsmerkmale von Primaten, Säugetieren und Wirbeltieren teilen. Selbst mit Bakterien haben wir bestimmte Gene gemeinsam. Der Mensch wäre also in der Tat ein Zufallsprodukt, wenn die natürliche Evolution nichts anderes wäre als ein Spielball zufälliger Mutationen und deren Auslese durch beliebige äußere Existenzbedingungen. Wie schon […] geschildert, meiden die Lehrbücher der Evolution den Begriff Fortschritt, der ein Ziel voraussetzt, wie der Teufel das Weihwasser.

Doch das Leben ist kein Gepäckstück der Natur, das wie auf einer Ladepritsche in zielloser Fahrt über unwegsames Gelände mal hierhin, mal dorthin geworfen wird. Das Leben ist nicht den Zufällen der Natur ausgeliefert, es benutzt vielmehr den Zufall als willkommene Variationsquelle, um in der Auseinandersetzung mit der Welt seit den ersten enzymatischen Reaktionen bis zum world wide web unbeirrt seine Richtung beizubehalten, und diese Richtung ist benennbar: wachsende Komplexität und damit verknüpft zunehmende Unabhängigkeit von ökologischen Lebensbedingungen.

Die Evolution ist eine großartige und hinreißende Geschichte über die Emanzipation des Lebens aus den engen Fesseln der Natur in mehr und mehr selbstbestimmte Freiheit, und der Höhepunkt dieser Emanzipationsgeschichte ist der Mensch:

- Er ist das einzige Lebewesen, das sich nach eigenen, frei gewählten Kriterien eine selbstbestimmte, „humane" Lebenswelt schaffen kann.
- Er ist das einzige Lebewesen, das sich dem Diktat reproduktiver Fitness und natürlicher Auslese entziehen kann.
- Er ist das einzige Lebewesen, das sich die Werkzeuge der natürlichen Evolution bis hin zur Genmanipulation angeeignet hat und damit die natürliche Evolution durch eine kulturelle, seinen eigenen Zielen folgende Evolution überformt. Nunmehr bestimmt der bewusste Mensch und nicht nur die „blinde und unbarmherzige" Natur den weiteren Fortgang der Evolution.
- Er ist das einzige Lebewesen, das mit der Freiheit Selbstbestimmung erlangte und damit Verantwortung für alles Lebendige trägt. […]
- Er ist das einzige Lebewesen, das mit seinem Selbstbewusstsein weiß, dass es dem Tod anheimfallen wird. Im Angesicht des Todes schafft es transzendente Weltvorstellungen, die sein Dasein mit bestimmen.
- Er ist das freieste und faszinierendste Lebewesen, das je den Erdball bewohnt hat. Mit dem Menschen hat sich die lebendige Materie selbst befreit.

Neuweiler, Gerhard: Und wir sind es doch – Die Krone der Evolution, Berlin o. J., S. 199 ff.

AUFGABEN:
1. Wie könnte man erklären, dass selbst Naturwissenschaftler sich über die Interpretation der Evolution nicht einig sind?
2. Wie verhält sich die Ansicht des Zoologen Neuweiler zu Kants Interpretation der Schöpfungsgeschichte (A3)? Erkennen Sie Parallelen?
3. Wenn wir nun unweigerlich auf die Zivilisation angewiesen sind, wird dann nicht unsere Freiheit auch auf neue Weise bedroht?

A12 Hellmuth Plessner: Der nicht festgelegte Mensch

■ INFO zur Einführung:
Die philosophische Lehre vom Menschen (Anthropologie) hat sich bemüht, die Bedingungen für die spezifisch menschlichen Verhaltensweisen und Leistungen zu nennen. Hellmuth Plessner (1892–1985) sieht sie in der Fähigkeit des Menschen, zu sich selbst und seiner Welt in Distanz treten zu können. Während das Tier durch seine Instinkte und spezialisierten Organe auf eine ganz bestimmte Umwelt festgelegt ist, kann der Mensch jede Umwelt – tatsächlich oder zumindest in Gedanken – überschreiten und so auch über die Umwelt der Tiere nachdenken.

Während das Tier schon für eine bestimmte Umwelt spezialisiert ins Leben tritt und selbst die dem Menschen verwandten Arten eine möglichst abgekürzte außermütterliche Jugendzeit haben, bleibt der Mensch lange in dem Zwang der Hilfsbedürftigkeit, unter dem Schutz der Mutter, in einem Stadium, das auf keine bestimmte Umwelt eingestellt ist. […]
Schon Herder hat darauf hingewiesen, dass die biologische Hilfsbedürftigkeit, das Unvermögen, sich durch äußere Organe zu verteidigen, das Angewiesensein auf langen elterlichen Schutz, biologisch gesehen Schwäche, zweifellos zweckdienlich ist, wenn man den Menschen von seinen geistigen Möglichkeiten her begreift. Ein Wesen, das in einer ihm unbekannten Welt lebt, kann nicht anders als durch Wahl und Entschluss seinen Weg finden. Unbekanntheit verlangt Handelnkönnen. Unergründliche Ergründbarkeit als Strukturprinzip der Welt, die alle Umweltlichkeit überschreitet, verlangt Freiheit der Entscheidung, produktive Unsicherheit, sachliche Einsicht auf Grund von Erfahrung und begrifflichem Denken. Dann ist also die biologische Schwäche des Menschen, verglichen mit der spezialisierten Ausbildung aller Tiere, deren Instinktspezialismus in einem Organspezialismus seinen Ausdruck findet, nichts anderes als das ehrenvolle Opfer, das die „Natur" seiner Geistigkeit bringt. […]
Der Mensch zeigt, dass er jede […] Umwelt durchbrechen kann. Er ist nicht nur emanzipiert von einem bestimmten Klima, von einem bestimmten Milieu, er geht dazu über, diese ganzen Unterschiede von Klima und Milieu zu durchbrechen. Er siedelt sich überall an, und gerade dadurch ist er immer wieder gezwungen und imstande, sich eine künstliche Umwelt zu schaffen. Er *schafft* sich eine Wohnstätte, er *schafft* sich eine Heimat, weil er nicht irgendwo an einen Boden gebunden ist. Die Stärke seiner biologischen Schwäche und Unspezialisiertheit stimmt mit der merkwürdigen Wurzellosigkeit zusammen, von der er in der Tat in allen seinen Handlungen, in seinem ganzen Verhalten Zeugnis ablegt. Gerade diese Wurzellosigkeit, dieses sich überall von neuem Verwandeln und seine Wurzeln, wenn er sie einmal geschlagen hat, stets wieder ausreißen können, ist das, was den Menschen zum Menschen macht.

Plessner, Hellmuth: Mensch und Tier (1946). Gesammelte Schriften VIII, Frankfurt/M 1983, S. 60ff.

■ AUFGABEN:
1. Wie hängen die Schwächen und die Stärken des Menschen zusammen?
2. Erläutern Sie an Beispielen den „Instinktspezialismus" der Tiere!
3. Was könnte der Autor mit dem Ausdruck „unergründliche Ergründbarkeit als Strukturprinzip der Welt" meinen?
4. Kennen Sie aus dem Geschichtsunterricht oder aus Ihrer Erfahrung Belege für die Aussage des letzten Satzes? Oder können Sie Plessner in diesem Punkt nicht zustimmen?

A13 Sigmund Freud: Die drei Kränkungen des Menschen

■ INFO zur Einführung:
Der Wiener Nervenarzt Sigmund Freud (1856–1939) erforschte das Seelenleben, den „psychischen Apparat" des Menschen, den er als ein Konglomerat aus unbewussten Triebansprüchen und verinnerlichten Ge- und Verboten auffasste. Der Mensch, so Freud, sei in all seinem Tun primär ein Triebwesen. Sigmund Freuds Methode zur Erforschung des Seelenlebens wird „Psychoanalyse" genannt.

Sigmund Freud (1856–1939)

Zwei große Kränkungen ihrer naiven Eigenliebe hat die Menschheit im Laufe der Zeiten von der Wissenschaft erdulden müssen. Die erste, als sie erfuhr, dass unsere Erde nicht der Mittelpunkt des Weltalls ist, sondern ein winziges Teilchen eines in seiner Größe kaum vorstellbaren Weltsystems. Sie knüpft sich für uns an den Namen Kopernikus, obwohl schon die alexandrinische Wissenschaft Ähnliches verkündet hatte. Die zweite dann, als die biologische Forschung das angebliche Schöpfungsvorrecht des Menschen zunichte machte, ihn auf die Abstammung aus dem Tierreich und die Unvertilgbarkeit seiner animalischen Natur verwies. Diese Umwertung hat sich in unseren Tagen unter dem Einfluss von Ch. Darwin, Wallace und ihren Vorgängern nicht ohne das heftigste Sträuben der Zeitgenossen vollzogen. Die dritte und empfindlichste Kränkung aber soll die menschliche Größensucht durch die heutige psychologische Forschung erfahren, welche dem Ich nachweisen will, dass es nicht einmal Herr ist im eigenen Hause, sondern auf kärgliche Nachrichten angewiesen bleibt von dem, was unbewusst in seinem Seelenleben vorgeht.

Freud, Sigmund: Vorlesungen zur Einführung in die Psychoanalyse (1916/1917). Studienausgabe, Bd. 1, Frankfurt a. M. ¹²1994, S. 283f.

■ AUFGABEN:
1. Informieren Sie sich – beispielsweise im Internet – über Freuds psychoanalytische Konzeption!
2. Diskutieren Sie, welche kompromittierenden Kränkungen die Menschheit Ihrer Auffassung zufolge erfahren hat und heute noch erfährt!
3. Wie beurteilen Sie Freuds aufgezeigte Kränkungen hinsichtlich der Menschheitsentwicklung?

A14 Hellmuth Plessner: Wissenschaft vom Menschen und Menschlichkeit

■ INFO zur Einführung:
Die neuen Wissenschaften vom Menschen erforschen ihn als ein Ergebnis der Evolution (Charles Darwin), finden ihn durch die Macht unbewusster Triebe und Konflikte beherrscht (Sigmund Freud) und all sein Denken durch seine gesellschaftliche Stellung bestimmt (Marxismus). Für Plessner sind diese neuen Wissenschaften zwar aufklärend, aber auch einseitig und sogar bedrohlich, indem sie nämlich den Menschen verunsichern und jeweils auf ein bestimmtes begreifbares Wesen festlegen. Dies aber widerspricht für Plessner nicht nur der Einsicht in das offene Wesen des Menschen, sondern auch seiner Freiheit und Würde. Er endet einen Vortrag deshalb mit den folgenden Sätzen:

Ich […] möchte zum Abschluss doch noch einmal an die aufklärend-auflösende Wirkung erinnern, welche die biologische Entwicklungsgeschichte, die Tiefenpsychologie und die soziologische Kulturkritik auf das Selbstbewusstsein des Menschen unserer Tage gehabt haben. Diesen drei Wissenschaften zur Hauptsache ist es zuzuschreiben, dass ihm alle Prädikate seiner Vorzugsstellung unter den Geschöpfen fraglich geworden sind, wie sie ihm durch Jahrhunderte seiner Geschichte gesichert schien. Weder kann er mehr an seiner Herkunft aus vormenschlichen, tierischen Lebensformen zweifeln noch auch ohne weiteres den Evidenzen seines Bewusstseins und seiner Einsicht jenes unbegrenzte Vertrauen schenken, das naive Gemüter auszeichnet und ihnen Kraft gibt. Er muss sich in jeder Hinsicht als offene Frage verstehen, nicht mehr nur als ein Wesen zwischen Tier und Engel, dem seine Vorgeschichte nur gewisse Möglichkeiten erarbeitet hat, das zu werden, was er ist. Seine unzweifelhafte Zugehörigkeit zur zoologischen Spezies der Hominiden, die Tatsache Homo sapiens, bedeutet eine Aufgabe und nicht bereits die Sicherung der Humanität.

Hominitas ist nicht mehr gleich Humanitas. Besitz des Sprachvermögens, aufrechter Gang, Werkzeugformung und Werkzeuggebrauch, Selbstbewusstsein sind Privilegien, aber keine automatischen Sicherungen dagegen, nur tierischer als jedes Tier zu sein. Wir haben die Gefahren einer Ideologie erlebt, welche den Menschen rein biologisch definieren wollte. Andere Ideologien, die ihn anders definieren, aber genau so festlegen, werden ebenso verhängnisvoll sein. Eine Erkenntnis, welche die offenen Möglichkeiten im und zum Sein des Menschen im Großen wie im Kleinen eines jeden einzelnen Lebens verschüttet, ist nicht nur falsch, sondern zerstört den Atem ihres Objekts: seine menschliche Würde. Der Homo absconditus, der unergründliche Mensch, ist die ständig jeder theoretischen Festlegung sich entziehende Macht seiner Freiheit, die alle Fesseln sprengt, die Einseitigkeiten der Spezialwissenschaft ebenso wie die Einseitigkeiten der Gesellschaft.

Plessner, Hellmuth: Über einige Motive der Philosophischen Anthropologie (1956). Gesammelte Werke VIII, Frankfurt/M 1983, S. 133 f.

■ AUFGABEN:

1. Auf welche Ideologie spielt Plessner an, die den Menschen durch eine biologische Definition festlegte?
2. Die beiden Ausdrücke „Hominitas" und „Humanitas" kann man beide wörtlich mit „Menschlichkeit" übersetzen. Und doch haben sie hier bei Plessner eine ganz verschiedene Bedeutung, die aus dem Kontext hervorgeht. Worin besteht der Unterschied?
3. Hat für Plessner der Mensch ein „Wesen" oder nicht? Was macht den Menschen zum Menschen?

2 Wer bin ich? Bin ich frei?

B1 Otto Müller: Akte vor dem Spiegel

■ INFO zur Einführung:
Wer bin ich? Was bin ich eigentlich? – Zu allen Zeiten haben sich Menschen diese Fragen besonders dann gestellt, wenn sie dem eigenen Selbstbild nicht mehr entsprachen, wenn sie z. B. anders handelten, als sie eigentlich wollten, oder Gefühle hatten, die sie noch nicht kannten. Die Frage nach dem eigenen Selbst ist eine der ältesten in der Philosophie.

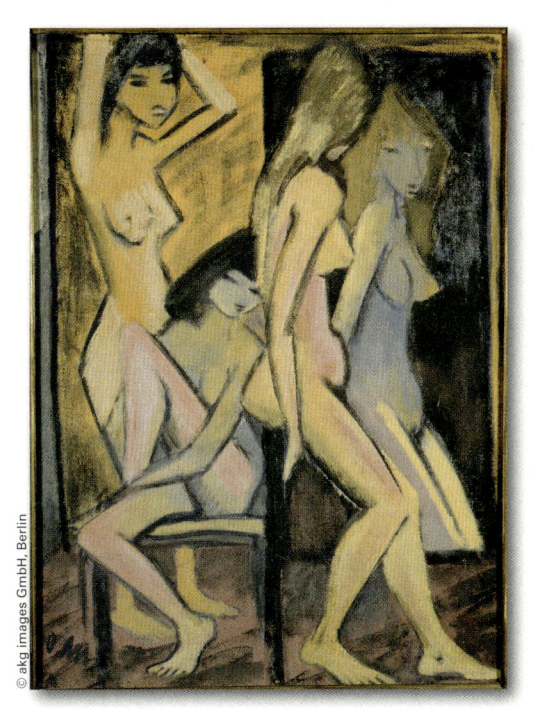

Otto Müller: Drei Akte vor dem Spiegel (1912, Feldafing, Sammlung Lothar-Günther Buchheim)

Selbstbildnis einer Schülerin des Berufskollegs Ennepetal

■ AUFGABEN:
1. Ideal- oder Zerrbild des Menschen? Beschreiben Sie Ihre Empfindungen beim Betrachten der „Drei Akte vor dem Spiegel"!
2. Deuten Sie das Selbstbildnis der Schülerin!
3. Was empfinden Sie beim Anblick des eigenen Spiegelbildes?
4. Versuchen Sie, sich möglichst authentisch zu zeichnen! (Zeichnen Sie ggf., wie Sie sich gerne sehen würden!) Erklären Sie anschließend Ihr Selbstverständnis!

B2 Sokrates deutet den Spruch „Erkenne dich selbst!"

■ INFO zur Einführung:

Betraten die Griechen in der Antike den Tempel des Gottes Apoll in Delphi, den sie auch den Pythischen Tempel nannten, lasen sie an der Wand der Vorhalle „gnoti sauton", „Erkenne dich selbst". Der Spruch wird zumeist auf Chilon von Sparta zurückgeführt. Seine ursprüngliche Bedeutung lautet „Erkenne, o Mensch, dass du kein Gott bist!" Bei Platon erfahren wir, dass sein Lehrer Sokrates dem Spruch eine etwas speziellere, wirkungsreiche Bedeutung gab. Bis heute verbinden wir mit jener Aufforderung besonders den Namen des Sokrates. Dieser lebte von 469 bis 399 v. Chr., schrieb nichts, sondern lehrte nur mündlich. Platon machte ihn in all seinen Schriften, die er in Dialogform verfasste, zum überlegenen Lehrer der anderen.

Sokrates: Ist das nun wohl etwas Leichtes, sich selbst zu kennen, und war das wohl nur ein ‚gemeiner' Mensch, der dies aufgeschrieben hat im Pythischen Tempel, oder ist es schwer und nicht jedermanns Sache?

Alkibiades: Mir, o Sokrates, ist es oft als etwas ganz Gemeines vorgekommen und oft auch als etwas sehr Schweres. […]

Sokrates: Wohlan denn, auf welche Weise könnte man wohl das Selbst selbst finden? Denn dann könnten wir wohl auch finden, was wir selbst sind, ist aber jenes noch unbekannt, dann wohl unmöglich.

Alkibiades: Du hast recht.

Sokrates: So komm denn, beim Zeus. Mit wem redest du jetzt? Nicht wahr, doch mit mir?

Alkibiades: Ja.

Sokrates: Und ich mit dir?

Alkibiades: Ja.

Sokrates: Sokrates also ist der Redende?

Alkibiades: Freilich.

Sokrates: Und Alkibiades der Hörende?

Alkibiades: Ja.

Sokrates: Und nicht wahr, mit der Sprache redet Sokrates?

Alkibiades: Womit sonst?

Sokrates: Und reden und sich der Sprache gebrauchen nennst du doch einerlei?

Alkibiades: Freilich.

Sokrates: Der Gebrauchende aber und was er gebraucht, sind die nicht verschieden?

Alkibiades: Wie meinst du? […]

Sokrates: Ist nicht […] das, womit der Leierspieler spielt, und der Leierspieler selbst etwas anderes?

Alkibiades: Ja.

Sokrates: Dies nun fragte ich eben, ob der Gebrauchende und das, was er gebraucht, wohl immer scheinen verschieden zu sein?

Alkibiades: Das scheint wohl.

Sokrates: Was sagen wir aber weiter vom Schuster? Schneidet er bloß mit den Werkzeugen oder auch mit den Händen?

Alkibiades: Auch mit den Händen.
Sokrates: Er gebraucht also auch diese?
Alkibiades: Ja.
Sokrates: Gebraucht er auch die Augen, wenn er seine Arbeit verrichtet?
Alkibiades: Ja.
Sokrates: Und der Gebrauchende und was er gebraucht, gestanden wir doch, sei verschieden?
Alkibiades: Ja.
Sokrates: Verschieden also sind der Schuster und der Leierspieler von den Augen und Händen, womit sie arbeiten?
Alkibiades: So scheint es.
Sokrates: Und nicht wahr, auch seinen ganzen Leib gebraucht der Mensch?
Alkibiades: Freilich.
Sokrates: Und verschieden war das Gebrauchende und was es gebraucht?
Alkibiades: Ja.
Sokrates: Verschieden also ist auch der Mensch von seinem eigenen Leibe?
Alkibiades: So scheint es.
Sokrates: Was ist also der Mensch?
Alkibiades: Ich weiß es nicht zu sagen.
Sokrates: Das doch wohl, dass er das den Leib Gebrauchende ist?
Alkibiades: Ja.
Sokrates: Gebraucht den nun wohl etwas anderes als die Seele?
Alkibiades: Nichts anderes. […]
Sokrates: Wer also in des Alkibiades' Leib verliebt ist, der ist nicht in den Alkibiades verliebt, sondern in etwas, was dem Alkibiades angehört.
Alkibiades: Du hast recht.
Sokrates: Wer aber in dich, der liebt deine Seele.
Alkibiades: Notwendig nach deiner Rede.
Sokrates: Und wer deinen Leib liebt, der geht auf und davon, wenn dieser aufhört zu blühen?
Alkibiades: Natürlich.
Sokrates: Wer aber die Seele liebt, der geht nicht ab, solange sie dem Besseren nachstrebt.
Alkibiades: Wahrscheinlich wohl.

Platon: Alkibiades I, 129c–130a, c–d. Werke in acht Bänden, griechisch und deutsch, deutsche Übers. von F. Schleiermacher, Bd. 1, Darmstadt 1990, S. 613ff., 621.

■ AUFGABEN:
1. Gibt Sokrates in dem Dialog Auskunft, ob die Erkenntnis der eigenen Seele wirklich möglich ist?
2. Wie würden Sie zur Ansicht des Sokrates Stellung nehmen, dass man nicht in den Leib eines Anderen verliebt ist, sondern in seine Seele?
3. Wenn sich durch Krankheit oder Alter das Aussehen eines Menschen verändert hat, verlor er dann seine Identität?

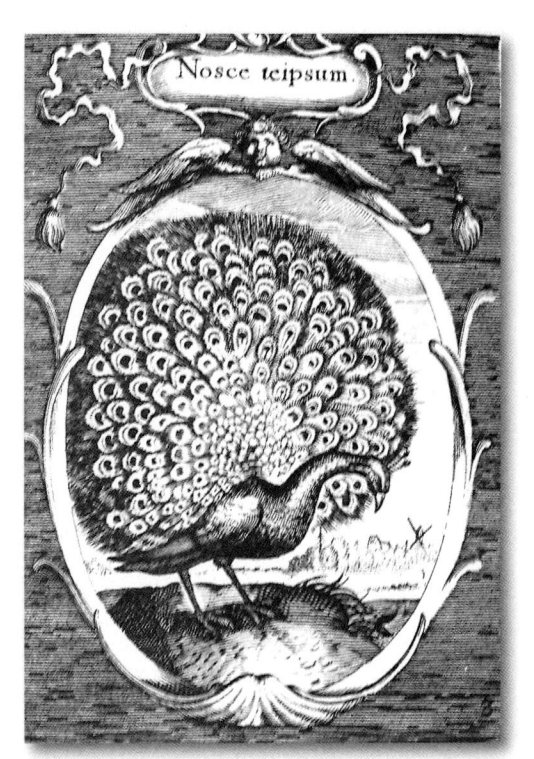

Nosce teipsum.

Der stoltz Pfaw an der Sonnen Glantz/
Übermütig auffwirfft sein Schwantz:
So bald'r sein Füß anschawen thut/
Läst er solchn fallen für Vnmut.

Wann der Mensch sein Schwachheit erkent/
Nimbt bey jhm Stoltz vnd Pracht ein End.

Nosce teipsum (Erkenne dich selbst).
Das Bild zeigt einen Rad schlagenden Pfau mit hässlichen Beinen als Gleichnis der Unvollkommenheit. Jeder, so will uns das Epigramm sagen, möge seine Unvollkommenheit erkennen, damit es nicht zu einem Missverhältnis zwischen Wollen und Können komme.

B3 Konrad Lorenz: Erkenne dich als Teil der Natur!

■ INFO zur Einführung.
Der Zoologe und Verhaltensforscher Konrad Lorenz (1903–1989) hat in seinem populär gewordenen Buch „Das sogenannte Böse" eine ganz andere Selbsterkenntnis als Sokrates verlangt: Wir sollten akzeptieren lernen, dass wir durch die Evolution ererbte Aggressionen in uns tragen. In ähnlicher Weise erklärt heute die „Soziobiologie" viele Formen menschlichen Verhaltens. Aber sowohl die Theorie von Lorenz als auch die neuere Soziobiologie sind umstritten.

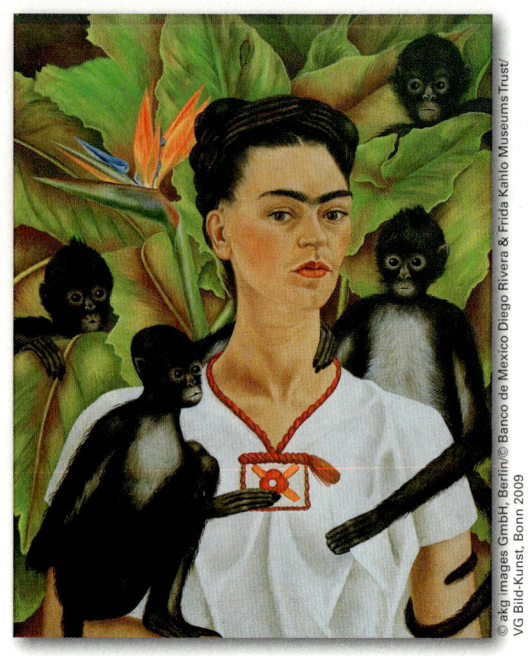

Frida Kahlo: Selbstbildnis mit Affe (1938)

Allzugerne sieht sich der Mensch als Mittelpunkt des Weltalls, als etwas, das nicht zur übrigen Natur gehört, sondern ihr als etwas wesensmäßig Anderes, Höheres gegenübersteht. In diesem Irrtum zu beharren, ist vielen Menschen ein Bedürfnis, sie bleiben taub gegen den klügsten Befehl, den je ein Weiser ihnen gegeben hat, gegen das berühmte gnoti sauton, das „erkenne dich selbst", von Cheilon ausgesprochen, aber meist dem Sokrates zugeschrieben. Was hindert die Menschen, ihm zu gehorchen? Es sind drei aufs stärkste mit Affekten besetzte Hindernisse, die das tun. Das erste ist bei jedem Einsichtigen leicht zu beseitigen, das zweite bei aller Schädlichkeit seiner Wirkung immerhin ehrenwert und das dritte geistesgeschichtlich verständlich und damit verzeihlich, aber wohl am schwersten aus der Welt zu schaffen. Alle drei aber sind untrennbar verbunden und verwoben mit einer bösen menschlichen Eigenschaft, von der alte Weisheit besagt, dass sie vor dem Fall komme, mit dem Hochmut. [...]
Das erste Hemmnis ist das primitivste. Es verhindert die Selbsterkenntnis des Menschen dadurch, dass es ihm die Einsicht in das eigene historische Gewordensein verwehrt. Seine Gefühlsbetontheit und seine hartnäckige Kraft kommen paradoxerweise von der großen Menschenähnlichkeit unserer nächsten Verwandten. Wenn den Menschen der Schimpanse nicht bekannt wäre, fiele es leichter, sie von ihrer Herkunft zu überzeugen. Unerbittliche Gesetze der Gestaltwahrnehmung verhindern, dass wir im Affen und besonders im Schimpansen ein Tier wie andere Tiere sehen, und zwingen uns, in seinem Gesicht das menschliche Antlitz zu erblicken. In dieser Sicht, nach menschlichem Maßstabe gemessen, erscheint der Schimpanse begreiflicherweise als etwas Grässliches, als eine geradezu teuflische Karikatur unser selbst. [...]
Das zweite Hemmnis der Selbsterkenntnis ist die gefühlsmäßige Abneigung gegen die Erkenntnis, dass unser Tun und Lassen den Gesetzen natürlicher Verursachung unterliegt. [...] Das dumpfe, an Klaustrophobie gemahnende Gefühl des Gefesseltseins, das viele Menschen bei Betrachtung der allgemeinen ursächlichen Bestimmtheit des Naturgeschehens beschleicht, hängt sicher mit ihrem berechtigten Bedürfnis nach Freiheit des eigenen Wollens zusammen und mit dem ebenso berechtigten Wunsche, das eigene Handeln nicht durch zufällige Ursachen, sondern durch hohe Ziele bestimmen zu lassen.
Ein drittes großes Hemmnis menschlicher Selbsterkenntnis ist – zumindest in unserem westlichen Kulturkreis – ein Erbe idealistischer Philosophie. Es entspringt der Zweiteilung der Welt in die äußere Welt der Dinge, die idealistischem Denken als grundsätzlich wertindifferent gilt, und in die intelligible Welt der inneren Gesetzlichkeit des Menschen, der allein Werte zuerkannt werden. Diese Zweiteilung lässt sich die Egozentrizität des Menschen gerne gefallen, sie kommt seiner Abneigung gegen die eigene Naturgesetzlichkeit in er-

wünschter Weise entgegen und so ist es nicht zu verwundern, dass sie so tief in das Denken der Allgemeinheit eingedrungen ist. […]
Ich glaube, ein einfaches Mittel zu kennen, um die Menschen mit der Tatsache zu versöhnen, dass sie selbst ein Teil der Natur und in natürlichem Werden, ohne Verstoß gegen Naturgesetze, entstanden sind: man müsste ihnen nur zeigen, wie groß und schön das Universum ist und wie ehrfurchtgebietend die Gesetze, die es beherrschen. Vor allem glaube ich zuversichtlich, dass keiner, der über das stammesgeschichtliche Werden der Organismenwelt genügend weiß, innere Widerstände gegen die Erkenntnis haben kann, dass auch er selbst diesem großartigsten aller Naturgeschehen sein Dasein verdankt. Die Wahrscheinlichkeit oder, besser gesagt, die all unser historisches Wissen um ein Vielfaches übertreffende Sicherheit der Abstammungslehre will ich hier nicht erst diskutieren. Alles uns jetzt Bekannte fügt sich ihr zwanglos ein, nichts spricht gegen sie und sie besitzt alle Werte, die einer Schöpfungslehre zukommen können: erklärende Kraft, poetische Schönheit und eindrucksvolle Größe.
Wer dies voll erfasst hat, kann unmöglich Abscheu vor der Erkenntnis Darwins empfinden, dass wir mit den Tieren eines Stammes sind, noch auch vor der Einsicht Freuds, dass wir selbst noch von den gleichen Instinkten getrieben werden wie unsere vormenschlichen Ahnen. Vielmehr wird der Wissende eine neue Art von Ehrfurcht vor den Leistungen der Vernunft und der verantwortlichen Moral empfinden, die erst mit der Entstehung des Menschen in die Welt getreten sind und die ihm, woferne er nicht in blindem Hochmut das Vorhandensein des tierischen Erbes in sich selbst leugnet, sehr wohl die Macht geben können, es zu beherrschen.

Lorenz, Konrad: Das sogenannte Böse. Zur Naturgeschichte der Aggression. Wien 1963, S. 333 ff.

■ AUFGABEN:
1. Erläutern Sie die drei Hemmnisse der Selbsterkenntnis!
2. Hat bei Lorenz die geforderte Selbsterkenntnis auch mit Moral zu tun oder nicht? Sollte der Hochmut des Menschen aus seiner Natur folgen, müsste man ihn nicht akzeptieren?
3. Stimmen Sie zu, dass die Abstammungslehre „poetische Schönheit" besitzt? Was könnte das heißen?

B4 Immanuel Kant: Das Gebot der Selbsterkenntnis

Von dem ersten Gebot aller Pflichten gegen sich selbst

Dieses ist: *Erkenne* (erforsche, ergründe) *dich selbst* nicht nach deiner physischen Vollkommenheit (der Tauglichkeit oder Untauglichkeit zu allerlei dir beliebigen oder auch gebotenen Zwecke), sondern nach der moralischen, in Beziehung auf deine Pflicht – dein Herz – ob es gut oder böse sei, ob die Quelle deiner Handlungen lauter oder unlauter, und was, entweder als ursprünglich zur *Substanz* des Menschen gehörend, oder, als abgeleitet (erworben oder zugezogen) ihm selbst zugerechnet werden kann und zum moralischen *Zustande* gehören mag.
Die moralische Selbsterkenntnis, die in die schwerer zu ergründende Tiefen (Abgrund) des Herzens zu dringen verlangt, ist aller menschlichen Weisheit Anfang. Denn die letztere, welche in der Zusammenstimmung des

Der Philosoph Immanuel Kant (1724–1804)

Willens eines Wesen zum Endzweck besteht, bedarf beim Menschen zu allererst die Wegräumung der inneren Hindernisse (eines bösen in ihm genistelten Willens), und dann, die Entwicklung der nie verlierbaren ursprünglichen Anlage eines guten Willens in ihm zu entwickeln (nur die Höllenfahrt des Selbsterkenntnisses bahnt den Weg zur Vergötterung).

Kant, Immanuel: Die Metaphysik der Sitten. Gesammelte Werke, hg. von W. Weischedel, Bd. 6, Frankfurt a. M. 1977, S. 576 f.

■ AUFGABEN:
1. Was setzt Kant für die moralische Selbsterkenntnis voraus?
2. Hält Kant den Menschen für ursprünglich gut oder böse?
3. Sind wir für unseren moralischen Charakter verantwortlich oder nicht?
4. Wieso ist die Selbsterkenntnis eine Höllenfahrt?

B5 Goethes Zweifel an der Selbsterkenntnis

■ INFO zur Einführung:
Johann Wolfgang Goethe hat starke Zweifel geäußert, ob man sich überhaupt selbst erkennen könne, und er hat stattdessen aufgefordert, sich selbst zu erproben. Der erste der beiden folgenden Texte stammt aus seiner Sammlung von Spruchdichtungen, der zweite aus einem theoretischen Zusammenhang.

*Niemand wird sich selber kennen,
Sich von seinem Selbst-Ich trennen;
Doch probier er jeden Tag,
Was nach außen endlich klar,
Was er ist und was er war,
Was er kann und was er mag.*

Goethe, Johann Wolfgang von: Sprüche. Werke, Hamburger Ausgabe, Bd. 1, München ¹²1981, S. 308.

Hierbei bekenn' ich, dass mir von jeher die große und so bedeutend klingende Aufgabe: erkenne dich selbst, immer verdächtig vorkam, als eine List geheim verbündeter Priester, die den Menschen durch unerreichbare Forderungen verwirren und von der Tätigkeit gegen die Außenwelt zu einer innern falschen Beschaulichkeit verleiten wollten. Der Mensch kennt nur sich selbst, insofern er die Welt kennt, die er nur in sich und sich nur in ihr gewahr wird. Jeder neue Gegenstand, wohl beschaut, schließt ein neues Organ in uns auf.
Am allerfördersamsten aber sind unsere Nebenmenschen, welche den Vorteil haben, uns mit der Welt aus ihrem Standpunkt zu vergleichen und daher nähere Kenntnis von uns zu erlangen, als wir selbst gewinnen mögen.
Ich habe daher in reiferen Jahren große Aufmerksamkeit gehegt, inwiefern andere mich wohl erkennen möchten, damit ich in und an ihnen, wie an so viel Spiegeln, über mich selbst und über mein Inneres deutlicher werden könnte.

Goethe, Johann Wolfgang von: Bedeutende Fördernis durch ein einziges geistreiches Wort. Werke, Hamburger Ausgabe, Bd. 13, München ¹²1981, S. 38.

■ AUFGABEN:
1. Vergleichen Sie die beiden Texte Goethes!
2. Leuchtet der Zusammenhang von Selbst- und Welterkenntnis ein? Wie könnte man ihn erläutern?
3. Stimmt es mit Ihrer Erfahrung überein, dass man von den Mitmenschen zuweilen mehr über sich erfährt, als man sonst von sich wüsste?
4. Hat Goethe wirklich das Ziel der Selbsterkenntnis aufgegeben?

B6 Annette von Droste-Hülshoff: Das Spiegelbild

Schaust du mich an aus dem Kristall,
Mit deiner Augen Nebelball,
Kometen gleich die im Verbleichen;
Mit Zügen, worin wunderlich
Zwei Seelen wie Spione sich
Umschleichen, ja, dann flüstre ich:
Phantom, du bist nicht meinesgleichen!

Bist nur entschlüpft der Träume Hut,
Zu eisen mir das warme Blut,
Die dunkle Locke mir zu blassen;
Und dennoch, dämmerndes Gesicht,
Drin seltsam spielt ein Doppellicht,
Trätest du vor, ich weiß es nicht,
Würd' ich dich lieben oder hassen?

Zu deiner Stirne Herrscherthron,
Wo die Gedanken leisten Fron
Wie Knechte, würd' ich schüchtern blicken;
Doch von des Auges kaltem Glast,
Voll toten Lichts, gebrochen fast,
Gespenstig, würd', ein scheuer Gast,
Weit, weit ich meinen Schemel rücken.

Und was den Mund umspielt so lind,
So weich und hülflos wie ein Kind,
Das möcht' in treue Hut ich bergen;
Und wieder, wenn er höhnend spielt,
Wie von gespanntem Bogen zielt,
Wenn leis' es durch die Züge wühlt,
Dann möcht' ich fliehen wie vor Schergen.

Es ist gewiss, du bist nicht ich,
Ein fremdes Dasein, dem ich mich
Wie Moses nahe, unbeschuhet,
Voll Kräfte die mir nicht bewusst,
Voll fremden Leides, fremder Lust;
Gnade mir Gott, wenn in der Brust
Mir schlummernd deine Seele ruhet!

Und dennoch fühl' ich, wie verwandt,
Zu deinen Schauern mich gebannt,

"Das Spiegelbild": Ein den Gemälden Picassos nachempfundenes Ölgemälde des chinesischen Künstlers Chen Qisheng

Und Liebe muss der Furcht sich einen.
Ja, trätest aus Kristalles Rund,
Phantom, du lebend auf den Grund,
Nur leise zittern würd' ich, und
Mich dünkt – ich würde um dich weinen!

Droste-Hülshoff, Annette von: Das Spiegelbild. Sämtliche Werke in zwei Bänden, hg. von G. Weydt und W. Woesler, Bd. 1, München 1973, S. 141f.

■ AUFGABEN:
1. Welche Erfahrung spricht das Gedicht aus?
2. Was wird zum Problem der Einheit des Ichs gesagt?
3. Versuchen Sie, den letzten Vers zu deuten!

B7 Karl R. Popper: Lernen, ein Ich zu sein

■ INFO zur Einführung:
Der Wissenschaftsphilosoph Karl R. Popper (1902–1994) hat drei Ebenen oder Bereiche der Wirklichkeit unterschieden, die er die drei „Welten" nennt. Welt 1 ist die materielle Welt, das „Universum physischer Gegenstände", und Welt 2 die psychische Welt, die Welt „psychischer Zustände", wozu alle Gefühle gehören, Schmerzen und Freude, aber z. B. auch Ehrgeiz. Von beiden hebt er die Welt 3 ab: „Mit Welt 3 meine ich die Welt der Erzeugnisse des menschlichen Geistes, wie Erzählungen, erklärende Mythen,

Werkzeuge, wissenschaftliche Theorien (wahre wie falsche), wissenschaftliche Probleme, soziale Einrichtungen und Kunstwerke. Die Gegenstände der Welt 3 sind von uns selbst geschaffen, obwohl sie nicht immer Ergebnisse planvollen Schaffens einzelner Menschen sind." Wir dürfen sagen, dass es sich hier um die Kultur handelt.

In diesem Abschnitt lautet meine These, dass wir – das heißt unsere Persönlichkeit, unser Ich – in allen drei Welten verankert sind, vor allem aber in der Welt 3.

Es erscheint mir von erheblicher Bedeutung, dass wir nicht als Ich geboren werden, sondern dass wir lernen müssen, dass wir ein Ich haben; ja, wir müssen erst lernen, ein Ich zu sein. Bei diesem Lernprozess lernen wir etwas über Welt 1, Welt 2 und vor allem über Welt 3.

Zur Frage, ob man sein Ich beobachten kann, wurde [...] viel geschrieben. Ich halte die Frage für schlecht formuliert. Wir können – und das ist wichtig – ziemlich viel über unser Ich wissen; aber Wissen [...] beruht nicht immer (wie so viele glauben) auf Beobachtung. Sowohl vorwissenschaftliche Erkenntnis wie wissenschaftliches Erkennen beruhen weitgehend auf Handeln und auf Denken: auf Problemlösen. Beobachtungen spielen allerdings eine Rolle, doch diese Rolle besteht darin, uns Probleme zu stellen und uns zu helfen, unsere Annahmen auszuprobieren und auszumerzen. [...]

Darum ist das Ergebnis gewöhnlich so mager, wenn wir versuchen, das Gebot „Beobachte dich selbst!" zu erfüllen. Der Grund ist nicht in erster Linie eine gewisse Ungreifbarkeit des Ich [...]. Denn auch wenn man aufgefordert wird, „beobachte das Zimmer, in dem du sitzt" oder „beobachte deinen Körper", ist das Ergebnis wahrscheinlich ebenfalls ziemlich mager.

Wie erlangen wir ein Wissen von uns selbst? Nicht durch Selbstbeobachtung, meine ich, sondern dadurch, dass man ein Ich wird, und dass man Theorien über sich selbst entwickelt. Lange bevor wir Bewusstsein und Kenntnis von uns selbst gewinnen, sind wir uns normalerweise anderer Personen, meist unserer Eltern, bewusst geworden. Es scheint so etwas wie ein angeborenes Interesse am menschlichen Gesicht zu geben. Experimente [...] haben gezeigt, dass sogar sehr junge Säuglinge die schematische Darstellung eines Gesichts längere Zeit festhalten als eine ähnliche, doch „bedeutungslose" Darstellung. Diese und andere Ergebnisse legen die Vermutung nahe, dass sehr junge Kinder ein Interesse an anderen Personen und eine Art von Verstehen anderer entwickeln. Ich nehme an, dass sich ein Bewusstsein des Ich durch das Medium anderer Personen zu entwickeln anfängt: Genau so, wie wir uns selbst im Spiegel sehen lernen, so wird sich das Kind dadurch seiner selbst bewusst, dass es sein Spiegelbild im Spiegel des Bewusstseins, das andere von ihm haben, spürt. [...] Ich möchte zum Beispiel behaupten, dass es ein Teil dieses Lernprozesses ist, wenn das Kind lebhaft versucht, „die Aufmerksamkeit auf sich zu lenken". Es scheint, dass Kinder und vielleicht Primitive ein „animistisches" [...] Stadium durchleben, in dem sie dazu neigen, einen physikalischen Körper für beseelt zu halten, für eine Person – bis diese Theorie durch die Passivität des Dings widerlegt wird.

Ein wenig anders ausgedrückt: das Kind lernt, seine Umwelt zu erkennen; Personen aber sind die wichtigsten Dinge in seiner Umwelt; und durch deren Interesse an ihm – und dadurch, dass es etwas über seinen eigenen Körper lernt – lernt es mit der Zeit, dass es selbst eine Person ist.

Das ist ein Prozess, dessen spätere Stadien stark von der Sprache abhängen. Doch noch bevor das Kind eine Sprache beherrschen lernt, lernt es bei seinem Namen gerufen und gelobt oder getadelt zu werden. Und da Lob und Tadel weitgehend kultureller Art oder etwas der Welt 3 Zugehöriges sind, kann man sogar sagen, dass die sehr frühe und anscheinend angeborene Reaktion des Kindes auf ein Lächeln bereits den primitiven vorsprachlichen Beginn seiner Verwurzelung in Welt 3 darstellt.

Um ein Ich zu sein, muss man viel lernen; insbesondere das Zeitgefühl, dass man sich in die Vergangenheit (wenigstens in das „Gestern") und in die Zukunft (wenigstens in das „Morgen") erstreckt. Doch das setzt *Theorie* voraus, zumindest in der rudimentären Form der Erwartung: Es gibt kein Ich ohne theoretische Orientierung, sowohl in einem primitiven Raum, als auch in einer primitiven Zeit. Das Ich ist also teilweise das Ergebnis der aktiven Erkundung der Umwelt und des Erfassens eines üblichen Zeitablaufs, der auf dem Tag- und Nacht-Zyklus beruht. (Das ist zweifellos bei Eskimokindern anders.)

Der Schluss aus alledem ist, dass ich mich der Theorie des „reinen Ich" nicht anschließen kann. Der philosophische Begriff „rein" geht auf Kant zurück und meint etwas wie „vor der Erfahrung liegend" oder „frei von (der Vermengung mit) Erfahrung"; und so meint auch der Begriff „reines Ich" eine Theorie, die ich für falsch halte: dass das Ich der Erfahrung vorausgehe [...]. Dagegen behaupte ich, dass ein Ich zu sein teils das Ergebnis angeborener Dispositionen und teils das Ergebnis von Erfahrungen ist, besonders sozialer Erfahrungen. Das neugeborene Kind hat viele angeborene Handlungs- und Reaktions-Weisen und viele angeborene Tendenzen zur Entfaltung neuer Reaktionen und neuer Aktivitäten. Unter diesen Tendenzen ist auch die Tendenz, sich zu einer ihrer selbst bewussten Person zu entwickeln. Aber um das zu erreichen, muss viel geschehen. Ein in sozialer Isolation aufgewachsenes Kind wird kein volles Bewusstsein seiner selbst erlangen.

Popper, Karl R./Eccles, John C.: Das Ich und sein Gehirn. München, Zürich 1982, S. 144 ff.

■ AUFGABEN:
1. Warum betont Popper die große Bedeutung der Sprache, warum die Zeit?
2. Was folgt aus Poppers Thesen für den Umgang mit Kindern, aber auch für den Umgang, den wir untereinander pflegen?
3. Erkennen Sie Parallelen zur Auffassung Goethes (B5) oder nur Unterschiede?

B8 Martin Buber: Die Frage aller Fragen

In einer Erzählung der Chassidim, einer jüdischen Glaubensrichtung, so berichtet der Religionsphilosoph Martin Buber, werde die „Frage aller Fragen" gestellt: „Vor dem Ende sprach Rabbi Sussja: ‚In der kommenden Welt wird man mich nicht fragen: Warum bist du nicht Mose gewesen? Man wird mich fragen, warum bist du nicht Sussja gewesen?'"

Buber, Martin: Die Erzählungen der Chassidim. Zürich 1949, S. 394.

■ AUFGABEN:
1. Was würden Sie in der kommenden Welt antworten?
2. Welchen Vorbildern, Stars oder Idolen eifern Sie in Ihrem Leben nach? Halten Sie es für legitim, wie ein anderer Mensch sein zu wollen?

B9 Martin Heidegger: Das Selbst-Sein als Aufgabe

■ INFO zur Einführung:
Auch die Existenzphilosophie hatte das eigene Selbst nicht als eine fertige Substanz oder gar als einen Gegenstand angesehen. Sie erklärte es vielmehr zu unserer jeweiligen Aufgabe, durch unser Existieren ein eigenes Selbst zu werden. Der Philosoph Martin Heidegger (1889–1976) lehrte, dass wir zunächst immer nur tun, was „man" tut, denken und sagen, was „man" denkt und sagt. In dieser Weise handeln und denken nicht eigentlich wir, sondern wir fügen uns nur den herrschenden anonymen Gewohnheiten. Heideggers berühmtes Buch „Sein und Zeit" von 1927 appelliert deshalb daran, sich von fremden Deutungen des eigenen Daseins zu lösen und „eigentlich", d. h. echt, authentisch, vor sich selbst aufrichtig zu sein und die eigensten Existenzmöglichkeiten zu ergreifen. Denn erst durch Entschluss und freie Entscheidung werde das Dasein ein je eigenes Selbst.

[D]as Dasein [des Einzelnen] steht als alltägliches Miteinandersein in der *Botmäßigkeit* der Anderen. Nicht es selbst *ist*, die Anderen haben ihm das Sein abgenommen. Das Belieben der Anderen verfügt über die alltäglichen Seinsmöglichkeiten des Daseins. Diese Anderen sind dabei nicht *bestimmte* Andere. Im Gegenteil, jeder Andere kann sie vertreten. Entscheidend ist nur die unauffällige, vom Dasein als Mitsein unversehens schon übernommene Herrschaft der Anderen. Man selbst gehört zu den Anderen und verfestigt ihre Macht. „Die Anderen", die man so nennt, um die eigene wesenhafte Zugehörigkeit zu ihnen zu verdecken, sind die, die im alltäglichen Miteinandersein zunächst und zumeist „*da sind*". Das Wer ist nicht dieser und nicht jener, nicht man selbst und nicht einige und nicht die Summe Aller. Das „Wer" ist das Neutrum, *das Man*. […]

Das Man ist überall dabei, doch so, dass es sich auch schon immer davongeschlichen hat, wo das Dasein auf Entscheidung drängt. Weil das Man jedoch alles Urteilen und Entscheiden vorgibt, nimmt es dem jeweiligen Dasein die Verantwortlichkeit ab. Das Man kann es sich gleichsam leisten, dass „man" sich ständig auf es beruft. Es kann am leichtesten alles verantworten, weil keiner es ist, der für etwas einzustehen braucht. Das Man „war" es immer und doch kann gesagt werden, „keiner" ist es gewesen. In der Alltäglichkeit des Daseins wird das meiste durch das, von dem wir sagen müssen, keiner war es.

Das Man *entlastet* so das jeweilige Dasein in seiner Alltäglichkeit. Nicht nur das; mit dieser Seinsentlastung kommt das Man dem Dasein entgegen, sofern in diesem die Tendenz zum Leichtnehmen und Leichtmachen liegt. Und weil das Man mit der Seinsentlastung dem jeweiligen Dasein ständig entgegenkommt, behält es und verfestigt es seine hartnäckige Herrschaft.

Jeder ist der Andere und Keiner er selbst. Das *Man*, mit dem sich die Frage nach dem *Wer* des alltäglichen Daseins beantwortet, ist das *Niemand*, dem alles Dasein im Untereinandersein sich je schon ausgeliefert hat. […]

Zunächst „bin" nicht „ich" im Sinne des eigenen Selbst, sondern die Anderen in der Weise des Man. Aus diesem her und als dieses werde ich mir „selbst" zunächst „gegeben". Zunächst ist das Dasein Man und zumeist bleibt es so. Wenn das Dasein die Welt eigens entdeckt und sich nahebringt, wenn es ihm selbst sein eigentliches Sein erschließt, dann vollzieht sich dieses Entdecken von „Welt" und Erschließen von Dasein immer als Wegräumen der Verdeckungen und Verdunkelungen, als Zerbrechen der Verstellungen, mit denen sich das Dasein gegen es selbst abriegelt.

Heidegger, Martin: Sein und Zeit, Tübingen ⁹1960, S. 126 ff.

■ AUFGABEN:
1. Was könnte mit den Verdeckungen, Verdunkelungen und Verstellungen gemeint sein, die es wegzuräumen gilt?
2. Ist Heideggers Appell eine Ethik? Erhalten wir Handlungsorientierung?
3. Verträgt sich seine Auffassung mit der Poppers (B7)?
4. Können wir ohne Konventionen, d. h. ohne Regeln des Zusammenlebens, auskommen?

B10 Martin Buber: Ich – Du, Ich – Es

■ INFO zur Einführung:

Der jüdische Philosoph und Religionswissenschaftler Martin Buber (1878–1965) begründete eine Philosophie, die als „Personalismus" bezeichnet und sehr bekannt wurde. Sie sieht das menschliche Ich nicht isoliert, sondern immer in Bezügen zu anderen, wobei der Bezug zu einem Du der wichtigste ist.

Die Welt ist dem Menschen zwiefältig nach seiner zwiefältigen Haltung.
Die Haltung des Menschen ist zwiefältig nach der Zwiefalt der Grundworte, die er sprechen kann. Die Grundworte sind nicht Einzelworte, sondern Wortpaare.
Das eine Grundwort ist das Wortpaar Ich-Du.
Das andere Grundwort ist das Wortpaar Ich-Es; wobei, ohne Änderung des Grundwortes, für Es auch eins der Worte Er und Sie eintreten kann.
Somit ist auch das Ich des Menschen zwiefältig.
Denn das Ich des Grundworts Ich-Du ist ein andres als das des Grundworts Ich-Es.
Grundworte sagen nicht etwas aus, was außer ihnen bestünde, sondern gesprochen stiften sie einen Bestand.
Grundworte werden mit dem Wesen gesprochen. Wenn Du gesprochen wird, ist das Ich des Wortpaars Ich-Du mitgesprochen.
Wenn Es gesprochen wird, ist das Ich des Wortpaars Ich-Es mitgesprochen.
Das Grundwort Ich-Du kann nur mit dem ganzen Wesen gesprochen werden.
Das Grundwort Ich-Es kann nie mit dem ganzen gesprochen werden.
Es gibt kein Ich an sich, sondern nur das Ich des Grundworts Ich-Du und das Ich des Grundworts Ich-Es.
Wenn der Mensch Ich spricht, meint er eins von beiden. Das Ich, das er meint, dieses ist da, wenn er Ich spricht. Auch wenn er Du oder

Es spricht, ist das Ich des einen oder das des andern Grundworts da.
Ich sein und Ich sprechen sind eins. Ich sprechen und eins der Grundworte sprechen sind eins.

Wer ein Grundwort spricht, tritt in das Wort ein und steht darin.

Buber, Martin: Das dialogische Prinzip. Darmstadt 1984, S. 7 f.

■ AUFGABEN:

1. Wie verhalten wir uns zu einem Du und wie zu Gegenständen? Was sind die Unterschiede?
2. Wieso und inwiefern ist das Ich in einem Ich-Du-Verhältnis ein anderes als in einem Ich-Es-Verhältnis?
3. Was ändert sich, wenn wir von jemandem in der dritten Person sprechen (z. B. „er hat …", „sie ist …")?

B11 Wilhelm Schapp: Die Geschichte steht für den Mann

■ INFO zur Einführung:

Wilhelm Schapp (1884–1965) war kein Philosophieprofessor, sondern Jurist, aber er war zugleich ein ausgebildeter und sehr gebildeter Philosoph. Er entwickelte eine Philosophie der Geschichten, nach der wir zu uns selbst und zu den anderen nur Zugang über die Geschichten haben, die erlebt wurden und erzählt werden. Der Zugang zur Individualität der Person ist durch ihre Geschichten eröffnet, in die sie „verstrickt" ist.

Die Geschichte steht für den Mann. Wir meinen damit, dass wir den letztmöglichen Zugang zu dem Menschen über Geschichten von ihm haben. Wir suchen dies an einigen Beispielen klarzumachen […].
Das Heer Alexanders ist auf dem Marsch durch die Wüste. Das Wasser ist ausgegangen. Das ganze Heer wird vom Durst gequält. Eine Patrouille nähert sich dem König. Sie bringt Wasser, aber nur einen Becher voll, und bietet dem König den Trunk dar. Dieser nimmt den Becher, überlegt einen Augenblick und schüttet ihn dann vor den Augen des Heeres in den glühenden Sand. Mit dieser Geschichte haben wir einen Zugang zu der Seele des Königs gefunden. Die Geschichte sagt uns vielleicht mehr, als alle Bilder und Statuen, die wir von Alexander kennen, uns sagen könnten. […]
Nicht jede Geschichte hat für den Zugang zu dem, der in sie verstrickt ist, der ihr Held im negativen oder positiven Sinne ist, die Bedeutung oder die Darstellungskraft wie die Geschichte von Alexander […]. Aber jede Geschichte ist bedeutsam. Wenn man etwa seine Bekannten daraufhin mustert, wird man sehen, wie man sie eigentlich alle nur über Geschichten kennt, und wie vielleicht viele kleine Geschichten sich zu einem Lebensbild zusammenfügen. Das Wesentliche, was wir von den Menschen kennen, scheinen ihre Geschichten und die Geschichten um sie zu sein. Durch seine Geschichte kommen wir mit einem Selbst in Berührung. Der Mensch ist nicht der Mensch von Fleisch und Blut. An seine Stelle drängt sich uns seine Geschichte auf als sein Eigentliches.

Schapp, Wilhelm: In Geschichten verstrickt. Zum Sein von Mensch und Ding. Wiesbaden ²1976, S. 103 ff.

■ AUFGABEN:

1. Was sagt die kleine Geschichte über Alexander d. Gr. aus?
2. Stimmen Sie zu, dass wir unsere Freunde und Bekannten nur über Geschichten gut kennen? Nennen Sie Beispiele!
3. Wenn Sie sich um eine Stelle bewerben, was will man von Ihnen wissen und wie werden Sie Ihre Fähigkeiten erklären? Was halten Sie in diesem Fall für wichtiger: Ihr Bewerbungsfoto oder Ihren Bericht?
4. Kann man das Aussehen eines Menschen so beschreiben, dass die Beschreibung nur auf ihn zutrifft?

B12 Friedrich Nietzsche: Der Mensch als Schauspieler

Die „sieben Künste" des Schauspiels im antiken China: Darstellungen vor dem Pekinger Volkstheater in der Nähe des „Himmelstempels".

■ AUFGABEN:
1. Beschreiben Sie die „sieben Künste" des Schauspiels!
2. Welchen Zusammenhang sehen Sie zwischen den Begriffen „Person" und „Schauspiel"?
3. Was unterscheidet in diesem Kontext eine Person von einem Tier?

Friedrich Nietzsche: Der Mensch als Schauspieler

■ INFO zur Einführung:
Seit der Antike hat man die Welt mit einem Theater verglichen, in dem jeder seine Rolle spielen muss, sei es als König, sei es als Bettler oder anders. Friedrich Nietzsche (1840–1900) hat das zu einer prinzipiellen skeptischen Lehre über den Menschen ausformuliert.

Der Philosoph Friedrich Nietzsche (1844–1900)

Inwiefern der Mensch ein Schauspieler ist.

Nehmen wir an, der einzelne Mensch bekomme eine *Rolle* zu spielen: er findet sich nach und nach hinein. Er hat endlich die Urteile, Geschmäcker, Neigungen, die zu seiner Rolle passen, – einmal als Kind, Jüngling usw., dann die Rolle, die zum Geschlecht gehört, dann die der sozialen Stellung, dann die des Amtes, dann die seiner Werke. Aber, gibt ihm das Leben Gelegenheit zum Wechsel, so spielt er auch eine andere Rolle. Und oft sind in Einem Menschen nach den Tagen die Rollen verschieden z. B. der Sonntags-Engländer und der Alltags-Engländer. An Einem Tage sind wir als Wachende und Schlafende sehr verschieden. Und im Traume *erholen* wir uns vielleicht von der Ermüdung, die uns die Tags-Rolle macht, – und stecken uns selber in andere Rollen.

Die Rolle durchführen, d. h. *Wille* haben, Konzentration und Aufmerksamkeit: vielmehr noch negativ – abwehren, was nicht dazu gehört, den andringenden Strom andersartiger Gefühle und Reize, und – unsere Handlungen im Sinne der Rolle tun und besonders interpretieren.

Die *Rolle* ist ein Resultat der äußeren Welt auf uns, zu der wir unsere „Person" stimmen, wie zu einem Spiel der Saiten. Eine Simplifikation, Ein Sinn, Ein Zweck. Wir haben die *Affekte* und *Begehrungen* unserer Rolle – das heißt wir unterstreichen die, welche dazu passen, und lassen sie sehen.

Nietzsche, Friedrich: Nachgelassene Fragmente (1884). Kritische Gesamtausgabe, 7. Abt. Bd. 2, Berlin, New York 1974, S. 105 f.

■ AUFGABEN:
1. Versuchen Sie darzulegen, welche verschiedenen Rollen Sie spielen! Beschreiben Sie, inwiefern Sie sich in den Rollen jeweils auch anders verhalten: in der Familie, auf dem Sportplatz, beim Jobben, in der Schule usw.
2. Hat nach Nietzsche der Mensch ein festes Wesen? Ist er frei?
3. Was hat die Rolle mit „Sinn" und „Zweck" zu tun?

B13 Georg Simmel: Verschiedene Rollen als Chance

■ INFO zur Einführung:

Die Soziologie als Lehre von der Gesellschaft hat deutlich gemacht, dass wir in den verschiedenen Gruppen, denen wir zugehören, auch je eine andere Rolle spielen. Wir stehen im „Schnittpunkt" sozialer Kreise. Georg Simmel (1858–1918) sah darin keine Schauspielerei und keine Bedrohung für unser wahres Ich, sondern eine Bereicherung. Durch die Zugehörigkeit zu verschiedenen Gruppen können wir laut Simmel unsere Kenntnisse erweitern, je andere Möglichkeiten realisieren und erst unser individuelles Ich entdecken und stärken.

Der moralischen Persönlichkeit erwachsen ganz neue Bestimmtheiten, aber auch ganz neue Aufgaben, wenn sie aus dem festen Eingewachsensein in *einen* Kreis in den Schnittpunkt vieler Kreise tritt. Die frühere Unzweideutigkeit und Sicherheit weicht zunächst einer Schwankung der Lebenstendenzen; in diesem Sinne sagt ein altes englisches Sprichwort: Wer zwei Sprachen spricht, ist ein Schurke. Dass durch die Mehrheit der sozialen Zugehörigkeiten Konflikte äußerer und innerer Art entstehen, die das Individuum mit seelischem Dualismus, ja Zerreißung bedrohen, ist kein Beweis gegen ihre festlegende, die personale Einheit verstärkende Wirkung. Denn jener Dualismus und diese Einheit tragen sich wechselseitig: gerade weil die Persönlichkeit Einheit ist, kann die Spaltung für sie in Frage kommen; je mannigfaltigere Gruppeninteressen sich in uns treffen und zum Austrag kommen wollen, um so entschiedener wird das Ich sich seiner Einheit bewusst. Von jeher ist vor allem die Zugehörigkeit zu mehreren Familien, die die Ehe für jeden der Gatten bewirkt, der Ort von Bereicherungen, von Erweiterungen der Interessen und Beziehungen, aber auch von Konflikten gewesen, die das Individuum ebenso zu innerlich-äußerlichen Ausgleichungen wie zu energischer Selbstbehauptung veranlassen.

Simmel, Georg: Soziologie. Gesamtausgabe Bd. II, Frankfurt/Main 1992, S. 467 f.

■ AUFGABEN:
1. Nennen Sie Beispiele für die Verunsicherung, die man durch den Eintritt in eine neue Gruppe mit anderen Verhaltensregeln und neuen Tätigkeiten erfährt.
2. Wenn wir verschiedenen Gruppen mit jeweils anderen Interessen und Regeln zugehören – dem Freundeskreis, einer religiösen Gemeinschaft, einer politischen Partei, der Käufergruppe im Supermarkt usw. –, welche Aufgabe erwächst uns dadurch? Was könnte Simmel gemeint haben?
3. Lässt sich Simmels These, dass man durch Konflikte zur Selbstbehauptung veranlasst wird, bestätigen? Oder wäre es besser, man bliebe von Konflikten ganz verschont?

B14 Handelt der Mensch naturnotwendig?

a) Aesop: Der Frosch und der Skorpion

Ein Skorpion wollte einen Fluss überqueren. Er konnte aber nicht schwimmen.
Da traf er einen Frosch: „Hey, Frosch, willst du mich über den Fluss bringen?"
„Ich bin doch nicht verrückt", gab der Frosch zur Antwort, „du würdest mich, kaum dass wir im Wasser wären, sofort töten."
„Dann wäre ich verrückt", gab ihm der Skorpion zu bedenken, „wir gingen dann ja beide unter."
Das leuchtete dem Frosch ein. Und so nahm er den Skorpion Huckepack und begann mit kräftigen Zügen zu schwimmen.
Sie waren jedoch noch kaum in der Mitte des Flusses angelangt, da stach der Skorpion zu. Das Gift wirkte sofort. „Warum hast du das getan? Jetzt sind wir beide verloren," jammerte der Frosch.
„Ich musste es tun", antwortete der Skorpion, während das Wasser über ihnen zusammenschlug, „ich kann nicht gegen meine Natur."

Aesop: Fabeln. Mit Illustrationen von Fluvio Testa. Düsseldorf 1990, S. 15f.

■ AUFGABEN:
1. Charakterisieren Sie die Figuren „Skorpion" und „Frosch"! Welchen Menschentypus repräsentieren die beiden Figuren?
2. Überrascht Sie das Verhalten des Skorpions? Halten Sie seine abschließende Antwort für ein Pseudo-Argument?
3. Kann ein Mensch gegen seine Natur handeln? Was verstehen Sie unter der „Natur des Menschen"?

b) Christa Reinig: Skorpion

Er war sanftmütig und freundlich. Seine Augen standen dicht beieinander. Das bedeutete Hinterlist. Seine Brauen stießen über der Nase zusammen. Das bedeutete Jähzorn. Seine Nase war lang und spitz. Das bedeutete unstillbare Neugier. Seine Ohrläppchen waren angewachsen. Das bedeutete Hang zum Verbrechertum. Warum gehst du nicht unter die Leute? fragte man ihn. Er besah sich im Spiegel und bemerkte einen grausamen Zug um seinen Mund. Ich bin kein guter Mensch, sagte er. Er verbohrte sich in seine Bücher. Als er sie alle ausgelesen hatte, musste er unter die Leute, sich ein neues Buch kaufen gehn. Hoffentlich gibt es kein Unheil, dachte er, und ging unter die Leute. Eine Frau sprach ihn an und bat ihn, ihr einen Geldschein zu wechseln. Da sie sehr kurzsichtig war, musste sie mehrmals hin- und zurücktauschen. Der Skorpion dachte an seine Augen, die dicht beieinander standen, und verzichtete darauf, sein Geld hinterlistig zu verdoppeln. In der Straßenbahn trat ihm ein Fremder auf die Füße und beschimpfte ihn in einer fremden Sprache. Der Skorpion dachte an seine zusammengewachsenen Augenbrauen und ließ das Geschimpfe, das er ja nicht verstand, als Bitte um Entschuldigung gelten. Er stieg aus, und vor ihm lag eine Brieftasche auf der Straße. Der Skorpion dachte an seine Nase und bückte sich nicht und drehte sich auch nicht um. In der Buchhandlung fand er ein Buch, das hätte er gern gehabt. Aber es war zu teuer. Es hätte gut in seine Manteltasche gepasst. Der Skorpion dachte an seine Ohrläppchen und stellte das Buch ins Regal zurück. Er nahm ein anderes. Als er es bezahlen wollte, klagte ein Bücherfreund: Das ist das Buch, das ich seit Jahren suche. Jetzt kauft's mir ein anderer weg. Der Skorpion dachte an den grausamen Zug um seinen Mund und sagte: Nehmen Sie das Buch. Ich trete zurück. Der Bücherfreund weinte fast. Er presste das Buch mit beiden Händen an sein Herz und ging davon. Das war ein guter Kunde, sagte der Buchhändler, aber für Sie ist auch noch was da. Er zog aus dem Regal das Buch, das der Skorpion so gern gehabt hätte. Der Skorpion winkte ab: Das kann ich mir nicht leisten. – Doch, Sie können, sagte der Buchhändler, eine Liebe ist der anderen wert. Machen Sie den Preis. Der Skorpion weinte fast. Er presste das Buch mit beiden Händen fest an sein Herz, und, da er nichts mehr frei hatte, reichte er dem Buchhändler zum Abschied seinen Stachel. Der Buchhändler drückte den Stachel und fiel tot um.

Reinig, Christa: Orion trat aus dem Haus. Neue Sternbilder. Stierstadt im Taunus 1968, S. 25f.

■ AUFGABEN:
1. Worin besteht die Tragik des Skorpions?
2. Vergleichen Sie Christa Reinigs Figur des Skorpions mit der Äsops!
3. Handelt Christa Reinigs Figur naturnotwendig?

B15 Giovanni Pico della Mirandola: Der Mensch als freies Geschöpf

Michelangelo: Die Erschaffung Adams. Fresko in der Sixtinischen Kapelle, Rom.

■ INFO zur Einführung:

Am Beginn der Neuzeit setzte mit der Renaissance, der „Wiedergeburt", eine Rückwendung zur antiken Kunst und Philosophie ein, und der beherrschende Gedanke war nun der Mensch in seiner irdischen Welt. Dennoch hat die Philosophie der religiösen und theologischen Tradition nicht den Rücken zugekehrt. Der italienische Philosoph Pico della Mirandola (1463–1494) unternahm es in dieser Zeit des Umbruchs, das christliche Weltbild mit dem neuen Selbstbewusstsein des Menschen zu verbinden. In seiner Rede „De dignitate hominis" („Über die Würde des Menschen"), die als eines der bedeutendsten Dokumente der Renaissance betrachtet wird, entwickelt Mirandola den Gedanken der menschlichen Freiheit. Menschliches Handeln sei nicht im Voraus durch den göttlichen Willen oder die Natur festgelegt und bestimmt, sondern gründe in einem vom Menschen selbstbestimmten freien Entscheidungsakt. Die menschliche Natur sei von Gott her auf Selbstbestimmung angelegt.

Schon hatte der höchste Vater und Schöpfergott dieses Haus der Welt, das wir hier sehen, den hocherhabenen Tempel seiner Göttlichkeit nach den Gesetzen geheimer Weisheit kunstvoll errichtet. Die Gegend oberhalb des Himmels hatte er mit Geistern ausgestattet, des Himmels Sphären mit unsterblichen Seelen belebt und die schmutzigen und unreinen Bereiche der unteren Welt mit einer Schar von Lebewesen aller Art gefüllt. Doch als das Werk vollendet war, da wünschte sein Erbauer, es sollte jemanden geben, der imstande wäre, die Einrichtung des großen Werkes zu beurteilen, seine Schönheit zu lieben, seine Größe zu bewundern. Deswegen dachte er, als alles schon vollendet war […], zuletzt daran, den Menschen zu erschaffen. Doch gab es unter den Urbildern keines, wonach er den neuen Sprössling hätte formen können, auch fand sich in den Schatzkammern nichts, das er dem neuen Sohn als Erbgut hätte schenken können, und nirgends auf der ganzen Welt gab es noch einen Platz, auf dem dieser Betrachter des Universums sitzen konnte. Schon voll besetzt war alles und alles an die obersten, die mittleren und untersten Rangordnungen verteilt. Es hätte aber nicht für eines Vaters Schöpferkraft gesprochen, wenn diese bei ihrer letzten Zeugung gleichsam erschöpft versagte, es hätte auch der Weisheit nicht entsprochen, aus Mangel an Entschlusskraft bei etwas Notwendigem geschwankt zu haben, auch nicht wohltätiger Liebe, wenn der, der göttliche Freigebigkeit bei anderen loben sollte, gezwungen würde, sie bei sich selbst als unzulänglich zu verwerfen. So traf der beste Bildner schließlich die Entscheidung, dass der, dem gar nichts Eigenes gegeben werden konnte, zugleich an allem Anteil habe, was jedem einzelnen Geschöpf nur für sich selbst zuteil geworden war.

Also nahm er den Menschen hin als Schöpfung eines Gebildes ohne besondere Eigenart, stellte ihn in den Mittelpunkt der Welt und redete ihn so an: „Keinen bestimmten Platz habe ich dir zugewiesen, auch keine bestimmte äußere Erscheinung und auch nicht irgendeine besondere Gabe habe ich dir verliehen, Adam, damit du den Platz, das Aussehen und alle die Gaben, die du dir selber wünschst, nach deinem eigenen Willen und Entschluss erhalten und besitzen kannst. Die fest umrissene Natur der übrigen Geschöpfe entfaltet sich nur innerhalb der von mir vorgeschriebenen Gesetze. Du wirst von allen Einschränkungen frei nach deinem eigenen freien Willen, dem ich dich überlassen habe, dir selbst deine Natur bestimmen. In die Mitte der Welt habe ich dich gestellt, damit du von da aus bequemer alles ringsum betrachten kannst, was es auf der Welt gibt. Weder als einen Himmlischen noch als einen Irdischen habe ich dich geschaffen und weder sterblich noch unsterblich dich gemacht, damit du wie ein Former und Bildner deiner selbst nach eigenem Belieben und aus eigener Macht zu der Gestalt dich ausbilden kannst, die du bevorzugst. Du kannst nach unten hin ins Tierische entarten, du kannst aus eigenem Willen wiedergeboren werden nach oben in das Göttliche."

Welch übergroße Freigebigkeit des Vatergottes, welch übergroßes und bewundernswertes Glück des Menschen, dem gegeben ist zu haben, was er wünscht, und zu sein, was er zu sein verlangt. Die Tiere bringen bei ihrer Geburt aus dem Mutterleib […] alles mit sich, was sie besitzen werden. Die höchsten Geister sind entweder von Beginn an oder bald darauf gewesen, was sie von Ewigkeit zu Ewigkeit sein werden. Dem Menschen hat bei der Geburt der Vater Samen jedweder Art und Keime zu jeder Form von Leben mitgegeben. Die, die jeder pflegt, werden sich entwickeln und ihre Früchte an ihm tragen: Sind sie pflanzlicher Natur, wird er zur Pflanze werden. Sind es Keime der Sinnlichkeit, so wird er zum Tier werden. Sind es Keime der Vernunft, so wird er zum himmlischen Lebewesen werden. Sind es Keime des Geistes, wird er ein Engel sein und Gottes Sohn. Und wenn er unzufrieden ist mit jedem Lose der Geschöpfe und sich zurückzieht in den Mittelpunkt des eigenen einheitlichen Wesens, wird er mit Gott zu einem Geist vereint im einsamen Dunkel des Vaters, der über alle Dinge gesetzt ist, alle Geschöpfe übertreffen.

Wer wollte dieses unser Chamäleon nicht bewundern? […] Wer also sollte den Menschen nicht bewundern, der nicht zu Unrecht in den heiligen Schriften des Alten und des Neuen Testamentes bald mit dem Ausdruck „alles Fleisch", bald mit dem Ausdruck „alle Kreatur" mit vollem Recht bezeichnet wird, da er sich doch selbst zur äußeren Gestalt von allem Fleisch und zur Beschaffenheit von aller Kreatur ausprägt, ausbildet und umgestaltet? Deswegen schreibt der Perser Euantes […], der Mensch besitze keinen besonderen ihm angeborenen Typus, dagegen viele von außen kommende und vom Zufall bestimmte. Darauf bezieht sich jener Ausspruch der Chaldäer: „Enosh hu shinnuim vekammah tebhaoth baal haj", das heißt: „Mensch, du Lebewesen von bunter und vielgestaltiger und sprunghafter Art." Doch wozu trage ich dies vor? Damit wir begreifen: Wir sind geboren worden unter der Bedingung, dass wir das sein sollen, was wir sein wollen. Daher muss unsere Sorge vornehmlich darauf gerichtet sein, dass man uns jedenfalls nicht das nachsagen kann, wir hätten, als wir in Ansehen standen, keinen Verstand gezeigt, dem Vieh und vernunftlosen Tieren ähnlich (Ps. 48,21). Vielmehr soll jener Ausspruch des Propheten Asaph für uns gelten: „Götter seid ihr und Söhne des Höchsten alle" (Ps. 81,6), damit wir nicht das gütigste Geschenk des Vaters, den freien Willen, den er uns verliehen hat, missbrauchen und ihn gebrauchen statt zu unserem Heil, zu unserem Schaden. Geradezu heiliger Ehrgeiz soll uns befallen, dass wir, nicht zufrieden mit dem Mittelmaß, nach dem Höchsten lechzen und, um es zu erreichen (was wir ja können, wenn wir wollen), mit allen Kräften uns bemühen.

Lasst uns das Irdische verschmähen, lasst uns, was unterhalb des Himmels ist, für unbedeutend halten, und lasst uns, indem wir alles, was zur Welt gehört, endlich hinter uns lassen, in den überweltlichen Palast eilen, der sich in nächster Nähe der hocherhabenen Gottheit findet.

Pico della Mirandola, Giovanni: Oratio de hominis dignitate – Rede über die Würde des Menschen. Lateinisch/Deutsch, hg. u. übers. von G. von der Gönna. Stuttgart 1997, S. 7 ff.

■ AUFGABEN:
1. Erläutern Sie das von Pico della Mirandola angeführte Freiheitsverständnis des Menschen! Welche Folgen hat es?
2. Welchen Aussagen können Sie zustimmen, welche sind für Sie befremdlich?
3. Halten Sie den Menschen für bewundernswerter als andere Geschöpfe?

B16 David Hume: Freiheit – der Gegensatz zu Zwang

■ INFO zur Einführung:
Der wichtigste Vertreter des sog. Empirismus, der englische Philosoph David Hume (1711–1776), vertrat die Ansicht, dass man Freiheit nur als Gegensatz zum Zwang, nicht aber als Gegensatz zu Notwendigkeit verstehen dürfe. Damit meinte er, den Streit um das Dasein der Freiheit beenden zu können, und viele teilen auch heute seine Ansicht. Hier seine Definition.

Führen wir unsere versöhnlichen Absichten weiter in der Frage nach Freiheit und Notwendigkeit, dieser umstrittensten Frage [...], so bedarf es nicht vieler Worte für den Beweis, dass alle Menschen jederzeit in der Lehre von der Freiheit ebenso wie in der von der Notwendigkeit einer Meinung waren, und dass der ganze Streit auch in dieser Hinsicht bisher lediglich ein Wortstreit war. Denn was verstehen wir eigentlich unter Freiheit in ihrer Anwendung auf Willenshandlungen? Sicherlich nicht, dass Handlungen eine so geringe Verknüpfung mit Beweggründen, Neigungen und Umständen haben, dass nicht jene mit einer gewissen Gleichförmigkeit aus diesen folgten, und dass nicht die einen eine Ableitung erlaubten, durch die wir das Dasein der anderen erschließen könnten Denn dies sind offenbare und anerkannte Tatsachen. Also können wir unter Freiheit nur verstehen: eine Macht zu handeln oder nicht zu handeln, je nach den Entschließungen des Willens; das heißt, wenn wir in Ruhe zu verharren vorziehen, so können wir es; wenn wir vorziehen, uns zu bewegen, so können wir dies auch. Diese bedingte Freiheit wird nun aber einem jeden allgemein zugestanden, der nicht ein Gefangener in Ketten ist. Hierin liegt also kein Problem.

Hume, David: Eine Untersuchung über den menschlichen Verstand, hg. von R. Richter. Hamburg 1964, S. 122f.

■ AUFGABEN:
1. Hat Hume damit den Streit ausgeräumt? Könnten Sie seiner Ansicht zustimmen?
2. Ist nach Hume auch der Wille des Menschen frei?
3. Sind nach dieser Definition auch Tiere frei oder sind sie es nicht?

B17 Jean-Paul Sartre: Zur Freiheit verurteilt

■ INFO zur Einführung:
Einer der wichtigsten Philosophen der Existenzphilosophie war Jean-Paul Sartre (1905–1980). Bei ihm wie auch bei allen anderen „Existentialisten" war die Freiheit der Zentralgedanke, und sie verteidigten sie gegen alle Auffassungen, die den Menschen durch seine Natur oder durch die Gesellschaft determiniert sahen. Der folgende Text gilt inzwischen als „klassisch".

Der atheistische Existentialismus, den ich vertrete, [...] erklärt: wenn Gott nicht existiert, so gibt es zumindest ein Wesen, bei dem die Existenz der Essenz vorausgeht, ein Wesen, das existiert, bevor es durch irgendeinen Begriff definiert werden kann, und dieses Wesen ist der Mensch oder, wie Heidegger sagt, das Dasein. Was bedeutet hier, dass die Existenz der

Essenz [dem Wesen] vorausgeht? Es bedeutet, dass der Mensch erst existiert, auf sich trifft, in die Welt eintritt, und sich erst dann definiert. Der Mensch, wie ihn der Existentialist versteht, ist nicht definierbar, weil er zunächst nichts ist. Er wird erst dann, und er wird so sein, wie er sich geschaffen haben wird. Folglich gibt es keine menschliche Natur, da es keinen Gott gibt, sie zu ersinnen. Der Mensch [...] ist nichts anderes als das, wozu er sich macht.

Dostojewski schrieb: „Wenn Gott nicht existiert, ist alles erlaubt." Das ist der Ausgangspunkt des Existentialismus. In der Tat ist alles erlaubt, wenn Gott nicht existiert, und folglich ist der Mensch verlassen, denn er findet weder in sich noch außer sich einen Halt. Zunächst einmal findet er keine Entschuldigungen. Wenn tatsächlich die Existenz dem Wesen vorausgeht, ist nichts durch Verweis auf eine gegebene und unwandelbare menschliche Natur erklärbar; anders gesagt, es gibt keinen Determinismus, der Mensch ist frei, der Mensch ist die Freiheit. Wenn zum anderen Gott nicht existiert, haben wir keine Werte oder Anweisungen vor uns, die unser Verhalten rechtfertigen könnten. So finden wir weder hinter noch vor uns im Lichtreich der Werte Rechtfertigungen oder Entschuldigungen. Wir sind allein, ohne Entschuldigungen. Das möchte ich mit den Worten ausdrücken: der Mensch ist dazu verurteilt, frei zu sein. Verurteilt, weil er sich nicht selbst erschaffen hat, und dennoch frei, weil er, einmal in die Welt geworfen, für all das verantwortlich ist, was er tut. Der Existentialist glaubt nicht an die Macht der Leidenschaft. Er wird nie meinen, eine schöne Leidenschaft sei eine alles mitreißende Flut, die den Menschen schicksalhaft zu bestimmten Taten zwingt und daher eine Entschuldigung ist. Er meint, der Mensch ist für seine Leidenschaft verantwortlich. Der Existentialist meint genauso wenig, der Mensch könne Hilfe finden in einem auf Erden gegebenen Zeichen, das ihm eine Richtung weist; denn er denkt, der Mensch entziffert das Zeichen, wie es ihm gefällt. Er meint also, der Mensch ist in jedem Augenblick, ohne Halt und ohne Hilfe, dazu verurteilt, den Menschen zu erfinden. Ponge sagte in einem sehr schönen Artikel: „Der Mensch ist die Zukunft des Menschen." Das ist völlig richtig. Versteht man jedoch darunter, diese Zukunft stehe im Himmel geschrieben, Gott sehe sie, dann ist es falsch, denn das wäre keine Zukunft mehr. Versteht man es so, dass es, wer auch immer der in Erscheinung tretende Mensch sei, eine Zukunft zu gestalten gibt, eine jungfräuliche Zukunft, die auf ihn wartet, dann ist dieses Wort richtig. Dann ist man jedoch verlassen.

Sartre, Jean-Paul: Der Existentialismus ist ein Humanismus und andere philosophische Essays. Reinbek bei Hamburg 2000, S. 149f., 154ff.

■ AUFGABEN:
1. Wie könnte man Sartres These erläutern, der Mensch sei der, zu dem er sich selbst macht?
2. Was spricht gegen die These der absoluten Freiheit?
3. Nach Sartre ist der Determinismus auch nur eine freie Setzung oder Erfindung des Menschen. Was spricht dafür, was dagegen?

B18 Freiheit oder Determination?

■ INFO zur Einführung:
Durch die Hirnphysiologie sind neue Argumente gegen die Annahme der menschlichen Freiheit aufgetaucht, da eine Bereitschaft zu einer bestimmten Wahl schon vor dem bewussten Entschluss feststellbar sei. Daraus resultiert eine heftige Debatte, die noch andauert. Hier ein kurzer Auszug.

a) Gerhard Roth: Das Problem der Willensfreiheit

Das Gefühl, bei der Willensbildung und der Handlungsentscheidung frei zu sein (d. h. nicht aus Ursachen, sondern aus Gründen zu handeln und im Prinzip auch anders entscheiden zu können), ist eine Illusion, wenngleich eine für unser komplexes Handeln notwendige Illusion. Menschen fühlen sich – wie David Hume es formulierte – dann frei, wenn sie tun können, was sie wollen; die Bedingtheit ihres Willens wird dabei gar nicht thematisiert.

Bewusste Prozesse spielen eine wichtige Rolle beim Abwägen von Alternativen und deren Konsequenzen, aber sie entscheiden nichts. Die Ausformung des Willens und die Handlungsentscheidung werden im wesentlichen durch unbewusste Prozesse bestimmt, die unter der Kontrolle des limbischen Erfahrungsgedächtnisses stehen. Hierdurch wird garantiert, dass alles, was wir tun, im Lichte vergangener (auch der einmal bewussten und nunmehr unbewussten) Erfahrung geschieht. Allerdings entwickelt sich das limbische Erfahrungsgedächtnis vom Mutterleib an in höchst individueller, zuweilen idiosynkratischer Weise. Dies erklärt, warum das eigene Handeln höchst rational, anderen jedoch oft nicht nachvollziehbar erscheint.

Manchen Entscheidungen gehen lange (und oft qualvolle) bewusste Erwägungsprozesse voraus. Diese sind aber ebenso wenig frei wie schnelle Entscheidungen. Welche Argumente und Gegenargumente uns in welchem Augenblick in den Sinn kommen, kann nicht von uns willentlich kontrolliert werden. Wir können nur durch Erziehung oder Versuch und Irrtum lernen, dass es gut ist, bei wichtigen Entscheidungen sorgfältig abzuwägen. Hierin liegt die Chance der Erziehung zur Handlungsautonomie, nämlich zur Fähigkeit des Gesamtorganismus, aus innerer Erfahrung zu entscheiden und zu handeln.

Roth, Gerhard: Das Problem der Willensfreiheit. In: Information Philosophie 5 (2004). http://www.sprache-werner.info/Das_Problem_d_Willensfr.1996.html

b) Ingo-Wolf Kittel: Determiniert zu „hirnigen Konstruktionen"?

Ich bin mir nicht sicher, wie der zwischen Bericht und Argumentation changierende Beitrag von Herrn Roth aufzufassen ist! Er [Roth] müsste nämlich nach den von ihm verfochtenen Thesen ein willenlos Getriebener sein, der durch seine cerebralen Verschaltungen deterministisch darauf festgelegt ist, seine hirnigen Konstruktionen zu verfechten oder vielmehr die Konstruktionen seines Gehirnes auf geeignete Reize hin zu äußern, wie nach den unter seinem Namen erschienenen Büchern formuliert werden müsste, nach denen er sogar selbst nur ein Konstrukt seines Gehirns sein soll [...].

Kittel, Ingo-Wolf: Determiniert zu hirnigen Konstruktionen. Stellungnahme zu Gerhard Roths „Das Problem der Willensfreiheit". In: http://www.sprache-werner.info/Determiniertheit_zu_hirnigen_K.2010.html.

■ AUFGABEN:
1. Stimmen Sie Roths Ansicht zu, dass aufgrund „bewusster Prozesse" keine Entscheidungen zustande kommen?
2. Wirft Kittel Roth einen Selbstwiderspruch vor oder nicht?

c) Grenze der Wissenschaft

Eine neuere Diskussion zwischen den Psychologen Rainer Mausfeld und Onur Güntürkün zeigt, dass zwar der letztere aufgrund seiner eigenen Forschungen der Neurobiologie eine viel größere Bedeutung einräumt, im Hinblick auf die Freiheit aber sie sich einig sind. Hier ein Auszug aus einem Interview.

Gibt es wissenschaftliche Probleme, wo die Biopsychologie ihre methodischen Waffen strecken muss?
GÜNTÜRKÜN: Zweifellos. Die Freiheit des Willens ist für mich so ein Thema. Uns fehlen schlicht die Werkzeuge, diese Fragen von neurowissenschaftlicher Seite sinnvoll anzugehen. Die Diskussion über Willensfreiheit, die in letzter Zeit die Gemüter erhitzte, fand ich für niemanden besonders hilfreich. Entgegen anders lautenden Behauptungen können Neurowissenschaftler hier meines Erachtens keinen elementaren Beitrag leisten. Natürlich weisen sie frappierende und auf den ersten Blick erstaunliche experimentelle Daten vor. Aber wenn man sich das genauer anschaut, dann sagen sie rein gar nichts über die Freiheit des Willens aus.
Warum nicht?
GÜNTÜRKÜN: Die berühmten Libet-Experimente zeigen doch nur Folgendes: Noch bevor ich die Entscheidung treffe, genau jetzt einen Finger zu krümmen, haben motorische Areale meines Gehirns bereits die entsprechenden Weichen gestellt. Der Wille hinkt also gewissermaßen zeitlich hinterher, und das kommt uns zunächst einmal paradox vor. Aber wenn mein Denken und Fühlen identisch ist mit den Vorgängen in

meinem Gehirn, so resultiert natürlich auch mein Gefühl der Bewegungsintention aus diesen Prozessen. Es benötigt allerdings eine Phase der neurophysiologischen Erzeugung. Dass diese zeitlich nach der eigentlichen motorischen Vorbereitung liegt, heißt noch lange nicht, dass meine Intention fremdgesteuert ist – solange all dies in meinem Gehirn passiert. Solche empirischen Beobachtungen können die Frage nach der Freiheit des Menschen leider nicht klären.

MAUSFELD: An diesem Punkt stimme ich Herrn Güntürkün voll und ganz zu. Freier Wille ist kein Untersuchungsgegenstand der Neurowissenschaften. Aber gerade wegen der Überhitzung der Diskussion stehen Hirnforscher und Psychologen in der Verantwortung, diese Begrenzung auch deutlich zu machen.

Wissenschaft im Zwiespalt, in: Gehirn & Geist Nr. 7–8, 2005, S. 66.

■ AUFGABEN:
1. Nehmen wir an, es gäbe keine Freiheit, könnte dann ein Naturwissenschaftler seine Auffassungen revidieren?
2. Wenn die Naturwissenschaften uns über die Existenz der Freiheit nichts zu sagen vermögen, wissen wir dann auch gar nichts über sie?
3. Was unterscheidet eine naturwissenschaftliche Einstellung zur Wirklichkeit von unserer Einstellung im politischen und privaten Leben?

B19 Isaia Berlin: Negative Freiheit – positive Freiheit

■ INFO zur Einführung:
Während man sich über die Existenz der Willensfreiheit streitet, wird sie von der Demokratie vorausgesetzt. Der politische Philosoph Isaia Berlin (1909–1997) unterscheidet wie vor ihm schon Kant zwei Freiheitsbegriffe, den negativen und den positiven, und macht damit deutlich, was die liberale und was die demokratische Freiheit ist.

Gewöhnlich sagt man, ich sei in dem Maße frei, wie niemand in mein Handeln eingreift, kein Mensch und keine Gruppe von Menschen. Politische Freiheit in diesem Sinn bezeichnet den Bereich, in dem sich ein Mensch ungehindert durch andere betätigen kann. […]
Wir müssen uns einen Bereich persönlicher Freiheit bewahren, wenn wir uns nicht selbst erniedrigen und verleugnen wollen. Wir können nicht absolut frei bleiben und müssen einen Teil unserer Freiheit aufgeben, um den Rest zu bewahren. Doch völlige Selbstaufgabe wäre Selbstzerstörung. Worin besteht aber nun das Minimum, das der Mensch nicht aufgeben kann, ohne dass seine Natur oder sein Wesen Schaden nehmen würde? Worin besteht diese Natur oder dieses Wesen? Welche Maßstäbe ergeben sich aus ihm? Diese Fragen waren immer wieder Gegenstand endloser Erörterungen und werden es wohl auch bleiben. Aber gleichgültig, mit welchem Prinzip das Gebiet der Nichteinmischung umrissen wird […], Freiheit in diesem Sinne ist immer Freiheit *von* etwas; das Fehlen von Übergriffen jenseits einer unfesten, aber stets erkennbaren Grenze. […]
Freiheit in diesem Sinne ist nicht oder zumindest nicht logisch mit Demokratie oder Selbstverwaltung verknüpft. Selbstverwaltung bietet im allgemeinen vielleicht eine bessere Garantie der bürgerlichen Freiheiten als andere Herrschaftsformen und ist auch aus diesem Grunde von libertären Denkern verteidigt worden. Aber zwischen individueller Freiheit und demokratischer Herrschaft besteht kein notwendiger Zusammenhang. Die Antwort auf die Frage „Wer regiert mich?" ist logisch wohlunterschieden von der Frage „Wie weit engen Staat oder Regierung mich ein?". Aus diesem Unterschied ergibt sich der entscheidende Gegensatz zwischen den Begriffen der negativen und der positiven Freiheit. Denn die positive Bedeutung des Begriffs Freiheit tritt zutage, nicht wenn wir fragen „Was zu tun oder zu sein bin ich frei?", sondern wenn wir die Frage stellen „Von wem werde ich regiert?" oder „Wer soll sagen können, was ich sein oder tun soll und was nicht?". Die Verbindung zwischen Demokratie und individueller Freiheit ist sehr viel brüchiger, als viele ihrer Befürworter vermuten.

Der Wunsch nach politischer Selbstbestimmung oder danach, an dem Prozess, durch den mein Dasein kontrolliert wird, wenigstens beteiligt zu sein, mag genauso tief sein wie der Wunsch nach einem Raum, in dem ich frei handeln kann, und historisch gesehen ist er vielleicht älter. Aber beide Wünsche richten sich nicht auf das gleiche Ziel. [...]

Die „positive" Bedeutung des Wortes „Freiheit" leitet sich aus dem Wunsch des Individuums ab, sein eigener Herr zu sein. Ich will, dass mein Leben und meine Entscheidungen von mir abhängen und nicht von irgendwelchen äußeren Mächten. Ich will das Werkzeug meiner eigenen, nicht fremder Willensakte sein. Ich will Subjekt, nicht Objekt sein; will von Gründen, von bewussten Absichten, die zu mir gehören, bewegt werden, nicht von Ursachen, die gleichsam von außen auf mich einwirken. Ich will jemand sein, nicht niemand; ein Handelnder – einer, der Entscheidungen trifft, nicht einer, über den entschieden wird, ich will selbstbestimmt sein, nicht Gegenstand des Wirkens der äußeren Natur oder anderer Menschen, als wäre ich ein Ding oder ein Tier oder ein Sklave, der unfähig ist, die Rolle eines Menschen zu spielen, also eigene Ziele und Strategien ins Auge zu fassen und zu verwirklichen. All dies meine ich zumindest *auch*, wenn ich sage, dass ich vernunftbegabt bin und dass ich mich durch meinen Verstand als menschliches Wesen von der übrigen Welt unterscheide. Vor allem möchte ich meiner selbst als eines denkenden, wollenden, aktiven Wesens bewusst sein, möchte verantwortlich für meine Entscheidungen sein und sie aus meinen eigenen Ideen und Absichten erklären können. Ich fühle mich in dem Maße frei, wie ich glaube, alles dies sei so, und in dem Maße versklavt, wie ich mir klarmachen muss, dass es nicht so ist.

Berlin, Isaia: Zwei Freiheitsbegriffe. In: Ders.: Freiheit. Vier Versuche. Frankfurt/M. 1995, S. 201, 206f., 210f.

■ AUFGABEN:
1. Kennen Sie ein politisches System – oder könnten Sie sich eins vorstellen –, das zwar einen großen privaten Freiheitsspielraum, aber keine demokratische Freiheit gewährt?
2. Welcher der beiden Begriffe scheint Ihnen in unserer Gesellschaft der dominierende zu sein? Begründen Sie Ihre Auffassung.
3. Wer nicht zur Wahl geht, nimmt den Begriff der negativen Freiheit in Anspruch. Kann er auf den anderen Begriff ganz verzichten?
4. Reicht Humes Freiheitsbegriff (B16) aus, um die positive Freiheit verständlich zu machen?

3 Das Böse – eine Folge der Freiheit?

C1 Ludwig Mödl: Die sieben Todsünden

■ INFO zur Einführung:
Anlässlich einer Ausstellung zu Ehren des Künstlers und Illustrators Alfred Kubin – eines Mitglieds der Künstlervereinigung „Der Blaue Reiter" – im bayerischen Schlossmuseum Murnau richtete sich im Herbst 2007 der Blick der Öffentlichkeit auf die „sieben Todsünden" im Spannungsfeld von Tradition und Moderne. Der Theologe Ludwig Mödl schreibt hierzu:

Der Begriff „Todsünde" wird heute […] mit einem ins Lächerliche tendierenden Nebenton benützt, als wäre er ein Relikt aus hinterwäldlerischer Vergangenheit in katholischen Kreisen. Dabei will gerade dieser Begriff ein Phänomen umschreiben, unter dem die Menschen aller Zeiten leiden. Die Abwertung dieser Sprachform mag aus einem Überstrapazieren und einem realitätsfernen Theologisieren entsprungen sein. Die Sache selbst aber ist von bleibender Bedeutung, da sie für die Menschen aller Generationen eine leidvolle Wirklichkeit darstellt. […]
Der Begriff Sünde gibt den Erfahrungen von „Übel" und „Bösem" einen theologisch-deutenden Aspekt. Erfährt ein Mensch etwas Beschwerliches oder Negatives, dann spricht er von Übel. Tragen Menschen oder irgendwelche intelligenten Wesen zu diesem Übel bei, so dass sie Motive, seien es eigene oder Interessen anderer, verursachen, so spricht man vom „Bösen". Wird ein von einem selbst oder von anderen verursachtes Böses in Zusammenhang mit der theologischen Wirklichkeit Gottes gebracht, dann spricht man von „Sünde". Letztlich macht das Motiv wie auch die willentlich verursachte Handlung ein Verhalten oder eine Tat zur Sünde. Für gewöhnlich zeigt sich darin die Grundhaltung eines Menschen, aus der die Handlungen hervorgehen. Theologisch sprechen wir von „der Sünde" schlechthin, wenn der Mensch sich abwendet von der göttlichen Wirklichkeit und ein geschaffenes Element gleichsam zu einem Absolutum erklärt und sein Handeln von diesem her bestimmen lässt. […] Von lässlicher Sünde spricht man, wenn ein Mensch „Gottes Lebensordnung übertreten hat", aber sich nicht grundlegend abgewandt hat. Von Todsünden (oder Kapitalsünden) spricht man, wenn „die Ausrichtung auf das letzte Ziel und die Liebe fehlt oder ihr widersprochen wird". […]
Die Rede von den „sieben Todsünden" taucht zum ersten Mal bei Gregor dem Großen (540–604) auf, dem pastoralen Papst der Wende von der Spätantike zum Frühmittelalter. Dahinter steht die Erfahrung, dass die bösen Taten eines Menschen, […] durchaus gestuft sein mögen, und auch die Handlungsmotivationen unterschiedliches Gewicht haben bzw. verschieden stark Grundhaltungen ausdrücken.

Otto Dix: Die sieben Todsünden (1933)

"Handlungen stammen aus Haltungen, Einzelsünden aus Lastern, in denen sich verkehrte Lebenseinstellungen speichern". So stellt sich die Frage: Was sind die schlimmsten Fehlhaltungen oder Antriebe, die das menschliche Handeln zum Negativen ausschlagen lassen und vor allem seinen Bezug zum absolut Jenseitigen hin beschädigen bzw. verunmöglichen? Das findet Gregor der Große in sieben Seelenhaltungen, die als „Todsünden" bezeichnet werden, da sie gleichsam zum Tod der Beziehung des Menschen mit Gott und auch der Beziehungen der Menschen untereinander führen. Die Siebenzahl leitet sich wahrscheinlich aus der Parallelisierung zu den sieben Tugenden ab, den drei göttlichen Glaube, Hoffnung, Liebe und den vier Kardinaltugenden Klugheit, Gerechtigkeit, Tapferkeit und Maß. Gregor listet die todbringenden Grundhaltungen des Menschen auf in Hoffart oder Stolz (ianis gloria), Geiz (avaritia), Fraß/Völlerei (gula), Wollust (luxuria), Zorn (ira), Trägheit (accedia), Neid (invidia). […]

Mödl, Ludwig: Die sieben Todsünden: Betrachtung aus dem Blickwinkel der theologischen Ethik. In: Schlossmuseum des Marktes Murnau (Hrsg.): Alfred Kubin – Die 7 Todsünden. Tradition und Moderne. Eine Sonderausstellung im Schlossmuseum Murnau vom 26. Juli bis zum 4. November 2007. Murnau 2007, S. 8f.

Alfred Kubin: Die 7 Todsünden (1914)

■ AUFGABE:
Betrachten Sie nun die folgenden Abbildungen und erläutern Sie die Darstellung der Todsünden!

C2 Immanuel Kant: Das Böse und die Übel (I)

■ INFO zur Einführung:
Im Englischen bedeuten das Wort „evil" und im Französischen das Wort „mal" sowohl das Übel als auch das Böse. Kant macht uns darauf aufmerksam, dass hier zwei sehr verschiedene Dinge mit demselben Wort benannt werden. Er zieht einen Vergleich mit dem lateinischen Wort „malum", das allen entsprechenden Ausdrücken in den sog. romanischen Sprachen wie dem Französischen, Italienischen und Spanischen zugrunde liegt.

Die deutsche Sprache hat das Glück, die Ausdrücke zu besitzen, welche diese Verschiedenheit nicht übersehen lassen. Für das, was die Lateiner mit einem einzigen Worte bonum benennen, hat sie zwei sehr verschiedene Begriffe und auch ebenso verschiedene Ausdrücke: für bonum das *Gute* und das *Wohl,* für malum das *Böse* und das *Übel* (oder Weh), so dass es zwei ganz verschiedene Beurteilungen sind, ob wir bei einer Handlung das *Gute* und *Böse* derselben oder unser *Wohl* und *Weh* (Übel) in Betrachtung ziehen. […]

Das *Wohl* oder *Übel* bedeutet immer nur eine Beziehung auf unseren Zustand der *Annehmlichkeit* oder *Unannehmlichkeit,* des Vergnügens und Schmerzens, und wenn wir darum ein Objekt begehren oder verabscheuen, so geschieht es nur, sofern es auf unsere Sinnlichkeit und das Gefühl der Lust und Unlust, das es bewirkt, bezogen wird. Das *Gute* oder *Böse* bedeutet aber jederzeit eine Beziehung auf den *Willen* […].

Das Gute oder Böse wird also eigentlich auf Handlungen, nicht auf den Empfindungszustand der Person bezogen; und sollte etwas schlechthin (und in aller Absicht und ohne weitere Bedingung) gut oder böse sein oder dafür gehalten werden, so würde es nur die Handlungsart, die Maxime des Willens und mithin die handelnde Person selbst, als guter oder böser Mensch, nicht aber eine Sache sein, die so genannt werden könnte.

Man mochte also immer den Stoiker auslachen, der in den heftigsten Gichtschmerzen ausrief: Schmerz, du magst mich noch so sehr foltern, ich werde doch nie gestehen, dass du etwas Böses […] seist! er hatte doch recht. Ein Übel war es, das fühlte er, und das verriet sein Geschrei; aber dass ihm dadurch ein Böses anhinge, hatte er gar nicht Ursache einzuräumen; denn der Schmerz verringert den Wert seiner Person nicht im mindesten, sondern nur den Wert seines Zustandes. Eine einzige Lüge, deren er sich bewusst gewesen wäre, hätte seinen Mut niederschlagen müssen; aber der Schmerz diente nur zur Veranlassung, ihn zu erheben, wenn er sich bewusst war, dass er ihn durch keine unrechte Handlung verschuldet und sich dadurch strafwürdig gemacht habe.

Kant, Immanuel: Kritik der praktischen Vernunft. Akademie-Ausgabe Bd. 5, S. 59f.

■ AUFGABEN:
1. Dürfen wir nach Kant von bösen Krankheiten, bösen Hunden und bösen Kindern sprechen?
2. Wie verhalten wir uns, wenn wir uns Schmerzen durch einen Sturz zuzogen, und wie, wenn wir durch einen anderen niedergeworfen wurden? Ist unsere Reaktion dieselbe?
3. Stimmen Sie Kant zu, dass das Böse nur im menschlichen bösen Willen gründet?

C3 Ingolf U. Dalferth: Das Böse und die Übel (II)

■ INFO zur Einführung:
Für den Theologen und Religionswissenschaftler Dalferth ist das Böse eine „Denkform", um das Unbegreifliche zu benennen, und zwar das unbegreifbar Schlimme, Schlechte und Üble. Er hebt Kants Trennung zwischen dem Bösen und dem Üblen wieder auf.

Böses kommt nie zuerst, und es kommt niemals allein. Nichts fängt mit ihm an, wo es widerfährt, hat anderes vielmehr immer schon angefangen. Als Feind des Wahren setzt es Wahres, als Feind des Guten Gutes, als Feind des Lebens das Leben voraus. Ob es als Unfall oder Unglück begegnet, als Unbill oder Unrecht, als Übel oder Untat oder in einer anderen seiner unabsehbar vielen Masken und Gestalten, stets zehrt es von dem, gegen das es sich richtet, und stets wird es als etwas erlebt und erlitten, was Leben überhaupt, in bestimmten Bereichen oder in bestimmter Hinsicht schädigt oder zerstört, ohne Neues anzubahnen oder zu ermöglichen.

Das zeigt sich semantisch an der Vielzahl der Bezeichnungen von Bösem. Sie alle entstammen jeweils Lebensbereichen, in denen Lebensmöglichkeiten, Lebensqualitäten oder Lebensweisen von Menschen oder anderen Lebewesen sinnlos und sinnwidrig behindert, eingeschränkt und zerstört werden, Leben also ohne Sinn und Ziel ruiniert wird. Die Kategorie bzw. Aussageform des Bösen („das Böse") ist deshalb keineswegs auf das moralisch Böse zu beschränken, für das jemand Verantwortung trägt, im Unterschied zu den natürlichen Übeln, für die niemand konkret verantwortlich ist. Diese Unterscheidung ist wichtig im Horizont moralischer Diskurse, wenn es darum geht, zwischen Tätern und Opfern zu unterscheiden. Aber es ist ungenügend, Böses nur als moralische Kategorie zu verstehen und auf böses Handeln aus bösen Absichten zu beschränken. Handeln aus guten Absichten kann für andere Menschen böse Auswirkungen haben und Handeln aus bösen Absichten für die Handelnden oder für andere gute Folgen. Böses muss daher umfassender verstanden werden. Auch wo nicht gehandelt wird, kann sinnvoll gesagt werden, dass Böses erlitten wird, und auch wo gut gehandelt wird, kann Leben beeinträchtigt, beschädigt oder zerstört werden. Böse Absichten sind keine notwendige Bedingung für Böses, und gutes Handeln nicht hinreichend, es zu vermeiden. [...]

Ich verwende die Ausdrücke „Böses" (als Leitkategorie) und „Übel" (als Konkretisationsgestalt des Bösen) daher in dem weiten Sinn des lateinischen malum oder griechischen kakòn, der nicht von vornherein auf moralische Phänomene beschränkt ist. Das Kaleidoskop des Bösen kennt unzählige Variationen im menschlichen Leben, aber stets schädigt und zerstört es Leben auf sinnlose und sinnwidrige Weise. Es unterbricht vertraute Gewohnheiten, Kontinuitäten, Ordnungen und Sinnstrukturen des Lebens, ohne dass Neuanfänge angebahnt oder weiterführende Anschlüsse ermöglicht würden. Es tritt also nicht nur negativ als das Andere des Gewöhnlichen, Vertrauten, Geordneten und Sinnvollen in Erscheinung, sondern destruktiv als negierende Negation ohne Verstehens- und Zukunftshorizonte. Entsprechend wird es sprachlich und phänomenal nach Art der Anlässe differenziert bezeichnet, in denen es Leben destruktiv betrifft und im Leiden, in solchen Destruktionen als Böses wahrgenommen wird.

Martin Schongauer: Versuchung des hl. Antonius (Kupferstich, um 1480)

Dalferth, Ingolf U.: Das Böse. Essay über die Denkform des Unbegreiflichen. Tübingen 2006, S. 1 ff.

■ AUFGABEN:

1. Nennen Sie Ereignisse, die Ihnen zu Dalferths Beschreibung zu passen scheinen!
2. Wie verhält sich die Bestimmung des Bösen als einer „Denkform" des Menschen zur Auffassung, das Böse sei ein Werk des Teufels? Wo liegt der Unterschied?
3. Welche Bestimmung des Bösen halten Sie für überzeugender, die von Kant oder die von Dalferth?

C4 Heinz Streib: Die Faszination des Bösen

■ INFO zur Einführung:
Merkwürdigerweise übt das Böse nicht nur Abscheu, sondern auf einige auch eine große Anziehungskraft aus. Das zeigt sich z. B. an Satanskulten wie den sog. schwarzen Messen, entsprechender Kleidung und Symbolen, Filmen und Musik, und dies in einer Zeit, in der nur noch sehr wenige an die Existenz des Teufels glauben. Der Autor des folgenden Textes hat eine bestimmte Vermutung, warum das Böse auf einen Teil der Jugendlichen so eine Faszination ausübt, dass sie sich mit ihm identifizieren und vom Teufel sogar Hilfe erwarten. Er macht das an einem Fallbeispiel deutlich.

Könnte es nicht sein, dass eine kleine Minderheit von Jugendlichen in die Tat umsetzt und ausagiert, was bei anderen nur in der Phantasie abläuft? Die Faszination des Bösen könnte mit einer weiter verbreiteten spezifischen Motivlage in Zusammenhang stehen, der man dann größere Aufmerksamkeit schenken müsste. Biografisch-rekonstruktive Analyse der Lebensgeschichte von jugendlichen Satanisten ist dann die […] Arbeit am eklatanten Fall, der auch für den Normalfall Einsichten eröffnet.

Vorliegende Fallanalysen legen den Schluss nahe, dass satanistische Vorstellungen und Praktiken für Jugendliche die Funktion haben, Gefühle eigener Ohnmacht und Bedeutungslosigkeit auszuagieren und versuchsweise zu kompensieren – jedenfalls solange die Schattenseiten der „geliehenen Macht", nämlich Angst oder andere Folgelasten, nicht unerträglich werden. An dem Fall von Bernd kann diese spezifische Motivlage und Dynamik der Faszination des Bösen gut aufgezeigt werden.

Bernd (19) hat turbulente Jahre der okkulten Reiz- und Erlebnissuche als satanistischer Randalierer hinter sich. Bereits im Alter von dreizehn oder vierzehn Jahren ist Bernd in die Waver-Szene geraten. Es hat ihn sehr beeindruckt, dass Wavern, die ja durch ihre Frisur sofort auffallen, auf der Straße ausgewichen wird. Und Bernd wünscht sich mehr Beachtung. Der Besuch beim Friseur verhilft ihm zu dem Privileg, in seinem Stadtteil der erste und einzige Waver zu werden und mit „Herzklopfen", aber stolz durch die Straßen zu schreiten. In der Schule erscheint Bernd alkoholisiert, malt Hakenkreuze, wirft mit Stühlen, provoziert die Lehrerin. Dies geht so weit, dass er nach zwei Schulwechseln vom Gymnasium auf die Hauptschule zurückgestuft wird.

Bernds frühadoleszenter Einstieg in die Rolle des Unangepassten, des Störers und Randalierers kann insofern als biografische Weichenstellung gesehen werden, als er hier einen einseitigen, aber durchaus effektiven Ausbruchsversuch aus der lähmenden Bedeutungslosigkeit und Ohnmacht unternimmt, einen Lösungsweg erprobt, den er auch in den darauf folgenden Jahren seines Lebens favorisieren wird.

Mit satanistischen Freunden zusammen leiht sich Bernd satanistische Bücher in der Bibliothek, sie veranstalten nächtens ein Happening in einer Leichenhalle, experimentieren mit Telepathie und versuchen sich mit „schwarzen Messen". Immer mehr tritt dabei die zentrale Gestalt des Teufels in Bernds Vorstellungswelt. Bernd sucht den Teufel und seine Nähe, um „Schutz von unten" zu erlangen. Experimente mit Drogen und riskantes S-Bahn-Surfen gehören ebenso zur satanistischen Karriere Bernds wie schließlich ein unter Alkoholeinfluss und satanistischem Größenwahn begangener erpresserischer Autodiebstahl, der ihn nach der ernüchternden Erfahrung der Untersuchungshaft wieder zur Besinnung bringt und dazu, die Hilfe eines Therapeuten in Anspruch zu nehmen.

Auf dem Hintergrund seiner Lebensgeschichte werden Traumatisierungen und Selbstspannungen, die in der okkult-satanistischen Karriere Bernds eine Rolle spielen, verständlicher. Detailliert nach Kindheit und Elternhaus fragend, erfahren wir Bernds erschütternde Geschichte. Seine allein erziehende Mutter ist Alkoholikerin. Wie hinter einer Nebelwand ist sie meist unerreichbar, sie vernachlässigt das Kind, der kleine Bernd muss gelegentlich Verantwortung für seine betrunkene Mutter übernehmen, sie nicht nur ertragen, sondern wortwörtlich tragen. Aus dem Rückblick auf die Kindheit wird verständlicher, wie das Thema „Macht und Ohnmacht" zu Bernds Lebensthema geworden ist.

Nicht alle Jugendlichen, die von der Faszination des Bösen ergriffen sind, werden zu aktiv Praktizierenden, nur wenige tragen schwerwiegende Folgen davon, und Kriminalität ist die Ausnahme. Glücklicherweise.

Streib, Heinz: Okkulte Faszination – Symbole des Bösen und Perspektiven der Entzauberung. In: Die Gewalt und das Böse. Jahrbuch für Religionspädagogik Bd. 19 (2003), S. 14f.

■ AUFGABEN:
1. Welche Erscheinungsformen dieser Faszination des Bösen kennen Sie? Stimmt die Vermutung des Verfassers mit Ihren Beobachtungen überein?
2. Lassen sich weitere Gründe für die Faszination des Bösen denken?
3. Der Autor stellt einen Zusammenhang zwischen früher Erlebtem und Verhalten fest. Aber wie ließe sich der Übergang denken, warum sollten sich jene Unglückserfahrungen in der geschilderten Weise äußern?

C5 Charles Baudelaire: Die Blumen des Bösen

John Haynes nach John Hamilton Mortimer: Death on a Pale Horse (1784)

■ INFO zur Einführung:

Der französische Dichter Charles Baudelaire (1821–1867) hat in seiner Gedichtsammlung „Les Fleurs du Mal" das Böse, Hässliche, Ekelhafte und Lasterhafte so deutlich ausgesprochen, dass viele Leser zunächst mit Ablehnung reagierten. Aber er wurde mit dem Werk zu einem der berühmtesten Lyriker der Weltliteratur. Man muss diese Gedichte eigentlich in französischer Sprache lesen. Das Folgende ist eine Prosa-Übersetzung, und zwar des ersten Gedichtes.

An den Leser

*Dummheit, Irrtum, Sünde, Geiz hausen
in unserm Geiste, plagen unsern Leib,
und wir füttern unsere liebenswürdigen Gewissensbisse,
wie die Bettler ihr Ungeziefer nähren.*

*Störrisch sind unsre Sünden, unsre Reue schlaff;
wir lassen unsere Geständnisse uns reichlich zahlen
und wandern fröhlich dann den Schlamm-Pfad wieder, zuversichtlich,
als wüschen feile Tränen all unsre Flecken ab.*

Satan der Dreimalgroße ist es,
der auf dem Pfühl des Bösen lange unsern Geist wiegt,
den verzauberten, und das reiche Metall unseres Willens
löst dieser hocherfahrene Alchimist in Rauch auf.

Der Teufel hält die Fäden, die uns bewegen!
Widriges scheint uns verlockend; mit jedem Tage
tun wir höllenab einen weitern Schritt,
doch ohne Grauen, durch Finsternisse voll Gestank. […]

Wenn Notzucht, Gift, Dolch, Brand
noch nicht mit ihren hübschen Mustern den banalen Stickgrund
unsrer jämmerlichen Geschicke zierten, so nur,
weil es unsrer Seele, leider! dazu an Kühnheit fehlt!

Doch unter den Schakalen, den Panthern, den Hetzhündinnen,
den Affen, den Skorpionen, Geiern, Schlangen,
den Untieren allen, die da belfern, heulen, grunzen, kriechen
in der ruchlosen Menagerie unserer Laster,

Ist eines hässlicher, und böser noch, und schmutziger!
Ob es gleich keine großen Glieder reckt, noch laute Schreie ausstößt,
zertrümmerte es gern die ganze Erde,
und gähnend schluckte es die Welt ein;

Die Langeweile ists! – Das Auge schwer von willenloser Träne,
träumt sie von Blutgerüsten, ihre Wasserpfeife schmauchend;
du kennst es, Leser, dieses zarte Scheusal,
 – scheinheiliger Leser, – Meinesgleichen, – mein Bruder!

Baudelaire, Charles: Die Blumen des Bösen. Les Fleurs du Mal. Vollständige zweisprachige Ausgabe, Deutsch von F. Kemp. München 1975, S. 9, 11.

■ AUFGABEN:

1. Können Sie die zentrale Stellung der Langeweile am Schluss des Gedichtes interpretieren?
2. Niemand bestreitet heute mehr, dass diese Gedichte von Baudelaire große Kunst sind, was natürlich in den Übersetzungen nicht so deutlich werden kann. Könnte aber auch die Thematik diese Dichtungen attraktiv machen? Und wenn ja, warum?
3. Wenn die Literatur sich in dieser Weise pessimistisch äußert, welche Folgen könnte das haben? Dient sie der Identifikation mit dem Bösen und lehrt böses Verhalten?

C6 Anton A. Bucher: Wird das Böse gelernt?

■ INFO zur Einführung:

Man hat vielfach versucht, das Böse wissenschaftlich zu erklären. Für die Biologie sind es Aggressionen, die der Selbst- oder Arterhaltung dienen. Aber daraus wird nicht verständlich, dass einige Menschen zu extremer Grausamkeit neigen und andere gar nicht. Innerhalb der Psychologie wurde die These entwickelt, dass Aggressionen Folge von Frustrationen sind (wir alle haben erlebt, dass jemand auf eine Tischkante flucht, an der er sich verletzt hat). Aber Gewaltverbrecher haben keineswegs immer größere Frustrationen erlebt als andere Menschen. Deshalb vertritt eine weitere Richtung der Psychologie die These, dass Gewalt gelernt wird. Hier ein kleiner Bericht.

Dass Gewalt durch schlechte Vorbilder ausgelöst werde, befürchtete schon Plato, der den Heranwachsenden Homer und Hesiod, weil diese die Untaten der Götter und Helden besangen, vorenthalten wollte. Unverändert argumentieren die Medienpessimisten, indem sie Computerspiele und Gewaltvideos mitverantwortlich für die Bluttat in Erfurt machen. Dass auch das „Böse" erlernt wird, speziell durch Imitation, ist die zentrale Aussage der sozialen Lerntheorie von Albert Bandura. In seinen klassischen Experimenten zeigte er Kindergartenkindern, real oder per Film, wie eine Puppe malträtiert wurde, woraufhin diese signifikant häufiger gewalttätige Handlungen ausübten. Konnten Kinder sehen, wie die aggressive Person belohnt wurde [...], erhöhte sich das Ausmaß an Aggressivität markant; umgekehrt sank es, wenn der Übeltäter diszipliniert wurde.

Zweifellos können bösartige Modelle bewirken, dass Kinder entsprechende skripts entwickeln, die ihr Verhalten steuern, wenn sie in ähnliche Situationen geraten. Dies umso mehr, wenn wiederholt erfahren wird, mit aggressivem Verhalten die gesteckten Ziele zu erreichen, wodurch die Überzeugung gestärkt wird, dieses sei gerechtfertigt.

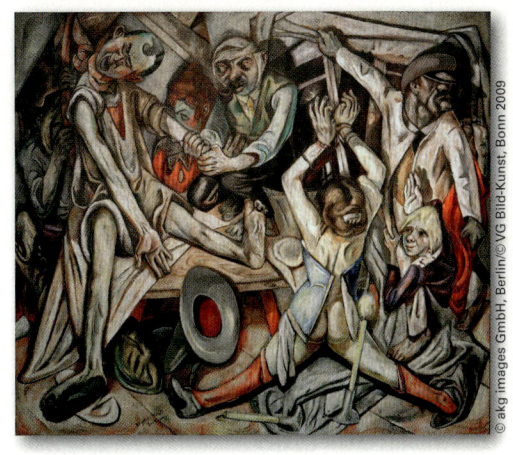

Max Beckmann: Nacht (1918/1919)

Dennoch bewirken bösartige Modelle nicht zwingend Imitation. Dafür ist vorausgesetzt, dass sich Kinder mit ihnen identifizieren. Dies tun sie umso eher, je mehr Wertschätzung sie ihnen entgegenbringen.

Bucher, Anton A.: Zwischen Destruktionstrieb und aggressiven Modellen. In: Die Gewalt und das Böse. Jahrbuch für Religionspädagogik Bd. 19 (2003), S. 38f.

■ AUFGABEN:

1. Diskutieren Sie die strittige Frage nach der Wirkung von Gewaltvideos. Was spricht dafür, dass diese die Handlungen beeinflussen, was spricht dagegen?
2. Was folgt aus den Ergebnissen der Lernpsychologie für die Erziehung der Kinder?
3. Auch in Märchen und Abenteuerromanen erfährt man von Gewalt und dem Bösen. Stehen diese mit den neueren Gewaltdarstellungen auf derselben Ebene oder nicht?

C7 Jean-Claude Wolf: Die Banalisierung des Bösen durch Wissenschaft

■ INFO zur Einführung:

Oft werden kriminelle Handlungen mit Erkrankungen erklärt, ja im Zeichen der Wissenschaft versucht man in vielfältiger Weise, das Böse kausal von psychischen oder somatischen Ursachen abzuleiten. Der Autor des folgenden Textes warnt: Wenn man das Böse nur als Krankheit verstehe, dann betreibe man mit dieser „Pathologisierung" eine bedenkliche Banalisierung des Bösen. Wenn man meine, alles Böse mit naturwissenschaftlichen Methoden bekämpfen zu können, dann ändere man letztlich unsere gesamte Gesellschaft.

Eine Spielart der Banalisierung des Bösen ist seine Pathologisierung. Diese spiegelt sich auch in einer radikalen Änderung der Nomenklatur. Verbrechen in einer deterministischen Welt würden andere Namen und Deutungen erhalten. Damit würden sich aber auch die Selbstbilder ändern, die wir von unseren Verdiensten und Verfehlungen haben; die traditionellen Begriffe von Opfern und Tätern würden ihren scheinbar klaren und distinkten Sinn verlieren. Man könnte nicht mehr glauben, dass jemand eine Strafe oder Belohnung verdient.

In einer Welt ohne negative und positive Verdienste müsste man kriminelle Handlungen ähnlich behandeln wie die Auswirkungen von Krankheiten, nämlich durch Medikamente und Operationen, Therapien und Quarantänen. An die Stelle der Zurechnung von Verantwortung träte eine perfekte Krankheitsdiagnose. Man würde aufhören, den Teufel durch den Belzebub (durch Vorwürfe und Strafen) zu vertreiben. Vielmehr würde man das Böse in einer ersten Phase als nicht-moralisches Übel, als eine Form ansteckender oder nicht-ansteckender Krankheiten betrachten. Dazu müsste man allerdings immer eine sichere Diagnose finden. Es gehört zur Heuristik wissenschaftlicher, z. B. psychiatrischer Forschung, immer mehr Ursachen und kausale Zusammenhänge aufzudecken. Je mehr Ursachen und Bedingungen wir kennen, um so kleiner wird der Platz für Selbstbestimmung, Selbstverursachung oder Spontaneität der Person. Immer schärfer wird das wissenschaftliche Bild des Menschen als eines neurophysiologischen Chemismus, in dem alle Entscheidungen, die ein Mensch zu fällen meint, bereits vorgezeichnet sind.

In einer zweiten Phase würde man Rezepte und Therapien verschreiben. In dieser Übergangsphase würde man Menschen immer noch so behandeln, als ob sie frei und verantwortlich wären. Gleichzeitig wären sich zumindest die Mitglieder einer wissenschaftlichen Elite im Klaren darüber, dass es sich dabei nur noch um eine „façon de parler" handelt, um eine archaische und besonders hartnäckige Form von Aberglauben. Vorwürfe oder Strafen könnten allenfalls noch als gezielte Konditionierungsversuche eingesetzt werden. Doch eine moralische Schocktherapie würde nur dann greifen, wenn die Patienten noch von den Illusionen der Freiheit und Verantwortung beherrscht würden, wenn es mit anderen Worten nicht gelingen würde, diese uralten Vorurteile zu überwinden. Recht und Moral würden kurzfristig an die Vorurteile der Menschen anknüpfen, wie z. B. eine Kolonialmacht kurzfristig an Vorstellungen von bösen Geistern in der Urbevölkerung anknüpft.

Es ist denkbar, dass in einer dritten Phase und langfristig das manifeste Weltbild der Menschen vom wissenschaftlichen Weltbild durchtränkt wird, dass die Vorurteile des common sense den soliden Hypothesen der Wissenschaften weichen. Der individuelle Wissensvorrat einzelner Forscher würde sich zum kollektiven Wissensvorrat erweitern, an dem alle teilnehmen. Das feierliche Tribunal zur Ermittlung der Schuld [d. h. die Gerichte] und der anschließende Strafvollzug würden nach und nach als Relikte aus barbarischen Zeiten erscheinen. Unsere Kinder und Enkel werden sie vielleicht einst mit jener Mischung von Amüsiertheit und Schauder betrachten, mit der wir mittelalterliche Folterkammern betreten.

Wolf, Jean-Claude: Das Böse als ethische Kategorie. Wien 2002, S. 82 f.

■ AUFGABEN:

1. Ist die Zukunft, die der Autor befürchtet, eine wünschbare Zukunft – oder wäre sie selbst eine Form des Bösen?
2. Angenommen, die Gesellschaft entwickelt sich so, wie der Autor skizziert, wer hätte schließlich die Macht?
3. Sollte man in Recht und Moral bei der Beurteilung von Handlungen auf psychische und somatische Erkrankungen keine Rücksicht nehmen?

C8 Hannah Arendt: Über das Böse

a) Der Horror des Bösen

■ INFO zur Einführung:

Die deutsch-jüdische Philosophin Hannah Arendt (1906–1975) befasste sich angesichts der NS-Verbrechen mit der Frage nach dem Wesen und der Tragweite des Bösen. Vor dem Hintergrund des Eichmann-Prozesses und der „Verbrechen, die niemand für möglich gehalten hätte", unternimmt sie den Versuch, eine Ethik „nach Auschwitz" zu konzipieren, die auf „Denken" und „Erinnern" gründet. In der 1965 in New York gehaltenen Vorlesung „Über das Böse" geht Arendt der Frage nach den Einflüssen auf die Unterscheidung von Recht und Unrecht nach, um schließlich den eigentlichen „Horror des Bösen" begreifbar zu machen.

Wenn wir an die objektiven Normen und Regeln des Verhaltens zurückdenken, denen entsprechend wir uns im Alltagsleben verhalten, ohne viel zu denken und ohne viel […] zu urteilen, das heißt, wo wir eigentlich besondere Fälle unter allgemeine Regeln bringen, ohne je die Regeln in Frage zu stellen, dann erhebt sich die Frage, ob es wirklich nichts gibt, an dem wir uns festhalten können, wenn wir aufgefordert sind zu entscheiden, dass dies Recht und jenes Unrecht ist, so wie wir entscheiden: Das ist schön, und das ist hässlich. Die Antwort auf diese Frage lautet: ja und nein. Ja, [es gibt etwas,] wenn wir damit allgemein anerkannte Normen meinen, wie wir sie in jeder Gemeinschaft im Hinblick auf Manieren und Konventionen besitzen, das heißt, hinsichtlich der „mores" [der Sitten] der Moralität. Doch wird über Angelegenheiten von Recht und Unrecht nicht entschieden wie über Tischmanieren, als wenn nichts weiter auf dem Spiel stünde als akzeptiertes Verhalten. Und dann ist da tatsächlich etwas, woran der Gemeinsinn, wenn er zur Ebene des Urteilens aufsteigt, uns festhält, und das ist das Beispiel. Kant sagte: Beispiele sind „der Gängelwagen der Urteilskraft", und das „repräsentative Denken", das im Urteil gegenwärtig ist, wo Besonderheiten nicht unter etwas Allgemeines subsumiert werden können, nennt er auch exemplarisch. Wir können uns nicht an irgend etwas Allgemeinem festhalten, aber an einem bestimmten Besonderen, das zum Beispiel wurde. […]

Beispiele, die in der Tat der „Gängelwagen" aller urteilenden Tätigkeiten sind, sind auch und vor allem die Wegweiser allen moralischen Denkens. Das Ausmaß, in dem die alte und einst sehr paradoxe Aussage: „Es ist besser, Unrecht zu leiden, als Unrecht zu tun", die Zustimmung der zivilisierten Menschen gewonnen hat, ist in erster Linie der Tatsache geschuldet, dass Sokrates beispielhaft handelte und damit für eine gewisse Weise des Verhaltens und des Entscheidens zwischen Recht und Unrecht zum Beispiel wurde. Dieser Standpunkt wird […] bei Nietzsche zusammengefasst […]. Er sagte folgendes: „Es ist eine Entnatürlichung der Moral, dass man die Handlung abtrennt vom Menschen, dass man den Hass oder die Verachtung gegen die Sünde (die Tat anstelle des Täters) wendet; dass man glaubt, es gebe Handlungen, welche an sich gut oder schlecht sind. […] (Bei jeder Handlung) kommt alles darauf an, wer sie tut. […] Tatsächlich ist es die Selbstsucht der Urteilenden, welche eine Handlung, resp. ihren Täter, auslegt im Verhältnis zum eigenen Nutzen oder Schaden (– oder im Verhältnis zur Ähnlichkeit oder Nichtverwandtschaft mit sich). Wir urteilen oder unterscheiden Recht und Unrecht, indem wir in unserem Kopf eine zeitlich oder räumlich abwesende Person oder einen Fall gegenwärtig haben, die zu Beispielen geworden sind. […]

Ich versuchte zu zeigen, dass unsere Entscheidungen über Recht und Unrecht von der Wahl unserer Gesellschaft, von der Wahl derjenigen, mit denen wir unser Leben zu verbringen wünschen, abhängen werden. […] Diese Gesellschaft wird in Beispielen ausgewählt, in Beispielen von toten oder lebenden wirklichen oder fiktiven Personen und in Beispielen von vergangenen oder gegenwärtigen Ereignissen. In dem unwahrscheinlichen Fall, dass jemand daherkommen könnte und uns erzählen, er würde gerne mit Ritter Blaubart zusammen sein, ihn sich also zum Beispiel wählen, ist das einzige, was wir tun können, dafür zu sorgen, dass er niemals in unsere Nähe gelangt. Doch ist, so fürchte ich, die Wahrscheinlichkeit weitaus größer, dass jemand kommt und uns sagt, es sei ihm egal, jede Gesellschaft wäre ihm gut genug. Diese Indifferenz stellt, moralisch und politisch gesprochen, die größte Gefahr dar, auch wenn sie weit verbreitet ist. Und damit verbunden und nur ein bisschen weniger gefährlich ist eine andere gängige moderne Erscheinung: die häufig anzutreffende Tendenz, das Urteilen überhaupt zu verweigern. Aus dem Unwillen oder Unfähigkeit, durch Urteil zu Anderen in Beziehung zu treten, entstehen die wirklichen „skandala", die wirklichen Stolpersteine, welche menschliche Macht nicht beseitigen kann, weil sie nicht von menschlichen oder menschlich verständlichen Motiven verursacht wurden. Darin liegt der Horror des Bösen und zugleich seine Banalität.

Arendt, Hannah: Über das Böse. Eine Vorlesung zu Fragen der Ethik. München 2003, S. 145 ff.

■ AUFGABEN:

1. Wovon machen Menschen Arendt zufolge ihre Entscheidungen über Recht und Unrecht abhängig?
2. Welche Bedeutung hat „beispielhaftes" Verhalten anderer Menschen?
3. Inwiefern beeinflusst die „Wahl der Gesellschaft" das eigene Verhalten?
4. Worin besteht jedoch der eigentliche „Horror des Bösen"? (Diskutieren Sie auch die Frage, inwiefern dieser Horror von Arendt als Banalität bezeichnet wird.)

b) Banalität und Gedankenlosigkeit

■ INFO zur Einführung:
Erst im Jahr 1961 konnte der SS-Obersturmbannführer Adolf Eichmann, der in der internationalen Öffentlichkeit als einer der Hauptverursacher des fabrikmäßig betriebenen Massenmordes an den Juden galt, in Jerusalem gerichtlich zur Verantwortung gezogen werden. Zu den Prozessbeobachtern gehörte Hannah Arendt. Der Prozess gegen Eichmann endete mit der Überführung Eichmanns als Massenmörder, ohne selbst gemordet zu haben, und als Verbrecher „gegen die Menschheit", „gegen Rang und Stand des Menschen". Er beging Verbrechen „gegen das jüdische Volk" in der „Absicht, das jüdische Volk zu vernichten", indem „er die Tötung von Millionen von Juden zum Zwecke der Durchführung [...] der Endlösung der Judenfrage verursacht hat".

[In] dem Bericht selbst kommt die mögliche Banalität des Bösen nur auf der Ebene des Tatsächlichen zur Sprache, als ein Phänomen, das zu übersehen unmöglich war. Eichmann war nicht [...] Macbeth, und nichts hätte ihm ferner gelegen, als mit Richard III. zu beschließen, „ein Bösewicht zu werden". Außer einer ganz ungewöhnlichen Beflissenheit, alles zu tun, was seinem Fortkommen dienlich sein konnte, hatte er überhaupt keine Motive; und auch diese Beflissenheit war an sich keineswegs kriminell, er hätte bestimmt niemals seinen Vorgesetzten umgebracht, um an dessen Stelle zu rücken. Er hat sich nur, um in der Alltagssprache zu bleiben, niemals vorgestellt, was er eigentlich anstellte. [...] Er hat prinzipiell ganz gut gewusst, worum es ging, und in seinem Schlusswort vor Gericht von der „staatlicherseits vorgeschriebenen Umwertung der Werte" gesprochen; er war nicht dumm. Es war gewissermaßen schiere Gedankenlosigkeit – etwas, was mit Dummheit keineswegs identisch ist –, die ihn dafür prädisponierte, zu einem der größten Verbrecher jener Zeit zu werden. Und wenn dies „banal" ist und sogar komisch, wenn man ihm nämlich beim besten Willen keine teuflisch-dämonische Tiefe abgewinnen kann, so ist es doch [...] lange nicht alltäglich. [...] Dass eine solche [...] Gedankenlosigkeit in einem mehr Unheil anrichten [kann] als alle die dem Menschen vielleicht innewohnenden bösen Triebe zusammengenommen, das war in der Tat die Lektion, die man in Jerusalem lernen konnte. [...]

[Man] kann sich schwer des Eindrucks erwehren, dass das, was man gemeinhin unter Gewissen versteht, in Deutschland so gut wie verlorengegangen war, ja dass man sich kaum noch bewusst war, wie sehr man selbst bereits im Bann der von den Nazis gepredigten neuen Wertskala stand [...]. In Eichmanns Gedächtnis war eine [...] Parole hängengeblieben, die er oft wiederholte: „Das sind Schlachten, die künftige Generationen nicht mehr schlagen müssen" – gemeint waren die „Schlachten" gegen wehrlose Menschen [...] und andere „nutzlose Esser". Andere Phrasen dieser Art [...] lauteten etwa: „Dies durchgehalten zu haben und dabei – abgesehen von Ausnahmen menschlicher Schwäche – anständig geblieben zu sein, hat uns hart gemacht. [...] Wir wissen wohl, wir muten euch Übermenschliches zu, wir verlangen, dass ihr übermenschlich unmenschlich seid."[...] In den Köpfen dieser Männer, die zu Mördern geworden waren, blieb lediglich die eine Vorstellung hängen, dass sie in etwas Historisches, Großartiges, Einzigartiges einbezogen waren, dass sie einer „in zweitausend Jahren nur einmal vorkommenden Aufgabe dienten", an der man entsprechend zu tragen hatte. Und darauf kam es an; denn diese Mörder waren keine gemeinen Verbrecher, sie waren auch nicht geborene Sadisten oder sonst pervertiert. [...] Man hatte es also mit normalen Menschen zu tun, und das Problem war nicht so sehr, wie man mit ihrem „normalen Gewissen" fertigwerden könne als wie man sie von den Reaktionen eines gleichsam animalischen Mitleids „befreien" konnte, das normale Menschen beim Anblick physischer Leiden nahezu unweigerlich befällt. Der [...] angewandte Trick [...] bestand darin, dies Mitleid im Entstehen umzukehren und statt auf andere auf sich selbst zu richten. So dass die Mörder, wenn immer sie die Schrecklichkeit ihrer Taten überfiel, sich nicht mehr sagten: Was tue ich bloß!, sondern: Wie muss ich nur leiden bei der Erfüllung meiner schrecklichen Pflichten, wie schwer lastet diese Aufgabe auf meinen Schultern! [...]

Eichmann hatte also reichlich Gelegenheit, sich [...] „bar jeder Schuld" zu fühlen [...]. So und nicht anders waren die Dinge eben, erheischte es das Gesetz des Landes, gegründet auf den Befehl des Führers. Was er getan hatte, hatte er seinem eigenen Bewusstsein nach als gesetzestreuer Bürger getan. Er habe seine Pflicht getan [...], er habe auch das Gesetz befolgt. [...] Denn so wie das Recht in zivilisierten Ländern von der stillschweigenden Annahme ausgeht, dass die Stimme des Gewissens jedermann sagt: „Du sollst nicht töten", gerade weil vorausgesetzt ist, dass des Menschen natürliche Begierden unter Umständen mörderisch sind, so verlangte das „neue" Recht Hitlers, dass die Stimme des Gewissens jedermann sage: „Du sollst töten", und zwar unter der ausdrücklichen Voraussetzung, dass des Menschen normale Neigungen ihn keineswegs zum Mord treiben. Im Dritten Reich hatte das Böse die Eigenschaft verloren, an der die meisten Menschen es erkennen – es trat nicht mehr als Versuchung an den Menschen heran. [...] Das Beunruhigende an der Person Eichmanns war [...] gerade, dass er war wie viele und dass diese vielen weder pervers noch sadistisch, sondern schrecklich und erschreckend normal waren und sind. Vom Standpunkt unserer Rechtsinstitutionen und an unseren moralischen Urteilsmaßstäben gemessen, war diese Normalität viel erschreckender als all die Greuel zusammengenommen.

Arendt, Hannah: Eichmann in Jerusalem. Ein Bericht über die Banalität des Bösen. München [12]2003, S. 56f., 193ff., 231ff., Klappentext.

■ AUFGABEN:
1. Worin besteht die „Banalität des Bösen"?
2. Inwiefern kann ein „normaler" Mensch zum Massenmörder werden?
3. Erläutern Sie die Strategie der Nazis, das Pflichtbewusstsein der Bürger zu instrumentalisieren und zu missbrauchen!

C9 Harald Welzer: Vom normalen Menschen zum Massenmörder

■ INFO zur Einführung:
Nach landläufigem Verständnis äußert sich das sogenannte „Böse" in der Ausübung und Anwendung von Gewalt. Wie aber sind harmlose Durchschnittsmenschen und gutmütige Familienväter imstande, anderen Menschen Gewalt anzutun? Der Sozialpsychologe Harald Welzer befasst sich mit der Entstehung von Tötungsbereitschaft und Massenmorden. Er zeigt anhand des Holocausts und verschiedener anderer Genozide, dass es keine Personengruppe gibt, die sich grundsätzlich der Aufforderung zum Morden verschließen kann. Tötungsbereitschaft lasse sich primär nicht in einer gestörten Persönlichkeit, in einem „bösen" Charakter oder in einer gestörten Psyche, sondern in beeinflussbaren Wertsystemen und lenkbaren Überzeugungen lokalisieren.

Wie kommt es dazu, dass Tötungsbereitschaft ohne große Schwierigkeiten zu erzeugen ist? Die folgenden Parameter waren für die Wahrnehmungen, Interpretationen und Schlussfolgerungen der Täter bestimmend:
• die normative Hintergrundannahme, dass eine Lösung des „Judenproblems" sinnvoll und wünschenswert sei,
• die Verschiebung des normativen Referenzrahmens in der totalen Situation,
• die Heterogenität der Wir-Gruppe, die tötet,
• die beständige situative Dynamisierung durch intendierte Handlungen und nichtintendierte Handlungsfolgen,
• das praktische Konzept, dass Töten eine Arbeit und als solche ständig verbesserungsfähig ist, und schließlich
• dass Gewalt an sich nicht nur destruktiv ist, sondern für diejenigen, die sie ausüben, eine ganze Reihe konstruktiver Funktionen hat.

Der erste Punkt bedarf nicht weiter der Erläuterung, zum zweiten ist [...] hervorzuheben, dass die Situationen, in denen sich die Einsatzgruppentäter und Angehörigen der Polizeibataillone befanden, in dem Sinn total waren, als sie kaum Einflüssen von außen – also aus der „Heimat" [...] unterlagen. Die Gruppen bildeten ihre eigenen Referenzrahmen aus und waren in dem Sinn für ihre Mitglieder total – sie stellten ein weitgehend alternativloses Deutungsangebot für das bereit, was man wahrnahm und wie man sich zu verhalten hatte. Zugleich bot die Heterogenität der jeweiligen Referenzgruppe hinreichend Spielraum für die Zuordnung zu Untergruppen, Cliquen, Freundschaften. Soziale Bindungen sind essentiell für die Funktionsfähigkeit des Einzelnen, und sie werden durch die interne soziale Differenzierung der Gruppe gewährleistet. Dass die beständige Erhöhung der Opferzahl und die technische Verbesserung der Tötungsarbeit selbst eine Dynamik in den Prozess brachte, die zu neuen Ergebnissen und Handlungsfolgen führte, [...] hängt auch mit dem letzten Punkt zusammen, dass Arbeit, sofern sie die Stufe arbeitsteiliger Massenproduktion oder, wie im vorliegenden Fall, arbeitsteiliger Massendestruktion erreicht hat, selbst ständig auf Innovation gestellt ist und immer Raum für Optimierung bereithält.

Alle diese Strukturmerkmale des Täterhandelns rücken es dicht an das heran, was wir in anderen Zusammenhängen als völlig normal betrachten würden. Ungewöhnlich sind der erste Punkt, der auf die basale soziale Koordinatenverschiebung zurückgeht, und das daraus resultierende Ziel der Arbeit: die Vernichtung von Menschen. [...] Gewalt schafft nicht nur Sachverhalte und damit Klarheit, sie sortiert auch eindeutig, wer Täter und wer Opfer ist, und sie bestimmt, wer nach der Gewalt noch handeln kann und wer nicht. Kruno Letica, der serbische Täter, hatte diese strukturierende, ordnungsstiftende Funktion von Gewalt auf den Punkt gebracht, als er danach gefragt wurde, wie man in einer Kampfsituation eigentlich unterscheidet, wer Gegner und wer Zivilist ist: „Ganz einfach: Zivilisten laufen nicht auf der Straße herum, wenn geschossen wird." Die Gewalt schafft die Kategorien der Akteure einfach selbst: Wer erschossen wird, heißt das, war kein Zivilist. Der Erzähler selbst war höchst amüsiert über sein Statement, weil es natürlich auch etwas über die Macht desjenigen aussagt, der in der konkreten Situation solche tödliche Definitionsgewalt ausüben kann – aber man sieht, dass die Gewalt den Tätern hilft, sich zu orientieren.

Überdies stellen gemeinsam begangene Gewalttaten emotionale Bindungen zwischen den Tätern her, sie schaffen soziale Handlungsräume, sie bringen Erfahrungen mit sich, Lernprozesse, sie sozialisieren. All dies sind konstruktive Elemente von Gewalt, und Gewalt überhaupt ist [...] nichts, was sozialen Beziehungen und sozialem Handeln fremd und äußerlich wäre. Gewalt [...] ist kein „Betriebsunfall sozialer Beziehungen und nicht lediglich ein Extremfall oder eine ultima ratio [...]. Gewalt ist in der Tat ein Teil der großen weltgeschichtlichen Ökonomie, eine Option menschlichen Handelns, die ständig präsent ist. Keine umfassende soziale Ordnung basiert auf der Prämisse der Gewaltlosigkeit." [Popitz, Heinrich: Phänomene der Macht. Tübingen 1992, S. 57.]

Welzer, Harald: Täter. Wie aus ganz normalen Menschen Massenmörder werden. Frankfurt a. M. ²2005, S. 262 ff.

■ AUFGABEN:
1. Beziehen Sie die von Welzer aufgezeigten Parameter auf sich und erläutern Sie in einem Gedankenexperiment, unter welchen Bedingungen Sie sich vorstellen könnten, zum Massenmörder zu werden!
2. Inwiefern enthält Gewalt immer auch konstruktive Elemente? Ist diese These überhaupt plausibel?
3. Inwiefern ist keine soziale Ordnung ohne Gewalt vorstellbar?

C10 Josef Wieland: Spielt das Böse in der Wirtschaft eine Rolle?

■ INFO zur Einführung:

Josef Wieland, Professor für Betriebswirtschaftslehre mit dem Schwerpunkt Wirtschafts- und Unternehmensethik, ist der Überzeugung, dass die Wirtschaft – wie kein anderes Subsystem der Gesellschaft – Raum für die Kategorie des Bösen biete: „Die geldgetriebene Ökonomie als das Maßlose, so wie es sich für das alteuropäische Denken in der Existenzform des Bankers materialisiert, ist wider die natürliche Ordnung und von dorther zerstörerisch für die Menschen und ihre soziale Ordnung."

Welche Rolle das Böse in der Wirtschaft spielt und ob nicht die Ökonomie selbst das Lieblingsreich des Bösen ist – die Tragweite dieser Frage lässt sich nicht verstehen und beantworten, ohne auf das griechische Denken zurückzugehen. Das Böse, kakos, als Gegenbegriff zum Guten, agathos, verstehen die griechischen Philosophen als duales Beziehungsgefüge. Das Böse ist eher ein Schlechtes, ein Abzug vom Streben nach und Erreichen des guten Lebens, so wie die Abweichungen von den Tugenden eines gelingenden Lebens als ein Mangel an Tugend verstanden werden.

Für den Bereich der Wirtschaft ist in dieser Hinsicht das Begehren und die Begierde des Menschen, das sich in seinem Haben-Wollen und Mehr-Haben-Wollen äußert, von zentraler Bedeutung. Dabei geht es nicht um das Begehren, das Habenwollen an sich – dies gehört zum Wesen des Menschlichen –, sondern um die Grenzenlosigkeit dieses Triebes, um seine immanent infinite und niemals zum Ziel kommende Bestimmung. Dass dies zu nichts Gutem führt, erzählten die Griechen in der Geschichte des phrygischen Königs Midas, der eine maßlose Begierde nach dem Reichtum, aber wenig Weitblick besaß: Nachdem Midas sich von Dionysos erbeten hatte, dass alles, was er berührte, zu Gold würde, wurde ihm bald die Torheit dieses Wunsches bewusst – so konnte er etwa nichts mehr essen und trinken. Ein Bad im – seither Gold führenden – Fluss Paktolos befreite ihn jedoch wieder von diesem Fluch des Reichtums. Infinites Begehren führt zur Aufhebung des Menschlichen, das ist die Botschaft, die in diesem frühen griechischen Mythos steckt.

Die Grenzenlosigkeit wirtschaftlichen Strebens mit ihren entmenschlichenden und sozial schädlichen Folgen ist von allem Anfang an der Ankerpunkt für die Auffassung, dass die Wirtschaft potenziell immer dem Schlechten eine Heimat bietet. Allerdings nicht das Wirtschaften schlechthin, sondern präziser formuliert die Geldwirtschaft. Subsistenzökonomie, die die Funktion des Geldes auf Zahlungs- und Tauschmittel sowie auf Wertmaßstab beschränkt, ist, so das frühe europäische Denken, dem Menschen angemessen und nützlich. Das Böse in der Wirtschaft erscheint erst, wenn die Geldwirtschaft ihre Eigendynamik entwickelt und Geld neues Geld, Reichtum neuen Reichtum und Kapital neues Kapital in unendlicher Folge hervorbringt. Dieser Selbstreferenz der Geldwirtschaft, ihrer funktionalen Geschlossenheit und ihrer potenziellen individuellen und sozialen Zerstörungsmacht versuchte das griechische Denken zu begegnen durch eine philosophische Ein- und Unterordnung der Wirtschaft in die politischen und moralischen Zielsetzungen der politeia und der oikonomia. Für sie sind die immanenten Mechanismen einer entfesselten Geldwirtschaft gegen die Natur, weil alles auf Erden und im Kosmos einen Anfang und ein Ziel hat, also begrenzt ist. Für Aristoteles war daher der Zins nichts weiter als die prinzipiell unendliche Erzeugung eines Artefakts aus einem Artefakt, also Geld aus Geld – eine fundamentaler Verstoß gegen die allgemeinen Gesetze der Natur. Der Zins ist gegen die Natur, eine Abweichung vom telos [Ziel] des menschlichen und kosmischen Maßes – und in diesem Sinne böse.

Kakos ist daher ein Mensch, der wegen seiner Geldgier das von der griechischen Adelsgesellschaft für richtig und angemessen erachtete Verhalten und Handeln eines agathos nicht erreicht. Das Böse ist hier ein sozial codierter Begriff, nämlich die Abweichung vom adligen Ideal. Das Böse, so wie es sich in der Wirtschaft materialisiert – im Denken der griechischen Philosophie auf ein vorgängiges Gutes bezogen –, meint daher so etwas wie das Verfehlen eines benchmarks oder einer „best practice". Allerdings ist das Gegenteil, die vollkommene Tugend, keineswegs eine natürliche Veranlagung des Menschen, sondern bedarf der Erziehung und des Strebens nach Bildung. Aus dieser Sicht heraus wird klar, dass das Böse zugunsten des Guten mittels Erziehung und Bildung zurückgedrängt werden kann – zumindest dann, wenn es sich um Bürger handelt. Das Adelsideal des vollkommenen Glücks menschlicher Existenz in seiner Sozialität, und sei es auch nur als permanenter Versuch der Annäherung, bietet die Folie für abweichendes Verhalten, das dann als böse markiert werden kann.

Wieland, Josef: Das Böse – eine Kraft, die Gutes schafft? Ökonomische Erwägungen. In: Union Evangelischer Kirchen in der EKD (Hrsg.): Leben im Schatten des Bösen. Gespräche zu einer ungelösten Menschheitsfrage. Neukirchen-Vluyn 2004, S. 104 ff.

■ AUFGABEN:
1. Welche Rolle spielt der Tugendbegriff für den Zusammenhang von Ökonomie und Bösem?
2. Inwiefern kann die Geldwirtschaft „böse" sein?
3. Erläutern Sie Wielands These vom Bösen in der Wirtschaft vor dem Hintergrund der Todsündentradition (C1)!

C11 Voltaire: Das Gewissen als Bewusstsein des Guten und des Bösen

■ INFO zur Einführung:
Voltaire (1694–1778) gilt als der wichtigste Philosoph der französischen Aufklärung, der besonders durch seine scharfe Kritik an Staat und Kirche, an politischen Missständen und religiöser Intoleranz berühmt wurde. Sein Denken wurde besonders vom englischen Empirismus geprägt, zu dem auch John Locke gehört.

Locke hat bewiesen – wenn man in moralischen und metaphysischen Fragen überhaupt von Beweisen sprechen darf –, dass wir weder angeborene Ideen noch angeborene Prinzipien haben; er hat das sehr umständlich beweisen müssen, weil damals der entgegengesetzte Irrtum allgemein verbreitet war.

Darum haben wir so dringend nötig, dass man uns gute Ideen und gute Prinzipien einprägt, sobald wir unsern Verstand zu gebrauchen wissen.

Locke verweist auf die Wilden, die ihre Mitmenschen ohne Gewissensbisse umbringen und auffressen, und auf die wohlerzogenen christlichen Soldaten, die in einer eroberten Stadt nicht nur ohne Gewissensbisse, sondern mit wahrer Wonne, in allen Ehren und unter dem Beifall all ihrer Kameraden plündern, morden und schänden.

Es ist ganz sicher, dass bei den Metzeleien der Bartholomäusnacht und bei den Autodafés der Inquisition keinen Mörder sein Gewissen geplagt hat, weil er Männer, Frauen und Kinder hingemordet und unglückliche Menschen, deren einziges Verbrechen darin bestand, dass sie ihre Osterandacht auf andere Weise hielten als die Inquisitoren, gequält und zu Tode gefoltert hatte.

Daraus folgt, dass wir kein anderes Gewissen haben als das, welches die Zeit, das Beispiel, unser eigenes Temperament und unsere eigene Überlegung uns beigebracht haben. Der Mensch wird ohne jeden Grundsatz geboren, aber mit der Fähigkeit, sie alle anzunehmen. Sein Temperament neigt entweder mehr zur Grausamkeit oder zur Sanftmut; sein Verstand wird ihm eines Tages begreiflich machen, dass das Quadrat von zwölf hundertvierundvierzig ist und er anderen nicht antun darf, wovon er selbst verschont bleiben möchte. Aber zu diesen Einsichten gelangt er in seiner Kindheit nicht von sich aus; die erste versteht er nicht, und die zweite ahnt er nicht. Ein kleiner Wilder, der hungrig ist und dem sein Vater ein Stück von einem anderen Wilden zu essen gegeben hat, verlangt am nächsten Tage mehr davon, ohne auf den Gedanken zu kommen, dass man seinen Mitmenschen nicht anders behandeln darf, als man selbst behandelt werden möchte. Automatisch und hemmungslos tut er genau das Gegenteil von dem, was diese ewige Wahrheit lehrt.

Die Natur hat Vorsorge getroffen gegen diese abscheulichen Dinge; sie hat dem Menschen die Neigung zum Mitleid verliehen und die Fähigkeit, die Wahrheit zu begreifen. Diese beiden Gaben Gottes sind die Grundlagen der menschlichen Gesellschaft. So kommt es, dass es immer nur wenige Menschenfresser gegeben hat, und so wird das Leben unter zivilisierten Völkern einigermaßen erträglich. Die Väter und die Mütter lassen ihren Kindern eine Erziehung angedeihen, die sie bald zu geselligen Menschen macht und durch die sie ein Gewissen bekommen.

Eine reine Religion und reine Moral, frühzeitig anerzogen, formen die menschliche Natur so, dass man etwa vom siebenten bis zum sechzehnten oder siebzehnten Lebensjahr keine schlechte Tat begeht, ohne Gewissensbisse zu empfinden. Dann kommen die heftigen Leidenschaften, die das Gewissen bestürmen und zuweilen ersticken. In ihrer Not wenden sich die so Gequälten gelegentlich an andere Menschen um Rat, wie sie sich im Krankheitsfall an jene wenden, die gesund und munter aussehen.

So sind die Kasuisten aufgekommen, Leute, welche Gewissensfragen entscheiden. Einer der weisesten von ihnen ist Cicero gewesen in seinem Buche *De officiis*, d. h. über die Pflichten des Menschen. Er untersucht hier die heikelsten Fragen; aber schon lange vor ihm hatte Zarathustra das schönste Gebot zur Entscheidung von Gewissenskonflikten ausgesprochen. „Bist du im Zweifel, ob eine Tat gut oder böse ist, so unterlass sie!"

Stierle, Karlheinz (Hrsg.): Voltaire. Aus dem philosophischen Wörterbuch. Frankfurt/M. 1967, S. 78 ff.

■ AUFGABEN:
1. Wie erklärt Voltaire die Entstehung des Gewissens?
2. Wozu dient Voltaire zufolge das Gewissen?
3. Kennt Voltaire moralische Normen, die für alle Gesellschaften gelten?

C12 Immanuel Kant: Gewissen als innerer Gerichtshof

Das Bewusstsein eines *inneren Gerichtshofes* im Menschen („vor welchem sich seine Gedanken einander verklagen oder entschuldigen") ist das *Gewissen*.
Jeder Mensch hat Gewissen, und findet sich durch einen inneren Richter beobachtet, bedroht und überhaupt im Respekt (mit Furcht verbundener Achtung) gehalten, und diese über die Gesetze in ihm wachende Gewalt ist nicht etwas, was er sich selbst (willkürlich) *macht*, sondern es ist seinem Wesen einverleibt. Es folgt ihm wie sein Schatten, wenn er zu entfliehen gedenkt. Er kann sich zwar durch Lüste und Zerstreuungen betäuben, oder in Schlaf bringen, aber nicht vermeiden, dann und wann zu sich selbst zu kommen, oder zu erwachen, wo er alsbald die furchtbare Stimme desselben vernimmt. Er kann es, in seiner äußersten Verworfenheit, allenfalls dahin bringen, sich daran gar nicht mehr zu kehren, aber sie zu *hören* kann er doch nicht vermeiden.
Diese ursprüngliche intellektuelle und (weil sie Pflichtvorstellung ist) moralische Anlage, *Gewissen* genannt, hat nun das Besondere in sich, dass, ob zwar dieses sein Geschäfte ein Geschäfte des Menschen mit sich selbst ist, dieser sich doch durch seine Vernunft genötigt sieht, es als auf das Geheiß *einer anderen Person* zu treiben. Denn der Handel ist hier die Führung einer *Rechtssache* […] vor Gericht. Dass aber der durch sein Gewissen *Angeklagte* mit dem Richter als *eine und dieselbe Person* vorgestellt werde, ist eine ungereimte Vorstellungsart von einem Gerichtshofe; denn da würde ja der Ankläger jederzeit verlieren. – Also wird sich das Gewissen des Menschen bei allen Pflichten einen *anderen* (als den Menschen überhaupt), d. i. als sich selbst zum Richter seiner Handlungen denken müssen, wenn es nicht mit sich selbst im Widerspruch stehen soll. Diese andere mag nun eine wirkliche, oder bloß idealische Person sein, welche die Vernunft sich selbst schafft.
Eine solche idealische Person (der autorisierte Gewissensrichter) muss ein Herzenskündiger sein; denn der Gerichtshof ist im *Inneren* des Menschen aufgeschlagen – zugleich muss er aber auch *allverpflichtend*, d. i. eine solche Person sein, oder als eine solche gedacht werden, in Verhältnis auf welche alle Pflichten überhaupt auch als ihre Gebote anzusehen sind; weil das Gewissen über alle freie Handlungen der innere Richter ist. – Da nun ein solches moralisches Wesen zugleich alle Gewalt (im Himmel und auf Erden) haben muss, weil es sonst nicht (was doch zum Richteramt notwendig gehört) seinen Gesetzen den ihnen angemessenen Effekt verschaffen könnte, ein solches über alles machthabende moralische Wesen aber *Gott* heißt: so wird das Gewissen als subjektives Prinzip einer vor Gott seiner Taten wegen zu leistenden Verantwortung gedacht werden müssen; ja es wird der letztere Begriff (wenn gleich nur auf dunkle Art) in jenem moralischen Selbstbewusstsein jederzeit enthalten sein.

Kant, Immanuel: Die Metaphysik der Sitten. Gesammelte Werke, hg. von W. Weischedel, Bd. 8. Frankfurt a. M. 1977, S. 573f.

■ AUFGABEN:
1. Worin besteht die eigentliche Schwierigkeit des „Gerichtshofes", der nach Kant das Gewissen darstellt?
2. Vergleichen Sie Voltaires und Kants Charakterisierungen des Gewissens!

C13 Robert Spaemann: Das Gewissen

Das Gewissen muss beschrieben werden als eine zweifache geistige Bewegung. Die eine führt den Menschen über sich hinaus. Sie lässt ihn seine eigenen Interessen und Wünsche relativieren, sie lässt ihn fragen nach dem, was an sich gut und richtig ist. Und um sicher zu sein, dass er sich dabei nichts vormacht, muss er mit anderen über das Gute und Gerechte im Austausch leben, in der Gemeinschaft von Sitten. Und er muss Gründe und Gegengründe zur Kenntnis nehmen. Wer sagt: „Sitten und Gründe interessieren mich nicht; ich weiß selbst, was richtig und gut ist", der macht sich gerade nicht objektiv und allgemein. Was er sein Gewissen nennt, ist von privater Laune, von Idiosynkrasie gar nicht unterscheidbar.

Es gibt kein Gewissen ohne die Bereitschaft, dieses Gewissen zu bilden, zu informieren. Ein Arzt, der sich nicht auf dem Laufenden hält über medizinische Fortschritte, würde gewissenlos handeln; und gewissenlos handelt auch jemand, der Augen und Ohren verschließt vor den Erwägungen anderer, die ihn auf Aspekte seines Handelns aufmerksam machen, die er vielleicht noch gar nicht bemerkt hat. Ohne solche Bereitschaft wird man nur in Grenzfällen von Gewissen sprechen können.

Aber zum Gewissen gehört dann auch die zweite Bewegung, die den einzelnen wieder ganz auf sich selbst zurückführt. Wenn, wie ich sagte, der einzelne selbst potenziell das Allgemeine, selbst ein Ganzes von Sinn ist, dann kann er die Verantwortung für sein Handeln nicht auf andere und auch nicht auf die Sitten seiner Zeit, auf die Anonymität eines Diskurses, eines Austausches von Gründen und Gegengründen abschieben. Natürlich kann er sich der herrschenden Meinung anschließen, und das ist sogar in den meisten Fällen das Vernünftige. Es ist nämlich ganz falsch, immer nur dem von der Mehrheit Abweichenden ein Gewissen zuzuerkennen. Aber immer trägt doch letzten Endes der einzelne selbst die Verantwortung. Er kann einer Autorität gehorchen, und auch das kann richtig und vernünftig sein; aber *er* ist es, der den Gehorsam letzten Endes verantworten muss. Er kann sich in einen Dialog begeben, Gründe und Gegengründe abwägen; aber der Gründe und Gegengründe ist kein Ende. Das menschliche Leben dagegen ist endlich. Es muss gehandelt werden, ehe weltweite Einigkeit über das Richtige und Falsche herbeigeführt ist. Der einzelne muss also entscheiden, wann er aus der Unendlichkeit des Abwägens austritt, den Diskurs beendet und mit Überzeugung zum Handeln übergeht.

Diese Überzeugung, die uns den Diskurs beenden lässt, nennen wir das Gewissen. Es besteht nicht immer in der Gewissheit, das objektiv Beste zu tun. Der Politiker, der Arzt, der Vater oder die Mutter, sie wissen nicht immer mit Sicherheit, ob das, was sie tun oder raten, das Beste ist, wenn wir die Gesamtheit der Folgen in Betracht ziehen. Aber was sie wissen können, ist, dass es das Beste von dem ist, was ihnen im Augenblick und bei ihren Kenntnissen möglich ist, und das genügt für die Gewissensüberzeugung; denn wir sahen schon, dass der Sinn, der eine Handlung rechtfertigt, gar nicht in der Gesamtheit ihrer Folgen liegt und liegen kann. […]

Woher also kommt das Gewissen? Wir könnten genauso fragen: Woher kommt die Sprache? Warum sprechen wir? Natürlich sprechen wir, weil wir von unseren Eltern sprechen gelernt haben. Wer nie sprechen hört, bleibt stumm, und wer an keiner Kommunikation teilnimmt, kommt nicht einmal dazu zu denken; denn auch unsere Gedanken sind eine Art inneres Sprechen. Und doch würde niemand sagen, die Sprache sei verinnerlichte Fremdbestimmung. Was wäre denn dann eigentlich „Selbstbestimmung"? Von sich selbst her sei der Mensch gar kein sprechendes Wesen und kein denkendes Wesen, kann man doch wohl nicht sagen. Die Wahrheit ist: Von sich selbst her ist der Mensch ein Wesen, das der Hilfe anderer bedarf, um das zu werden, was er von sich selbst her eigentlich ist; und das gleiche gilt auch für das Gewissen. Es gibt in jedem Menschen eine Anlage des Gewissens, ein Organ des Guten und des Bösen. Das ist bei Kindern sehr deutlich zu sehen, wie jeder weiß, der Kinder kennt. Sie haben einen ausgebildeten Sinn für Gerechtigkeit. Sie sind empört, wenn sie die Gerechtigkeit verletzt sehen. Sie haben einen Sinn für echte und falsche Töne, für Güte und Aufrichtigkeit; aber ohne dass sie diese Werte in einer Autorität verkörpert sehen, verkümmert das Organ. Zu früh ausgeliefert an das Recht des Stärkeren, verlieren sie den Sinn für Fairness, das Zartgefühl, die Offenheit. Zunächst ist für sie das Wort, die Sprache ein Medium der Transparenz der Wahrheit. Aber wo sie, durch Drohungen eingeschüchtert, lernen, dass man lügen muss, um davonzukommen, oder wo sie erfahren, dass die Eltern ihnen die Unwahrheit sagen und die Lüge im täglichen Leben als normales Instrument des Fortkommens benutzen, da verschwindet der Glanz, und es bilden sich nur Kümmerformen des Gewissens. Das Gewissen wird grob. Ein zartes, empfindliches Gewissen ist das Kennzeichen eines innerlich offenen und freien Menschen und hat überhaupt nichts zu tun mit dem Skrupulanten, der statt auf das Richtige und Gute immer nur auf sich selbst schaut und jeden seiner eigenen Schritte argwöhnisch beobachtet. Das ist eine Form von Krankheit.

Es gibt nun Leute, die halten jedes schlechte Gewissen für eine Krankheit. Sie sehen es als Aufgabe des Psychologen an, dem Menschen das schlechte Gewissen, die sogenannten Schuldgefühle zu nehmen. In Wirklichkeit ist es eine Krankheit, kein schlechtes Gewissen, keine Schuldgefühle haben zu können, dann nämlich, wenn man tatsächlich eine Schuld hat. So wie es eine Krankheit, und zwar eine lebensgefährliche ist, keinen Schmerz empfinden zu können. Der Schmerz ist ein lebensdienliches Signal für eine Lebensbedrohung. Krank ist nur der, der ohne organische Ursachen Schmerz empfindet, und krank ist so der Skrupulant, der ohne Schuld ein schlechtes Gewissen hat –, denn das schlechte Gewissen ist beim Gesunden ein Signal für eine Schuld, für eine dem eigenen Wesen und dem der Wirklichkeit widersprechende Haltung.

Spaemann, Robert: Moralische Grundbegriffe. München 1982, S. 75 ff.

■ AUFGABEN:

1. Robert Spaemann verdeutlicht, dass das Gewissen untrennbar mit der Gewissensbildung verbunden ist. Blicken Sie einmal zurück und versuchen Sie zu sagen, wie Sie Ihr Gewissen gebildet haben und bilden! Was verstehen Sie in diesem Zusammenhang unter einer „Gewissenserforschung"?
2. Wie verhält sich laut Spaemann das Gewissen des Einzelnen zu den moralischen Normen der Gesellschaft?
3. Garantiert das Gewissen, dass man immer die richtige Entscheidung trifft?
4. Hat auch bei Spaemann das Gewissen die Struktur eines „inneren Gerichtshofes" wie bei Kant (C12)?

C14 Louis Fürnberg: Lied der Partei (1950)

■ INFO zur Einführung:

Das nachfolgende Lied wurde von der SED, der „Sozialistischen Einheitspartei Deutschlands", als Lobeshymne genutzt. In der DDR war es sehr bekannt.

Sie hat uns alles gegeben,
Sonne und Wind und sie geizte nie.
Wo sie war, war das Leben,
Was wir sind, sind wir durch sie.
Sie hat uns niemals verlassen,
Fror auch die Welt, uns war warm.
Uns schützt die Mutter der Massen,
Uns trägt ihr mächtiger Arm.
Refrain: Die Partei, die Partei,
Sie hat immer recht
Und Genossen es bleibe dabei,
Wer da kämpft für das Recht,
Der hat immer recht

Gegen Lüge und Ausbeuterei.
Wer das Leben beleidigt,
Ist dumm oder schlecht,
Wer die Menschen verteidigt,
Hat immer recht.
So aus Lenin'schem Geist
Wächst von Stalin geschweißt
Die Partei, die Partei, die Partei.

Römer, Ruth: Der Parteibegriff der SED im Spiegel ihrer Sprache. In: Moser, Hugo (Hrsg.): Das Aueler Protokoll. Düsseldorf 1964, S. 78.

■ AUFGABEN:

1. Finden Sie Anklänge in dem Lied an die Sphäre der Religion?
2. Welchen Platz hat in der Welt dieses Liedes der Einzelne mit seinem Gewissen?

4 Wie sollte ich sein?

D1 Vorbilder – Idole?

■ AUFGABE:
Allenthalben sehen wir in den Medien Bilder von Stars. Glauben Sie, dass diese Bilder unser Verhalten und unsere Wünsche beeinflussen? Begründen Sie Ihre Auffassung!

D2 „Tugend" – längst veraltet?

■ INFO zur Einführung:

Das Wort „Tugend" taucht in unserer Alltagssprache selten auf, es hat einen altertümlichen, ja vielleicht sogar lächerlichen Klang bekommen. Dennoch bewundern wir im Kino den Mut des Helden, freuen uns über die Aufrichtigkeit und Hilfsbereitschaft unseres Freundes, werfen Politikern leicht den Mangel an Gerechtigkeitssinn vor und ärgern uns über die Angeberei unserer Nachbarn, die nicht einmal grüßen. Hier geht es überall um Tugenden und um ihr Fehlen.

Die Philosophen beschreiben das Wesen der Tugend verschieden. In der älteren Philosophie hieß es oft, sie sei eine Haltung oder Einstellung, ein Habitus; heute sagen manche, sie sei eine „Handlungsdisposition". Demnach verhält sich die Tugend zur sittlichen Handlung wie die Musikalität zum Klavierspiel. Einigkeit besteht darin, dass Tugend nicht eine Form des technischen Könnens oder eine Fertigkeit ist, sondern unlösbar zum Charakter einer Person gehört oder eine „Qualität der Person selbst" ist, wie Max Scheler sagte. Strittig ist, wie man Tugend erwirbt. Bei Platon lesen wir, sie gründe auf dem Wissen vom Guten, bei Aristoteles hingegen, man erwerbe sie durch Einübung und Gewöhnung. Heute sagen die einen, man müsse sich zur Tugend frei entscheiden, und die anderen, man erlange sie durch Erziehung und Sozialisierung, also durch das Zusammenleben mit anderen. Aber einig ist man sich, dass wir ohne Tugenden mit unserem Leben nicht zurechtkommen.

Der griechische Begriff für Tugend war *arete,* was zunächst soviel wie Gutsein, dann Tüchtigkeit und Trefflichkeit bedeutete. Der lateinische Begriff dafür, *virtus,* heißt wörtlich soviel wie Mannhaftigkeit, und unser deutsches Wort leitet sich von taugen ab: Wer keine Tugend hat, taugt nichts.

Die klassische, antike Philosophie unterschied zumeist vier Grundtugenden, die man später „Kardinaltugenden" nannte. Denn wie die Tür in der Angel *(cardo),* so sah man alle anderen Tugenden von ihnen abhängen. Diese vier Basistugenden waren 1. Weisheit/Klugheit, 2. Mut/Tapferkeit, 3. Besonnenheit/Maß und 4. Gerechtigkeit. Wenn sich auch die Vorstellung von den Tugenden mit dem Wandel der Gesellschaft änderte, so behielten doch jene Kardinaltugenden bis heute eine wichtige Bedeutung, wie wir sehen werden, nur wechselten sie zuweilen die Benennung. Einen festen Katalog von Tugenden findet man allerdings heute in kaum einer Philosophie, und ebenso wenig eine Theorie über die Grundtugenden. Aber niemand wird bestreiten, dass z. B. Ehrlichkeit und Treue, Gemeinsinn und Toleranz, Freigebigkeit und Güte Tugenden sind. Aber es gibt viel mehr. Max Scheler hatte schon im 20. Jahrhundert – gegen den Strom der Zeit – die Tugenden verteidigt, und er wählte als Beispiele Demut und Ehrfurcht. Der Demut *(humilitas)* sind wir schon begegnet, denn Konrad Lorenz überschrieb das Kapitel, in dem er uns zur Selbsterkenntnis ermahnt, mit „Predigt der Humilitas" (B3). Die Ehrfurcht werden wir später bei Albert Schweitzer finden, der seine Ethik auf die „Ehrfurcht vor dem Leben" (N2) gründete.

Das christliche Mittelalter fügte den vier Kardinaltugenden aus der antiken Philosophie die drei christlichen oder „göttlichen" Tugenden Glaube, Hoffnung und Liebe hinzu, indem man sich auf die Bibel und besonders auf den Brief des Paulus an die Korinther bezog (1. Kor. 13,13). Dadurch ergab sich ein System von insgesamt sieben Tugenden.

Glaube (Fides) — Hoffnung (Spes) — Liebe (Caritas)

Die drei theologischen Tugenden

Klugheit (Prudentia) — Tapferkeit (Fortitudo) — Mäßigkeit (Temperantia) — Gerechtigkeit (Iustitia)

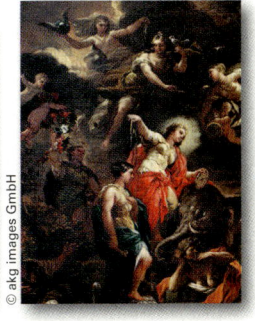

Die vier Kardinaltugenden

D3 Menzius: Das Herz als Sitz der Tugend

■ INFO zur Einführung:

Ein in der chinesischen Geistesgeschichte herausragendes Werk sind die „Lehrgespräche des Meisters Meng K'o", die sich in dem Buch „Mong Dsi" (Menzius) finden, das nach dem gleichnamigen chinesischen Philosophen des vierten vorchristlichen Jahrhunderts benannt ist. Menzius zufolge ist in jedem Menschen der Keim der Moral angelegt. Zusammen mit den geistigen Fähigkeiten und dem intuitiven Wissen des auf Sittlichkeit orientierten Herzens sei die moralische Anlage das Unterscheidungsmerkmal zwischen Mensch und Tier.

a) Die Übereinstimmung der Herzen

Mong Dsi sprach: „In fetten Jahren sind die jungen Leute meistens gutartig, in mageren Jahren sind die jungen Leute meistens roh. Nicht als ob der Himmel ihnen verschiedene Anlagen gegeben hätte; die Verhältnisse sind schuld daran, durch die ihr Herz verstrickt wird.

Es ist gleich wie mit der Gerste. Sie wird gesät und geeggt. Der Boden sei derselbe. Die Zeit des Pflanzens sei dieselbe. So wächst sie üppig heran, und wenn die Zeit zur Ernte da ist, so ist sie alle reif. Es mögen wohl Unterschiede da sein, wie sie vom fruchtbaren oder unfruchtbaren Boden, vom lebensspendenden Regen oder Tau, von der Verschiedenheit der Arbeit der Menschen herkommen. Alle Dinge, die zur selben Art gehören, sind einander ähnlich, warum sollte man das allein beim Menschen bezweifeln? Die Heiligen sind von derselben Art wie wir.

So sprach Lung Dsi: ‚Wenn einer, auch ohne den Fuß eines Menschen zu kennen, eine Strohsandale für ihn macht, so weiß ich, er wird keinen Korb machen. Die Strohsandalen sind einander ähnlich, weil alle Füße auf Erden übereinstimmen'.

So ist es auch mit dem Geschmack. Alle Menschen stimmen in ihrer Vorliebe für gewisse Wohlgeschmäcke überein. Der berühmte Koch I Ya hat nur zuerst unseren Geschmack erraten. Wenn der Geschmack der Menschen gegenüber den Speisen von Natur so verschieden wäre, wie der der Pferde und Hunde von dem unsrigen abweicht, wie würden da alle Menschen auf Erden in Geschmackssachen dem I Ya folgen? Dass in Geschmackssachen alle Welt sich nach dem I Ya richtet, ist ein Beweis, dass alle Welt in Beziehung auf den Geschmack an Speisen übereinstimmt.

Mit dem Gehör ist es genau dasselbe. Alle Welt richtet sich in Fragen des Wohlklangs nach dem Musikmeister Kuang, somit stimmt das Gehör auf der ganzen Welt überein. Mit dem Gesicht ist es ebenfalls dasselbe. Es gibt niemand auf der Welt, der einen Dsi Du [einen chinesischen „Adonis"] nicht schön fände. Wer einen Dsi Du nicht schön fände, müsste keine Augen haben.

So sehen wir also: Der Geschmack ist so beschaffen, dass alle übereinstimmen in Beziehung auf den Wohlgeschmack der Speisen. Das Gehör stimmt überein in Beziehung auf den Wohlklang der Töne. Das Gesicht stimmt überein in Beziehung auf die Schönheit der Erscheinungen.

Und was das Herz anlangt: nur hier allein sollte es keine solche Übereinstimmungen geben? Was ist es nun, worin die Herzen übereinstimmen? Es ist die Vernunft, es ist die Gerechtigkeit. Die Heiligen haben zuerst gefunden, worin unsere Herzen übereinstimmen, darum erfreut Vernunft und Gerechtigkeit ganz ebenso unser Herz, wie Mastfleisch unsern Gaumen erfreut."

Mong Dsi: Die Lehrgespräche des Meisters Meng K'o, hg. von R. Wilhelm. München ²1994, S. 164 f.

■ AUFGABEN:
1. „Darum erfreut Vernunft und Gerechtigkeit ganz ebenso unser Herz, wie Mastfleisch unsern Gaumen erfreut." – Erläutern Sie diesen Satz! Wieso erfreut uns die Gerechtigkeit? Kennen Sie dafür Beispiele?
2. Sind moralische Normen auch für uns „Geschmackssache" wie die Vorliebe für Speisen und Musik?

b) Die vier Anlagen des Menschen

Mong Dsi sprach: „Jeder Mensch hat ein Herz, das anderer Leiden nicht mit ansehen kann. Die Könige der alten Zeit zeigten ihre Barmherzigkeit darin, dass sie barmherzig waren in ihrem Walten. Wer barmherzigen Gemüts barmherzig waltet, der mag die beherrschte Welt auf seiner Hand sich drehen lassen. Dass jeder

Mensch barmherzig ist, meine ich also: Wenn Menschen zum ersten Mal ein Kind erblicken, das im Begriff ist, auf einen Brunnen zuzugehen, so regt sich in aller Herzen Furcht und Mitleid. Nicht weil sie mit den Eltern des Kindes in Verkehr kommen wollten, nicht weil sie üble Nachrede fürchteten, zeigen sie sich so.

Von hier aus gesehen, zeigt es sich: ohne Mitleid im Herzen ist kein Mensch, ohne Schamgefühl im Herzen ist kein Mensch, ohne Bescheidenheit im Herzen ist kein Mensch, ohne Recht und Unrecht im Herzen ist kein Mensch, Mitleid ist der Anfang der Liebe, Schamgefühl ist der Anfang des Pflichtbewusstseins, Bescheidenheit ist der Anfang der Sitte, Recht und Unrecht unterscheiden ist der Anfang der der Weisheit. Diese vier Anlagen besitzen alle Menschen, ebenso wie sie ihre vier Glieder besitzen. Wer diese vier Anlagen besitzt und von sich behauptet, er sei unfähig, sie zu üben, ist Räuber an sich selbst. Wer von seinem Fürsten behauptet, er könne sie nicht üben, ist ein Räuber an seinem Fürsten.

Wer diese vier Anlagen in seinem Ich besitzt und sie alle zu entfalten und zu erfüllen weiß, der ist wie das Feuer, das angefangen hat zu brennen, wie die Quelle, die angefangen hat zu fließen. Wer diese Anlagen erfüllt, der vermag die Welt zu schirmen, wer sie nicht erfüllt, vermag nicht einmal seinen Eltern zu dienen."

Mong Dsi: Die Lehrgespräche des Meisters Meng K'o, hg. von R. Wilhelm. München ²1994, S. 74 f.

■ AUFGABEN:
1. Übertragen Sie Mong Dsis Überzeugungen in eine moderne „sittliche Gebrauchsanweisung für Manager"!
2. Deuten Sie die Metapher des brennenden Feuers vor dem Hintergrund eigener Erfahrungen!

D4 Johann Wolfgang von Goethe: Der Mensch in seinem dunklen Drange

Ein guter Mensch in seinem dunklen Drange
ist sich des rechten Weges wohl bewusst.

Goethe, Johann Wolfgang von: Faust. Eine Tragödie. Werke, Hamburger Ausgabe, Bd. 3., Hamburg 1948ff., S. 18.

■ AUFGABEN:
1. Was könnte der angesprochene dunkle Drang des Menschen sein?
2. Inwiefern ist sich ein „guter Mensch" des rechten Weges „wohl" bewusst?

D5 Platon: Die Weisheit der Bewohner von Atlantis

■ INFO zur Einführung:

Wir verbinden mit dem Begriff der Klugheit oft Cleverness oder sogar Gerissenheit, denen es nur um den eigenen Vorteil geht, ohne Rücksicht auf die anderen. Die ethische Klugheit oder Weisheit tut das nicht, ja sie findet jene Einstellung äußerst unklug. Das wird aus einer Erzählung deutlich, die wir bei Platon finden. Er berichtet von einer mit allen Schätzen der Natur reich gesegneten Insel, auf der man zunächst glücklich und in völligem Frieden lebte. Es habe dort das geherrscht, was mit den Göttern verwandt ist, die Tugend. Als aber die Menschen korrupt wurden und sich Habgier und Machtwille ausbreiteten, versank die Insel im Meer. Diese Insel war Atlantis, und manche vermuten noch immer, dass sich die Reste ihrer alten Kultur irgendwo auf dem Grund des Meeres finden. Aber Platon hat diese Geschichte vermutlich nur erdacht, um uns eine ideale Gesellschaft und ihre Gefahren plastisch vor Augen zu stellen. Die glückliche Zeit des Inselstaats wird von Platon wie folgt beschrieben:

Viele Menschenalter hindurch, solange noch die göttliche Abkunft bei ihnen vorhielt, waren [die Bewohner] den Gesetzen gehorsam und freundlich gegen das verwandte Göttliche gesinnt; denn ihre Gedanken waren wahr und durchaus großherzig, indem sie bei allen eintretenden Wechselfällen des Lebens sowie gegeneinander Weisheit mit Milde gepaart bewiesen. So legten sie auf jeden Besitz – den der Tugend ausgenommen – geringen Wert und ertrugen leicht, jedoch als eine Bürde, die Fülle des Goldes und des anderen Besitztums. Üppigkeit berauschte sie nicht, noch entzog ihnen ihr Reichtum die Herrschaft über sich selbst oder verleitete sie zu Fehltritten; vielmehr erkannten sie nüchtern und scharfen Blicks, dass selbst diese Güter insgesamt nur durch gegenseitige mit Tugend verbundene Liebe gedeihen, dass aber durch das eifrige Streben nach ihnen und ihre Wertschätzung diese selbst sowie jene mit ihnen zugrunde gehe.

Platon: Kritias 120e–121a, übers. von F. Schleiermacher. Sämtliche Werke Bd. 5, Hamburg 1959, S. 230.

■ AUFGABEN:
1. Was hier „Weisheit mit Milde gepaart" heißt, wurde in anderen Übersetzungen durch „Klugheit gepaart mit Sanftmut" wiedergegeben. Worin bestand die Weisheit oder Klugheit der Leute auf Atlantis?
2. Scheint Ihnen, dass wir in unserer Gesellschaft jenes Prinzip beherzigen, oder hat es seine Bedeutung verloren?
3. Vor kurzer Zeit nahm sich ein Inhaber von mehreren Firmen das Leben, weil er bei Spekulationen mit Aktien sehr viel Kapital verloren hatte. Hat dieses Ereignis, von dem alle Zeitungen berichteten, einen Bezug zu dem Text Platons?

D6 Joachim Ringelnatz: Was du erwirbst an Geist und Gut

Erwirb dir viel und gib das meiste fort.
Viel zu behalten, hat den Wert von Sport.
Behalte Dinge, die du innig liebst,
Bis du sie gern an Freunde weitergibst.
Liebe und halte frei dein Eigentum.
Besitz macht ruhelos und bringt nicht Ruhm.

103 Gedichte von Joachim Ringelnatz, Berlin 1934, S. 56.

D7 Iris Mauss: Besonnenheit als Gefühlskontrolle

■ INFO zur Einführung:
Heute sind sich alle Wissenschaftler und Philosophen einig, dass nicht nur Menschen, sondern auch Tiere Gefühle haben. Aber nur die Menschen besitzen auch die Fähigkeit, sie zu kontrollieren. Diese Aufgabe wies man immer der Besonnenheit zu. Platon nannte sie das „Bessere" in der Seele, wodurch sich das „Schlechtere" beherrschen lasse, und dies Schlechtere war für ihn das „Zügellose", die unbändige Wut ebenso wie die ungezügelte Gier, mochte sie sich auf das Geld, das Essen, die Macht oder die Sexualität richten. Da Gefühle für uns selbst und für das Verhältnis zu unseren Mitmenschen zwar äußerst wichtig und nützlich sind – wir werden darauf zurückkommen –, zugleich aber auch zerstörerische Ausmaße annehmen können, befasst sich die Psychologie heute mit dem Thema „Emotionsregulierung". Hier ein Auszug aus einem kurzen Bericht.

Sicher kehren Emotionen nicht immer nur das Gute in uns hervor – wie etwa altruistisches Verhalten oder kreative Problemlösungen. Sie haben auch ihre Schattenseiten: Wut kann in Gewalt umschlagen, Ängste in Depressionen, die manchmal bis zum Selbstmord führen. Wie klinische Psychologen heute wissen, sind psychische Störungen häufig das Ergebnis überschießender emotionaler Reaktionen, die der Betroffene nicht mehr im Griff hat.

Hinzu kommt, dass Gefühle außer Rand und Band in der heutigen technisierten Welt schnell verheerende Folgen zeitigen. Wenn ein Waffennarr oder ein wild gewordener Autofahrer seinem Ärger freien Lauf ließe, wäre die Katastrophe vorprogrammiert. Die Fähigkeit, seine Emotionen zu regulieren, scheint für Homo sapiens überlebensnotwendig. [...]

Doch wie dies möglich ist, bereitet Forschern seit geraumer Zeit Kopfzerbrechen. Zwar scheinen die genannten Beispiele zu zeigen, dass wir es tagtäglich tun. Doch Vorsicht: Zu glauben, wir hätten unsere Gefühle im Griff, heißt noch lange nicht, dass dem auch tatsächlich so ist. Womöglich brodelt es einfach unter der Oberfläche des Bewusstseins weiter. Diese Ansicht vertrat bekanntlich Sigmund Freud. Er führte den Begriff der Verdrängung in die Psychologie ein: Besonders schmerzliche Gefühle oder solche, die sich nicht mit dem eigenen Ideal vereinbaren lassen, schieben wir kurzerhand ins Unbewusste ab. Die Energie, die unseren Emotionen eigen ist, muss dabei entweichen – wie aus einem Druckkessel –, was sich etwa in Form neurotischer oder auch körperlicher Störungen bemerkbar macht. [...]

Doch zum Glück weisen neuere Forschungsarbeiten einen möglichen Ausweg aus dem Dilemma. Denn Emotionsregulierung hat nicht zwangsläufig schlimme Folgen; man muss es nur richtig anstellen. Bei den bisher vorgestellten Studien kontrollierten die Testpersonen lediglich ihr emotionales Verhalten, nicht jedoch die Gefühle selbst. Eine andere Art der Gefühlsregulierung zielt weniger auf den äußerlich sichtbaren Ausdruck als vielmehr auf das subjektive Erleben.

Dass dies prinzipiell möglich ist, zeigt unsere alltägliche Erfahrung: Wir können Situationen in unterschiedlichem Licht betrachten und durch eine Änderung im Denken unsere Gefühle beeinflussen. Ein trödeliger Kellner im Restaurant mag einen schier zur Weißglut bringen – doch braucht man sich oft nur vor Augen zu führen, dass der arme Mann mit dem Sturm der Gäste einfach überfordert ist, und schon verfliegt der Ärger.

Mauss, Iris: Emotionskontrolle. Mensch, ärgere dich nicht! In: Gehirn und Geist, Nr. 7–8/2005, S. 41 f.

■ AUFGABEN:
1. Scheint es Ihnen aufgrund eigener Erfahrung möglich zu sein, durch eine Änderung der Einstellung und durch ein Nachdenken über die eigenen Emotionen diese zu ändern?
2. Wie könnte man mit der Antipathie umgehen, die man gegenüber einem Mitschüler oder gegenüber einer Lehrerin oder einem Lehrer hat?
3. Welche Formen von zügelloser Gier scheinen Ihnen für unsere Gesellschaft typisch und verderblich zu sein?

D8 Christian Morgenstern: Schweigen

Mag dir dies und das geschehn,
lerne still darüber stehn,
sieh dir selber schweigend zu,
bis das wilde Herz in Ruh,
bis, so fest, es, angeblickt,
sein gewahr wird – und erschrickt.

Morgenstern, Christian: Werke und Briefe, Stuttgarter Ausgabe, Bd. II, 1992, S. 507.

D9 Max Weber: Augenmaß

■ INFO zur Einführung:
Zuweilen erscheinen bis heute sehr alte Tugenden in neuer Gestalt oder unter neuen Begriffen. So erkennt man in dem, was der Soziologe Max Weber (1864–1920) „Augenmaß" nennt, Züge der alten Tugend des Maßes wieder.

Man kann sagen, dass drei Qualitäten vornehmlich entscheidend sind für den Politiker: Leidenschaft – Verantwortungsgefühl – Augenmaß. Leidenschaft im Sinn von *Sachlichkeit:* leidenschaftliche Hingabe an eine „Sache", an den Gott oder Dämon, der ihr Gebieter ist. Nicht im Sinne jenes inneren Gebarens, welches mein verstorbener Freund Georg Simmel als „sterile Aufgeregtheit" zu bezeichnen pflegte, wie sie einem bestimmten Typus vor allem russischer Intellektueller (nicht etwa: allen von ihnen!) eignete, und welches jetzt in diesem Karneval, den man mit dem stolzen Namen einer „Revolution" schmückt, eine so große Rolle auch bei unseren Intellektuellen spielt: eine ins Leere verlaufende „Romantik des intellektuell Interessanten" ohne alles sachliche Verantwortungsgefühl. Denn mit der bloßen, als noch so echt empfundenen Leidenschaft ist es freilich nicht getan. Sie macht nicht zum Politiker, wenn sie nicht, als Dienst an einer „Sache", auch die *Verantwortlichkeit* gegenüber ebendieser Sache zum entscheidenden Leitstern des Handelns macht. Und dazu bedarf es – und ist die entscheidende psychologische Qualität des Politikers – des *Augenmaßes,* der Fähigkeit, die Realitäten mit innerer Sammlung und Ruhe auf sich wirken zu lassen, also: der *Distanz* zu den Dingen und Menschen. „Distanzlosigkeit", rein als solche, ist eine der Todsünden jedes Politikers und eine jener Qualitäten, deren Züchtung bei dem Nachwuchs unserer Intellektuellen sie zu politischer Unfähigkeit verurteilen wird. Denn das Problem ist eben: wie heiße Leidenschaft und kühles Augenmaß miteinander in derselben Seele zusammengezwungen werden können? Politik wird mit dem Kopfe gemacht, nicht mit anderen Teilen des Körpers oder der Seele. Und doch kann die Hingabe an sie, wenn sie nicht ein frivoles intellektuelles Spiel, sondern menschlich echtes Handeln sein soll, nur aus Leidenschaft geboren und gespeist werden. Jene starke Bändigung der Seele aber, die den leidenschaftlichen Politiker auszeichnet und ihn von den bloßen „steril aufgeregten" politischen Dilettanten unterscheidet, ist nur durch die Gewöhnung an Distanz – in jedem Sinn des Wortes – möglich. Die „Stärke" einer politischen „Persönlichkeit" bedeutet in allererster Linie den Besitz dieser Qualitäten.

Weber, Max: Politik als Beruf (1919). In: Ders.: Gesammelte politische Schriften, hg. von J. Winckelmann. Tübingen [5]1988 (1. Auflage 1921). S. 545 f.

■ AUFGABEN:
1. Max Weber bezeichnet drei für Politiker „entscheidende Qualitäten". Fassen Sie seinen Gedankengang zusammen und vergleichen Sie die von ihm genannten „Qualitäten" mit den traditionellen Kardinaltugenden!
2. Nennen Sie Entscheidungssituationen, in denen ein Politiker „Augenmaß" benötigt!
3. Welche weiteren Tugenden empfehlen Sie Politikern?

D10 Mut als Zivilcourage

■ INFO zur Einführung:
Während früher der Mut vor allem im Kampf für die Verteidigung des eigenen Landes gegen äußere Feinde bewiesen werden musste, wird heute sehr oft eine andere, neue Form des Mutes gefordert, die man „Zivilcourage" nennt.

Zivilcourage oder gleichbedeutend sozialer Mut ist ein bestimmter Typus demokratischen Handelns [...]. Zivilcouragiertes Handeln geschieht in Situationen, die charakterisiert sind durch ein Geschehen, das zentrale Wertüberzeugungen oder die Integrität einer Person verletzt. Daraus entsteht ein Konflikt mit Anderen sowie Handlungsdruck. [...]

Sozial mutig handeln heißt sichtbar und aktiv für allgemeine humane und demokratische Werte, für die legitimen Interessen vor allem *anderer* Menschen (sekundär auch für die eigenen) eintreten. Zivilcourage folgt primär ideellen, nichtmateriellen *Motiven, Werten und Interessen* und ist weitgehend unabhängig von äußeren Belohnungen. Zivilcouragiertes Handeln ist in der Regel gewaltfrei. Sozial mutig handeln vor allem […] einzelne Menschen, aber auch Gruppen und Amtsinhaber können in den beschriebenen Situationen Zivilcourage beweisen.

Zivilcourage lernen. Analysen – Modelle – Arbeitshilfen, hg. von G. Meyer u. a., Bundeszentrale für politische Bildung 2004, Einleitung von G. Meyer, S. 10.

■ AUFGABEN:
1. Nennen Sie möglichst viele Beispiele für Zivilcourage. In welchen Bereichen scheint Ihnen selbst diese Form des Mutes besonders nötig zu sein? Wie könnte er sich äußern?
2. Wie erklären Sie sich, dass heute allenthalben Zivilcourage verlangt wird?
3. Könnte eine Demokratie, in welcher der Staat das Gewaltmonopol hat, auf diese Tugend nicht verzichten?
4. Bieten auch die Aktionen von politischen Gruppierungen wie den Neonazis Beispiele von Zivilcourage?

D11 Ingeborg Bachmann: Alle Tage

Der Krieg wird nicht mehr erklärt,
sondern fortgesetzt. Das Unerhörte
ist alltäglich geworden. Der Held
bleibt den Kämpfen fern. Der Schwache
ist in die Feuerzonen gerückt.
Die Uniform des Tages ist die Geduld,
die Auszeichnung der armselige Stern
der Hoffnung über dem Herzen.

Er wird verliehen,
wenn nichts mehr geschieht,
wenn das Trommelfeuer verstummt,
wenn der Feind unsichtbar geworden ist
und der Schatten ewiger Rüstung
den Himmel bedeckt.

Er wird verliehen
für die Flucht von den Fahnen,
für die Tapferkeit vor dem Freund,
für den Verrat unwürdiger Geheimnisse
und die Nichtachtung
jeglichen Befehls.

Bachmann, Ingeborg: Alle Tage. In: Die gestundete Zeit. München 1957, S. 28.

■ AUFGABEN:
1. Das Gedicht entstand vor ungefähr 50 Jahren während des Wettrüstens im Kalten Krieg. Hat es noch Aktualität? Gibt es auch heute Kriege trotz scheinbaren Friedens?
2. In der letzten Strophe soll die „Tapferkeit vor dem Freund" ausgezeichnet werden. Was kann es im privaten und was im politischen Feld bedeuten, dass zuweilen auch solche Tapferkeit verlangt wird?
3. Haben auch noch die letzten drei Zeilen Bedeutung für uns? (Siehe dazu auch die Texte zum „zivilen Ungehorsam" in Kapitel 7: G16-18.)

D12 Dschuang Dsi: Mut

Als Kung Dsi einst im Lande Kuang wanderte, da umringten ihn die Leute jener Gegend in dichten Scharen. Doch er hörte nicht auf, die Laute zu spielen und zu singen. Der Jünger Dsi Lu trat ein, um nach ihm zu sehen, und sprach: „Wie kommt es, Meister, dass Ihr so fröhlich seid?" Kung Dsi sprach: „Komm her, ich will dir's sagen! Ich habe mich lange Zeit bemüht, dem Misserfolg zu entgehen, und kann ihm doch nicht entrinnen: das ist das Schicksal. Ich habe mich lange Zeit bemüht, Erfolg zu erlangen, und habe ihn nicht erreicht: das ist die Zeit. Unter den heiligen Herrschern Yau und Schun gab es niemand auf Erden, der Misserfolg hatte, ohne dass darum alle besonders weise gewesen wären. Unter den Tyrannen

Giē und Dschou Sin gab es niemand auf Erden, der Erfolg hatte, ohne dass darum alle der Weisheit bar gewesen wären. Es war eben, weil die Zeitläufte sich so trafen. Wer im Wasser seine Arbeit tut, ohne sich zu fürchten vor Krokodilen und Drachen, der ist ein mutiger Fischer; wer die Wälder durchstreift, ohne sich zu fürchten vor Nashörnern und Tigern, der ist ein mutiger Jäger; wer angesichts des Kreuzens blanker Klingen den Tod dem Leben gleichachtet, der ist ein mutiger Held; wer in der Erkenntnis dessen, dass Erfolg und Misserfolg von Schicksal und Zeit abhängen, in der größten Not nicht zagt, der hat den Mut des Heiligen. Warte ein wenig, mein Freund! Mein Schicksal ruht in den Händen eines höheren Herrn." Nach einer kleinen Frist kam der Führer der Bewaffneten herein, entschuldigte sich und sprach: „Wir hielten Euch für den schlimmen Yang Hu, deshalb umringten wir Euch; nun seid Ihr's nicht." Mit diesen Worten bat er um Entschuldigung und zog sich zurück.

Dschuang Dsi: Das wahre Buch vom südlichen Blütenland, übers. u. erl. von R. Wilhelm. Düsseldorf, Köln 1972, S. 187 f.

■ AUFGABEN:
1. Vergleichen Sie die in der Erzählung genannten Arten des Muts! Wie lässt sich das Handeln eines mutigen Jägers, eines mutigen Helden und eines mutigen Heiligen charakterisieren?
2. „Mein Schicksal ruht in den Händen eines höheren Herrn." – Inwiefern ist diese Einsicht eine Grundvoraussetzung des Muts?

D13 Aristoteles' Prinzipien der Gerechtigkeit

■ INFO:
Für Platon und Aristoteles war die vollkommenste Tugend die Gerechtigkeit: weder Abend- noch Morgenstern seien so wundervoll, heißt es bei Aristoteles. In seiner Ethik gibt er Bestimmungen, die bis heute Gültigkeit haben. Er unterscheidet hier eine austeilende (oder distributive) Gerechtigkeit von einer ausgleichenden (oder kommutativen) Gerechtigkeit. Die erste Form muss beachtet werden, wenn es Güter oder Strafen zu verteilen gibt, und die zweite, wenn jemandem ein Schaden zugefügt wurde. Der Gerechte ist in allen Fällen ein „Freund der Gleichheit". Die näheren Bestimmungen sind etwas kompliziert und recht umfangreich (sie stehen in Buch V der Nikomachischen Ethik). Wir können uns das Wichtigste aber an Beispielen klarmachen. Versuchen Sie, die folgenden Fragen zu beantworten. Beachten Sie, dass es sich bei der Gleichheit auch um die Gleichheit von Verhältnissen handeln kann (2:4 = 3:6).

1. Austeilende Gerechtigkeit
a) Wenn jemand für vier Stunden Arbeit in einem Supermarkt 36,– Euro erhielt und sein Freund für drei Stunden derselben Arbeit 33,– Euro, war das gerecht? Was sagt der Freund der Gleichheit?
b) Nehmen wir an, der erste hat ganz leichte Arbeit verrichten müssen (er hatte nur Aufsicht zu führen), der zweite aber sehr schwere (er musste schwere, leicht zerbrechliche Kisten entladen), war dann die Bezahlung gerecht oder ungerecht? Wenn Sie sich für die Gerechtigkeit der Bezahlung entscheiden, wo liegt dann die Gleichheit? Oder ist in diesem Fall keine zu finden?
c) Wenn beide der Auffassung sind, die Firma zahle zu schlecht, und sie wollen das auch beweisen, was werden sie tun? Wird auch dafür die Gleichheit eine Rolle spielen?
d) Eine Mutter hat Kinder im Alter von vier, neun und 17 Jahren und gibt jedem wöchentlich 10,– Euro Taschengeld, weil sie gerecht sein möchte und bei Aristoteles gelesen hat, sie solle eine Freundin der Gleichheit sein. Hat sie wohl alles richtig verstanden, war sie gerecht?

2. Ausgleichende Gerechtigkeit
a) Jemand hat von seinem Freund dessen neues Fahrrad entliehen, das 1125,– Euro kostete, hat es aber nicht sorgfältig abgeschlossen und sich stehlen lassen. Er gibt seinem Freund 500,– Euro und sagt, dies sei gerecht, weil ihm das Rad gestohlen wurde. War er gerecht?
b) Ein Dieb stiehlt einem ersten Bauern ein Schaf und in der kommenden Nacht einem zweiten die Milchkuh. Er wird nach einigen Monaten gefasst, und der Richter entscheidet, der Mann, der den

Erlös für die Tiere schon durchgebracht hat, müsse zum Ausgleich der Schäden auf beiden Höfen jeweils einen Monat ohne Bezahlung arbeiten. Was sagt der Freund der Gleichheit: War der Richter gerecht?

Die Gerechtigkeit galt und gilt nicht nur als Tugend, sondern auch als Kriterium für den Staat und die öffentlichen Einrichtungen. Deshalb werden wir in Kap. 7 auf sie zurückkommen (G11, G15).

D14 Heinrich Beckmann: Demokratische Tugenden: Anerkennung und Toleranz

■ INFO zur Einführung:
Die ältere Philosophie kannte zwar die Tugend der Großmut, aber nicht die Tugend der Toleranz. Diese wird heute aber als eine der wichtigsten genannt. Sie gehört zu den politischen Tugenden oder zur sog. „Zivilmoral", d. h. zur Moral, die von den Bürgern im demokratischen Rechtsstaat gefordert wird. Hier ist sie mit der Tugend der Anerkennung Anderer verbunden. Der folgende Text erläutert das.

Der Wertbegriff der Anerkennung impliziert die Gleichheit von Rechtssubjekten. In welcher gesellschaftlichen Dimension der einzelne sich auch immer befindet: Es wird im Blickwinkel der liberalen wie der demokratischen Ethik immer gefordert, dass er den anderen als gleichberechtigten Partner oder Gegner anerkennt. Das gilt für das Verhalten in der wirtschaftlichen Konkurrenz genauso wie für das Verhalten in der Politik. […]
Ich behaupte nun: Damit Anerkennung – als Tugend der Rechtsmoral – möglich ist, bedarf es der Toleranz, die die Tugend der Zivilmoral ist. In der Demokratie steht die Toleranz im Dienst der „Vernebensächlichung" bzw. der „Vergleichgültigung" […] von Kollektiveigenschaften der Bürger. Durch sie wird erst die rechtsmoralische Anerkennung möglich. Es sind dies Kollektiveigenschaften, die in *tiefen Konflikten* zwischen gesellschaftlichen Gruppen wurzeln. Vielfach wird Toleranz mit Anerkennung verwechselt. Darin liegt jedoch eine Trivialisierung des Begriffs der Toleranz. Sie basiert auf der Ausblendung der Konfliktlage, die zum substanziellen Toleranzbegriff gehört. Gäbe es für die Menschen in der Demokratie nicht moralisch bestimmte Situationen der konflikthaften Art, könnten wir uns in der politischen Ethik der Demokratie auf den Begriff der Anerkennung beschränken. […] Toleranz in einem anspruchsvollen Sinn wäre in der Demokratie ein überflüssiges Konzept.
Die Interessengegensätze in der Demokratie beruhen letztlich immer auf „tiefen" Konflikten zwischen weltanschaulichen Positionen. […] Der charakteristische Zug derartiger „tiefer" Konflikte besteht darin, dass der Gegensatz der kollektiven Interessen oder der kollektiven Eigenschaften nicht zu beseitigen bzw. aufzuheben ist. Die Konflikte dieser Grundpositionen lassen sich in der Demokratie nur durch Toleranz […] bewältigen. Nur durch zivilmoralische Toleranz ist die rechtsmoralische Anerkennung von Mehrheitsentscheidungen möglich. Denn es ist ein Kennzeichen der Demokratie, dass die Minderheit zwar die Mehrheitsentscheidung als rechtlich geltende Entscheidung anerkennen muss. Sie braucht sie jedoch nicht aus ihrer eigenen moralischen Überzeugung heraus zu billigen. Sie muss sie nur tolerieren, damit die rechtliche Anerkennung möglich ist. […]
[Immer] setzt die Toleranz eine gesellschaftlich verbreitete Grundüberzeugung voraus: die Grundüberzeugung, sich mit fundamentalen Gegensätzen von weltanschaulichen Positionen und Interessenstandpunkten abfinden und leben zu müssen. Wo die Konsenssehnsüchte – ob unter nationalen oder religiösen Vorzeichen – überwiegen, wird es keine Basis für die Toleranz geben. In den Staatsformen der Gegenwart bieten allein die pluralistischen und liberalen Demokratien die Gelegenheit, sich mit der Normalität tiefer Konflikte abzufinden und sich an sie zu gewöhnen. Nur in der Demokratie entsteht das Bewusstsein, dass das Zusammenleben von Menschen mit gegensätzlichen Anschauungen und Interessen allein durch die wechselseitige Toleranz möglich ist. Deshalb ist Toleranz in einem politisch relevanten Sinn heutzutage an die Existenz der Demokratie gebunden.

Becker, Werner: Anerkennung und Toleranz. Über die politischen Tugenden der Demokratie. Erlangen, Jena 1996, S. 15 ff.

■ AUFGABEN:
1. Wie verhalten wir uns zu den Auffassungen, die wir tolerieren? Finden wir sie richtig, akzeptieren wir sie, oder lehnen wir sie ab? Beschreiben Sie Ihre Erfahrungen!
2. In unserer Kultur kann man mehrere Bereiche unterscheiden: z. B. Kunst (dazu gehören auch Film, Musik usw.), Mode, Moral/Sitte, Recht, Religion, Wissenschaft. Versuchen Sie, eine Stufung zu bilden: In welchen Bereichen fällt es Ihnen am leichtesten und in welchen am schwersten, tolerant zu sein? (Stellen Sie sich vor, Ihre Freundin oder Ihr Freund vertritt jeweils andere Auffassungen.)
3. Der Philosoph Nietzsche meinte, Toleranz sei eine Schwäche, sie zerstöre die eigenen festen Überzeugungen. Können Sie dazu Stellung nehmen?
4. Setzt Toleranz auch Gemeinsamkeiten voraus oder nicht?

D15 Karl R. Popper: Das Paradox der Toleranz

Weniger bekannt ist das *Paradox der Toleranz*: Uneingeschränkte Toleranz führt mit Notwendigkeit zum Verschwinden der Toleranz. Denn wenn wir die uneingeschränkte Toleranz sogar auf die Intoleranten ausdehnen, wenn wir nicht bereit sind, eine tolerante Gesellschaftsordnung gegen die Angriffe der Intoleranz zu verteidigen, dann werden die Toleranten vernichtet werden und die Toleranz mit ihnen. – Damit möchte ich nicht sagen, dass wir z. B. intolerante Philosophien auf jeden Fall gewaltsam unterdrücken sollten; solange wir ihnen durch rationale Argumente beikommen können und solange wir sie durch die öffentliche Meinung in Schranken halten können, wäre ihre Unterdrückung sicher höchst unvernünftig. Aber wir sollten für uns das *Recht* in Anspruch nehmen, sie, wenn nötig, mit Gewalt zu unterdrücken; denn es kann sich leicht herausstellen, dass ihre Vertreter nicht bereit sind, mit uns auf der Ebene rationaler Diskussion zusammenzutreffen, und beginnen, das Argumentieren als solches zu verwerfen; sie können ihren Anhängern verbieten, auf rationale Argumente – die sie ein Täuschungsmanöver nennen – zu hören, und sie werden ihnen vielleicht den Rat geben, Argumente mit Fäusten und Pistolen zu beantworten. Wir sollten deshalb im Namen der Toleranz das Recht für uns in Anspruch nehmen, die Intoleranten nicht zu dulden. Wir sollten geltend machen, dass sich jede Bewegung, die die Intoleranz predigt, außerhalb des Gesetzes stellt, und wir sollten eine Aufforderung zur Intoleranz und Verfolgung als ebenso verbrecherisch behandeln wie eine Aufforderung zum Mord, zum Raub oder zur Wiedereinführung des Sklavenhandels.

Popper, Karl R.: Die offene Gesellschaft und ihre Feinde, Bd. 1 (= Gesammelte Werke Bd. 5): Der Zauber Platons, hg. von H. Kiesewetter. Tübingen [8]2003, S. 361 f.

■ AUFGABEN:
1. Warum sollte man intolerante Auffassungen nicht in jedem Falle verbieten, und wie sollten wir mit ihnen umgehen?
2. Wann muss laut Popper Intoleranz mit Gewalt unterdrückt werden, und wer könnte zur Ausübung dieser Gewalt befugt sein?
3. Erkennen Sie eine Parallele zwischen Toleranz und politischer Freiheit?

■ INFO:
Die Toleranz schließt eine bestimmte Auffassung vom Staat ein, siehe Kap. 7 den Text von John Locke (G6).

Auch so das Glück
Tappt unter die Menge,
Fasst bald des Knaben
Lockige Unschuld,
Bald auch den kahlen
Schuldigen Scheitel.

Nach ewigen, ehrnen,
Großen Gesetzen
Müssen wir alle
Unseres Daseins
Kreise vollenden.

Nur allein der Mensch
Vermag das Unmögliche:
Er unterscheidet,
Wählet und richtet;
Er kann dem Augenblick
Dauer verleihen.

Er allein darf
Den Bösen strafen,
Heilen und retten,
Alles Irrende, Schweifende
Nützlich verbinden.

Und wir verehren
Die Unsterblichen,
Als wären sie Menschen,
Täten im Großen,
Was der Beste im Kleinen
Tut oder möchte.

Der edle Mensch
Sei hilfreich und gut!
Unermüdet schaff er
Das Nützliche, Rechte,
Sei uns ein Vorbild
Jener geahneten Wesen!

Goethe, Johann Wolfgang von: Das Göttliche. Werke, Berliner Ausgabe, hg. von S. Seidel, Bd. 1, Berlin 1960 ff., S. 331 ff.

■ AUFGABEN:
1. Welche Charakterzüge verbinden Sie mit einem „edlen Menschen"? Vergleichen Sie Ihre Vorstellungen mit Goethes Bestimmung des „edlen Menschen"!
2. Warum nennt Goethe sein Gedicht „Das Göttliche"?
3. In früheren Zeiten diente Goethes Gedicht oft als Eintrag in Poesiealben, später aber wurde es auch Gegenstand des Spottes. Wie erklären Sie sich diese Phänomene?

D19 Menzius: Der Edle

Mong Dsi sprach: „Wenn jede Miene und jede Bewegung dem Anstand entspricht, das ist die höchste Stufe völliger Herrschaft des Geistes. Man soll die Toten beweinen aus aufrichtiger Trauer, nicht um der Lebenden willen. Man soll unentwegt der Tugend folgen ohne Rücksicht auf äußere Beförderung. Man soll in seinen Worten stets zuverlässig sein, ohne die Absicht, sich in den Ruf eines gerechten Wandels zu bringen. Der Edle handelt nach dem Sittengesetz und nimmt sein Schicksal gelassen entgegen."

Mong Dsi: Die Lehrgespräche des Meisters Meng K'o, hg. von R. Wilhelm. München ²1994, S. 205.

■ AUFGABEN:
1. Vergleichen Sie Menzius' Charakterisierung des Edlen mit der Goethes!
2. Warum nimmt der Edle sein Schicksal gelassen hin?

D20 Am größten aber ist die Liebe

■ INFO zur Einführung:
Anders als in der philosophischen Tradition gelten im Christentum auch Glaube, Hoffnung und Liebe als Grundtugenden, die man als göttliche oder christliche Tugenden von den anderen unterscheidet (siehe INFO D1). Dabei stützt man sich insbesondere auf den Apostel Paulus, der die Liebe als die größte der Tugenden auszeichnete.

Wenn ich mit Menschen- und Engelzungen rede, aber keine Liebe habe, so bin ich ein tönendes Erz oder eine klingende Schelle. Und wenn ich weissagen kann und alle Geheimnisse weiß und alle Erkenntnis habe, und wenn ich allen Glauben besitze, so dass ich Berge versetze, habe aber keine Liebe, so bin ich nichts. Und wenn ich alle meine Habe austeile und meinen Leib hergebe, damit ich verbrannt werde, habe aber keine Liebe, so nützt es mir nichts!

Die Liebe ist langmütig und gütig, die Liebe beneidet nicht, sie prahlt nicht, sie bläht sich nicht auf; sie ist nicht unanständig, sie sucht nicht das Ihre, sie lässt sich nicht erbittern, sie rechnet das Böse nicht zu; sie freut sich nicht über die Ungerechtigkeit, sie freut sich aber der Wahrheit; sie erträgt alles, sie glaubt alles, sie hofft alles, sie duldet alles. [...] Nun aber bleibt Glaube, Hoffnung, Liebe, diese drei; die größte aber von diesen ist die Liebe.

Apostel Paulus, 1. Kor 13,1–13. Bibeltext der Schlachter. Copyright © 1951 Genfer Bibelgesellschaft.

■ AUFGABEN:

1. Liebe heißt bei Paulus „agape", und dieser Begriff bezeichnet nicht die erotische, sondern die schenkende Liebe. Halten auch Sie diese Liebe für eine Tugend?
2. Laut Kant besteht die „Liebespflicht gegen andere Menschen" darin, die Zwecke der Anderen (wenn sie nicht unsittlich sind) zu den eigenen zu machen (Metaphysik der Sitten II § 25). Versuchen Sie, diese Bestimmung mit der Paulinischen zu vergleichen!
3. Kann man Menschen gegenüber auch dann moralisch handeln, wenn man sie verabscheut oder gar hasst?

5 Wie sollte ich mich entscheiden?

E1 Das Fundament der traditionellen Ethik

a) Die Zehn Gebote

■ INFO zur Einführung:
Die wichtigste Basis für die ethische Einstellung in den Kulturen, die durch die drei großen monotheistischen Religionen geprägt sind, also durch Judentum, Christentum und Islam, ist der sog. Dekalog oder die Zehn Gebote, die nach dem Bericht des Alten Testamentes Gott Mose auf dem Berg Sinai übergab und die dieser auf zwei Tafeln schrieb. Die Zählung der Gebote am Anfang haben die christlichen Religionen etwas verschieden vorgenommen und auch der Text selbst wurde nicht immer ganz wörtlich übernommen.

Nun sprach Gott alle die folgenden Worte:
(I.) „Ich bin der Herr, dein Gott, der dich aus dem Lande Ägypten, dem Hause der Knechtschaft, geführt hat. Du sollst keine anderen Götter neben mir haben! Du sollst dir kein Schnitzbild machen, noch irgendein Abbild von dem, was droben im Himmel oder auf der Erde unten oder im Wasser unter der Erde ist! Du sollst dich vor ihnen nicht niederwerfen und sollst sie nicht verehren; denn ich, der Herr, dein Gott, bin ein eifersüchtiger Gott, der die Schuld der Väter an den Kindern, am dritten und vierten Geschlecht, nachprüft bei denen, die mich hassen. Ich erweise aber meine Gnade bis ins tausendste Geschlecht denen, die mich lieben und meine Gebote halten.
(II.) Du sollst den Namen des Herrn, deines Gottes, nicht unnütz aussprechen; denn der Herr lässt denjenigen nicht ungestraft, der seinen Namen unnütz ausspricht!
(III.) Gedenke des Sabbattages, um ihn heilig zu halten. Sechs Tage lang sollst du arbeiten und all deine Geschäfte verrichten. Doch der siebte Tag ist ein Ruhetag für den Herrn, deinen Gott. Du sollst an ihm keinerlei Arbeit tun, weder du selbst noch dein Sohn, noch deine Tochter, noch dein Knecht, noch deine Magd, noch dein Vieh, noch dein Fremdling, der sich in deinen Toren befindet. Denn in sechs Tagen hat der Herr den Himmel, die Erde, das Meer und alles, was in ihnen ist, erschaffen; doch am siebten Tage ruhte er. Darum segnete der Herr den Sabbat und erklärte ihn für heilig.
(IV.) Ehre deinen Vater und deine Mutter, damit du lange lebst in dem Lande, das der Herr, dein Gott, dir gibt!
(V.) Du sollst nicht töten!
(VI.) Du sollst nicht ehebrechen!
(VII.) Du sollst nicht stehlen!
(VIII.) Du sollst gegen deinen Nächsten kein falsches Zeugnis abgeben!
(IX.) Du sollst nicht das Haus deines Nächsten begehren!
(X.) Du sollst nicht begehren die Frau deines Nächsten und auch nicht seinen Knecht, seine Magd, sein Rind, seinen Esel und nichts von dem, was deinem Nächsten gehört!"

2 Mose 20,1–17. Übersetzung von V. Hamp, M. Stenzel, J. Kürzinger.

Rembrandt: Moses (1659)

■ AUFGABEN:

1. Warum werden diese Gebote im Kontext der genannten Religionen für verpflichtend gehalten?
2. Welche Gebote kann ein nicht-religiöser Mensch akzeptieren und welche nicht? Wie würde er bei seiner Entscheidung argumentieren?
3. Thomas Mann schreibt in seiner Erzählung „Das Gesetz", die Zehn Gebote seien die „Quintessenz des Menschenanstandes". Sind es Ihrer Meinung nach Anstandsregeln?
4. Bei Konrad Lorenz heißt es in dem genannten Buch (B3), bei den Menschen der Frühzeit, die noch in kleinen Gruppen zusammenlebten, sei die Einhaltung der Zehn Gebote noch eine Selbstverständlichkeit gewesen. Scheint Ihnen das einleuchtend zu sein?

b) Gebote im Islam

■ INFO zur Einführung:

Die heilige Schrift des Islam ist der Koran (arabisch: Qur'an). Nach dem Glauben der Muslime hat Gott (Allah) diese Textsammlung durch den Erzengel Gabriel dem Propheten Mohammed (ca. 570–632) wörtlich in arabischer Sprache offenbart. Auch im Koran finden wir einen Katalog von grundsätzlichen Geboten, wenngleich dieser nicht eine so zentrale Stelle einnimmt wie der Dekalog des Alten Testaments der Bibel. (Der Übersetzer hat zum besseren Verständnis in Klammern einige Zusätze gemacht.)

Männer studieren den Koran

1. Setz nicht (dem einen) Gott einen anderen Gott zur Seite, damit du (schließlich) nicht getadelt und verlassen dasitzt!
2. Und dein Herr hat bestimmt, dass ihr ihm allein dienen sollt.
3. Und zu den Eltern (sollt ihr) gut sein. Wenn eines von ihnen (Vater oder Mutter) oder (alle) beide bei dir (im Haus) hochbetagt geworden (und mit den Schwächen des Greisenalters behaftet) sind, dann sag nicht „Pfui!" zu ihnen und fahr sie nicht an, sondern sprich ehrerbietig zu ihnen.
Und senke für sie in Barmherzigkeit den Flügel der (Selbst)erniedrigung (d. h., benimm dich ihnen gegenüber aus Barmherzigkeit freundlich und gefügig) und sag: „Herr! Erbarm dich ihrer (ebenso mitleidig), wie sie mich aufgezogen haben, als ich klein (und hilflos) war!"
Euer Herr weiß sehr wohl, was ihr in euch bergt. (Er erkennt) falls ihr rechtschaffen seid (euren guten Willen an, auch wenn ihr seinen Geboten nicht durchweg nachzukommen vermögt). Den Bußfertigen ist er bereit zu vergeben.
4. Und gib dem Verwandten, was ihm (von Rechts wegen) zusteht, ebenso dem Armen und dem, der unterwegs ist (oder: dem, der dem Weg (Gottes) gefolgt (und dadurch in Not gekommen) ist [...])! Aber sei (dabei) nicht ausgesprochen verschwenderisch!
Diejenigen, die verschwenderisch sind, sind Brüder der Satane. Und der Satan ist seinem Herrn gegenüber undankbar.
Und falls du dich von ihnen abwendest (ohne ihnen etwas zu geben), indem du erwartest, dass dein Herr, wie du hoffst, sich (ihrer) erbarmen wird, [...] dann sprich (wenigstens) begütigend zu ihnen!
Mach nicht, dass deine Hand (gleichsam) an deinen Hals gefesselt ist (d. h., knausere nicht mit deinen Gaben)!
Aber streck sie (auch) nicht vollständig aus (indem du hemmungslos Geschenke austeilst), damit du (schließlich) nicht getadelt und (aller Mittel) entblößt dasitzt!
Dein Herr teilt den Unterhalt (reichlich) zu [...], wem er will, und begrenzt (ihn auch wieder) [...]. Er kennt und durchschaut seine Diener (d. h. die Menschen).
5. Und tötet nicht eure Kinder aus Furcht vor Verarmung! Wir bescheren ihnen und euch (den Lebensunterhalt). Sie zu töten ist eine schwere Verfehlung.

6. Und lasst euch nicht auf Unzucht ein! Das ist etwas Abscheuliches – eine üble Handlungsweise!
7. Und tötet niemand, den (zu töten) Gott verboten hat, außer wenn ihr dazu berechtigt seid! Wenn einer zu Unrecht getötet wird, geben wir seinem nächsten Verwandten Vollmacht (zur Rache). Er soll (aber) dann im Töten nicht maßlos sein (und sich mit der bloßen Talio begnügen). Ihm wird ja (beim Vollzug der Rache) geholfen.
8. Und tastet das Vermögen der Waise nicht an, es sei denn auf die (denkbar) beste Art! (Lasst ihr Vermögen unangetastet) bis sie volljährig geworden ist (und selber darüber verfügen darf)!
9. Und erfüllt die Verpflichtung (die ihr eingeht)! Nach der Verpflichtung wird (dereinst) gefragt.
10. Und gebt, wenn ihr zumesst, volles Maß und wägt mit der richtigen Waage! So ist es am besten (für euch) und nimmt am ehesten einen guten Ausgang.
11. Und geh nicht einer Sache nach, von der du kein Wissen hast! [= Verdächtige nicht, wenn du nichts Sicheres weißt.] Gehör, Gesicht und Verstand [...] – für all das wird (dereinst) Rechenschaft verlangt.
12. Und schreite nicht ausgelassen (und überheblich) auf der Erde einher! Du kannst (ja) weder ein Loch in die Erde machen [= die Erde spalten] noch die Berge an Höhe erreichen.
Jedes derartige schlechte Verhalten ist deinem Herrn zuwider.

Der Koran, übers. von Rudi Paret. 7. Aufl. Stuttgart, Berlin, Köln 1996, S. 520–523: Sure 17, 22–38.

(Auch: http://www.digitale-bibliothek.de/band46.htm. Einteilung und einige Erläuterungen nach Anton Schall und Peter Antes.)

■ AUFGABEN:
1. Welche Übereinstimmungen und welche Unterschiede erkennen Sie, wenn Sie die Gebote des Korans mit denen des Alten Testamentes vergleichen?
2. Das 5. Gebot gilt dem richtigen Geben und Schenken. Welche Prinzipien liegen ihm zugrunde?
3. Wie beurteilen Sie das 7. Gebot? Das „Talionsrecht" gebietet, Gleiches mit Gleichem zu vergelten, also – wie es im Alten Testament (2. Mose 23–25) heißt – „Auge um Auge, Zahn um Zahn" erlittenes Unrecht zu vergelten.

E2 Hans Küng: Warum soll der Mensch Gutes tun?

Warum soll der Mensch Gutes tun und nicht Böses? Warum steht der Mensch nicht „jenseits von Gut und Böse" [...], nur seinem „Willen zur Macht" (Erfolg, Reichtum, Vergnügen) verpflichtet? Elementare Fragen sind oft die allerschwierigsten – und solche stellen sich heute nicht mehr nur für den „permissiven" (auf Freizügigkeit beruhenden [...]) Westen. Vieles, Sitten, Gesetze und Gebräuche, vieles, was durch die Jahrhunderte selbstverständlich war, weil durch religiöse Autorität abgesichert, versteht sich heute überall auf der Welt keineswegs mehr von selbst. Fragen wie diese stellen sich jedem Einzelnen:
Warum sollen Menschen Mitmenschen nicht belügen, betrügen, bestehlen, umbringen, wenn dies von Vorteil ist und man in einem bestimmten Fall keine Entdeckung und Strafe zu fürchten hat? Warum soll der Politiker der Korruption widerstehen, wenn er der Diskretion seiner Geldgeber sicher sein kann? Warum soll ein Geschäftsmann (oder eine Bank) der Profitgier Grenzen setzen, wenn Raffgier [...], wenn die Parole „Bereichert euch" ohne alle moralische Hemmungen öffentlich gepredigt wird? Warum soll ein Embryonenforscher (oder ein Forschungsinstitut) nicht eine kommerzielle Fortpflanzungstechnik entwickeln, die garantiert einwandfreie Embryonen fabriziert und den Ausschuss in den Müll wirft? Warum soll aufgrund pränataler Geschlechtsbestimmung unwillkommener (etwa weiblicher) Nachwuchs nicht von vornherein liquidiert werden? Doch die Fragen richten sich auch an die großen Kollektive: Warum dürfen ein Volk, eine Rasse, eine Religion, wenn sie über die notwendigen Machtmittel verfügen, eine andersartige, andersgläubige oder „ausländische" Minderheit nicht hassen, schikanieren und, wenn es darauf ankommt, gar exilieren oder liquidieren?

Doch genug der Negativa! Warum das Gute tun? Auch hier stellen sich Fragen zunächst an den Einzelnen: Warum sollen Menschen statt rücksichtslos und brutal freundlich, schonungsvoll, gar hilfsbereit sein, warum soll schon der junge Mensch auf Gewaltanwendung verzichten und grundsätzlich für Gewaltlosigkeit optieren?

Küng, Hans: Projekt Weltethos. München 1990, S. 46 f.

■ AUFGABEN:

1. Der Theologe Küng verweist auf Sitten, Gebräuche und Gesetze, die traditionell das menschliche Zusammenleben in einer Gemeinschaft regeln. Um welche könnte es sich dabei handeln?
2. Warum soll der Mensch Gutes tun? Beantworten und begründen Sie die von Hans Küng aufgeworfene Frage!
3. Diskutieren Sie die Frage, welche und wozu eine Gesellschaft allgemein verbindliche Wertauffassungen benötigt!
4. Zeigen Sie die möglichen Konsequenzen für den Einzelnen und die Gemeinschaft auf, wenn alle Menschen den Standpunkt verträten, dass es keinen ausreichenden Grund gäbe, Gutes zu tun!

E3 Wilhelm Busch, Erich Kästner und Kurt Schwitters: Das Gute

a) Wilhelm Busch:

„Das Gute – dieser Satz steht fest – ist stets das Böse, was man lässt!"

Busch, Wilhelm: Die fromme Helene. Werke, hg. von F. Bohne, Bd. 2. Hamburg 1959, S. 293.

b) Erich Kästner:

„Es gibt nichts Gutes, außer: Man tut es."

Kästner, Erich: Moral. In: Ders.: Zeitgenossen, haufenweise. Gedichte, hg. von H. Hartung. München 1998, S. 277.

■ AUFGABE:

Vergleichen Sie Kästners und Buschs Aussagen und begründen Sie, welchen Grundsatz Sie für einleuchtender halten!

c) Kurt Schwitters:

Die Fabel vom guten Menschen

Es war einmal ein guter Mensch, der freute sich seines Lebens. Da kam eine Mücke geflogen und setzte sich auf seine Hand, um von seinem Blut zu trinken. Der gute Mensch sah es und wusste, dass sie trinken wollte; da dachte er: „Die arme kleine Mücke soll sich einmal satt trinken", und störte sie nicht. Da stach ihn die Mücke, trank sich satt und flog voller Dankbarkeit davon. Sie war so froh, dass sie es allen Mücken erzählte, wie gut der Mensch gewesen wäre und wie gut ihr sein gutes Blut geschmeckt hätte.
Da wurde der Himmel schwarz von Mücken, die alle den guten Menschen sehen und sein gutes Blut trinken wollten. Und sie stachen und stachen ihn und tranken und tranken, und wurden nicht einmal satt, weil es ihrer zu viele waren. Der gute Mensch aber starb.

Schwitters, Kurt: Die Fabel vom guten Menschen. In: Hohler, Franz (Hrsg.): 111 einseitige Geschichten. Darmstadt, Neuwied 1981, S. 64.

■ AUFGABE:

Auf welches Problem macht die Fabel aufmerksam? Nennen Sie Beispiele für dieses Problem!

E4 Immanuel Kant: Pflichtethik

a) Der gute Wille

Es ist überall nichts in der Welt, ja überhaupt auch außer derselben zu denken möglich, was ohne Einschränkung für gut könnte gehalten werden, als allein ein *guter Wille*. Verstand, Witz, Urteilskraft, und wie die *Talente* des Geistes sonst heißen mögen, oder Mut, Entschlossenheit, Beharrlichkeit im Vorsatze, als Eigenschaften des *Temperaments*, sind ohne Zweifel in mancher Absicht gut und wünschenswert; aber sie können auch äußerst böse und schädlich werden, wenn der Wille, der von diesen Naturgaben Gebrauch machen soll und dessen eigentümliche Beschaffenheit darum *Charakter* heißt, nicht gut ist. Mit den *Glücksgaben* ist es eben so bewandt. Macht, Reichtum, Ehre, selbst Gesundheit, und das ganze Wohlbefinden und Zufriedenheit mit seinem Zustande, unter dem Namen der *Glückseligkeit*, machen Mut und hierdurch öfters auch Übermut, wo nicht ein guter Wille da ist, der den Einfluss derselben aufs Gemüt, und hiermit auch das ganze Prinzip zu handeln, berichtige und allgemeinzweckmäßig mache; ohne zu erwähnen, dass ein vernünftiger unparteiischer Zuschauer sogar am Anblicke eines ununterbrochenen Wohlergehens eines Wesens, das kein Zug eines reinen und guten Willens zieret, nimmermehr ein Wohlgefallen haben kann, und so der gute Wille die unerlässliche Bedingung selbst der Würdigkeit, glücklich zu sein, auszumachen scheint.

Einige Eigenschaften sind sogar diesem guten Willen selbst beförderlich und können sein Werk sehr erleichtern, haben aber dem ungeachtet keinen inneren unbedingten Wert, sondern setzen immer noch einen guten Willen voraus, der die Hochschätzung, die man übrigens mit Recht für sie trägt, einschränkt, und es nicht erlaubt, sie für schlechthin gut zu halten. Mäßigung in Affekten und Leidenschaften, Selbstbeherrschung und nüchterne Überlegung sind nicht allein in vielerlei Absicht gut, sondern scheinen sogar einen Teil vom *innern* Werte der Person auszumachen; allein es fehlt viel daran, um sie ohne Einschränkung für gut zu erklären (so unbedingt sie auch von den Alten gepriesen worden). Denn ohne Grundsätze eines guten Willens können sie höchst böse werden, und das kalte Blut eines Bösewichts macht ihn nicht allein weit gefährlicher, sondern auch unmittelbar in unsern Augen noch verabscheuungswürdiger, als er ohne dieses dafür würde gehalten werden.

Der gute Wille ist nicht durch das, was er bewirkt, oder ausrichtet, nicht durch seine Tauglichkeit zu Erreichung irgend eines vorgesetzten Zweckes, sondern allein durch das Wollen, d. i. an sich, gut, und, für sich selbst betrachtet, ohne Vergleich weit höher zu schätzen, als alles, was durch ihn zu Gunsten irgend einer Neigung, ja, wenn man will, der Summe aller Neigungen, nur immer zu Stande gebracht werden könnte. Wenn gleich durch eine besondere Ungunst des Schicksals, oder durch kärgliche Ausstattung einer stiefmütterlichen Natur, es diesem Willen gänzlich an Vermögen fehlte, seine Absicht durchzusetzen; wenn bei seiner größten Bestrebung dennoch nichts von ihm ausgerichtet würde, und nur der gute Wille (freilich nicht etwa ein bloßer Wunsch, sondern als die Aufbietung aller Mittel, so weit sie in unserer Gewalt sind) übrig bliebe: so würde er wie ein Juwel doch für sich selbst glänzen, als etwas, das seinen vollen Wert in sich selbst hat. Die Nützlichkeit oder Fruchtlosigkeit kann diesem Werte weder etwas zusetzen, noch abnehmen. Sie würde gleichsam nur die Einfassung sein, um ihn im gemeinen Verkehr besser handhaben zu können, oder die Aufmerksamkeit derer, die noch nicht genug Kenner sind, auf sich zu ziehen, nicht aber, um ihn Kennern zu empfehlen, und seinen Wert zu bestimmen.

Kant, Immanuel: Grundlegung zur Metaphysik der Sitten. Gesammelte Werke, hg. von W. Weischedel, Bd. 7, Frankfurt a. M. 1977, S. 18f.

■ AUFGABEN:

1. Rekonstruieren Sie Kants Ausführungen und erläutern Sie seine These vom „guten Willen"!
2. Geben Sie Beispiele für einen „guten Willen" im Sinne Kants!
3. Warum nennt Kant gerade den guten Willen und nicht die gute Handlung das eigentlich Gute?

b) Der Begriff der Pflicht

Um aber den Begriff eines an sich selbst hochzuschätzenden und ohne weitere Absicht guten Willens, so wie er schon dem natürlichen gesunden Verstande beiwohnet und nicht so wohl gelehrt als vielmehr nur aufgeklärt zu werden bedarf, diesen Begriff, der in der Schätzung des ganzen Werts unserer Handlungen immer obenan steht und die Bedingung alles übrigen ausmacht, zu entwickeln: wollen wir den Begriff der *Pflicht* vor uns nehmen, der den eines guten Willens, obzwar unter gewissen subjektiven Einschränkungen und Hindernissen, enthält, die aber doch, weit gefehlt, dass sie ihn verstecken und unkenntlich machen sollten, ihn vielmehr durch Abstechung heben und desto heller hervorscheinen lassen. […]

Pflicht ist die Notwendigkeit einer Handlung aus Achtung fürs Gesetz. Zum Objekte als Wirkung meiner vorhabenden Handlung kann ich zwar *Neigung* haben, aber *niemals Achtung,* eben darum, weil sie bloß eine Wirkung und nicht Tätigkeit eines Willens ist. Eben so kann ich für Neigung überhaupt, sie mag nun meine oder eines andern seine sein, nicht Achtung haben, ich kann sie höchstens im ersten Falle billigen, im zweiten bisweilen selbst lieben, d. i. sie als meinem eigenen Vorteile günstig ansehen. Nur das, was bloß als Grund, niemals aber als Wirkung mit meinem Willen verknüpft ist, was nicht meiner Neigung dient, sondern sie überwiegt, wenigstens diese von deren Überschlage bei der Wahl ganz ausschließt, mithin das bloße Gesetz für sich, kann ein Gegenstand der Achtung und hiermit ein Gebot sein. Nun soll eine Handlung aus Pflicht den Einfluss der Neigung, und mit ihr jeden Gegenstand des Willens ganz absondern, also bleibt nichts für den Willen übrig, was ihn bestimmen könne, als, objektiv, das *Gesetz,* und, subjektiv, *reine Achtung* für dieses praktische Gesetz, mithin die Maxime, einem solchen Gesetze, selbst mit Abbruch aller meiner Neigungen, Folge zu leisten.

Es liegt also der moralische Wert der Handlung nicht in der Wirkung, die daraus erwartet wird, also auch nicht in irgend einem Prinzip der Handlung, welches seinen Bewegungsgrund von dieser erwarteten Wirkung zu entlehnen bedarf. Denn alle diese Wirkungen (Annehmlichkeit seines Zustandes, ja gar Beförderung fremder Glückseligkeit) konnten auch durch andere Ursachen zu Stande gebracht werden, und es brauchte also dazu nicht des Willens eines vernünftigen Wesens; worin gleichwohl das höchste und unbedingte Gute allein angetroffen werden kann. Es kann daher nichts anders als die *Vorstellung des Gesetzes* an sich selbst, *die freilich nur im vernünftigen Wesen stattfindet,* so fern sie, nicht aber die verhoffte Wirkung, der Bestimmungsgrund des Willens ist, das so vorzügliche Gute, welches wir sittlich nennen, ausmachen, welches in der Person selbst schon gegenwärtig ist, die danach handelt, nicht aber allererst aus der Wirkung erwartet werden darf.

Was kann das aber wohl für ein Gesetz sein, dessen Vorstellung, auch ohne auf die daraus erwartete Wirkung Rücksicht zu nehmen, den Willen bestimmen muss, damit dieser schlechterdings und ohne Einschränkung gut heißen könne? Da ich den Willen aller Antriebe beraubt habe, die ihm aus der Befolgung irgend eines Gesetzes entspringen könnten, so bleibt nichts als die allgemeine Gesetzmäßigkeit der Handlungen überhaupt übrig, welche allein dem Willen zum Prinzip dienen soll, d. i., ich soll niemals anders verfahren, als so, *dass ich auch wollen könne, meine Maxime solle ein allgemeines Gesetz werden.* Hier ist nun die bloße Gesetzmäßigkeit überhaupt (ohne irgend ein auf gewisse Handlungen bestimmtes Gesetz zum Grunde zu legen) das, was dem Willen zum Prinzip dient, und ihm auch dazu dienen muss, wenn Pflicht nicht überall ein leerer Wahn und chimärischer Begriff sein soll; hiemit stimmt die gemeine Menschenvernunft in ihrer praktischen Beurteilung auch vollkommen überein, und hat das gedachte Prinzip jederzeit vor Augen.

Kant, Immanuel: Grundlegung zur Metaphysik der Sitten. Gesammelte Werke, hg. von W. Weischedel, Bd. 7, Frankfurt a. M. 1977, S. 22, 26 ff.

■ **HINWEIS:**

Kant versteht unter einer Maxime ein subjektives Prinzip des Wollens. Eine Maxime nimmt gewissermaßen die Mittelstellung zwischen dem objektiven Prinzip einer Handlung (dem praktischen Gesetz) und der Handlung selbst ein. Da eine Handlung Kant zufolge als ein geordnetes Tun aufzufassen ist, bedarf es einer Regel, um dieses Tun in Gang zu bringen. So treten die Maximen als inhaltlich bestimmte Regeln zwischen die konkrete Handlung und das abstrakte Prinzip einer Handlung.

■ AUFGABEN:
1. Worin liegt Kant zufolge der moralische Wert einer Handlung?
2. Was könnte „das aber wohl für ein Gesetz sein, dessen Vorstellung, auch ohne auf die daraus erwartete Wirkung Rücksicht zu nehmen, den Willen bestimmen muss, damit dieser schlechterdings und ohne Einschränkung gut heißen könne"?

c) Das allgemeine Gesetz

Was ich also zu tun habe, damit mein Wollen sittlich gut sei, dazu brauche ich gar keine weit ausholende Scharfsinnigkeit. Unerfahren in Ansehung des Weltlaufs, unfähig, auf alle sich ereignende Vorfälle desselben gefasst zu sein, frage ich mich nur: Kannst du auch wollen, dass deine Maxime ein allgemeines Gesetz werde? wo nicht, so ist sie verwerflich, und das zwar nicht um eines dir, oder auch anderen, daraus bevorstehenden Nachteils willen, sondern weil sie nicht als Prinzip in eine mögliche allgemeine Gesetzgebung passen kann, für diese aber zwingt mir die Vernunft unmittelbare Achtung ab, von der ich zwar jetzt noch nicht *einsehe*, worauf sie sich gründe (welches der Philosoph untersuchen mag), wenigstens aber doch so viel verstehe: dass es eine Schätzung des Wertes sei, welcher allen Wert dessen, was durch Neigung angepriesen wird, weit überwiegt, und dass die Notwendigkeit meiner Handlungen aus *reiner* Achtung fürs praktische Gesetz dasjenige sei, was die Pflicht ausmacht, der jeder andere Bewegungsgrund weichen muss, weil sie die Bedingung eines *an sich* guten Willens ist, dessen Wert über alles geht.

Kant, Immanuel: Grundlegung zur Metaphysik der Sitten. Gesammelte Werke, hg. von W. Weischedel, Bd. 7, Frankfurt a. M. 1977, S. 30.

■ AUFGABEN:
1. Was versteht Kant unter einem „praktischen Gesetz"?
2. Inwiefern ist es notwendig für die Bestimmung eines guten Willens?

■ HINWEIS:
Da das praktische Gesetz Kant zufolge ein allgemeines, von der Vernunft gebotenes Prinzip des Handelns ist, gilt es unbedingt (kategorisch), d. h. unabhängig von Neigungen und situativen Bedingungen. Es bestimmt vollständig den guten Willen. Sobald sich ein Wille jedoch auf ein bestimmtes Objekt des Begehrens richtet, ist seine Bestimmung – so führt Kant aus – empirisch bedingt und durch das Prinzip der Selbstliebe bzw. der eigenen Glückseligkeit fremdbestimmt. Unter empirischen Bedingungen wird das praktische Gesetz demnach zu einem für Moralität bedingungslos einzufordernden und notwendigen Imperativ der Vernunft. Kant bezeichnet dieses Vernunftgebot als „kategorischen Imperativ". (Vgl. E12)

d) Immanuel Kants autonome und formale Ethik

■ INFO:
Die Ethik als eine Theorie der menschlichen Handlung, der bewusst vollzogenen, beabsichtigten Willenshandlung, stellt uns vor die Frage, wodurch der menschliche Wille bestimmt sein soll. Der Mensch kann sich in seinem Wollen beispielsweise von staatlichen Gesetzen bestimmen lassen, so dass er sich gesetzeskonform verhält. Er kann sich in seinem Denken und Handeln von religiösen Überzeugungen – beispielsweise von den 10 Geboten – leiten lassen. Der Mensch kann seinen Willen von allgemein anerkannten Grundsätzen des rechten Verhaltens bestimmt sein lassen. Sicherlich wäre das menschliche Verhalten aufgrund all dieser möglichen Willensbestimmungen gut, nach Immanuel Kants Auffassung jedoch nicht eigentlich ethisch, d. h. sittlich gut; und das aus zwei Gründen: Es liegt 1. eine heteronome Bestimmung des Willens und 2. eine materiale Determination des Willens vor.

Eine heteronome Bestimmung bezeichnet eine fremdgesetzliche Bestimmung, eine Bestimmung von außen. Hinter den genannten Forderungen, die den Menschen zu seinem Gutsein veranlassen, steht eine fremde Autorität mit ihren Sanktionsmöglichkeiten. Der Mensch beachtet dann die Gesetze, Strafgesetze, Verkehrsgesetze etc. – vielleicht ohne sie zu achten – wegen der möglichen Folgen ihrer Missachtung. Wo sich der Mensch vor der Entdeckung gesetzwidrigen Verhaltens sicher glaubt, sind sie für ihn nicht mehr verbindlich. Im Falle einer religiösen Willensbestimmung, der Theonomie, verhält es sich nicht anders: Hier handelt es sich um „timor domini", „Furcht vor dem Herrn", die den Menschen zu Wohlverhalten veranlasst. Wahrhaft sittlich ist Kant zufolge aber nicht ein Verhalten aufgrund heteronomer, d. h. fremdgesetzlicher Bestimmungen, sondern nur ein Handeln, das auf Autonomie beruht, auf Selbstgesetzgebung, auf einem Prinzip, das sich der Mensch aus Vernunftgründen unabhängig von äußeren Beweggründen notwendig selbst auferlegt. Dieses Prinzip ist also nicht erdacht oder von außen auferlegt, sondern wird in der Vernunft – und nur dort – vorgefunden.

Die ethische Qualität einer Handlung liegt laut Kant in einer aus Vernunfteinsicht selbstauferlegten Willensbestimmung und der aus Achtung für diese resultierenden Handlung. Dies schließt auch heteronome Bestimmungen wie Erfolg, Misserfolg, Nutzen etc. des sichtbaren Tuns, aber auch Angst vor Sanktionen aus, da – so argumentiert Kant – eine sittlich gute Handlung auf einem Gesetz beruht, das (ähnlich wie ein Naturgesetz) allgemein und notwendig, d. h. bedingungslos und allgemeingültig ist, unabhängig von Zeit, Ort, Erfahrung, Herkunft, Erziehung, Politik, Ökonomie, Kultur, Religion etc.

Der gute Wille als Voraussetzung einer guten Handlung wird Kant zufolge also durch ein allgemeines und notwendiges Gesetz bestimmt, das sich die Person selbst gibt, denn nur dann ist der Wille nicht heteronom. Genügt eine Handlung nur der Vorschrift dieses Gesetzes bzw. Prinzips, ohne jedoch um dessen willen, d. h. aus Achtung, also aus Pflicht geschehen zu sein, so kommt der Handlung lediglich Legalität und nicht Moralität zu. Handlungen, die aus Neigungen, aus mitmenschlicher Teilhabe, aus Güte, Liebe, Mitleid, Glücksstreben etc. – also sinnlichen Antrieben – geschehen, sind bestenfalls bloß legal. In all diesen Fällen ist nämlich persönliche Befriedigung mit im Spiel. Persönliche Befriedigung, Neigung, Sinnlichkeit kann – so resümiert Kant – keine Grundlage einer voraussetzungslosen, unbedingten Willensbestimmung sein.

Der zweite Grund dafür, dass die Beachtung heteronomer Gesetze im Sinne Kants nicht sittlich gut ist, liegt darin, dass eine solche Ethik material (nicht materiell) ist. „Material" hat keine Sonderbedeutung, sondern ist der bloße Gegensatz zu „formal", etwa so, wie materiale und formale Bildung unterschieden wird. Eine materiale Bestimmung des Willens meint eine inhaltliche Bestimmung, in welcher konkret gesagt wird, was getan werden soll: So wird beispielsweise in den zehn Geboten des Dekalogs angeführt, was zu tun ist bzw. nicht getan werden darf. Der Wille kann auch durch die Materie der Wahrhaftigkeit, der Güte, der Liebe, des Wohlwollens, des Mitleids bestimmt sein. Warum solche – an sich betrachtet – tugendhaften Werte keine Determinanten eines sittlich guten Willens sein können, soll an folgender Überlegung deutlich gemacht werden:

Wohlwollen oder Mitleid sind mit der menschlichen Natur verknüpft und situativ bedingt. Für einige Menschen kann man schließlich Mitleid empfinden, für andere jedoch nicht, woraus folgt, dass man manchmal etwas Gutes täte, meistens jedoch nicht, je nachdem, wie man affiziert würde. Einer Katze auf der Fahrbahn weichen viele Autofahrer möglicherweise aus, einen Igel fahren sie zumeist tot. Eine solche Subjektivität, Willkür und Beliebigkeit kommt heraus, wenn der Wille material bestimmt wird.

Kants Ethik hingegen bewertet die menschlichen Handlungen nicht nach ihren Inhalten, sondern nach ihrer Form, nämlich danach, *wie* etwas getan wird. Kant zufolge ist eine ethische Bewertung legitim, wenn sie auf Objektivität beruht, d. h. auf einem allgemeingültigen und nicht auf einem affektbehafteten, subjektiven Prinzip. Für Kant kommt nur eine formale Ethik in Frage; er lehnt eine materiale Ethik ab, weil sie bloß auf Neigungen beruht, ggf. sogar auf persönlichen Vorlieben und Bevorzugungen, was hieße, dass etwas nur getan würde, wenn es mit der Neigung zusammenfiele, wenn so oder so etwas heraussspränge, wenn es Spaß machte oder der Selbstbespiegelung, ein scheinbar guter Mensch zu sein, diente. Man erinnere sich daran, was Jesus über die Selbstgerechten sagte. An Beispielen für diese mangelt es nicht: Man denke an die Launen hoher Herren, gelegentlich etwas Nützliches zu tun, an Spendenaktionen, Wohltätigkeitsveranstaltungen, Mitleidserweckungen jeder Art. Eine soziale Gesellschaft mag ohne solche Tätigkeiten nicht bestehen können, sittlich gut sind sie dennoch nicht zwangsläufig.

Wie sieht nun ein solcher, den guten Willen eines Menschen bestimmender Grundsatz, der allen Forderungen Kants genügt, aus?

Er muss allgemeingültig sein, d. h., er darf keine Ausnahmen zulassen. Er darf nicht von außen aufgezwungen sein, was Heteronomie zur Folge hätte. Er darf nicht material bestimmt sein, etwa aus dem Gefühl mitmenschlicher Teilhabe, denn das bedeutete eine Abhängigkeit von der menschlichen Natur. Er darf keine Auslegung persönlicher oder situativer Art zulassen; kurzum, er weist alle Merkmale eines objektiven Gesetzes auf: Notwendigkeit und Allgemeinheit. Dass er nicht empirisch sein, d. h. aus der Erfahrung stammen kann, versteht sich von selbst. Er kann nur von der Vernunft gegeben und dieser wesensgemäß sein, d. h. er muss jedem Vernunftwesen unabhängig von empirischen Einflüssen zur Einsicht gebracht werden können.

Kant kennt nur einen solchen Grundsatz und bezeichnet ihn als „kategorischen Imperativ", als einen unbedingten sittlichen Imperativ: Handle nach derjenigen Maxime, von der du wollen kannst, dass sie ein allgemeines Gesetz werde! Diesen Imperativ hebt Kant ab von allen bloß „hypothetischen Imperativen", welche immer bestimmte Zwecke schon voraussetzen, z. B.: Du darfst nicht rauchen, wenn du gesund leben möchtest.

Ob Immanuel Kants sittlicher Imperativ kategorisch ist, soll anhand des folgenden Beispiels überprüft werden: Man denke an einen Menschen, der permanent in finanziellen Schwierigkeiten steckt und sich daher dauernd Geld leiht. Dieses „Pumpgenie" beschafft sich das Geld mit dem Versprechen, es zu einem bestimmten Zeitpunkt zurückzugeben. Tatsächlich aber will es und kann es das Geld gar nicht dem Verleiher zurückzahlen. Kann ein solches Verhalten zu einem allgemeinen Maßstab erhoben werden? Zur Maxime erhoben, lautete der Verhaltensgrundsatz: Wenn du Geld leihen willst, so gib stets das falsche Versprechen, dass du es zurückzahlen wirst. Als „kategorischer Imperativ" gedacht, nach dem jeder handeln sollte, würde sich die Maxime selbst aufheben. Niemand würde mehr einem anderen Geld leihen, wenn dieses Gesetz allgemeine und notwendige Gültigkeit hätte. Der einzelne, die Vernunft gebrauchende Mensch könnte unter keinen Umständen die besagte Maxime wollen, weil er, der sich gerade mittels eines Versprechens Geld zu leihen beabsichtigt, nicht wollen könnte, dass niemand einem anderen gegen ein Versprechen Geld leiht. Die Maxime richtete sich gegen „das Pumpgenie" selbst, es käme zur Selbstaufhebung der Maxime.

E5 Otfried Höffe: Immanuel Kant – ein umfassender Kosmopolit

Wir verstehen den Begriff des Weltbürgers vor allem politisch. Seit ihren Anfängen kennt die Philosophie aber eine umfassende Bedeutung. Der Grund liegt auf der Hand: Das Medium der Philosophie besteht in der jede politische, sprachliche und kulturelle Grenze übersteigenden, allgemeinmenschlichen Vernunft. Trotzdem denken von den Großen der Philosophie nur wenige umfassend kosmopolitisch. Die überragende Ausnahme bildet der Weltbürger aus Königsberg, Immanuel Kant.

Im Zeitalter der Globalisierung gewinnt sein Denken eine neue Aktualität. Denn wo höchst unterschiedliche Kulturen dieselbe Welt miteinander teilen, und zwar nicht wie bisher bloß „im Prinzip", sondern für alle sichtbar, dort braucht es ein auf ähnlich sichtbare Weise kulturunabhängiges Denken. Es bedarf einer nicht ethnozentristischen, sondern inter- und transkulturell gültigen Argumentation. Bindet man sie an ein normatives Minimum von interkultureller Koexistenz, an elementare Bedingungen von Rechtsstaat und Demokratie, so kann sie politisch und wegen der globalen Dimension kosmopolitisch: weltbürgerlich, heißen. Kosmopolitisch ist sie freilich nicht im rechtlichen, sondern epistemischen, das heißt aufs Wissen bezogenen Verständnis.

Kant erweitert diesen ersten, epistemischen Kosmopolitismus. Sein Begriff und Kriterium des Moralprinzips, der kategorische Imperativ, macht den Kern dieses Kosmopolitismus sogar zum Prinzip. Der kategorische Imperativ verlangt nämlich, nur den Grundsätzen („Maximen") zu folgen, die als ein im strengsten Sinne allgemeines Gesetz gedacht oder gewollt werden können. Und die Beispiele, die Kant anführt, werden in der Tat von so gut wie allen Kulturen als moralische Grundsätze anerkannt, namentlich das Verbot der Lüge und des Betrugs und das Gebot, Notleidenden zu helfen.

Höffe, Otfried: Immanuel Kant. Ein umfassender Kosmopolitismus. In: Goethe-Institut (Hrsg.): Kulturjournal des Goethe-Instituts. 01.2004 (1. Jg.). Bonn 2004, S. 37.

AUFGABEN:
1. Welche Eigenschaften kennzeichnen Ihrer Meinung nach einen „Kosmopoliten", einen „Weltbürger"?
2. Kennen Sie Situationen, in denen Kants Denken Aktualität gewinnen müsste?

E6 Sri Aurobindo: Das Moralgesetz

Gegenüber den natürlichen Rechten des Einzelnen, die die Befriedigung der individuellen Bedürfnisse, Vorlieben und Wünsche zum einzigen Maßstab machen, und den natürlichen Rechten der Gemeinschaft, die die Befriedigung der Bedürfnisse, Vorlieben und Wünsche der ganzen Gemeinschaft als höheren Maßstab verkünden, erweist sich der Begriff eines idealen, moralischen Rechtes als überlegen, weil es – im Interesse einer idealen Ordnung, die nicht mehr animalisch, vital oder physisch ist, sondern mental, eine Schöpfung des Denkwesens – das Licht, das Wissen und das richtige Recht, die richtige Vorstellung und die wahre Ordnung sucht und nicht mehr nach Befriedigung von Bedürfnissen und Wünschen verlangt, sondern sie zu beherrschen, ja zu bezwingen oder aufzugeben versucht. Sobald diese Vorstellung im Menschen vorherrschend wird, befreit er sich aus dem Griff des rein Vitalen und Materiellen und beginnt ein mentales Leben. Der ethische Maßstab ist deshalb im Wesentlichen individuell und keine Schöpfung des Massendenkens.

[…] Indem jedoch behauptet wird, dass dieser persönliche Maßstab einem absoluten moralischen Ideal entspreche, zwingt der Denker ihn nicht nur sich selbst auf, sondern all denjenigen, die seine Gedanken erreichen und durchdringen können.

Sri Aurobindo: Stufen der Vollendung. Die Entfaltung neuer Bewusstseinskräfte. Bern, München, Wien ³1975, S. 60.

AUFGABEN:
1. Was versteht der indische Philosoph Aurobindo unter einem „Moralgesetz"?
2. Vergleichen Sie seine Charakterisierungen des Moralgesetzes mit Kants kategorischem Imperativ!

E7 Bhagavadgita: Handeln aus Pflicht

■ INFO zur Einführung:

Von allen philosophischen und religiösen Werken des asiatischen Kulturkreises übte die Bhagavadgita („Der Gesang des Erhabenen" bzw. „Das Lied der Gottheit") seit ihrem Entstehen im vierten bzw. dritten vorchristlichen Jahrhundert den größten Einfluss auf die geistesgeschichtliche Entwicklung Indiens aus. Eingebunden in das sechste Kapitel des indischen Nationalepos „Mahabharata", schildert es den Kampf zweier verwandter Herrschaftsfamilien, der Kauravas und Pandavas, die für sich das Recht auf uneingeschränkte Macht und Herrschaftsgebiete beanspruchen. Krishna (der Erhabene, „bhagavad", eine Inkarnation des Gottesn Vishnu) begleitet Arjuna, den Helden der Pandavas, als Wagenlenker und belehrt ihn angesichts des bevorstehenden, unabwendbaren Krieges über die Pflichten und Aufgaben eines Kämpfers, das Verhalten eines Tugendhaften und den sittlichen Charakter eines jeden Menschen.

Der Erhabene sprach:
Nie gab es eine Zeit, in der ich nicht war oder du nicht warst oder diese Fürsten.
Und nie wird es von hier ab sein, dass wir alle nicht sein werden.

Wie die Menschen in diesem Leib Kindheit, Jugend, Alter durchleben, so gelangen sie auch in einen anderen Leib. […]
Aus dem Nichtsein entsteht kein Sein, und nicht wird Nichtsein aus dem Sein.

Erschaut ist beider Grenze von denen, die die Wahrheit schauen.
Unvergänglich aber – das wisse! – ist das, wodurch dieses All ausgebreitet wurde.
Die Vernichtung des Unzerstörbaren kann niemand bewirken.
Als einmal ein Ende habend gelten diese Leiber, als Stätten der ewigen Seele, der unzerstörbaren, unermesslichen […].
Wer die Seele kennt als unzerstörbar, ewig, ungeboren, unvergänglich – wie […] und wen mag ein solcher Mensch töten lassen, wen tötet er?
Wie ein Mann die abgenutzten Kleider ablegt und andere, neue nimmt, so legt die Seele die verbrauchten Körper ab und tritt in andere, neue ein. […]
Auch wenn du sie für ständig geboren oder für ständig gestorben hältst, auch dann […] darfst du so nicht klagen. Denn dem Geborenen ist der Tod sicher, und sicher ist dem Toten die Geburt. […]
Die Seele ist ewig, unverletzlich; sie ist in jedermanns Körper […], daher darfst du alle Wesen nie beklagen! Und auch wenn du die eigene Pflicht betrachtest, darfst du nicht erzittern; denn etwas Besseres als pflichtgemäßer Kampf gibt es für einen Krieger nicht.
Und durch solche Gelegenheit, angelangt an der geöffneten Himmelstür, sind glücklich die Krieger, […] die die Möglichkeit zu einem solchen Kampf erhalten.
Aber wenn du diesen pflichtgemäßen Kampf nicht kämpfen wirst, wenn du eigene Pflicht und Ruhm aufgegeben hast, wirst Übles du erfahren. Und deine Schande werden die Geschöpfe erzählen unaufhörlich. Für einen Geachteten aber überwiegt die Schande selbst den Tod. […]
Entweder wirst du, getötet, den Himmel erlangen, oder du wirst als Sieger die Erde beherrschen. Darum erhebe dich […] zum Kampfe mit Entschlossenheit. Glück und Unglück gleich achtend, Gewinn und Verlust, Sieg und Niederlage, mach dich bereit zum Kampf! So wirst kein Übel du erfahren.
Diese dir mitgeteilte Weisheit beruht auf der Theorie; nun höre die Praxis!
Mit solcher Weisheit verbunden, […] wirst du die Fessel der Taten abwerfen.
Hier wird das Beginnen nicht zuschanden, und man kennt keine entgegengesetzte Wirkung.
[…] Hierbei ist der Verstand entschlossen und auf *ein* Ziel gerichtet […]!
Vielverzweigt und ohne klare Begrenzung sind die Gedanken der Unentschlossenen. […]
Von Begierde erfüllt, ist der Himmel das Höchste für die, die eine Geburt entsprechend der Frucht der Taten verheißen, für die, die vielerlei Riten durchführen und dafür Zugang zu Genuss und Herrschaft erwarten.
Für die, die an Genuss und Herrschaft hängen und dadurch des Verstandes beraubt sind, wird ein entschlossener Verstand auch in Versenkung nicht gewährt. […]
Nur um Taten bemühe dich, niemals um deren Ergebnisse; nie sei der Lohn einer Tat für dich Ursache des Handelns! Du sollst aber auch nicht am Nicht-Tun haften! Gottes gedenkend, tu die Taten, das Anhaften aufgegeben habend […]!
[…] Armselig sind die, die im Lohn den Anlass zur Tat sehen.

Die Bhagavadgita. Des Erhabenen Gesang, hg. von K. Mylius. München 1997, S. 30ff.

■ AUFGABEN:
1. Worin besteht den Ausführungen der Bhagavadgita zufolge ein Handeln aus Pflicht?
2. Sehen Sie Parallelen zu Kants deontologischer (auf einem Pflichtprinzip gründender) Position?

E8 Max Weber: Wert- und Zweckrationalität

Wie jedes Handeln kann auch das soziale Handeln bestimmt sein 1. *zweckrational:* durch Erwartungen des Verhaltens von Gegenständen der Außenwelt und von anderen Menschen und unter Benutzung dieser Erwartungen als „Bedingungen" oder als „Mittel" für rational, als Erfolg, erstrebte und abgewogene eigne *Zwecke*, – 2. *wertrational:* durch bewussten Glauben an den – ethischen, ästhetischen, religiösen oder wie immer sonst zu deutenden – unbedingten *Eigen*wert eines bestimmten Sichverhaltens rein als solchen und unabhängig vom Erfolg, – 3. *affektuell,* insbesondere *emotional:* durch aktuelle Affekte und Gefühlslagen, – 4. *traditional:* durch eingelebte Gewohnheit.
1. Das streng traditionale Verhalten steht – ganz ebenso wie die rein reaktive Nachah-

mung [...] ganz und gar an der Grenze und oft jenseits dessen, was man ein „sinnhaft" orientiertes Handeln überhaupt nennen kann. Denn es ist sehr oft nur ein dumpfes, in der Richtung der einmal eingelebten Einstellung ablaufendes Reagieren auf gewohnte Reize. Die Masse alles eingelebten Alltagshandelns nähert sich diesem Typus, der nicht nur als Grenzfall in die Systematik gehört, sondern auch deshalb, weil (wovon später) die Bindung an das Gewohnte in verschiedenem Grade und Sinne bewusst aufrechterhalten werden kann: in diesem Fall nähert sich dieser Typus dem von Nr. 2 [...].

2. Das streng affektuelle Sichverhalten steht ebenso an der Grenze und oft jenseits dessen, was bewusst „sinnhaft" orientiert ist; es kann hemmungsloses Reagieren auf einen außeralltäglichen Reiz sein. Eine *Sublimierung* ist es, wenn das affektuell bedingte Handeln als *bewusste* Entladung der Gefühlslage auftritt: es befindet sich dann meist (nicht immer) schon auf dem Wege zur „Wertrationalisierung" oder zum Zweckhandeln oder zu beiden.

3. Affektuelle und wertrationale Orientierung des Handelns unterscheiden sich durch die bewusste Herausarbeitung der letzten Richtpunkte des Handelns und durch *konsequente* planvolle Orientierung daran bei dem letzteren. Sonst haben sie gemeinsam: dass für sie der Sinn des Handelns nicht in dem jenseits seiner liegenden Erfolg, sondern in dem bestimmt gearteten Handeln als solchen liegt. Affektuell handelt, wer sein Bedürfnis nach aktueller Rache, aktuellem Genuss, aktueller Hingabe, aktueller kontemplativer Seligkeit oder nach Abreaktion aktueller Affekte (gleichviel wie massiver oder wie sublimer Art) befriedigt.

Rein wertrational handelt, wer ohne Rücksicht auf die vorauszusehenden Folgen handelt im Dienst seiner Überzeugung von dem, was Pflicht, Würde, Schönheit, religiöse Weisung, Pietät, oder die Wichtigkeit einer „Sache" gleichviel welcher Art ihm zu gebieten scheinen. Stets ist (im Sinn unserer Terminologie) wertrationales Handeln ein Handeln nach „Geboten" oder gemäß „Forderungen", die der Handelnde an sich gestellt glaubt. Nur soweit menschliches Handeln sich an solchen Forderungen orientiert – was stets nur in einem sehr verschieden großen, meist ziemlich bescheidenen, Bruchteil der Fall ist –, wollen wir von Wertrationalität reden. Wie sich zeigen wird, kommt ihr Bedeutung genug zu, um sie als Sondertyp herauszuheben, obwohl hier im übrigen nicht eine irgendwie erschöpfende Klassifikation der Typen des Handelns zu geben versucht wird.

4. Zweckrational handelt, wer sein Handeln nach Zweck, Mittel und Nebenfolgen orientiert und dabei sowohl die Mittel gegen die Zwecke, wie die Zwecke gegen die Nebenfolgen, wie endlich auch die verschiedenen möglichen *Zwecke* gegeneinander rational *abwägt*: also jedenfalls *weder* affektuell (und insbesondere nicht emotional), *noch* traditional handelt. Die Entscheidung zwischen konkurrierenden und kollidierenden Zwecken und Folgen kann dabei ihrerseits *wert*rational orientiert sein: dann ist das Handeln nur in seinen Mitteln zweckrational. Oder es kann der Handelnde die konkurrierenden und kollidierenden Zwecke ohne wertrationale Orientierung an „Geboten" und „Forderungen" einfach als gegebene subjektive Bedürfnisregungen in eine Skala ihrer von ihm bewußt *abgewogenen* Dringlichkeit bringen und danach sein Handeln so orientieren, dass sie in dieser Reihenfolge nach Möglichkeit befriedigt werden (Prinzip des „Grenznutzens"). Die wertrationale Orientierung des Handelns kann also zur zweckrationalen in verschiedenartigen Beziehungen stehen. Vom Standpunkt der Zweckrationalität aus aber ist Wertrationalität immer, und zwar je mehr sie den Wert, an dem das Handeln orientiert wird, zum absoluten Wert steigert, desto mehr: *irrational*, weil sie ja um so weniger auf die Folgen des Handelns reflektiert, je unbedingter allein dessen *Eigen*wert (reine Gesinnung, Schönheit, absolute Güte, absolute Pflichtmäßigkeit) für sie in Betracht kommt. *Absolute* Zweckrationalität des Handelns ist aber auch nur ein im wesentlichen konstruktiver Grenzfall.

5. Sehr selten ist Handeln, insbesondere soziales Handeln, *nur* in der einen *oder* der andren Art orientiert. Ebenso sind diese Arten der Orientierung natürlich in gar keiner Weise erschöpfende Klassifikationen der Arten der Orientierung des Handelns, sondern für soziologische Zwecke geschaffene, begrifflich reine Typen, denen sich das reale Handeln mehr oder minder annähert [...].

Weber, Max: Soziologische Grundbegriffe (1922). In: Ders.: Gesammelte Aufsätze zur Wissenschaftslehre, hg. von J. Winckelmann. Tübingen ⁶1985, S. 565 ff.

■ AUFGABEN:
1. Welche Formen des Handelns unterscheidet Weber?
2. Erläutern Sie Webers Unterscheidung von Wert- und Zweckrationalität! Nennen Sie Beispiele für beide Formen!
3. Ordnen Sie Kants ethisches Konzept einem der beiden Begriffe zu!

E9 Aristoteles: Das Einhalten der rechten Mitte

Aristoteles-Denkmal. Griechenland, Chalkidiki

[Der sittliche Wille]

Somit ist denn sittliche Willensbeschaffenheit die zur Fertigkeit der Selbstentscheidung gewordene Gesinnung, die jedesmal für das Subjekt angemessene Mitte innezuhalten, wie sie gedankenmäßig bestimmt ist und wie der Mann von vollkommener Einsicht sie bestimmen würde.
Mitte ist sie als zwischen zwei Irrwegen liegend, von denen der eine ein Überschreiten, der andere ein Zurückbleiben hinter dem Maß bedeutet; sie ist es auch dadurch, dass das Verfehlen das eine Mal ein Nichterreichen, das andere Mal ein Hinausgehen über das Pflichtgemäße in Affekten wie in Handlungen bedeutet, die Sittlichkeit aber die rechte Mitte findet und innehält. Ihrem Wesen und Begriffe nach, der das bleibende gestaltende Prinzip bezeichnet, ist also Sittlichkeit das Innehalten der Mitte. Fragt man dagegen nach dem Werte und dem Guten überhaupt, so bezeichnet sie darin ein Äußerstes.

[Die sittliche Verfehlung]

Nicht jede Handlung freilich und nicht jeder Affekt lässt ein Mittleres zu. Bei manchen deutet schon gleich der Name auf Verwerflichkeit hin; so bei Schadenfreude, Schamlosigkeit, Neid, und von den Handlungen bei Ehebruch, Diebstahl, Mord. Alles dieses und dem Ähnliches tadelt man, weil es an sich verwerflich ist, und nicht erst das Übermaß darin oder das Mindermaß, und hier gibt es denn auch niemals ein richtiges Handeln, sondern immer nur ein Verfehlen. Bei dergleichen handelt es sich auch nicht um die Frage des richtigen oder falschen Verhaltens, etwa mit wem, zu welcher Zeit und in welcher Weise man Ehebruch treiben soll, sondern irgend etwas dahin Gehöriges tun bedeutet schon ohne weiteres eine Verfehlung. Es ist ganz ebenso, wenn man nach einer rechten Mitte, nach einer Überschreitung des Maßes und einem Zurückbleiben hinter demselben sich umsehen wollte in der Gewalttat, in der Feigheit, in der Zuchtlosigkeit. Denn damit würde es eine rechte Mitte beim Übermaß und beim Zurückbleiben, ein Übermaß beim Übermaß, und ein Zurückbleiben beim Zurückbleiben geben. Aber wie die Besonnenheit und Mannhaftigkeit nicht ein Übermaß noch eine Mangelhaftigkeit zulässt, weil die Mitte hier im Grunde ein Äußerstes ist, so gibt es auch für jene Verhaltungsweisen weder eine rechte Mitte noch ein Überschreiten oder ein Zurückbleiben hinter dem Maße; sondern wie auch gehandelt wird, es ist immer ein Verfehlen. Denn in Übermaß und Mangelhaftigkeit gibt es überhaupt keine rechte Mitte und ebenso wenig in der rechten Mitte ein Übermaß und eine Mangelhaftigkeit. [...]

[Die rechte Mitte]

Für Furchtsamkeit und Kühnheit bildet die Mannhaftigkeit [Mut, Tapferkeit] die rechte Mitte. Was hier die Überschreitung des Maßes anbetrifft, so gibt es für den, der an Furcht zu wenig hegt, wie in vielen anderen Fällen sonst, keinen besonderen Ausdruck; dagegen wer kühn ist im Übermaß heißt verwegen, und wer an Furcht zu viel, an Kühnheit zu wenig hat, der heißt feige.
Wo es sich um Genuss und Schmerz handelt, freilich nicht um jede Art davon, und insbesondere nicht um jede Art von Schmerz, da bildet die rechte Mitte die Besonnenheit, und das Überschreiten des Maßes heißt Ausgelassenheit. Solche, die in der Genusssucht hinter dem Maß zurückbleiben, werden nicht eben häufig gefunden. Man hat deshalb auch für sie keinen Ausdruck geprägt; vielleicht darf man sie unempfänglich, stumpf nennen.
In Geldangelegenheiten beim Geben und Nehmen bildet die rechte Mitte die Vornehmheit, das Überschreiten des Maßes und das Zuwenigtun Verschwendungssucht und Knickerei. Beide zeigen ein Übermaß und einen Mangel, nur beides in entgegengesetzter Richtung. Der Verschwender geht zu weit beim Ausgeben und nicht weit genug beim Erwerb; der Knickrige geht zu weit beim Erwerb und nicht weit genug beim Ausgeben. Für jetzt bezeichnen wir das alles nur im Umriss und ganz im allgemeinen und lassen es daran genug sein; an späterer Stelle werden wir darüber genauere Bestimmungen geben. Es kommen aber dem Gelde gegenüber noch andere Verhaltungsformen in Betracht; als rechte Mitte die Hochherzigkeit; zwischen dem Hochherzigen und dem Vornehmen besteht der Unterschied, dass es sich bei jenem um große, bei diesem um kleinere Summen handelt; das Überschreiten des Maßes aber heißt Protzertum und Plebejertum, das Zurückbleiben hinter dem Maße Unanständigkeit. [...]

[Das sittlich Richtige]

Es gibt also drei Arten des Verhaltens; zwei davon, die eine, die ein Zuviel, und die andere, die ein Zuwenig bedeutet, sind fehlerhaft; die dritte, das Innehalten der rechten Mitte, ist das Richtige. Alle drei stehen zueinander eigentlich im Verhältnis des Gegensatzes. Die beiden ersteren sind der rechten Mitte und sind einander entgegengesetzt, und ebenso die Mitte den Extremen. Wie das, was einem dritten gleich ist, im Verhältnis zum Kleineren das Größere, im Verhältnis zum Größeren das Kleinere ist, so bedeuten die Verhaltungsweisen, die die rechte Mitte innehalten, im Verhältnis zum Zuwenig ein Mehr und im Verhältnis zum Zuviel ein Weniger, und das ebensowohl beim Affiziertwerden wie beim Sichbetätigen.

Aristoteles: Nikomachische Ethik. Ins Deutsche übertr. von A. Lasson. Jena 1909, S. 35 ff.

■ AUFGABEN:
1. Worin besteht Aristoteles zufolge ein rechtes Maß?
2. Warum ist ein „rechtes Maß" notwendig für tugendhaftes Handeln?
3. Geben Sie Beispiele für ein in diesem Sinne tugendhaftes Handeln im schulischen oder beruflichen Alltag!

E10 Konfuzius: Maß und Mitte als Ziel

■ INFO zur Einführung:

Das konfuzianistische „Buch der Riten, Sitten und Bräuche" („Li Gi") ist eines der fünf klassischen Bücher des antiken China, das bis in die Gegenwart hinein die Philosophie der Chinesen inspiriert. Vergleichbar dem „Alten Testament" der Juden enthält es Regeln des rechten Verhaltens und Anweisungen für ein im Rahmen der Staatsordnung gelingendes Leben. Die heute bekannte Form des „Li Gi" stammt nicht von Konfuzius, sondern ist eine Sammlung einzelner Abhandlungen, Sprüche und Anekdoten des Philosophen Dschong Hüan (2. Jh. n. Chr.).

Dschung Ni sprach: Der Edle hält sich an Maß und Mitte, der Gemeine widerstrebt Maß und Mitte. Maß und Mitte des Edlen bestehen darin, daß er ein Edler ist und allezeit in der Mitte weilt. Die Mittelmäßigkeit des Gemeinen besteht darin, daß er ein gemeiner ist und vor nichts zurückscheut.
Der Meister sprach: Maß und Mitte sind das Höchste, aber selten sind die Menschen, die lange dabei verweilen können.
Der Meister sprach: Warum der Weg nicht begangen wird, das weiß ich: Die Klugen gehen (mit ihren Meinungen) darüber hinaus, und die Törichten erreichen ihn nicht. Warum der Weg nicht erkannt wird, das weiß ich: Die Tüchtigen gehen (in ihren Handlungen) darüber hinaus, und die Untüchtigen erreichen ihn nicht. Unter den Menschen gibt es keinen, der nicht isst und trinkt, aber selten sind die, die den Geschmack unterscheiden können.
Der Meister sprach: Ach, dass der Weg nicht begangen wird!

Li Gi: Das Buch der Sitten, Riten und Bräuche, hg. von R. Wilhelm. München ³1997, S. 27f.

■ AUFGABEN:
1. Warum erreichen die Törichten nicht den Weg des Maßes und der Mitte?
2. Vergleichen Sie Konfuzius' Charakterisierung des Edlen mit Aristoteles' Tugendbegriff (E9)!

E11 Die „goldene Regel"

a) Li Gi: Die „goldene Regel" des Morgenlandes

Der Meister sprach: Der Weg ist nicht ferne vom Menschen. Wenn die Menschen den Weg vom Menschen entfernen, so kann man das nicht den Weg nennen. In den Liedern heißt es […]: „Beilstil hacken, Beilstil hacken, ist das Muster doch nicht fern." Aber wenn man auch einen Beilstil in der Hand hält, nach dem man den neuen Beilstil zurechthacken kann, so muss man doch immer wieder nach ihm hinsehen und ihn betrachten; so ist es doch noch fern zu nennen.
Darum ordnet der Edle den Menschen durch den Menschen, er verändert ihn nicht, sondern bessert ihn nur. Gewissenhaftigkeit und Mitgefühl [Bewusstsein des Zentrums und der Gleichartigkeit der andern mit dem Selbst] lassen dich nicht weit vom Weg abirren. Was du nicht liebst, wenn es dir selbst angetan wird, das tue du keinem andern Menschen an.
Zum Weg des Edlen gehören aber noch vier weitere Dinge, von denen ich auch nicht eines schon kann: So meinem Vater dienen, wie ich es von meinem Sohn erwarten würde, kann ich noch nicht. So meinem älteren Bruder dienen, wie ich es von meinem jüngeren Bruder erwarten würde, kann ich noch nicht. So meinem Freund gegenüber zuerst handeln, wie ich es von ihm erwarte, kann ich noch nicht.
Aber wenn ich in der Übung der ganz gewöhnlichen Tugenden oder in der Achtung auf die ganz gewöhnlichen Reden Gebrechen habe, so wage ich nicht, mich nicht anzustrengen. Wenn ich ein Übriges tue, so wage ich nicht, es zu betonen. Die Worte müssen auf die Taten blicken, die Taten müssen auf die Worte blicken. Wie sollte der Edle nicht unbedingt aufrichtig sein!

Li Gi: Das Buch der Sitten, Riten und Bräuche, hg. von R. Wilhelm. München ³1997, S. 30f.

■ AUFGABEN:
1. Wie kann es einem edlen Menschen gelingen, einen anderen Menschen zu bessern?
2. Welche der Regeln würden Sie als die wichtigste oder als „goldene Regel" herausheben?
3. In welchem Verhältnis stehen „Worte" und „Taten" zueinander?

b) Konfuzius: Praktischer Imperativ

Dsi Gung fragte und sprach: „Gibt es Ein Wort, nach dem man das ganze Leben hindurch handeln kann?" Der Meister sprach: „Die Nächstenliebe. [chin.: „shu", engl. „forbearance" ≈ Nachsicht, Rücksichtnahme] Was du selbst nicht wünschest, tu nicht an andern."

Kungfutse: Gespräche (Lun Yü). Übers. von R. Wilhelm. Düsseldorf, Köln 1975, S. 159.

c) Die „goldene Regel" im Neuen Testament

Und wie ihr wollt, dass euch die Leute tun sollen, tut auch ihr ihnen gleicherweise. (Lk 6,31) Alles nun, was ihr wollt, dass die Leute euch tun sollen, das tut auch ihr ihnen ebenso; denn dies ist das Gesetz und die Propheten. (Mt 7,12)

Die Heilige Schrift. Bibeltext der Schlachter. Copyright © 1951 Genfer Bibelgesellschaft.

■ AUFGABEN:
1. Inwiefern ist es sinnvoll, die vorliegende Regel als „goldene Regel" zu bezeichnen?
2. Vergleichen Sie die „goldene Regel" des Westens mit der des Ostens und zeigen Sie anhand von Beispielen, warum auch in der Schule und im Berufsleben ein Handeln nach der „goldenen Regel" sinnvoll ist!

d) Bertha von Suttner: Die „goldene Regel"

[D]ie Summe der Einsicht, die aus der Summe der Kenntnisse resultiert, regelt die Einrichtungen und Sitten der menschlichen Gesellschaft; wer also irgend eine klare Einsicht gewonnen – über manche kommt es ja wie eine Erleuchtung – der soll es hinaustragen, damit jene Summe sich mehre. [...] Das Elend – in seinen verschiedenen Formen – kann aus der Welt geschafft werden und muss daher aus der Welt geschafft werden. Die Erlangung der Seligkeit für jeden (das haben auch die Religionen so hingestellt) ist eines jeden Pflicht. Aber wie? Kraft welcher Gebote und auf Grund welcher Glaubenssätze? Das hat – wenn es um das irdische Heil sich handelt – die Gesellschaftswissenschaft zu erforschen und zu lehren. Einige der Gebote sind längst – auch von den alten Religionsstiftern – schon gefunden. Die goldene Regel zum Beispiel: Was Du nicht willst, dass es Dir geschehe, das tue auch einem anderen nicht; Du sollst nicht töten, nicht stehlen, nicht falsches Zeugnis geben. Was aber die neue Einsicht und die neue Pflicht ist, das ist, dass diese Regeln ebenso für das politische und internationale Leben zu gelten haben, wie für die Lebensführung des einzelnen.

Suttner, Bertha von: Martha's Kinder. Fortsetzung von: Die Waffen nieder! Eine Lebensgeschichte. Dresden 1920, S. 164.

■ AUFGABEN:
1. Wie lässt sich nach Bertha von Suttner das Elend der Welt beseitigen?
2. Mit welchen modernen Begriffen würden Sie die „Erlangung der Seligkeit" umschreiben?
3. Inwiefern macht das Befolgen der Gebote „selig"?

e) Norvin Jakob Hein: Die „Goldene Regel" als globale Regel

Nach einer islamischen Tradition verpflichtete Muhammed den Gläubigen, „allen Menschen zu tun, wie du wünschst, dass man dir tue, und die Handlung für andere zu verschmähen, die du für dich selbst verschmähst" (A. M. Suhrawardy, The Sayings of Muhammad, New York 1941, 72). Speziell die negative Wendung findet sich in vielen Kulturen und Religionen – eine jeweils wohl spontan formulierte Spruchweisheit [...]. „Was du nicht willst, das man dir tue, das tue auch nicht anderen" heißt es in der konfuzianischen Literatur [...]. Ähnliches sagen Tob 4, 15 [Altes Testament] [...], Seneca [...], das zoroastrische Dâdistân-î Dînîk [...], das buddhistische Dhammapada [...] und Udânavarga [...], das jainistische [...] Yogashâstra [...] des Hemacandras [...] sowie das Mahâbhârata [...], wo die Regel auch „die Summe der Pflicht" genannt wird. [...] Der Buddhist Shântideva [...] schreibt: „Ich muss anderen Güte erweisen, denn sie sind wie ich Kreaturen" und denkt sich die Identifizierung des Selbst mit anderen auf Grund der allgemeinen Nichtexistenz aller Leiber in der Leere.

Hein, Norvin Jakob: Goldene Regel. In: Galling, Kurt (Hrsg.): Die Religion in Geschichte und Gegenwart. Handwörterbuch für Theologie und Religionswissenschaft, Bd. 2, Tübingen ³1956, S. 1687 f.

■ AUFGABEN:
1. Erkundigen Sie sich bei ausländischen Freunden, ob auch ihnen die „goldene Regel" bekannt ist! Fragen Sie auch Ihre Eltern, Lehrer und sonstigen Bekannten!
2. Wie erklären Sie es sich, dass die „goldene Regel" in sehr vielen Kulturen nachweisbar ist?

E12 Die Formeln des „kategorischen Imperativs"

■ HINWEIS:
Kant versteht unter dem Begriff der „Maxime" das „subjektive Prinzip des Wollens", eine subjektive Regel, nach der gehandelt wird. Eine Maxime ist demnach ein Grundsatz, den man nach eigener, freier Überzeugung als Norm für sein Tun und Lassen aufstellt, unabhängig davon, ob einem solchen Grundsatz bloß eine subjektive oder zugleich auch eine objektive, allgemeine Gültigkeit innewohnt. Kant zufolge setzt moralisches Handeln jedoch verallgemeinerbare Maximen voraus. Den Maßstab, an dem sich die sittliche Qualität einer Handlung messen lässt, nennt Kant den „kategorischen Imperativ" (vgl. E4).

a) Das allgemeine Gesetz aller Vernunftwesen

Die Frage ist also diese: ist es ein notwendiges Gesetz für alle vernünftige Wesen, ihre Handlungen jederzeit nach solchen Maximen zu beurteilen, von denen sie selbst wollen können, dass sie zu allgemeinen Gesetzen dienen sollen?

Kant, Immanuel: Grundlegung zur Metaphysik der Sitten. Gesammelte Werke, hg. von W. Weischedel, Bd. 7, Frankfurt a. M. 1977, S. 58.

b) Das Prinzip der allgemeinen Gesetzgebung (Grundformel)

Handle so, dass die Maxime deines Willens jederzeit zugleich als Prinzip einer allgemeinen Gesetzgebung gelten könne.

Kant, Immanuel: Kritik der praktischen Vernunft. Gesammelte Werke, hg. von W. Weischedel, Bd. 7, Frankfurt a. M. 1977, S. 140.

c) Das allgemeine Naturgesetz (Naturgesetzformel)

[H]andle so, als ob die Maxime deiner Handlung durch deinen Willen zum allgemeinen Naturgesetze werden sollte.

Kant, Immanuel: Grundlegung zur Metaphysik der Sitten. Gesammelte Werke, hg. von W. Weischedel, Bd. 7, Frankfurt a. M. 1977, S. 51.

d) Die Menschheit als Zweck (Selbstzweckformel)

Handle so, dass du die Menschheit, sowohl in deiner Person, als in der Person eines jeden andern, jederzeit zugleich als Zweck, niemals bloß als Mittel brauchest.

Kant, Immanuel: Grundlegung zur Metaphysik der Sitten. Gesammelte Werke, hg. von W. Weischedel, Bd. 7, Frankfurt a. M. 1977, S. 61.

e) Selbstgesetzgebung im Reich der Zwecke (Autonomieformel)

Demnach muss ein jedes vernünftige Wesen so handeln, als ob es durch seine Maximen jederzeit ein gesetzgebendes Glied im allgemeinen Reiche der Zwecke wäre.

Kant, Immanuel: Grundlegung zur Metaphysik der Sitten. Gesammelte Werke, hg. von W. Weischedel, Bd. 7, Frankfurt a. M. 1977, S. 72.

■ AUFGABEN:
1. Erläutern und vergleichen Sie die unterschiedlichen Formeln des einen „kategorischen Imperativs"! Worin stimmen sie überein, worin unterscheiden sie sich?
2. Wodurch unterscheidet sich der kategorische Imperativ von der „goldenen Regel"?
3. Überprüfen Sie mithilfe des kategorischen Imperativs folgende Probleme und begründen Sie Ihre Lösungen:
   a) Darf ich mir Geld mit der Absicht leihen, es nicht mehr zurückzuzahlen?
   b) Darf ich in Notsituationen lügen?
   c) Darf ich lügen, um einem anderen Menschen das Leben zu retten?
   d) Darf ich Ware mit einem hohen Gewinn verkaufen?
   e) Darf ich mir Dinge, die scheinbar niemandem gehören, aneignen?
4. Versuchen Sie weitere Probleme, die Ihnen im Alltag begegnet sind, mit jenem Imperativ zu lösen!

f) Anwendung des kategorischen Imperativs:

[Jemand], dem es wohl geht, [denkt], indessen er sieht, dass andere mit großen Mühseligkeiten zu kämpfen haben (denen er auch wohl helfen könnte): was geht's mich an? Mag doch ein jeder so glücklich sein, als es der Himmel will, oder er sich selbst machen kann, ich werde ihm nichts entziehen, ja nicht einmal beneiden; nur zu seinem Wohlbefinden, oder seinem Beistande in der Not, habe ich nicht Lust, etwas beizutragen! Nun könnte allerdings, wenn eine solche Denkungsart ein allgemeines Naturgesetz würde, das menschliche Geschlecht gar wohl bestehen, und ohne Zweifel noch besser, als wenn jedermann von Teilnehmung und Wohlwollen schwatzt, auch sich beeifert, gelegentlich dergleichen auszuüben, dagegen aber auch, wo er nur kann, betrügt, das Recht der Menschen verkauft, oder ihm sonst Abbruch tut. Aber, obgleich es möglich ist, dass nach jener Maxime ein allgemeines Naturgesetz wohl bestehen könnte: so ist es doch unmöglich, zu *wollen*, dass ein solches Prinzip als Naturgesetz allenthalben gelte. Denn ein Wille, der dieses beschlösse, würde sich selbst widerstreiten, indem der Fälle sich doch manche ereignen können, wo er anderer Liebe und Teilnehmung bedarf, und wo er, durch ein solches aus seinem eigenen Willen entsprungenes Naturgesetz, sich selbst alle Hoffnung des Beistandes, den er sich wünscht, rauben würde.

Kant, Immanuel: Grundlegung zur Metaphysik der Sitten. Gesammelte Werke, hg. von W. Weischedel, Bd. 7, Frankfurt a. M. 1977, S. 54.

■ AUFGABEN:
1. Ist der heutzutage weit verbreitete Grundsatz, nur für sich selbst zu leben, in praktischer Hinsicht legitim?
2. Inwiefern würde ein Wille, dessen Maxime es ist, am Leid anderer Menschen nicht teilzuhaben, „sich selbst widersteiten"?

E13 Shi Lin: Edle Gesinnung und Tugend

■ INFO:
Aufrichtigkeit und Standfestigkeit kennzeichnen die chinesische Vorstellung des moralischen Gesetzes im Menschen: „Der Bambus biegt sich mit dem Wind und richtet sich wieder gerade auf." (Chinesisches Sprichwort)

Übersetzung der chinesischen Kalligraphien:

Immanuel Kant:
Zwei Dinge erfüllen das Gemüt mit immer neuer und zunehmender Bewunderung und Ehrfurcht, je öfter und anhaltender sich das Nachdenken damit beschäftigt: Der bestirnte Himmel über mir und das moralische Gesetz in mir. Shi Lin: Gao Feng Lian Jie (Übers.: Edle Gesinnung und Tugend)

■ AUFGABEN:
1. Beschreiben Sie das Gemälde Shi Lins! Stellen Sie eine Beziehung zwischen dem Bambus und den Kalligraphien her!
2. In der chinesischen Kultur gilt der Bambus als Symbol für Tugend und moralische Kompetenz. Erklären Sie diesen Zusammenhang! Inwiefern ist das „moralische Gesetz in mir" dem Bambus vergleichbar?

E14 Immanuel Kant: Zwei Dinge erfüllen das Gemüt

Zwei Dinge erfüllen das Gemüt mit immer neuer und zunehmender Bewunderung und Ehrfurcht, je öfter und anhaltender sich das Nachdenken damit beschäftigt: Der bestirnte Himmel über mir und das moralische Gesetz in mir. Beide darf ich nicht als in Dunkelheiten verhüllt oder im Überschwenglichen […] suchen und bloß vermuten; ich sehe sie vor mir und verknüpfe sie unmittelbar mit dem Bewusstsein meiner Existenz. Das erste fängt von dem Platze an, den ich in der äußern Sinnenwelt einnehme, und erweitert die Verknüpfung, darin ich stehe, ins unabsehlich Große mit Welten über Welten und Systemen von Systemen, überdem noch in grenzenlose Zeiten ihrer periodischen Bewegung, deren Anfang und Fortdauer. Das zweite fängt von meinem unsichtbaren Selbst, meiner Persönlichkeit, an, und stellt mich in einer Welt dar, die wahre Unendlichkeit hat, aber nur dem Verstande spürbar ist, und mit welcher (dadurch aber auch zugleich mit allen jenen sichtbaren Welten) ich mich nicht, wie dort, in bloß zufälliger, sondern allgemeiner und notwendiger Verknüpfung erkenne.

Kant, Immanuel: Kritik der praktischen Vernunft. Gesammelte Werke, hg. von W. Weischedel, Bd. 7, Frankfurt a. M. 1977, S. 300.

AUFGABEN:
1. Inwiefern erfüllen der „bestirnte Himmel" und das „moralische Gesetz" das menschliche Gemüt mit Bewunderung und Ehrfurcht?
2. Was könnte es heißen, dass mich das „moralische Gesetz" in einer Welt darstellt, die „wahre Unendlichkeit" hat?
3. Schildern Sie Situationen, in denen Ihr Gemüt in gleicher Weise von Ehrfurcht erfüllt gewesen ist!

E15 Jürgen Habermas: Was ist Diskursethik?

INFO zur Einführung:
Der Philosoph und Soziologe Jürgen Habermas bezweifelt, dass man sich mit Kant auf die Vernunft als feste Größe für die Begründung moralischer Normen berufen könne. Moralisch gültige Handlungsregeln könnten nur durch Argumentation und Diskussion, d. h. im „Diskurs", gefunden werden. Deshalb nennt er seinen Ansatz „Diskursethik". Deren Prinzipien entwickelt er im Ausgang von der Ethik Kants.

Lassen Sie mich vorweg den deontologischen, kognitivistischen, formalistischen und universalistischen Charakter der Kantischen Ethik erklären. Weil sich Kant auf die Menge begründbarer normativer Urteile beschränken will, muss er einen engen Moralbegriff zugrunde legen. Die klassischen Ethiken hatten sich auf *alle* Fragen des „guten Lebens" bezogen; Kants Ethik bezieht sich nur noch auf Probleme richtigen oder gerechten Handelns. Moralische Urteile erklären, wie Handlungskonflikte auf der Grundlage eines rational motivierten Einverständnisses beigelegt werden können. Im weiteren Sinne dienen sie dazu, Handlungen im Lichte gültiger Normen oder die Gültigkeit der Normen im Lichte anerkennungswürdiger Prinzipien zu rechtfertigen. Das moraltheoretisch erklärungsbedürftige Grundphänomen ist nämlich die Sollgeltung von Geboten oder Handlungsnormen. In dieser Hinsicht sprechen wir von einer *deontologischen* Ethik. Diese versteht die Richtigkeit von Normen oder Geboten in Analogie zur Wahrheit eines assertorischen Satzes. Allerdings darf die moralische „Wahrheit" von Sollsätzen nicht – wie im Intuitionismus oder in der Wertethik – an die assertorische Geltung von Aussagesätzen assimiliert werden. Kant wirft die theoretische mit der praktischen Vernunft nicht zusammen. Normative Richtigkeit begreife ich als wahrheitsanalogen Geltungsanspruch. In diesem Sinne sprechen wir auch von einer *kognitivistischen* Ethik. Diese muss die Frage beantworten können, wie sich normative Aussagen begründen lassen. Obwohl Kant die Imperativform wählt („Handle nur nach derjenigen Maxime, durch die Du zugleich wollen kannst, dass sie ein allgemeines Gesetz werde!"), übernimmt der kategorische Imperativ die Rolle eines Rechtfertigungsprinzips, das verallgemeinerungsfähige Handlungsnormen als gültig auszeichnet: was im moralischen Sinne gerechtfertigt ist, müssen alle vernünftigen Wesen wollen können. In dieser Hinsicht sprechen wir von einer *formalistischen Ethik*. In der Diskursethik tritt an die Stelle des Kategorischen Imperativs das Verfahren der moralischen Argumentation. Sie stellt den Grundsatz >D< auf:
– dass nur diejenigen Normen Geltung beanspruchen dürfen, die die Zustimmung aller Betroffenen als Teilnehmer eines praktischen Diskurses finden könnten.

Zugleich wird der Kategorische Imperativ zu einem Universalisierungsgrundsatz >U< herabgestuft, der in praktischen Diskursen die Rolle einer Argumentationsregel übernimmt:
– bei gültigen Normen müssen Ergebnisse und Nebenfolgen, die sich voraussichtlich aus einer allgemeinen Befolgung für die Befriedigung der Interessen eines jeden ergeben, von allen zwanglos akzeptiert werden können.

Universalistisch nennen wir schließlich eine Ethik, die behauptet, dass dieses (oder ein ähnliches) Moralprinzip nicht nur die Intuitionen einer bestimmten Kultur oder einer bestimmten Epoche ausdrückt, sondern allgemein gilt. [...] Man muss nachweisen können, dass unser Moralprinzip nicht nur die Vorurteile des erwachsenen, weißen, männlichen, bürgerlich erzogenen Mitteleuropäers von heute widerspiegelt.

Habermas, Jürgen: Erläuterungen zur Diskursethik. Frankfurt/M. 1991, S. 11f.

AUFGABEN:
1. Es gab eine Zeit, in der es als unsittlich galt, Geld zu verleihen, um dafür Zinsen zu erhalten. Wie müsste laut Habermas verfahren werden, um die alte Regel moralisch zu prüfen?
2. Lässt sich der genannte Grundsatz D auch auf das Verhalten zu kleinen Kindern anwenden?
3. Wie schätzen Sie die Möglichkeit ein, dass sich die Teilnehmer an einer ethischen Diskussion über alle Fragen einig werden?

E16 Lawrence Kohlberg: Wechselseitige Rollenübernahme

INFO zur Einführung:
Der Psychologe und Erziehungswissenschaftler Kohlberg hat sechs Stufen der moralischen Entwicklung des Menschen unterschieden. Auf der höchsten Stufe der Moral gilt es, sich auf die Situation der Anderen einzulassen, um Konflikte bewältigen und Interessengegensätze überwinden zu können. Dafür fordert er ein Gedankenexperiment.

Die Absicht, einen Interessenausgleich herbeizuführen, beinhaltet für die Behandlung moralischer Probleme die Suche nach einer wechselseitig annehmbaren Lösung. Und dies setzt voraus, dass die Interessen der unmittelbar oder mittelbar Betroffenen wahrgenommen werden können. Die Intention, einen Interessenausgleich herbeizuführen, wird durch die mentale Operation einer idealen wechselseitigen Rollenübernahme erleichtert. Dieser Prozess beinhaltet *erstens* eine Übernahme der Perspektive des anderen in bezug auf eine vorliegende problematische Situation. Nur wenn die Perspektive des anderen eingenommen wird, können die Interessen des anderen verstanden werden, und zwar so, wie sie in dessen Forderungen zum Ausdruck gelangen, und so, wie sie durch eine Konstruktion von dessen eigener autonomer Vorstellung vom Guten wahrgenommen werden können. *Zweitens* beinhaltet die Intention, durch eine ideale wechselseitige Rollenübernahme einen Interessenausgleich herbeizuführen, die Annahme, dass sich die relevanten Anderen gleich verhalten. Aufgrund der Gemeinsamkeit dieser Verhaltenserwartungen kann in einem *dritten* Schritt zwischen konkreten Personen und ihren Forderungen und Interessen unterschieden werden, und dies ermöglicht eine Bewertung dieser Forderungen und Interessen aus der Perspektive aller vom Dilemma betroffenen Personen.

Kohlberg, Lawrence/Boyd, Dwight R./Levine, Charles: Die Wiederkehr der sechsten Stufe: Gerechtigkeit, Wohlwollen und der Standpunkt der Moral. In: Zur Bestimmung der Moral. Philosophische und sozialwissenschaftliche Beiträge zur Moralforschung, hg. von W. Edelstein und G. Nummer-Winkler. Frankfurt/M. 1986, S. 222f.

AUFGABEN:
1. Vergegenwärtigen Sie sich den letzten Streit, den Sie hatten, und versuchen Sie, sich in die Lage Ihres Gegners zu versetzen. Beschreiben Sie sein Verhalten und seine Position. Was stellen Sie fest?
2. Lassen Sie sich auf das Experiment ein, dass vor der Klasse Sie die Position Ihres Gegners und Ihr Gegner Ihre Position einnimmt, und lassen Sie die Klasse über das Verhalten von Ihnen beiden urteilen!
3. Sollte die eine Hälfte Ihrer Klasse die nächste Klassenfahrt nach Berlin unternehmen wollen, die andere Hälfte aber eine Alpenwanderung vorziehen, wie müssten sich die Parteien nach Kohlberg verhalten?
4. Sie sehen am Straßenrand einen hilflosen Menschen liegen. Ihr Freund möchte weiter zum Kino eilen, Sie aber möchten Hilfe leisten. Wie sähe in diesem Fall die Rollenübernahme aus?

E17 Eugen Roth: Kleiner Unterschied

Ein Mensch, dem Unrecht offenbar
Geschehn von einem andern war,
Prüft, ohne eitlen Eigenwahn:
Was hätt in dem Fall ich getan?
Wobei er feststellt, wenn's auch peinlich,
Genau dasselbe, höchstwahrscheinlich.

Der ganze Unterschied liegt nur
In unsrer menschlichen Natur,
Die sich beim Unrecht-Leiden rührt,
Doch Unrecht-Tun fast gar nicht spürt.

Eugen Roth für Lebenskünstler, München 1995, S. 53.

E18 Moralische Dilemmata

■ INFO zur Einführung:

Wie vor die Wahl gestellt zwischen Pest und Cholera fühlt man sich in Situationen, in denen man eine Entscheidung fällen muss, aber mit der Befolgung einer moralischen Norm eine andere verletzt. Solche Situationen, die einer „Zwickmühle" gleichen, nennt man Dilemmata. In ihnen ist für den Betroffenen nicht ersichtlich, welche Entscheidung moralisch geboten ist, da sich zwei Gebote unversöhnlich gegenüberstehen. Die Dramatik eines solchen Dilemmas besteht oft zusätzlich darin, dass selbst das Nicht-Entscheiden oder sogar das Zögern schon eine Entscheidung bedeutet.

Wer ein solches Dilemma zu bewältigen hat, wird zuerst fragen müssen, ob nicht doch ein dritter Weg offen steht, auf dem sich dem Dilemma entgehen lässt. Sodann muss geklärt werden, ob eines der Moralprinzipien Vorrang haben sollte und welche Folgen die eine oder die andere Entscheidung haben könnte.

Oft wird sich keine rationale Argumentation zur Rechtfertigung für eine Entscheidung finden lassen. Gerade solche Entscheidungen können dann das Gewissen belasten.

■ AUFGABEN:

Analysieren Sie die folgenden Dilemmata, arbeiten Sie die sich widerstreitenden ethischen Prinzipien heraus und suchen Sie nach möglist vielen Argumenten für eine bestimmte Entscheidung!

a) Hinsehen oder wegschauen?

Muss man, darf man überhaupt jeden Abend verblutete oder verhungerte Kinder ansehen? Stimmt nicht eher das Gegenteil? Muss man nicht immer mehr Bilder ausblenden, um sich Empfindungen zu bewahren, um nicht abzustumpfen? Muss man sich nicht wehren gegen die angeblich umfassende Information? Muss man nicht viel mehr Tulpensträuße als Kriegstote ansehen, um selbst lebendig zu bleiben? Der gute Mensch schaut hin? So einfach ist das schon lange nicht mehr.

Arnim, Gabriele von: Hinsehen oder wegschauen. Der schwierige Umgang mit den Bildern des Grauens im Fernsehen. In: Die Zeit, 17.2.1995. S. 25.

b) Wahrheit oder Lüge? Verrat oder Kameradschaft?

Ein Lehrer stand als Schüler vor dem folgenden Dilemma: „Nach unserem Abitur zog unsere Klasse durch die Straßen. Unter dem Fenster unseres Lateinlehrers brüllten einige von uns, etwas angetrunken, Beleidigungen. Jeder von uns wurde isoliert vom Direktor gefragt, wer es gewesen sei. Einige von uns mussten wählen, ob sie sich für Wahrheit und Strafe oder für Lüge und Straffreiheit entschieden. Andere aber mussten entscheiden, ob ihnen Wahrheit und Verrat oder Lüge und Kameradschaft wichtiger war." „Wer bei diesem Beispiel glaubt", so führt der Lehrer aus, „auch die erste Gruppe habe sich in einem ethischen Dilemma befunden, hat das Prinzip des ethischen Dilemmas nicht verstanden."

c) Softwarepiraterie

Jackie hat beobachtet, dass Sandra Software der Firma kopiert und mit nach Hause genommen hat. Ganz besonders ärgert sie sich deshalb, weil sie selbst seit längerer Zeit Geld auf die hohe Kante legt, um sich das teure Softwareprogramm irgendwann ganz legal zu kaufen. Sie überlegt, ob sie den Mund halten und sich das Programm kopieren soll – schließlich ist Sandra ja auch nichts passiert. Oder soll sie zu Mustafa in die Ethikabteilung gehen und Sandra anschwärzen? Vielleicht wäre es aber besser, denkt sie, Sandra bei passender Gelegenheit, etwa bei einer Tasse Kaffee, darauf hinzuweisen, dass es illegal ist, Firmensoftware zu kopieren.

Was sollte Jackie als verantwortungsvolle und integre Angestellte tun?

Cohen, Martin: 99 moralische Zwickmühlen. München 2005, S. 69.

d) Folterverbot oder Rettung eines Kindes?

Ein Kind wurde entführt und Lösegeld erpresst. Als man den Täter gefasst hatte, gestand dieser die Erpressung, nicht aber das Versteck des Kindes. Der zuständige Polizeibeamte war rechtlich und moralisch verpflichtet, das Kind zu retten, das vielleicht vom Tod durch Hunger oder Kälte bedroht war. Er war zugleich aber auch rechtlich und moralisch verpflichtet, das Folterverbot zu beachten, wenngleich die Androhung von Gewalt die einzige Möglichkeit zu sein schien, den Täter zum Geständnis zu bewegen. In dieser Situation drohte der Beamte dem Täter Schmerzen bis zum Geständnis an. Daraufhin verriet Täter das Versteck und man fand das Kind, ermordet.

Der Polizeibeamte wurde wegen Nötigung angeklagt, bekam aber wegen der Umstände nur eine Geldstrafe. Aus der Bevölkerung fanden viele Anklage und Verurteilung des Beamten ungerecht.

6 Woraufhin leben und handeln wir?

F1 Facetten des Glücks?

■ AUFGABEN:
1. Welche Facetten des Glücks werden gezeigt?
2. Berichten Sie von Situationen, in denen Sie glücklichen Menschen begegnet sind!
3. Unterscheiden Sie die Begriffe „Glück" und „Zufriedenheit"!

F2 Glück oder Unglück, wer weiß das schon?

Im alten China lebte einst ein armer alter Bauer, dessen einziger Besitz ein wundervoller weißer Hengst war. Selbst der Kaiser träumte davon, dieses Pferd zu besitzen. Er bot dem Alten Säcke voller Gold und Diamanten, doch der Alte schüttelte beharrlich den Kopf und sagte: „Mir fehlt es an nichts. Der Schimmel dient mir seit vielen Jahren und ist mir zum Freund geworden. Und einen Freund verkauft man nicht; nicht für alles Geld der Welt." Und so zogen die Gesandten des Kaisers unverrichteter Dinge wieder ab. Die Dorfbewohner lachten über soviel Unvernunft. Wie konnte der Alte bloß wegen eines Pferdes soviel Reichtum und Glück ausschlagen?

Eines Morgens war das Pferd verschwunden. Die Dorfbewohner liefen aufgeregt vor dem leeren Stall zusammen, um das Unglück des alten Bauern zu beklagen. „Sag selbst, Alter, hat sich deine Treue gelohnt? Du könntest ein reicher Mann sein, wenn du nicht so eigensinnig gewesen wärst. Jetzt bist du ärmer als zuvor. Kein Pferd zum Arbeiten und kein Gold zum Leben. Ach, das Unglück hat dich schwer getroffen."

Der alte Bauer blickte bedächtig in die Runde, nickte nachdenklich und sagte: „Was redet ihr da? Das Pferd steht nicht mehr im Stall, das ist alles, was ich sehe. Vielleicht ist es ein Unglück, vielleicht auch nicht. Wer weiß das schon so genau?" Tuschelnd gingen die Leute auseinander. Der Alte musste durch den Schaden wirr im Kopf geworden sein. Anders ließen sich seine Worte nicht erklären.

Einige Tage später, es war ein warmer, sonniger Frühlingstag und das halbe Dorf arbeitete in den Feldern, stürmte der vermisste Schimmel laut wiehernd die Dorfstraße entlang. Die Sonne glänzte auf seinem Fell, und Mähne und Schweif flatterten wie feinste Silberfäden im Wind. Es war ein herrlicher Anblick, wie er voller Kraft und Anmut daher galoppierte. Doch das war es nicht allein, was die Dörfler erstaunt die Augen aufreißen ließ. Noch mehr Staunen riefen die sechs wilden Stuten hervor, die hinter dem Hengst hertrabten und ihm in die offene Koppel neben dem leeren Stall folgten.

„O du glücklicher, von den Göttern gesegneter Mann! Jetzt hast du sieben Pferde und bist doch noch zum reichen Mann geworden. Bald wird Nachwuchs deine Weiden füllen. Wer hätte gedacht, dass dir noch einmal soviel Glück beschieden wäre?" riefen sie, während sie dem alten Mann zu seinem unverhofften Reichtum gratulierten.

Der Alte schaute gelassen in die aufgeregte Menge und erwiderte: „Ihr geht zu weit. Sagt einfach: Jetzt hat er sieben Pferde. Ob das Glück bringt oder Unglück, niemand weiß es zu sagen. Wir sehen immer nur Bruchstücke, wie will man da das Ganze beurteilen. Das Leben ist so unendlich vielfältig und überraschend."

Verständnislos hörten ihm die Leute zu. Die Gelassenheit des Alten war einfach unbegreiflich. Andererseits war er schon immer etwas komisch gewesen. Na ja, sie hatten andere Sorgen.

Der alte Bauer hatte einen einzigen Sohn. In den folgenden Wochen begann er die Wildpferde zu zähmen und einzureiten. Er war ein ungeduldiger, junger Mann, und so setzte er sich zu früh auf eine der wilden Stuten. Dabei stürzte er so unglücklich vom Pferd, dass er sich beide Beine mehrfach brach. Obwohl die Heilerin ihr Bestes tat, war allen klar, dass seine Beine nie wieder ganz gesund werden würden. Für den Rest seines Lebens würde er ein hinkender, behinderter Mann bleiben.

Wieder versammelten sich die Leute vor dem Haus des Alten. „O du armer, alter Mann!" jammerten sie, „nun entpuppt sich dein Glück als großes Unglück. Dein einziger Sohn, die Stütze deines Alters, ist nun ein hilfloser Krüppel und kann dir keine Hilfe mehr sein. Wer wird dich ernähren und die Arbeit tun, wenn du keine Kraft mehr hast? Wie hart muss dir das Schicksal erscheinen, das dir solches Unglück beschert."

Wieder schaute der Alte in die Runde und antwortete: „Ihr seid vom Urteilen besessen und malt die Welt entweder schwarz oder weiß. Habt ihr noch immer nicht begriffen, dass wir nur Bruchstücke des Lebens wahrnehmen? Das Leben zeigt sich uns nur in winzigen Ausschnitten, doch ihr tut, als könntet ihr das Ganze beurteilen. Tatsache ist, mein Sohn hat beide Beine gebrochen und wird nie wieder so laufen können wie vorher. Lasst es damit genug sein. Glück oder Unglück, wer weiß das schon."

Nicht lange danach, rüstete der Kaiser zum großen Krieg gegen ein Nachbarland. Die Häscher ritten durchs Land und zogen die Väter und Söhne zu Kriegsdiensten ein. Das ganze Dorf war von Wehklagen und Trauer erfüllt, denn alle wussten, dass die meisten Männer aus diesem blutigen und aussichtslosen Krieg nicht mehr heimkehren würden.

Wieder einmal liefen die Dorfbewohner vor dem Haus des alten Bauern zusammen: „Wie recht du doch hattest. Jetzt bringt dein verkrüppelter Sohn dir doch noch Glück. Zwar wird er dir keine große Hilfe mehr sein können, aber wenigstens bleibt er bei dir. Wir sehen unsere Lieben bestimmt nie wieder, wenn sie erst einmal in den Krieg gezogen sind. Dein Sohn aber wird bei dir sein und mit der Zeit auch wieder mithelfen können. Wie konnte nur ein solches Unglück über uns kommen? Was sollen wir nur tun?"

Der Alte schaute nachdenklich in die Gesichter der verstörten Leute, dann erwiderte er: „Könnte ich euch nur helfen, weiter und tiefer zu sehen, als ihr es bisher vermögt. Wie durch ein Schlüsselloch betrachtet ihr das Leben, und doch glaubt ihr, das Ganze zu sehen. Niemand von uns weiß, wie sich das große Bild zusammensetzt. Was eben noch ein großes Unglück scheint, mag sich im nächsten Moment als Glück erweisen. Andererseits erweist sich scheinbares Unglück auf längere Sicht oft als Glück, und umgekehrt gilt das gleiche. Sagt einfach: Unsere Männer ziehen in den Krieg, und dein Sohn bleibt zu Hause. Was daraus wird, weiß keiner von uns. Und jetzt geht nach Hause, und teilt die Zeit miteinander, die euch bleibt."

Chinesisches Märchen: Glück oder Unglück, wer weiß das schon. In: http://www.uni-augsburg.de/einrichtungen/studienberatung/downloads/geschichten/glueck_unglueck.pdf.

■ AUFGABEN:
1. Welche Haltung zum Schicksal lehrt die Geschichte?
2. Wer weiß, was für unser Glück dienlich ist?
3. Vergleichen Sie die chinesische Erzählung mit dem Märchen vom „Hans im Glück"!

F3 Johann Wolfgang von Goethe: Vorstellungen vom Glück

Erinnerungen

Willst du immer weiter schweifen?
Sieh, das Gute liegt so nah.
Lerne nur das Glück ergreifen,
Denn das Glück ist immer da.

Goethe, Johann Wolfgang von: Erinnerungen. Werke, Berliner Ausgabe, hg. von S. Seidel, Bd. 1, Berlin 1960ff., S. 48.

F4 Alfred Bellebaum: Glücksforschung

■ INFO zur Einführung:

Die erste demokratische Verfassung, die von Virginia 1776, bestimmt einleitend die Grundrechte des Menschen und zählt zu ihnen auch das Recht, nach Glück und Sicherheit zu streben (Art. 1). Inzwischen ist das Wort Glück aus unserer Gesellschaft nicht wegzudenken: Die Industrie wirbt allenthalben für ihre Produkte mit Glücksversprechungen, Illustrierte und Lebensberatungsliteratur zeigen Wege zum Glück, und seit gut 20 Jahren gibt es eine eigene „Glücksforschung", die mit verschiedenen Methoden aus den Sozial- und Naturwissenschaften zu bestimmen versucht, was Glück und wer glücklich ist. Alfred Bellebaum, der 1990 ein eigenes Institut für Glücksforschung gründete, äußert sich in einem Resümee sehr zurückhaltend. Hier einige Auszüge.

Über den engen Zusammenhang zwischen Glücksgefühlen und molekularen Vorgängen im Gehirn braucht man nicht zu erschrecken. Es gibt zwar die Invarianten, d. h. den Menschen als Menschen eigene Prozesse im Gehirn, damit ist aber das Thema Glück nicht schon erledigt. Bedeutsam sind nämlich erhebliche zeit-/kultur-/schicht-/herkunftsbedingte Unterschiede bei Anlässen für Glücksempfindungen, bei den geltenden Glückszielen sowie bei den genutzten Mitteln ihrer Verwirklichung. […]

Die Fülle zeit-/kulturspezifischer, nicht im Bereich privat-subjektiver Gefühle angesiedelter, also gesellschaftlich vermittelter, Glücksvorstellungen zu systematisieren ist neuerdings im Kontext des viel erörterten Konzepts von der „Erlebnisgesellschaft" versucht worden. Einleitend heißt es in der Studie, die anhaltend beachtet und diskutiert wird: „Erlebnisorientierung ist die unmittelbarste Form der Suche nach Glück." Das sei nicht immer schon so gewesen, wie die Lebensentwürfe/Sinndeutungen: Leben als Überleben, Leben als Dienen/Pflicht/Selbstaufopferung oder Leben als Existenz mit metaphysischem Bezug belegten. „Erlebnisorientierung" sei aber typisch für den Menschen der modernen Welt, sie beinhalte einen bestimmten Selbstbezug des Menschen und sie lasse sich als „Projekt des schönen Lebens" bezeichnen.

Eine grundlegende These lautet: „Ganze Gesellschaften sind von der Art und Weise geprägt, wie sich die Menschen das Glück vorstellen." Als Beleg dient hier die (verkürzt wiedergegebene) Aufteilung:
- Theozentrische Glücksmodelle: Orientierung am Jenseits – eine unendliche Geschichte.
- Soziozentrische Glücksmodelle: Orientierung am Diesseits bei Vorherrschaft eines Kollektivs, etwa nach Art sozialistisch-kommunistischer Auffassungen.
- Egoistische Glücksmodelle: subjektorientierte Glücksvorstellungen unter besonderer Berücksichtigung schöner Erlebnisse.

Unstrittig ist heutzutage vielen Menschen daran gelegen – warum auch nicht? –, sich zu erfreuen, Spaß zu haben, positiv gestimmt zu sein, kurzum: etwas zu erleben, was einem gut tut. Eine entsprechende Lebensführung garantiert freilich kein anhaltendes Glück. Der Fachmann: „Allzu glücklich scheinen die Menschen in der Erlebnisgesellschaft nicht zu sein." Diesen Zustand kannten allerdings schon sehr viel früher jene Menschen, die als adlige Nichtstuer darum bemühten waren, ihr Leben erlebnismäßig zu gestalten und also Zeit totzuschlagen. So etwas gibt es heutzutage unter anderem in Marbella, wo prominente, alternde Mitglieder des internationalen Jetset sich strikt an das 11. Gebot halten: „Du sollst Dich nicht langweilen!" Das gilt allerdings auch für weite Teile der Bevölkerung, denn mit der Demokratisierung der Freizeit ist eine Demokratisierung der Übersättigung und Langeweile einhergegangen. […]

Um die gewöhnlich eingeschlagenen Wege zum Glück zu ordnen, schlägt Bellebaum vier Kategorien vor: Träumerei, Genügsamkeit, Aktionismus und Stetigkeit (wobei es gut ist zu wissen, dass Stetigkeit an „Standhaftigkeit", eine alte Tugend, erinnert). Diesen letzten Punkt erörtert er nicht, sondern macht ihn mit einem Zitat anschaulich, mit dem sein Bericht endet:

Stetigkeit. Eine beeindruckende Glücksphilosophie stammt von Selma dem Schaf.

„Als ich (= ein Hund) mit der Frage ‚Was ist Glück?' nicht mehr weiter kam, suchte ich den großen Widder auf…, ‚Was ist Glück?' Der Widder: ‚Dazu erzähle ich Dir die Geschichte von Selma dem Schaf:
Es war einmal ein Schaf
Das fraß jeden Morgen etwas Gras
Lehrte bis mittags die Kinder sprechen Mäh
Machte nachmittags etwas Sport
Fraß dann wieder Gras
Plauderte abends etwas mit Frau Meier (= eine Eule)
Schlief nachts tief und fest
Gefragt, was es denn tun würde, wenn es mehr Zeit
hätte, sagte es:
Ich würde bei Sonnenaufgang etwas Gras fressen
Ich würde mit den Kindern reden Mäh Mäh
Dann etwas Sport machen
Fressen
Abends würde ich gerne mit Frau Meier plaudern
Nicht zu vergessen: ein guter fester Schlaf
Und wenn Sie im Lotto gewinnen würden?
Also ich würde viel Gras fressen … am liebsten
bei Sonnenaufgang
Und viel mit den Kindern sprechen Mäh Mäh Mäh
Dann etwas Sport machen
Am Nachmittag Gras fressen

Abends würde ich gerne mit Frau Meier plaudern
Dann würde ich in einen tiefen festen Schlaf fallen.'"

Bellebaum, Alfred: „Vorwort". In: Ders. (Hrsg.): Glücksforschung. Eine Bestandsaufnahme. Konstanz 2002, S. 19 ff.

■ AUFGABEN:
1. Versuchen Sie zu erklären, was eine „Erlebnisgesellschaft" ist!
2. Der Autor nennt vier Formen von Glücksmodellen. Welchem Modell neigen Sie zu? Begründen Sie Ihre Entscheidung!
3. Warum sollte „Stetigkeit" Glück bedeuten? Macht nicht die Abwechslung glücklich?

F5 Eine Allegorie des Glücks

Die Abbildung zeigt eine sog. Druckermarke, die folgendem Werk entnommen worden ist: „Heinrich Grimm. Deutsche Druckersignete des 16. Jahrhunderts – Geschichte, Sinngehalt und Gestaltung kleiner Kulturdokumente". Wiesbaden (Pressler) 1965.

■ AUFGABE:
Informieren Sie sich über den Begriff „Allegorie" und beschreiben Sie die „Allegorie des Glücks"!

F6 Robert H. Schuller: Das Leben ist nicht fair

Jung und alt, arm und reich, schnell und langsam, groß und klein, Männer und Frauen, Jungen und Mädchen – alle haben die grausamen Ungerechtigkeiten des Lebens gesehen und gespürt. Wer immer Sie auch sind, woher Sie auch kommen, Sie haben diese Worte bestimmt schon einmal gehört: „Das Leben ist nicht fair!" […]
Jeder wird irgendwann in seinem Leben mit Enttäuschungen konfrontiert – aber die Gewinner sind die Personen, die sich weigern, die Enttäuschungen zu Entmutigungen werden zu lassen. Erfolg hat nichts damit zu tun, dass man mit dem Schlimmsten umgehen kann. Es ist die Fähigkeit, mit den Enttäuschungen des Lebens konstruktiv umzugehen. Wer sind die Gewinner? Wer sind diese Menschen, die es ablehnen, sich den Garaus machen zu lassen, die sich weigern, von Enttäuschungen besiegt zu werden? Wie gehen sie mit den Verlusten um, und wie verwandeln sie diese in einen Gewinn?
Es gibt drei Wege: 1. Sie denken positiv. 2. Sie leben positiv. 3. Sie arbeiten positiv. […]
Es erstaunt mich schon seit langem über die Maßen, wie kraftvoll der Denkprozess ist. Wussten Sie, dass Ihr Leben sehr stark beeinflusst werden kann nur schon durch die Art,

wie Sie denken? Sie können negativ oder positiv denken. Wenn Sie ein positiv denkender Mensch sind, sind Ihre Entscheidungen eher auf Glauben als auf Furcht gegründet. Wenn Sie positiv denken, sind Sie ein glücklicher Mensch, eine hinreißende Person, mit der sich gut zusammenleben und -arbeiten lässt und in dessen Nähe man gerne ist. Die positiven Denker sind glücklicher und sogar gesünder. Wissenschaftler haben nachgewiesen, dass positives Denken Endorphine [ein vom Körper selbst produziertes Opiat] freisetzt, die einen gesünderen Körper begünstigen. [...]

Umgekehrt stiehlt negatives Denken die Freude, macht einen blind für das Glück, raubt einem die Gesundheit, treibt den Verfall voran und fördert sogar den Tod. [...] Es zerstört Familien, sabotiert wohl überlegte Pläne in der Erziehung und Schulbildung, in der Athletik, im Geschäftsleben und beim Einschlagen einer akademischen Laufbahn. Es zerstört jedes Jahr Millionen und Abermillionen von Träumen. Negatives Denken ist subtil und trügerisch. Es zeigt viele Gesichter und versteckt sich hinter einer Vielzahl von Masken. Es kann als Realismus erscheinen. Es mag eine raffinierte Fassade der praktischen Anwendbarkeit konstruieren. Dieses clevere Chamäleon zieht gerne das Kostüm der Faulheit an. Es versteckt sich liebend gerne hinter der Maske der Ausreden. [...]

Menschen sind negativ, weil sie Angst haben. Sie befürchten, enttäuscht zu werden. Man kann es die Furcht vor zunichte gemachten Hoffnungen nennen. Man kann es die Furcht davor nennen, dass Träume sich in Asche verwandeln. Man kann es die Angst vor dem Versagen nennen. [...]

Wenn Sie von einer bitteren Enttäuschung heimgesucht werden, wenn Sie einer Tragödie begegnen, können Sie enttäuscht sein, aber nicht besiegt, falls Sie weiterhin positiv denken, positiv planen und positiv arbeiten können.

Denken : „Ich kann das alles überstehen! Ich kann darin überleben, sogar darin gedeihen!"

Planen: „Was nun? Von dort bin ich hergekommen, dorthin will ich gehen, auf diese Weise werde ich dorthin gelangen."

Arbeiten: „Planen Sie Ihre Arbeit und arbeiten Sie an Ihrem Plan. ‚Ich gebe dieser Sache alles, was ich habe, und es steckt mehr in mir, als ich bisher gemeint habe.'" [...]

Das Leben ist zum größten Teil so, wie wir es sehen. Wenn das Leben also nicht fair ist, wird es vielleicht höchste Zeit, Ihren Blickwinkel zu überprüfen. Verändern Sie Ihre Sicht, damit sich Ihr Schauplatz verändert. Ihre Wahrnehmung von Realität wird die sich ständig ändernde Gestalt dieser Realität verändern. Sie haben die Wahl! Sie können das Leben aus einer negativen oder einer positiven Perspektive sehen.

Schuller, Robert H.: Das Leben ist nicht fair, aber Gott ist gut. Augsburg: Hour of Power Deutschland, 2007. S. 7 ff.

■ AUFGABEN:
1. Was ist Robert Schuller zufolge zu tun, um glücklich zu werden?
2. Beurteilen Sie den Standpunkt, dass es Methoden, die zum Glück führen, gebe!
3. Lutz von Werder (Ders.: Das philosophische Radio III: „Wege zum Glück im nahen und fernen Orient". Berlin/Milow , S. 8 f.) schlägt verschiedene Methoden vor, sich dem Thema „Glück" halb reflektierend, halb fühlend anzunähern. Lassen Sie sich auf die folgenden Anregungen ein und fassen Sie abschließend Ihre Ergebnisse zusammen:
    a) „Automatisches Schreiben: Schreiben Sie das Wort Glück. Schreiben Sie ganz schnell, ohne anzuhalten, alle Einfälle zum Thema Glück nieder. Schreiben Sie nicht mehr als eine halbe Seite. Suchen Sie sich dann die besten Ideen [...] heraus."
    b) „Musik hören: Wählen Sie ihre Lieblingsmusik [...]. Schreiben Sie dann mit geschlossenen Augen die Einfälle auf, die Ihnen die laufende Musik zum Thema Glück zuspielt."
    c) „Brain-Writing: Schreiben Sie mit der schreibungewohnten Hand mit geschlossenen Augen fünf Sätze über das Glück."
    d) „Glückslyrik: Schreiben Sie ein ELFchen (elf Worte: 1. Zeile 1 Wort, 2. Zeile 2 Worte, [...]) über das Glück."
    e) „Träume: Schreiben Sie alle Glücks-Tagträume und Glücks-Nachtträume der letzten Woche auf. Schreiben Sie die Erfahrungen dieses Versuchs auf."

F7 Aristoteles: Glückseligkeit als höchstes Gut

■ INFO zur Einführung:

Bis heute werden als letzte Ziele unseres Handelns und Verhaltens die Bestimmungen von Aristoteles (384–322) diskutiert, der den Menschen nach Glück oder Glückseligkeit streben sah. Der griechische Ausdruck für das wahre Glück ist „eudaimonia", d. h. von einem guten Dämon geführt. Diese aristotelische Eudämonie hebt sich ab von der „tyche", vom glücklichen Zufall. Nur jene kann erstrebt und durch richtiges Leben eingeübt werden, diese ist Sache des Schicksals. Auch in modernen Sprachen finden wir für jene beiden Bedeutungen verschiedene Wörter. Das Englische unterscheidet z. B. „happiness" und „fortune".

Jede Kunst und jede Lehre, desgleichen jede Handlung und jeder Entschluss, scheint ein Gut zu erstreben, weshalb man das Gute treffend als dasjenige bezeichnet hat, wonach alles strebt. [...]
Da der Ziele zweifellos viele sind und wir derer manche nur wegen anderer Ziele wollen, z. B. Reichtum, Flöten und überhaupt Werkzeuge, so leuchtet ein, dass sie nicht alle Endziele sind, während doch das höchste Gut ein Endziel und etwas Vollendetes sein muss. [...] Als Endziel in höherem Sinne gilt uns das seiner selbst wegen Erstrebte gegenüber dem eines andern wegen Erstrebten [...], mithin als Endziel schlechthin und als schlechthin vollendet, was allezeit seinetwegen und niemals eines anderen wegen gewollt wird. Eine solche Beschaffenheit scheint aber vor allem die Glückseligkeit zu besitzen. Sie wollen wir immer wegen ihrer selbst, nie wegen eines anderen, während wir die Ehre, die Lust, den Verstand und jede Tugend zwar auch ihrer selbst wegen wollen (denn wenn wir auch nichts weiter von ihnen hätten, so würden uns doch alle diese Dinge erwünscht sein), doch wollen wir sie auch um der Glückseligkeit willen in der Überzeugung, eben durch sie ihrer teilhaftig zu werden. Die Glückseligkeit dagegen will keiner wegen jener Güter und überhaupt um keines anderen willen.
Zu demselben Ergebnis mag uns der Begriff des Genügens führen. Das vollendet Gute muss sich selbst genügen. Wir verstehen darunter ein Genügen nicht bloß für den Einzelnen, der für sich lebt, sondern auch für seine Eltern, Kinder, Frau, Freunde und Mitbürger überhaupt, da der Mensch von Natur für die staatliche Gemeinschaft bestimmt ist. [...]
Also: die Glückseligkeit stellt sich dar als ein Vollendetes und sich selbst Genügendes, da sie das Endziel allen Handelns ist.

Jedoch mit der Erklärung, die Glückseligkeit sei das höchste Gut, ist vielleicht nichts weiter gesagt, als was jedermann zugibt. Was verlangt wird, ist vielmehr, dass noch deutlicher angegeben werde, was sie ist.
Dies dürfte uns gelingen, wenn wir die eigentümlich menschliche Tätigkeit ins Auge fassen. Wie für einen Flötenspieler, einen Bildhauer oder sonst einen Künstler, und wie überhaupt für alles, was eine Tätigkeit und Verrichtung hat, in der Tätigkeit das Gute und Vollkommene liegt, so ist es wohl auch bei dem Menschen der Fall, wenn anders es eine eigentümlich menschliche Tätigkeit gibt. [...] Wenn aber das eigentümliche Werk und die eigentümliche Verrichtung des Menschen in vernünftiger oder der Vernunft nicht entbehrender Tätigkeit der Seele besteht [...], und wir als die eigentümliche Verrichtung des Menschen ein gewisses Leben ansehen, nämlich mit Vernunft verbundene Tätigkeit der Seele und entsprechendes Handeln, als die Verrichtung des guten Menschen aber eben gut gilt, was der eigentümlichen Tugend oder Tüchtigkeit des Tätigen gemäß ausgeführt wird, so bekommen wir nach alledem das Ergebnis: das menschliche Gut ist der Tugend gemäße Tätigkeit der Seele, und gibt es mehrere Tugenden: der besten und vollkommensten Tugend gemäße Tätigkeit. Dazu muss aber noch kommen, dass dies ein volles Leben hindurch dauert; denn wie eine Schwalbe und ein Tag noch keinen Sommer macht, so macht auch ein Tag oder eine kurze Zeit noch niemanden glücklich und selig. [...]
Mit denen also, die die Glückseligkeit in die Tugend oder auch in eine Tugend setzen, stimmen wir überein. Denn in den Bereich der Tugend fällt die ihr gemäße Tätigkeit.

Aristoteles: Nikomachische Ethik, hg. von G. Bien, Hamburg 1972, S. 1, 10f., 14 (EN 1094a, 1097a–b, 1098b).

■ AUFGABE:
1. Der Gedanke, dass Glück und Tugend eng verbunden werden, ist für uns ungewohnt und befremdlich. Wird er für Sie verständlicher, wenn Sie erfahren, dass das griechische Wort für Tugend – „arete" – die Tüchtigkeit einschließt?
2. Könnte ein Verbrecher wirklich glücklich sein?
3. Wäre Glück auch als lebenslanges Nichtstun denkbar?

F8 Epikur: Die Lust als Endziel

■ INFO zur Einführung:
Mit Hedonismus bezeichnet man eine Haltung, die stets auf Vergnügen und Lust ausgerichtet ist. Der berühmteste Philosoph der Antike, der das Ziel des Lebens in der Freude oder Lust (gr. *hedone*) sah, war Epikur (341–271). Nach ihm werden seine Schüler Epikureer und bis heute eine bestimmte Einstellung Epikureismus genannt.

Die Zukunft liegt weder ganz in unserer Hand noch ist sie völlig unserem Willen entzogen. Das ist wohl zu beachten, wenn wir nicht in den Fehler verfallen wollen, das Zukünftige entweder als ganz sicher anzusehen oder von vornherein an seinem Eintreten völlig zu verzweifeln.
Zudem muss man bedenken, dass die Begierden teils natürlich, teils nichtig sind und dass die natürlichen teils notwendig, teils nur natürlich sind; die notwendigen hinwiederum sind notwendig teils zur Glückseligkeit, teils zur Vermeidung körperlicher Störungen, teils für das Leben selbst. Denn eine von Irrtum sich freihaltende Betrachtung dieser Dinge weiß jedes Wählen und jedes Meiden in die richtige Beziehung zu setzen zu unserer körperlichen Gesundheit und zur ungestörten Seelenruhe; denn das ist das Ziel des glückseligen Lebens. Liegt doch allen unseren Handlungen die Absicht zugrunde, weder Schmerz zu empfinden noch außer Fassung zu geraten. Haben wir es aber einmal dahin gebracht, dann glätten sich die Wogen; es legt sich jeder Seelensturm, denn der Mensch braucht sich dann nicht mehr umzusehen nach etwas, was ihm noch mangelt, braucht nicht mehr zu suchen nach etwas anderem, das dem Wohlbefinden seiner Seele und seines Körpers zur Vollendung verhilft. [...]
Wenn wir also die Lust als das Endziel hinstellen, so meinen wir damit nicht die Lüste der Schlemmer und solche, die in nichts als dem Genusse selbst bestehen, wie manche Unkundige und manche Gegner oder auch absichtlich Missverstehende meinen, sondern das Freisein von körperlichem Schmerz und von Störung der Seelenruhe. Denn nicht Trinkgelage mit daran sich anschließenden tollen Umzügen machen das lustvolle Leben aus, auch nicht der Umgang mit schönen Knaben und Weibern, auch nicht der Genuss von Fischen und sonstigen Herrlichkeiten, die eine prunkvolle Tafel bietet, sondern eine nüchterne Verständigkeit, die sorgfältig den Gründen für Wählen und Meiden in jedem Falle nachgeht und mit allen Wahnvorstellungen bricht, die den Hauptgrund zur Störung der Seelenruhe abgeben.
Für alles dies ist Anfang und wichtigstes Gut die vernünftige Einsicht, daher steht die Einsicht an Wert auch noch über der Philosophie. Aus ihr entspringen alle Tugenden. Sie lehrt, dass ein lustvolles Leben nicht möglich ist ohne ein einsichtsvolles und sittliches und gerechtes Leben, und ein einsichtsvolles, sittliches und gerechtes Leben nicht ohne ein lustvolles. Denn die Tugenden sind mit dem lustvollen Leben auf das engste verwachsen, und das lustvolle Leben ist von ihnen untrennbar. Denn wer wäre deiner Meinung nach höher zu achten als der, der einem frommen Götterglauben huldigt und dem Tode jederzeit furchtlos ins Auge schaut? Der dem Endziel der Natur nachgedacht hat und sich klar darüber ist, dass im Reiche des Guten das Ziel sehr wohl zu erreichen und in unsere Gewalt zu bringen ist und dass die schlimmsten Übel nur kurzdauernden Schmerz mit sich führen? Der über das von gewissen Philosophen als Herrin über alles

eingeführte allmächtige Verhängnis lacht und vielmehr behauptet, dass einiges zwar infolge der Notwendigkeit entstehe, anderes dagegen infolge des Zufalls und noch anderes durch uns selbst, denn die Notwendigkeit herrscht unumschränkt, während der Zufall unstet und unser Wille frei (herrenlos, d. i. nicht vom Schicksal abhängig) ist, da ihm sowohl Tadel wie Lob folgen kann. (Denn es wäre besser, sich dem Mythos von den Göttern anzuschließen als sich zum Sklaven der unbedingten Notwendigkeit der Physiker zu machen; denn jener Mythos lässt doch der Hoffnung Raum auf Erhöhung durch die Götter als Belohnung für die ihnen erwiesene Ehre, diese Notwendigkeit dagegen ist unerbittlich.) Den Zufall aber hält der Weise weder für eine Gottheit, wie es der großen Menge gefällt (denn Ordnungslosigkeit verträgt sich nicht mit der Handlungsweise der Gottheit) noch auch für eine unstete Ursache (denn er glaubt zwar, dass aus seiner Hand Gutes oder Schlimmes zu dem glücklichen Leben der Menschen beigetragen werde, dass aber von ihm nicht der Grund gelegt werde zu einer erheblichen Fülle des Guten oder des Schlimmen), denn er hält es für besser, bei hellem Verstande von Unglück verfolgt als bei Unverstand vom Glücke begünstigt zu sein. Das Beste freilich ist es, wenn bei den Handlungen richtiges Urteil und glückliche Umstände sich zu gutem Erfolge vereinigen.

Laertius, Diogenes: Leben und Meinungen berühmter Philosophen, übers. von O. Apelt. Hamburg ²1967, S. 282 ff.

■ AUFGABE:
1. Kann sich ein Hedonismus, der alles in die Dienste sinnlicher Lüste stellt, auf Epikur berufen?
2. Kann man heute noch von Epikur etwas lernen oder nicht?
3. Lässt sich mit Epikurs Philosophie ein soziales Engagement begründen?

F9 Albrecht von Haller: Wollust

Jean-Antoine Watteau: Einschiffung nach Kythera (1717/1718)

Ein weicher Aristipp, der auf die Wollust geizt
Und täglich seinen Leib zu neuen Lüsten reizt,
Der keine Pflichten kennt und lebt allein zum Schlemmen,
Lässt seine Lüste nicht durch Gottes Schreck-Bild hemmen,
Er leugnet, was er scheut, sperrt Gott in Himmel hin
Und lässt, wenn Gott noch ist, doch Gott nicht über ihn.
Nicht, weil zum Zweifel ihn Vernunft und Gründe leiten,
Nur, weil Gott, weil er herrscht, ihm Strafen muss bereiten.

Haller, Albrecht von: Versuch Schweizerischer Gedichte. In: Ders.: Gedichte, hg. u. eingel. von L. Hirzel. Frauenfeld 1882, S. 55.

■ AUFGABEN:
1. Was spricht Ihrer Meinung nach für bzw. gegen eine hedonistische Lebensweise?
2. Welche Arten von Hedonismus lassen sich unterscheiden?
3. Kann der Hedonismus dazu verhelfen, verantwortliche Entscheidungen im Leben zu treffen?
4. Deuten Sie den Satz „CARPE DIEM!" vor dem Hintergrund der hedonistischen Spielarten des Handelns!

F10 Seneca: Das höchste Gut und das glückliche Leben

■ INFO zur Einführung:
Wenn man von einem „stoischen" Gleichmut spricht, dann nimmt man Bezug auf die antiken Stoiker, auf die Philosophenschule der sog. Stoa (was ursprünglich „Säulenhalle" heißt). Einer ihrer wichtigen Repräsentanten war Seneca (4–65), der – involviert in die Politik Roms – sowohl zu großem Ruhm gekommen war als auch zeitweilig in Verbannung leben musste.

„Was aber", sagt man, „steht dem im Wege, Sittlichkeit und Genuss miteinander zu verschmelzen und ein höchstes Gut auf diese Weise zu verwirklichen, so dass es zugleich sittlich wertvoll und angenehm ist?" Die Tatsache, dass jeder Teil der sittlichen Vollkommenheit ebenfalls nur als sittlich bestimmte Größe zu bestehen vermag und dass das höchste Gut seine Reinheit nicht wahren kann, wenn es irgend etwas Wertwidriges in sich schließt. Selbst die aus einer sittlichen Lebensführung hervorgehende Freude ist, wenn auch keineswegs wertlos, doch kein notwendiger Bestandteil des absolut Guten (des Guten „an sich"), so wenig wie froher Sinn und Seelenruhe, obgleich auch sie die einwandfreiesten Ursachen haben. Gewiss sind das alles Güter, jedoch solche, die aus dem höchsten Gut entspringen, aber es nicht selbst ausmachen.

Wer Charakter und Genussleben aneinanderkoppelt, noch dazu nicht einmal zu gleichen Teilen, der stumpft durch die Fragwürdigkeit des einen Partners auch die eigentliche Lebensfähigkeit des andern ab, und er versklavt damit auch die sittliche Freiheit, die nur dann ihre sieghafte Kraft behält, wenn sie in der Rangfolge der Werte obenan steht. Denn das ist die schlimmste innere Versklavung, dass nun das äußere Glück anfängt, notwendig zu werden. Die Folge davon ist ein Leben voller Verängstigung, Argwohn und Unrast, das vor jedem Zufall zittert und jeden Augenblick banger Erwartungen voll ist. Da gibt man den sittlichen Werten kein festes und unerschütterliches Fundament, sondern will sie auf einem schwankenden Grunde verankern. Was aber ist so schwankend wie das Rechnen mit zufälligen, unwesentlichen Dingen, mit dem Körper und dem steten Wandel alles dessen, was mit ihm zusammenhängt? Wie kann jemand Gott gehorchen und jeglichem Schicksal tapfer standhalten ohne Klage über sein Geschick und mit einem fröhlichen Ja zu den Fügungen seines eigenen Lebens, wenn er sich schon durch die kleinen Nadelstiche von Freud und Leid erschüttern lässt? Nicht einmal ein guter Beschützer und Verteidiger seines Vaterlandes oder ein echter, tatbereiter Freund seiner Freunde kann er sein, wenn er den Genuss zum Richtpunkt seines Lebens macht.

Das höchste Gut muss deshalb so hoch stehen, dass keine Gewalt es herabziehen kann, dass kein Schmerz, keine Hoffnung und keine

Furcht heranreichen, noch irgendetwas, was das Eigenrecht des höchsten Gutes in Frage stellen könnte. Bis zu diesem Punkt aber kann sich nur erprobte Sittlichkeit erheben, und nur im Gleichschritt mit ihr ist ein solcher Gipfel zu bezwingen: sie wird furchtlos feststehen und jedem Wechsel des Schicksals standhalten, nicht bloß in duldender Hinnahme, sondern zugleich mit willensmäßiger Bejahung und in dem Wissen darum, dass alle Wirrnis im Hier und Heute naturgesetzlich bedingt ist. Wie ein rechter Soldat seine Wunden erträgt, seine Narben aufzählt und von Geschossen durchbohrt noch im Tode die Anhänglichkeit an seinen Feldherrn, für den er fällt, bewahrt, so wird ein sittlich bestimmter Charakter jenes alte Gebot in sich tragen: Gehorche der Gottheit!

Wer aber klagt und weint und seufzt, der wird gezwungen, die Befehle zu befolgen, und muss sie ganz gegen seinen Willen doch ausführen. Wie töricht ist es aber doch, lieber unter Zwang als im freiwilligen Gehorsam seinen Weg zu gehen! Welche Dummheit und falsche Einschätzung menschlicher Existenz ist es, bei Gott, auch, sich zu grämen über äußere Dürftigkeit oder die Härte des Geschicks oder mit besonderer Verwunderung oder nur mit Unmut Dinge hinzunehmen, die doch anständigen Menschen genau so zustoßen wie schlechten, etwa Krankheiten, Todesfälle, Gebrechen oder was sonst an Widerwärtigkeiten in ein Menschenleben einbrechen mag. Was man nach der inneren Gesetzlichkeit der Welt zu erdulden hat, das trage man hohen Sinnes. Denn wir haben die sittliche Pflicht, das Schicksal der Sterblichen aufrecht zu tragen und uns nicht wirr machen zu lassen durch Dinge, die zu vermeiden nicht in unserer Macht steht. In einem Königreich sind wir geboren, und unsere Freiheit ist diese: Gott zu gehorchen!

In der sittlichen Bestimmtheit des Lebens liegt also das wahre Glück beschlossen. Was aber ergibt sich aus ihr? Nichts sollst du für ein Gut oder ein Übel halten, was nicht hervorgeht aus einer sittlichen oder widersittlichen Grundeinstellung, und unbeirrt sollst du bleiben, auch wenn das Gute schlimme Folgen nach sich zieht, um so Gott nahezukommen, soweit das möglich ist. Was aber verspricht dir die Sittlichkeit für dein Streben? Ein wahrhaft großes und göttergleiches Gut: nichts wirst du unter Zwang tun, auf keinen Menschen wirst du angewiesen sein, du wirst wahrhaft frei leben und sicher und unantastbar. Nichts wirst du vergeblich unternehmen, in keiner Weise kann man dich mehr behindern, alles muss deinen Erwartungen gemäß verlaufen, nichts Widriges kann dich mehr treffen, nichts mehr unerwartet oder gegen deinen Willen.

Seneca: Vom glücklichen Leben. De vita beata, übers. von G. Würtenberg, Düsseldorf 1946, S. 69ff.

■ AUFGABEN:
1. Beschreiben Sie Senecas Auffassung von der Freiheit!
2. Halten Sie das Lebensideal Senecas für erreichbar?
3. Was scheint Ihnen vorbildlich zu sein, was nicht, oder: Möchten Sie Stoiker werden?

F11 Epiktets stoische Moral

■ INFO zur Einführung:

Epiktet, ein ehemaliger Sklave der römischen Kaiserzeit, später Freigelassener, wurde 94 n. Chr. aus Rom verbannt. Er gilt als einer der Hauptvertreter der Stoa. Die Stoa (ca. 300 v. Chr. bis 200 n. Chr.) vereinigt Lehrpunkte älterer Philosophien; sie bringt jedoch ein neues Ethos und eine neue Gesinnung mit weitreichenden Konsequenzen für die Ethik zur Geltung: Das Ideal des Lebens ist es, weise zu werden, die Affekte zu beherrschen, das Leiden gefasst zu ertragen und mit der Tugend als einziger Quelle der Glückseligkeit zufrieden zu sein. Bloßes Aneignen von Wissen, so Epiktet, sei keine Philosophie. Vielmehr komme es darauf an, der Natur zu folgen und das, was in unserer Gewalt steht, was uns stark und frei macht, zu kennen und in uns selbst unser Glück zu finden.

■ AUFGABEN:
1. Lesen die folgenden Ratschläge Epiktets! Welche halten Sie für nützlich, welche für lebensfremd?
2. In welchen Lebenssituationen könnten Ihnen Epiktets Ratschläge helfen?

a) Der Weise verliert nichts

Sage nie von einem Ding: ich habe es verloren; sondern: ich habe es zurückgegeben. Dein Kind ist gestorben; – es ist zurückgegeben worden. Dein Weib ist gestorben; – es ist zurückgegeben worden. Dein Landgut wurde dir genommen. – Nun also auch dieses ist nur zurückgegeben worden. – „Aber der es dir genommen hat, ist ein Schurke." – Was geht es aber dich an, durch wen es dir derjenige wieder abgefordert hat, der es dir gab? – So lange er es aber dir überlässt, behandle es als fremdes Gut, so wie die Reisenden die Herberge.

Epiktet: Handbüchlein der stoischen Moral, übers. u. erkl. von C. Conz (1864). Berlin o. J., S. 25.

b) Böses nimm auch für gut

Wenn ein Rabe durch sein Krächzen Unheil verkündet, so lass dich nicht von der Vorstellung hinreißen; sondern unterscheide sogleich bei dir selbst und sprich: keines von diesen Vorzeichen gilt mir; sondern entweder meinem elenden Leib, oder meinen paar Pfennigen, oder meinem bisschen Reputation, oder meinen Kindern, oder meinem Weibe. Mir selbst aber wird lauter Glück geweissagt, sofern ich nur will; denn was immer von jenen Dingen sich ereignen mag, es steht bei mir, Nutzen daraus zu ziehen.

Epiktet: Handbüchlein der stoischen Moral, übersetzt u. erkl. von C. Conz (1864). Berlin o. J., S. 29.

c) Wer hat den Schaden?

Wenn dich jemand schlimm behandelt, oder Schlimmes von dir redet, so bedenke, dass er es tut oder redet in der Meinung, er sei im Recht. Es ist nun nicht möglich, dass er dem folge, was du für richtig hältst, sondern dem, was er dafür hält. Wenn nun seine Meinung falsch ist, so hat er den Schaden, sofern er sich in einer Täuschung befindet. Denn wenn einer eine richtige Satzverbindung für falsch hält, so schadet dies der Satzverbindung nichts, sondern dem, welcher sich geirrt hat. Davon ausgehend wirst du dich gegen den Lästerer sanftmütig betragen. Denke nur jedesmal: er war der Meinung u.s.w.

Epiktet: Handbüchlein der stoischen Moral, übers. u. erkl. von C. Conz (1864). Berlin o. J., S. 47 f.

d) Schlechte Logik – schlechte Moral

Folgende Schlüsse sind nicht richtig: „Ich bin reicher, als du, somit besser, als du"; – „ich bin beredter, als du, somit besser, als du". – Richtiger sind die folgenden: „Ich bin reicher, als du, somit ist mein Besitz mehr wert, als der deinige"; „ich bin beredter, als du, somit ist meine Ausdrucksweise besser, als die deinige". Du selbst aber bist weder Besitz, noch Ausdrucksweise.

Epiktet: Handbüchlein der stoischen Moral, übers. u. erkl. von C. Conz (1864). Berlin o. J., S. 48 f.

F12 Buddhismus: Über den Zusammenhang von Leben, Leid und Erkenntnis

a) Darstellungen Buddhas

■ **INFO zur Einführung:**

Der Buddhismus, eine bis heute in weiten Teilen der Welt, insbesondere in Asien, verbreitete religiöse und philosophische Bewegung, basiert auf der Überlieferung der Reden des als historisch geltenden „Siddharta Gautama", der von seinen Anhängern als „Buddha" („Erwachter", „Erleuchteter") verehrt wird. Siddharta Gautama, Sohn eines nordindischen Regenten aus dem Geschlecht der Sakyamunis, lebte vermutlich von etwa 560 bis 480 v. Chr. Er trat nach schicksalhaften Erlebnissen in einen meditativen Bewusstseinszustand, frei von Wünschen, Gelüsten und Begierden.

a) Eine aus Thailand stammende Darstellung des Buddha

b) „Happy Buddha": Buddhistische Skulptur aus einem Pekinger Tempel

■ AUFGABEN:
1. Beschreiben Sie die Gestik und Mimik der dargestellten Buddhas!
2. Buddha wird von seinen Anhängern als „Erwachter" bzw. „Erleuchteter" verehrt. Worin könnte die „Erleuchtung" bestehen?
3. In welchem möglichen Zusammenhang stehen Gestik, Mimik und „Erleuchtung" Buddhas?

b) Die „vier edlen Wahrheiten"

■ INFO zur Einführung:
Der von seinen Anhängern als Buddha, als „Erwachter" und „Erleuchteter", verehrte indische Prinz Siddharta (ca. 560–480 v. Chr.) erklärt seiner Gefolgschaft im Tierpark von Isipatana zu Benares, einer Stadt in Indien, den Zusammenhang von Geburt und Tod, Leid und Unwissenheit:

Dies nun, o Mönche, ist die edle Wahrheit vom Leiden. Geburt ist Leiden, Alter ist Leiden, Krankheit ist Leiden, Sterben ist Leiden, Kummer, Wehklage, Schmerz, Unmut und Unrast sind Leiden; die Verunreinigung mit Unliebem ist Leiden; die Trennung von Liebem ist Leiden; was man wünscht, nicht zu erlangen, ist Leiden; kurz gesagt, die fünf Arten des Festhaltens am Sein sind Leiden.
Dies nun, o Mönche, ist die edle Wahrheit von der Leidensentstehung. Es ist dieser „Durst", der zur Wiedergeburt führt, verbunden mit Vergnügen und Lust, an dem und jenem sich befriedigend, nämlich der Liebestrieb, der Selbsterhaltungstrieb, die Sucht nach Reichtum.

Dies nun, o Mönche, ist die edle Wahrheit von der Aufhebung des Leidens. Es ist ebendieses Durstes Aufhebung durch (seine) restlose Vernichtung; (es ist) das Aufgeben (des Durstes), der Verzicht (auf ihn), die Loslösung (von ihm, seine) Beseitigung.
Dies nun, o Mönche, ist die edle Wahrheit von dem zur Aufhebung des Leidens führenden Pfad. Es ist dieser edle achtgliedrige Weg, nämlich: rechte Einsicht, rechter Entschluss, rechte Rede, rechte Tat, rechter Wandel, rechtes Streben, rechte Wachheit, rechte Versenkung.

Buddha, Gautama: Die vier edlen Wahrheiten. Texte des ursprünglichen Buddhismus, hg. von K. Mylius. München ²1986, S. 204f.

■ AUFGABEN:
1. Erläutern Sie mit eigenen Worten den aufgezeigten Zusammenhang der Wahrheiten vom „Leiden", von der „Entstehung des Leidens", von der „Aufhebung des Leidens" und vom „Pfad zur Aufhebung des Leidens"!
2. Versuchen Sie zu ergründen, warum Siddharta von seinen Anhängern als „Erwachter" verehrt wird? Woraus könnte er „erwacht" sein? Worin besteht die „Erleuchtung"? Ist ein Buddha „glücklich"?
3. Soziologen haben in den letzten Jahrzehnten die europäischen Gesellschaften als „Spaß-", „Erlebnis-", „Konsum-" und „Wegwerfgesellschaften" charakterisiert. Halten Sie in Ihren konkreten Lebensbedingungen Verzicht, Loslösung von der „Lust" und Aufgeben des „Lebensdurstes" für möglich und sinnvoll?
4. Lassen sich Buddhas „edle Wahrheiten" in ein politisches Grundsatzprogramm übertragen? Sind sie eine geeignete Grundlage für soziales Handeln?

c) Zen-Buddhismus

■ INFO zur Einführung:
Die in Europa unter dem Namen „Zen" bekannte Richtung des Buddhismus stammt aus China, wo sie „Chan" genannt wird. Sie erinnert in vielen Zügen an die stoische Philosophie der europäischen Antike. Kern der Chan-Lehre ist die Achtsamkeit gegenüber Mensch, Natur und allem in der Welt Erfahrbaren. Achtsamkeit vollzieht sich der Chan-Lehre zufolge nicht nur im Bewusstsein, sondern in jedem Augenblick des Lebens, im Denken, Handeln und Wollen. Der Alltag des Chan-Buddhisten ist eine durch Achtsamkeit getragene, harmonische und ausgeglichene Lebensführung. Das folgende Gespräch zweier chinesischer Poeten der Tang-Dynastie (8. Jh.) verdeutlicht das Wesen des Chan im Umgang mit den Mitmenschen:

■ AUFGABEN:
1. Lesen Sie aufmerksam den folgenden Text und beantworten Sie Han Shans Frage! Wie reagiert Shi De?
2. Worin stimmen der Chan-Buddhismus und die Stoa überein?

Han Shan stellt eine Frage: Auf der Welt gibt es Menschen, die mich verleumden, die mich schikanieren und demütigen, die mich erniedrigen, verlachen und geringschätzig behandeln, und auch betrügen. Wie soll ich damit umgehen?
Shi De antwortet: Allein mit Nachsicht sollst du ihnen begegnen, gewähre ihnen Vorrang und gehe ihnen aus dem Weg. Übe Geduld mit ihnen und respektiere sie, aber sei ihnen nicht gefügig. Im Laufe vieler Jahre wirst du so wirkliches Verständnis erlangen.

Wagner, Hans-Günter: Wie die Wolken am Himmel. Die Dichtung des Chan-Buddhismus. Kelkheim 2007, S. 11.

d) Pang Yun: Schlichter Vers

Ein Tag ist wie der andere
Doch ich lebe in innerer Harmonie
Außer dem Höchsten erstrebe ich nichts
Handle niemals der eigenen Natur zuwider
Rot und Purpur sind nutzlose Ränge
Die grünen Hügel sind frei von Staub
Es gibt keine überirdischen Kräfte zu erlangen
Gehe hinaus
Hole Wasser und staple das Brennholz

Wagner, Hans-Günter: Wie die Wolken am Himmel. Die Dichtung des Chan-Buddhismus. Kelkheim 2007, S. 10.

■ AUFGABE:
Charakterisieren Sie die Lebensauffassungen Pangs und Wangs!

e) Wang Fanzhi: Andere reiten auf stolzen Rossen

Andere reiten auf stolzen Rossen
Ich führe einsam meinen Esel
Das Brennholz schultere ich auf dem Rücken
Doch es ist Friede in meinem Herzen

Wagner, Hans-Günter: Wie die Wolken am Himmel. Die Dichtung des Chan-Buddhismus. Kelkheim 2007, S. 130.

■ AUFGABEN:
In einer Jugendzeitschrift heißt es: „Wir haben alles, was wir wollen, aber sind doch nicht glücklich. Wir können uns alles leisten, aber sind mit allem und jedem unzufrieden!" – Suchen Sie nach möglichen Ursachen des Unglücks und der Unzufriedenheit! Warum empfindet das lyrische Ich des Dichters Wang Frieden im Herzen?

F13 Taoismus: Haben, als hätte man nicht

■ INFO zur Einführung:
Eine für den Taoismus, eine seit dem sechsten vorchristlichen Jahrhundert bedeutende Philosophie Chinas, zentrale Lehre ist das Nicht-Haften an den Dingen. „Nicht-Haften" bezeichnet eine menschliche Grundhaltung des Verzichts. Der Mensch soll sich nicht an Dinge, an Besitz, an Personen oder an Begierden klammern, sondern diesen einen untergeordneten Stellenwert beimessen, was besagen will, dass ein erzwungener Verzicht ihm nicht als existentielle Katastrophe erscheint und ihn nicht am Sinn des Lebens irre werden lässt. Diese Grundhaltung bedeutet aber auch, dass die Anstrengungen für den Eigentumserwerb und die Bewahrung des Besitzes bescheiden bleiben und gegenüber unerfüllten Wünschen Gleichmut geübt werden sollte.

a) Nicht-Haften an den Dingen

Es gibt keine größere Sünde als viele Wünsche. Es gibt kein größeres Übel als kein Genüge kennen. Es gibt keinen größeren Fehler als haben wollen.

Laotse: Taoteking, übers. von R. Wilhelm. Düsseldorf, Köln 1980, S. 42.

b) Der Spiegel des Herzens

Der höchste Mensch gebraucht sein Herz wie einen Spiegel. Er geht den Dingen nicht nach und geht ihnen nicht entgegen; er spiegelt sie wider, aber hält sie nicht fest. Darum kann er die Welt überwinden und wird nicht verwundet. Er ist nicht Sklave seines Ruhms; er hegt nicht Pläne; er gibt sich nicht ab mit den Geschäften; er ist nicht Herr des Erkennens. Er beachtet das Kleinste und ist doch unerschöpflich und weilt jenseits des Ichs. Bis aufs letzte nimmt er entgegen, was der Himmel spendet, und hat doch, als hätte er nichts. Er bleibt demütig.

Dschuang Dsi (Chuang-tzu): Das wahre Buch vom südlichen Blütenland (Nan-hua), übers. von R. Wilhelm. München 1998, S. 99.

■ AUFGABEN:
1. Charakterisieren Sie Dschuang Dsis Lebenseinstellung! Inwiefern könnte man „Sklave des eigenen Ruhms" sein?
2. Was bedeutet in diesem Zusammenhang „Demut"?

F14 Platon: Das Gericht über die Toten

■ INFO zur Einführung:
Platon gilt als wichtigster Begründer des abendländischen rationalen Denkens oder des „Intellektualismus", wie manche sagen. Aber wenn Platon auf den Tod zu sprechen kam, erzählte er oft nur eine Geschichte, einen Mythus, so auch den folgenden:

SOKRATES: So höre denn, wie sie zu sagen pflegen, eine gar schöne Rede, die du zwar für ein Märchen halten wirst, wie ich glaube, ich aber für Wahrheit. Denn als volle Wahrheit sage ich dir, was ich sagen werde.
Wie also Homeros erzählt, teilten Zeus, Poseidon und Pluton die Herrschaft, nachdem sie sie von ihrem Vater überkommen hatten. Nun war folgendes Gesetz wegen der Menschen unter dem Kronos schon immer, besteht aber auch noch jetzt bei den Göttern, dass, welcher Mensch sein Leben gerecht und fromm geführt hat, der gelangt nach seinem Tode zu den Inseln der Seligen und lebt dort ohne Übel in vollkommener Glückseligkeit; wer aber ungerecht und gottlos, der kommt in das zur Zucht und Strafe bestimmte Gefängnis, welches sie Tartaros nennen.

Platon: Gorgias 523a, übers. von F. Schleiermacher. Sämtliche Werke Bd. 1, Hamburg 1959, S. 279.

■ AUFGABE:
Warum könnte Platon diese Geschichte erzählt haben? Was leistet sie?

F15 Platon: Der Tod des Sokrates

■ INFO zur Einführung:

Sokrates (469–399) war wegen angeblicher Fehlleitung der Jugend und Missachtung der griechischen Götter zum Tode verurteilt worden. Sokrates lehnte es ab, aus dem Gefängnis zu fliehen, und nutzte die letzten Stunden seines Lebens, seinen Schülern und Freunden die Unsterblichkeit der Seele zu beweisen. Platon lässt von der Stimmung in jenem Kreis folgendes berichten:

ECHEKRATES: Warst du selbst, o Phaidon, bei dem Sokrates an jenem Tage, als er das Gift trank in dem Gefängnis, oder hast du es von einem andern gehört?
PHAIDON: Selbst war ich da, o Echekrates. [...]
ECHEKRATES: Wie war es aber bei seinem Tode selbst, o Phaidon? [...]
PHAIDON: Mir meinesteils war ganz wunderbar zumute dabei. Bedauern nämlich kam mir gar nicht ein als wie einem, der bei dem Tode eines vertrauten Freundes zugegen sein soll; denn glückselig erschien mir der Mann, o Echekrates, in seinem Benehmen und seinen Reden, wie standhaft und edel er endete, so dass ich vertraute, er gehe auch in die Unterwelt nicht ohne göttliche Schickung, sondern auch dort werde er sich wohlbefinden, wenn jemals einer sonst. Darum nun trat mich weder etwas Weichherziges an, wie man doch denken sollte bei solchem Trauerfall, noch auch waren wir fröhlich, wie in unsern philosophischen Beschäftigungen nach gewöhnlicher Weise, obwohl unsere Unterredungen auch von dieser Art waren; sondern in einem gar nicht festzulegenden Zustande befand ich mich und in einer ungewohnten Mischung, die aus Lust zugleich und Betrübnis zusammengemischt war, wenn ich bedachte, dass er nun gleich sterben würde. Und alle Anwesenden waren fast in derselben Gemütsstimmung, bisweilen lachend, dann wieder weinend [...].

Platon: Phaidon 57a–59a, übers. von F. Schleiermacher. Sämtliche Werke Bd. 3, Hamburg 1959, S. 11 f.

■ AUFGABEN:
1. Was für eine Form der Glückseligkeit strahlte Sokrates aus?
2. Wie erklärt sich die Gefühlsmischung seiner Freunde?

F16 Seligkeit und Endzeit im Christentum und im Islam

a) **Das endzeitliche Urteil**

■ INFO zur Einführung:

Für gläubige Christen steht am Ende aller Zeiten das „Jüngste Gericht", in dem Jesus Christus als Richter und König auftreten wird. An Jesu Maßstab von Gerechtigkeit wird sich dann jeder Mensch messen lassen müssen. Von der Stellung des einzelnen Menschen zu Jesus hängt das endgültige Urteil über ihn ab.

Wenn aber des Menschen Sohn [Jesus] in seiner Herrlichkeit kommen wird [...], dann wird er sitzen auf dem Throne seiner Herrlichkeit; und vor ihm werden alle Völker versammelt werden, und er wird sie voneinander scheiden, wie ein Hirt die Schafe von den Böcken scheidet, und er wird die Schafe zu seiner Rechten stellen, die Böcke aber zu seiner Linken. Dann wird der König denen zu seiner Rechten sagen: Kommet her, ihr Gesegneten meines Vaters, ererbet das Reich, das euch bereitet ist seit Grundlegung der Welt! Denn ich bin hungrig gewesen, und ihr habt mich gespeist; ich bin durstig gewesen, und ihr habt mich getränkt; ich bin ein Fremdling gewesen, und ihr habt mich beherbergt; ich bin nackt gewesen, und ihr habt mich bekleidet; ich bin krank gewesen, und ihr habt mich besucht; ich bin gefangen gewesen, und ihr seid zu mir gekommen. Dann werden ihm die Gerechten antworten und sagen: Herr, wann haben wir dich hungrig gesehen und haben dich gespeist, oder durstig und haben dich getränkt? Wann haben wir dich als Fremdling gesehen und haben dich beherbergt, oder nackt und haben dich bekleidet? Wann haben wir dich krank gesehen, oder im Gefängnis, und sind zu dir gekommen? Und der König wird ihnen antworten und sagen: Wahrlich, ich sage euch, insofern ihr es getan habt einem dieser meiner geringsten Brüder, habt ihr es mir getan! Dann wird er auch denen zur Linken sagen: Gehet hinweg von mir, ihr Verfluchten, in das ewige Feuer, das bereitet ist dem Teufel und seinen Engeln! Denn ich bin hungrig gewesen, und ihr habt mich nicht gespeist; ich bin durstig gewesen, und ihr habt mich nicht getränkt; ich bin ein Fremdling gewesen, und ihr habt mich nicht beherbergt; nackt, und ihr habt mich nicht bekleidet; krank und gefangen, und ihr habt mich nicht besucht! Dann werden auch sie ihm antworten und sagen: Herr, wann haben wir dich hungrig oder durstig oder als Fremdling oder nackt oder krank oder gefangen gesehen und haben dir nicht gedient? Dann wird er ihnen antworten: Wahrlich, ich sage euch, insofern ihr es nicht getan habt einem dieser Geringsten, habt ihr es mir auch nicht getan! Und sie werden in die ewige Pein gehen, die Gerechten aber in das ewige Leben.

Mt 25,31–46. Bibeltext der Schlachter. Copyright © 1951 Genfer Bibelgesellschaft.

■ AUFGABEN:
1. Was wird die Menschen am Ende der Zeiten nach christlicher Vorstellung erwarten? Worauf dürfen die Menschen hoffen?
2. Worin besteht Jesu Gerechtigkeitsmaßstab?
3. Wo findet man heute die „geringsten Brüder" Jesu?

b) Seligkeit und Verheißung

■ INFO zur Einführung:

Im Neuen Testament, dem zweiten Teil der Bibel, finden sich insgesamt mehr als 40 sog. Seligpreisungen. Sie sind eschatologisch, d. h. auf die letzten Dinge und Zustände der Welt ausgerichtet: Sie bestimmen gegenwärtige Umstände vor dem Horizont der Zukunft und verheißen eine durch Gott bewirkte endzeitliche Erlösung. In den Seligpreisungen wird die Geschichte der Menschheit auf dem Weg zu einem Ziel begriffen, das eine Umkehrung der gegenwärtigen Verhältnisse ankündigt.

Selig sind die geistlich Armen [die sich ihrer Begrenztheit und Armseligkeit vor Gott und den Menschen bewusst sind]; denn ihrer ist das Himmelreich!
Selig sind die Trauernden; denn sie sollen getröstet werden!
Selig sind die Sanftmütigen; denn sie werden das Land ererben!
Selig sind, die nach der Gerechtigkeit hungern und dürsten; denn sie sollen satt werden!
Selig sind die Barmherzigen; denn sie werden Barmherzigkeit erlangen!
Selig sind, die reines Herzens sind; denn sie werden Gott schauen!
Selig sind die Friedfertigen; denn sie werden Gottes Kinder heißen!
Selig sind, die um der Gerechtigkeit willen verfolgt werden; denn ihrer ist das Himmelreich!

Mt 5, 3–10. In: Die Heilige Schrift, hg. von der Genfer Bibelgesellschaft, übersetzt v. F. E. Schlachter, Revision von 1951, Genf o. J.

■ AUFGABEN:
1. Gilt die Seligkeit schon für die Gegenwart oder erst für die Zukunft?
2. Welche gegenwärtigen Verhältnisse wird das angekündigte kommende Reich beenden?
3. Lässt sich eine Vorstellung vom Himmelreich aus dem Text ableiten?
4. Zu welchen praktischen Konsequenzen müssten die Seligpreisungen im Leben der Christen führen?
5. Vergleichen Sie die Seligpreisungen, die Rede vom „endzeitlichen Urteil" und den nachfolgenden Text miteinander! Gibt es ein gemeinsames Anliegen?

Ihr sollt euch nicht Schätze sammeln auf Erden, wo die Motten und der Rost sie fressen, und wo die Diebe nachgraben und stehlen. Sammelt euch aber Schätze im Himmel, wo weder die Motten noch der Rost sie fressen, und wo die Diebe nicht nachgraben und stehlen. Denn wo dein Schatz ist, da wird auch dein Herz sein.

Mt 6, 19–21. Bibeltext der Schlachter. Copyright © 1951 Genfer Bibelgesellschaft.

c) Das Glück des Paradieses im Koran

■ INFO zur Einführung:
Auch im Islam wird an ein Endgericht geglaubt, durch das die Bösen bestraft und die Guten belohnt werden. Anders als in der Bibel wird im Koran aber sehr genau vor Augen gestellt, wie das Paradies aussieht und welche Freuden es den Guten als Belohnung bietet. Im Folgenden geben wir nur zwei Auszüge. Weitere Details zum Paradies im Islam finden Sie z. B. unter http://www.orientdienst.de/muslime/minikurs/paradies.shtml

Der Paradiesgarten in der Alhambra, Granada

Der Tag der Entscheidung ist der Termin für sie alle, der Tag, an dem ein Schutzherr einem Schutzbefohlenen nichts (mehr) nützt und (an dem) sie (d. h. die Menschen, die vor dem Richter stehen) keine Hilfe finden werden. (Niemand findet dann Rettung) es sei denn einer, dessen sich Gott erbarmt. Er ist der Mächtige und Barmherzige.
Der Saqqum-Baum ist (in der Hölle) die Speise des Sünders. (Er ist mit seinen Früchten) wie flüssiges Metall und kocht im Bauch (der Sünder, die davon gegessen haben), wie heißes Wasser kocht. (Den Höllenwärtern wird zugerufen:) „Greift ihn (d. h. den zur Höllenstrafe Verdammten) und befördert ihn mitten in den Höllenbrand! Hierauf gießet ihm zur Strafe heißes Wasser [...] über den Kopf (mit den Worten): Jetzt bekommst du es zu spüren. Du bist der Mächtige und Vortreffliche!" (Falls im Text nichts ausgefallen ist, kann der Schlusssatz nur ironisch gemeint sein.) (Und der ganzen Schar der Verdammten wird zugerufen:) „Das ist es, worüber ihr (zeitlebens) im Zweifel waret." Die Gottesfürchtigen (dagegen) befinden sich an einem sicheren Standort, in Gärten und an Quellen, in Sundus- und Istabraq-Brokat gekleidet (auf Ruhebetten) einander gegenüber(liegend). So (ist das). Und wir geben ihnen großäugige Huris als Gattinnen, und sie verlangen darin (d. h. in den Paradiesgärten) in Sicherheit (und Frieden) nach allerlei Früchten. Sie erleiden darin nicht den Tod, abgesehen vom ersten Tod (mit dem sie ihr Erdenleben beschlossen haben). Und Gott [...] hat sie vor der Strafe des Höllenbrandes bewahrt. (All das kommt ihnen zu) aus Huld von deinem Herrn. Das ist (dann) das große Glück.
[...] Denen aber, die den Stand ihres Herrn [...] fürchten, werden (dereinst) Gärten [...] zuteil. [...] (Gärten) mit (verschiedenen) Arten (von Vegetation) [...]. (Gärten) in denen Quellen fließen. [...] (Gärten) in denen es von jeder Frucht ein Paar gibt. [...] Sie (d. h. die Frommen, die in das Paradies eingegangen sind) liegen (darin behaglich) auf Betten, die mit Brokat gefüttert sind. Und die Früchte der Gärten hängen tief (so dass man sie leicht pflücken kann). [...] Darin (d. h. in den Gärten) befinden sich (auch), die Augen (sittsam) niedergeschlagen, weibliche Wesen, die vor ihnen (d. h. vor den (männlichen) Insassen des Paradieses, denen sie nunmehr als Gattinnen zugewiesen werden) weder Mensch noch Dschinn [Geister] entjungfert hat. [...] Sie sind (so strahlend schön), wie wenn sie (aus) Hyazinth und Korallen wären. Welche von den Wohltaten eures Herrn wollt ihr denn leugnen? Sollte die Vergeltung für gutes Handeln (im Diesseits) etwa anders sein, als dass (dafür im Jenseits) gut (an einem) gehandelt wird? [...] Voller Segen ist der Name deines Herrn, des Erhabenen und Ehrwürdigen.

Der Koran, übers. von Rudi Paret. 7. Aufl. Stuttgart, Berlin, Köln 1996, S. 871–872: Sure 44, 40–57. S. 938–940: Sure 55, 46–78. (Auch: http://www.digitale-bibliothek.de/band46.htm.)

■ AUFGABEN:
1. Welchen Charakter hat das paradiesische Leben, das der Koran beschreibt? Was fällt Ihnen auf?
2. Teilen Sie diese Vorstellung vom „großen Glück" oder haben Sie eine andere?
3. Welche Folgen hat Ihres Erachtens dieses Paradiesversprechen für die Lebensführung?

F17 Augustinus: Höchstes Gut und äußerste Übel

■ INFO zur Einführung:
Der für die abendländische Geistesgeschichte wichtige Theologe und Philosoph Aurelius Augustinus (354–430) stellte dem weltlichen Reich irdischer Macht den „Gottesstaat" gegenüber, die Gemeinschaft der den göttlichen Geboten gehorchenden Christen. In diesem Zusammenhang kritisierte er auch die Ethik der antiken Philosophie.

Die Ansicht der Christen über das höchste Gut und das äußerste Übel, im Gegensatz zu den Philosophen, die das höchste Gut in sich selbst zu haben behaupteten.

Wendet man sich nun an uns mit der Frage, was denn der Gottesstaat zu all dem sage, und zunächst, was seine Meinung sei bezüglich des Endgutes und des Endübels, so lautet die Antwort: Das ewige Leben ist das höchste Gut und der ewige Tod das äußerste Übel; jenes also zu erlangen, diesem zu entgehen, müssen wir recht leben. Deshalb heißt es: „Der Gerechte lebt aus dem Glauben": denn glaubend müssen wir unser Zielgut erstreben, da wir es noch nicht schauen; und ebenso haben wir die Kraft recht zu leben nicht aus uns, sondern glauben muss man und beten um den Beistand dessen, dem wir auch den Glauben selbst verdanken, dass wir seiner Hilfe bedürfen. Wie so ganz anders die, die im irdischen Leben das höchste Gut und das äußerste Übel suchen zu müssen glauben. In wunderlicher Verblendung wollten sie hienieden glücklich sein und aus sich selbst beglückt werden; gleichviel ob sie nun das höchste Gut im Bereich des Leibes oder des Geistes oder beider zumal annahmen und demnach, um es im einzelnen zu bezeichnen, das höchste Gut suchten in der Lust oder in der Tugend oder in beiden zumal, oder in der Ruhe oder in der Tugend oder in beiden zumal, oder in der Ruhe und Lust miteinander oder in der Tugend oder in beiden zumal, oder in den Urgütern der Natur oder in der Tugend oder in beiden zumal. Die Wahrheit lacht ihrer durch den Mund des Propheten: „Der Herr kennt die Gedanken der Menschen" oder „der Weisen", wie der Apostel Paulus die Stelle wiedergibt, „und weiß, dass sie nichtig sind."

In der Tat, wessen Zunge wäre imstande, und verfügte sie auch über einen Strom von Beredsamkeit, das Elend irdischen Daseins zu zergliedern? Welch ergreifende Klage hat Cicero geführt […] über den Tod seiner Tochter, und doch wie unzureichend sind seine Kräfte! Schon die sogenannten Urgüter der Natur, wann, wo, wie wären sie hienieden in so trefflicher Verfassung, dass sie nicht unter unberechenbaren Zufällen wankten und schwankten? Man nenne den Schmerz, das Gegenteil von Lust, man nenne die Unruhe, das Gegenteil von Ruhe, wovor das leibliche Dasein des Weisen gesichert ist! Ohne Frage, jede Verstümmelung, jede Lähmung von Gliedern zerstört die Unversehrtheit des Menschen, jede Entstellung die Schönheit, jede Unpässlichkeit die Gesundheit, jede Ermattung die Kraft, jede Art von Betäubung oder Steifheit die Beweglichkeit; und was von all dem könnte nicht das leibliche Dasein des Weisen heimsuchen? Auch Haltung und Bewegung des Körpers rechnet man, wenn sie hübsch sind und wohlabgemessen, zu den Urgütern der Natur; wie aber, wenn eine Krankheit die Glieder zittern macht? wenn sich das Rückgrat krümmt, dass die Hände den Boden berühren und der Mensch gleichsam zum Vierfüßler wird? Wird da nicht alle Schönheit und Anmut in Haltung und Bewegung des Körpers zernichtet? Sodann des Geistes angeborene Güter, wie man sie nennt und unter denen man die fünf Sinne und den Verstand an die Spitze stellt, weil sie zur Auffassung und Erkenntnis der Wahrheit dienen: wie belanglos und wenig ist es, was von den Sinnen übrig bleibt, wenn einer, um nur das hervorzuheben, taub und blind wird? Und wohin wohl ziehen sich Vernunft und Erkenntnis zurück, wo halten sie ihren Schlaf, wenn einer durch Krankheit um seinen Verstand kommt?

Augustinus, Aurelius: Zweiundzwanzig Bücher über den Gottesstaat, übers. von Alfred Schröder, Bd. 3, Kempten, München 1916, S. 205f.

■ AUFGABEN:
1. Scheint Ihnen Augustinus ein Realist oder Pessimist zu sein?
2. Wo liegen die wichtigsten Unterschiede zum Denken Epikurs und Senecas (F8 und F10)?
3. Wie sollte man sich Ihrer Meinung nach zu den Übeln verhalten, die Augustinus aufzählt?

F18 Thomas Hobbes: Das Gute

■ INFO zur Einführung:
Am Beginn der Neuzeit haben manche Philosophen sehr viel nüchterner als Augustinus und die Stoiker das bestimmt, was für den Menschen das wichtigste Gut ist. Zu ihnen zählt Thomas Hobbes, den wir noch als Staatsphilosophen kennen lernen werden (vgl. G2).

Alle Dinge, die erstrebt werden, bezeichnet man, sofern sie erstrebt werden, mit dem gemeinsamen Namen als „Güter", alle, die wir vermeiden, als „Übel". [...]
Das erste Gut ist für jeden die Selbsterhaltung. Denn die Natur hat es so eingerichtet, dass alle ihr eigenes Wohlergehen wünschen. Um das erlangen zu können, müssen sie Leben und Gesundheit wünschen und für beide, soweit es möglich ist, Gewähr für die Zukunft. Auf der anderen Seite steht unter allen Übeln an erster Stelle der Tod, besonders der Tod unter Qualen; denn die Leiden des Lebens können so groß werden, dass sie, wenn nicht ihr nahes Ende abzusehen ist, uns den Tod als ein Gut erscheinen lassen.

Macht ist, wenn sie bedeutend ist, ein Gut, weil sie uns Mittel zu unserem Schutz gewährt; auf dem Schutz beruht aber unsere Sicherheit. Wenn die Macht nicht bedeutend ist, ist sie unnütz; denn wenn alle anderen gleiche Macht besitzen, so bedeutet sie nichts.
Freundschaften sind ein Gut, da sie nützlich sind. Denn Freundschaften tragen ganz besonders zur Sicherheit bei. Daher sind Feindschaften etwas Schlechtes, da sie Gefahren mit sich bringen und den Schutz rauben.

Hobbes, Thomas: Vom Menschen, eingel. und hg. von G. Gawlick. Hamburg 1959, S. 22, 24.

■ AUFGABEN:
1. Sehen wirklich alle Menschen in der Selbsterhaltung das erste und wichtigste Gut? Was spricht dafür, was dagegen?
2. Wie beurteilen Sie Hobbes' Aussage zur Freundschaft?
3. Anders als bei Hobbes lesen wir in Schillers Trauerspiel „Die Braut von Messina": „Das Leben ist der Güter höchstes nicht, der Übel größtes aber ist die Schuld." Und bei Konfuzius heißt es: Der Meister sprach: „Ein willensstarker Mann von sittlichen Grundsätzen strebt nicht nach Leben auf Kosten seiner Sittlichkeit. Ja es gab solche, die ihren Leib in den Tod gaben, um ihre Sittlichkeit zu vollenden." (Kungfutse: LunYu. Gespräche, Düsseldorf, Köln 1975, S. 155). Welche Auffassung scheint Ihnen überzeugender zu sein: die Auffassung von Hobbes oder die von Konfuzius und Schiller?

F19 Max Stirner: Plädoyer für Egoismus

■ **INFO zur Einführung:**
Nur wenige Philosophen haben den Egoismus verteidigt. Zu diesen gehört Max Stirner (1806–1856). Karl Marx nannte ihn den „hohlsten und dürftigsten Schädel unter den Philosophen", aber Stirner hat z. B. Einfluss auf den Anarchismus ausgeübt, der alle Formen der Herrschaft und so auch den Staat ablehnte.

Ich hab' Mein Sach' auf Nichts gestellt

Was soll nicht alles Meine Sache sein! Vor allem die gute Sache, dann die Sache Gottes, die Sache der Menschheit, der Wahrheit, der Freiheit, der Humanität, der Gerechtigkeit; ferner die Sache Meines Volkes, Meines Fürsten, Meines Vaterlandes; endlich gar die Sache des Geistes und tausend andere Sachen. Nur *Meine* Sache soll niemals Meine Sache sein. „Pfui über den Egoisten, der nur an sich denkt!"
Sehen Wir denn zu, wie diejenigen es mit *ihrer* Sache machen, für deren Sache Wir arbeiten, Uns hingeben und begeistern sollen.
Ihr wisst von Gott viel Gründliches zu verkünden und habt Jahrtausende lang „die Tiefen der Gottheit erforscht" und ihr ins Herz geschaut, so dass Ihr Uns wohl sagen könnt, wie Gott die „Sache Gottes", der Wir zu dienen berufen sind, selber betreibt. Und Ihr verhehlt es auch nicht, das Treiben des Herrn. Was ist nun seine Sache? Hat er, wie es *Uns* zugemutet wird, eine fremde Sache, hat er die Sache der Wahrheit, der Liebe zu seinigen gemacht? Euch empört dies Missverständnis und Ihr belehrt Uns, dass Gottes Sache allerdings die Sache der Wahrheit und Liebe sei, dass aber diese Sache keine ihm fremde genannt werden könne, weil Gott ja selbst die Wahrheit und Liebe sei; Euch empört die Annahme, dass Gott Uns armen Würmern gleichen könnte, indem er eine fremde Sache als eigene beförderte. „Gott sollte der Sache der Wahrheit sich annehmen, wenn er nicht selbst die Wahrheit wäre"? Er sorgt nur für *seine* Sache, aber weil er Alles in Allem ist, darum ist auch alles *seine* Sache! Wir aber, Wir sind nicht Alles in Allem, und unsere Sache ist gar klein und verächtlich; darum müssen Wir einer „höheren Sache dienen". – Nun, es ist klar, Gott bekümmert sich nur um's Seine, beschäftigt sich nur mit sich, denkt nur an sich und hat nur sich im Auge; wehe Allem, was *ihm* nicht wohlgefällig ist. Er dient keinem Höheren und befriedigt nur sich. Seine Sache ist eine – rein egoistische Sache.
Wie steht es mit der Menschheit, deren Sache Wir zur unsrigen machen sollen? Ist ihre Sache etwa die eines Andern und dient die Menschheit einer höheren Sache? Nein, die Menschheit sieht nur auf sich, die Menschheit will nur die Menschheit fördern, die Menschheit ist sich selber ihre Sache. Damit sie sich entwickle, lässt sie Völker und Individuen in ihrem Dienste sich abquälen, und wenn diese geleistet haben, was die Menschheit braucht, dann werden sie von ihr aus Dankbarkeit auf den Mist der Geschichte geworfen. Ist die Sache der Menschheit nicht eine – rein egoistische Sache?
Ich brauche gar nicht an jedem, der seine Sache Uns zuschieben möchte, zu zeigen, dass es ihm nur um sich, nicht um Uns, nur um sein Wohl, nicht um das Unsere zu tun ist. Seht Euch die übrigen nur an. Begehrt die Wahrheit, die Freiheit, die Humanität, die Gerechtigkeit etwas anderes, als dass Ihr Euch enthusiasmiert und ihnen dient?
Sie stehen sich alle ausnehmend gut dabei, wenn ihnen pflichteifrigst gehuldigt wird. Betrachtet einmal das Volk, das von ergebenen Patrioten geschützt wird. Die Patrioten fallen im blutigen Kampfe oder im Kampfe mit Hunger und Not; was fragt das Volk danach? Das Volk wird durch den Dünger ihrer Leichen ein „blühendes Volk"! Die Individuen sind „für die große Sache des Volks" gestorben, und das Volk schickt ihnen einige Worte des Dankes nach und – hat den Profit davon. Das nenn' Ich Mir einen einträglichen Egoismus.
Aber seht doch jenen Sultan an, der für „die Seinen" so liebreich sorgt. Ist er nicht die pure Uneigennützigkeit selber und opfert er sich nicht stündlich für die Seinen? Ja wohl, für „die Seinen". Versuch' es einmal und zeige Dich nicht als der Seine, sondern als der Deine: Du wirst dafür, dass Du seinem Egoismus Dich entzogst, in den Kerker wandern. Der Sultan hat seine Sache auf Nichts, als auf sich gestellt: er ist sich Alles in Allem, ist sich der einzige und duldet keinen, der es wagte, nicht einer der „Seinen" zu sein.
Und an diesen glänzenden Beispielen wollt Ihr nicht lernen, dass der Egoist am besten fährt? Ich Meinesteils nehme Mir eine Lehre daran und will, statt jenen großen Egoisten ferner uneigennützig zu dienen, lieber selber der Egoist sein.

Gott und die Menschheit haben ihre Sache auf Nichts gestellt, auf nichts als auf Sich. Stelle Ich denn meine Sache gleichfalls auf *Mich,* der Ich so gut wie Gott das Nichts von allem Andern, der Ich mein Alles, der Ich der Einzige bin.
Hat Gott, hat die Menschheit, wie Ihr versichert, Gehalt genug in sich, um sich Alles in Allem zu sein: so spüre Ich, dass es *Mir* noch weit weniger daran fehlen wird, und dass Ich über meine „Leerheit" keine Klage zu führen haben werde. Ich bin [nicht] Nichts im Sinne der Leerheit, sondern das schöpferische Nichts, das Nichts, aus welchem Ich selbst als Schöpfer Alles schaffe.
Fort denn mit jeder Sache, die nicht ganz und gar Meine Sache ist! Ihr meint, Meine Sache müsse wenigstens die „gute Sache" sein? Was gut, was böse! Ich bin ja selber Meine Sache, und Ich bin weder gut noch böse. Beides hat für Mich keinen Sinn.
Das Göttliche ist Gottes Sache, das Menschliche Sache „des Menschen". Meine Sache ist weder das Göttliche noch das Menschliche, ist nicht das Wahre, Gute, Rechte, Freie usw., sondern allein das *Meinige,* und sie ist keine allgemeine, sondern ist einzig, wie ich *einzig* bin.
Mir geht nichts über Mich!

Stirner, Max: Der Einzige und sein Eigentum. Stuttgart 1972, S. 3ff.

■ AUFGABEN:
1. Wie beurteilen Sie Stirners These vom Ich als „Schöpfer"?
2. Wäre ein menschliches Leben denkbar, ohne die Unterscheidung von gut und böse? Gibt es für Stirner selbst nichts Gutes?
3. Ist Max Stirners Ansicht, die er 1845 publizierte, unmodern geworden?
4. Was folgt für die Gesellschaft, wenn alle sein Prinzip übernehmen?

F20 Die ideale Gesellschaft im Marxismus

a) Karl Marx: Das Kennzeichen der idealen Gesellschaft

■ INFO zur Einführung:
Die Theoretiker des Marxismus-Leninismus haben nie ausgeführt, wie die gelungene kommunistische Gesellschaft in ihrer Vollendungsgestalt genau aussehen soll. In seiner Kritik des Gothaer Programms der deutschen Arbeiterpartei hat Marx aber 1875 den später oft zitierten Grundzug des angestrebten Ziels genannt.

In einer höheren Phase der kommunistischen Gesellschaft, nachdem die knechtende Unterordnung der Individuen unter die Teilung der Arbeit, damit auch der Gegensatz geistiger und körperlicher Arbeit verschwunden ist; nachdem die Arbeit nicht nur Mittel zum Leben, sondern selbst das erste Lebensbedürfnis geworden; nachdem mit der allseitigen Entwicklung der Individuen auch ihre Produktivkräfte gewachsen und alle Springquellen des genossenschaftlichen Reichtums voller fließen – erst dann kann der enge bürgerliche Rechtshorizont ganz überschritten werden und die Gesellschaft auf ihre Fahne schreiben: Jeder nach seinen Fähigkeiten, jedem nach seinen Bedürfnissen!

Marx, Karl: Randglossen zum Programm der deutschen Arbeiterpartei. Marx/Engels: Werke Bd. 19, Berlin 1972, S. 21.

■ AUFGABEN:
1. Ist die Aufhebung der Arbeitsteilung in einer modernen Gesellschaft möglich oder nicht?
2. Wie würde Ihr Leben aussehen, wenn Sie gemäß Ihren Fähigkeiten arbeiteten und all Ihre Bedürfnisse befriedigen könnten?
3. Wie müsste Ihrer Meinung nach eine Gesellschaft organisiert sein, die diese Prinzipien voll realisiert hat, und wie müssten die Menschen beschaffen sein?
4. Haben sich die bisher bekannten kommunistischen Systeme jenem Ideal angenähert?

b) W. I. Lenins Kommentar zu Marx

Der Staat wird dann völlig absterben können, wenn die Gesellschaft den Grundsatz „Jeder nach seinen Fähigkeiten, jedem nach seinen Bedürfnissen" verwirklicht haben wird, d. h., wenn die Menschen sich so an das Befolgen der Grundregeln des gesellschaftlichen Zusammenlebens gewöhnt haben werden und ihre Arbeit so produktiv sein wird, dass sie freiwillig nach ihren Fähigkeiten arbeiten werden. Der „enge bürgerliche Rechtshorizont", der dazu zwingt, mit der Hartherzigkeit eines Shylock bedacht zu sein, nur ja nicht eine halbe Stunde länger zu arbeiten als der andere und keine geringere Bezahlung zu erhalten als der andere – dieser enge Horizont wird dann überschritten sein. Die Verteilung der Produkte wird dann von der Gesellschaft keine Normierung der jedem einzelnen zukommenden Menge erfordern; jeder wird frei „nach seinen Bedürfnissen" nehmen.

Vom bürgerlichen Standpunkt aus ist es leicht, eine solche Gesellschaftsstruktur als „reine Utopie" hinzustellen und darüber zu spotten, dass die Sozialisten jedem das Recht zusichern, von der Gesellschaft ohne jegliche Kontrolle über die Arbeitsleistung des einzelnen Bürgers eine beliebige Menge Trüffeln, Autos, Klaviere u. dgl. m. zu erhalten. Die meisten bürgerlichen „Gelehrten" beschränken sich auch bis auf den heutigen Tag auf dieses Spotten und verraten dadurch nur ihre eigene Ignoranz und ihre eigennützige Verteidigung des Kapitalismus.

Ignoranz, denn es ist keinem Sozialisten je eingefallen, „zuzusichern", dass die höhere Phase der Entwicklung des Kommunismus eintreten wird; die Voraussicht der großen Sozialisten aber, dass sie eintreten wird, hat nicht die heutige Arbeitsproduktivität und nicht den heutigen Spießer zur Voraussetzung, der es fertigbrächte, etwa wie die Seminaristen bei Pomjalowski, „für nichts und wieder nichts" Magazine gesellschaftlicher Vorräte zu beschädigen und Unmögliches zu verlangen.

Bis die „höhere" Phase des Kommunismus eingetreten sein wird, fordern die Sozialisten die strengste Kontrolle seitens der Gesellschaft und seitens des Staates über das Maß der Arbeit und das Maß der Konsumtion, aber diese Kontrolle muss mit der Expropriation der Kapitalisten beginnen, mit der Kontrolle der Arbeiter über die Kapitalisten, und darf nicht von einem Beamtenstaat durchgeführt werden, sondern von dem Staat der bewaffneten Arbeiter.

Lenin, W. I.: Staat und Revolution (1917). Werke Bd. 25, Berlin 1960, S. 483 f.

■ AUFGABEN:
1. Ist der kommunistische Endzustand eine Utopie oder nicht?
2. Wie sieht der Weg zum Kommunismus aus?
3. Wer entscheidet, wann die „strengste Kontrolle" von Arbeit und Konsumtion abgeschlossen wird?
4. Beginnt schon im Sozialismus der Staat abzusterben?

F21 Das Prinzip der Nützlichkeit

a) Jeremy Bentham: Nützlichkeit und Glück

■ INFO zur Einführung:

Jeremy Bentham (1748–1832), englischer Philosoph und Jurist, gilt als Hauptvertreter des Utilitarismus. In seiner Konzeption vertritt Bentham F. Hutchesons Maximal-Prinzip des Glücks, nämlich das des „größten Glücks der größten Zahl" als Maßstab aller Ethik. Glück sei schließlich die Folge von Nützlichkeit, auf deren Grundlage der sittliche Wert einer Handlung entschieden werden soll.

Die Natur hat die Menschheit unter die Herrschaft zweier souveräner Gebieter – Leid und Freude [pain and pleasure] – gestellt. Es ist an ihnen allein aufzuzeigen, was wir tun sollen, wie auch zu bestimmen, was wir tun werden. Sowohl der Maßstab für Richtig und Falsch als auch die Kette der Ursachen und Wirkungen sind an ihrem Thron festgemacht. Sie beherrschen uns in allem, was wir tun, was wir sagen, was wir denken: jegliche Anstrengung, die wir auf uns nehmen können, um unser Joch von uns zu schütteln, wird lediglich dazu dienen, es zu beweisen und zu bestätigen. Jemand mag zwar mit Worten vorgeben, ihre Herrschaft zu leugnen, aber in Wirklichkeit wird er ihnen ständig unterworfen bleiben. Das Prinzip der Nützlichkeit erkennt dieses Joch an und übernimmt es für die Grundlegung jenes Systems, dessen Ziel [object] es ist, das Gebäude der Glückseligkeit durch Vernunft und Recht zu errichten. […]

Das Prinzip der Nützlichkeit ist die Grundlage des vorliegenden Werkes; es wird daher zweckmäßig sein, mit einer ausdrücklichen und bestimmten Erklärung dessen zu beginnen, was mit ihm gemeint ist. Unter dem Prinzip der Nützlichkeit ist jenes Prinzip zu verstehen, das schlechthin jede Handlung in dem Maß billigt oder missbilligt, wie ihr die Tendenz innezuwohnen scheint, das Glück der Gruppe, deren Interesse in Frage steht, zu vermehren oder zu vermindern. Ich sagte: schlechthin jede Handlung, also nicht nur jede Handlung einer Privatperson, sondern auch jede Maßnahme der Regierung.

Unter Nützlichkeit ist jene Eigenschaft an einem Objekt zu verstehen, durch die es dazu neigt, Gewinn, Vorteil, Freude, Gutes oder Glück hervorzubringen […] oder […] die Gruppe, deren Interesse erwogen wird, vor Unheil, Leid, Bösem oder Unglück zu bewahren; sofern es sich bei dieser Gruppe um die Gemeinschaft im Allgemeinen handelt, geht es um das Glück der Gemeinschaft; sofern es sich um ein bestimmtes Individuum handelt, geht es um das Glück dieses Individuums.

„Das Interesse der Gemeinschaft" ist einer der allgemeinsten Ausdrücke, die in den Redeweisen der Moral vorkommen können; kein Wunder, dass sein Sinn oft verloren geht. Wenn er einen Sinn hat, dann diesen: Die Gemeinschaft ist ein fiktiver Körper [fictitious body], der sich aus den Einzelpersonen zusammensetzt, von denen man annimmt, dass sie sozusagen seine Glieder bilden. Was also ist das Interesse der Gemeinschaft? – Die Summe der Interessen der verschiedenen Glieder, aus denen sie sich zusammensetzt.

Es hat keinen Sinn, vom Interesse der Gemeinschaft zu sprechen, ohne zu wissen, was das Interesse des Individuums ist. Man sagt von einer Sache, sie sei dem Interesse förderlich […], wenn sie dazu neigt, zur Gesamtsumme seiner Freuden beizutragen: oder – was auf das Gleiche hinausläuft – die Gesamtsumme seiner Leiden zu vermindern. Man kann also von einer Handlung sagen, sie entspreche dem Prinzip der Nützlichkeit […], wenn die ihr innewohnende Tendenz, das Glück der Gemeinschaft zu vermehren, größer ist als irgendeine andere ihr innewohnende Tendenz, es zu vermindern.

Bentham, Jeremy: Eine Einführung in die Prinzipien der Moral und der Gesetzgebung (1789, „Introduction to the Principles of Morals and Legislation"). In: Höffe, Otfried (Hrsg.): Einführung in die utilitaristische Ethik. Tübingen ²1992, S. 55 ff.

■ AUFGABEN:

1. Wie begründet Bentham das „Prinzip der Nützlichkeit"?
2. Sind „Leid" und „Freude" souveräne Beherrscher der Menschheit?
3. Was spricht dafür, dass „Leid" und „Freude" die einzigen „Maßstäbe für Richtig und Falsch" sind, was dagegen?
4. Halten Sie das Prinzip der Nützlichkeit für geeignet, ein gedeihliches Zusammenleben der Menschen zu ermöglichen?
5. Inwiefern könnte der größtmögliche Nutzen für eine maximale Anzahl von Menschen im eigenen Interesse liegen?
6. Vergleichen Sie Benthams Konzeption mit Kants moralphilosophischem Ansatz (E4)! Könnte ein „guter Wille" von „Leid und Freude" bestimmt sein? Ist „Nützlichkeit" ein Charakteristikum des „kategorischen Imperativs" (E12)?

b) Otfried Höffe: Die vier Teilprinzipien des Utilitarismus

[D]er Utilitarismus rekonstruiert die moralisch richtige Handlung als Resultat einer rationalen Wahl zwischen alternativen Möglichkeiten. Dabei besteht sein Kriterium der Rationalität aus vier Elementen oder Teilkriterien bzw. Teilprinzipien:

1. Im Unterschied zur […] deontologischen [gr. deon = Pflicht] Ethik sollen Handlungen bzw. Handlungsregeln (Normen) nicht für sich selbst oder aus ihren Eigenschaften heraus als richtig oder falsch beurteilt

werden; ihre Richtigkeit bestimmt sich vielmehr von den Folgen her.
2. Gemessen werden die Folgen an ihrem Nutzen [lat. utilitas, daher die Bezeichnung Utilitarismus].
3. Entscheidend ist aber nicht der Nutzen für beliebige Ziele, Werte oder Zwecke, sondern der Nutzen für das, was in sich gut ist. Zwar kann die Begründung des in sich Guten eigenen philosophischen Überlegungen, denen einer ethischen Werttheorie, überlassen bleiben. So kann man als höchsten Wert etwa Vitalität, soziale Anerkennung, Schönheit, Erkenntnis oder eine Verbindung dieser und anderer Sinnbestimmungen auffassen; und diese Verschiedenheit benennt den Grund, warum der Utilitarismus keine homogene Position bleiben, sich vielmehr in eine große Theoriefamilie verzweigen wird. Sofern man jedoch Bentham und Mill als den klassischen Vertretern folgt, enthält der Utilitarismus selbst eine werttheoretische Position. Als höchster Wert gilt die Erfüllung der menschlichen Bedürfnisse und Interessen: das menschliche Glück; Ziel ist die maximale Bedürfnis- und Interessenbefriedigung bzw. die minimale Frustration. Deshalb gilt das als sittlich geboten, was am meisten Lust […] bereitet […] oder aber Unlust vermeidet […]. Genauer: Kriterium der Beurteilung der Folgen einer Handlung ist ihr Gratifikationswert: Das Maß an Lust, das die Handlung hervorruft, vermindert um das mit ihr verbundene Maß an Unlust.
4. Es kommt nicht auf den Gratifikationswert für den Handelnden allein an; das würde nur einen rationalen Egoismus begründen, dem der Utilitarismus deutlich widerspricht. Ausschlaggebend ist auch nicht das Wohlergehen bestimmter Gruppen, Klassen oder Schichten, sondern das aller von der Handlung Betroffenen. Der Utilitarismus ist eine normative Ethik im Sinne einer Sozialpragmatik; er verpflichtet das menschliche Handeln auf das allgemeine Wohlergehen und sucht diese Verpflichtung so weit wie möglich wissenschaftlich einzuholen.

Die vier Teilkriterien: Das Folgen- (Konsequenzen-) und das Nutzen-(Utilitäts-)Prinzip, das hedonistische und das universalistische Prinzip lassen sich in das eine utilitaristische Prinzip, das Prinzip der Nützlichkeit, zusammenfassen: „Diejenige Handlung bzw. Handlungsregel ist moralisch richtig, deren Folgen für das Wohlergehen aller Betroffenen optimal sind"; oder als (utilitaristische) Maxime formuliert: „Handle so, dass die Folgen deiner Handlung bzw. Handlungsregel für das Wohlergehen aller Betroffenen optimal sind."

Höffe, Otfried (Hrsg.): Einführung in die utilitaristische Ethik. Tübingen ²1992, S. 10f.

■ AUFGABEN:
1. Erläutern Sie anhand von Entscheidungssituationen die Prinzipien des Utilitarismus!
2. Wie würde der Utilitarist entscheiden?
    a) Darf man das Leben des eigenen Kindes auf Kosten anderer Menschenleben retten?
    b) Darf man in Notsituationen lügen?
    c) Ist es erlaubt, junge Menschen zu retten, wenn ältere sterben würden?
    d) Ist Masochismus sittlich verwerflich?
3. Wie unterscheiden sich Individual- und Sozialutilitarismus?
4. Charakterisieren Sie den Begriff Glück! Wie müsste ein „soziales Glück" definiert werden?
5. Setzen Sie sich kritisch mit der These auseinander, dass nur etwas, das dem Volke nütze, gut sei!
6. Halten Sie Entscheidungen, die auf der Grundlage eines Sozialutilitarismus getroffen werden, für rational? Worin besteht Ihrer Meinung nach „rationales Handeln"?
7. Vergleichen Sie den Utilitarismus mit Kants Pflichtethik! Welches ethische Konzept halten Sie für rationaler? Gibt es möglicherweise unterschiedliche Arten, Vernunft zu gebrauchen?
8. Ordnen Sie den Utilitarismus Max Webers Konzepten eines wert- oder zweckrationalen Handelns zu (E8)!
9. Versuchen Sie den Begriff „instrumentelle Vernunft" zu definieren und stellen Sie ihn in einen Zusammenhang mit dem Utilitarismus!

F22 Odo Marquard: Die Frage nach dem Sinn des Lebens

■ INFO zur Einführung:

Viele Philosophen haben es für unzulässig erklärt, den Begriff „Sinn" auch auf das menschliche Leben anzuwenden und vom Sinn des Lebens analog zum Sinn von Sätzen zu sprechen. Der skeptische Philosoph Marquard hingegen nimmt die Frage nach dem Lebenssinn ernst, aber er warnt uns, den Sinn und das Glück unseres Lebens unmittelbar zu intendieren, d. h. sie als solche anzustreben. Da das eine falsche Erwartung nährt, die nur unglücklich machen kann, ist sein Gedanke als eine „Diätetik", als eine Heilungsmaßnahme von falscher Sinnerwartung gedacht.

Der Sinn – und dieser Satz steht fest – ist stets der Unsinn, den man lässt. Diese Formulierung macht unter anderem geltend, dass Sinn etwas Indirektes ist; und so riskiere ich folgende sinndiätetische These: Jener Unsinn, den man – um des Sinnes willen – am meisten lassen muss, ist die direkte Sinnintention. – Sinn ist ein Deckname für Glück. [...]

Mit direkter Sinnintention meine ich ein Verhalten, das demjenigen gleicht, das Hegel – in anderem Zusammenhang – durch die kleine Geschichte illustriert hat von jenem Mann, der Obst wollte und darum Äpfel, Birnen, Pflaumen, Kirschen und Quitten verschmähte, denn er wollte nicht Äpfel, sondern Obst, und nicht Birnen, sondern Obst, und nicht Pflaumen, sondern Obst, und nicht Kirschen, sondern Obst, und nicht Quitten, sondern Obst: er wählte also den einzigen mit Sicherheit erfolgreichen Weg, gerade das nicht zu bekommen, was er doch wollte: nämlich Obst; denn Obst ist – jedenfalls für uns Menschen – nur in Gestalt von Äpfeln oder Birnen oder Pflaumen oder Kirschen oder Quitten zu haben. Ganz ähnlich ergeht es dem, der das Glück – pseudonymisiert zum Sinn – direkt intendiert; denn so einer will nicht lesen, sondern Sinn, nicht schreiben, sondern Sinn, nicht arbeiten, sondern Sinn, nicht faulenzen, sondern Sinn, nicht lieben, sondern Sinn, nicht helfen, sondern Sinn, nicht schlafen, sondern Sinn, nicht Pflichten erfüllen, sondern Sinn, nicht Neigungen folgen, sondern Sinn, und so fort: er will nicht Beruf, sondern Sinn, nicht Hobby, sondern Sinn, nicht Familie, sondern Sinn, nicht Alleinsein, sondern Sinn, nicht Staat, sondern Sinn, nicht Kunst, sondern Sinn, nicht Wirtschaft, sondern Sinn, nicht Wissenschaft, sondern Sinn, nicht Mitleid, sondern Sinn, und so fort. Auch er wählt den einzigen mit Sicherheit erfolgreichen Weg, gerade das nicht zu erreichen, was er doch will: nämlich Sinn; denn Sinn ist – jedenfalls für uns Menschen – stets nur auf dem Weg über Beruf, Familie, Einsamkeit, Staat, Kunst, Wirtschaft, Wissenschaft, Pflichten, Neigungen, Mitleid und so weiter zu erreichen, und ihn anders erreichen zu wollen ist Unsinn. *Kein Mensch ist unmittelbar zum Sinn: Menschen sind stets nur mittelbar zum Sinn:* auf dem Umweg über bestimmte Üblichkeiten und Pensen, die auch institutionalisierte Routinen sein können und sehr häufig institutionalisierte Routinen sind, und jedenfalls stets bestimmte, d. h. begrenzte Pensen, woraus [...] folgt, dass Sinn alias Glück mit Verzichtenkönnen zu tun hat, was die Stoiker wussten: wer nicht verzichten kann, wird nicht glücklich. Wer also Sinn nicht auf diesem Umweg über bestimmte Pensen, sondern wer Sinn direkt haben will, bekommt ihn nicht, jedenfalls nicht in dieser unserer menschlichen Welt. Er müsste also eine andere Welt wollen, die so gebaut ist, dass dort gelingt, was in unserer Welt nicht gelingen kann: die Lebenserfüllung durch direkte Sinnintention.

Marquard, Odo: Zur Diätetik der Sinnerwartung. In: Apologie des Zufälligen, Stuttgart 1986, S. 42 ff.

■ AUFGABEN:

1. Nennen Sie Handlungen, Verhaltensweisen und Situationen, die Sie sinnvoll finden, und versuchen Sie zu sagen, warum sie Ihnen als sinnvoll erscheinen!
2. Marquard nennt „Sinn" einen Decknamen oder ein Pseudonym für Glück. Können Sie dem zustimmen?
3. Wie verhalten sich die Begriffe Sinn und Zweck?
4. Was würde ein gläubiger Christ oder ein überzeugter Moslem zu Marquards These sagen?

F23 Friedrich Kambartel: Selbstverwirklichung und gutes Leben

Selbstverwirklichung heißt nun, so möchte ich […] vorschlagen, das eigene Leben aus eigenem (nämlich selbst einsichtig gefassten) Entschluss um seiner selbst willen führen zu können, sich selbst als eigenen, mit Kants Worten, „Zweck an sich selbst" begreifen zu können. Wenn wir beachten, dass unser Leben der Gesamtzusammenhang unserer Handlungen (und selbstverständlich ihrer Bedingungen und darin dessen, was uns auch lediglich widerfährt) ist, so können wir zusammenfassend sagen:
Wir verwirklichen uns in denjenigen unserer Handlungen, die wir aus „eigenem", nämlich auf unser Leben einsichtig bezogenem Entschluss, um ihrer selbst willen tun.
Abgeleitet können wir dann wohl auch dort von Selbstverwirklichung sprechen, wo jemandem Weisheit *widerfährt*, d. h. ein Leben auch ohne explizite argumentative Einsicht als gutes Leben geführt wird, d. h. für unser Verständnis so geführt wird, als sei es einsichtig um seiner selbst willen gewählt worden.
Dass wir uns selbst in einsichtiger Weise Zweck sind, drücken wir mit Kant und der Tradition, der er folgt, auch so aus: Wir führen unser Leben als *Personen*.
Wer sein Leben als Selbstverwirklichung, personal und nicht lediglich zweckrational also, begreift und damit zu sich selbst kommen will, erkennt zugleich, dass er dazu des Beistandes derjenigen bedarf, die in derselben Lage sind. Selbstverfehlung nimmt etwa die Formen bloßer Regelbefolgung und leerlaufender Zweckrationalität an. Solche Lebensverhältnisse, wie die damit verbundenen Illusionen, sind vom *Handlungszusammenhang* der Individuen abhängig. Daher lässt sich ihre Aufhebung nicht *einsam* zustande bringen. Insbesondere aus dem Sumpf der Selbsttäuschung und der daraus resultierenden Selbstverfehlung kann man sich nicht am eigenen Schopfe ziehen. Wie wir jederzeit erfahren können, sind auch die Bedingungen und der materiale Inhalt des guten Lebens nicht je individuell gewinnbar. Die wesentlichen Selbstzwecke bestehen in gemeinschaftlichen Tätigkeiten und bedürfen für ihre Erreichung der produktiven Mitwirkung anderer. Dies alles bedeutet, dass das gute Leben nur als ein gemeinsam verfolgtes Lebensziel aller derjenigen, die in einem Handlungszusammenhang stehen, möglich wird. Insofern dieser Handlungszusammenhang inzwischen die ganze Menschheit umfasst, ist *das gute Leben ein Menschheitsprojekt* geworden. Sich selbst als Person angemessen begreifen und verwirklichen zu wollen, heißt daher, sein Leben im Ganzen auf die gegenseitige praktische Anerkennung *aller* als Personen hin zu orientieren.
Um in einem wesentlichen, praktischen Sinne zu uns selbst zu gelangen, müssen wir also unsere (individuelle) Subjektivität und Selbstbefangenheit überwinden. Ich möchte diese Einsicht das *vernünftige Begreifen* des guten Lebens und ein Leben aus dieser Einsicht *vernünftiges Leben* nennen. Das bedeutet dann:
Im vernünftigen Leben begreifen wir unsere Verwirklichung als gemeinsamen Selbstzweck unseres Handelns. Kurz: Das vernünftige Leben ist das gemeinsame gute Leben. Im vernünftigen Leben erkennen sich die Beteiligten gegenseitig praktisch als Personen an.

Kambartel, Friedrich: Philosophie der humanen Welt. Abhandlungen. Frankfurt/M. 1989, S. 23 ff.

■ AUFGABEN:

1. Ein „zweckrationales" Handeln ist dasjenige, das die geeignetsten Mittel für vorgegebene Zwecke benutzt (vgl. E8). Wollte der Autor dies generell diskreditieren?
2. Leuchtet der Zusammenhang von Selbstverwirklichung und Sozialbeziehung ein? Können Sie erläutern, dass die „wesentlichen Selbstzwecke in gemeinschaftlichen Tätigkeiten" bestehen?
3. Inwieweit stehen wir in einem „Handlungszusammenhang", der die ganze Menschheit umfasst?

Siehe zu diesem Text auch besonders das Kapitel 10!

F24 Das Parlament der Weltreligionen: Prinzipien eines Weltethos

■ INFO zur Einführung:
Der Council des Parlaments der Weltreligionen hat 1993 in Chicago eine Erklärung zu einem „Weltethos", zu einer universalen Ethik ausgearbeitet. Daran war maßgeblich der deutsche Theologe Hans Küng beteiligt. Wie man schon früher ethische Normen durch den Aufweis zu begründen suchte, dass alle Völker ihnen zustimmen (durch den consensus gentium), so versuchte Küng mit vielen anderen, einen Konsens der Religionen im Hinblick auf die aktuellen Weltprobleme aufzuweisen und zu festigen.

Unsere Welt geht durch eine fundamentale Krise: eine Krise der Weltwirtschaft, der Weltökologie, der Weltpolitik. Überall beklagt man die Abwesenheit einer großen Vision, den erschreckenden Stau ungelöster Probleme, die politische Lähmung, nur mittelmäßige politische Führung ohne viel Einsicht und Voraussicht und allgemein zu wenig Sinn für das Gemeinwohl. Zu viele alte Antworten auf neue Herausforderungen.
Hunderte Millionen von Menschen auf unserem Planeten leiden zunehmend unter Arbeitslosigkeit, Armut, Hunger und Zerstörung der Familien. Die Hoffnung auf dauerhaften Frieden unter den Völkern schwindet wieder. Spannungen zwischen den Geschlechtern und Generationen haben ein beängstigendes Ausmaß erreicht. Kinder sterben, töten und werden getötet. Immer mehr Staaten werden durch Korruptionsaffären in Politik und Wirtschaft erschüttert. Das friedliche Zusammenleben in unseren Städten wird immer schwieriger durch soziale, rassische und ethnische Konflikte, durch Drogenmissbrauch, organisiertes Verbrechen, ja Anarchie. Selbst Nachbarn leben oft in Angst. Unser Planet wird nach wie vor rücksichtslos ausgeplündert. Ein Zusammenbruch der Ökosysteme droht.
Immer wieder neu beobachten wir, wie an nicht wenigen Orten dieser Welt Führer und Anhänger von **Religionen** Aggression, Fanatismus, Hass und Fremdenfeindlichkeit schüren, ja sogar gewaltsame und blutige Auseinandersetzungen inspirieren und legitimieren. Religion wird oft für rein machtpolitische Zwecke bis hin zum Krieg missbraucht. Das erfüllt uns mit Abscheu.
Wir verurteilen all diese Entwicklungen und erklären, dass dies nicht sein muss. Es existiert bereits ein Ethos, das diesen verhängnisvollen globalen Entwicklungen entgegenzusteuern vermag. Dieses Ethos bietet zwar keine direkten Lösungen für all die immensen Weltprobleme, wohl aber die moralische Grundlage für eine bessere individuelle und globale Ordnung: eine Vision, welche Frauen und Männer von der Verzweiflung und der Gewaltbereitschaft und die Gesellschaften weg vom Chaos zu führen vermag.
Wir sind Männer und Frauen, welche sich zu den Geboten und Praktiken der Religionen der Welt bekennen. Wir bekräftigen, dass es bereits einen Konsens unter den Religionen gibt, der die Grundlage für ein Weltethos bilden kann: einen minimalen **Grundkonsens** bezüglich verbindender Werte, unverrückbarer Maßstäbe und moralischer **Grundhaltungen.** […]
Wir, Männer und Frauen aus verschiedenen Religionen und Regionen dieser Erde, wenden uns deshalb an alle Menschen, religiöse und nichtreligiöse. Wir wollen unserer gemeinsamen Überzeugung Ausdruck verleihen:

- Wir alle haben eine Verantwortung für **eine bessere Weltordnung.**
- Unser Einsatz für die Menschenrechte, für Freiheit, Gerechtigkeit, Frieden und die Bewahrung der Erde ist unbedingt geboten.
- Unsere sehr verschiedenen religiösen und kulturellen Traditionen dürfen uns nicht hindern, uns gemeinsam aktiv einzusetzen gegen alle Formen der Unmenschlichkeit und für mehr Menschlichkeit.
- Die in dieser Erklärung ausgesprochenen Prinzipien können von allen Menschen mit ethischen Überzeugungen, religiös begründet oder nicht, mitgetragen werden.
- Wir aber **als religiöse und spirituell orientierte Menschen,** die ihr Leben auf eine Letzte Wirklichkeit gründen und aus ihr in Vertrauen, in Gebet oder Meditation, in Wort oder Schweigen spirituelle Kraft und Hoffnung schöpfen, haben eine ganz besondere Verpflichtung für das Wohl der gesamten Menschheit und die Sorge um den Planeten Erde. Wir halten uns nicht für besser als andere Menschen, aber wir vertrau-

en darauf, dass uns die uralte Weisheit unserer Religionen Wege auch für die Zukunft zu weisen vermag.

Nach zwei Weltkriegen und dem Ende des kalten Krieges, nach dem Zusammenbruch von Faschismus und Nazismus und der Erschütterung von Kommunismus und Kolonialismus ist die Menschheit in eine neue Phase ihrer Geschichte eingetreten. Die Menschheit besäße heute genügend ökonomische, kulturelle und geistige Ressourcen, um eine bessere Weltordnung heraufzuführen. Doch alte und neue ethnische, nationale, soziale, wirtschaftliche und religiöse Spannungen bedrohen den friedlichen Aufbau einer besseren Welt. Unsere Zeit erlebte zwar größere wissenschaftliche und technische Fortschritte denn je. Und doch stehen wir vor der Tatsache, dass weltweit Armut, Hunger, Kindersterben, Arbeitslosigkeit, Verelendung und Naturzerstörung nicht geringer geworden sind, ja zugenommen haben. Vielen Völkern droht der wirtschaftliche Ruin, die soziale Demontage, die politische Marginalisierung, die ökologische Katastrophe, der nationale Zusammenbruch.

In einer solch dramatischen Weltlage braucht die Menschheit nicht nur politische Programme und Aktionen. Sie bedarf einer **Vision des friedlichen Zusammenlebens** der Völker, der ethnischen und ethischen Gruppierungen und der Religionen in gemeinsamer Verantwortung für unseren Planeten Erde. Eine Vision beruht auf Hoffnungen, auf Zielen, Idealen, Maßstäben. Diese aber sind vielen Menschen überall auf der Welt abhanden gekommen. Und doch sind wir davon überzeugt: Gerade die Religionen tragen trotz ihres Missbrauchs und häufigen historischen Versagens die Verantwortung dafür, dass solche Hoffnungen, Ziele, Ideale und Maßstäbe wachgehalten, begründet und gelebt werden können. Das gilt insbesondere für moderne Staatswesen: Garantien für Gewissens- und Religionsfreiheit sind notwendig, aber sie ersetzen nicht verbindende Werte, Überzeugungen und Normen, die für alle Menschen gelten, gleich welcher sozialen Herkunft, welchen Geschlechts, welcher Hautfarbe, Sprache oder Religion.

Wir sind überzeugt von der fundamentalen Einheit der menschlichen Familie auf unserem Planeten Erde. Wir rufen deshalb die Allgemeine Menschenrechtserklärung der Vereinten Nationen von 1948 in Erinnerung. Was sie auf der Ebene des **Rechts** feierlich proklamierte, das wollen wir hier vom **Ethos** her bestätigen und vertiefen: die volle Realisierung der Unverfügbarkeit der menschlichen Person, der unveräußerlichen Freiheit, der prinzipiellen Gleichheit aller Menschen und der notwendigen Solidarität und gegenseitigen Abhängigkeit aller Menschen voneinander.

Aufgrund von persönlichen Lebenserfahrungen und der notvollen Geschichte unseres Planeten haben wir gelernt,

- dass mit Gesetzen, Verordnungen und Konventionen allein eine bessere Weltordnung nicht geschaffen oder gar erzwungen werden kann;
- dass die Verwirklichung von Frieden, Gerechtigkeit und Bewahrung der Erde abhängt von der Einsicht und Bereitschaft der Menschen, dem Recht Geltung zu verschaffen;
- dass der Einsatz für Recht und Freiheit ein Bewusstsein für Verantwortung und Pflichten voraussetzt und deshalb Kopf und Herz der Menschen angesprochen werden müssen;
- dass das Recht ohne Sittlichkeit auf Dauer keinen Bestand hat und dass es deshalb **keine neue Weltordnung geben wird ohne ein Weltethos.**

Mit **Weltethos** meinen wir keine neue Weltideologie, auch **keine einheitliche Weltreligion** jenseits aller bestehenden Religionen, erst recht nicht die Herrschaft einer Religion über alle anderen. Mit Weltethos meinen wir einen **Grundkonsens bezüglich bestehender verbindender Werte, unverrückbarer Maßstäbe und persönlicher Grundhaltungen.** Ohne einen Grundkonsens im Ethos droht jeder Gemeinschaft früher oder später das Chaos oder eine Diktatur, und einzelne Menschen werden verzweifeln.

Erklärung zum Weltethos. Die Deklaration des Parlamentes der Weltreligionen, hg. von H. Küng und K.-J. Kuschel, München, Zürich 1993, S. 19ff.

■ AUFGABEN:
1. Inwiefern benötigt die Menschheit ein neues Weltethos?
2. Vergleichen Sie Ihre politischen und gesellschaftlichen Erfahrungen mit Küngs Ausführungen! Sind seine Hoffnungen, die er in die Religionen setzt, realistisch oder nicht?
3. Nehmen wir an, die Religionen würden – was Karl Marx prognostizierte – absterben, wäre eine bessere Welt dann leichter möglich?

7 Warum brauchen wir einen Staat?

G1 Aristoteles: Die natürliche Existenz des Staates

■ INFO zur Einführung:

Die „Politik" des Aristoteles (384–322 v. Chr.) ist ein Teil der praktischen Philosophie. Sie ergründet die Formen und Bedingungen, Regeln und Normen des Handelns mit dem Ziel, festzustellen, was für den Menschen das Gute ist. Dieses Gute für den Menschen bestehe im glücklichen, sinnerfüllten Leben, so dass sich die praktische Philosophie auf das Problem der Glückseligkeit zu konzentrieren habe. Zu diesem Zweck untersucht Aristoteles Handlungsmöglichkeiten und Lebensformen unter den gegebenen historischen Bedingungen.

Aristoteles begreift den Menschen einerseits als ein sprach- und vernunftbegabtes Lebewesen *(zoon logon echon)* anderseits als ein politisches Lebewesen *(zoon politikon)*, das seinen Sinn und sein Ziel *(telos)* nicht in sich selbst, sondern ausschließlich im Austausch und in der Kooperation mit anderen Menschen finde. Ein sinnerfülltes Leben setze ein Zusammenwirken der Menschen voraus.

Da jeder Staat uns als eine Gemeinschaft entgegentritt und jede Gemeinschaft als eine menschliche Einrichtung, die ein bestimmtes Gut verfolgt – denn um dessentwillen, was ihnen ein Gut zu sein scheint, tun alle alles –, so erhellt, dass zwar alle Gemeinschaften nach irgendeinem Gute streben, vorzugsweise aber und nach dem allervornehmsten Gute diejenige, die die vornehmste von allen ist und alle anderen in sich schließt. Das ist aber der sogenannte Staat und die staatliche Gemeinschaft. [...]

Die beste Anwendung dieses Verfahrens ist, wie bei anderen Gegenständen so auch hier, dass man die Dinge betrachtet, so wie sie ursprünglich entstehen und sich entwickeln. Es ist also notwendig, dass sich zuerst diejenigen Individuen verbinden, die ohne einander nicht sein können, also einmal Weibliches und Männliches der Fortpflanzung wegen – und zwar nicht aus Willkür, sondern nach dem auch den anderen Sinnenwesen und den Pflanzen innewohnenden Triebe, ein anderes, ihnen gleiches Wesen zu hinterlassen –, dann zweitens von Natur Herrschendes und Beherrschtes der Erhaltung wegen. [...]

Aus diesen beiden Gemeinschaften nun entsteht zuerst das Haus [...]. So ist denn die für das tägliche Zusammenleben bestehende natürliche Gemeinschaft das Haus oder die Familie [...]. Dagegen ist die erste Gemeinschaft, die aus mehreren Familien um eines über den Tag hin ausreichenden Bedürfnisses willen entsteht, die Dorfgemeinde. Sie wird am natürlichsten als eine Kolonie, eine Pflanzung der Familie betrachtet, und ihre Glieder werden hin und wieder Milchvettern und Kindeskinder genannt. Daher standen auch zuerst die Staaten und stehen jetzt noch die ausländischen Völker unter Königen, weil sie sich gleichsam aus Untergebenen von Königen gebildet haben, indem jede Familie von dem Ältesten wie von einem Könige beherrscht wird und so dann wegen der gemeinsamen Abstammung die gleiche Einrichtung für die ganze Sippe bestehen musste. [...]

Endlich ist die aus mehreren Dorfgemeinden gebildete vollkommene Gesellschaft der Staat, eine Gemeinschaft, die gleichsam das Ziel vollendeter Selbstgenügsamkeit erreicht hat, die um des Lebens willen entstanden ist und um des vollkommenen Lebens willen besteht. Darum ist alles staatliche Gemeinwesen von Natur, wenn anders das gleiche von den ersten und ursprünglichen menschlichen Vereinen gilt. Denn der Staat verhält sich zu ihnen wie das Ziel, nach dem sie streben; das ist aber eben die Natur. Denn die Beschaffenheit, die ein jedes Ding beim Abschluss seiner Entstehung hat, nennen wir die Natur des betreffenden Dinges, sei es nun ein Mensch oder ein Pferd oder ein Haus oder was sonst immer. Auch ist der Zweck und das Ziel das Beste; nun ist aber das Selbstgenügen Ziel und Bestes. Hieraus erhellt also, dass der Staat zu den von Natur bestehenden Dingen gehört und der Mensch von Natur ein staatliches Wesen ist, und dass jemand, der von Natur und nicht bloß zufällig außerhalb des Staates lebt, entweder schlecht ist oder besser als ein Mensch, wie auch der von Homer als ein Mann „ohne Geschlecht und Gesetz und Herd" gebrandmarkte. Denn er ist gleichzeitig von Natur ein solcher (staatsloser Mensch) und „nach dem Kriege begierig", indem er isoliert dasteht wie ein Stein im Brett. Dass aber der Mensch mehr noch als jede Biene und jedes schwarm- oder herdenweise lebende Tier ein Vereinswesen ist, ist offensichtlich. Die Natur macht, wie wir sagen, nichts vergeblich. Nun ist aber einzig der Mensch unter allen animalischen Wesen mit der Sprache begabt. Die Stimme ist das Zeichen für Schmerz und Lust und darum auch den anderen Sinneswesen verliehen, indem ihre Natur so weit gelangt ist, dass sie Schmerz und Lust empfinden und beides einander zu erkennen geben. Das Wort aber oder die Sprache ist dafür da, das Nützliche und das Schädliche und so denn auch das Gerechte und das Ungerechte anzuzeigen. Denn das ist den Menschen vor den anderen Lebewesen eigen, dass sie Sinn haben für Gut und Böse, für Gerecht und Ungerecht und was dem ähnlich ist. Die Gemeinschaftlichkeit dieser Ideen aber begründet die Familie und den Staat. Darum ist denn auch der Staat der Natur nach früher als die Familie und als der einzelne Mensch, weil das Ganze früher sein muss als der Teil. Hebt man das ganze menschliche Kompositum auf, so kann es keinen Fuß und keine Hand mehr geben, außer nur dem Namen nach, wie man etwa auch eine steinerne Hand nennt; denn nach dem Tode ist sie nur mehr eine solche. Ein jedes Ding dankt nämlich die eigentümliche Bestimmtheit seiner Art den besonderen Verrichtungen und Vermögen, die es hat, und kann darum, wenn es nicht mehr die betreffende Beschaffenheit hat, auch nicht mehr als dasselbe Ding bezeichnet werden, es sei denn im Sinne bloßer Namensgleichheit. Man sieht also, dass der Staat sowohl von Natur besteht, wie auch früher ist als der Einzelne.

Aristoteles: Politik, hg. von H. Flashar. Berlin 1965, S. 5 ff.

■ AUFGABEN:
1. Wie erklärt Aristoteles den Ursprung, die Aufgaben und die Ziele eines Staates?
2. Inwiefern besteht der Staat von Natur aus?
3. Wie denkt sich Aristoteles das Verhältnis von Individuum und Staat?
4. Sehen Sie auch in unserer Gesellschaft Beweise dafür, dass der Mensch die Gemeinschaft sucht und braucht? Zeigen sich auch andere Tendenzen?

G2 Thomas Hobbes: Der Vernunftursprung des Staates

■ INFO zur Einführung:

Der englische Philosoph Thomas Hobbes (1588–1679) lebte in einer Zeit politischer Krisen und Glaubenskämpfe, die ihren Höhepunkt im Bürgerkrieg zwischen 1642 und 1649 fanden. Ausgehend von der Annahme, dass die Menschen von Natur aus mit gleichen Fähigkeiten, Leidenschaften und Bedürfnissen (Konkurrenz, Misstrauen, Ruhmsucht) ausgestattet seien, die zwangsläufig zu einem allgemeinen Kriegszustand führten, stelle sich die Frage nach der Möglichkeit eines Zustandes, in dem der einzelne Mensch nicht um sein Leben fürchten müsse. Den Frieden zu suchen, sei demnach der bedeutendste Grundsatz der Vernunft, der zur Gründung des Staatswesens führe.

a) Naturzustand, -recht und -gesetz des Menschen

Die meisten, welche über den Staat geschrieben haben, setzen voraus […], dass der Mensch von Natur ein zur Gesellschaft geeignetes Wesen sei, also das, was die Griechen zoon politikon nennen. Auf dieser Grundlage errichten sie ihre Lehre von der bürgerlichen Gesellschaft, als ob zur Erhaltung des Friedens […] nichts weiter nötig wäre, als dass die Menschen sich einigten, gewisse Verträge und Bedingungen festzusetzen, die sie selbst dann Gesetze nennen. Dieses Axiom ist jedoch trotz

His nititur Orbis (Die Welt stützt sich auf diese).
Das Bild zeigt Buch und Schwert auf einer Weltkugel. Im Epigramm wird die Obrigkeit ermahnt, Gesetz und Schwert zum Wohle der Bürger zu gebrauchen, Recht und Ordnung mit Verstand zu handhaben.

His nititur orbis.
Die Gsetz vnd Ordnung sind gebn/
Daß jederman darnach soll lebn/
Die Obrigkeit das Schwert drumb führt/
Daß sie d' Bösen strafft/ wie sich gbürt.
Mit Verstand das Gesetz vnd Schwert
Im zaum halte die gantze Erd.

der weitverbreiteten Geltung [...] ein Irrtum, der aus einer allzu oberflächlichen Betrachtung der menschlichen Natur herrührt. Denn untersucht man genauer die Gründe, warum die Menschen zusammenkommen und sich gegenseitig an ihrer Gesellschaft erfreuen, so findet man leicht, dass dies nur zufälligerweise, aber nicht naturnotwendig geschieht. Denn wenn die Menschen einander von Natur [...] liebten, wäre es unerklärlich, weshalb nicht jeder einen jeden in gleicher Weise liebte, da sie ja alle in gleicher Weise Menschen sind; oder weshalb der Mensch lieber die Gesellschaft derer aufsucht, die ihm mehr als den übrigen Ehre und Vorteil erweisen. Der Mensch sucht von Natur keine Gesellschaft um der Gesellschaft willen, sondern um von ihr Ehre und Vorteil zu erlangen [...]. So lehrt also die Erfahrung jeden, [...] dass die Menschen aus freien Stücken nur zusammenkommen, weil die gemeinsamen Bedürfnisse oder die Ehrsucht sie dazu treiben; sie wollen von ihrer Verbindung nur irgendeinen Vorteil oder [...] die Achtung und die Ehre bei den Genossen erlangen. [...] Der Grund der gegenseitigen Furcht liegt teils in der natürlichen Gleichheit der Menschen, teils in ihrem Willen, sich gegenseitig Schaden zuzufügen; deshalb kann man weder von andern die geringste Sicherheit erwarten, noch vermag man sie sich selbst zu verschaffen. [...]

Nimmt man nun zu dieser natürlichen Neigung der Menschen, sich gegenseitig Schaden zuzufügen, eine Neigung, die aus ihren Leidenschaften, hauptsächlich aber aus ihrer eitlen Selbstüberschätzung hervorgeht, dies Recht hinzu: allen gehört alles, nach welchem der eine mit Recht angreift und der andere mit Recht Widerstand leistet, aus dem stetes Misstrauen und Verdacht nach allen Seiten hin hervorgeht, und erwägt man, wie schwer es ist, gegen Feinde, die mit der Absicht, uns zu unterdrücken und zu vernichten, uns angreifen, sich zu schützen, wenn sie auch in geringer Zahl und mit geringen Mitteln kommen: so kann man nicht leugnen, dass der natürliche Zustand der Menschen, bevor sie zu Gesellschaften zusammentraten, der Krieg schlechthin gewesen ist, und zwar der Krieg aller gegen alle. [...]
Indes können die Menschen, solange sie sich im Naturzustande, d. h. im Zustande des Krieges, befinden, wegen jener Gleichheit der Kräfte und der anderen menschlichen Vermögen nicht erwarten, sich dauernd zu erhalten. Deshalb ist es ein Gebot der rechten Vernunft, den Frieden zu suchen, sobald eine Hoffnung auf denselben sich zeigt, und solange er nicht zu haben ist, sich nach Hilfe für den Krieg umzusehen. Dies ist das Gesetz der Natur, wie gleich gezeigt werden wird.

Das erste und grundlegende Gesetz der Natur geht dahin, dass man den Frieden suche, soweit er zu haben ist; wo dies nicht möglich ist, soll man Hilfe für den Krieg suchen. […]

Hobbes, Thomas: Grundzüge der Philosophie. Zweiter und dritter Teil: Lehre vom Menschen und Bürger (1655), hg. von M. Frischeisen-Köhler. Leipzig 1918, S. 63 ff.

■ AUFGABEN:
1. Charakterisieren Sie den von Hobbes aufgezeigten Naturzustand des Menschen!
2. Was versteht Hobbes unter den im Textauszug genannten Begriffen „Recht" („Naturrecht") und „Gesetz der Natur" („Naturgesetz")!
3. „Das erste und grundlegende Gesetz der Natur geht dahin, dass man den Frieden suche, soweit er zu haben ist." Konkretisieren Sie das grundlegende Gesetz der Natur und suchen Sie nach Möglichkeiten, es anzuwenden!
4. Wie unterscheidet sich das Bild des Menschen, das Aristoteles und das Hobbes zeichnen? Welches scheint Ihnen zutreffender zu sein?

b) Der Staat als Garant des Friedens

Wenn somit zur Verwirklichung des Friedens die Befolgung der natürlichen Gesetze, und zu dieser Befolgung eine Sicherheit nötig ist, so fragt es sich, was eine solche Sicherheit gewähren könne. Hier erscheint nun kein anderes Mittel denkbar, als dass jeder sich die nötige Hilfe verschafft, damit der Überfall des einen über den andern so gefährlich werde, dass alle es für sicherer halten, die Gewalt zu unterlassen statt anzuwenden. Nun erhellt aber, dass das Übereinkommen von zweien oder dreien eine solche Sicherheit nicht gewähren kann; denn der andere braucht nur einen oder ein paar Menschen mehr zu nehmen, um zweifellos den Sieg zu gewinnen und jedenfalls den Mut zum Angriff sich zu stärken. Um also die Sicherheit, die man wünscht, zu erlangen, ist es nötig, dass die Zahl der zu gemeinsamem Beistand sich Verbindenden so groß sei, dass eine geringe Zahl Menschen mehr auf seiten des Feindes für die Erlangung des Sieges von keiner erheblichen Bedeutung für ihn ist. […]

Wenn […] die Übereinstimmung des Willens vieler zu demselben Zwecke nicht genügt, um den Frieden zu erhalten und eine dauernde Verteidigung zu ermöglichen, so muss für die zum Frieden und zur Selbstverteidigung notwendigen Mittel *ein* Wille in allen bestehen. Dies ist aber nur möglich, wenn die einzelnen ihren Willen dem Willen eines einzelnen, d. h. *eines* Menschen oder *einer* Versammlung, so unterordnen, dass dieser Wille für den Willen aller einzelnen gilt, soweit er etwas über das zum gemeinsamen Frieden Nötige bestimmt. Eine Versammlung nenne ich einen Zusammentritt mehrerer Menschen, welche über das, was zu dem gemeinen Besten zu tun oder zu unterlassen ist, beratschlagen.

Diese Unterwerfung des Willens aller unter den Willen *eines* Menschen oder *einer* Versammlung erfolgt dann, wenn jeder sich jedem der übrigen durch Vertrag verpflichtet, dem Willen dieses *einen*, dem er sich unterworfen hat, keinen Widerstand zu leisten; d. h., er verweigert jenem nicht den Gebrauch seiner Mittel und Kräfte gegen irgendwelche andere (wobei er sich aber natürlich ein Recht der Selbstverteidigung gegen Gewalt vorbehalten hat). Dies nennt man Union oder *Vereinigung*. Als Wille der Versammlung gilt der Wille der Mehrzahl der Personen, aus denen sie besteht. […]

Die so gebildete Vereinigung ist der Staat oder die bürgerliche Gesellschaft oder auch die bürgerliche Person. Denn da alle hier nur *einen* Willen haben, so gelten sie für *eine* Person, die durch diese Einheit sich erkennbar macht und sich von allen einzelnen Menschen unterscheidet, die ihre besondern Rechte und ihr besonderes Vermögen hat. Deshalb kann (mit Ausnahme desjenigen, dessen Wille für den Willen aller gilt) weder irgendein Bürger, noch können alle zusammen als der Staat gelten. Der Staat ist daher als *eine* Person zu definieren, deren Wille vermöge des Vertrages mehrerer Menschen als der Wille aller gilt, und der daher die Kräfte und Vermögen der einzelnen für den gemeinsamen Frieden und Schutz verwenden kann. […]

In jedem Staate gilt der Mensch oder die Versammlung, deren Willen die einzelnen ihren Willen (wie ich dargelegt habe) unterworfen haben, als der Inhaber der höchsten Gewalt oder der höchsten Herrschaft oder der Souveränität. Diese Macht und dieses Recht zu herrschen besteht darin, daß jeder einzelne Bürger all seine Kraft und Macht auf jenen Menschen oder jene Versammlung übertragen hat. Dies kann, weil niemand seine Kraft in wörtlichem Sinn auf andere übertragen kann, nur dadurch geschehen, dass jeder sein Recht des Widerstandes aufgegeben hat. Der einzelne Bürger sowie jede andere untergeordnete Rechtsperson heißt *Untertan* des Inhabers der Staatsgewalt.

Hobbes, Thomas: Grundzüge der Philosophie. Zweiter und dritter Teil: Lehre vom Menschen und Bürger (1655), hg. von M. Frischeisen-Köhler. Leipzig 1918, S. 130 ff.

■ AUFGABEN:
1. Zeichnen Sie die Entstehung und die Funktion des Staates nach!
2. Erläutern Sie, wer den Souverän bildet und welche Bedeutung er für den Staat hat!
3. Verstehen wir unseren Staat so, dass wir uns in ihm einem Einzelnen oder einer Versammlung unterworfen haben?
4. Was scheint Ihnen an Hobbes' Gedanken noch aktuell zu sein?

G3 Max Weber: Das staatliche Machtmonopol

■ INFO zur Einführung:
Während Hobbes mit einem Gedankenmodell die Entstehung und das Wesen des Staates zu bestimmen versuchte, zeigt der Soziologe Max Weber (1864–1920) das gemeinsame Merkmal aller modernen Staaten.

Was ist nun aber vom Standpunkt der soziologischen Betrachtung aus ein „politischer" Verband? Was ist: ein „Staat"? Auch er lässt sich soziologisch nicht definieren aus dem Inhalt dessen, was er tut. Es gibt fast keine Aufgabe, die nicht ein politischer Verband hier und da in die Hand genommen hätte, andererseits auch keine, von der man sagen könnte, dass sie jederzeit, vollends: dass sie immer *ausschließlich* denjenigen Verbänden, die man als politische, heute: als Staaten, bezeichnet, oder welche geschichtlich die Vorfahren des modernen Staates waren, eigen gewesen wäre. Man kann vielmehr den modernen Staat soziologisch letztlich nur definieren aus einem spezifischen *Mittel*, das ihm, wie jedem politischen Verband, eignet: der physischen Gewaltsamkeit. „Jeder Staat wird auf Gewalt gegründet", sagte seinerzeit Trotzky in Brest-Litowsk. Das ist in der Tat richtig. Wenn nur soziale Gebilde beständen, denen die Gewaltsamkeit als Mittel unbekannt wäre, *dann* würde der Begriff „Staat" fortgefallen sein, *dann* wäre eingetreten, was man in diesem besonderen Sinne des Wortes als „Anarchie" bezeichnen würde. Gewaltsamkeit ist natürlich nicht etwa das normale oder einzige Mittel des Staates: – davon ist keine Rede –, wohl aber: das ihm spezifische. Gerade heute ist die Beziehung des Staates zur Gewaltsamkeit besonders intim. In der Vergangenheit haben die verschiedensten Verbände – von der Sippe angefangen – physische Gewaltsamkeit als ganz normales Mittel gekannt. Heute dagegen werden wir sagen müssen: Staat ist diejenige menschliche Gemeinschaft, welche innerhalb eines bestimmten Gebietes – dies: das „Gebiet" gehört zum Merkmal – das *Monopol legitimer physischer Gewaltsamkeit* für sich (mit Erfolg) beansprucht. Denn das der Gegenwart Spezifische ist: dass man allen anderen Verbänden oder Einzelpersonen das Recht zur physischen Gewaltsamkeit nur so weit zuschreibt, als der *Staat* sie von ihrer Seite zulässt: er gilt als alleinige Quelle des „Rechts" auf Gewaltsamkeit.

Weber, Max: Politik als Beruf. Gesammelte Politische Schriften. München 1921, S. 396 f.

■ AUFGABEN:
1. Welche Vorteile hat das Gewaltmonopol des Staates, warum wohl hat sich das Prinzip durchgesetzt?
2. Ließe sich ein Staat auch ohne die Befugnis zu physischer Gewalt denken? Versuchen Sie, ihn sich vorzustellen!
3. Finden Sie heute überall das Prinzip des staatlichen Gewaltmonopols realisiert?
4. Erkennen Sie Parallelen zwischen Hobbes' und Webers Auffassungen?

G4 Jean-Jacques Rousseau: Volkssouveränität

■ INFO zur Einführung:

Die nachfolgenden Textauszüge des französischen Philosophen Jean-Jacques Rousseau (1712–1778) sind dem Werk „Du Contrat Social" („Vom Gesellschaftsvertrag", 1762) entnommen, in dem er die Notwendigkeit einer Staatsbildung auf der Grundlage eines allgemeinen Vertrages erläutert. Ausgangspunkt seines Ansatzes ist ein Naturzustand, in dem die Menschen gut, frei und gleich, vor allem aber materiell und gefühlsmäßig unabhängig voneinander waren. Der Naturzustand werde durch die Herausbildung von Ungleichheit getrübt, die nach und nach dadurch entstehe, dass die Menschen begönnen, sich Privateigentum aus den allen gleichermaßen zur Verfügung stehenden Ressourcen anzueignen. Unausweichliche Folgen dieses Prozesses seien Habgier, Herrschaft, Gewalt und Unterwerfung. Aus dem Dilemma von Eigentum, Obrigkeit und Willkür – dem Problem dauerhafter Ungleichheits- und Abhängigkeitsverhältnisse – könne nur ein Gesellschaftsvertrag herausführen, der auf einem idealen Gemeinschaftswillen der als frei und gleich zu begreifenden Menschen beruhe. Ziel des Gesellschaftsvertrages sei es nicht, den Naturzustand wiederherzustellen – dieser sei gänzlich verloren – sondern die natürliche Freiheit auf einer höheren Stufe als gesellschaftliche Freiheit zu etablieren.

Ich nehme an, dass sich die Menschen bis zu der Stufe emporgeschwungen haben, wo die Hindernisse, die ihrer Erhaltung in dem Naturzustand schädlich sind, durch ihren Widerstand die Oberhand über die Kräfte gewinnen, die jeder einzelne aufbieten muss, um sich in diesem Zustand zu behaupten. Dann kann dieser ursprüngliche Zustand nicht länger fortbestehen, und das menschliche Geschlecht müsste zugrunde gehen, wenn es die Art seines Daseins nicht änderte. Da nun die Menschen unfähig sind, neue Kräfte hervorzubringen, sondern lediglich die einmal vorhandenen zu vereinigen und zu lenken vermögen, so haben sie zu ihrer Erhaltung kein anderes Mittel, als durch Vereinigung eine Summe von Kräften zu bilden, die den Widerstand überwinden kann, und alle diese Kräfte durch eine einzige Triebkraft in Bewegung zu setzen und sie in Einklang wirken zu lassen. Eine solche Summe von Kräften kann nur durch das Zusammenwirken mehrerer entstehen. Da jedoch die Stärke und die Freiheit jedes Menschen die Hauptwerkzeuge seiner Erhaltung sind, wie kann er sie hergeben, ohne sich Schaden zu tun und die Sorgfalt zu versäumen, die er sich schuldig ist? Diese Schwierigkeit lässt sich, wenn man sie auf den Gegenstand meiner Betrachtung anwendet, in die Worte zusammenfassen: „Wie findet man eine Gesellschaftsform, die mit der ganzen gemeinsamen Kraft die Person und das Vermögen jedes Gesellschaftsgliedes verteidigt und schützt und kraft dessen jeder einzelne, obgleich er sich mit allen vereint, gleichwohl nur sich selbst gehorcht und so frei bleibt wie vorher?" Dies ist die Hauptfrage, deren Lösung der Gesellschaftsvertrag gibt.

Die Klauseln dieses Vertrages sind durch die Natur der Verhandlung so bestimmt, dass die geringste Abänderung sie nichtig und wirkungslos machen müsste. Die Folge davon ist, dass sie, wenn sie auch vielleicht nie ausdrücklich ausgesprochen wären, doch überall gleich, überall stillschweigend angenommen und anerkannt sind, bis nach Verletzung des Gesellschaftsvertrages jeder in seine ursprünglichen Rechte zurücktritt und seine natürliche Freiheit zurückerhält, während er zugleich die auf Übereinkommen beruhende Freiheit, für die er auf jene verzichtete, verliert. Alle diese Klauseln lassen sich, wenn man sie richtig auffasst, auf eine einzige zurückführen, nämlich auf das gänzliche Aufgehen jedes Gesellschaftsgliedes mit allen seinen Rechten in der Gesamtheit, denn indem sich jeder ganz hingibt, so ist das Verhältnis zunächst für alle gleich, und weil das Verhältnis für alle gleich ist, so hat niemand ein Interesse daran, es den anderen drückend zu machen. […]

Während sich endlich jeder allen übergibt, übergibt er sich damit niemandem, und da man über jeden Gesellschaftsgenossen das nämliche Recht erwirbt, das man ihm über sich gewährt, so gewinnt man für alles, was man verliert, Ersatz und mehr Kraft, das zu bewahren, was man hat. Scheidet man also vom Gesellschaftsvertrage alles aus, was nicht zu seinem Wesen gehört, so wird man sich überzeugen, dass er sich in folgende Worte zusammenfassen lässt: „Jeder von uns stellt gemeinschaftlich seine Person und seine ganze Kraft unter die oberste Leitung des allgemeinen Willens, und wir nehmen jedes Mitglied als untrennbaren Teil des Ganzen auf." An die Stelle der einzelnen Person jedes Vertragabschließers setzt solcher Gesellschaftsvertrag sofort einen geistigen Gesamtkörper, dessen Mitglieder aus sämtlichen Stimmabgebenden bestehen, und der durch ebendiesen Akt seine Einheit, sein gemeinsames Ich, sein Leben und seinen Willen erhält. […] Im passiven Zustand wird er von seinen Mitgliedern Staat, im aktiven Zustand Oberhaupt, im Vergleich mit anderen seiner Art, Macht genannt. Die Gesellschaftsgenossen führen als Gesamtheit den Namen Volk und nennen sich einzeln als Teilhaber der höchsten Gewalt Staatsbürger und im Hinblick auf den Gehorsam, den sie den Staatsgesetzen schuldig sind, Untertanen.

Rousseau, Jean-Jacques: Der Gesellschaftsvertrag oder die Grundsätze des Staatsrechtes (Du contrat social ou Principes du droit politique, 1754), übers. von H. Denhardt, Leipzig 1880. S. 44 ff.

■ AUFGABEN:
1. Was ist Rousseau zufolge ein Gesellschaftsvertrag? Wie kommt es zu einem Abschluss dieses Vertrags? Ist er notwendig für das Zusammenleben der Menschen?
2. Bildet der „allgemeine Wille" die Summe aller Einzelwillen? Was versteht Rousseau unter einem „geistigen Gesamtkörper"?
3. Wie verhalten sich in diesem Modell Staat und Freiheit?
4. Welches Menschenbild legt Rousseau seiner Staatskonzeption zugrunde?
5. Wer ist bei Hobbes (G2) und wer bei Rousseau der Souverän, der Inhaber der obersten Gewalt?

G5 Montesquieu: Die Funktion der Gewaltenteilung

■ INFO zur Einführung:

Als ein wichtiges Prinzip des modernen Staates gilt die sog. Gewaltenteilung. Als erster hat der Philosoph und gelehrte Jurist Montesquieu (1689–1755) gesagt, es gebe in jedem Staat drei Gewalten, nämlich die gesetzgebende Gewalt (die Legislative), die richterliche Gewalt (die Judikative) und die ausführende Gewalt (die Exekutive), und diese drei dürften nicht in einer Hand liegen. An diesem Gedanken hat man festgehalten. Die Legislative ist in unserem Staat Sache der Parlamente (Bundestag und Bundesrat), die Judikative liegt bei den Gerichten und die Exekutive bei der Regierung und der öffentlichen Verwaltung. Zu ihr gehören auch Staatsanwaltschaft und Polizei. Montesquieu skizzierte seinen Gedanken wie folgt:

Die politische Freiheit des Bürgers ist jene Ruhe des Gemüts, die aus dem Vertrauen erwächst, das ein jeder zu seiner Sicherheit hat. Damit man diese Freiheit hat, muss die Regierung so eingerichtet sein, dass ein Bürger den anderen nicht zu fürchten braucht.
Wenn in derselben Person oder der gleichen obrigkeitlichen Körperschaft die gesetzgebende Gewalt mit der vollziehenden vereinigt ist, gibt es keine Freiheit; denn es steht zu befürchten, dass derselbe Monarch oder derselbe Senat tyrannische Gesetze macht, um sie tyrannisch zu vollziehen.
Es gibt ferner keine Freiheit, wenn die richterliche Gewalt nicht von der gesetzgebenden und vollziehenden getrennt ist. Ist sie mit der gesetzgebenden Gewalt verbunden, so wäre die Macht über Leben und Freiheit der Bürger willkürlich, weil der Richter Gesetzgeber wäre. Wäre sie mit der vollziehenden Gewalt verknüpft, so würde der Richter die Macht eines Unterdrückers haben.
Alles wäre verloren, wenn derselbe Mensch oder die gleiche Körperschaft der Großen, des Adels oder des Volkes diese drei Gewalten ausüben würde: die Macht, Gesetze zu geben, die öffentlichen Beschlüsse zu vollstrecken und die Verbrechen oder die Streitsachen der einzelnen zu richten. […]
Da in einem freien Staate jeder, dem man einen freien Willen zuerkennt, durch sich selbst regiert sein sollte, so müsste das Volk als Ganzes die gesetzgebende Gewalt haben. Das aber ist in den großen Staaten unmöglich, in

den kleinen mit vielen Misshelligkeiten verbunden. Deshalb ist es nötig, dass das Volk durch seine Repräsentanten das tun lässt, was es nicht selbst tun kann.

Montesquieu: Vom Geist der Gesetze. In neuer Übertr. eingel. und hg. von E. Forsthoff. Tübingen 1951, Bd. 1, S. 215.

■ AUFGABEN:
1. Erläutern Sie, warum die Gewaltenteilung der Freiheit dient!
2. Kennen Sie Staaten oder Gesellschaften, in denen es keine Trennung jener drei Gewalten gibt oder gab? Warum hat man sie dort wohl nicht eingeführt oder umgangen?
3. Wodurch könnte die Trennung gefährdet sein?
4. Die Gewaltenteilung dient der Verhinderung von Machtkonzentration. Kennen Sie weitere Bereiche, in denen eine Teilung der Macht praktiziert wird oder sinnvoll wäre?

G6 John Locke: Staat und religiöse Toleranz

■ INFO zur Einführung:
Wir haben schon in Kapitel 4 gesehen, dass Toleranz heute als wichtige Tugend gilt (D14, D15). Erst in der Zeit der Aufklärung forderte man offen, auch andere religiöse Konfessionen und Religionen zu tolerieren. Ein erstes berühmtes Dokument dafür ist die Abhandlung des englischen Philosophen John Locke, die 1689 unter dem Titel „A Letter Concerning Toleration" erschien. Wenngleich Locke noch längst nicht so viel Toleranz forderte wie wir, wird bei ihm sehr gut deutlich, in welchem Staat religiöse Toleranz gewährt werden kann.

Die Duldung [toleration] derer, die von andern in Religionssachen abweichen, ist mit dem Evangelium Jesu Christi und der unverfälschten menschlichen Vernunft so sehr in Übereinstimmung, dass es ungeheuerlich scheint, wenn Menschen so blind sind, ihre Notwendigkeit und Vorzüglichkeit bei so hellem Lichte nicht zu gewahren. Ich will hier nicht den Stolz und den Ehrgeiz einiger und die Leidenschaft und den mitleidlosen Eifer anderer abschätzen. […] Aber damit nicht einige ihre Verfolgungswut und unchristliche Grausamkeit mit dem Vorwand der Sorge für das öffentliche Wohl und die Beachtung der Gesetze schönfärben, […] so halte ich es in jedem Falle für über alles notwendig, zwischen dem Geschäfte der staatlichen Gewalt und dem der Religion genau zu unterscheiden und die rechten Grenzen festzusetzen, die zwischen beiden liegen. Wenn das nicht geschieht, kann den Streitigkeiten kein Ende gemacht werden, die immer entstehen werden zwischen denen, die auf der einen Seite an den Interessen der menschlichen Seelen Anteil nehmen oder wenigstens zu nehmen behaupten, und denen, die auf der anderen Seite für das gemeine Wesen zu sorgen haben.
Das gemeine Wesen scheint mir eine Gesellschaft von Menschen zu sein, deren Verfassung lediglich die Befriedigung, Wahrung und Beförderung ihrer bürgerlichen Interessen bezweckt. Bürgerliche Interessen nenne ich Leben, Freiheit, Gesundheit, Schmerzlosigkeit des Körpers und den Besitz äußerer Dinge wie Geld, Ländereien, Häuser, Einrichtungsgegenstände und dergleichen.

Locke, John: Ein Brief über Toleranz. Englisch-deutsch, übers., eingel. und in Anm. erläutert von J. Ebbinghaus. Hamburg 1957, S. 11, 13.

■ AUFGABEN:
1. Wie begründet Locke die Forderung nach religiöser Toleranz?
2. Beachten Sie, welche Aufgabenverteilung Locke vornimmt: In welchen Staaten ist religiöse Toleranz möglich, in welchen nicht?
3. Haben Sie im Geschichtsunterricht von Ereignissen gehört, die im 17. Jahrhundert die Toleranzforderung unterstreichen mussten?
4. Wie ist in unserem Staat die Frage der religiösen Toleranz rechtlich geregelt?

G7 Hans-Jürgen Papier: Die Wahrung der Freiheit als Zweck des Staates

■ INFO zur Einführung:
Hans-Jürgen Papier, seit 2002 Präsident des Bundesverfassungsgerichts, gehört zu den bedeutendsten Rechtsvertretern Deutschlands. Sein großes Engagement für Demokratie und Rechtsstaatlichkeit spiegelt sich u. a. in der juristischen Aufarbeitung der DDR-Vergangenheit wider: Sieben Jahre (1991–1998) leitete er die „Kommission zur Überprüfung des Vermögens der Parteien und Massenorganisationen der DDR", bis er dann 1998 Verfassungsrichter und im Jahre 2002 schließlich Präsident des höchsten deutschen Gerichts wurde. (Quelle: http://www.bundesverfassungsgericht.de/richter/papier.html

I. Freiheits- und Sicherheitszwecke des Verfassungsstaates

„Der letzte Zweck des Staates ist nicht, zu herrschen noch die Menschen in Furcht zu halten oder sie fremder Gewalt zu unterwerfen, sondern vielmehr den Einzelnen von der Furcht zu befreien, damit er so sicher als möglich leben und sein natürliches Recht, zu sein und zu wirken, ohne Schaden für sich und andere vollkommen behaupten kann. [...] Der Zweck des Staates ist in Wahrheit die Freiheit."
Diese Worte aus dem im Jahre 1670 erschienenen „Theologisch-politischen Traktat" des [...] Philosophen Baruch de Spinoza – eines Zeitgenossen von Thomas Hobbes und John Locke – benennen in einer sehr frühen Phase der Aufklärung das Verhältnis von Freiheit und Sicherheit. Der Staat ist danach kein Selbstzweck, sondern er hat dienende Funktion, er dient im Letzten der Ermöglichung menschlicher Freiheit, indem er den Frieden gewährleistet und die Menschen durch Sicherheit von ihrer Furcht – insbesondere ihrer Furcht vor Gewalt, Verbrechen und Tod – befreit. [...] Nach der Wandlung des absoluten Staates zum Rechts- und Verfassungsstaat sieht sich der moderne Staat immer wieder mit weiteren neuartigen Aufgaben konfrontiert. So galt es auf einer weiteren Entwicklungsstufe, der Furcht der Menschen vor den wirtschaftlichen und sozialen Risiken zu begegnen; der moderne Staat nahm auch dieses Verlangen nach sozialer Sicherheit auf. Er wandelte sich mit anderen Worten vom liberalen zum sozialen Rechtsstaat. [...]
Der Sozial- und Umweltstaat darf nicht gegen den Rechtsstaat ausgespielt werden; der Sicherheitszweck des Staates, der mit seinem Gewaltmonopol Frieden und Sicherheit zu gewährleisten hat, darf aber auch nicht gegen den liberalen, staatsbegrenzenden und freiheitsverbürgenden Zweck des Rechtsstaats ausgespielt werden. [...] [Die] Fragen [nach Freiheit und Sicherheit] stellen sich vor dem Hintergrund terroristischer Bedrohungen spätestens seit dem 11. September 2001 wieder in neuer und drängender Form. Denn angesichts der seitdem anzutreffenden gesetzgeberischen Aktivitäten wird immer häufiger die Frage gestellt, ob die bürgerliche Freiheit vor dem Staat selbst ins Hintertreffen zu geraten droht. Die Geschichte zeigt dabei, dass gewonnene Standards jederzeit wieder verloren gehen können und dass gerade die Sicherung des Überlebens und die Möglichkeit einer selbstbestimmten Lebensführung ebenso wenig selbstverständlich sind wie die Erhaltung grundrechtlicher Standards der Menschen gegenüber dem Staat. [...]

II. Rechtsstaatliche Bindungen

1. Die Sicherheit des Staates als verfasster Friedens- und Ordnungsmacht und die von ihm zu gewährleistende Sicherheit der Bevölkerung vor Gefahren für Leib, Leben und Freiheit sind Verfassungswerte, die mit anderen hochwertigen Gütern im gleichen Rang stehen. Die Schutzpflicht des Staates findet ihren Grund sowohl in Art. 2 [...] als auch in Art. 1 [...] des Grundgesetzes. Der Staat darf und muss terroristischen Bestrebungen – etwa solchen, welche die Zerstörung der freiheitlichen demokratischen Grundordnung zum Ziel haben und die planmäßige Vernichtung von Menschenleben als Mittel zur Verwirklichung dieses Vorhabens einsetzen – mit den erforderlichen rechtsstaatlichen Mitteln wirksam entgegentreten.
2. Auf diese rechtsstaatlichen Mittel hat sich der Staat unter dem Grundgesetz jedoch auch zu beschränken. Das Grundgesetz enthält einen Auftrag zur Abwehr von Beeinträchtigungen der Grundlagen einer freiheitlichen demokratischen Ordnung unter Einhaltung der Regeln des Rechtsstaats. Daran, dass er auch den Umgang mit seinen Gegnern den allgemein geltenden Grund-

sätzen unterwirft, zeigt sich gerade die Kraft dieses Rechtsstaates. Dies gilt auch für die Verfolgung der fundamentalen Staatszwecke der Sicherheit und des Schutzes der Bevölkerung. […] Das Grundgesetz unterwirft auch die Verfolgung des Zieles, die nach den tatsächlichen Umständen größtmögliche Sicherheit herzustellen, rechtsstaatlichen Bindungen, zu denen insbesondere das Verbot unangemessener Eingriffe in die Grundrechte als Rechte staatlicher Eingriffsabwehr zählt.

3. In diesem Verbot finden auch die Schutzpflichten des Staates ihre Grenze. Die Grundrechte sind dazu bestimmt, die Freiheitssphäre des Einzelnen vor Eingriffen der öffentlichen Gewalt zu sichern; sie sind Abwehrrechte des Bürgers gegen den Staat. Die Funktion der Grundrechte als objektive Prinzipien und der sich daraus ergebenden Schutzpflichten besteht in der prinzipiellen Verstärkung ihrer Geltungskraft, hat jedoch ihre Wurzeln in dieser primären Bedeutung der Grundrechte als Freiheitsrechte. Dem Staat und seinen Organen kommt bei der Erfüllung derartiger Schutzpflichten ein weiter Einschätzungs-, Wertungs- und Gestaltungsbereich zu.

Anders als die Grundrechte in ihrer Funktion als subjektive Abwehrrechte sind die sich aus dem objektiven Gehalt der Grundrechte ergebenden staatlichen Schutzpflichten grundsätzlich unbestimmt. […] Die Wahl kann aber immer nur auf solche Mittel fallen, deren Einsatz mit der Verfassung in Einklang steht. So kann unter Berufung auf die Schutzpflicht zugunsten des Lebens der Staat nicht die Subjektstellung anderer unschuldiger Menschen in einer mit Art. 1 Abs. 1 GG nicht zu vereinbarenden Weise und durch Verletzung des an ihn gerichteten Tötungsverbots missachten.

4. Bei der Wahl der Mittel zur Erfüllung seiner Schutzpflichten ist der Staat daher auf diejenigen Mittel beschränkt, deren Einsatz mit der Verfassung in Einklang steht. Der staatliche Eingriff in den absolut geschützten Achtungsanspruch des Einzelnen auf Wahrung seiner Würde ist ungeachtet des Gewichts der betroffenen Verfassungsgüter stets verboten. […]

Es gibt also für den grundrechtsbeschränkenden Gesetzgeber – auch soweit er Schutzpflichten erfüllen will – im Wesentlichen zwei verfassungsrechtliche Schranken: Die eine – engere – folgt aus der Menschenwürdegarantie, sie gilt absolut und ist abwägungsfest, die andere – weitere – folgt aus dem Verhältnismäßigkeitsgrundsatz, sie unterliegt einer Abwägung und wirkt daher relativ. […]

III. Resümee

Neue Gefahren- und Bedrohungsszenarien werfen neue Fragen beim Ausgleich zwischen Freiheit und Sicherheit auf. […] Dabei hat sich das Grundgesetz dagegen entschieden, sämtliche verbürgte Rechte abwägbar oder gar „wegwägbar" zu machen. Die Menschenwürdegarantie sowie der Menschenwürdegehalt der speziellen Freiheitsrechte gehören zu diesem absolut geschützten Kernbestand. […] Nicht alles, was technisch machbar ist, muss auch rechtlich erlaubt sein. Von technischen Möglichkeiten auf normative Aussagen oder Postulate zu schließen, also von einem „Sein" auf ein „Sollen", wäre ein „naturalistischer Fehlschluss" (Böckenförde).

Die Lösungen müssen vielmehr unter Wahrung des Grundsatzes der Verhältnismäßigkeit durch Abwägung herausgearbeitet werden. Dies geschieht in einer parlamentarischen Demokratie wie der unsrigen zuvörderst im Verfahren der parlamentarischen Gesetzgebung. Das Spannungsverhältnis zwischen Individuum und Gesellschaft ist seit je eine Herausforderung für den Gesetzgeber, aber gerade im Spannungsverhältnis zwischen Sicherheit und individueller Freiheit kann es wegen der sich ständig wandelnden Sachverhaltsgestaltungen keine gleichbleibenden Lösungsstrategien geben. Die in der globalisierten Welt sich stellenden Anforderungen, auch solche europarechtlicher und völkerrechtlicher Art, verlangen Beachtung.

Das Grundgesetz stellt hierbei – nicht zuletzt auch aufgrund historischer Erfahrungen – hohe Anforderungen. Dabei wäre ein Konzept, Menschen – auch wenn sie Täter oder Tatverdächtige sind – einfach aus der Rechtsgemeinschaft auszuschließen und als Feinde der Rechtsgemeinschaft rechtlos zu stellen, eine Kapitulation des Rechtsstaats. Gefahren für den Rechtsstaat und Beeinträchtigungen der Grundlagen einer freiheitlichen demokratischen Ordnung muss mit Mitteln des Rechtsstaats begegnet werden.

Papier, Hans-Jürgen: Über das Spannungsverhältnis von Freiheit und Sicherheit aus verfassungsrechtlicher Sicht. Ein Vortrag auf der Tagung „Freiheit und Sicherheit – Verfassungspolitische Dimensionen" der Akademie für Polit. Bildung Tutzing am 30. Mai 2008 (Gekürzte Fassung). In: Die Welt: Dokumentation. (2. Juni 2008, 04:00 Uhr). http://www.welt.de/politik/article2055921/Wie_der_Staat_Freiheit_und_Sicherheit_vereint.html.

■ AUFGABEN:
1. Rekonstruieren Sie die Thesen und Argumente des vorliegenden Artikels!
2. Inwiefern ist die „Freiheit der Zweck des Staates"?
3. Sind „Sicherheit" und „Freiheit" als Zwecke des Staates miteinander vereinbar? Wann könnten Widersprüche zwischen diesen Staatszwecken entstehen?

G8 Claus Offe: Voraussetzungen der Demokratie

■ INFO zur Einführung:
Der Politologe Claus Offe (geb. 1940) sieht die westlichen liberalen Demokratien in Zukunft einer Vielzahl von Bewährungsproben ausgesetzt. Er zeigt im Folgenden bestimmte Grundzüge der Demokratie, deren Erfüllung Voraussetzung für ihre Unterstützung durch die Bürger und Politiker ist.

Die westliche Demokratie hat [...] als kopierwürdig geltendes Erfolgsmodell eine weltweite Konjunktur. So richten sich die Besorgnisse auch nicht auf eine Gefahr der „Abschaffung" der Demokratie durch ihre Gegner, sondern eher auf die der „Aushöhlung" durch anonyme soziale Prozesse und strukturelle Verschiebungen, die der Idee der Demokratie und ihrer verpflichtenden Kraft für Bürger wie Eliten Abbruch tun. Diese Aushöhlung könnte [...] normative Schwundstufen von Demokratie, ja bloße Demokratie-Fassaden übriglassen, von denen sich nicht leicht angeben lässt, wer oder was im verfassungspolitischen Konfliktfall sie eigentlich noch stützen sollte. [...] [Es geht] darum, durch welche Vorkehrungen und institutionellen Innovationen sich Rückschritte aufhalten und kontrollieren lassen. [...]
[Innere Souveränität:] Der demokratische Gemeinplatz ist, dass in der Demokratie das Staatsvolk – vermittelt durch Wahlen, Abstimmungen, repräsentative Organe – die Herrschaft ausüben soll. Unterwirft man diesen Satz einer doppelten Verneinung, so ändert sich an seinem logischen Gehalt nichts, wohl aber an seinen politischen Implikationen: Innere Souveränität bedeutet dann, dass es nicht der Fall sein soll, dass andere als unter der letztinstanzlichen Kontrolle des verfassten Staatsvolkes stehende Akteure maßgeblich an der Ausübung politischer Herrschaft beteiligt sind. Unter die Kategorie solcher ‚anderen' Akteure, bei denen sowohl ein Interesse wie die Fähigkeit zutageliegt, die politische Herrschaftsausübung positiv und negativ mitzukontrollieren, fallen militärische Gegeneliten [...], terroristische Gruppen und illegale „mafiose" ökonomische Organisationen [...], militante separatistische Organisationen [...] – aber auch markt- und regionenbeherrschende multinationale Großunternehmen mit ihrer erwiesenen Fähigkeit, mit den Mitteln der offenen Erpressung oder auch der weniger offenen Bestechung Entscheidungen von Exekutive und Legislative in einem von ihnen bevorzugten Sinne zu blockieren oder abzufälschen. [...] In allen der hier nur angedeuteten Varianten werden Teile der Staatsgewalt, sowohl was ihre Formierung wie was ihre Verwendung betrifft, zur Beute privater Akteure, denen bei der Ausübung der Staatsgewalt keine verfassungsmäßige Rolle zukommt. [...] Das Desiderat ist eindeutig: Die Unterstellung einer effektiven und robusten inneren Souveränität muss für die meisten Bürger für die meiste Zeit plausibel sein – einfach deshalb, weil die gegenteilige Unterstellung zur Brutstätte von Apathie, Zynismus, unter Umständen auch schlicht paranoischer Feindbilder und aus ihnen herrührender Gewaltbereitschaft zu werden tendiert.
[Offene politische Kanäle:] Was immer man unter der demokratischen Leitidee der Volkssouveränität genau verstehen will – sie ist diskreditiert, wenn der Gedanke Nahrung findet, der empirische Volkswille, wie er sich in Wahlen und Abstimmungen bekundet, sei nicht die unabhängige Variable demokratischer Politik, sondern geradezu ein Artefakt von Elitenkartellen und Medienstrategien. Schon der Verdacht, dass es sich so verhält, dissoziiert das Staatsvolk in der Weise, dass jeder Bürger alle anderen nicht als Träger legitimer Interessen und Präferenzen und als

Subjekt autonomer Urteilsbildungen, sondern [...] als Projektionsfläche betrachtet, auf der sich nur die Folgen manipulativer Strategien von politischen Eliten und Medien widerspiegeln. [...]

[*Politische Alternativen:*] Demokratische politische Eliten müssen nicht nur in Prinzipien und Prozeduren übereinstimmen – sie müssen ebenso material differieren. [...] Dies insbesondere dann, wenn die Natur der Probleme und der Ressourcen des Regierungshandelns die Formulierung sachlicher Alternativen erschwert. Vordringliche Politikthemen wie die Beschäftigungslage, die Sicherung der sozialen Systeme, die Krise der öffentlichen Haushalte oder transnationale Fragen der militärischen Sicherheit beziehungsweise der Friedenssicherung werden dann im Geiste entweder eines überparteilichen Einverständnisses abgehandelt – oder im Geiste einer überparteilich geteilten Ratlosigkeit samt der daraus folgenden Neigung zum Verschweigen, Vertragen und Verharmlosen von Problemen. [...] Sollten sich die verfügbaren Alternativen tatsächlich auf eine einzige reduzieren, schrumpft die Demokratie auf Null.

[*Sozialökonomische Verbesserungen:*] Eine weitere Voraussetzung demokratischer politischer Verkehrsformen auf Massenebene ist die durch Erfahrung bestätigte und gestützte Erwartung, dass die staatliche Politik gegenüber dem ökonomischen Prozess zwar – qua Marktwirtschaft und Privateigentum – eigentumslos, aber dennoch nicht machtlos ist. Die Gestaltung und Gewährleistung adäquater materieller Lebensverhältnisse ist sogar der eigentliche Gegenstand demokratischer Politik. Auf die eine oder andere Weise, durch ihre Steuer-, Wirtschafts- und Sozialpolitik führen politische Entscheidungen von Regierungen und Parlamenten zu mindestens marginalen, aber kontinuierlichen, gewollten und zurechenbaren Auswirkungen auf die materiellen Lebenschancen von Wirtschaftsbürgern. [...] Eine der wichtigsten Beweislasten, die der demokratischen Politik aufgebürdet sind, ist deshalb ihre Fähigkeit, mit wirtschafts- und sozialpolitischen Mitteln eine als gerecht beschreibbare Ordnung von materiellen Lebenschancen auch noch unter Bedingungen der Globalisierung aufrechtzuerhalten. Wenn die Politik an dieser Front entweder die Waffen streckt oder Gerechtigkeitsansprüche aufkündigt, dann entfallen die interessenrationalen Gründe dafür, demokratische Prozeduren als verbindlich anzuerkennen. [...]

[*Selbstanerkennung:*] Der moderne Staat wird als ein Gebilde beschrieben, das drei Dinge zur Deckung bringt: Staatsvolk, Staatsgebiet und Staatsgewalt. Eine Achillesferse der Demokratie besteht darin, dass keines dieser begriffsnotwendigen Elemente des Staates auf demokratischem Wege seine Bestimmung finden kann. [...] Das Volk kann nicht, jedenfalls nicht pauschal und keinesfalls negativ, sondern nur mit den Mitteln des Einwanderungsrechts, darüber entscheiden, wer zum Volk gehört. Denn bevor das Volk entscheiden kann, muss der Kreis der Entscheidungs- und Teilnahmeberechtigten schon feststehen. Das Volk kann ferner nicht darüber entscheiden, wo die Grenzen des Staatsgebietes verlaufen. Und am wenigsten kann eine demokratische Staatsgewalt selbst auf demokratischem Wege ins Leben treten; vielmehr ist sie, wo sie besteht, in aller Regel durch die pouvoir constituant von „runden Tischen", Staatsstreichen, Besatzungsregimen und Revolten begründet worden. Demokratien sind deshalb auf eine Art von Selbstanerkennung der gegebenen Lage und ihrer historischen Voraussetzung angewiesen. Diese Selbstanerkennung verbietet es [...]. Fragen nach Grenzen, Bevölkerung und Regimetyp erneut aufzuwerfen. Für die effektive Abdunkelung solcher Großthemen sind internationale Organisationen und völkerrechtliche Verträge eine hilfreiche und unersetzliche, aber nicht die zureichende Voraussetzung. Sie sanktionieren Menschen- und Bürgerrechte, die Unverletzlichkeit der Grenzen und die Einhaltung demokratischer Prozeduren mit den Mitteln des „Konditionalismus", also der bedingten Zuweisung beziehungsweise Vorenthaltung ökonomischer und militärischer Ressourcen. Zu diesen Außenstützen des verfassungs- und territorialpolitischen Status quo hinzukommen muss allerdings eine effektive Selbstbindung im Inneren — eine „verfassungspatriotische" Verpflichtung der Bürger auf das politische Gemeinwesen, wie es nun einmal geworden ist. Die Stabilität von Demokratien hängt demnach davon ab, dass im demokratischen Prozess keine Anlässe zur Aufkündigung dieser Selbstverpflichtung aufkommen.

Offe, Claus: Bewährungsproben. Über einige Beweislasten bei der Verteidigung der liberalen Demokratie. In: Weidenfeld, Werner (Hrsg.): Demokratie am Wendepunkt. Die demokratische Frage als Projekt des 21. Jahrhunderts. Berlin 1996, S. 141 ff.

■ AUFGABEN:
1. Nennen Sie alle Ihnen aufgrund Ihres Vorwissens bekannten Grundlagen eines demokratischen Systems!
2. Fassen Sie nun die von Offe genannten Grundzüge der Demokratie mit eigenen Worten zusammen und vergleichen Sie Offes Ausführungen mit Ihren Überlegungen!
3. Diskutieren Sie die Frage, wie und inwieweit eine Demokratie ihre Grundlagen gegen Verfassungsfeinde schützen kann!

G9 Friedrich Nietzsche: Ende der Religion – Tod des Staates

■ INFO zur Einführung:
Karl Marx hatte prophezeit, dass mit der künftigen, kommunistischen Gesellschaft der Staat absterben werde (F20). Friedrich Nietzsche (1844–1900) sah Anzeichen für das Sterben des Staates schon in seiner eigenen Zeit, und zwar aus ganz anderen Gründen.

Die Privatgesellschaften ziehen Schritt vor Schritt die Staatsgeschäfte in sich hinein: selbst der zäheste Rest, welcher von der alten Arbeit des Regierens übrigbleibt (jene Tätigkeit zum Beispiel, welche die Privaten gegen die Privaten sicherstellen soll), wird zu allerletzt einmal durch Privatunternehmer besorgt werden. Die Missachtung, der Verfall und *der Tod des Staates,* die Entfesselung der Privatperson (ich hüte mich zu sagen: des Individuums) ist die Konsequenz des demokratischen Staatsbegriffs; hier liegt seine Mission. Hat er seine Aufgabe erfüllt […], so wird ein neues Blatt im Fabelbuche der Menschheit entrollt, auf dem man allerlei seltsame Historien und vielleicht auch einiges Gute lesen wird. – Um das Gesagte noch einmal kurz zu sagen: das Interesse der vormundschaftlichen Regierung und das Interesse der Religion gehen miteinander Hand in Hand, so dass, wenn letztere abzusterben beginnt, auch die Grundlage des Staates erschüttert wird. Der Glaube an eine göttliche Ordnung der politischen Dinge, an ein Mysterium in der Existenz des Staates ist religiösen Ursprungs: schwindet die Religion, so wird der Staat unvermeidlich seinen alten Isisschleier verlieren und keine Ehrfurcht mehr erwecken. Die Souveränität des Volkes, in der Nähe gesehen, dient dazu, *auch* den letzten Zauber und Aberglauben auf dem Gebiete dieser Empfindungen zu verscheuchen; die moderne Demokratie ist die historische Form vom *Verfall des Staates.* – Die Aussicht, welche sich durch diesen sichern Verfall ergibt, ist aber nicht in jedem Betracht eine unglückselige […].

Nietzsche, Friedrich: Menschliches, Allzumenschliches, 472. Werke in drei Bänden, hg. von K. Schlechta. München ³1962, S. 682.

■ AUFGABEN:
1. Erkennen Sie in unserer Gesellschaft ein Zurücktreten des Staates zugunsten privater Organisationen? Und wenn ja, wo scheinen Ihnen die Ursachen dafür zu liegen?
2. Ist es für Sie überzeugend, dass mit dem Schwinden der Religion auch der Staat an Bedeutung verliert?
3. Ist ein Absterben des Staates wirklich möglich, und wäre es wünschbar?

G10 Ernst-Wolfgang Böckenförde: Das Problem des säkularisierten Staates

■ INFO zur Einführung:
Die modernen Staaten sind – wie man zu sagen pflegt – „säkularisierte", d. h. weltliche oder verweltlichte Staaten, die sich für ihre Grundprinzipien nicht auf eine bestimmte Religion berufen, sondern im Gegenteil Religionsfreiheit gewähren. Der frühere Verfassungsrichter Böckenförde sieht diese Staaten einem Problem ausgesetzt, das sie schwer auflösen können.

Wieweit können staatlich geeinte Völker allein aus der Gewährleistung der Freiheit des einzelnen leben ohne ein einigendes Band, das dieser Freiheit vorausliegt?

Der Vorgang der Säkularisation war zugleich ein großer Prozess der Emanzipation, der Emanzipation der weltlichen Ordnung von überkommenen religiösen Autoritäten und Bindungen. Seine Vollendung fand er in der Erklärung der Menschen- und Bürgerrechte. Sie stellte den einzelnen auf sich selbst und seine Freiheit. Damit aber musste sich, prinzipiell gesehen, das Problem der neuen Integration stellen: Die emanzipierten Einzelnen mussten zu einer neuen Gemeinsamkeit und Homogenität zusammenfinden, sollte der Staat nicht der inneren Auflösung anheimfallen, die dann eine totale sog. Außenlenkung heraufführt. Dieses Problem blieb zunächst verdeckt, weil im 19. Jahrhundert eine neue einheitsbildende Kraft an die Stelle der alten trat: die Idee der Nation. Die Einheit der Nation folgte der Einheit aus der Religion und begründete eine neue, allerdings mehr äußerlich-politisch gerichtete Homogenität, innerhalb deren man noch weithin lebte aus der Tradition der christlichen Moral. Diese nationale Homogenität suchte und fand ihren Ausdruck im Nationalstaat. Inzwischen hat die Idee der Nation, nicht allein in vielen Staaten Europas, diese Formkraft verloren. Auch in den jungen Staaten Asiens und Afrikas wird ihre Formkraft von vorübergehender Dauer sein: Der Individualismus der Menschenrechte, zur vollen Wirksamkeit gebracht, emanzipiert nicht nur von der Religion, sondern, in einer weiteren Stufe, auch von der (volkhaften) Nation als homogenitätsbildender Kraft. [...]

So stellt sich die Frage nach den bindenden Kräften von neuem und in ihrem eigentlichen Kern: *Der freiheitliche, säkularisierte Staat lebt von Voraussetzungen, die er selbst nicht garantieren kann.* Das ist das große Wagnis, das er, um der Freiheit willen, eingegangen ist. Als freiheitlicher Staat kann er einerseits nur bestehen, wenn sich die Freiheit, die er seinen Bürgern gewährt, von innen her, aus der moralischen Substanz des einzelnen und der Homogenität der Gesellschaft, reguliert. Anderseits kann er diese inneren Regulierungskräfte nicht von sich aus, das heißt mit den Mitteln des Rechtszwanges und autoritativen Gebots, zu garantieren suchen, ohne seine Freiheitlichkeit aufzugeben und – auf säkularisierter Ebene – in jenen Totalitätsanspruch zurückzufallen, aus dem er in den konfessionellen Bürgerkriegen herausgeführt hat.

Böckenförde, Ernst-Wolfgang: Die Entstehung des Staates als Vorgang der Säkularisation. In: Säkularisation und Utopie. Erbracher Studien. Ernst Forsthoff zum 65. Geburtstag. Stuttgart u. a. 1967, S. 92f.

■ AUFGABEN:

1. Braucht man neben den staatlichen Gesetzen auch einen moralischen Konsens, oder genügt das Recht?
2. Sind die modernen Staaten, die sich zu den Menschenrechten bekennen und Religionsfreiheit gewähren, mit allen Religionen vereinbar oder nicht?
3. Warum befolgen Ihrer Meinung nach die Bürger überwiegend die Gesetze des Staates: aus Angst vor Strafe oder weil sie diese Gesetze richtig finden?

G11 Gustav Radbruch: Gerechtigkeit und Recht

Die Idee des Rechts kann nun keine andere sein als die Gerechtigkeit [...]. Wir sind aber auch berechtigt, bei der Gerechtigkeit als einem letzten Ausgangspunkte Halt zu machen, denn das Gerechte ist wie das Gute, das Wahre, das Schöne ein absoluter, d. h. ein aus keinem andern Werte ableitbarer Wert.

Man möchte versucht sein, in der Gerechtigkeit nur eine Erscheinungsform des sittlich Guten zu erblicken. Sie ist es in der Tat, sofern man sie als menschliche Eigenschaft, als Tugend betrachtet, etwa mit Ulpian als „constans ac perpetua voluntas ius suum cuique tribuendi" [konstanter und dauerhafter Wille, jedem sein Recht zuzuerkennen]. Aber man kann diese Gerechtigkeit im subjektiven Sinne nicht anders definieren denn als die Gesinnung, die auf objektive Gerechtigkeit gerichtet ist, so etwa wie die Wahrhaftigkeit auf die Wahrheit. Nur von dieser objektiven Gerechtigkeit ist hier die Rede. Diese aber macht einen ganz anderen Gegenstand zum Objekte ihrer Bewertung als den, auf welchen das sittliche Werturteil gerichtet ist: sittlich gut ist immer nur ein Mensch, ein menschlicher

Themis (gr.); Iustitia (lat.) – die Göttin des Rechts

Aequabiliter – Ausgewogen

Æquabiliter.
Wie die Wag steht/und auff kein Seitn
Hangt/also muß zu allen Zeitn
Es bstellt seyn/wanns recht soll zugehn/
Muß man eim wie dem andern beystehn.
Lang wärt ein Regiment/ da z'gleich
Der Arm beschützt wird wie der Reich.

Wille, eine menschliche Gesinnung, ein menschlicher Charakter. […] Gerecht aber im Sinne der objektiven Gerechtigkeit kann nur ein Verhältnis zwischen Menschen sein. Das Ideal des sittlich Guten stellt sich in einem Idealmenschen, das Ideal der Gerechtigkeit in einer idealen Gesellschaftsordnung dar. […]
Gerechtigkeit in solchem Sinne bedeutet Gleichheit. Aber die Gleichheit selbst ist verschiedener Bedeutung fähig. Sie kann einerseits ihrem Gegenstande nach auf Güter bezogen werden oder auf Menschen: gerecht ist der Lohn, der dem Werte der Arbeit entspricht, aber auch die Strafe, die den einen trifft gleich dem andern. Sie kann andererseits ihrem Maßstabe nach absolute oder relative Gleichheit sein: Lohn gleich Arbeit, aber Bestrafung mehrerer nach dem Verhältnis ihrer Schuld.
Beide Unterscheidungen verbindet die berühmte Lehre des Aristoteles von der Gerechtigkeit. Die *absolute* Gleichheit zwischen Gütern, z. B. zwischen Arbeit und Lohn, zwischen Schaden und Ersatz, heißt bei ihm *ausgleichende Gerechtigkeit*, die *verhältnismäßige* Gleichheit in der Behandlung verschiedener *Personen,* etwa die Besteuerung nach Maßgabe der Tragfähigkeit, die Unterstützung nach Maßgabe der Bedürftigkeit, die Belohnung und Bestrafung nach Verdienst und Schuld, ist dagegen das Wesen der *austeilenden Gerechtigkeit*. Die ausgleichende Gerechtigkeit fordert mindestens zwei Personen, die austeilende Gerechtigkeit deren mindestens drei. Jene zwei Personen stehen einander gleichberechtigt gegenüber, von jenen mindestens drei Personen aber ist die eine, die den andern Lasten auferlegt oder Vorteile gewährt, den andern übergeordnet. Die ausgleichende Gerechtigkeit ist die Gerechtigkeit im Verhältnis der Nebenordnung, die austeilende Gerechtigkeit will im Verhältnis der Über- und Unterordnung gelten. Die ausgleichende Gerechtig-

keit ist die Gerechtigkeit des Privatrechts, die austeilende Gerechtigkeit die Gerechtigkeit des öffentlichen Rechts.

Damit ist bereits das Verhältnis der beiden Arten der Gerechtigkeit zueinander hinreichend geklärt. Die ausgleichende Gerechtigkeit ist Gerechtigkeit zwischen Gleichberechtigten, setzt also einen Akt der austeilenden Gerechtigkeit voraus, der den Beteiligten die Gleichberechtigung, die gleiche Verkehrsfähigkeit, den gleichen Status verliehen hat. So ist die austeilende Gerechtigkeit die Urform der Gerechtigkeit. In ihr haben wir die Idee der Gerechtigkeit gefunden, auf die der Rechtsbegriff orientiert werden muss.

Radbruch, Gustav: Rechtsphilosophie. Stuttgart ^{6}1963, S. 124 ff.

■ AUFGABEN:
1. Wenn Lokomotivführer für höhere Löhne kämpfen, welcher Begriff von Gerechtigkeit liegt dann ihrer Forderung zugrunde?
2. Wir unterscheiden Brutto- und Nettolohn. Fällt die Frage nach dem gerechten Arbeitslohn insgesamt in das öffentliche oder in das Privatrecht?
3. Warum wird Justitia, die Göttin der Gerechtigkeit, mit verbundenen Augen und einer Waage dargestellt?
4. Schaffen die Kriterien der Gerechtigkeit in jeder Situation Entscheidungssicherheit? Wenn nicht, sind sie nutzlos?

G12 Hans Peters: Was ist ein Sozialstaat?

■ INFO zur Einführung:

Der Staatsrechtler Lorenz von Stein (1815–1890) hatte im 19. Jahrhundert Folgendes vor Augen geführt: Wenn der Staat sich nur auf die Garantie von Freiheitsrechten beschränkt, dann bricht die Gesellschaft durch die industrielle Entwicklung immer mehr auseinander: in Kapitaleigner und Lohnarbeiter, in Reiche und Arme, und dadurch wird die Gesellschaft instabil. Kommunismus und Sozialismus wollen die Verarmung oder die „soziale Frage", wie man sagte, dadurch lösen, dass sich das Proletariat durch eine Revolution zum Eigner der Produktionsmittel, der Maschinen und Fabriken, aufschwingt. Aber in diesem Plan erkannte von Stein ein neues Problem, das später in den sozialistischen Staaten auch deutlich in Erscheinung trat: Diejenigen, welche die Arbeit organisieren, werden zu „Herren der Arbeit", bilden eine neue, nicht demokratisch gewählte Herrschaftsschicht, und es fehlt der Staat als Garant für die Freiheitsrechte. Deshalb plädierte er für einen Rechtsstaat, der

Théophile Alexandre Steinlein: Der Ausbeuter (1894)

durch seine Verwaltungstätigkeit den Lohnarbeitern ermöglicht, durch Arbeit selbst Eigentum zu bilden. Mit diesen Gedanken gilt er als erster Theoretiker des „Sozialstaates".

Auch der Staat der Bundesrepublik Deutschland ist durch seine Verfassung ein Sozialstaat. Denn nach Art. 20 (1) des Grundgesetzes ist er ein „demokratischer und sozialer Bundesstaat", und nach Art. 28 (1) müssen die Gesetze der Bundesländer den Grundsätzen des „sozialen Rechtsstaates im Sinne dieses Grundgesetzes entsprechen". Was das des Näheren heißt, überlässt das Grundgesetz fast ganz der Gesetzgebung. Die Aufgaben des Sozialstaates gehen inzwischen weit über die Vorschläge von Steins hinaus.

Sozial nennt man einen Staat dann, wenn ein entscheidender Maßstab für seine gesamte Tätigkeit am Ziel der Behebung materieller und ideeller Not orientiert ist. Dabei bedeutet „sozial" nicht nur die Hilfe für wirtschaftlich Schwache; auch eine Altersversorgung für Nichthilfsbedürftige, die aber im Alter einer materiellen Gefährdung ausgesetzt sein könnten, oder auch Maßnahmen zugunsten – an sich nicht hilfsbedürftiger – kinderreicher Familien, ja auch ideelle Maßnahmen wie solche der Erwachsenenbildung, der Verbesserung der Bildungschancen für große Volksschichten, der Verbreitung einer höheren und Hochschulbildung, ferner hygienische, sportliche oder jugendfördernde Vorkehrungen fallen unter den Begriff „sozial" in dem hier gemeinten weiteren Sinn und sind dem Sozialstaat zur Verwirklichung aufgetragen. Alle diese „sozialen" Aufgaben sind freilich nicht im einzelnen, sondern als Gesamtheit durch die Forderung des Sozialstaates in die Staatszwecke einbezogen. […] Für den Gesetzgeber ist nunmehr bindend vorgeschrieben, mittels zu erlassender Gesetze den sozialen Staatszweck zu erfüllen; die Verwaltungsbehörden haben eine verfassungsrechtliche Pflicht sowohl im Rahmen ihrer freien Gestaltungsmöglichkeiten als auch bei Ausführung der Gesetze sich stets ihrer sozialen Aufgaben und der sozialen Zielsetzung des Staats bewusst zu sein; die Gerichte endlich sind bei der Rechtsanwendung, wo der Gesetzeswortlaut mehrere Entscheidungen zulässt, verpflichtet, dem sozialen Gedanken Anerkennung zu verschaffen. Kein Verfassungsprinzip steht allein im Raum; das sozialstaatliche begrenzt andere, wird aber wiederum auch von diesen in Schranken gehalten, damit es nicht als das allein wirksame des Verfassungsrechts dasteht. […]

Sozialer Rechtsstaat ist demnach kein innerer Widerspruch, sondern bedeutet einen Staat, in dem zu den Maßstäben der Gerechtigkeit in vorderer Reihe die soziale Zielsetzung gehört. Der „soziale Bundesstaat" will sowohl Bund wie Ländern (einschließlich der ihnen eingegliederten Selbstverwaltungskörperschaften und öffentlichen Anstalten) die gleiche verfassungsrechtliche Verpflichtung zur Verwirklichung der in der heutigen Gesellschaft bestehenden sozialen Vorstellungen auferlegen. […] Der Sozialstaat bedeutet nicht einen dem einzelnen die Selbstverantwortung und Pflicht zur eigenen Vorsorge abnehmenden Versorgungsstaat, weil dem andere Verfassungsprinzipien (z. B. Art. 2 I GG) entgegenstehen würden.

Peters, Hans: Sozialstaat. In: Staatslexikon, hg. von der Görresgesellschaft, Bd. 7, Freiburg ⁶1962, Sp. 394f.

■ AUFGABEN:

1. In dem zuletzt erwähnten Artikel des Grundgesetzes heißt es: „Jeder hat das Recht auf die freie Entfaltung seiner Persönlichkeit, soweit er nicht die Rechte anderer verletzt und nicht gegen die verfassungsmäßige Ordnung oder das Sittengesetz verstößt." Wieso könnte ein „Versorgungsstaat" dieses Prinzip verletzen? Wieso sollte nicht der Staat die gesamte Vorsorge für das Leben der Bürger übernehmen?
2. Würden nach Ihrer Einschätzung die Bundesbürger mehrheitlich ihre Freiheitsrechte wie Religions- und Gewissensfreiheit (GG Art. 4), Meinungs- und Pressefreiheit (Art. 5), Versammlungsfreiheit (Art. 8), freie Wahl des Wohnortes (Art. 11), der Ausbildung und des Berufes (Art. 12) usw. aufgeben, wenn sie dadurch ein höheres Einkommen erlangen könnten? Kennen Sie jemanden, der eines dieser Rechte sozusagen „verkaufen" würde? Ist dies der Fall, wie würden Sie das beurteilen?
3. Wo scheinen Ihnen die größten Problemfelder für den Sozialstaat zu liegen?
4. Macht der Sozialstaat private Hilfeleistung für andere unnötig?

G13 Martin Kriele: Der Grund des Sozialstaates: die Freiheit

■ INFO zur Einführung:

Sowohl den Grundsatz der amerikanischen Unabhängigkeitserklärung, dass alle Menschen gleich sind und dieselben unveräußerlichen Rechte haben, als auch die Auffassung Kants, es gebe nur ein einziges Menschenrecht, die Freiheit (H2c), bezeichnet man als „naturrechtliche" Prinzipien. Der Staatsrechtler Martin Kriele macht deutlich, dass auch der Gedanke des Sozialstaates letztlich auf das naturrechtliche Prinzip der Freiheit aller Menschen zurückgeht.

Die Kantsche Formel, dass die Freiheit des einen mit der Freiheit eines jeden anderen zusammen bestehen müsse, bringt das Prinzip der ursprünglichen Identität von Freiheit und Gleichheit zum Ausdruck. Die Herstellung der Gleichheit bedeutet nichts anderes als die Herstellung der Freiheit: Sie befreit den Sklaven, den Leibeigenen, den Knecht, später den Proletarier und schafft dadurch eine Mindestbedingung für ein der Natur des Menschen gemäßes Leben. Die Herstellung der Gleichheit mindert zwar die mit der Herrschaft genossenen Freiheiten des Sklavenhalters, des Herrn, des Ausbeuters usw.; sie tut dies jedoch um der Freiheit des Menschen willen. […]

Im Zeitalter der industriellen Revolution und des freien Wettbewerbs wurde die Schere zwischen der finanziellen Macht- und Vermögensakkumulation auf der einen und der Verelendung auf der anderen Seite zu einem zentralen Problem: Es stand wieder Freiheit gegen Unfreiheit. Die Korrektur dieser Schere durch das Sozialstaatsprinzip bedeutet für die einen Freiheitsbeschränkung durch ein den freiheitlichen Traditionen prinzipiell feindliches Gleichheitsprinzip. Für die anderen handelt es sich jedoch um Freiheitsbegründung durch Gleichheit.

Das Sozialstaatsprinzip ist nichts anderes als die logische Konsequenz des naturrechtlichen Grundansatzes, dass die Freiheit des einen mit der Freiheit des anderen zusammen bestehen müsse. Ein „Liberalismus", der zu der Aufhebung der Realbedingungen der Freiheit führt, entstammt seinerseits nicht dieser naturrechtlichen Tradition, sondern einer nationalökonomischen Theorie, die sich von diesem Grundsatz entfernt und sich radikalisiert hat. Nicht beruht umgekehrt das Sozialstaatsprinzip auf einer von außen an den Verfassungsstaat herangetragenen, ihm ursprünglich fremden Tradition. Es ist der naturrechtliche Grundsatz der Freiheitsidee selbst, der die sozialstaatliche Gleichheitstendenz hervorbringt. Aus diesem Verständnis ihres Ursprungs folgt freilich auch zugleich die Begrenzung des Sozialstaatsprinzips: Zur entscheidenden Grenze wird die Frage, ob die Herstellung der Gleichheit wirklich Freiheit begründet und bewahrt oder im Gegenteil ihrerseits die Realbedingungen der Freiheit aufhebt.

Kriele, Martin: Einführung in die Staatslehre. Die geschichtlichen Legitimationsgrundlagen des demokratischen Verfassungsstaates. Opladen ^{5}1994, S. 209 ff.

Altersarmut: alte Frau durchsucht einen Abfallbehälter nach brauchbaren Gegenständen

■ AUFGABEN:
1. Müssen alle Bürger in jeder Hinsicht gleich sein, damit sie frei sind? Welche Form der Ungleichheit untergräbt die Freiheit, welche nicht?
2. Inwieweit kann die Realisierung der Gleichheit die Realbedingung der Freiheit aufheben?
3. Befürchten Sie in unserer Gesellschaft ein Übermaß an Ungleichheit oder eine zu große Einschränkung der Freiheit?

G14 Werner Steinjan: Eigentum und Freiheit

■ INFO zur Einführung:

Der Philosoph Hegel (1770–1832) hatte begründet, warum zur Freiheit auch Eigentum gehört: Der freie Wille müsse sich manifestieren, müsse sich ein äußeres Dasein geben und von anderen als frei anerkannt werden. Lorenz von Stein, der erste Theoretiker des Sozialstaates, hatte das aufgenommen: Die Lösung der „sozialen Frage" und die Verwirklichung der Freiheit sah er darin, dass jedem die Möglichkeit gegeben wird, durch Arbeit Eigentum zu erwerben. Auch später noch wurde dem Sozialstaat die Aufgabe zugewiesen, den Erwerb von Eigentum im Hinblick auf die Freiheit zu begünstigen.

Ein schuldenfreies Eigenheim sichert fast kostenfreies Wohnen, Geldvermögen kann in Notfällen eingesetzt werden oder ergänzt das Alterseinkommen aus Betrieb und sozialen Leistungen. In jedem Fall gestattet privates Eigentum dem einzelnen eine größere Verfügungsfreiheit. Er ist bei seinen Entscheidungen weniger abhängig von Gesetzesvorschriften und behördlichen Anweisungen. Wo er selbst verfügen kann, kann er auch verantworten. Wenn jemand über kein privates Eigentum verfügt, hängt er dagegen immer wieder von der Verfügung anderer ab, seien es Private oder auch die Vollzugsorgane des Staates. Zum Freisein im gesellschaftlichen Sinn gehört deshalb ganz sicher privates Eigentum an den zum Leben nötigen Verbrauchs- und Gebrauchsgütern, aber darüber hinaus auch Eigentum, das wenigstens in begrenztem Umfang unabhängig von dem Zwang macht, stets seine tägliche Arbeitsleistung abgenommen zu bekommen. Wer von der Hand in den Mund lebt, ist vor allem als Familienvater in jeder Gesellschaftsordnung in einer außerordentlichen Weise abhängig.

Die Bemühungen, das Eigentum breiter zu streuen, sind daher wesentlich unter diesem Gesichtspunkt zu verstehen. Möglichst viele Arbeitnehmer sollen einen freien Verfügungsbereich erhalten, sollen nicht nur als Konsumenten, sondern auch als Eigentümer von Vermögenswerten ein Stück wirtschaftlicher Verantwortung mittragen. Die Möglichkeiten, auch die Verfügungsgewalt über Produktionsmittel breiter zu streuen, sind der Natur der Industriewirtschaft nach eng begrenzt, aber es wäre schon einiges erreicht, wenn die Mehrheit der Arbeitnehmer eine interessenfundierte Beziehung zum Produktionskapital erlangen würde.

Steinjan, Werner: Der Mensch im Sozialstaat. Versorgung und Verantwortung. Hamburg 1963, S. 90f.

■ AUFGABEN:
1. Sowohl von religiösen Autoren als auch von Utopisten wurde gefordert, den Gedanken des Privateigentums aufgeben. Joseph-Pierre Proudhon sagte im 19. Jahrhundert: „Eigentum ist Diebstahl." Aber nehmen wir an, es gäbe gar kein Privateigentum, was gehört dann dem Einzelnen: nichts oder alles? Wer verwaltet und kontrolliert dann den Gemeinbesitz?
2. Was könnte es heißen, dass die Arbeitnehmer eine „Beziehung zum Produktionskapital" erhalten sollten?
3. Wie verhalten sich Menschen zum privaten und wie zum öffentlichen Eigentum?

G15 John Rawls: Gerechtigkeit als Fairness

■ **INFO zur Einführung:**
Der amerikanische Philosoph John Rawls hat Gerechtigkeit als Fairness charakterisiert, und zwar erstmals ausführlich in seinem Buch „A Theory of Justice" (1971). Gerechtigkeit ist hier nicht als Tugend konkreter Personen, sondern als Eigenschaft guter Verfassungen gedacht. Unser Textausschnitt stammt aus einem Aufsatz, in dem er seine Theorie erläutert. Einleitend stützt er sich für das unterschiedliche Freiheitsverständnis in Antike und Moderne auf den französischen Philosophen Benjamin Constant, der am Beginn des 19. Jahrhunderts ein Buch dazu schrieb.

Die Geschichte demokratischen Denkens während der letzten zwei Jahrhunderte hat gezeigt, dass keine Übereinstimmung darüber besteht, wie die grundlegenden Institutionen eines demokratischen Verfassungsstaates gestaltet werden müssen, wenn durch sie die Grundrechte und Grundfreiheiten von Bürgern als freien und gleichen Personen festgelegt und geschützt und wenn sie den Ansprüchen demokratischer Gleichheit von Bürgern gerecht werden sollen […]. Es besteht eine tiefe Uneinigkeit darüber, wie die Werte der Freiheit und Gleichheit in der Grundstruktur am besten in der Gesellschaft verwirklicht werden. Vereinfacht können wir diese Kontroverse als eine Auseinandersetzung innerhalb der Tradition des demokratischen Denkens selbst betrachten: und zwar zwischen der Lockeschen Tradition, die ein größeres Gewicht auf die „Freiheiten der Modernen" (Denk- und Gewissensfreiheit, persönliche Grundrechte, Schutz des Eigentums, Rechtsstaatlichkeit) legt, und der Rousseauschen Tradition, die größeres Gewicht auf die „Freiheiten der Alten" (gleiche politische Freiheiten und die Werte des öffentlichen Lebens) im Sinne der Unterscheidung von Constant legt. Diese Gegenüberstellung ist überzeichnet und historisch ungenau, aber sie hilft uns, unsere Überlegungen zu konkretisieren.

Gerechtigkeit als Fairness versucht, zwischen diesen konkurrierenden Traditionen zu vermitteln: *erstens* durch zwei Gerechtigkeitsgrundsätze, welche als Richtlinien für die institutionelle Verwirklichung der Werte von Freiheit und Gleichheit dienen, *zweitens* dadurch, dass ein Standpunkt entwickelt wird, von dem aus diese Grundsätze der Natur freier und gleicher demokratischer Bürger angemessener erscheinen als andere vertraute Gerechtigkeitsgrundsätze. Was es bedeutet, Bürger als freie und gleiche Personen anzusehen, ist natürlich eine grundlegende Frage, die in den folgenden Abschnitten diskutiert wird. Es muss gezeigt werden, dass eine bestimmte Einrichtung der Grundstruktur, eine bestimmte institutionelle Ordnung, besser geeignet ist, die Werte von Freiheit und Gleichheit zu verwirklichen, wenn Bürger in diesem Sinne verstanden werden, das heißt (stark verkürzt) als moralische Personen mit den erforderlichen Fähigkeiten, welche es ihnen ermöglichen, Mitglieder einer Gesellschaft zu sein, die als System fairer Kooperation zum gegenseitigen Vorteil angesehen wird. Die beiden oben erwähnten Gerechtigkeitsgrundsätze sind:

Jede Person hat ein gleiches Recht auf ein völlig adäquates System gleicher Grundrechte und Grundfreiheiten, das mit dem gleichen System für alle anderen vereinbar ist.

Soziale und ökonomische Ungleichheiten müssen zwei Bedingungen erfüllen: erstens müssen sie mit Ämtern und Positionen verbunden sein, die allen unter Bedingungen fairer Chancengleichheit offenstehen, und zweitens müssen sie zum größten Vorteil der am wenigsten begünstigten Mitglieder der Gesellschaft sein.

Jeder dieser Grundsätze bezieht sich auf einen anderen Teil der Grundstruktur, und beide haben nicht nur mit Grundrechten, Freiheiten und Chancen zu tun, sondern auch mit dem Anspruch auf Gleichheit. Dies wird durch den zweiten Teil des zweiten Grundsatzes noch unterstrichen. Beide Grundsätze zusammen regulieren die grundlegenden Institutionen, die diese Werte verwirklichen, wobei dem ersten Grundsatz ein Vorrang vor dem zweiten eingeräumt wird.

Rawls, John: Die Idee des politischen Liberalismus. Aufsätze 1978–1989, hg. von W. Hinsch. Frankfurt/M. 1992, S. 260f.

■ AUFGABEN:
1. Was sind die Kennzeichen für Fairness im Sport? Welche Parallelen zeigen sich zwischen der sportlichen Fairness und der von Rawls gezeichneten Gerechtigkeit?
2. Bringen Sie Beispiele für die Grundrechte und für gerechtfertigte Ungleichheit!
3. Wie würde nach Rawls eine ideale Gesellschaft aussehen?

G16 Henry David Thoreau: Über die Pflicht zum Ungehorsam gegen den Staat

■ INFO zur Einführung:
Der US-amerikanische Philosoph und Schriftsteller Henry David Thoreau (1817–1862) weigerte sich, dem Staat Steuern zu zahlen, solange dieser gegen Mexiko Krieg führe und die Sklaverei dulde, und wurde dafür ins Gefängnis gebracht. Aufgrund dieser Erfahrung publizierte er 1849 eine Abhandlung, die unter dem Titel „Civil Disobedience" bekannt wurde. Wer später den „zivilen Ungehorsam" als Mittel der Interessendurchsetzung gegen den Staat forderte, nahm dann oft auf Thoreau Bezug.

Ich finde, wir sollten erst Menschen sein, und danach Untertanen. Man sollte nicht den Respekt vor dem Gesetz pflegen, sondern vor der Gerechtigkeit. Nur eine einzige Verpflichtung bin ich berechtigt einzugehen, und das ist, jederzeit zu tun, was mir recht erscheint.

Thoreau, Henry David: Über die Pflicht zum Ungehorsam gegen den Staat (1849). Zürich 1973, S. 9.

■ AUFGABEN:
1. Wann ist Widerstand gegen den Staat geboten? Reflektieren Sie Ihre Antwort vor dem Hintergrund der DDR und des Nationalsozialismus!
2. Darf jeder auf Grund seiner Vorstellung von Gerechtigkeit die Gesetze übertreten?

G17 Martin Luther King: Rechtfertigung des zivilen Ungehorsams

■ INFO zur Einführung:
Bekannte Beispiele für zivilen Ungehorsam waren die Aktionen, zu denen der Pastor Martin Luther King (1929–1968) aufrief, der gegen die Rassentrennung und die Unterdrückung der Schwarzen in den USA kämpfte und deshalb ermordet wurde. 1963 wurde er in Birmingham ins Gefängnis gebracht, weil er eine nicht genehmigte Demonstration angeführt hatte. In einem Brief aus dem Gefängnis an seine Kollegen rechtfertigte er seine Aktion.

Meine Freunde! Ich muss Ihnen sagen, dass wir ohne entschlossenen, legalen und gewaltlosen Druck auf dem Weg zur Gleichberechtigung nicht einen einzigen Schritt vorwärts gekommen sind. Die Menschheitsgeschichte ist die lange und tragische Geschichte der Tatsache, dass Privilegierte ihre Privilegien selten freiwillig aufgeben. Der einzelne vermag vielleicht das moralisch Richtige zu erkennen und freiwillig seine ungerechte Einstellung aufzugeben; aber eine Gruppe von Menschen besitzt […] weniger moralisches Empfinden als ein einzelner. […]

Sie zeigen sich sehr besorgt darüber, dass wir die Absicht haben, Gesetze zu brechen. Das ist bestimmt eine berechtigte Sorge. Da wir die Leute so eifrig auffordern, dem Beschluss des Obersten Bundesgerichts vom Jahre 1954 zu gehorchen und die Rassentrennung in den öffentlichen Schulen aufzuheben, ist es ziemlich merkwürdig und paradox, dass Sie nun in uns bewusste Gesetzesbrecher finden. Sie werden vielleicht fragen: „Wie können Sie es rechtfertigen, einige Gesetze zu übertreten und anderen zu gehorchen?" Das liegt einfach daran, dass es zwei Arten von Gesetzen gibt, gerechte und ungerechte. Ich möchte mit Augustin sagen: „Ein ungerechtes Gesetz ist kein Gesetz." Wo liegt nun der Unterschied zwischen beiden? Wie kann man erkennen, ob ein Gesetz gerecht oder ungerecht ist? Ein gerechtes Gesetz ist ein von Menschen gemachtes Gesetz, das mit dem Gesetz der Moral oder dem Gesetz Gottes übereinstimmt. Ein ungerechtes Gesetz dagegen ist ein Gesetz, das mit dem Gesetz der Moral nicht harmoniert. Um mit Thomas von Aquin zu sprechen: „Ein ungerechtes Gesetz ist ein menschliches Gesetz, das nicht im Gesetz des Ewigen und der Natur verwurzelt ist. Jedes Gesetz, das die menschliche Persönlichkeit erniedrigt, ist ungerecht." Alle Rassentrennungsgesetze sind ungerecht, weil die Rassentrennung der Seele und dem Charakter des Menschen Schaden zufügt. Sie gibt ihren Verfechtern ein falsches Gefühl der Überlegenheit und ihren Opfern ein falsches Gefühl der Minderwertigkeit. […]

Lassen Sie mich noch eine andere Erklärung geben. Ein ungerechtes Gesetz ist ein einer Minderheit diktiertes Gesetz, an dem diese Minderheit nicht mitwirken konnte, weil sie nicht das Recht hatte zu wählen. Wer wollte behaupten, die gesetzgebende Körperschaft von Alabama, die die Rassentrennungsgesetze aufstellte, wäre demokratisch gewählt? Im Staate Alabama duldet man stillschweigend alle möglichen Methoden, um die Neger daran zu hindern, sich in die Wahllisten eintragen zu lassen. Und es gibt Wahlkreise, in denen nicht ein einziger Neger registriert ist, obwohl die Mehrzahl der Bevölkerung Neger sind. Kann denn in solch einem Staat irgendein Gesetz demokratisch genannt werden?

Das sind nur ein paar Beispiele für ungerechte und gerechte Gesetze. Es gibt Fälle, wo ein Gesetz gerecht zu sein scheint, in seiner praktischen Anwendung aber ungerecht ist. So wurde ich zum Beispiel am Freitag verhaftet, weil ich für unsere Demonstration keine Genehmigung eingeholt hatte. Nun ist an einer Vorschrift, nach der für eine Demonstration eine Genehmigung erforderlich ist, durchaus nichts Unrechtes. Wenn diese Vorschrift aber dazu benutzt wird, die Rassentrennung aufrechtzuerhalten und Staatsbürgern das ihnen durch die Verfassung gewährleistete Recht friedlicher Versammlung und friedlichen Protestes zu verweigern, dann ist sie ungerecht.

Ich hoffe, Ihnen den Unterschied, um den es mir geht, deutlich gemacht zu haben. Ich will mich nicht etwa wie ein wütender Verfechter der Rassentrennung dafür einsetzen, dass man Gesetze umgeht oder sich ihnen widersetzt. Das würde unweigerlich zur Anarchie führen. Wer ein ungerechtes Gesetz brechen will, muss es offen, in brüderlicher Liebe tun und in der Bereitschaft, die Strafe dafür auf sich zu nehmen (nicht gehässig wie die weißen Mütter in New Orleans, die man im Fernsehen „Nigger, Nigger, Nigger" schreien hörte). Ich behaupte, dass der die größte Hochachtung vor dem Gesetz zeigt, der ein Gesetz bricht, das ihm vor seinem Gewissen ungerecht erscheint, und bereitwillig die Strafe auf sich nimmt und ins Gefängnis geht, um damit das Gewissen seiner Mitbürger wachzurütteln und ihnen die Augen für die Ungerechtigkeit dieses Gesetzes zu öffnen.

Natürlich ist diese Art des bürgerlichen Ungehorsams nichts Neues. […] Ein besonders eindrucksvolles Beispiel finden wir auch bei den frühen Christen, die sich lieber der Wut hungriger Löwen und der Qual der Folter aussetzten, als sich bestimmten ungerechten Gesetzen des Römischen Reiches zu unterwerfen. Und bis zu einem gewissen Grade ist es Sokrates' bürgerlichem Ungehorsam zu verdanken, dass wir heute so etwas wie eine akademische Freiheit haben.

Wir dürfen niemals vergessen, dass alles, was Hitler in Deutschland tat, „legal" und alles, was die ungarischen Freiheitskämpfer in Ungarn taten, „illegal" war. Im Hitlerdeutschland war es „ungesetzlich", einem Juden zu helfen. Aber ich hätte sicherlich meinen jüdischen Brüdern trotzdem beigestanden, wenn ich damals in Deutschland gewesen wäre. Wenn ich heute in einem kommunistischen Lande lebte, in dem gewisse dem christlichen Glauben wertvolle Grundsätze bekämpft werden, so würde ich, glaube ich, offen dazu auffordern, solchen antireligiösen Gesetzen nicht zu gehorchen.

King, Martin Luther: Freiheit. Aus dem Amer. übers. von R. Rostock und A. Schmidt. Kassel 1964, S. 188ff.

■ AUFGABEN:

1. Woran lag nach Martin Luther King die Paradoxie oder der Widerspruch, den er in seiner Gesellschaft erkannte?
2. Sind diesem Brief zufolge alle Gruppen einer Gesellschaft legitimiert, für ihre Interessen mit zivilem Ungehorsam zu kämpfen?
3. Wie unterscheiden sich die Aktionen der RAF und der Rechtsradikalen von den Aktionen von M. L. King?

G18 Thomas Laker: Ziviler Ungehorsam

■ INFO zur Einführung:
Ein schwieriges Problem für den Rechtsstaat sind moralisch motivierte Aktionen wie die Behinderung von Atommülltransporten. Man nennt solche Formen des Protestes „zivilen Ungehorsam" (vgl. G16-17). Eine juristische Definition lautet wie folgt:

Ziviler Ungehorsam ist ein politisch-moralisch motivierter, öffentlicher, friedlicher Akt des Protestes gegen das Verhalten der staatlichen Gewalt, der zumindest *eine* tatbestandliche Rechtsverletzung beinhaltet.

Laker, Thomas: Ziviler Ungehorsam. Baden-Baden 1986, S. 186.

■ AUFGABEN:
1. Ist scharfe Kritik an staatlicher Gewalt auf Kundgebungen, Versammlungen und in Publikationen ziviler Ungehorsam?
2. Können sich Atomkraftgegner auf Art. 8 des Grundgesetzes berufen oder müssen sie mit Strafe rechnen?

G19 Der Heilige als Dieb

Nach einer Legende soll der heilige Crispinus, ein Schuster, Leder gestohlen haben, um daraus für die Armen Schuhe zu machen. Der Staats- und Rechtsphilosoph G. W. Fr. Hegel billigte später diese Handlungsweise nicht, da sie das Recht missachtete.

■ AUFGABEN:
1. Mit welchen Argumenten könnte man die Handlung des Heiligen, mit welchen das Urteil Hegels verteidigen? Wie würden Sie diese Handlung beurteilen?
2. Nehmen Sie an, der ebenfalls ganz arme heilige Crispinus hätte Brot gestohlen, um eine arme Familie vor dem Hungertod zu retten. Würde sich Ihre Beurteilung ändern? Und wenn ja, warum?
3. War der Diebstahl Crispins eine Form des zivilen Ungehorsams?

G20 Widerstandsrecht

a) Grundgesetz der Bundesrepublik Deutschland, Art. 20

(1) Die Bundesrepublik Deutschland ist ein demokratischer und sozialer Bundesstaat.
(2) Alle Staatsgewalt geht vom Volke aus. Sie wird vom Volke in Wahlen und Abstimmungen und durch besondere Organe der Gesetzgebung, der vollziehenden Gewalt und der Rechtsprechung ausgeübt.
(3) Die Gesetzgebung ist an die verfassungsmäßige Ordnung, die vollziehende Gewalt und die Rechtsprechung sind an Gesetz und Recht gebunden.
(4) Gegen jeden, der es unternimmt, diese Ordnung zu beseitigen, haben alle Deutschen das Recht zum Widerstand, wenn andere Abhilfe nicht möglich ist.

■ AUFGABEN:
1. Sind die Bürger befugt, gegen Terroristen oder politische Gruppen gewaltsam vorzugehen, die den Staat umstürzen wollen?
2. Erlaubt unser Grundgesetz einen Widerstand nur gegen Privatpersonen oder auch gegen Repräsentanten des Staates?
3. War Stauffenberg aus heutiger Perspektive zum Widerstand gegen das Hitler-Regime befugt?

b) Urteil des Bundesverfassungsgerichts

Ein Widerstandsrecht gegen einzelne Rechtswidrigkeiten kann es nur im konservierenden Sinne geben, d. h. als Notrecht zur Bewahrung oder Wiederherstellung der Rechtsordnung. Ferner muss das mit dem Widerstande bekämpfte Unrecht offenkundig sein und müssen alle von der Rechtsordnung zur Verfügung gestellten Rechtsbehelfe so wenig Aussicht auf wirksame Abhilfe bieten, dass die Ausübung des Widerstandes das letzte verbleibende Mittel zur Erhaltung oder Wiederherstellung des Rechtes ist [...].

Urteil des Bundesverfassungsgerichts vom 17.08.1956. Zit. nach F. Bauer: Widerstand gegen die Staatsgewalt. Frankfurt a. M. 1965, S. 256.

G21 Immanuel Kant: Friede durch Völkerrecht

■ INFO zur Einführung:
So wie durch das Recht innerhalb eines Staates die Konflikte zwischen den Bürgern bewältigt werden und ihr sonst permanenter Streit beendigt wird, so soll nach Kant künftig auch der Streit zwischen den Staaten nicht mehr durch Kriege, sondern durch Verträge und einen Staatenbund ein Ende finden. Dies Bündnis kann er auch „Föderalism" nennen, abgeleitet von lateinisch foedus, das Bündnis. (Weitere Hilfe: „lädieren" heißt verletzen, und ein „Surrogat" ist ein Ersatz.)

Völker als Staaten können wie einzelne Menschen beurteilt werden, die sich in ihrem Naturzustande (d. i. in der Unabhängigkeit von äußern Gesetzen) schon durch ihr Nebeneinandersein lädieren, und deren jeder um seiner Sicherheit willen von dem andern fordern kann und soll, mit ihm in eine der bürgerlichen ähnliche Verfassung zu treten, wo jedem sein Recht gesichert werden kann. Dies wäre ein *Völkerbund* [...].
[Da] doch die Vernunft vom Throne der höchsten moralisch gesetzgebenden Gewalt herab den Krieg als Rechtsgang schlechterdings verdammt, den Friedenszustand dagegen zur unmittelbaren Pflicht macht, welcher doch ohne einen Vertrag der Völker unter sich nicht gestiftet oder gesichert werden kann: – so muss es einen Bund von besonderer Art geben, den man den *Friedensbund* [...] nennen kann, der vom *Friedensvertrag* [...] darin unterschieden sein würde, dass dieser bloß *einen* Krieg, jener aber *alle* Kriege auf immer zu endigen suchte. Dieser Bund geht auf keinen Erwerb irgendeiner Macht des Staats, sondern lediglich auf Erhaltung und Sicherung der *Freiheit* eines Staats für sich selbst und zugleich anderer verbündeter Staaten, ohne dass diese doch sich deshalb (wie Menschen im Naturzustande) öffentlichen Gesetzen und einem Zwange unter denselben unterwerfen dürfen. [...]
Dass ein Volk sagt: „Es soll unter uns kein Krieg sein; denn wir wollen uns in einen Staat formieren, d. i. uns selbst eine oberste gesetzgebende, regierende und richtende Gewalt setzen, die unsere Streitigkeiten friedlich ausgleicht" – das lässt sich verstehen. – Wenn aber dieser Staat sagt: „Es soll kein Krieg zwischen mir und andern Staaten sein, obgleich ich keine oberste gesetzgebende Gewalt erkenne, die mir mein und der ich ihr Recht sichere" – so ist es gar nicht zu verstehen, worauf ich dann das Vertrauen zu meinem Rechte gründen wolle, wenn es nicht das Surrogat des bürgerlichen Gesellschaftsbundes, nämlich der freie Föderalism ist, den die Vernunft mit dem Begriffe des Völkerrechts notwendig verbinden muss, wenn überall etwas dabei zu denken übrigbleiben soll. [...]
Für Staaten im Verhältnisse untereinander kann es nach der Vernunft keine andere Art

geben, aus dem gesetzlosen Zustande, der lauter Krieg enthält, herauszukommen, als dass sie ebenso wie einzelne Menschen ihre wilde (gesetzlose) Freiheit aufgeben, sich zu öffentlichen Zwangsgesetzen bequemen und so einen (freilich immer wachsenden) *Völkerstaat* […], der zuletzt alle Völker der Erde befassen würde, bilden. Da sie dieses aber nach ihrer Idee vom Völkerrecht durchaus nicht wollen, […] so kann an die Stelle der positiven Idee *einer Weltrepublik* (wenn nicht alles verloren werden soll) nur das *negative* Surrogat eines den Krieg abwehrenden, bestehenden und sich immer ausbreitenden *Bundes* den Strom der rechtscheuenden, feindseligen Neigung aufhalten, doch mit beständiger Gefahr ihres Ausbruchs […].

Kant, Immanuel: Vom ewigen Frieden (1795). Akademie-Ausgabe Bd. 8, S. 354 ff.

■ AUFGABEN:
1. Ist für Kant der Völkerbund eine Friedensgarantie?
2. Wieso könnte eigentlich nur in einer Weltrepublik mit eigener Weltregierung der Friede gesichert werden? Und wieso setzen sich die Völker dieser Idee entgegen?
3. Kennen Sie eine Institution, welche der Forderung Kants zu entsprechen sucht?
4. Könnte auch der internationale Terrorismus durch einen solchen Völkerbund besiegt werden?

G22 Johann Gottfried Herder: Friede durch Ausbreitung der Humanität

■ INFO zur Einführung:
Während Kant den Frieden durch das Recht erhoffte, erwartete J. G. Herder (1744–1803) den Frieden zwischen den Völkern durch eine friedliche „Gesinnung", nämlich durch wachsende „Billigkeit, Menschlichkeit, tätige Vernunft". Darin sah er die sich allmählich entwickelnde „Humanität". Zwei wichtige Gestalten der humanen Gesinnung waren für ihn der „Abscheu gegen den Krieg" und das „Gefühl der Billigkeit gegen andere Nationen".

Abscheu gegen den Krieg

Der Krieg, wo er nicht erzwungene Selbstverteidigung, sondern ein toller Angriff auf eine ruhige, benachbarte Nation ist, ist ein unmenschliches, ärger als tierisches Beginnen, indem er nicht nur der Nation, die er angreift, unschuldigerweise Mord und Verwüstung drohet, sondern auch die Nation, die ihn führet, ebenso unverdient als schrecklich hinopfert. Kann es einen abscheulichern Anblick für ein höheres Wesen geben als zwei einander gegenüberstehende Menschenheere, die unbeleidigt einander morden? Und das Gefolge des Krieges, schrecklicher als er selbst, sind Krankheiten, Lazarette, Hunger, Pest, Raub, Gewalttat, Veröduung der Länder, Verwilderung der Gemüter, Zerstörung der Familien, Verderb der Sitten auf lange Geschlechter. Alle edlen Menschen sollten diese Gesinnung mit warmem Menschengefühl ausbreiten, Väter und Mütter ihre Erfahrungen darüber den Kindern einflößen, damit das fürchterliche Wort Krieg, das man so leicht ausspricht, den Menschen nicht nur verhasst werde, sondern dass man es mit gleichem Schauder als den St. Veitstanz, Pest, Hungersnot, Erdbeben, den schwarzen Tod zu nennen oder zu schreiben kaum wage.

Gefühl der Billigkeit gegen andere Nationen

Dagegen muss jede Nation allgemach es unangenehm empfinden, wenn eine andre Nation beschimpft und beleidigt wird, es muss allmählich ein gemeines Gefühl erwachen, dass jede sich an die Stelle jeder andern fühle. Hassen wird man den frechen Übertreter fremder Rechte, den Zerstörer fremder Wohlfahrt, den kecken Beleidiger fremder Sitten und Meinungen, den prahlenden Aufdringer seiner eignen Vorzüge an Völker, die diese nicht begehren. Unter welchem Vorwande jemand über die Grenze tritt, dem Nachbar als einem Sklaven das Haar abzuscheren, ihm seine Götter aufzuzwingen und ihm dafür seine Nationalheiligtümer in Religion, Kunst, Vorstellungsart und Lebensweise zu entwenden, im Herzen jeder Nation wird er einen Feind finden, der in seinen eignen Busen blickt und sagt: „Wie, wenn das mir geschähe?" – Wächst dies Gefühl, so wird unvermerkt eine Allianz aller gebildeten Nationen gegen jede einzelne anmaßende Macht. Auf diesen stillen Bund ist gewiss früher zu rechnen als [...] auf ein förmliches Einverständnis der Kabinette und Höfe.

Herder, Johann Gottfried (1797): Briefe zur Beförderung der Humanität, 118. und 119. Br.

■ AUFGABEN:
1. Wie müsste eine Friedenserziehung nach Herder aussehen?
2. Könnte man mit Herders Forderungen auch drohenden Bürgerkriegen entgegentreten?
3. Wie verhält sich Herders Auffassung zur Kantischen? Welche Friedenshoffnung scheint Ihnen begründeter zu sein: Kants Hoffnung auf ein Völkerrecht oder Herders Hoffnung auf die Entwicklung der Humanität?
4. Was scheinen Ihnen heute die wichtigsten Kriegsursachen zu sein? Ließen sie sich durch Kants und Herders Überlegungen beseitigen?

8 Menschenrechte – wozu und worauf?

H1 Die Umwandlung des Naturrechts in positives Recht: „Schutz- und Abwehrrechte des Individuums"

a) Die „Bill of Rights" (Auszüge)

■ INFO zur Einführung:

Hatte es im Mittelalter noch keine Persönlichkeitsrechte, sondern allenfalls gemeinsame Rechte für einzelne Stände gegeben (vgl. „Magna Charta Libertatum" aus dem Jahre 1215), so steht die Neuzeit – insbesondere seit dem 18. Jahrhundert – im Zeichen des Kampfes um die Befreiung des Individuums. In den Vereinigten Staaten von Amerika gewann dieser Kampf auch hinsichtlich der politischen und ökonomischen Befreiung von der britischen Kolonialherrschaft an Bedeutung. Die amerikanischen Unabhängigkeitskämpfer beriefen sich auf das Naturrecht und entwickelten noch vor der „Unabhängigkeitserklärung" den ältesten Menschenrechtskatalog der Welt, die „Bill of Rights" von Virginia. Der in ihr enthaltene Artikel 1 erwies sich als richtungsweisend für zahlreiche Verfassungen:

Artikel 1 der Grundrechte von Virginia vom 12.6.1776:

Alle Menschen sind von Natur aus gleichermaßen frei und unabhängig und besitzen gewisse angeborene Rechte, deren sie, wenn sie den Status einer Gesellschaft annehmen, durch keine Abmachung ihre Nachkommenschaft berauben oder entkleiden können, und zwar den Genuss des Lebens und der Freiheit und dazu die Möglichkeit, Eigentum zu erwerben und zu besitzen und Glück und Sicherheit zu erstreben und zu erlangen.

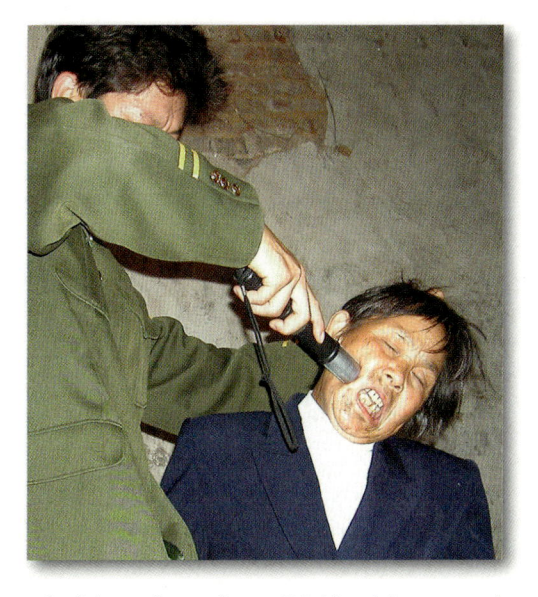

Heidelmeyer, Wolfgang (Hrsg.): Die Menschenrechte. Paderborn ²1977, S. 54.

■ AUFGABE:
Inwiefern halten Sie die „Bill of Rights" in der Gegenwart für richtungsweisend?

b) Die amerikanische Unabhängigkeitserklärung (Auszüge)

■ INFO zur Einführung:

Im Juli 1776 besiegelten 13 Vereinigte Staaten ihre politische Loslösung von England in der sog. „Unabhängigkeitserklärung". Vorausgegangen war u. a. die Überzeugung, dass nur ein Parlament, in dem die Amerikaner selbst vertreten sind, diese zum Gehorsam gegenüber dem Parlament und der Regierung verpflichten könne. Insbesondere das Recht des Volkes auf Bestimmung der Regierungsform sollte gewährleistet werden:

Auszüge aus der Unabhängigkeitserklärung der USA vom 4.7.1776:

Wir halten diese Wahrheiten für in sich einleuchtend: dass alle Menschen gleich erschaffen sind; dass sie von ihrem Schöpfer mit gewissen unveräußerlichen Rechten ausgestattet sind, darunter Leben, Freiheit und Streben nach Glück; dass zur Sicherung dieser Rechte Regierungen unter den Menschen eingesetzt sind, die ihre gerechten Vollmachten von der Einwilligung der Regierten herleiten; dass, wenn immer eine Regierungsform diesen Zielen zum Schaden gereicht, es das Recht des Volkes ist, sie zu ändern oder abzuschaffen und eine neue Regierung einzusetzen, die sich auf solchen Grundsätzen aufbaut und ihre Macht in einer Weise organisiert, wie sie am geeignetsten erscheint, seine Sicherheit und sein Glück zu schaffen.

Lautemann, Wolfgang/Schlenke, Manfred (Hrsg.): Geschichte in Quellen. Amerikanische und Französische Revolution. München 1981, S. 90f.

■ AUFGABEN:
1. Welche „Wahrheiten" werden „in sich" für einleuchtend gehalten? Halten Sie die Annahme dieser „Wahrheiten" für gerechtfertigt?
2. Überlegen Sie sich, wie die politische und soziale Situation der Amerikaner im 18. Jahrhundert ausgesehen haben muss! Überprüfen Sie Ihre Erwägungen anhand historischer Quellen (beispielsweise durch Recherche in einer Stadtbücherei und im Internet)!

c) Die französische „Erklärung der Menschenrechte" (Auszüge)

■ INFO zur Einführung:
Vor dem Hintergrund des liberalen Gedankenguts der Aufklärung des 18. Jahrhunderts erklärten sich die Vertreter des „Dritten Standes" zu einer Nationalversammlung, um die Misswirtschaft der absolutistischen Herrscher mit dem Ziel zu beenden, Vernunft und Gleichheit aller Menschen im Staatswesen walten zu lassen. So wurden die aufwühlenden Ideen der Gleichheit, Freiheit und Brüderlichkeit aller Menschen (in allen Ländern und Staatsformen) an alle Mitglieder der Gesellschaft herangetragen und von den Herrschenden revolutionär eingefordert. Im Jahre 1789 konstatiert die französische Nationalversammlung – beraten von Thomas Jefferson, dem Pariser Gesandten der Vereinigten Staaten und Schöpfer der Unabhängigkeitserklärung Amerikas – in ihrer „Erklärung der Menschen- und Bürgerrechte" vom 26. August 1789, dass die Menschen frei geboren werden, frei bleiben und gleich vor dem Recht sind. In den Verfassungen aller demokratischen Staaten finden sich bis heute die Menschenrechte: Unverletzlichkeit der Person, Meinungsfreiheit, Freizügigkeit etc.

■ AUFGABE:
Woran erinnert Sie die bildliche Darstellung der Menschenrechtserklärung? Beschreiben und deuten Sie die Abbildung!

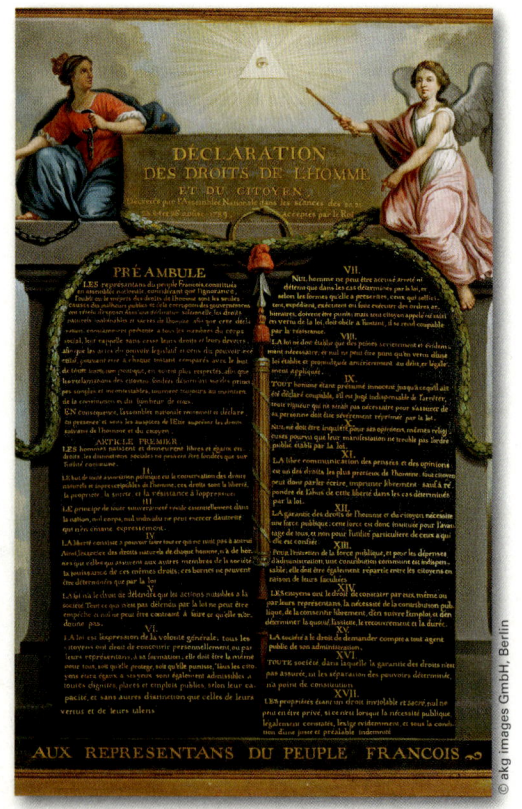

Französische Nationalversammlung: „Die Erklärung der Menschenrechte" (26.8.1789).

Die Vertreter des französischen Volkes, die als Nationalversammlung konstituiert sind, haben in der Erwägung, dass die Unkenntnis, das Vergessen oder die Missachtung der Menschenrechte die alleinigen Ursachen für die öffentlichen Missstände und die Verderbtheit der Regierungen sind, beschlossen, in einer feierlichen Erklärung die natürlichen, unveräußerlichen und geheiligten Rechte des Menschen niederzulegen, damit diese Erklärung allen Mitgliedern der Gesellschaft stets gegenwärtig ist und sie unablässig an ihre Rechte und Pflichten erinnert werden; damit die Handlungen der gesetzgebenden wie der vollziehenden Gewalt jederzeit mit dem Zweck einer jeden politischen Einrichtung verglichen werden können und dadurch mehr geachtet werden; damit die Beschwerden der Bürger, von nun an auf einfache und unbestreitbare Grundsätze gegründet, jederzeit der Bewahrung der Verfassung und dem Wohle aller dienen. Demzufolge anerkennt und verkündet die Nationalversammlung in Gegenwart und unter dem Schutze des allerhöchsten Wesens die folgenden Menschen- und Bürgerrechte:

Artikel 1 – Die Menschen werden frei und gleich an Rechten geboren und bleiben es. Gesellschaftliche Unterschiede dürfen nur im allgemeinen Nutzen begründet sein.

Artikel 2 – Der Zweck jeder politischen Vereinigung ist die Erhaltung der natürlichen und unantastbaren Menschenrechte. Diese sind das Recht auf Freiheit, das Recht auf Eigentum, das Recht auf Sicherheit und das Recht auf Widerstand gegen Unterdrückung.

Artikel 3 – Der Ursprung jeder Souveränität liegt ihrem Wesen nach beim Volke. Keine Körperschaft und kein einzelner kann eine Gewalt ausüben, die nicht ausdrücklich von ihm ausgeht.

Artikel 4 – Die Freiheit besteht darin, alles tun zu dürfen, was einem anderen nicht schadet: Die Ausübung der natürlichen Rechte eines jeden Menschen hat also nur die Grenzen, die den anderen Mitgliedern der Gesellschaft den Genuss eben dieser Rechte sichern. Diese Grenzen können nur durch das Gesetz bestimmt werden.

Artikel 6 – Das Gesetz ist der **Ausdruck des allgemeinen Willens.** Alle Bürger haben das Recht, persönlich oder durch ihre Vertreter an seiner Gestaltung mitzuwirken. Es muss für alle gleich sein, mag es beschützen oder bestrafen. Da alle Bürger vor ihm gleich sind, sind sie alle gleichermaßen, ihren Fähigkeiten entsprechend und ohne einen anderen Unterschied als den ihrer Eigenschaften und Begabungen, zu allen öffentlichen Würden, Ämtern und Stellungen zugelassen. […]

Fricke, Wolfgang (Hrsg.): Die Französische Erklärung der Menschen- und Bürgerrechte vom 26. August 1789. In: http://www.heinrich-heine-denkmal.de/dokumente/fr-menschenr-d.shtml

■ AUFGABEN:
1. Worin besteht die Freiheit gemäß dieser Erklärung? Handelt es sich um einen „negativen" oder „positiven" Freiheitsbegriff (B19)?
2. Erkennen Sie Parallelen zur Staatstheorie Rousseaus (G4)?

d) „Allgemeine Erklärung der Menschenrechte" der UNO vom 10.12.1948

Grafik von Herbert Sandberg: „Menschenrechte"

■ AUFGABE:
Beschreiben Sie die vier Motive. Was wird dargestellt?

■ INFO zur Einführung:

„Nach den ungeheuerlichen Menschenrechtsverletzungen durch das nationalsozialistische Unrechtsregime sollte nach dem Ende des Krieges [1945] eine neue, bessere Welt geschaffen werden. Schon 1941 hatte der amerikanische Präsident [...] Roosevelt in einer Botschaft an den Kongress vier Grundfreiheiten (Freiheit von Not und Furcht, Freiheit der Meinungsäußerung und der Religionsausübung) als Grundlage einer neuen Weltordnung genannt [...]. Das Zukunftsweisende in der Idee Roosevelts lag in der Verbindung von klassischen Freiheitsrechten mit sozialen Rechtsansprüchen, gründete sich also auf die Erkenntnis, dass Frieden und Freiheit auf Dauer nicht bewahrt werden können ohne eine menschenwürdige Existenz jedes Einzelnen. Träger dieser neuen Welt sollten die Vereinten Nationen werden. In der Tat führte dieser Kampf zu einer Renaissance der Menschenrechtsidee [...]. Die ‚Allgemeine Erklärung der Menschenrechte' [...] trägt recht unterschiedliche Wesenszüge. Einerseits verzichtete man auf eine naturrechtliche Fundierung der Menschenrechte, erfolgte die Einigung auf einer sehr allgemeinen Basis [...]. Andererseits gewann sie an Bedeutung dadurch, dass man [...] erstmals in einer so weitreichenden Erklärung liberale und soziale Rechte gleichberechtigt und gleichgewichtig nebeneinander stellte [...]." (Bundeszentrale für politische Bildung (Hrsg.): Informationen zur politischen Bildung. Menschenrechte. Bonn 1991, S. 6 f.)

Präambel

Da die Anerkennung der allen Mitgliedern der menschlichen Familie innewohnenden Würde und ihrer gleichen und unveräußerlichen Rechte die Grundlage der Freiheit, der Gerechtigkeit und des Friedens in der Welt bildet, da Verkennung und Missachtung der Menschenrechte zu Akten der Barbarei führten, die das Gewissen der Menschheit tief verletzt haben, und da die Schaffung einer Welt, in der den Menschen, frei von Furcht und Not, Rede- und Glaubensfreiheit zuteil wird, als das höchste Bestreben der Menschheit verkündet worden ist, da es wesentlich ist, die Menschenrechte durch die Herrschaft des Rechtes zu schützen, damit der Mensch nicht zum Aufstand gegen Tyrannei und Unterdrückung als letztem Mittel gezwungen wird, da es wesentlich ist, die Entwicklung freundschaftlicher Beziehungen zwischen den Nationen zu fördern, da die Völker der Vereinten Nationen in der Satzung ihren Glauben an die grundlegenden Menschenrechte, an die Würde und den Wert der menschlichen Person und an die Gleichberechtigung von Mann und Frau erneut bekräftigt und beschlossen haben, den sozialen Fortschritt und bessere Lebensbedingungen bei größerer Freiheit zu fördern, da die Mitgliedstaaten sich verpflichtet haben, in Zusammenarbeit mit den Vereinten Nationen die allgemeine Achtung und Verwirklichung der Menschenrechte und Grundfreiheiten durchzusetzen, da eine gemeinsame Auffassung über diese Rechte und Freiheiten von größter Wichtigkeit für die volle Erfüllung dieser Verpflichtung ist, proklamiert die Generalversammlung diese Allgemeine Erklärung der Menschenrechte als das von allen Völkern und Nationen zu erreichende gemeinsame Ideal, damit jeder einzelne und alle Organe der Gesellschaft sich diese Erklärung stets gegenwärtig halten und sich bemühen, durch Unterricht und Erziehung die Achtung dieser Rechte und Freiheiten zu fördern und durch fortschreitende Maßnahmen im nationalen und internationalen Bereich ihre allgemeine und tatsächliche Anerkennung und Verwirklichung bei der Bevölkerung sowohl der Mitgliedstaaten wie der ihrer Oberhoheit unterstehenden Gebiete zu gewährleisten.

Artikel 1

Alle Menschen sind frei und gleich an Würde und Rechten geboren. Sie sind mit Vernunft und Gewissen begabt und sollen einander im Geiste der Brüderlichkeit begegnen.

Artikel 2

Jedermann hat Anspruch auf die in dieser Erklärung proklamierten Rechte und Freiheiten ohne irgendeine Unterscheidung, wie etwa nach Rasse, Farbe, Geschlecht, Sprache, Religion, politischer oder sonstiger Überzeugung, nationaler oder sozialer Herkunft, nach Vermögen, Geburt oder sonstigem Status.
Weiter darf keine Unterscheidung gemacht werden auf Grund der politischen, rechtlichen oder internationalen Stellung des Landes oder Gebietes, dem eine Person angehört, ohne Rücksicht darauf, ob es unabhängig ist, unter Treuhandschaft steht, keine Selbstregierung besitzt oder irgendeiner anderen Beschränkung seiner Souveränität unterworfen ist.

Artikel 3

Jedermann hat das Recht auf Leben, Freiheit und Sicherheit der Person.

Artikel 4

Niemand darf in Sklaverei oder Leibeigenschaft gehalten werden; Sklaverei und Sklavenhandel sind in allen ihren Formen verboten.

Artikel 5

Niemand darf der Folter oder grausamer, unmenschlicher oder erniedrigender Behandlung oder Strafe unterworfen werden.

Artikel 6

Jedermann hat das Recht, überall als rechtsfähig anerkannt zu werden.

Artikel 7

Alle Menschen sind vor dem Gesetz gleich und haben ohne Diskriminierung Anspruch auf gleichen Schutz durch das Gesetz. Alle haben Anspruch auf gleichen Schutz gegen jede Diskriminierung, welche die vorliegende Erklärung verletzen würde, und gegen jede Aufreizung zu einer derartigen Diskriminierung.

Artikel 12

Niemand darf willkürlichen Eingriffen in sein Privatleben, seine Familie, seine Wohnung und seinen Schriftverkehr oder Beeinträchtigungen seiner Ehre und seines Rufes ausgesetzt werden. Jeder hat Anspruch auf rechtlichen Schutz gegen solche Eingriffe oder Beeinträchtigungen.

Artikel 13

1. Jedermann hat das Recht, sich innerhalb eines Staates frei zu bewegen und seinen Aufenthaltsort frei zu wählen.
2. Jedermann hat das Recht, jedes Land, einschließlich seines eigenen, zu verlassen und in sein Land zurückzukehren.

Artikel 14

1. Jedermann hat das Recht, in anderen Ländern vor Verfolgung Asyl zu suchen und zu genießen.
2. Dieses Recht kann nicht in Anspruch genommen werden im Falle einer Strafverfolgung, die tatsächlich auf Grund von Verbrechen nichtpolitischer Art oder auf Grund von Handlungen erfolgt, die gegen die Ziele und Grundsätze der Vereinten Nationen verstoßen.

Artikel 15

1. Jedermann hat das Recht auf eine Staatsangehörigkeit.
2. Niemandem darf seine Staatsangehörigkeit willkürlich entzogen noch das Recht versagt werden, seine Staatsangehörigkeit zu wechseln.

Artikel 16

2. Heiratsfähige Frauen und Männer haben ohne Beschränkung auf Grund der Rasse, der Staatsangehörigkeit oder der Religion das Recht zu heiraten und eine Familie zu gründen. Sie haben bei der Eheschließung, während der Ehe und bei deren Auflösung gleiche Rechte.
3. Eine Ehe darf nur bei freier und uneingeschränkter Willenseinigung der künftigen Ehegatten geschlossen werden.
4. Die Familie ist die natürliche Grundeinheit der Gesellschaft und hat Anspruch auf Schutz durch Gesellschaft und Staat. [...]

Bundeszentrale für politische Bildung (Hrsg.): „Allgemeine Erklärung der Menschenrechte" der Vereinten Nationen vom 10.12.1948. Resolution 217 A (III). Auszüge. In: Menschenrechte: Dokumente und Deklarationen, hg. von der Bundeszentrale für politische Bildung. Bonn ²1995, S. 37 ff.

■ AUFGABEN:
1. Welche Bestimmungen scheinen Ihnen auf die Erfahrungen mit NS-Regime und Stalinismus zurückzugehen?
2. Gibt es Rechte, die Sie in unserer Gesellschaft noch unzureichend beachtet finden?
3. Recherchieren Sie – ergänzend zur vorliegenden Fassung – die fehlenden Artikel der Menschenrechtserklärung und gliedern Sie die einzelnen Artikel nach folgenden Gesichtspunkten:
   a) Freiheits- und Schutzrechte, sog. „äußere Freiheiten",
   b) Gleichheits- und Sozialrechte, d. h. Fürsorge des Staates für seine Bewohner,
   c) Entwicklungsrechte, sog. Wohlfahrtsziele der Staatengemeinschaft,
   d) Teilhaberechte, sog. Mitwirkungsbefugnisse im Gemeinwesen!

e) Das Grundgesetz der Bundesrepublik Deutschland: Die Würde des Menschen

■ INFO zur Einführung:

Am 8. Mai 1949, vier Jahre nach der Unterzeichnung der bedingungslosen Kapitulation im 2. Weltkrieg, wurde das Grundgesetz der Bundesrepublik Deutschland verabschiedet. Am 12. Mai 1949 genehmigten dann die alliierten Militärgouverneure den Text der Grundordnung, die nach der Ratifizierung durch die Landtage am 23. Mai 1949 verkündet wurde und in Kraft trat. Die Grundrechte wurden an den Anfang des Grundgesetzes gerückt; einer Verfügung zufolge sind in ihnen „ewige Werte" zu sehen, die sich auch nicht durch Gesetzesänderungen aufheben lassen (vgl. Art. 79, Abs. 3). Die herausragende Leistung der Väter des Grundgesetzes besteht in der Festsetzung des Zusammenhangs der Grundrechte mit den „unverletzlichen und unveräußerlichen Menschenrechten als Grundlage jeder menschlichen Gemeinschaft" (vgl. Art. 1, Abs. 2).

Berlin: Ausstellung zur Geschichte der Deutschen Verfassung (2004)

■ AUFGABEN:

1. „Die Würde des Menschen ist unantastbar. Sie zu achten und zu schützen ist Verpflichtung aller staatlichen Gewalt." – Erläutern Sie, für wen dieser erste Artikel des Grundgesetzes gilt!
2. Wer ist „der" Mensch? Was ist unter dem Begriff „Würde" zu verstehen? Vergleichen Sie den Begriff der Würde mit Immanuel Kants Formel des kategorischen Imperativs, demzufolge ein Mensch immer nur ein Zweck des Handelns sein darf (E12d)!
3. Welche Rechte und Pflichten des Bürgers sind mit dem Artikel des Grundgesetzes verbunden?
4. Überprüfen Sie, inwieweit Sie Verstöße gegen den Artikel schon einmal erlebt haben!
5. Kann ein Mensch in Bezug auf die eigene Person gegen den Artikel verstoßen? Ist freiwillige Prostitution ein Verstoß gegen den Artikel?

H2 Die Begründung der Menschenrechte

■ INFO zur Einführung:

Was ist das Kennzeichen der Menschenrechte? Bekannt sind Ihnen Rechte, die durch bestimmte Leistungen erworben werden können. Nach dem erfolgreichen Unterricht in der Sekundarstufe II und den bestandenen Prüfungen zur „Allgemeinen Hochschulreife" erhalten wir in Deutschland beispielsweise das Recht, an einer Universität studieren zu dürfen. Besondere Prüfungsleistungen können, so zeigen auch Führerscheinprüfungen, darüber entscheiden, wer bestimmte Rechte besitzen darf und wer nicht. Im Unterschied dazu haben sich seit dem 18. Jahrhundert auf der Grundlage philosophischer Naturrechtslehren „Menschenrechte" etabliert, die allen Menschen als mit Freiheit ausgestatteten Personen gleichermaßen unabhängig von individuellen Unterschieden und Leistungen zukommen. Sie sind integraler Bestandteil demokratischer Verfassungen und drückten ursprünglich die politischen und rechtlichen Forderungen des aufsteigenden Bürgertums gegenüber absolutistischen Monarchien aus. Die „Menschenrechte" sollten verdeutlichen, dass der Staat jedem Bürger Freiheit, Eigentum und Rechtssicherheit zu garantieren habe und willkürliche Übergriffe von Regierungen zu verhindern seien. Insbesondere die Forderung religiöser Gemeinschaften nach Glaubens- und Gewissensfreiheit stand am Beginn der Festlegung von Menschenrechten. Die „Menschenrechte", so wird im Folgenden gezeigt werden, basieren auf allgemeinen Vernunftprinzipien: Die Menschenrechte sind in der „Persönlichkeit", in der natürlichen „Freiheit" und „Würde" des Menschen begründet.

a) Friedrich Kirchner: Die Anlage zur Persönlichkeit

Personen sind […] vernunftbegabte Wesen, welche Selbstbewusstsein und Selbstbestimmung haben und daher zurechnungsfähig sind. Sie können im Staate Rechte erwerben und Pflichten *übernehmen*, während Sachen und Tiere nur der *Gegenstand* rechtlicher Verhältnisse sein können. Im speziellen bedeutet Person […] ein moralisches *Subjekt,* welches, unabhängig vom *Naturmechanismus,* sich selbst Zwecke setzen kann und daher auch der Zurechnung fähig ist, oder ein *juristisches* Subjekt, welches in einem Rechtsverhältnisse berechtigt oder verpflichtet ist. Die Anlage zur Persönlichkeit bringt der Mensch mit auf die Welt, er kann sie daher weder verlieren noch freiwillig aufgeben. Sie ist der Grund aller Menschenrechte und Menschenpflichten. Die Sklaverei ist widersinnig und unberechtigt, weil sie den Menschen als Sache, nicht als Person behandelt.

Friedrich Kirchner's Wörterbuch der Philosophischen Grundbegriffe. Neubearb. von C. Michaëlis. Leipzig ⁵1907, S. 425f.

Eine Wandbeschriftung des Berufskollegs Ennepetal in Nordrhein-Westfalen

■ AUFGABE:
Inwiefern ist die Anlage zur Persönlichkeit der Grund aller Menschenrechte und -pflichten? Belegen Sie Ihre Überlegungen an Beispielen!

b) Ernst Tugendhat: Naturrecht und Menschenrechte

Was soll es heißen, ein Recht, das nicht verliehen worden ist, zu haben? […] Um den Umstand zu unterstreichen, dass es sich bei den moralischen Rechten um solche handelt, die wir „haben" und die uns nicht nur von einer Rechtsordnung verliehen worden sind, hat die frühzeitliche Menschenrechtstradition von Naturrechten gesprochen. Das klingt so, als wären wir mit diesen Rechten geboren und als hätten wir sie, wie wir Organe haben, oder als trügen wir sie wie Goldkörner in unseren Herzen. Einen verständlichen Sinn konnte diese Rede bestenfalls aus theologischer Sicht haben. So heißt es in der nordamerikanischen Unabhängigkeitserklärung, dass alle Menschen von ihrem Schöpfer mit „gewissen unveräußerlichen Rechten" „ausgestattet" worden sind. Der Grund, warum diese theologische Auffassung leichter verständlich scheint, ist natürlich, dass jetzt auch die Rechte, die wir „von Natur" oder „von vornherein" haben, verliehen sind: von Gott verliehen. […] Die theologische Auffassung […] kann […] nur den Sinn haben, dass Gott die moralische Ordnung im ganzen gestiftet hat, d. h. die Menschheit als eine moralische Gemeinschaft, deren Mitglieder diese Rechte wechselseitig beieinander einklagen können: er hätte das ganze System der wechselseitigen Rechte und Pflichten gestiftet. Die Rechte hätten dann aber ihren spezifischen Sinn als Rechte nur, indem die Mitglieder der Gemeinschaft sie wechselseitig anerkennen. […]
[Der amerikanische Philosoph Gregory] Vlastos begründet […] [die] Auffassung vom absoluten Wert aller Menschen nicht, er meint jedoch, dass sie unserer Überzeugung von unveräußerlichen Menschenrechten zugrunde liegt. Er geht insofern noch weiter als Kant, weil für Kant die Auffassung vom Menschen als Zweck an sich in der Vernunft gegründet ist; sie liegt daher den moralischen Rechten und Pflichten nicht so sehr zugrunde, als dass

sie mit der Überzeugung, dass diese existieren und das heißt mit der Moral der universellen Achtung identisch ist. [...] Bei Vlastos wird besonders deutlich, dass der einzige Sinn der Einführung absoluter Werte darin besteht, die Menschenrechte und d. h. die Moral der universellen Achtung zu unterbauen. Aber dann verlieren wir nichts, wenn wir den Glauben an den absoluten Wert einfach streichen. Der substantielle Sinn dieses Glaubens bleibt derselbe, nämlich dass wir alle Menschen als Rechtsträger anerkennen, und jetzt können wir deutlicher sagen, was sich bereits bei der Interpretation der theologischen Auffassung nahegelegt hat, dass wir selbst es sind, insofern wir uns unter die Moral der universellen Achtung stellen, die allen Menschen die sich aus dieser ergebenden Rechte verleihen. Auch die moralischen Rechte sind also verliehene Rechte, und die Instanz, die sie verleiht, ist [...] die moralische Gesetzgebung selbst bzw. es sind wir selbst, insofern wir uns unter diese Gesetzgebung stellen. Es ist wegen ihrer Zweideutigkeit besser, die Rede von Naturrechten zu vermeiden; ihr Sinn besteht einfach darin, dass es sich hier um Rechte handelt, die, wenn wir sie überhaupt anerkennen, vor aller positiven Rechtssetzung gelten. [...] Auch die moralischen Rechte sind verliehene Rechte, verliehen von der Moral selbst (oder, da auch das missverständlich ist, von uns, sofern wir uns moralisch verstehen). [...]

Was ist, wenn wir hier von einem Recht sprechen, mehr gesagt, als dass alle die entsprechende Pflicht haben? Erstens, dass jetzt jeder nicht nur die Pflicht hat, sich mir gegenüber so und so zu verhalten, sondern dass der als Basis dieser Pflicht das relative Recht anerkennt, das ich ihm gegenüber (ebenso wie gegenüber allen anderen) habe. Wir können deswegen auch sagen, dass er es mir schuldig ist, sich mir gegenüber so zu verhalten. [...] Wenn wir den anderen als Rechtssubjekt anerkennen, denken wir ihn uns so, dass er unbestimmt viele Zügel in er Hand hält, an die wir, als Mitglieder der moralischen Gemeinschaft, gebunden sind und an die er uns gegebenenfalls erinnern kann [...]; der andere wird jetzt als Subjekt (Rechtssubjekt) und nicht als bloßes Objekt unserer Pflichten angesehen, wir verstehen unsere Pflicht als Reflex auf sein Recht. [...] Überhaupt wird jetzt auch schärfer unterstrichen, was freilich im kategorischen Imperativ von vornherein enthalten war, dass nunmehr alles aus der Perspektive derer, die die Rechte haben, beurteilt wird. Obwohl der Begriff des Rechts auf dem der Verpflichtung aufruht, ist es inhaltlich so, dass die Pflichten aus den Interessen und Bedürfnissen und den aus diesen folgenden Rechten sich ergeben: die Rechte folgen aus den Bedürfnissen, wenn dies bei unparteilicher Beurteilung als wünschenswert erscheint. Beachten wir jetzt noch, dass, je nachdem wir die Verpflichtung aus der Perspektive der Verpflichteten oder aus der Berechtigten sehen, sich eine spiegelbildlich verkehrte Beziehung zwischen einem und allen ergibt. Der Verpflichtete ist allen gegenüber verpflichtet. Der Berechtigte hat seine Rechte allen gegenüber.

Tugendhat, Ernst: Vorlesungen über Ethik. Siebzehnte Vorlesung: Menschenrechte. Frankfurt a. M. ³1995, S. 336 ff.

■ AUFGABEN:
1. Ernst Tugendhat definiert die Menschenrechte als „moralische Rechte". Wie erklärt er, dass die „moralischen Rechte" erworben werden müssen?
2. Sind die Menschenrechte ihm zufolge „angeboren"?
3. Welche Rolle spielt die „universelle Achtung" für die Begründung der Menschenrechte?
4. Erläutern Sie das folgende Zitat: „Auch die moralischen Rechte sind verliehene Rechte, verliehen von der Moral selbst"!
5. Inwiefern umfassen alle Menschenrechte auch eine Pflicht?

c) Immanuel Kant: Das angeborene Recht ist nur ein einziges

Freiheit (Unabhängigkeit von eines anderen nötigender Willkür), sofern sie mit jedes anderen Freiheit nach einem allgemeinen Gesetz zusammen bestehen kann, ist dieses einzige, ursprüngliche, jedem Menschen, kraft seiner Menschheit, zustehende Recht. – Die angeborene *Gleichheit*, d. i. die Unabhängigkeit, nicht zu mehrerem von anderen verbunden zu werden, als wozu man sie wechselseitig auch verbinden kann; mithin die Qualität des Menschen, sein *eigener Herr* (sui iuris) zu sein, im gleichen die eines *unbescholtenen* Menschen [...], weil er, vor allem rechtlichen Akt, keinem Unrecht getan hat; endlich auch die Befugnis, das gegen andere zu tun, was an sich ihnen das Ihre nicht schmälert, wenn sie sich dessen nur nicht annehmen wollen; dergleichen ist, ihnen bloß seine Gedanken mitzuteilen, ihnen etwas zu erzählen oder zu versprechen, es sei wahr und aufrichtig, oder unwahr und unaufrichtig [...], weil es bloß auf ihnen beruht, ob sie ihm glauben wollen oder nicht; – alle diese Befugnisse liegen schon im Prinzip der angeborenen Freiheit, und sind wirklich von ihr nicht (als Glieder der Einteilung unter einem höheren Rechtsbegriff) unterschieden.

Kant, Immanuel: Die Metaphysik der Sitten. Gesammelte Werke, hg. von W. Weischedel, Bd. 8, Frankfurt a. M. 1977, S. 345f.

■ AUFGABEN:
1. Deuten Sie Kants Freiheitsbegriff!
2. Wie verhalten sich Freiheit und Gleichheit?
3. Lassen sich alle Menschenrechte, die Sie in H1d finden, auf das einzige Prinzip Kants zurückführen?

d) Gerhard Luf: „Geschichtlichkeit" naturrechtlicher Prinzipien und die „Würde des Menschen" als grundlegendes Naturrechtsprinzip

Die modernen Naturrechtslehren stehen vor der Aufgabe, grundlegende Prinzipien sozialer Ordnung im Zeichen der Geschichtlichkeit des Menschen zu gewinnen. Dies bedeutet eine Absage an alle Versuche, von Zeit und Raum unabhängige, absolute Naturrechtssätze ableiten zu wollen. Geschichtlichkeit des Menschen heißt, dass menschliche Praxis immer schon und notwendig in zeitlichen Bezügen steht. Sie ist durch verschiedene Faktoren geprägt: durch die spezifische Form der Naturbeherrschung und deren gesellschaftlich-institutionelle Bewältigung; durch kulturelle, sozio-ökonomische, zivilisatorische, technologische Bedingungen u. a. m.

Wenn also das Naturrechtsdenken auf diese Bedingungen und Anforderungen menschlicher Praxis reagieren will, kann es auf keinen Fall einen perfekten Entwurf einer idealen, überpositiven Naturrechtsordnung vorlegen. Es hat vielmehr eine primär kritische Funktion: sich nämlich all jenen Erscheinungen zuzuwenden, die geeignet sind, Humanität konkret zu bedrohen, und sie der Kritik zu unterziehen. In dieser kritischen Haltung gegenüber Erscheinungsformen von Inhumanität [...] nimmt das Naturrechtsdenken Bezug auf das positive Recht und fordert zur Rechtskritik und Rechtserneuerung auf. [...]

Welche Maßstäbe, so ist zu fragen, sollen bei dieser Rechtskritik an inhumanem Recht zur Anwendung kommen? Menschliche Zielsetzungen und Wertvorstellungen sind höchst unterschiedlich. Wie lassen sich dann allgemeine Prinzipien „richtigen" Rechts angeben und rechtfertigen? Steht dem nicht die Pluralität menschlicher Wertvorstellungen gegenüber?

Die Naturrechtstheorien anerkennen zwar den Gedanken der Pluralität, betonen aber, dass diese Pluralität, soll sie möglich sein bzw. bewahrt werden, durch ein unbedingt geltendes sittliches Prinzip fundiert werden müsse. Dieses Prinzip wird zumeist mit dem Begriff der „Würde des Menschen" angesprochen, und damit der Anspruch des Menschen ausgedrückt, in allen seinen rechtlichen Bezügen als Subjekt verantworteter Freiheit anerkannt zu werden. Da es sich dabei keinesfalls um ausformulierte Rechtssätze, sondern um normative Leitprinzipien handelt, müssen diese im Wege der Gesetzgebung bzw. sonstiger Formen der Rechtsverwirklichung konkretisiert, in garantiertes Recht umgesetzt werden. Den bevorzugten Themenbereich dieser neueren Naturrechtsansätze bilden dabei Fragen des Menschenrechtsschutzes. Das ist verständlich, kommt doch an den Menschenrechten der Charakter unverfügbarer, in der Personsqualität des Menschen begründeter Rechte am deutlichsten zum Ausdruck. Die naturrechtlichen Argumentationsweisen sollen an einigen Beispielen demonstriert werden:

Der Schutz der „Würde des Menschen" erfordert einmal, grundlegende Voraussetzungen zum Schutz von Leib und Leben zu schaffen, seine Unverletzlichkeit zu garantieren. Daraus folgt für den mitmenschlichen Bereich das Verbot bzw. die Bestrafung von Mord, Totschlag, Misshandlung u. a. m. Gegenüber dem Staat das Verbot der Folter; der Schutz vor willkürlicher Verhaftung […]; der Anspruch auf ein faires Verfahren […].

In jüngster Zeit hat sich ein weiteres Feld der Bedrohtheit menschlicher Würde entwickelt, welches das neuere Naturrechtsdenken fordert: der dynamische Bereich der Medizin-Ethik, welcher beispielsweis folgende Problemfelder umfasst: Sterbehilfe (Euthanasie), Organtransplantation, […] medizinisch-pharmazeutische Versuche am Menschen usw. […]

Luf, Gerhard: Grundfragen der Rechtsphilosophie und Rechtsethik. Wien 2007, S. 71 ff.

■ AUFGABEN:
1. Welche Funktionen werden dem Naturrechtsdenken zugeschrieben?
2. Nach welchem Maßstab wird inhumanes Recht kritisiert?
3. Welche Themenbereiche umfassen die Naturrechtsansätze?
4. Ergänzen Sie die Liste an aktuellen Beispielen, in denen Sie die menschliche Würde bedroht sehen!

e) Douglas Hogg: Die Universalität der Menschenrechte

■ INFO zur Einführung:

Grundlage des Menschenrechtsverständnisses ist die Anerkennung der Universalität jedes einzelnen Menschenrechts. Die Menschenrechte beanspruchen, unabhängig von situativen und politischen Kontexten an jedem Ort der Erde, ohne Beachtung spezifischer Bedingungen und Entwicklungen einzelner Staaten für jeden Menschen gleichermaßen gültig zu sein. Der britische Minister im Außenministerium, Douglas Hogg, konstatierte 1993 im Rahmen einer internationalen Menschenrechtskonferenz in Wien die allgemeine und universelle Gültigkeit der Menschenrechte:

Die Menschenrechte sind das gemeinsame – und kostbare – Erbe der Menschheit. Es ist keine Übertreibung zu sagen, dass sie unser wahres Menschsein definieren. […]
Das größte Missverständnis beruht darin, in der Universalität der Menschenrechte eine Drohung zu sehen oder eine Waffe. Sie sind weder das eine noch das andere. Universalität ist eine Stärke, die uns in unserer kulturellen und sozialen Vielfalt und in den gänzlich unterschiedlichen Wirtschaftsbedingungen vereint. Beweis dafür ist, dass die universellen Normen der Menschenrechte im Herzen aller großen Religionen und Kulturen zu finden sind. Begriffe wie „regionale Besonderheiten" bei den Menschenrechten bezeichnen deshalb eine Wirklichkeit. Aber sie sollten uns vereinen und uns dadurch bereichern, dass sie die Universalität fördern. Wenn Regierungen behaupten, dass regionale Unterschiede es rechtfertigen, dem Volk die Menschenrechte vorzuenthalten, dann wird dies von den betroffenen Menschen nicht hingenommen. Versuche, regionale Unterschiede in diesem Sinne zu instrumentalisieren, sind für meine Regierung deshalb nicht akzeptabel.

Hogg, Douglas: Vereint in der Vielfalt. In: Sommer, Theo (Hrsg.): ZEITpunkte, Nr. 2/1993, Hamburg 1993, S. 96.

■ AUFGABEN:
1. Wer könnte die Menschenrechte als „Drohung" oder gar als „Waffe" betrachten?
2. D. Hogg behauptet, die Menschenrechte seien „im Herzen aller großen Religionen" zu finden. Vergleichen Sie Art. 2 der französischen Menschenrechtserklärung (H1 c) mit dem Dekalog, den Zehn Geboten aus dem Alten Testament der Bibel (E1 a). Lässt sich Hoggs These bestätigen?
3. Hogg möchte, dass „regionale Besonderheiten", d. h. kulturelle, soziale und politische Unterschiede, die Universalität der Menschenrechte nicht zerstören, sondern fördern. Aber wie ließe sich das denken?

H3 Lisa Nienhaus/Winand von Petersdorff: Würde oder kalkulierbarer Wert? Hat jedes Leben seinen Preis?

Den Wert eines Menschen ausrechnen? Darf man das? Nach Zugunglücken oder Flugzeugabstürzen erhalten die Angehörigen Entschädigungen. An der Börse fällt der Kurs der Apple-Aktie, als Gerüchte die Runde machen, Apple-Chef Steve Jobs sei schwer erkrankt. Im staatlichen Gesundheitswesen der Engländer entscheidet ein Institut, dass es höchstens 30.000 Pfund kosten darf, das Leben um statistisch ein Jahr zu verlängern. Täglich wird der Wert des Menschen beziffert. Trotzdem erscheint die Frage, wie viel das Leben wert ist, den meisten Menschen als unethisch. In Umfragen geben sie an, das Leben sei ihnen unendlich viel wert oder es sei nicht in Geld auszudrücken. Doch sie verhalten sich nicht so. Sonst müssten sie alle auf dem Land wohnen, an jeder roten Ampel stehen bleiben und die Finger von Zigaretten lassen. Das tun sie nicht. Und das ist unproblematisch, weil sie allein entscheiden. […] Schwierig wird es, wenn andere dem eigenen Leben einen Wert zuordnen. So etwa nach dem 11. September 2001, als die Familie eines umgekommenen Bankers höhere Entschädigungen erhielt als die eines Feuerwehrmanns. Oder im Gesundheitswesen, wenn ein Patient Leistungen nicht mehr erstattet bekommt, weil sie zu teuer sind. Oder nach einem Verkehrsunfall, wenn der stark verletzte Überlebende mehr Geld erhält als die Angehörigen der Toten. Über den Wert des Lebens zu bestimmen geht fast immer schief. […]

Individuelle Kalkulation – Was ist mir mein Leben wert?

Viele Menschen glauben, ihr Leben sei unendlich viel wert. Trotzdem gehen sie über rote Ampeln oder steigen auf hohe Leitern. Sie gehen Risiken für Leben und Gesundheit ein, wenn ihnen das einen Vorteil bringt (Zeitersparnis bei der Ampel, Geldersparnis bei der Leiter, weil sie keinen Handwerker mehr brauchen). Deshalb gehen Ökonomen davon aus, dass man den subjektiven Wert des Lebens zumindest als statistischen Durchschnittswert erfassen kann, als Wert des „statistischen Lebens". Den ermitteln sie zum Beispiel, indem sie die Löhne in Berufen mit hohem Risiko (Feuerwehrmann) vergleichen mit Löhnen in Berufen mit ähnlichen Voraussetzungen, aber mit niedrigem Risiko. Dann setzen sie den Lohnaufschlag, den die Feuerwehrmänner erhalten, ins Verhältnis zur Zahl ihrer – rein statistisch – verlorenen Lebensjahre und ermitteln so den Wert eines Lebensjahrs. Eine weitere Möglichkeit ist, Menschen zu befragen, wie viel sie zahlen würden, um beispielsweise ihr Risiko, in zehn Jahren zu sterben, um ein Prozent zu senken. Der Gesundheitsökonom Friedrich Breyer ist sicher, dass man anhand solcher Studien die monetäre Bewertung eines zusätzlichen Lebensjahres eng eingrenzen kann. „Sie liegt in Deutschland zwischen 50.000 und 100.000 Euro." Pikant daran: Der Wert des so berechneten Lebens steigt stets mit steigendem Einkommen. Deshalb betrachten die Wissenschaftler in der Regel nur den Durchschnittswert pro Land. Sonst wäre der Investmentbanker viel mehr wert als der elfjährige Junge. Das kollidiert mit ethischen Vorstellungen vieler Menschen. Doch wenn Einkommenshöhen gelten, dann ist ein statistisches Leben in Amerika mehr wert als eines in China. […]

Kalkulation der Gesundheitsbürokraten – Was ist Gesundheit wert?

Die Engländer haben es klar geregelt. Ein zusätzliches Lebensjahr in guter Gesundheit darf 30.000 Pfund kosten (rund 38.000 Euro). Diese Summe gibt das Institut Nice vor, das empfiehlt, welche Medikamente und Behandlungen in England vom staatlichen Gesundheitswesen erstattet werden. Die Wissenschaftler vergleichen dazu die Kosten einer Behandlung mit ihrem Nutzen. Der hat zwei Hauptdimensionen: die Länge des Lebens und den Gesundheitszustand. Zusammen ergibt das das sogenannte qualitätsadjustierte Lebensjahr (Qualy). Ein zusätzliches Jahr bei guter Gesundheit ergibt ein Qualy, ebenso wie zwei zusätzliche Jahre bei mittlerer Gesundheit. Für beide Ergebnisse lässt das Nice in der Regel nur Behandlungen zu, die günstiger sind als 30.000 Pfund. Ähnlich konkret haben es Australien und einige amerikanische Krankenversicherungen geregelt. In Deutschland ist man weit vorsichtiger. Jahrelang waren die ethischen Bedenken so groß und die Kassen so voll, dass man sich gar nicht an die Frage wagte, wie teuer eine Behandlung sein darf. Es galt das Prinzip: Alles, was einen Nutzen für die Patienten brachte, wurde auch von der gesetzlichen Kasse erstattet. […] Das hat sich geändert. Seit die Kosten für Gesundheit immer weiter steigen, sollen auch in Deutschland Kosten und

Nutzen neuer Behandlungsmethoden verglichen werden können. […] Schon im kommenden Jahr könnte es so weit sein. Dann könnte das Institut für Qualität und Wirtschaftlichkeit im Gesundheitswesen (Iqwig), das zuständig dafür ist, erste Studien erstellen. Es hat schon ein Papier zu seinen Methoden vorgelegt. Demnach will es anders als die britische Behörde nicht eine einheitliche Obergrenze definieren, sondern Kosten und Nutzen nur innerhalb eines Krankheitsbilds vergleichen. Der Institutsleiter […] erklärt das anhand eines Beispiels: „Amputationen sind wahnsinnig billig und retten Leben. Transplantationen sind sehr teuer und retten Leben. Da kann ich doch nicht sagen: Herztransplantationen bezahle ich nicht mehr." Maßgeblich für den Nutzen sind […] die Verlängerung des Lebens, die Reduktion der Leiden und die Verbesserung der Lebensqualität. Zusätzlich zählt, wie zufrieden der Patient ist und wie hoch sein Aufwand für die Behandlung ist. Bald wird es so weit sein, dass das Institut Fragen entscheiden muss wie: Ist es angemessen, für eine zehnprozentige Steigerung der Patientenzufriedenheit 1.000 Euro auszugeben? Spätestens dann wird [der] Institutsleiter […] anfangen müssen, den akzeptablen Preis für eine Gesundheitsverbesserung in Euro zu beziffern […]. Eine feste Obergrenze, was ein gewonnenes statistisches Leben kosten darf, soll es aber nicht geben. „Es gibt keinen wissenschaftlich bestimmbaren Wert des Lebens", sagt S[…]. Deutsche Gesundheitsökonomen sind empört. Sie fordern, dass der Gesetzgeber einen genauen Wert in Euro vorgibt. Friedrich B[…] von der Universität Konstanz sagt: „Das Iqwig will sich drücken vor der Entscheidung: Wie viel ist uns ein Menschenleben wert?" Das sei von Nachteil für die Patienten. „Wenn wir Kosten und Nutzen nur innerhalb eines Krankheitsbilds vergleichen, holen wir nicht so viel Leben und Gesundheit heraus wie mit einem einheitlichen Kriterium." Außerdem fehle die Transparenz. „Der Staat fällt regelmäßig Entscheidungen, die die Gesundheit und das Leben von Menschen betreffen. Da ist es doch besser, er legt seine Kriterien für die Entscheidung offen."

Nienhaus, Lisa/Petersdorff, Winand von: Was kostet ein Mensch? Jedes Leben hat seinen Preis. In: Frankfurter Allgemeine Zeitung, FAZ.NET (11. August 2008), http://www.faz.net/s/RubB8DFB31915A443D98
590B0D538FC0BEC/Doc~E15E360F35B61412D966FC
D91EC097718~ATpl~Ecommon~Sspezial.html

■ AUFGABEN:
1. Nehmen Sie kritisch Stellung zu der im Titel aufgeworfenen Frage!
2. Was ist der Autorin zufolge im Leben wertvoll?
3. Was ist Ihnen Ihr Leben „wert"?

H4 UNESCO: Kulturelle Bezugsgrößen des Menschenrechtsverständnisses

Die UNO – hier die Gebäude der UNO in Wien – leitet verschiedene Organisationen, u. a. die UNESCO (United Nations Educational, Scientific and Cultural Organization) zur weltweiten Förderung von Erziehung, Wissenschaft und Kultur.

Menschenrechte in der oralen Kultur [Gemeint sind Kulturen, in denen Rechte und Pflichten von Generation zu Generation mündlich überliefert worden sind.] […] sind gemeinschaftsbezogen; die europäische Idee allgemeiner Menschenrechte stellt eine Abstraktion dar, die die existentielle Erfahrung des von seiner

Umwelt losgelösten Individuums transzendiert und generalisiert. Aus der Gegenüberstellung von oralen Kulturen und der europäischen Schriftkultur wird deutlich, mit welchen Schwierigkeiten ein interkultureller Vergleich von Menschenrechten konfrontiert ist. Dem Menschenrechtsverständnis der verschiedenen Kulturen liegen grundsätzlich verschiedene Wert- und Rechtsvorstellungen zugrunde, die unterschiedliche Bezugsgrößen zum Ausgangspunkt haben [...]:

- Aufgrund ihrer traditionellen religiösen Glaubensformen respektieren die Afrikaner das Leben sehr gewissenhaft, selbst wenn es sich um das Leben eines Tieres handelt. Das Leben ist die Sache der Götter und es steht nicht in der Macht eines Menschen, es zu ändern oder zu unterbrechen. Dieses Recht auf Leben wurde nicht nur durch Verbot des Tötens geschützt, sondern auch durch die Verpflichtung, denen, die nicht die notwendigen Mittel zum Leben hatten, das zu geben, was für ihr Überleben notwendig war, vor allem Nahrung und Unterkunft.
- Die Arbeit in der afrikanischen Gesellschaft war Recht und Pflicht zugleich. Die Arbeit wurde zum Nutzen der gesamten Gemeinschaft ausgeübt.

Deutsche Unesco-Kommission (Hrsg.): Arbeitshilfen für die politische Bildung. Reihe Menschenrechte. Heft 5: Menschenrechte und interkulturelle Kommunikation. Bonn 1988, S. 6 ff.

■ AUFGABEN:
1. Zeigen Sie wesentliche Merkmale des Menschenrechtsverständnisses in Mitteleuropa auf! Erklären Sie, welches Menschenbild diesem Verständnis zugrunde liegt!
2. Welche Bilder von Mensch, Natur, Kultur und Gesellschaft könnten außerhalb Mitteleuropas für das Verständnis der Menschenrechte eine Rolle spielen?

H5 Wong Kan Seng: Sind die Menschenrechte gesellschaftliche Entwicklungshemmnisse?

Wong Kan Seng (Außenminister von Singapur auf der Wiener Menschenrechtskonferenz im Sommer 1993): Menschenrechte werden von den Völkern nicht akzeptiert, wenn sie als Hindernisse für den Fortschritt betrachtet werden. Einige Eiferer täten gut daran, diese Tatsache zu berücksichtigen. Es gibt Belege dafür, dass in gewissen Phasen der Entwicklung eines Landes eine Überbetonung der Individualrechte kontraproduktiv wird. In jeder Gesellschaft sind Zwänge nötig. Die Ausübung von Rechten muss ausbalanciert sein mit der Last der Verantwortung. Völlige Freiheiten machen den einzelnen nicht so sehr zum Menschen, sondern zum Tier, das allein dem Gesetz des Dschungels unterworfen ist.[...] Wir rechtfertigen uns vor unserem eigenen Volk, nicht vor abstrakten Theorien oder vor Ausländern. Entscheidend erscheint nur der praktische Erfolg.

Wong Kan Seng: Wir entschuldigen uns nicht. In: Sommer, Theo (Hrsg.): ZEIT-Punkte, Nr. 2/1993. Hamburg 1993. S. 95.

■ AUFGABEN:
1. Wieso nennt Wong die Menschenrechte „Individualrechte"? Trifft die Bezeichnung zu?
2. Klären Sie, inwiefern Wong Kan Sengs These, die Verwirklichung der Menschenrechte könne den Fortschritt der Völker hemmen, zutrifft! Welche Art von Fortschritt meint Wong?
3. Was bedeutet Wongs These, dass nur „praktischer Erfolg" für eine gesellschaftliche Entwicklung entscheidend erscheine, für die Menschenrechtsdiskussion?
4. Im aktuellen Menschenrechtsdiskurs wird der Standpunkt vertreten, dass eine der Hauptursachen für Menschenrechtsverletzungen in mangelnden demokratischen Strukturen und Traditionen der betreffenden Staaten liege. Welche Argumente sprechen für, welche gegen diese Überzeugung?

H6 Konvention über die Rechte der Kinder

■ AUFGABEN:
1. Wer die „Große Mauer" besteigt – so die chinesische Tradition – ist ein tugendhafter Mensch. Überlegen Sie sich einen Titel für das Gemälde des Künstlers Li Weisan!
2. Welche Rolle spielen die Kinder auf dem Gemälde?
3. Welche Vorstellung von menschlicher Beziehung könnte Li Weisan auf dem Gemälde ausdrücken?

■ INFO zur Einführung:
Die Vereinten Nationen beschlossen am 5.12.1989 einstimmig eine „Konvention über die Rechte des Kindes". Die Konvention beinhaltet zahlreiche Rechte, u. a. den Schutz der Kindheit, das Recht auf Familie und Geborgenheit, das Recht auf Erziehung und Bildung, den Schutz vor sexueller Gewalt und Drogenmissbrauch und den Schutz vor politischer Gewalt. Diese Konvention ist die erste völkerrechtlich verbindliche Erklärung für die Rechte der Kinder. Alle Staaten, die sie ratifiziert haben, sind verpflichtet, sie in ihr eigenes, nationales Recht umzusetzen.

Li Weisan: „Auf der Großen Mauer". Traditionelle chinesische Malerei.

Vgl. Gugel, Günther/Jäger, Uli: Gewalt muss nicht sein. Einführung in friedenspädagogisches Denken und Handeln. Tübingen 1994, S. 155 ff.

Das Recht auf Gleichheit, unabhängig von Rasse, Religion, Herkunft oder Geschlecht.
Das Recht auf eine gesunde geistige und körperliche Entwicklung.
Das Recht auf einen Namen und eine Staatsangehörigkeit.
Das Recht auf ausreichende Ernährung, menschenwürdige Wohnverhältnisse und medizinische Versorgung.
Das Recht auf besondere Betreuung im Falle körperlicher oder geistiger Behinderung.
Das Recht auf Liebe, Verständnis und Geborgenheit.
Das Recht auf unentgeltlichen Unterricht, auf Spiel und Erholung.
Das Recht auf Beteiligung an der Gestaltung der eigenen Umwelt.
Das Recht auf Schutz vor Grausamkeit, Vernachlässigung und Ausbeutung.
Das Recht auf Schutz vor allen Formen der Diskriminierung und auf eine Erziehung im Geiste der weltweiten Brüderlichkeit, des Friedens und der Toleranz.

UNICEF, Kinderhilfswerk der Vereinten Nationen (Hrsg.): Jahreskalender 1995. Bonn 1994, S. 1 ff.

■ AUFGABEN:
1. Inwiefern sind die Rechte der Kinder weltweit besonders gefährdet?
2. Erklären Sie anhand von Beispielen, welche Rechte der Kinder besonders missachtet werden!
3. Begründen Sie, welche Rechte der Kinder Sie für besonders wichtig halten! Entwerfen Sie hierzu eine Umfrage unter Kindern und Jugendlichen und führen Sie diese in Ihrer Nachbarschaft durch!

H7 Sklaverei – ein (immer noch moderner) Verstoß gegen die Menschenrechte

■ INFO zur Einführung:
Im Gegensatz zu den feierlich proklamierten Menschenrechten in der amerikanischen Unabhängigkeitserklärung (1776) befand sich ein großer Teil der (schwarzen) Südstaaten-Bevölkerung in Sklaverei. Der amerikanische Bürgerkrieg von 1861 bis 1865 zwischen den industrialisierten Nord- und den Plantagenstaaten des Südens zeugte von zahlreichen Konflikten hinsichtlich der rechtlichen Anerkennung der Sklaverei. Erst 1854 verwies der spätere amerikanische Präsident Lincoln in einem Schreiben auf die Gleichheit aller Menschen und die Notwendigkeit der Gewährung der Menschenrechte für alle (vgl. Basler, Roy P. (Hrsg.): The Collected Works of Abraham Lincoln. Bd. II. New Brunswick 1953, S. 323). Bereits 100 Jahre vor Lincolns Bekenntnis gegen die Sklaverei verdeutlichte der französische Aufklärer Jean-Jacques Rousseau, dass Sklaverei keineswegs im Naturrecht, sondern lediglich im positiven Recht begründet sei.

Sklaverei

a) Jean-Jacques Rousseau: Über die Entstehung der Sklaverei

Wie ein Hirt von einer höheren Natur ist als seine Herde, so überragen auch die Hirten der Menschen, die Herrscher und ebenfalls einer höheren Macht teilhaftig sind, ihre Völker. So schloss […] der Kaiser Caligula, indem er nach dieser Analogie ziemlich richtig folgerte, dass die Könige Götter oder die Völker Tiere wären. [...] Schon [...] Aristoteles [hatte] [...] behauptet, dass die Menschen von Natur keineswegs gleich wären, sondern die einen zur Sklaverei und die anderen zur Herrschaft geboren würden. Aristoteles hatte recht, aber er hielt die Wirkung für die Ursache. Jeder in der Sklaverei geborene Mensch wird für die Sklaverei geboren; nichts ist gewisser. Die Sklaven verlieren in ihren Fesseln alles, sogar den Wunsch, sie abzuwerfen, sie lieben ihre Knechtschaft, wie die Gefährten des Odysseus ihren tierischen Zustand nach ihrer Verwandlung liebten. Wenn es also Sklaven von Natur gibt, so liegt der Grund darin, dass es schon vorher Sklaven wider die Natur gegeben hat. Die Gewalt hat die ersten Sklaven gemacht; ihre Feigheit hat sie beständig erhalten.

Rousseau, Jean-Jacques: Der Gesellschaftsvertrag oder die Grundsätze des Staatsrechtes (Du contrat social ou Principes du droit politique, 1754), übers. von H. Denhardt. Leipzig 1880, S. 36.

■ AUFGABE:
Erläutern Sie Rousseaus Ansatz zur Erklärung der Sklaverei! Welche Art der „Gewalt" könnte von Rousseau gemeint sein?

b) „Noch nie gab es so viele Sklaven wie heute"

In Haiti kostet ein Mädchen 50 Dollar, in Indien leben Schuldknechte in dritter Generation. Der amerikanische Journalist E. Benjamin Skinner recherchierte fünf Jahre lang im weltweiten Sklavenmarkt. Sklaverei ist weder eine Metapher noch ein Übel der Vergangenheit, sondern das Schicksal von weltweit mindestens zwölf Millionen Menschen. Skinner ist durch zwölf Länder gereist, um Opfer und Täter zu treffen [...].
Skinner: [...] Ich spreche nicht nur von unterbezahlten, ausgebeuteten Arbeitskräften. Ich spreche von Sklaven.
DIE WELT: Und Sie meinen ...?
Skinner: ... Menschen, die durch Täuschung und Androhung von Gewalt zur Arbeit gezwungen werden und nur das erhalten, was sie zum Überleben benötigen.
DIE WELT: Wie viele Menschen werden nicht bloß metaphorisch versklavt?
Skinner: Glaubwürdige Schätzungen beginnen bei zwölf Millionen, diese Zahl stammt aus einem Zwangsarbeitsbericht der Internationalen Arbeitsorganisation (ILO). Andere renommierte Experten gehen von bis zu 27 Millionen aus. Aber eines steht fest: Es hat noch nie so viele Sklaven in der Geschichte gegeben. [...] Der Anteil der Sklaven an der Weltbevölkerung ist geringer denn je. Aber generell sollte man vorsichtig mit den Zahlen sein. Die Regierung in Delhi etwa schätzt die Zahl der Sklaven in Indien offiziell auf 200.000, dabei spricht allein der Bundesstaat Tamil Nadu von zwei Millionen. Die glaubwürdigsten Statistiken für Indien beginnen bei zehn Millionen.
DIE WELT: Zu welcher Arbeit werden diese Menschen gezwungen?
Skinner: Ganz unterschiedlich. Oft ist es Hausarbeit oder Sex wie bei den Kindersklaven in Haiti oder den versklavten Minderheiten im Sudan. Ganz besonders groß ist das Problem in Indien. Dort geht es um Menschen in erblicher Schuldknechtschaft – wie Gonoo, den ich in einem Steinbruch traf. Er und seine Familie zerschlagen dort 14 Stunden am Tag Steine zu Kies und Sand. Sein Großvater hat einen Kredit von 62 US-Cent aufgenommen, um die Mitgift seiner Mutter zu bezahlen. Drei Generationen und drei Besitzer später lebt die Familie immer noch in Sklaverei. Die Schuldknechtschaft ist seit 1976 zwar illegal in Indien, aber ich war schockiert, wie präsent sie noch ist. [...]
DIE WELT: Seit Ende des Ersten Weltkriegs wurden zahlreiche Verträge und Resolutionen zur Abschaffung der Sklaverei unterzeichnet, darunter 1948 die Erklärung der Menschenrechte. Vor 27 Jahren hat Mauretanien als letzter Staat der Welt die Sklaverei verboten. Waren all die Dokumente bloß Papierverschwendung?
Skinner: Nein. Gesetze sind wichtig. Sie beschreiben die Pflicht der Regierungen. Aber wir können uns nicht darauf verlassen. Zuverlässige Demokratien wie die USA oder Deutschland müssen Druck machen, dass sie auch umgesetzt werden. Unternehmen müssen dafür sorgen, dass es keine Produkte aus Sklavenarbeit in ihrer Lieferkette gibt. Und alle sollten Vertreter der Zivilgesellschaft unterstützen, deren Hilfsprogramme für Sklaven sich bereits bewährt haben. [...]
DIE WELT: Was ist so schwer am Freiwerden?
Skinner: Nehmen Sie Gonoo aus dem indischen Steinbruch. Kurz bevor ich ihm begegnete, hatte sich sein Herr aus dem Staub gemacht, er wurde wegen Mordes gesucht. Ich

fragte Gonoo: Warum fliehst du nicht? Und er antwortete: Wohin soll ich gehen? Was soll ich essen? Ich war mein ganzes Leben lang ein Sklave, und so wird es auch bei meinen Kindern sein. Amerikanische Überlebende der Sklaverei haben Anfang des 20. Jahrhunderts Ähnliches erzählt: Als ihnen die Yankees sagten „Ihr seid alle frei!" hatten sie keine Ahnung, was das bedeutet. Sie gehörten zur zweiten oder dritten Plantagengeneration. Ihre Identität war ausradiert worden. Sie hatten keine Vorstellung, wie sie allein leben sollten. Sie hatten keine Ausbildung, keinen Zugang zu Krediten, kein Bewusstsein für ihre Rechte und für diese nur wenig Schutz.

DIE WELT: Wie unterscheiden sich moderne Sklaven von denen der Vergangenheit?

Skinner: Seit Sklaverei überall offiziell verboten ist, ist das Element der Täuschung dazugekommen: Menschenhändler versprechen eine bessere Zukunft in der Stadt oder im westlichen Ausland, Wucherer verlangen astronomische Zinsen für winzige Kredite.

DIE WELT: Wie viel kostet ein Sklave?

Skinner: In dieser Hinsicht hat sich viel verändert. Im Jahr 1850 konnte man einen gesunden Mann für umgerechnet 30.000 bis 40.000 Dollar kaufen. Und auch wenn ich das Verbrechen der Sklaverei im 19. Jahrhundert nicht verharmlosen will, würde ich daraus schließen: Damals betrachteten die Halter ihre Sklaven als wertvolle Investition. Heute werden sie wie Wegwerfware behandelt. Im Jahr 2005 hätte ich in Haiti, drei Flugstunden von New York entfernt, ein kleines Mädchen für etwa 50 Dollar kaufen können. Sie wurde mir explizit für häusliche und sexuelle Dienste angeboten.

E. Benjamin Skinner: Menschenhandel. Sklaverei im 21. Jahrhundert.
Clary, Elisabet: Noch nie gab es so viele Sklaven wie heute. In: DIE WELT (21. November 2008), S. 10.

■ AUFGABEN:
1. Überprüfen Sie Rousseaus Erklärung der Sklaverei anhand der im Interview aufgezeigten Ursachen!
2. Entwerfen Sie politische, ökonomische und soziale Maßnahmen gegen die „moderne Sklaverei"!

9 Der Andere – Freund, Fremder oder Feind?

J1 Eigenes, Anderes und Fremdes

王府井 食品超市 Food Supermarket
南长街
昼夜:人力客、货运三轮车
6·00-23:00 人力小三轮车

Impressionen aus der Volksrepublik China

■ AUFGABEN:
1. Betrachten Sie die sechs Fotos und beschreiben Sie, was Ihnen fremd bzw. fremdartig vorkommt!
2. Sehen Sie das „Eigene im Fremden"? Was bedeutet für Sie Fremdheit?
3. Welche Gefühle verbinden Sie mit dem Fremden?

■ INFO:
Während man früher Menschen mit anderer Sprache und mit anderen Sitten zumeist nur im Ausland begegnete, leben wir nun oft in vielfältiger Weise mit ihnen zusammen. Das bedeutet eine Herausforderung und eine Chance. Die Beschäftigung mit dem Anderen und dem Unbekannten ermöglicht es, sich der eigenen Wert- und Handlungsmaßstäbe bewusst zu werden, diese zu reflektieren und neben den Unterschieden auch Gemeinsamkeiten zu entdecken.

Die Wissenschaft bezeichnet diesen Vorgang als „interkulturelles Lernen", dessen Ziel es ist, toleranten Umgang zwischen den Menschen zu fördern und ein aktives Eintreten für die Völkerverständigung zu begründen. Der „interkulturell Lernende" soll zu der Einsicht gelangen, dass seine Einstellungen zum Fremden ständig selbstkritisch zu überprüfen und zu hinterfragen sind.

J2 Volker Kalisch: Das Eigene im Fremden

Wir alle kennen diese Erfahrungen: Da gelangt jemand nach kürzerer oder längerer Fahrt in eine Stadt, in der er aus privaten oder beruflichen Gründen zu tun hat. Möglicherweise reist er in der vergnüglichen Aussicht, bei dieser Gelegenheit alte Freunde oder gute Geschäftskollegen wiederzusehen. Er kommt z. B. auf dem Bahnhof an; aber da ist niemand, der auf ihn wartet und ihn abholt. Nach einer gewissen Zeit des Sich-Umschauens, greift er zum Koffer und steuert zu Fuß das ihm genannte Hotel an. Auch dort kein Wartender, noch nicht einmal eine Nachricht. Nachdem er sein Zimmer aufgesucht und seine Sachen ausgepackt hat, verlässt er wieder das Hotel, schlendert durch die abendlichen Straßen, bleibt hier und dort stehen. Er beobachtet die an ihm zielstrebig vorbeieilenden Menschen mit ihren Einkaufstüten, Aktentaschen oder Regenschirmen und fühlt sich plötzlich unbehaglich *fremd*. [...]

„Fremdheit" scheint zu einer Form menschlicher Grundbefindlichkeiten zu gehören, scheint geradezu eine Grundschicht auszumachen, wie Menschen in der Welt existieren. Fremdheit hat jeder von uns schon einmal erfahren. Fremdheit scheint deshalb auch als eine soziale Erfahrung in unsere Selbstdefinition einzugehen, die wir wiederzuerkennen vermögen, selbst wenn sie nicht uns unmittelbar widerfährt, sondern anderen geschieht. Bewusst spreche ich von „widerfahren" und „geschehen". Es sind dies Formulierungen, die uns darüber Auskunft zu geben vermögen, wie uns „Fremdheit" oder „Fremdsein" begegnen. Fremdheit erleben kann sich also recht unterschiedlich ereignen [...]. Mal stellt sich Fremdheit als Endpunkt in einer möglicherweise langen Entwicklung innerhalb eines Entfremdungsprozesses ein, mal überfällt sie uns gleichsam schlagartig, wie ein Unfall, gerade in dieser Situation, hier und jetzt. Aber ob langsam oder überraschend situativ, ob prozesshaft oder unfallartig, ob ursächlich oder gleichsam nebenbei, stets erweist sich „Fremdheit", „Fremdsein", „Fremdes" als ein Ereignis, das einem geschieht. Die Erfahrung des „Fremden" scheint uns gleichsam zu passieren, scheint uns geradezu wie ein entwurzelndes, nach unserem Inneren greifendes Naturereignis zu überrollen. [...]

Ein die Menschlichkeit beleidigendes Gefühl von Ausgeliefertsein, von Ohnmacht gesellt sich ihm bei. Und weil uns Fremdheit so mitleidslos und unausweichlich ereilt, können wir ihr auch nicht richtig begegnen, können sie gewissermaßen nicht eindämmen, kontrollieren oder gar abschaffen [...].

Den Fremdenhass selbst, dieses real existierende, die Menschheit beleidigende Gefühl, können wir nicht beseitigen. [...] Keine Kultur, kein Mensch scheint vor ihnen, vor Fremdheitserfahrungen, gefeit zu sein, niemand ist vor ihnen geschützt, egal ob als potenzieller Aus- und Zwischenträger, egal ob als Verursacher oder als Objekt.

Wie sehr wir uns allerdings schon immer um Kulturtechniken bemüht haben, „Fremdheit" oder „Fremdsein" gleichsam in den Griff zu bekommen, darauf verweist die Erfindung gesellschaftlicher Einrichtungen und Mechanismen, die wir uns zu deren Eindämmung geschaffen haben. [...] Wir organisieren uns [...] gegen Fremdheit, schaffen gesellschaftliche Feuerwehren, um Fremdheit als Flächenbrand zu verhindern. Der Fremdheit der Stadt sollen z. B. Fremdenführer entgegenwirken; für die Aussortierung der sich im Kopf festsetzenden Fremdheiten bieten Familienberater und Therapeuten ihre Dienste an; die Fremdenlegion schützt nationale Interessen selbst auf extraterritorialem Boden. Doch wie auch immer sich die genannten Fremdheitsspezialisten verhalten, wie Politiker z. B. Fremdheit angehen, Sozialdienste Fremdsein lindern, minimieren oder erträglich zu machen suchen, das Fremde überhaupt schaffen sie nicht aus der Welt.

Fremdheit/Fremdsein ist also eine benennbare, konkrete menschliche Erfahrung, der wir in allen Kulturen, in allen Völkern, zu allen Zeiten begegnen können. Fremdheit/Fremdsein gehört somit genauso zur menschlichen Existenz, zu seiner „sozialen Natur" wie andere soziale Verhaltens- und Erlebnisweisen, seien sie Mitleid, Aggression, Lachen oder Weinen. Als eine Grundschicht unserer menschlichen Existenz begegnen wir Fremdheit/Fremdsein in allen Kulturen, in unseren kulturbildenden sozialen Handlungen und damit also auch in jenen Kulturgütern und Werten, die wir als repräsentativ für eine bestimmte Kultur erachten. Dabei erfahren wir sehr schnell und durchaus zuverlässig, dass trotz der interkulturellen Existenz von Fremdheit/Fremdsein mit dem „Fremden" recht unterschiedlich umgegangen werden kann und auch umgegangen wird. Auf sowohl individuell-persönlicher Ebene wie in unterschiedlichen sozialen Situationen [...] stehen uns Kulturtechniken zur Verfügung, mit dieser grundgeschichtlichen Erfahrung entsprechend umzugehen.

Kalisch, Volker: Das Eigene im Fremden. In: Toleranz: Das Fremde – Macht – Identität. Vorträge aus dem VI. Verlagskolloquium 1997, hg. von J. Fellsches und W. L. Hohmann. Essen 1998, S. 113 ff.

■ AUFGABEN:

1. Berichten Sie von unterschiedlichen Fremdheitserfahrungen, die Sie gemacht haben!
2. Inwiefern gehört das Gefühl der Fremdheit zu den menschlichen Grundbefindlichkeiten?
3. Warum schließt der Autor die Möglichkeit aus, Fremdenhass beseitigen zu können?
4. Welche gesellschaftlichen Einrichtungen (Institutionen) sollen der Fremdheit bzw. dem Fremdsein entgegenwirken?
5. Welche Kulturtechniken können uns helfen, mit der Grunderfahrung der Fremdheit umzugehen?

J3 Kurt Röttgers: Der Fremde als Selbstdistanzierungskonzept

Alle mir bekannten Sozialphilosophien nehmen keine grundsätzliche, sondern nur eine graduelle Unterscheidung von Fremdem und Anderem vor. [...] Danach ist der Fremde derjenige Andere, der noch mehr anders ist als andere Andere. [...] Der Begriff und das philosophische Problem des Fremden ist [...] ein dem Empirismus [Erfahrungsphilosophie] verdanktes Problem. Baconistischer [Francis Bacon, engl. Philosoph, Vertreter der Erfahrungsphilosophie] und die Neue Welt erstürmender Erfahrungsdrang hat es erzeugt. In dem „Wilden" Mittelamerikas begegnete den Europäern, wenn sie nur wollten, ein Fremdes, das, anders als die Moslems Spaniens, Nordafrikas und des Osmanischen Reichs, in keiner kulturellen Kontinuität mit ihnen stand. Wie unterschiedlich dabei bereits der primäre Umgang mit den Indianern war, zwischen naivem Forscherdrang und Bekehrungswillen bei Kolumbus und humanistischem Missverstehen [...], das kann man

[...] nachlesen. Und dass es die tatsächliche Erfahrung des Fremden überhaupt gar nicht geben kann, ist bereits die leidvolle Einsicht des Weltumseglers Georg Forster in der Südsee gewesen, der entweder die Spuren bereits vorher dagewesener Europäer entdecken musste oder als philosophische Reiseerfahrung bemerken musste, dass die Europäer selbst bei Erstkontakten überall nur „Europäer" oder „Halb-Europäer" oder „Viertel-Europäer" vorfanden. [...]

In der Abgrenzung zum Fremden freilich transformiert sich, was dem Anderen gegenüber als ein Selbst erschien, zu einem Eigenen [...]. Ich bin mir selbst eigen und habe Eigentum nur, indem ich Fremde genau von dieser Sphäre der Eigenheit und des Eigentums [...] ausschließe. Selbst im sogenannten Gemeineigentum [...] ist das klar, dass zwar die Gemeinde dieses Eigentum für alle der Gemeinde bereithält, nicht aber für Fremde. [...] Der Fremde ist der von jenseits der Grenze, die ich konstruiert habe, um die Sphäre der Eigenheit zu markieren. Diese Sphäre der Eigenheit ist von innen her mit Zeichen markiert und von außen durch Fremdheit begrenzt. Mit dem Fremden gibt es daher keine Gemeinschaftlichkeiten, aber ebensowenig eine Gesellschaftlichkeit, und zwar selbstverständlich nicht wegen irgendwelcher empirisch zu erhebender oder ontologisch fixierter Merkmale. Weder Hautfarbe, noch Sprache, noch Geschlecht machen irgendeine Person eo ipso [von sich selbst her] zum Fremden unter Andersfarbigen, Anderssprechenden oder Andersgeschlechtlichen. Nicht in irgendwelchen Sachverhalten, sondern allein in den Operationen der Konstruktion von Grenze liegt die Unterscheidung Fremdheit/Eigenheit begründet. [...] Alle Menschen wären uns mehr oder weniger Bekannte und Verwandte in einer universalen Menschheitsgemeinschaft und -gesellschaft.

Röttgers, Kurt: Die Seele und der Fremde als Selbstdistanzierungskonzept. In: Toleranz: Das Fremde – Macht – Identität. Vorträge aus dem VI. Verlagskolloquium 1997, hg. von J. Fellsches und W. L. Hohmann. Essen 1998, S. 61 ff.

■ AUFGABEN:
1. Wie definiert Kurt Röttgers die Begriffe des Fremden und des Anderen?
2. Konstruieren wir wirklich bewusst Grenzen? Wie muss man sich das vorstellen?
3. „Alle Menschen wären uns mehr oder weniger Bekannte und Verwandte in einer universalen Menschheitsgemeinschaft und -gesellschaft." – Erläutern Sie diesen Gedanken und überlegen Sie sich ein Konzept, wie sich eine „universale Menschheitsgemeinschaft" konstruieren ließe!

J4 Friedrich Nietzsche: So fern wie der Feind, so nah wie der Freund?

Bitte

Ich kenne mancher Menschen Sinn
Und weiß nicht, wer ich selber bin!
Mein Auge ist mir viel zu nah –
Ich bin nicht, was ich seh und sah.
Ich wollte mir schon besser nützen,
Könnt ich mir selber ferner sitzen.
Zwar nicht so ferne wie mein Feind!
Zu fern sitzt schon der nächste Freund –
Doch zwischen dem und mir die Mitte!
Erratet ihr, um was ich bitte?

Nietzsche, Friedrich: Die fröhliche Wissenschaft. Werke Bd. 2, hg. von K. Schlechta. München 1954, S. 22.

■ AUFGABE:
Erraten Sie, worum das lyrische Ich bittet?

J5 Der Fremde – mein Nächster

Nonne des Ordens der „Missionarinnen der Barmherzigkeit" betreut einen AIDS-Kranken

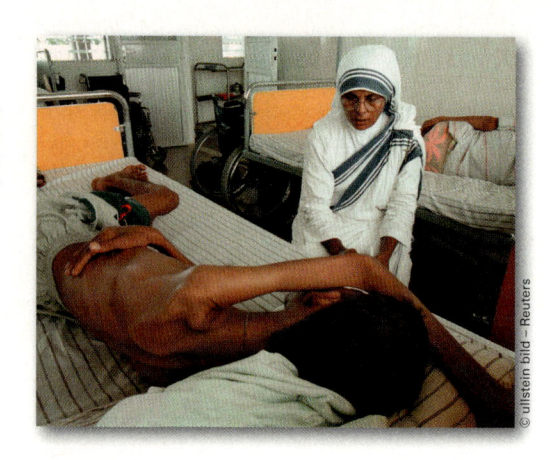

Der barmherzige Samariter

Und siehe, ein Schriftgelehrter trat auf, versuchte ihn [Jesus] und sprach: „Meister, was muss ich tun, um das ewige Leben zu ererben?" Er aber sprach zu ihm: „Was steht im Gesetze geschrieben? Wie liesest du?" Er antwortete und sprach: „Du sollst den Herrn, deinen Gott, lieben von ganzem Herzen und mit deiner ganzen Seele und mit deinem ganzen Vermögen und mit deinem ganzen Gemüte, und deinen Nächsten wie dich selbst!" Er sprach zu ihm: „Du hast recht geantwortet; tue das, so wirst du leben!" Er aber wollte sich selbst rechtfertigen und sprach zu Jesus: „Und wer ist mein Nächster?" Da erwiderte Jesus und sprach: „Es ging ein Mensch von Jerusalem nach Jericho hinab und fiel unter die Räuber; die zogen ihn aus und schlugen ihn und liefen davon und ließen ihn halbtot liegen. Es traf sich aber, dass ein Priester dieselbe Straße hinabzog; und als er ihn sah, ging er auf der andern Seite vorüber. Desgleichen auch ein Levit, der zu der Stelle kam und ihn sah, ging auf der andern Seite vorüber. Ein Samariter aber kam auf seiner Reise dahin, und als er ihn sah, hatte er Erbarmen und ging zu ihm hin, verband ihm die Wunden und goss Öl und Wein darauf, hob ihn auf sein eigenes Tier, führte ihn in eine Herberge und pflegte ihn. Und am andern Tage gab er dem Wirt zwei Denare und sprach: Verpflege ihn! Und was du mehr aufwendest, will ich dir bezahlen, wenn ich wiederkomme. Welcher von diesen Dreien dünkt dich nun der Nächste gewesen zu sein dem, der unter die Räuber gefallen war?" Er sprach: „Der, welcher die Barmherzigkeit an ihm tat!" Da sprach Jesus zu ihm: „So gehe du hin und tue desgleichen!"

Lk 10,25–37. Bibeltext der Schlachter. Copyright © 1951 Genfer Bibelgesellschaft.

■ AUFGABEN:
1. Wer erweist sich als der Fremde und wer als der Nächste?
2. Was ist in diesem Text „Nächstenliebe"?
3. Priester und Leviten waren in Israel angesehene Gelehrte, die in besonderer Weise die religiösen Gesetze beachteten. Die Samariter aber wurden nicht als fromme, rechtgläubige Juden akzeptiert und galten als Fremde. Warum sind gerade diese Personengruppen in dieser Geschichte vertreten? Was wird deutlich gemacht?

J6 Schließung der Grenzen – ein moralisches Dilemma?

Wanderungen größeren Umfangs, darin stimmt die Bevölkerungsforschung überein, scheinen dem Erdball bevorzustehen, und die werden nicht viel gemein haben mit den vergleichsweise bescheidenen Flüchtlingsströmen, die derzeit im Süden der USA und in Europa Verwirrung und Aufregung stiften. […] In den begehrten Gebieten, prophezeit [der Demograph] Herwig Birg, „werden überall die Schwellen höher gesetzt, wird die innere Kontrolldichte zunehmen, und die Leute werden sich ein hohes Maß an Registration und Sozialkontrolle gefallen lassen müssen". Spätestens zu dieser Zeit müsste die Frage beantwortet sein, für wen denn die Schwellen niedriger gelegt werden sollen – die besonders Bedürftigen etwa oder die besonders Nützlichen, lieber Nordafrikaner oder eher Südasiaten? Dann auch müsste Verständigung darüber erzielt sein, was nun die Auffanggesellschaften von ihren Zugereisten erwarten dürfen: Integration und weitgehende Einordnung in das vorgegebene Normengeflecht oder, dem derzeitigen Trend in europäischen und nordamerikanischen Einwanderungsgebieten entsprechend, eine strikte kulturelle Eigenständigkeit mit all ihren Reibungsflächen? Wie schon jetzt wird zur Diskussion stehen, ab wann denn die Grenzen geschlossen werden sollen.

Schöps, Hans Joachim: In jeder Sekunde fünf Menschen mehr. In: Spiegel Spezial, Nr. 4/1993, S. 146.

■ AUFGABEN:
1. Fassen Sie das vorliegende Dilemma mit eigenen Worten zusammen!
2. Suchen Sie nach konkreten, Ihnen aus den Medien bekannten Beispielen, die das Dilemma verdeutlichen!

J7 Abschiebung?

Wie sollen wir umgehen mit Ausländern, die auf unseren Straßen ihre politischen Händel gewaltsam austragen? Und die vorbringen, sie hätten zu Hause um Leib und Leben zu fürchten. Einsperren oder ausweisen? Theo Sommer plädierte in der vorigen Woche an dieser Stelle für Abschiebung, auch wenn den Betroffenen Folter oder gar Tod drohe: „Selbst wenn dies so ist: Müssen wir uns daraus eine Gewissensfrage machen? Ist es wirklich illiberal, zu verlangen, dass die Terroristen von links und rechts selber sich diese Frage nach den Konsequenzen ihres Handelns rechtzeitig vorlegen?" […] Sobald sich ein Mensch, und sei es der übelste Verbrecher, wehrlos in der Gewalt unseres Staates befindet, ist es unter allen Umständen verboten, das Leben oder die körperliche Integrität dieser Person anzutasten. Daraus folgt aber auch, dass unser Staat solche wehrlos gestellten Menschen nicht Staaten aushändigen darf, in denen ihnen Folter oder Todesstrafe drohen.

Leicht, Robert: Frage ans Gewissen. In: Die Zeit, 7.4.1995, S. 1.

■ AUFGABE:
Versuchen Sie, die gestellten Fragen aus Ihrer Perspektive zu beantworten! Welche Probleme stellen sich Ihnen? Begründen Sie Ihre Überlegungen!

J8 Franz Kafka: Heimkehr

■ INFO zur Einführung:

Franz Kafka (1883–1924), Sohn eines tschechisch-jüdischen Vaters und einer deutsch-jüdischen Mutter, war – entgegen den Vorstellungen der Eltern – nicht an materiellen Erfolgen und einem sozialen Aufstieg interessiert. Aus dem berühmten „Brief an den Vater" (1919) geht hervor, dass sich der sensible und introvertierte Kafka insbesondere durch seinen Vater bevormundet gefühlt hat. Nie sei es ihm gelungen, sich von den einengenden familiären Verhältnissen zu lösen.

Nach einem rechtswissenschaftlichen Studium wurde Kafka Versicherungsangestellter. Durch seinen Beruf lernte er die bedrückende soziale Situation der Arbeiter und das Gefühl des Ausgeliefertseins an anonyme Mächte kennen. Seinen Lebenserfahrungen entsprechend verarbeitete Kafka die Motive der menschlichen Selbstentfremdung, der Lebens- und Existenzangst, des Unterworfenseins unter anonyme Mächte, der Verworrenheit und Orientierungslosigkeit. Der Andere, so verdeutlichen zahlreiche Protagonisten seiner zur Weltliteratur gehörenden Erzählungen, erschien Kafka stets als der Unnahbare, Unterdrückende und Unheimliche; seine Umgebung blieb ihm stets fremd.

Ich bin zurückgekehrt, ich habe den Flur durchschritten und blicke mich um. Es ist meines Vaters alter Hof. Die Pfütze in der Mitte. Altes, unbrauchbares Gerät, ineinander verfahren, verstellt den Weg zur Bodentreppe. Die Katze lauert auf dem Geländer. Ein zerrissenes Tuch, einmal im Spiel um eine Stange gewunden, hebt sich im Wind. Ich bin angekommen. Wer wird mich empfangen? Wer wartet hinter der Tür der Küche? Rauch kommt aus dem Schornstein, der Kaffee zum Abendessen wird gekocht. Ist dir heimlich, fühlst du dich zu Hause? Ich weiß es nicht, ich bin sehr unsicher. Meines Vaters Haus ist es, aber kalt steht Stück neben Stück, als wäre jedes mit seinen eigenen Angelegenheiten beschäftigt, die ich teils vergessen habe, teils niemals kannte. Was kann ich ihnen nützen, was bin ich ihnen und sei ich auch des Vaters, des alten Landwirts Sohn. Ich wage nicht an der Küchentüre zu klopfen, nur von der Ferne horche ich, nur von der Ferne horche ich stehend, nicht so, dass ich als Horcher überrascht werden könnte. Und weil ich von der Ferne horche, erhorche ich nichts, nur einen leichten Uhrenschlag höre ich oder glaube ihn vielleicht nur zu hören, herüber aus den Kindertagen. Was sonst in der Küche geschieht, ist das Geheimnis der dort Sitzenden, das sie vor mir wahren. Je länger man vor der Tür zögert, desto fremder wird man. Wie wäre es, wenn jetzt jemand die Tür öffnete und mich etwas fragte. Wäre ich dann nicht selbst wie einer, der sein Geheimnis wahren will?

Kafka, Franz: Heimkehr. In: Ders.: Sämtliche Erzählungen, hg. von P. Raabe. Frankfurt/M. 1970, S. 320 f.

■ AUFGABEN:
1. Analysieren Sie Kafkas Parabel hinsichtlich der Heimkehr-Problematik des Ich-Erzählers!
2. Inwiefern wird man „desto fremder", je „länger man vor der Tür zögert"?

J9 Friedrich Nietzsche: Umgang mit dem Fremden

a) Die Liebe macht gleich

„Die Liebe macht gleich." – Die Liebe will dem andern, dem sie sich weiht, jedes Gefühl von *Fremdsein* ersparen, sie ist folglich voller Verstellung und Anähnlichung, sie betrügt fortwährend und schauspielert eine Gleichheit, die es in Wahrheit nicht gibt. Und dies geschieht so instinktiv, dass liebende Frauen diese Verstellung und beständige zarteste Betrügerei ableugnen und kühn behaupten, die Liebe *mache gleich* (das heißt sie tue ein Wunder!). – Dieser Vorgang ist einfach, wenn die eine Person *sich lieben lässt* und es nicht nötig findet, sich zu verstellen, vielmehr dies der andern, liebenden überlässt: aber nichts Verwickelteres und Undurchdringbareres von Schauspielerei gibt es, als wenn beide in der vollen Leidenschaft füreinander sind, und folglich jeder sich aufgibt und sich dem andern gleichstellen und ihm allein gleichmachen will: und keiner zuletzt mehr weiß, was er nachahmen, wozu er sich verstellen, als was er sich geben soll. Die schöne Tollheit dieses Schauspiels ist zu gut für diese Welt und zu fein für menschliche Augen.

Nietzsche, Friedrich: Morgenröte. Gedanken über die moralischen Vorurteile (Viertes Buch: 532). In: Werke Bd. 1, hg. von K. Schlechta. München 1954, S. 1256 f.

■ AUFGABEN:
1. Inwiefern macht Liebe gleich? Teilen Sie diese Auffassung?
2. Erweckt nicht oft der oder die Fremde erotische Gefühle? Kennen Sie Beispiele aus Filmen oder aus der Popmusik?

b) Erkenntnis als das Fremde im Bekannten

■ INFO zur Einführung:
Eine radikale Form des Fremden zeigt sich Friedrich Nietzsche zufolge darin, dass Fremdheit in den Kern des wahrnehmenden Subjekts eindringt, so dass Vernunft in Widerstreit mit sich selbst gerät. Dieser Prozess ist als eine bis in die Gegenwart fortdauernde Verfremdung der „vernunftgläubigen" Moderne aufzufassen.

Der Ursprung unsres Begriffs „Erkenntnis". – Ich nehme diese Erklärung von der Gasse; ich hörte jemanden aus dem Volke sagen „er hat mich erkannt" –: dabei fragte ich mich: was versteht eigentlich das Volk unter Erkenntnis? was will es, wenn es „Erkenntnis" will? Nichts weiter als dies: etwas Fremdes soll auf etwas *Bekanntes* zurückgeführt werden. Und wir Philosophen – haben wir unter Erkenntnis eigentlich *mehr* verstanden? Das Bekannte, das heißt: das woran wir gewöhnt sind, so dass wir uns nicht mehr darüber wundern, unser Alltag, irgendeine Regel, in der wir stecken, alles und jedes, in dem wir uns zu Hause wissen – wie? ist unser Bedürfnis nach Erkennen nicht eben dies Bedürfnis nach Bekanntem, der Wille, unter allem Fremden, Ungewöhnlichen, Fragwürdigen etwas aufzudecken, das uns nicht mehr beunruhigt? Sollte es nicht der *Instinkt der Furcht* sein, der uns erkennen heißt? Sollte das Frohlocken des Erkennenden nicht eben das Frohlocken des wiedererlangten Sicherheitsgefühls sein? […] – Oh über diese Genügsamkeit der Erkennenden! man sehe sich doch ihre Prinzipien und Welträtsel-Lösungen darauf an! Wenn sie etwas an den Dingen, unter den Dingen, hinter den Dingen wiederfinden, das uns leider sehr bekannt ist, zum Beispiel unser Einmaleins oder unsre Logik oder unser Wollen und Begehren, wie glücklich sind sie sofort! Denn „was bekannt ist, ist erkannt": darin stimmen sie überein. Auch die Vorsichtigsten unter ihnen meinen, zum mindesten sei das Bekannte *leichter erkennbar* als das Fremde; es sei zum Beispiel methodisch geboten, von der „inneren Welt", von den „Tatsachen des Bewusstseins" auszugehen, weil sie die *uns bekanntere* Welt sei! Irrtum der Irrtümer! Das Bekannte ist das Gewohnte; und das Gewohnte ist am schwersten zu „erkennen", das heißt als Problem zu sehen, das heißt als fremd, als fern, als „außer uns" zu sehn.

Nietzsche, Friedrich: Die fröhliche Wissenschaft (Sechstes Buch: 355). Werke Bd. 2, hg. von K. Schlechta. München 1954, S. 222f.

■ AUFGABEN:
1. Was versteht das „Volk" Nietzsche zufolge unter Erkenntnis?
2. Inwiefern könnte es der „Instinkt der Furcht" sein, der die Menschen Erkenntnis gewinnen lässt?
3. Lässt sich Fremdes auf Bekanntes zurückführen?
4. Warum ist Nietzsche zufolge das Gewohnte am schwersten zu „erkennen"?

c) Jeder ist sich selbst der Fernste

Wir sind uns unbekannt, wir Erkennenden, wir selbst uns selbst: das hat seinen guten Grund. Wir haben nie nach uns gesucht – wie sollte es geschehen, dass wir eines Tages uns *fänden*? Mit Recht hat man gesagt: „wo euer Schatz ist, da ist auch euer Herz"; unser Schatz ist, wo die Bienenkörbe unserer Erkenntnis stehen. Wir sind immer dazu unterwegs, als geborene Flügeltiere und Honigsammler des Geistes, wir kümmern uns von Herzen eigentlich nur um eins – etwas „heimzubringen". Was das Leben sonst, die sogenannten „Erlebnisse" angeht – wer von uns hat dafür auch nur Ernst genug? Oder Zeit genug? Bei solchen Sachen waren wir, fürchte ich, nie recht „bei der Sache": wir haben eben unser Herz nicht dort – und nicht einmal unser Ohr! Vielmehr wie ein Göttlich-Zerstreuter und In-sich-Versenkter, dem die Glocke eben mit aller Macht ihre zwölf Schläge des Mittags ins Ohr gedröhnt hat, mit einem Male aufwacht und sich fragt „was hat es da eigentlich geschlagen?" so reiben auch wir uns mitunter *hinterdrein* die Ohren und fragen, ganz erstaunt, ganz betreten, „was haben wir da eigentlich erlebt?" mehr noch: „wer *sind* wir eigentlich?" und zählen nach, hinterdrein, wie gesagt, alle die zitternden zwölf Glockenschläge unsres Erlebnisses, unsres Lebens, unsres Seins – ach! und verzählen uns dabei … Wir bleiben uns eben notwendig fremd, wir verstehen uns nicht, wir *müssen* uns verwechseln, für uns heißt der Satz in alle Ewigkeit „Jeder ist sich selbst der Fernste" – für uns sind wir keine „Erkennenden".

Nietzsche, Friedrich: Zur Genealogie der Moral. Vorrede. Werke Bd. 2, hg. von K. Schlechta. München 1954, S. 763.

■ AUFGABEN:
1. Inwiefern sind sich die Menschen Nietzsche zufolge unbekannt? Geben Sie Beispiele!
2. Was versteht Nietzsche unter einem Sich-fremd-Bleiben? Warum bleiben sich die Menschen „notwendig fremd"?
3. „Jeder ist sich selbst der Fernste"! – Erläutern Sie Nietzsches These und nehmen Sie begründet Stellung!

J10 Kulturelle Deutungsmuster, interkulturelle Interaktion und Vorurteile

a) Hans Jürgen Heringer: Kulturstandards

■ INFO zur Einführung:
Das Fremde als Selbstdistanzierungskonzept, der Andere als Repräsentant eigener Stärken und Schwächen – diese beiden Thesen lassen sich im Bereich der „interkulturellen Kommunikation" finden: In der globalisierten Welt sind die Menschen verschiedener Kulturen, Sprachen, gesellschaftlicher Kontexte, kultureller Prägungen und individueller Konditionen unumgänglich miteinander konfrontiert und trotz aller Ängste und Vorbehalte aufeinander angewiesen; sie befinden sich in einem Kommunikationsprozess, der es den Interagierenden ermöglicht, das Fremde dem Eigenen entgegenzustellen, aber auch das Eigene im Fremden wiederzufinden.

Wenn über Menschen verschiedener Herkunft gesprochen wird, dann sind kulturelle Zuschreibungen an der Tagesordnung. Aber in welchem Sinn und wie weit repräsentiert ein Deutscher deutsche Kultur, ein Chinese chinesische Kultur? Haben wir es zunächst nicht immer mit Personen zu tun? Ja sicher. Aber die Individuen sind doch geprägt durch: Tradition und Gedächtnis (Normen, Ideologien), Sozialisation (Enkulturation, Identität, persönliche Erfahrung), Kommunikation (Diskursverhalten, Kommunikationsziele), soziale Organisation (Verwandtschaft, Selbstwahrnehmung, Selbstbild).
In interkulturellen Interaktionen haben viele Individuen Erfahrungen gesammelt, die auch mehr oder weniger systematisiert erfasst werden können – allerdings mit Fehlerrisiko. Für eine systematische Betrachtung kann man auf folgende Aspekte fokussieren:
Weltsicht – Nahrung und Essen – Nationalcharakter – Wertorientierung – Arbeit – Zeiterleben – nonverbale Kommunikation – Persönlichkeit – Sprache und Kommunikation – Religion – Raumerleben – soziale Beziehungen – Wahrnehmung – Kleidung – Institutionen und Rechtssystem – Denken – Verhaltensmuster.

[…] Wer die Vielfalt einer Kultur übersichtlich machen will und vielleicht lehrbar, scheint auf Vereinfachungen, Selektion und Standardisierung angewiesen. Ein Versuch dieser Art ist die Ermittlung und Beschreibung sog. Kulturstandards. […] Sie können sich Ihre eigene Meinung bilden, wenn Sie die folgenden deutschen Kulturstandards betrachten. […]
1. Interpersonale Distanz […] Wie reagieren Sie als Deutscher oder als Angehöriger einer anderen Kultur, der Deutsche von außen betrachten kann? […]
2. Direktheit interpersonaler Kommunikation […]
3. Regelorientiertheit […]
4. Autoritätsdenken […]
5. Organisationsbedürfnis […]
6. Körperliche Nähe [nach bestimmten Regeln, die vom Grad der Beziehung zu anderen abhängen] […]
7. Abgegrenzter Privatbereich […]
8. Persönliches Eigentum […]
9. Pflichtbewusstsein […]
10. Geschlechtsrollendifferenzierung […]

Heringer, Hans Jürgen: Interkulturelle Kommunikation. Grundlagen und Konzepte. Tübingen, Basel 2004, S. 143 ff.

■ AUFGABEN:
1. Erläutern Sie die von Heringer aufgezeigten Kulturstandards vor dem Hintergrund eigener Urlaubserfahrungen!
2. Sind Ihnen die genannten „Kulturstandards" schon einmal im Alltag bewusst aufgefallen, beispielsweise im Bereich der Kommunikation mit Nicht-Muttersprachlern?
3. Sehen Sie sich die folgende Bildgeschichte an und deuten Sie diese auf der Grundlage der von Heringer aufgezeigten und weiterer Ihnen bekannter Kulturstandards!

b) Kulturelles Missverständnis: Wie Willy auf seine chinesische Freundin wirkt

Peiling, Xiao u. a.: Ziele. Deutsch für Intensivkurse, Bd. 3, Beijing 1991, S. 116.

c) Max Frisch: Der andorranische Jude

In Andorra lebte ein junger Mann, den man für einen Juden hielt. Zu erzählen wäre die vermeintliche Geschichte seiner Herkunft, sein täglicher Umgang mit den Andorranern, die in ihm den Juden sehen: das fertige Bildnis, das ihn überall erwartet. Beispielsweise ihr Misstrauen gegenüber seinem Gemüt, das ein Jude, wie auch die Andorraner wissen, nicht haben kann. Er wird auf die Schärfe seines Intellektes verwiesen, der sich eben dadurch schärft, notgedrungen. Oder sein Verhältnis zum Geld, das in Andorra auch eine große Rolle spielt: er wusste, er spürte, was alle wortlos dachten; er prüfte sich, ob es wirklich so war, dass er stets an das Geld denke, er prüfte sich, bis er entdeckte, dass es stimmte; es war so, in der Tat, er dachte stets an das Geld. Er gestand es; er stand dazu, und die Andorraner blickten sich an, wortlos, fast ohne ein Zucken der Mundwinkel. Auch in Dingen des Vaterlandes wusste er genau, was sie dachten; sooft er das Wort in den Mund genommen, ließen sie es liegen wie eine Münze, die in den Schmutz gefallen ist. Denn der Jude, auch das wussten die Andorraner, hat Vaterländer, die er wählt, die er kauft, aber nicht ein Vaterland wie wir, nicht ein zugeborenes, und wie wohl er es meinte, wenn es um andorranische Belange ging, er redete in ein Schweigen hinein, wie in Watte. Später begriff er, dass es ihm offenbar an Takt fehlte, ja, man sagte es ihm einmal rundheraus, als er, verzagt über ihr Verhalten, geradezu leidenschaftlich wurde. Das Vaterland gehörte den andern, ein für allemal, und dass er es lieben könnte, wurde von ihm nicht erwartet, im Gegenteil, seine beharrlichen Versuche und Werbungen öffneten nur eine Kluft des Verdachtes; er buhlte um eine Gunst, um einen Vorteil, um eine Anbiederung, die man als Mittel zum Zweck empfand auch dann, wenn man selber keinen möglichen Zweck erkannte. So wiederum ging es, bis er eines Tages entdeckte, mit seinem rastlosen und alles zergliedernden Scharfsinn entdeckte, dass er das Vaterland wirklich nicht liebte, schon das bloße Wort nicht, das jedesmal, wenn er es brauchte, ins Peinliche führte. Offenbar hatten sie recht. Offenbar konnte er überhaupt nicht lieben, nicht im andorranischen Sinn; er hatte die Hitze der Leidenschaft, gewiss, dazu die Kälte seines Verstandes, und diesen empfand man als eine immer bereite Geheimwaffe seiner Rachsucht; es fehlte ihm das Gemüt, das Verbindende; es fehlte ihm, und das war unverkennbar, die Wärme des Vertrauens. Der Umgang mit ihm war anregend, ja, aber nicht angenehm, nicht gemütlich. Es gelang ihm nicht, zu sein wie alle andern, und nachdem er es umsonst versucht hatte, nicht aufzufallen, trug er sein Anderssein sogar mit einer Art von Trotz, von Stolz und lauernder Feindschaft dahinter, die er, da sie ihm selber nicht gemütlich war, hinwiederum mit einer geschäftigen Höflichkeit überzuckerte; noch wenn er sich verbeugte, war es eine Art von Vorwurf, als wäre die Umwelt daran schuld, dass er ein Jude ist –

Die meisten Andorraner taten ihm nichts. Also auch nichts Gutes.

Auf der andern Seite gab es auch Andorraner eines freieren und fortschrittlichen Geistes, wie sie es nannten, eines Geistes, der sich der Menschlichkeit verpflichtet fühlte: sie achteten den Juden, wie sie betonten, gerade um seiner jüdischen Eigenschaften willen, Schärfe des Verstandes und so weiter. Sie standen zu ihm bis zu seinem Tode, der grausam gewesen ist, so grausam und ekelhaft, dass sich auch jene Andorraner entsetzten, die es nicht berührt hatte, dass schon das ganze Leben grausam war. Das heißt, sie beklagten ihn eigentlich nicht, oder ganz offen gesprochen: sie vermissten ihn nicht – sie empörten sich nur über jene, die ihn getötet hatten, und über die Art, wie das geschehen war, vor allem die Art.

Man redete lange davon. Bis es sich eines Tages zeigte, was er selber nicht hat wissen können, der Verstorbene: dass er ein Findelkind gewesen, dessen Eltern man später entdeckt hat, ein Andorraner wie unsereiner – man redete nicht mehr davon.

Die Andorraner aber, sooft sie in den Spiegel blickten, sahen mit Entsetzen, dass sie selber die Züge des Judas tragen, jeder von ihnen. Du sollst dir kein Bildnis machen, heißt es, von Gott. Es dürfte auch in diesem Sinne gelten: Gott als das Lebendige in jedem Menschen, das, was nicht erfassbar ist. Es ist eine Versündigung, die wir, so wie sie an uns begangen wird, fast ohne Unterlass wieder begehen – Ausgenommen wenn wir lieben.

Frisch, Max: Tagebuch 1946–1949. Frankfurt 1962, S. 35 ff.

■ **AUFGABEN:**
1. Erklären Sie den Begriff „Vorurteil" anhand von Max Frischs „Der andorranische Jude"!
2. Zeigen Sie Ursachen und Folgen der Vorurteile auf!
3. Was könnte Frisch intendieren, wenn er schlussfolgert, dass die Andorraner selbst die Züge des Judas tragen, und zwar „jeder von ihnen"?
4. Erläutern, begründen und beurteilen Sie die Forderung des Erzählers: „Du sollst dir kein Bildnis machen."
5. Vergleichen Sie die Verfolgung der Juden im Dritten Reich mit der Verfolgung des jungen Mannes in Andorra!

J11 Samuel P. Huntington: Gibt es eine universale Kultur?

■ **INFO zur Einführung:**
Samuel P. Huntingtons These vom „Clash of Civilizations" ist seit 1996 zum festen Begriff in der Debatte um eine neue globale Weltordnung geworden. Ihr zufolge basieren die zukünftigen, aber auch die gegenwärtigen Fronten der Welt nicht auf politischen und ökonomischen Gegensätzen, sondern auf kulturellen Differenzen. So stellt sich Huntington u. a. die Frage, ob es angesichts kultureller Zersplitterungen nicht doch Hinweise auf eine „universale Kultur" gebe.

Es wird die These vertreten, unsere Ära erlebe das Entstehen dessen, was V. S. Naipaul „universale Zivilisation" genannt hat. Was ist mit diesem Ausdruck gemeint? Gemeint ist generell das kulturelle Zusammenrücken der Menschheit und die zunehmende Akzeptanz von gemeinsamen Werten, Überzeugungen, Orientierungen, Praktiken und Institutionen durch Völker in der ganzen Welt. Genauer sind wohl einige Dinge gemeint, die zwar tiefgründig, aber unwichtig sind, einige, die wichtig, aber nicht tiefgründig sind, und einige, die unwichtig und vordergründig sind.

Erstens anerkennen die Menschen praktisch aller Gesellschaften gewisse Grundwerte, zum Beispiel, dass Mord böse ist, und gewisse Grundinstitutionen, etwa bestimmte Formen der Familie. Die meisten Menschen in den meisten Gesellschaften besitzen ein ähnlich gelagertes „sittliches Empfinden", es besteht ein „dünner" minimaler sittlicher Konsens darüber, was richtig und falsch ist. Wenn mit „universaler Kultur" dieser Sachverhalt gemeint ist, dann ist das zwar tiefgründig und zutiefst wichtig, aber es ist weder neu noch ausschlaggebend. Die Tatsache, dass die Menschen zu allen Zeiten einige fundamentale Werte und Institutionen gemeinsam hatten, mag bestimmte Konstanten des menschlichen Verhaltens erklären. Sie taugt aber nicht zur Erhellung oder Erklärung der Geschichte, die aus Veränderungen im menschlichen Verhalten besteht. Und falls es eine „universale Kultur" gibt, die der ganzen Menschheit gemeinsam ist, welche Bezeichnung verwenden wir dann für die großen kulturellen Gruppierungen des menschlichen Geschlechts? Die Menschheit zerfällt in Untergruppen – in Stämme, Nationen und größere zivilisatorische Einheiten, die man für gewöhnlich Kultur nennt. Wird der Begriff „Kultur" überhöht und auf das beschränkt, was der Menschheit als ganzer gemeinsam ist, muss man entweder einen neuen Begriff für die größten zivilisatorischen Gruppierungen unterhalb der Ebene der Gesamtmenschheit erfinden, oder man muss annehmen, dass diese größten, aber nicht die Menschheit insgesamt umfassenden Gruppierungen verschwinden werden. […] Es stiftet nur semantische Verwirrung, wenn man den Begriff „Kultur" auf die globale Ebene beschränkt und als „Zivilisationen" oder „Subzivilisationen" jene größten kulturellen Einheiten bezeichnet, die in der Geschichte immer als Kultur oder Kulturkreis bezeichnet worden sind.

Zweitens könnte der Begriff „universale Kultur" zur Bezeichnung dessen verwendet werden, was zivilisierte Gesellschaften miteinander gemeinsam haben, wie zum Beispiel Städte oder Alphabetisierung, und was sie von primitiven Gesellschaften und Barbaren unterscheidet. Das ist natürlich die dem 18. Jahrhundert eigene singularische Bedeutung des Begriffs „Zivilisation", und in diesem Sinne ist in der Tat eine universale Zivilisation im Entstehen begriffen […]. Die Zivilisation in diesem Sinne hat sich im Laufe der Menschheitsgeschichte immer weiter ausgebreitet, und die Verbreitung von Zivilisation im Singular war und ist mit der Existenz vieler Kulturen im Plural durchaus verträglich.

Drittens könnte sich der Begriff „universale Kultur" auf Annahmen, Werte und Doktrinen beziehen, die gegenwärtig von vielen Menschen im westlichen Kulturkreis und von manchen Menschen in anderen Kulturkreisen vertreten werden. Man könnte es die „Davos-Kultur" nennen. Jedes Jahr treffen sich etwa tausend Wirtschaftsfachleute, Bankiers, Regierungsvertreter, Intellektuelle und Journalisten im schweizerischen Davos zum Weltwirtschafts-Forum. Fast alle diese Leute haben einen akademischen Abschluss in einem natur-, sozial-, wirtschafts- oder rechtswissenschaftlichen Fach, gehen mit Worten und/oder Zahlen um, sprechen ziemlich fließend Englisch, sind in Behörden, Unternehmen oder akademischen Einrichtungen mit ausgedehntem internationalem Engagement tätig und reisen häufig ins Ausland. Gemeinsam ist ihnen der Glaube an Individualismus, Marktwirtschaft und politische Demokratie, der auch unter Menschen der westlichen Kultur verbreitet ist. Davos-Leute kontrollieren praktisch alle internationalen Institutionen, viele Regierungen und ein gut Teil des wirtschaftlichen und militärischen Potenzials der Welt. Die Davos-Kultur ist daher ungeheuer wichtig. Aber wie viele Menschen sind weltweit wirklich Teil dieser Kultur? Außerhalb des Westens wird sie wahrscheinlich von kaum fünfzig Millionen Menschen oder einem Prozent der Weltbevölkerung anerkannt […]. Sie ist weit davon entfernt, eine universale Kultur zu sein, und die Führer, die die Davos-Kultur vertreten, haben nicht unbedingt einen festen Zugriff auf die Macht in ihrer jeweiligen Gesellschaft. Diese „gemeinsame intellektuelle Kultur existiert", wie Hedley Bull hervorhebt, „nur auf der Ebene der Eliten: Ihre Wurzeln reichen in vielen Gesellschaften nicht tief [und] es ist fraglich, ob sie selbst auf der diplomatischen Ebene das umfasst, was gemeinsame moralische Kultur genannt worden ist, ein System gemeinsamer Werte im Unterschied zu einer gemeinsamen intellektuellen Kultur."

Viertens wird der Gedanke ventiliert, dass die Ausbreitung westlicher Konsummuster und westlicher Populärkultur über die ganze Welt dabei ist, eine „universale Kultur" zu schaffen. Dieses Argument ist weder tiefgründig noch bedeutend. Modetrends sind seit jeher von Kultur zu Kultur weitergegeben worden. Innovationen in einer Zivilisation werden regelmäßig von anderen Kulturen aufgegriffen. Dabei handelt es sich jedoch entweder um Techniken, die keine signifikanten kulturellen Auswirkungen haben, oder um Moden, die kommen und gehen, ohne die eigentliche Kultur der Empfänger zu tangieren. Diese Importe schlagen in der Empfänger-Kultur ein, weil sie entweder exotisch sind oder weil sie aufoktroyiert werden. In früheren Jahrhunderten wurde die westliche Welt in regelmäßigen Abständen von der Begeisterung für diverse Aspekte der chinesischen oder hinduistischen Kultur erfasst. Im 19. Jahrhundert wurden kulturelle Importe aus dem Westen in China und Indien populär, weil sich in ihnen westliche Macht zu

spiegeln schien. Die jetzige These, dass die Verbreitung von Pop-Kultur und Konsumgütern über die ganze Welt den Triumph der westlichen Zivilisation darstelle, trivialisiert die westliche Kultur. Die Quintessenz der westlichen Zivilisation ist die Magna Charta, nicht der BigMac. Die Tatsache, dass Nichtwestler in diesen beißen, sagt nichts darüber aus, ob sie jene akzeptieren. Er sagt auch nichts über ihre Einstellungen zum Westen aus. Irgendwo im Nahen Osten kann es sehr wohl ein paar junge Männer in Jeans geben, die Coca Cola trinken und Rap hören, aber zwischen Verbeugungen in Richtung Mekka eine Bombe basteln, um ein amerikanisches Flugzeug in die Luft zu jagen. [...]
Die zentralen Elemente jeder Kultur oder Zivilisation sind Sprache und Religion. Falls eine universale Kultur im Entstehen begriffen ist, müsste es Tendenzen zur Herausbildung einer universalen Sprache und einer universalen Religion geben.

Huntington, Samuel P.: Kampf der Kulturen. Die Neugestaltung der Weltpolitik im 21. Jahrhundert. Hamburg 2007, S. 77 ff.

■ AUFGABEN:
1. Informieren Sie sich zunächst über den Begriff „Magna Charta"!
2. Was spricht Huntington zufolge für die Möglichkeit einer universalen Kultur, was dagegen? Wie schätzen Sie diese Möglichkeit ein?

J12 Von Angesicht zu Angesicht

a) Ümit: Warum seht ihr uns so an?

Warum seht ihr uns so an?
Sind wir nicht auch Menschen wie ihr?
Warum seht ihr uns so an?
Sind wir weniger wert als ihr
Nur weil wir Kopftücher tragen?
Ihr versteht unsere Sprache nicht
Warum wollt ihr auch unsere Gefühle nicht
verstehen?

Ihr seht uns nur an
Aber dabei seht ihr an uns vorbei!
Warum nehmt ihr uns nicht
Wie wir sind
Versucht
Uns dauernd zu ändern?

Seht uns nicht nur an!
Versucht uns zu sehen!
Versucht uns kennen zu lernen!
Versucht uns zu verstehen!

Klemt-Kozinowski, Gisela/Koch, Helmut/Scherf, Luise: Andorra ist überall. Lesebuch Vorurteile. Baden-Baden 1990, S. 65.

■ AUFGABEN:
1. Warum sehen Sie Fremde „so" an?
2. Wie können Sie Fremden zeigen, dass Sie versuchen „sie auch zu sehen"?
3. Was erwarten Sie umgekehrt von Fremden?
4. Verfassen Sie ein eigenes Gedicht über eine Freundschaft mit Fremden!

b) „Wie erkennt man, dass die Nacht zu Ende geht?"

„Wie erkennt man, dass die Nacht zu Ende geht und wann genau der Tag beginnt?", fragte ein Rabbi seine Schüler. Die Schüler rätselten. „Ist es etwa dann, wenn ich aus 300 Metern Entfernung ein Schaf von einer Ziege unterscheiden kann?" „Nein", sagte der Rabbi. „Ist es dann, wenn man einen Feigenbaum von einem Mandelbaum unterscheiden kann?" „Nein", sagte der Rabbi. „Wann ist es dann? Wann endet die Nacht und beginnt der Tag?", fragten schließlich die Schüler. „Es ist dann", sagte der Rabbi, „wenn du in das Gesicht irgendeines Menschen blickst, sei er arm oder reich, und in seinem Antlitz deine Schwester [deinen Bruder] erkennst. Dann endet die Nacht. Dann wird es Tag."

Bischöfliches Hilfswerk MISEREOR e.V. (Hrsg.): Fastenkalender 2009. Text zum 3. April. Aachen 2009.

■ AUFGABEN:
1. Im Deutschunterricht haben Sie gelernt, dass narrative Texte eine Vielzahl von Metaphern enthalten. Deuten Sie die Metaphern „Tag" und „Nacht" hinsichtlich des Verhältnisses der Menschen zueinander!
2. Welche Bedeutung hat das Antlitz anderer Menschen für Sie? Denken Sie an Begegnungen in der Familie, in der Schule, während des Praktikums, im Freundeskreis oder während der Arbeit!
3. Sehen Sie sich die folgenden Gesichter an und teilen Sie Ihre Empfindungen mit! Für wie wichtig halten Sie die Blicke anderer Menschen für die eigene Lebensführung? Inwiefern können die Blicke der „Anderen" den „Himmel" oder die „Hölle" bedeuten?

4. Lesen Sie die nachfolgende Erzählung Thomas Bernhards und erläutern Sie die Bedeutung der Blicke der Passanten für den Protagonisten!

c) Thomas Bernhard: Der Anstreicher

■ INFO zur Einführung:
Der österreichische Dichter Thomas Bernhard (1931–1989) setzt sich in seinen literarischen Werken mit der menschlichen Existenz in einer sinnentleerten Welt auseinander. Die häufig bis zur Verzweiflung gesteigerten seelischen Prozesse der Protagonisten Bernhards veranlassen diese zu Gewalt und Aggression, aber auch zu Selbstaufgabe und Anpassung.

DER ANSTREICHER ist auf ein Gerüst geklettert und sieht sich nun etwa vierzig oder fünfzig Meter vom Erdboden entfernt. Er lehnt sich an ein Holzbrett. Während er mit einem großen Kienspan im Kübel umrührt, schaut er auf die Leute hinunter, die die Straße bevölkern. Er ist bemüht, Bekannte herauszufinden, was ihm auch gelingt, aber er hat nicht die Absicht, hinunter zu schreien, denn da würden sie heraufschauen und ihn lächerlich finden. Ein lächerlicher Mensch in einem schmutzigen gelben Anzug mit einer Zeitungspapierkappe auf dem Kopf! Der Anstreicher vergisst seine Aufgabe und blickt senkrecht hinunter auf die schwarzen Punkte. Er entdeckt, dass er niemand kennt, der sich in einer ähnlich lächerlichen Situation befände. Wenn er vierzehn oder fünfzehn Jahre alt wäre! Aber mit zweiunddreißig! Während dieser Überlegung rührt er ununterbrochen im Farbkübel um. Die anderen Anstreicher sind zu sehr beschäftigt, als dass ihnen an ihrem Kollegen etwas auffiele. Ein lächerlicher Mensch mit einer Zeitungspapierkappe auf dem Kopf! Ein lächerlicher Mensch! Ein entsetzlich lächerlicher Mensch! Jetzt ist ihm, als stürze er in diese Überlegung hinein, tief hinein und hinunter, in Sekundenschnelle, und man hört

Aufschreie, und als der junge Mann unten aufgeplatzt ist, stürzen die Leute auseinander. Sie sehen den umgestülpten Kübel auf ihn fallen und gleich ist der Anstreicher mit gelber Fassadenfarbe übergossen. Jetzt heben die Passanten die Köpfe. Aber der Anstreicher ist natürlich nicht mehr oben.

Bernhard, Thomas: Der Anstreicher. In: Ders.: Ereignisse. Frankfurt a. M. 1994, S. 29f.

J13 Crister S. Garrett: Käufliche Klischees – Neues vom Stereotypenmarkt

■ INFO zur Einführung:
Dass Sachverhalte, Eindrücke und Standpunkte vereinfacht oder verallgemeinert werden, ist insbesondere im Bereich der Alltagskommunikation festzustellen: Ohne Prüfung der objektiven Tatsachen finden sich voreilig gefasste oder übernommene, meist von Gefühlen gegenüber Personen geprägte Meinungen. Gleiches gilt für politisch und ökonomisch motivierte Kommunikationsprozesse: „Ohne Klischees und Stereotypen", so konstatiert Crister S. Garrett, ein amerikanischer Geisteswissenschaftler und Professor für „Internationale und Europäische Studien", „geht in den internationalen Beziehungen nichts". „Denn wo eine Nachfrage besteht, da gibt es auch einen Markt. Aber nicht anders als die Börsen in New York, London, Frankfurt oder Paris bedarf auch der internationale Stereotypenmarkt einer gewissen Regulierung durch Regierungen und die Zivilgesellschaft."

Die Verwendung von Klischees und nationalen Stereotypen zieht sich wie ein roter Faden durch die internationalen Beziehungen. Warum ist das so? Nun, unser Verhältnis zu Klischees und Stereotypen ist zwiespältig. Natürlich wissen wir, dass es sich bei ihnen um nichts weiter als um Momentaufnahmen handelt, um „Schnappschüsse" – nach der ursprünglichen Bedeutung des französischen Begriffs „cliché". Und natürlich werden wir nicht müde, vor den Gefahren zu warnen, die von Vereinfachungen für eine Demokratie ausgehen. Aber Hand aufs Herz: Wer möchte sich das Leben nicht einfacher machen? Das Universum der Informationen wird täglich größer und komplexer; es verlangt nach Destillierung oder Vereinfachung. Nimmt man nun aber das falsche Bild oder veröffentlicht es am falschen Ort, dann können die Folgen für eine Person, ein Land oder das ganze internationale System verheerend sein.
Wodurch also wird die Bildung von Stereotypen, die Auswahl der „Schnappschüsse" bestimmt? Vielleicht ist für die Beantwortung dieser Frage ein Modell hilfreich, das ich einmal den „internationalen Stereotypenmarkt" nennen möchte. Mithilfe dieses Modells können wir nicht nur die Kräfte beschreiben, die hinter der Entstehung von Stereotypen stehen, sondern darüber hinaus aufzeigen, wie man aus dem natürlichen Drang zur Stereotypenbildung den größtmöglichen Nutzen ziehen kann. Beginnen wir mit einigen Leitsätzen, die für den internationalen Stereotypenmarkt von Bedeutung sind:
1) DAS ADAM-SMITH-PRINZIP DER STEREOTYPEN: Der schottische Nationalökonom und Moralphilosoph Adam Smith (1723–1790) begründete den Eigennutz als entscheidenden Motor für Wohlstand und gerechte Verteilung und vertraute auf die Selbstregulierung des Marktes. Bezogen auf den internationalen Stereotypenmarkt lässt sich seine Theorie wie folgt anwenden: Menschen haben den natürlichen Drang, Stereotypen zu sammeln und mit ihnen Handel zu treiben. Das Filtern und Einordnen von Informationen und Bildern liegt in unserer Natur – „kognitive Dissonanz" nennt die psychologische Theorie das – und hilft uns dabei, zu überleben: „Löwe – böse, Wild – lecker".
2) DAS SCHUMPETER-PRINZIP DER STEREOTYPEN: Skeptischer als Adam Smith war der Österreicher Joseph Alois Schumpeter (1883 bis 1950). Zwar vertrat er im Unterschied etwa zu Karl Marx die These, dass die „Maschine Kapitalismus" ganz ordentlich funktioniere. Jedoch führt gerade der Erfolg seiner Ansicht nach dazu, dass der Kapitalismus seine eigene soziale Struktur zerstört, die ihn schützt und stützt. Von Schumpeter stammt das geflügelte Wort von der „schöpferischen Zerstörung", durch die alte Strukturen zugrunde gehen und neue geschaffen werden. Folgen wir Schumpeters Theorie, dann können wir

zwei Varianten von Stereotypen ausmachen, die auf dem internationalen Stereotypenmarkt gehandelt werden, die „konstruktiven Stereotypen" und die „destruktiven Stereotypen". Konstruktive Stereotypen stellen eine Form der „schöpferischen Zerstörung" dar: die Vereinfachung von komplexen Zusammenhängen zum Nutzen der Allgemeinheit, etwa durch eine Aussage wie „Demokratie ist gut". Destruktive Stereotypen hingegen führen, ähnlich wie der zerstörerische Kapitalismus, zu einer Simplifizierung von Komplexität auf Kosten des Gemeinwohls und zum Nutzen Weniger. Beispiel: „Steuern sind schlecht."

3) DAS PRINZIP DER INTERNATIONALISIERUNG: Sowohl konstruktive als auch destruktive Stereotypen tauchen immer wieder in den internationalen Beziehungen auf. Hierbei lassen sich vier Prinzipien ausmachen:
 a) Das binäre Prinzip: Eine Nation ist nur durch Abgrenzung zu einer anderen Nation in der Lage, sich selbst zu definieren.
 b) Das geopolitische Prinzip: Eine Nation sucht sich für eine solche Abgrenzung stets diejenige Nation aus, die sie für den bedeutendsten (in der Regel: mächtigsten) Widerpart hält. Ein Beispiel hierfür ist das Verhältnis zwischen den Vereinigten Staaten und Europa.
 c) Das Prinzip der Globalisierung: Je stärker in einer Gesellschaft das Gefühl einer weltweit zunehmenden Homogenisierung verbreitet ist, umso lauter wird der Ruf nach Abgrenzung durch eine Besinnung auf die eigene Vergangenheit und die nationale Identität.
 d) Das demokratische Prinzip: Im gleichen Maße, wie die Teilhabe des Volkes (demos) an der Macht (kratie) zunimmt, [...] steigt der Bedarf an simplifizierenden Modellen. Denn die Regierungen werden dazu gezwungen, Koalitionen aus völlig unterschiedlichen Gruppierungen zu bilden. Die Folge: Je mehr „Demokratie wir wagen", umso mächtiger wird der internationale Stereotypenmarkt.

[...] Grundsätzlich ist der „freie Markt" am besten dafür geeignet, den internationalen Stereotypenhandel zu regeln. Durch den freien und offenen Handel mit Stereotypen kann das internationale System für maximale Transparenz sorgen, was die jeweiligen Preise für konstruktive und destruktive Stereotypen angeht – die beste Gewähr dafür, den Handel mit konstruktiven Stereotypen zu fördern und den mit destruktiven zu schwächen. [...] Natürlich, freie Märkte setzen einen reibungslosen Informationsfluss voraus: ein offenes System, das dafür sorgt, dass die notwendigen Informationen in die richtigen Hände gelangen. Nun sind allerdings die Märkte, wie die Ergebnisse der Wirtschaftsforschung in aller Deutlichkeit zeigen, in dieser Hinsicht höchst unvollkommen. Der Manipulation der Informationsflüsse und des Zugangs zu Informationen durch Einzelne sind Tür und Tor geöffnet. Daher bedarf der internationale Stereotypenmarkt, nicht anders als die Börsen [...], einer gewissen Regulierung. [...]

Entscheidend dafür, ob und welche regelnden Eingriffe in den internationalen Stereotypenmarkt notwendig sind, ist das, was ich den „P&P-Index" nennen möchte: den Index der psychischen und physischen Sicherheit". Die Bereitschaft der Menschen, sich am Handel mit destruktiven Stereotypen zu beteiligen, hängt vom Grad ihrer subjektiv wahrgenommenen Sicherheit ab, sowohl psychisch (Abwesenheit von Verfolgung) als auch physisch (Abwesenheit von Lebensbedrohung). Je höher der „P&P-Index" eines Landes oder: je ausgeprägter das kollektive Sicherheitsgefühl ist, umso schwächer gedeiht der Handel mit destruktiven Stereotypen; je niedriger der „P&P-Index" ist, umso üppiger blüht dieser Markt. Viele skrupellose Politiker, die dieses „reziproke Gesetz des Stereotypenhandels" begriffen haben, versuchen, den internationalen Stereotypenmarkt zu manipulieren und zu beherrschen. [...]

All das unterstreicht die bedeutende Rolle, die Regierungen und der Zivilgesellschaft dabei zukommt, den Handel mit konstruktiven Stereotypen zu fördern. Während es den Regierungen obliegt, eine „Meta-Struktur" zu schaffen, eine Infrastruktur, in welcher der P&P-Index beständig wachsen kann, ist es die Hauptaufgabe der Zivilgesellschaft, sich um die „Mikro-Struktur" zu kümmern, also um die Inhalte und die Arten von Information, die auf dem internationalen Stereotypenmarkt gehandelt werden.

Garrett, Crister S.: Käufliche Klischees – Neues vom Stereotypenmarkt. In: Institut für Auslandsbeziehungen (Hrsg.): Zeitschrift für KulturAustausch (54. Jahrg. 3/04): Die heimlichen Herrscher. Politik mit nationalen Bildern und Stereotypen. Berlin 2004, S. 39 ff.

■ AUFGABEN:

1. Erläutern Sie die aufgezeigten Stereotypenmodelle anhand alltäglicher Erfahrungen in den Bereichen Politik, Gesellschaft und Wirtschaft! Welches Modell erscheint Ihnen besonders plausibel? Geben Sie Beispiele für das von Ihnen favorisierte Modell!
2. Welche Bedeutung haben „nationale Stereotypen" möglicherweise für den einzelnen Menschen?
3. Wie beurteilen Sie die Funktion von Stereotypen? Halten Sie Stereotypen für notwendig?

J14 Urteile und Vorurteile

■ INFO zur Einführung:

Ein vorschnelles, von Vorurteilen getragenes und sich oftmals als gänzlich unzutreffend herausstellendes Urteil prägt das alltägliche Miteinander von Menschen verschiedener Kulturen. Aus einseitigen und borniertenSichtweisen hervorgehende Meinungsverschiedenheiten führen nicht selten zu Streit und Aggressionen. Wie aber sollten Menschen urteilen? Wie könnten sie mit den Urteilen anderer Menschen umgehen?

■ AUFGABEN:

1. Lesen Sie die nachfolgenden Texte und erläutern Sie, wie und wodurch sich Urteile von Vorurteilen unterscheiden!
2. Welche Möglichkeiten, mit Missverständnissen oder Meinungsverschiedenheiten umzugehen, werden in den folgenden Texten aufgezeigt?
3. Haben Sie selbst schon einmal versucht, die angebotenen Lösungen in die Tat umzusetzen? Welche Erfahrungen konnten Sie sammeln?

a) Epiktet: Urteile nicht vorschnell

Es badet einer zu früh; sage nicht: er tut Unrecht, sondern: er badet zu früh. Es trinkt einer viel Wein; sage nicht: er tut Unrecht, sondern: er trinkt viel. Denn ehe du die Absicht kennst, woher weißt du, ob er Unrecht tut? So wird es dir nicht begegnen, dass die innere Überzeugung, welche du gewonnen hast, etwas anderes enthalte, als die handgreifliche sinnliche Wahrnehmung.

Epiktet: Handbüchlein der stoischen Moral, übers. u. erkl. von C. Conz (1864). Berlin o. J., S. 48f.

b) Martin von der Mühlen: Die drei Siebe des Sokrates

Eines Tages kam ein Bekannter zum griechischen Philosophen Sokrates gelaufen: „Höre, Sokrates, ich muss dir berichten, wie dein Freund ..." „Halt ein", unterbrach ihn der Philosoph, „hast du das, was du mir sagen willst, durch drei Siebe gesiebt?" „Drei Siebe? Welche?", fragte der andere verwundert. „Ja! Drei Siebe! Das erste ist das Sieb der Wahrheit. Hast du das, was du mir berichten willst, geprüft, ob es auch wahr ist?" „Nein, ich hörte es erzählen, und ..." „Nun, so hast du es sicher mit dem zweiten Sieb, dem Sieb der Güte, geprüft. Ist das, was du mir erzählen willst – wenn es schon nicht wahr ist – wenigstens gut?" Der andere zögerte: „Nein, das ist es eigentlich nicht. Im Gegenteil ..." „Nun", unterbrach ihn Sokrates, „so wollen wir noch das dritte Sieb nehmen und uns fragen, ob es notwendig ist, mir das zu erzählen, was dich so zu erregen scheint." „Notwendig gerade nicht ..." „Also", lächelte der Weise, „wenn das, was du mir eben sagen wolltest, weder wahr noch gut noch notwendig ist, so lass es begraben sein und belaste weder dich noch mich damit."

Mühlen, Martin von der: Die drei Siebe des Sokrates. In: Grabe, Hermann/Pletsch, Joachim (Hrsg.): Leben ist mehr. Impulse für jeden Tag 2001. Bielefeld 2000, S. 56.

c) Dschuang Dsi: Lösung von Meinungsverschiedenheiten?

Angenommen, ich disputiere mit dir; du besiegst mich, und ich besiege dich nicht. Hast du nun wirklich recht? Hab' ich nun wirklich unrecht? Oder aber ich besiege dich, und du besiegst mich nicht. Habe ich nun wirklich recht und du wirklich unrecht? Hat einer von uns recht und einer unrecht, oder haben wir beide recht oder beide unrecht? Ich und du, wir können das nicht wissen.

Wenn die Menschen aber in einer solchen Unklarheit sind, wen sollen sie rufen, um zu entscheiden? Sollen wir einen holen, der mit dir übereinstimmt, um zu entscheiden? Da er doch mit dir übereinstimmt, wie kann er entscheiden? Oder sollen wir einen holen, der mit mir übereinstimmt? Da er doch mit mir übereinstimmt, wie kann er entscheiden? Sollen wir einen holen, der von uns beiden abweicht, um zu entscheiden? Da er doch von uns beiden abweicht, wie kann er entscheiden? Oder sollen wir einen holen, der mit uns beiden übereinstimmt, um zu entscheiden? Da er doch mit uns beiden übereinstimmt, wie kann er entscheiden?

So können also ich und du und die andern einander nicht verstehen, und da sollen wir uns von etwas, das außer uns ist, abhängig machen? Vergiß die Zeit! Vergiß die Meinungen! Erhebe dich ins Grenzenlose! Und wohne im Grenzenlosen!

Dschuang Dsi (Chuang-tzu): Das wahre Buch vom südlichen Blütenland (Nan-hua), übers. von R. Wilhelm. München 1998, S. 50f.

10 Was hält uns zusammen?

K1 David Hume: Das Gefühl der Menschlichkeit

■ INFO zur Einführung:
Besonders die englische Philosophie des 18. Jahrhunderts begründete unser moralisches Verhalten und Urteilen im Gefühl, und sie unterschied oft in den Gefühlen der Menschen zwei Richtungen: Gefühle, die nur den Einzelnen betreffen, und andere, mit denen er sich mit allen Menschen verbunden weiß. David Hume (1711–1776) stellte in diesem Sinn alle Gefühle, die auf „Selbstliebe" gründen, dem Gefühl der „Menschlichkeit" gegenüber, das auf das Wohl aller ausgerichtet sei. Hume war einer der wichtigsten Vertreter des sog. „Empirismus", einer Philosophie, die sich nur und ausschließlich auf die Erfahrung berufen wollte.

Wenn jemand einen anderen seinen *Feind*, seinen *Rivalen*, seinen *Widersacher*, seinen *Gegner* nennt, so meint man, dass er die Sprache der Selbstliebe spricht und dass er Gefühle ausdrückt, die ihm eigen sind und die auf seinen besonderen Umständen und seiner besonderen Lage beruhen. Aber wenn er irgendjemanden als *lasterhaft, hassenswert* und *verdorben* bezeichnet, dann spricht er eine andere Sprache und drückt Gefühle aus, von denen er erwartet, dass alle seine Zuhörer darin mit ihm übereinstimmen. Er muss daher in diesem Fall von seiner privaten und besonderen Situation absehen und einen Standpunkt wählen, den er mit anderen gemeinsam hat; er muss auf ein allgemeines Prinzip der menschlichen Natur einwirken und eine Saite anschlagen, die bei allen Menschen harmonisch widerklingt. Wenn er daher zum Ausdruck bringen möchte, dass dieser Mensch Eigenschaften besitzt, deren Tendenz für die Gesellschaft schädlich ist, so hat er diesen gemeinsamen Standpunkt gewählt und hat das Prinzip der Menschlichkeit berührt, an dem alle Menschen bis zu einem gewissen Grad Anteil haben. Solange das menschliche Herz aus denselben Elementen zusammengesetzt ist wie jetzt, wird es niemals gegenüber dem allgemeinen Wohl gänzlich gleichgültig sein noch von der Tendenz der Charaktere und Sitten vollkommen unberührt bleiben. Und obwohl man dieses Gefühl der Menschlichkeit im allgemeinen nicht für so mächtig halten mag als Eitelkeit oder Ehrgeiz, kann doch nur es allein, weil es allen Menschen gemeinsam ist, die Grundlage für die Moral oder für ein allgemeines System des Lobes und des Tadels bilden. Der Ehrgeiz eines Menschen ist nicht der eines anderen, auch wird dasselbe Ereignis oder Objekt nicht beide befriedigen; aber die Menschlichkeit des einen ist die Menschlichkeit eines jeden, und derselbe Gegenstand erregt bei allen menschlichen Wesen dieses Gefühl.
Aber die auf der Menschlichkeit beruhenden Gefühle sind nicht nur bei allen menschlichen Wesen dieselben und rufen dieselbe Zustimmung oder denselben Tadel hervor, sondern sie schließen auch alle menschlichen Wesen ein; und es gibt auch niemanden, dessen Verhalten oder Charakter durch sie nicht für jeden zum Gegenstand der Billigung oder Missbilligung würde. Dagegen wecken jene anderen Neigungen, die gemeinhin als „egoistische" bezeichnet werden, nicht nur bei jedem Individuum verschiedene Gefühle (je nach der besonderen Situation, in der es sich befindet), sondern sie verhalten sich auch gegenüber dem größeren Teil der Menschheit mit äußerster Gleichgültigkeit und Teilnahmslosigkeit.

Hume, David: Eine Untersuchung über die Prinzipien der Moral, übers. und hg. von G. Streminger. Stuttgart 1984, S. 201f.

■ AUFGABEN:
1. Stimmen Sie zu, dass wir gewöhnlich moralische Urteile und Entscheidungen aus einem Gefühl heraus treffen? Erläutern Sie Ihre Auffassung mit Beispielen!
2. Sind für Hume die egoistischen Gefühle das Böse, das überwunden werden muss?
3. Können wir die beiden Richtungen der Gefühle bei uns selbst immer leicht trennen?

K2 Daniel Goleman: Die Wurzeln der Empathie

Ferdinand Hodler: Die Empfindungen (4 Frauen in verschiedener Haltung)

▪ INFO zur Einführung:

Die wichtigste Basis für das Verstehen von Anderen ist das Einfühlungsvermögen. Schon der deutsche Philosoph Theodor Lipps sah am Beginn des 20. Jahrhunderts darin die Grundlage allen moralischen Verhaltens. Das deutsche Wort „Einfühlung" wurde im englischen Sprachbereich mit „empathy" übersetzt, und inzwischen spricht man auch bei uns zumeist von „Empathie". Der amerikanische Psychologe Goleman zählt die Empathie zur „emotionalen Intelligenz", die wir für unser Zusammenleben benötigen. Wer seine Gefühle nicht zu äußern vermag und überhaupt einen Mangel an Gefühlen und Empathie besitzt, leide an „Alexithymie".

Die Grundlage der Empathie ist Selbstwahrnehmung; je offener wir für unsere eigenen Emotionen sind, desto besser können wir die Gefühle anderer deuten. Alexithymiker [...], die keine Ahnung davon haben, was sie selbst empfinden, sind ganz und gar ratlos, was die Gefühle der Menschen ihrer Umgebung betrifft. Sie sind nicht in der Lage, unterschiedliche Emotionen wahrzunehmen. Die emotionalen Töne und Akkorde, die sich durch die Worte und Taten anderer ziehen, der vielsagende Klang einer Stimme, die aufschlussreiche Änderung einer Körperhaltung, das beredte Schweigen oder ein verräterisches Zittern entgehen ihnen völlig.

Über ihre eigenen Gefühle im unklaren, sind Alexithymiker nicht minder verwirrt, wenn andere ihnen gegenüber ihre Empfindungen zum Ausdruck bringen. Dieses Unvermögen, Gefühle anderer wahrzunehmen, ist ein großer Mangel an emotionaler Intelligenz und ein tragisches Defizit an Menschlichkeit. Denn der psychische Kontakt, der jeder mitmenschlichen Regung zugrunde liegt, beruht auf Empathie, *der* Fähigkeit, sich emotional auf andere einzustellen.

In vielen Lebensbereichen kommt diese Fähigkeit, zu erkennen, was ein anderer empfindet, ins Spiel: im Verkauf wie im Management, in der Liebesbeziehung wie in der Kinderbe-

treuung, im Mitgefühl für das Leid anderer wie im politischen Handeln. Auch das Fehlen von Empathie ist aufschlussreich: Man beobachtet es bei straffälligen Psychopathen, Vergewaltigern und Kindesbelästigern.
Nur selten fassen Menschen ihre Emotionen in Worte; meistens drücken sie sie auf andere Weise aus. Um die Gefühle eines anderen zu erfassen, muss man nonverbale Zeichen zu deuten wissen: den Klang der Stimme, eine Geste, den Gesichtsausdruck und dergleichen. […]
Der völlige Mangel an Mitgefühl für die Opfer steht im Mittelpunkt neuer Behandlungsmethoden, die man für Kindesbelästiger und ähnliche Straftäter entwickelt. In einem sehr vielversprechenden Behandlungsverfahren lesen die Täter herzzerreißende Schilderungen von Verbrechen, wie sie selbst sie begangen hatten, aus der Sicht des Opfers. Ihnen werden außerdem Videoaufzeichnungen vorgeführt, in denen Opfer unter Tränen schildern, was es heißt, belästigt zu werden. Anschließend müssen die Täter schriftlich ihre eigene Tat aus der Sicht des Opfers schildern und sich dabei vorstellen, was das Opfer empfunden hat. Diese Schilderung lesen sie einer Therapiegruppe vor, und sie versuchen, Fragen nach der Vergewaltigung aus der Sicht des Opfers zu beantworten. Schließlich wird die Tat nachinszeniert, wobei der Täter die Rolle des Opfers spielt.
William Pithers, der Gefängnispsychologe von Vermont, der diese aussichtsreiche Therapie entwickelte, erklärte mir: „Die Einfühlung in das Opfer verändert die Wahrnehmung, und das macht es schwierig, das Leid des Opfers zu leugnen, und sei es nur in den eigenen Phantasien."

Goleman, Daniel: Emotionale Intelligenz. Aus dem Amerikanischen von F. Giese. München, Wien 1996, S. 127 f., 140 f.

■ AUFGABEN:

1. Erläutern Sie, inwiefern Empathie auch in der Politik und in der Wirtschaft – bei Kauf und Verkauf – wichtig ist!
2. Wie könnte in der Schule die Fähigkeit zur Empathie gefördert werden?
3. Wäre moralisches Handeln nicht auch ohne Empathie möglich, indem man sich nur an die moralischen Handlungsregeln hält (siehe z. B. E4)?

K3 Joachim Bauer: Warum ich fühle, was du fühlst

■ INFO zur Einführung:

Die merkwürdige Tatsache, dass wir unmittelbar den Ausdruck auf dem Gesichts eines Anderen als Trauer oder Freude verstehen, obwohl wir ja seine Gefühle nicht sehen, hören oder ertasten können, hatte Theodor Lipps auf einen „Instinkt" zurückgeführt, mit dessen Hilfe wir das eigene Erleben als Schlüssel für das Verstehen Anderer einsetzen können. Inzwischen hat die Neurobiologie bestimmte Nervenzellen (Neurone) entdeckt, welche beim Anblick z. B. der Trauer eines Anderen bei uns ähnliche Gefühle hervorrufen. Man nennt diese Nervenzellen Spiegelneurone.

Bei anderen wahrgenommene Handlungen rufen unweigerlich die Spiegelneurone des Beobachters auf den Plan. Sie aktivieren in seinem Gehirn ein eigenes motorisches Schema, und zwar genau dasselbe, welches zuständig wäre, wenn er die beobachtete Handlung selbst ausgeführt hätte. Der Vorgang der Spiegelung passiert simultan, unwillkürlich und ohne jedes Nachdenken. Von der wahrgenommenen Handlung wird eine interne neuronale Kopie hergestellt, so, als vollzöge der Beobachter die Handlung selbst. Ob er sie wirklich vollzieht, bleibt ihm freigestellt. Wogegen er sich aber gar nicht wehren kann, ist, dass seine in Resonanz versetzten Spiegelneurone das in ihnen gespeicherte Handlungsprogramm in seine innere Vorstellung heben. Was er beobachtet, wird auf der eigenen neurobiologischen Tastatur in Echtzeit nachgespielt. Eine Beobachtung löst also in einem Menschen eine Art innere Simulation aus. Es ist ähnlich wie im Flugsimulator: Alles ist wie beim Fliegen, sogar das Schwindelgefühl beim Sturzflug stellt sich ein, nur, man fliegt eben nicht wirklich.

Das Bild des Flugsimulators kann uns einen weiteren Punkt klären helfen. Wie das System der Spiegelneurone funktioniert, lässt sich an folgendem Beispiel veranschaulichen: Ein echter Pilot zieht in einer Propellermaschine in geringer Höhe seine Kreise. Alle Flugoperationen, die er mit seiner Maschine durchführt, werden in Echtzeit in einen Flugsimulator am Boden übertragen, in dem sich der „Beobachter" befindet. Seine „Beobachtung" besteht darin, dass er den Flug des Piloten als Simulationsprogramm erlebt. Ebenso wie der im Flugsimulator sitzende „Beobachter" macht auch der ganz normale Beobachter, der die Handlung eines anderen Menschen miterlebt, folgende Erfahrung: Indem er das, was er beobachtet, unbewusst als inneres Simulationsprogramm erlebt, *versteht* er, und zwar spontan und ohne nachzudenken, was der andere tut. Weil dieses Verstehen die *Innenperspektive* des Handelnden mit einschließt, beinhaltet es eine ganz andere Dimension als das, was eine intellektuelle oder mathematische Analyse des beobachteten Handlungsablaufs leisten könnte. Was die Spiegelnervenzellen im Beobachter ablaufen lassen, ist das Spiegelbild dessen, was der andere tut. Natürlich beschränkt sich die Wahrnehmung eines anderen Menschen nicht allein auf innere Simulation, aber sie bezieht diesen wichtigen Aspekt mit ein.

Bauer, Joachim: Warum ich fühle, was du fühlst. Intuitive Kommunikation und das Geheimnis der Spiegelneurone. Hamburg [8]2006, S. 26 f.

■ AUFGABEN:
1. Können Sie bestätigen, dass die Gefühle einer anderen Person – besonders Ihrer Freundin oder Ihres Freundes – bei Ihnen ähnliche Gefühle hervorrufen?
2. Aufgrund jener Forschungen wäre „Mitleid" eigentlich etwas Selbstverständliches. Die Frage, warum es dennoch manchen fehlt, bewegt viele Wissenschaften. Haben auch Sie Vermutungen dazu?
3. Was geschieht bei der Wahrnehmung von Gewaltdarstellungen in den Medien? Werden Ihrer Meinung nach die Handlungen der Täter oder die Leiden der Opfer in den Zuschauern „simuliert"?

K4 Max Scheler: Störung des Mitgefühls

■ INFO zur Einführung:
Der Philosoph Max Scheler (1874–1928) hat in sehr differenzierter Weise die Gefühle untersucht und beschrieben, welche die Menschen verbinden und welche sie trennen, und dabei spielen für ihn Sympathie und Liebe eine zentrale Rolle. Sie setzen beide ein Mitfühlen voraus, das aber störanfällig sei.

Wenn man z. B. findet, dass der Melancholiker schließlich alle vor seiner Erkrankung geübten „altruistischen" Handlungen aufgibt, eine Mutter z. B., die ihr Kind vorher heiß liebte und jede Sorge für es trug, gleichgültig zusehen kann, wie ihr Kind sich vor Hunger rot und blau schreit, so ist es irrig zu sagen, dass in diesen und analogen Fällen der Akt des Liebens selbst oder seine Umsetzung in Wollen und Handeln eine Einbuße erlitten habe. Was hier ausgefallen ist, das sind vielmehr die Funktionen der klaren und deutlichen Auffassung der fremden Seelenzustände, z. B. des Hungers und Schmerzes, auf deren fühlendes Erblicken in den Ausdruckserscheinungen des anderen sich die Betätigung des Aktes des Liebens erst aufbauen kann. Diese Mutter sieht gleichsam nur ein „schreiendes Kind mit rotem und blauem Kopf", nicht aber sieht sie sein Hungern und sein Leiden. Diese mögen ihr wohl assoziativ gegeben sein oder auch durch Urteil und Schluss, aber nicht in der Weise des unmittelbaren Fühlens. Das Lieben als solches – und auch seine Betätigungsfähigkeit, wenn sie den Zustand des Kindes erblicken könnte – mag dabei durchaus vorhanden sein. Darum ist ihr Defekt auch kein ethischer Defekt, der nur das Verhalten gegen den schon gegebenen fremden Gemütszustand betreffen kann. Es ist auch hier die vorwiegende Richtung des Fühlens auf sich selbst, was seine Aufnahme der fremden Zuständlichkeit und der fremden Intentionen hemmt. Man könnte hier geradezu von einer Fühlblindheit für fremde Gemütszustände reden, die naturgemäß auch das Wirklichkeitsbewusstsein dieser beeinflusst. […] Hier liegt eine seelische Funktionsstörung vor und keine notwendige Veränderung des Gefühlsmaterials.

Scheler, Max: Die Idole der Selbsterkenntnis. Gesammelte Werke Bd. 3, Bern ⁴1955, S. 264 f.

■ AUFGABEN:
1. Vermögen wir die Gefühle anderer ohne eigenes Fühlen zu erkennen?
2. Welche Stellung ist laut Scheler für ein ethisches Verhalten zum Anderen vorausgesetzt?
3. Scheint Ihnen auch boshaften und sadistischen Handlungen eine „Fühlblindheit" zugrunde zu liegen?
4. Kann man Menschen ansehen, ob sie „fühlblind" sind und handeln?

K5 Was ist Solidarität?

■ INFO zur Einführung:

Ein wichtiges Bindemittel in der Gesellschaft ist die Solidarität. Der Begriff ist von dem lateinischen Wort „solidus" abgeleitet, das fest, massiv, gediegen, dauerhaft, ganz, vollständig bedeutet. Man versteht unter Solidarität eine gefühlsmäßige Verbundenheit mit Anderen, die dazu führt, sich für die Anderen einzusetzen oder gemeinsam mit ihnen Aktionen durchzuführen. Dies geschieht in der Regel, um Hilfe zu gewähren und Notlagen zu bewältigen.

Allerdings wird der Begriff in sehr verschiedenen Zusammenhängen verwendet und kann deshalb auch verschieden interpretiert werden. Man hat z. B. die Solidarität, die letztlich nur den eigenen Interessen dient, von einer anderen unterschieden, die lediglich die Belange der Anderen im Auge hat. Einige meinen, zur Solidarität gehöre das Prinzip der Gegenseitigkeit, vor allem der gegenseitigen Hilfe, für andere aber ist auch die Hilfe des barmherzigen Samariters (J5) ein Akt der Solidarität. Wichtig aber ist immer, dass man sich den Anderen verbunden fühlt, nach dem Grundsatz: „Wir sitzen alle im gleichen Boot." Und dies ist eben in verschiedener Weise möglich. Man kann sich ihnen verbunden fühlen als Schülerin, als Arbeiter, als Ausländer, als Frau, als Mensch usw. – in jedem dieser Fälle ist das „Wir" ein anderes. (Diese Gefühlsbindung fehlt aber, wenn man Institutionen wie etwa eine Krankenkasse eine „Solidargemeinschaft" nennt; hier meint man nur, dass der Grundsatz gilt: „Alle für einen, einer für alle.") Typisch für unsere Situation sei, so meinen manche Soziologen und Philosophen, dass es für jeden verschiedene Zugehörigkeiten gebe und man sich frei entscheiden könne, mit wem man sich solidarisiere. Im Folgenden lesen Sie einige Texte zur Begründung der Solidarität.

a) Pjotr Kropotkin: Solidarität in Tier- und Menschenwelt

■ INFO zur Einführung:

Die Darwinisten, die Schüler Charles Darwins, hatten das Prinzip der Evolution im ständigen Konkurrenzkampf aller Lebewesen und im „Überleben des Stärksten" (survival of the fittest) gesehen und dies Prinzip oft auch auf die menschliche Welt übertragen. Der aus dem russischen Hochadel stammende Fürst Kropotkin (1842–1921), der sich zum Anarchisten entwickelt hatte, stellte sich 1902 jener Auffassung entgegen und betonte, dass man sowohl in der Natur als auch in der menschlichen Gesellschaft immer auch gegenseitige Hilfe beobachten könne. Die Grundlage dafür sei das Gefühl der Solidarität.

Liebe, Sympathie und Selbstaufopferung haben sicherlich einen großen Anteil an der fortschreitenden Entwickelung unserer Moralgefühle. Doch ist es nicht Liebe und auch nicht Sympathie, worauf die menschliche Gesellschaft beruht. Es ist das Bewusstsein – und sei es nur in dem Entwickelungsstadium des Instinkts – von der menschlichen Solidarität. Man hat erkennen gelernt – mag es auch nicht über die Schwelle des Bewusstseins getreten sein, welche Stärke jedes Glied der Gesellschaft der Betätigung gegenseitiger Hilfe verdankt, welche enge Abhängigkeit zwischen dem Glück des einen und dem aller besteht und welche Achtung vor den Rechten anderer sich bei den Individuen infolge eines Sinnes für Gerechtigkeit oder Gleichheit entwickelt hat. Auf dieser breiten und unerlässlichen Grundlage haben sich die höheren Moralgefühle entwickelt. [...] Wir haben in den letzten Jahren so viel von dem „harten, erbarmungslosen Kampf ums Dasein" gehört, der von jedem Tier gegen alle anderen Tiere, von jedem „Wilden" gegen alle anderen „Wilden" und von jedem zivilisierten Menschen gegen alle seine Mitbürger geführt wird, und diese Behauptungen sind in einem Grade Glaubensartikel geworden, dass es erst einmal notwendig war, ihnen eine lange Reihe von Tatsachen gegenüberzustellen, die Tier- und Menschenleben in einem anderen Lichte zeigen. Es war notwendig, auf die überwältigende Bedeutung hinzuweisen, die soziale Gewohnheiten für die Natur, sowie für die fortschreitende Entwickelung der Tierarten und der menschlichen Wesen haben, zu beweisen, dass sie den Tieren einen wirksameren Schutz vor ihren Feinden, sehr häufig eine Erleichterung für die Beschaffung der Nahrung (Winterproviant, Wanderungen usw.), Langlebigkeit und damit eine größere Möglichkeit für die Entwickelung geistiger Fähigkeiten gesichert haben, und dass sie den Menschen neben solchen Vorteilen die Möglichkeit gewährt haben, jene Institutionen auszuarbeiten, auf Grund derer sie in dem harten Kampfe wider die Natur überleben und trotz aller Wechselfälle ihrer Geschichte fortschreiten können.

Kropotkin, Peter: Gegenseitige Hilfe in der Tier- und Menschenwelt, deutsche Ausg. von G. Landauer. Leipzig 1920, S. 14 f., 16 f.

■ AUFGABEN:
1. Helfen sich Menschen nur aus Eigennutz? Belegen Sie Ihre Antwort mit Beispielen!
2. Trifft es Ihrer Kenntnis nach zu, dass sich auch Tiere gegenseitig helfen? Nennen Sie für Ihre Auffassung Beispiele!
3. Welche Folgen hat der Rückgang auf die Natur für den Menschen? Wenn die Solidaritätsgefühle nur durch die Natur grundgelegt sind, wie weit reicht dann die Solidarität?

b) **Bertolt Brecht: Solidaritätslied**

■ INFO zur Einführung:
Karl Marx und Friedrich Engels hatten ihrem „Kommunistischen Manifest" von 1848 das Motto vorangestellt: „Proletarier aller Länder vereinigt euch." Vor diesem Hintergrund bekam der Begriff „Solidarität" eine große Bedeutung in der Arbeiterbewegung und im Sozialismus. Ein Beispiel dafür ist das folgende Lied, das Brecht 1931 für den Film „Kuhle Wampe oder wem gehört die Welt" schrieb und das von Hanns Eisler vertont wurde.

Auf, ihr Völker dieser Erde!
Einigt Euch in diesem Sinn:
Dass sie jetzt die eure werde
Und die große Nährerin.
    Vorwärts und nicht vergessen
    Worin unsre Stärke besteht!
    Beim Hungern und beim Essen
    Vorwärts, nie vergessen
    Die Solidarität!
Schwarzer, Weißer, Brauner, Gelber!
Endet ihre Schlächterei!
Reden erst die Völker selber
Werden sie schnell einig sein.
    Vorwärts ... (Refrain s. o.)
Wollen wir es schnell erreichen
Brauchen wir noch dich und dich.
Wer im Stich lässt seinesgleichen
Lässt ja nur sich selbst im Stich.
    Vorwärts ... (Refrain s. o.)
Unsre Herrn, wer sie auch seien
Sehen unsre Zwietracht gern
Denn solang sie uns entzweien
Bleiben sie doch unsre Herrn.
    Vorwärts ... (Refrain s. o.)
Proletarier aller Länder
Einigt euch und ihr seid frei.
Eure großen Regimenter
Brechen jede Tyrannei!
    Vorwärts und nicht vergessen
    Und die Frage konkret gestellt
    Beim Hungern und beim Essen:
    Wessen Morgen ist der Morgen?
    Wessen Welt ist die Welt?

Brecht, Bertold: Gesammelte Werke, Frankfurt/M. 1967, Bd. 8, S. 369 f.

> ■ AUFGABEN:
> 1. Wie wird die Forderung nach Solidarisierung begründet, was ist ihr Ziel?
> 2. Sollen alle in die Solidargemeinschaft aufgenommen werden?
> 3. Warum wohl ist heute jener Ruf aus dem kommunistischen Manifest, den Brecht in der letzten Strophe zitiert, so gut wie nie zu hören?

c) Alois Baumgartner: Universelle Solidarität

> ■ INFO zur Einführung:
> Die Soziologie lehrt in der Regel, es gebe Solidarität nur innerhalb von Gruppen, die eine gewisse Einheitlichkeit und einen Zusammenhalt aufweisen. So betrachtet, sind vom Solidaritätsgefühl immer andere Gruppen ausgeschlossen. Aber wir lesen auch von einer philosophisch begründeten universellen Solidarität, und zwar auch in einem theologischen Handbuch. Das sollte nicht erstaunen, denn unter der biblischen Voraussetzung, dass alle Menschen Kinder Gottes sind, sollten sich alle Menschen brüderlich und schwesterlich verbunden fühlen, und so hat die christliche Theologie die Notwendigkeit der Solidarität aller Menschen betont.

Was den Solidaritätsbegriff erst zu einem sozialethischen Schlüsselbegriff macht, ist seine Hinordnung auf den Menschen als Person. Solidarität als sozialethisches Prinzip gründet über all das Gemeinsame hinaus, das Menschen ansonsten verbindet und verpflichtet, in der Gemeinsamkeit der gleichen Würde aller und eines jeden, der Menschenantlitz trägt. Dieser Begründungszusammenhang entbindet weder von den solidarischen Pflichten in den Gemeinschaften, denen jeder aufgrund seiner Lebensgeschichte angehört, noch von solidarischem Einstehen dieser Gruppe gegenüber jedem ihrer Mitglieder. Aber er vermittelt einen Maßstab für die innerhalb der Gemeinschaften geübte Solidarität und öffnet gleichzeitig den Blick über den eigenen Gruppenzusammenhang hinaus. Solidarität verlangt so eine gruppenüberschreitende Solidarisierung, die sich auch für den Anderen einsetzt, und überwindet so den Abgrund zwischen Gruppensolidarität und Gruppenegoismus. Das Prinzip der Solidarität duldet keine Exklusivität. Es beansprucht eine strukturell unbegrenzte, universelle Geltung. Zugleich fordert die in der gleichen Würde aller gründende Solidarität auf jeder Handlungsebene eine vorrangige Zuwendung zu Armen, Schwachen, gesellschaftlich Marginalisierten, Entrechteten und Ausgegrenzten, d. h. zu allen, denen die Realisierung eines menschenwürdigen Lebens erschwert ist.

Baumgartner, Alois: Solidarität. Theologisch-ethisch. In: Lexikon für Theologie und Kirche, Bd. 9, Wien, Freiburg 2000, Sp. 709.

> ■ AUFGABEN:
> 1. Mit welchen Tugenden ist hier das Solidaritätsgefühl eng verbunden?
> 2. Ist diese Theorie eine ethische Forderung oder eine Beschreibung der gegenwärtigen Situation?
> 3. Für die Opfer, die in Indonesien der Tsunami vom 26.12.2004 forderte, wurden in Deutschland 670 Millionen Euro gespendet. Wie erklären Sie sich das? Drückt sich darin Solidarität aus? Spielte die Hoffnung auf Gegenseitigkeit eine Rolle oder nicht?

d) Globalisierung und Solidarität: Forderung der Kirchen

Die Menschen teilen die Welt mit den anderen Geschöpfen Gottes. Deutschland lebt in der Welt zusammen mit anderen Ländern. Solidarität und Gerechtigkeit sind unteilbar.
Die Kirche hat eine Botschaft an *alle* Menschen. Für sie kann der Horizont von Solidarität und Gerechtigkeit über Deutschland und Europa hinaus nur ein weltweiter sein. Das ist von besonderer Aktualität zu einem Zeitpunkt, an dem die Weltwirtschaft von Globalisierungsschüben erfasst ist. Diese Globalisierung ereignet sich jedoch nicht wie eine Naturgewalt, sondern muss im Rahmen der Wirtschafts- und Finanzpolitik gestaltet werden. Sie kann zahlreichen wirtschaftlich wenig entwickelten Ländern neue Chancen geben. Die Chancen bestehen frei-

lich nur so lange, wie die reichen Länder bereit sind, ihre Märkte offenzuhalten und weiter zu öffnen. Das verlangt den Menschen in Deutschland Umstellungen ab und ist für manche Wirtschaftszweige mit Einbußen verbunden. Die Kirchen treten in dieser Situation dafür ein, auch eine solche Entwicklung zu bejahen und zu fördern. Man kann nicht zuerst nach Chancen wirtschaftlicher Entwicklung für die ärmeren Länder rufen, aber dann zurückzucken, wenn es einen selbst etwas kostet. Die wirtschaftliche und soziale Entwicklung der ärmeren Länder zu fördern ist zudem nicht nur ein Gebot weltweiter Solidarität und Gerechtigkeit, es ist auch ein Gebot des Selbstinteresses: Es ist unerlässlich, um die Fluchtursachen zu bekämpfen. Es ist Teil einer vorausschauenden Friedenspolitik.

Für eine Zukunft in Solidarität und Gerechtigkeit. Wort des Rates der Evangelischen Kirche in Deutschland und der Deutschen Bischofskonferenz zur wirtschaftlichen und sozialen Lage in Deutschland, hg. vom Kirchenamt der Evangelischen Kirche in Deutschland, Hannover, und vom Sekretariat der Deutschen Bischofskonferenz. Bonn 1996, S. 16.

■ AUFGABEN:
1. Ist der enge Zusammenhang von Solidarität und Gerechtigkeit für Sie plausibel? Könnten Sie ihn erläutern?
2. Verstehen Sie, was es bedeutet, „die Märkte offen zu halten"? Für welche Wirtschaftsbereiche Deutschlands hätte das große Folgen?
3. Teilen Sie die Ansicht, dass man „Einbußen" durch offene Märkte in Kauf nehmen müsse?

e) Horst E. Richter: Ressentiment als Solidaritätshemmnis

■ INFO zur Einführung:
Der Psychotherapeuth Richter hat kritisch auf Tendenzen in unserer Gesellschaft hingewiesen, durch die nicht Zusammenhalt, Gemeinschaftsgefühl und gegenseitige Hilfe eingeübt werden, sondern durch die ein gegenseitiges „Ressentiment" entsteht, d. h. eine heimliche Wut und ein verdecktes Rachebedürfnis gegenüber den anderen, in denen man gefährliche, überlegene Konkurrenten vermutet. Dabei beruft er sich auf die Ethik des Philosophen Max Scheler.

Das Kind ist einem Erziehungssystem ausgeliefert, das planmäßig Rivalitätsangst und Rivalitätshass schürt, womit die Leistungsmotivation verstärkt werden soll. Schon die ersten und alle späteren Kinder-Gesellschaftsspiele sind kaum je Gemeinschaftsspiele, sondern fast ausschließlich Gemeinschafts-Zerstörungsspiele. Man muss überall siegen, um belohnt zu werden bzw. nicht auszuscheiden. So lernt das Kind Gruppensituationen frühzeitig ausschließlich als gefährliche Wettbewerbssituationen zu definieren, in denen man immer nur kämpfen muss, um nicht blamiert oder materiell geschädigt zu werden. Das Ausspielen der Geschwister gegeneinander beginnt in der häuslichen Kinderstube. Im Kindergarten wird der dosierte Konkurrenzkampf bereits zum planmäßigen Manipulationsprinzip. Die Benotungen und das Sitzenbleiben in der Schule setzen diese Entwicklung konsequent fort. Künstlich vermehrt werden die Rivalitätsspannungen durch die andressierte individualistische Denktradition. Durch die falsche Theorie von der angeblichen Selbstsüchtigkeit der „Instinkte", vom homo homini lupus [der Mensch ist für den Menschen ein Wolf], vom Heroismus der Einsamkeit, von der Unverlässlichkeit aller Partnerschaften außer der Mutter-Kind-Beziehung. Diese egozentrische Ideologie addiert sich zu den praktischen Techniken der permanenten Mobilisation von Konkurrenzangst.

Die vermittelte Isolation im Egozentrismus und die fortgesetzten Frustrationen in Rivalitäten bewirken in der Regel ein Übermaß an Angst und Wut, das den Nährboden für Ressentiments abgibt.

„Ressentiment", lehrte Scheler […], „ist eine seelische Selbstvergiftung […]. Die hier an erster Stelle in Betracht kommenden Gemütsbewegungen und Affekte sind: Rachegefühl und -impuls, Hass, Bosheit, Neid, Scheelsucht, Hämischkeit."

Die Idee der „seelischen Selbstvergiftung" aus dieser klassischen Definition trifft an-

schaulich den Tatbestand, dass das Ich im Ressentiment die Fähigkeit verliert, positive Angebote aus Gruppen entgegenzunehmen und sich selbst mit positiven Beiträgen solidaritätsfördernd zu engagieren. […]
Man kann einander nicht mehr unterstützen, weil man sich gegenseitig jeden Erfolg missgönnt. Man ist froh, den anderen schwach und elend zu sehen, so wie man sich insgeheim selbst fühlt. Im Selbstbehauptungskampf gegeneinander macht man sich selbst kaputt.

Richter, Horst E.: Lernziel Solidarität. Reinbek bei Hamburg 1974, S. 125, 129.

■ AUFGABEN:
1. Kennen Sie die genannten Gefühle bei sich und anderen, und wenn ja, scheint Ihnen die Herkunft richtig erklärt zu sein?
2. Wenn Richter recht hat, was müsste geschehen, um das Entstehen von Ressentiments zu verhindern oder zumindest einzugrenzen?
3. Wären Wettbewerb und Konkurrenz auch möglich, ohne dass Ressentiments entstehen?

K6 Otto Friedrich Bollnow: Das Wagnis im Vertrauen

Dass ein in die Wand geschlagener Nagel ein Gewicht hält, darauf kann ich nicht vertrauen, ich kann es auf Grund meiner Schätzungen annehmen, ich kann es probieren, ich kann es gegebenenfalls auch leichtsinnig darauf ankommen lassen. […] Vertrauen aber gibt es nur zu einem Menschen, d. h. zu einem Wesen, das sich grundsätzlich meiner Berechnung entzieht, weil es einen jenseits aller Kausalgesetze stehenden freien Willen hat. Wenn ich jemand (gesetzt, dass es soweit möglich sei) auf Grund psychologischer Erkenntnisse so genau übersehe, dass ich weiß, wie er sich in einer bestimmten Lage verhalten wird, so brauche ich ihm nicht zu vertrauen, und da kann ich ihm auch nicht vertrauen, weil ich dasjenige menschliche Verhältnis, in dem es so etwas wie Vertrauen gibt, schon verlassen habe. Vertrauen ist vielmehr nur dort möglich, wo ich mich auf etwas beziehe, das grundsätzlich nicht in meiner Macht steht. Vertrauen schließt darum immer ein Wagnis ein, und dieses gehört untrennbar zu seinem innersten Wesen. Wo die Sicherheit der Erkenntnis aufhört, da gibt es immer noch eine Wahrscheinlichkeit. Aber auch die Wahrscheinlichkeit ist noch eine Form der sachlichen Erkenntnis. Vertrauen aber gründet sich grundsätzlich nicht auf Sicherheiten und Wahrscheinlichkeiten. Vertrauen bedeutet immer, dass der Mensch sich auf etwas verlässt, für das er keine Sicherheit haben kann. Und wenn er dabei trotzdem seiner Sache gewiss ist, so beruht dies auf ganz andern Voraussetzungen, nämlich auf dem unbedingten Einsatz seines Glaubens. Insofern ist das Vertrauen ein menschlich-personales Verhältnis, das sich grundsätzlich über alle sachlichen Bezüge erhebt.
Ein paar einfache Beispiele mögen das ein wenig weiter verdeutlichen. So kann das Parlament seiner Regierung das Vertrauen aussprechen (oder entziehen). Das Vertrauen heißt hier nicht nur, es billigt ein bestimmtes vorliegendes Verhalten der Regierung, sondern es ist überzeugt, dass auch das künftige und im voraus nicht bekannte Verhalten der Regierung in seinem Sinn sein wird. So gibt es auch allgemein in den menschlichen Beziehungen ein Vertrauensverhältnis, eine Vertrauensbasis usw. Das bedeutet immer: eine vorgängige Atmosphäre des Vertrauens, die dem Menschen einen Spielraum in gutem Glauben lässt und nicht jeden einzelnen Schritt argwöhnisch betrachtet. Wo das Vertrauen fehlt, da ist der Mensch jeden Augenblick auf der Hut und wartet schon immer argwöhnisch darauf, was der andre wohl „anstellen" wird. Er beobachtet ihn mit ständig wachsamem Auge und fragt bei jedem Tun nach den Motiven, die ihn dabei vermutlich geleitet haben. Wenn ich dagegen einem Menschen vertraue, dann denke ich nicht daran, sein Verhalten jederzeit zu kontrollieren; ich bin gewiss, dass es schon richtig sein wird, und ich gebe ihm insofern einen Raum unkontrollierter Freiheit.

Bollnow, Otto Friedrich: Wesen und Wandel der Tugenden. Schriften Bd. II, Würzburg 2009, S. 263f.

■ AUFGABEN:
1. Wie ist es zu erklären, dass wir Anderen vertrauen? Worauf lässt sich das Vertrauen zurückführen: auf uns oder auf den Anderen – oder?
2. Stellen Sie sich vor, Sie seien prinzipiell misstrauisch, wie würden Sie sich zu Ihren Mitmenschen verhalten?
3. Welche Staats- und Gesellschaftstruktur begünstigt und welche untergräbt das Vertrauen der Menschen zu einander?

K7 Simon Dach: Der Wert der Freundschaft

■ INFO zur Einführung:
Simon Dach (1605–1659) war in Königsberg Professor für Dichtkunst und versammelte während des 30-jährigen Krieges einen Freundeskreis von Dichtern und Musikern um sich.

Der Mensch hat nichts so eigen,
So wohl steht ihm nichts an,
Als dass er Treu erzeigen
Und Freundschaft halten kann;
Wann er mit seinesgleichen
Soll treten in ein Band,
Verspricht sich, nicht zu weichen
Mit Herzen, Mund und Hand.

Die Red' ist uns gegeben,
Damit wir nicht allein
Für uns nur sollen leben
Und fern von Leuten sein.
Wir sollen uns befragen
Und sehn auf guten Rat,
Das Leid einander klagen,
So uns betreten hat.

Was kann die Freude machen,
Die Einsamkeit verhehlt?
Das gibt ein doppelt Lachen,
Was Freunden wird erzählt.
Der kann sein Leid vergessen,
Der es von Herzen sagt;

Der muss sich selbst auffressen,
Der in geheim sich nagt.

Gott stehet mir vor allen
Die meine Seele liebt;
Dann soll mir auch gefallen,
Der mir sich herzlich gibt;
Mit diesen Bundsgesellen,
Verlach' ich Pein und Not,
Geh' auf den Grund der Höllen
Und breche durch den Tod.

Ich hab', ich habe Herzen,
So treue, wie gebührt,
Die Heuchelei und Scherzen
Nie wissentlich berührt.
Ich bin auch ihnen wieder
Von Grund der Seelen hold,
Ich lieb' euch mehr, ihr Brüder,
Denn aller Erden Gold!

Simon Dach, hg. von H. Österley. Stuttgart 1876, S. 707 f. (die Sprache wurde orthographisch modernisiert).

■ AUFGABEN:
1. Die Sprache des 17. Jahrhunderts ist uns nicht mehr vertraut. Unterstreichen Sie das, was Ihnen nicht verständlich ist. Lässt sich der Sinn erschließen?
2. Was sind für S. Dach die Merkmale der Freundschaft?
3. Ist Egoismus oder ist Altruismus das Motiv für die Freundschaft? Oder versagt hier diese Unterscheidung?
4. Erkennen Sie eine Rangordnung der Güter?
5. Wird die Erfahrung des 30-jährigen Krieges die Freundschaft intensiviert oder gefährdet haben? Wie verhalten sich Not und Freundschaft?

K8 Nicolai Hartmann: Grundlage der Freundschaft

■ INFO zur Einführung:

In vielen Ethiken wird der Wert der Freundschaft betont, schon bei Aristoteles im 4. Jahrhundert v. Chr. und später im 20. Jahrhundert z. B. noch bei Nicolai Hartmann. Der folgende Ausschnitt ist ein Auszug aus Hartmanns umfänglichem ethischen System von 1926.

Vertrauensfähigkeit ist Seelenstärke, eine moralische Kraft eigener Art. Ihr Grund ist nicht die Erfahrung, das Erprobthaben. Denn erwiesenes Vertrauen allein ist es, womit man einen Menschen erproben kann; und das setzt jene Kraft schon voraus. Vor der Erfahrung besteht der Glaube. Er allein ist Grundlage echten Vertrauens. Was solchen Glauben rechtfertigt, ist nur das Gefühl für sittlichen Wert in der Person. Dieses Gefühl kann irren. Der Glaube ist und bleibt Wagnis. Er ist im Grunde immer „blinder Glaube". […]

Voll wird der Wert des Vertrauens erst in der Gegenseitigkeit. Das reziproke Vertrauensverhältnis ergibt zwischen Mensch und Mensch eine Einheit höherer Art: die Gewissheit des gegenseitigen Eintretens füreinander, die stationäre feste Sicherheit durcheinander. Ist ein solches Verhältnis gerechtfertigt durch ebenso gegenseitige Aufrichtigkeit, Verlässlichkeit, Treue, so ist es die ideale ethische Lebensform im Kleinen. Das ist es, was den Grundstock der Freundschaft ausmacht.

Hartmann, Nicolai: Ethik. Berlin ⁴1962, S. 470, 473.

■ AUFGABEN:
1. Trifft es Ihrer Meinung nach zu, dass Freundschaft einen „Glauben" einschließt?
2. Was könnte es heißen, dass mit der Freundschaft eine „Einheit höherer Art" entsteht?
3. Gehört zur Freundschaft, dass man immer derselben Meinung ist?
4. Könnte es wahre Freundschaft auch zwischen Verbrechern geben?

K9 G. W. F. Hegel: Das Paradox der Liebe

■ INFO zur Einführung:

Platon hatte in einem seiner Dialoge, im „Symposion", einen Redner die Liebe durch einen amüsanten, gleichnishaften Mythos erläutern lassen: Ursprünglich hätten die Menschen Kugelgestalt gehabt, versehen mit vier Armen und mit vier Beinen. Aber da sie so zu mächtig wurden, hätten die Götter sie zerschnitten. Nun suche jede Hälfte die andere. Aber so betrachtet, waren die einzelnen, zweibeinigen Menschen entweder nichts für sich, sondern nur unselbständige Hälften, oder sie waren selbständig, aber auf beständiger Suche nach ihrer Ergänzung. Der Philosoph Hegel (1770–1831) hingegen, der die gesamte Welt als Prozess des Entstehens und Aufhebens von Widersprüchen begriff, sah das Wesen der Liebe in der Paradoxie von Einheit und Trennung, in der Verbindung von Ich- und Wir-Bewusstsein. Einen solchen Widerspruch könne nicht der Verstand, sondern nur die Vernunft verstehen.

Pablo Picasso: Die Liebenden (1923)

Liebe heißt überhaupt das Bewusstsein meiner Einheit mit einem anderen, so dass ich für mich nicht isoliert bin […]. Das erste Moment in der Liebe ist, dass ich keine selbständige Person für mich sein will und dass, wenn ich dies wäre, ich mich mangelhaft und unvollständig fühle. Das zweite Moment ist, dass ich mich in einer anderen Person gewinne, dass ich in ihr gelte, was sie wiederum in mir erreicht. Die Liebe ist daher der ungeheuerste Widerspruch, den der Verstand nicht lösen kann, indem es nichts Härteres gibt als diese Punktualität des Selbstbewusstseins, die negiert wird und die ich doch als affirmativ haben soll. Die Liebe ist das Hervorbringen und die Auflösung des Widerspruchs zugleich: als die Auflösung ist sie die sittliche Einigkeit.

Hegel, Georg Wilhelm Friedrich: Grundlinien der Philosophie des Rechts, § 158 Zusatz. Werke in 20 Bänden, Frankfurt/M. 1970, Bd. 7, S. 307 f.

■ AUFGABEN:
1. Wird man durch Liebe in seinem Selbstgefühl gestärkt oder geschwächt? Heißt Hingabe Selbstaufgabe? Erläutern Sie Ihre Stellungnahme!
2. Was ist für Hegel das Sittliche an der Liebe?
3. Hegel formuliert seine Sätze im Hinblick auf die Liebe zwischen Frau und Mann. Lässt sich sein Gedanke auch auf andere Formen der Liebe übertragen, z. B. auf das Verhältnis von Eltern und Kindern?

K10 Friedrich Schiller: Was die Welt zusammenhält

■ INFO zur Einführung:
In einem philosophischen Gedicht mit dem Titel „Die Weltweisen" machte sich der Dichter Friedrich Schiller (1759–1805) über die Philosophen lustig. Um die folgenden letzten beiden Strophen zu verstehen, muss man nur wissen, dass auch S. von Pufendorf und J. G. H. Feder Philosophieprofessoren waren.

„Der Mensch bedarf des Menschen sehr
Zu seinem großen Ziele,
Nur in dem Ganzen wirket er,
Viel Tropfen geben erst das Meer,
Viel Wasser treibt die Mühle.
Drum flieht der wilden Wölfe Stand
Und knüpft des Staates daurend Band."
So lehren vom Katheder
Herr Pufendorf und Feder.

Doch weil, was ein Professor spricht,
Nicht gleich zu allen dringet,
So übt Natur die Mutterpflicht
Und sorgt, dass nie die Kette bricht
Und dass der Reif nie springet.
Einstweilen, bis den Bau der Welt
Philosophie zusammenhält,
Erhält sie das Getriebe
Durch Hunger und durch Liebe.

Schiller, Friedrich: Die Weltweisen. Sämtliche Werke, Bd. 1, München ⁸1987, S. 222 f.

■ AUFGABEN:
1. Was ist mit „der Wölfe Stand" gemeint, auf welchen Autor wird angespielt? (Denken Sie an Kapitel 7!)
2. Wieso hält auch der Hunger die Menschen zusammen und nicht nur die Liebe?
3. Ob Schiller sagen wollte, dass einst nur die Philosophie die Welt zusammenhalten wird?

K11 Musonius: Das Wesen der Ehe

■ INFO zur Einführung:
Zur philosophischen Richtung der Stoa (die wir schon am Beispiel Senecas und Epiktets kennen lernten) gehörte auch der römische Philosoph Musonius Rufus. Wir wissen nicht viel von ihm, aber sicher ist, dass er vom Kaiser Nero im Jahre 65 n. Chr. auf eine einsame Insel verbannt wurde und dass er sich einmal unter die Soldaten mischte, um sie vom Blutvergießen abzuhalten. Er war der Lehrer Epiktets. Da er nichts Schriftliches hinterließ, kennen wir seine Philosophie nur aus Berichten anderer, so auch das Folgende.

Musonius sagte einmal, die Gemeinschaft des Lebens und der Erzeugung von Kindern sei das eigentliche Wesen der Ehe. Denn der Heiratende und die Geheiratete müssen sich zu dem Zweck miteinander vereinigen, dass sie zusammen miteinander leben und zusammen Kinder erzeugen und alle Dinge gemeinsam haben und nichts jeder für sich, auch nicht ihren Körper. Denn etwas Großes ist die Erzeugung eines Menschen, die dieses Paar hervorbringt. Aber dies reicht noch nicht zur wahren Ehe, weil das ja auch ohne Ehe geschehen könnte, indem sie sich auf anderem Wege vereinigten, wie ja auch die Tiere sich miteinander paaren. In der Ehe aber muss ja in jeder Hinsicht eine Symbiose sein und eine Fürsorge von Mann und Frau füreinander, wenn sie gesund und wenn sie krank sind, und überhaupt in jeder Lebenslage, wonach jeder von beiden trachtet, ebenso wie sie auch mit dem Wunsch, Kinder zu haben, den Ehebund schließen. Wo nun dies gegenseitige Treuverhältnis vollkommen ist und beide durch ihr Zusammenleben miteinander dies vollkommen verwirklichen, beide wetteifern, einander in Liebe zu überbieten – eine solche Ehe ist, wie sie sein soll, und ein Vorbild für andere. Denn wahrhaft schön ist eine solche Gemeinschaft. Wo aber jeder von beiden nur das Seine sucht, ohne sich um den andern zu kümmern, oder auch nur der eine von beiden so handelt und dasselbe Haus bewohnt, während sein Herz nach draußen sieht, weil er keine Neigung hat, mit dem Gatten zusammen zu streben und zusammen zu atmen, da muss die Gemeinschaft verderben und das Verhältnis zwischen den beiden Zusammenwohnenden schlecht werden, und entweder scheiden sie sich völlig voneinander oder ihr Zusammenleben ist trostloser als wenn sie jeder allein wären.

Musonius: Was das eigentliche Wesen der Ehe ist. In: Epiktet, Teles und Musonius, übertr. u. eingel. von W. Capelle. Zürich 1948, S. 277 f.

■ AUFGABEN:
1. Wird von Musonius die Ehe als eine Solidargemeinschaft gedacht?
2. Wie verhalten sich bei Musonius Tugend und Glück in einer vorbildlichen Ehe?
3. Man hat viel über den historischen Wandel des Verhältnisses von Mann und Frau geschrieben. Stellen Sie Unterschiede zwischen dem 2.000 Jahre alten Ehe-Ideal der Stoa und dem heutigen fest?

K12 Bedeutungsverlust der Ehe heute?

■ INFO zur Einführung:
Da in den letzten Jahrzehnten wachsend mehr Ehen geschieden wurden und sich neue Formen des Zusammenlebens herausbildeten, haben einige die Auffassung vertreten, dass die Ehe als Institution ihre Bedeutung verliere. Doch das Ergebnis einer sozialwissenschaftlichen Untersuchung ist ein anderes.

Die Zunahme der Ehescheidungen ist nicht die Folge eines gestiegenen Bedeutungsverlustes der Ehe; nicht die Zuschreibung der „Sinn"losigkeit von Ehen hat das Ehescheidungsrisiko erhöht und lässt Ehepartner ihren Eheentschluss eher revidieren, vielmehr ist der Anstieg der Ehescheidungen Folge gerade ihrer hohen psychischen Bedeutung und Wichtigkeit für den Einzelnen, so dass die Partner unharmonische eheliche Beziehungen heute weniger als früher ertragen können und sie deshalb ihre Ehe schneller auflösen. Zuweilen in der Hoffnung auf eine spätere bessere Partnerschaft.

Nave-Herz, Rosemarie: Familie heute. Wandel der Familienstrukturen und Folgen für die Erziehung. Darmstadt 1994, S. 118.

■ AUFGABEN:
1. Stimmen Sie aufgrund Ihrer Erfahrung dem Ergebnis zu?
2. Was könnte jungen Menschen Angst vor der Ehe bereiten?

K13 Brigitte Berger/Peter L. Berger: Familie und Demokratie

■ INFO zur Einführung:
Die Institution der Familie ist in der Moderne vielfältig kritisiert worden: Sie sei häufig der Ort von Gewalt, verhindere durch die Autorität der Eltern eine demokratische Erziehung der Kinder, sei mit bestimmten Vorstellungen von Eigentum verknüpft usw. Die Sozialwissenschaftler Brigitte und Peter L. Berger haben dagegen die Ansicht vertreten, dass gerade die neuen Kommunen unfreie Individuen erzogen, und deshalb haben sie die moderne „bürgerliche" Familie verteidigt. Sie lasse sich nicht ersetzen, sondern man könne nur darüber diskutieren, was eine gute Familie auszeichne und was nicht. (Zum Verständnis des Folgenden: Ethologie heißt Verhaltensforschung.)

Für die Existenz von Demokratie sind selbstbewusste und geistig unabhängige Individuen notwendig, die in der Lage sind, von den institutionellen Einrichtungen für ihre Freiheit Gebrauch zu machen und dem vielfältigen sozialen Druck in Richtung Konformität standzuhalten. Daraus folgt, dass die Frage nach den psychologischen und sozialen Bedingungen, die solche Individuen wahrscheinlich hervorbringen, für die Demokratie von entscheidender Bedeutung ist. [...]
Wir haben versucht zu zeigen, wie sich die bürgerliche Familie historisch in enger Wechselbeziehung mit den Kräften entwickelte, von denen die moderne Demokratie hervorgebracht wurde, und wir sind davon überzeugt, dass dieser historischen Kopplung auch weiterhin große Bedeutung zukommt. Diese Überzeugung müssen wir freilich näher erläutern.

Die berühmte Erkenntnis von Aristoteles, dass Kinder niemanden als sich selbst lieben, wenn sie ihre Eltern und Familienmitglieder nicht geliebt haben, ist eine der wichtigsten Aussagen über die Beziehung zwischen Familie und Gesellschaft, die jemals gemacht wurden. Die Familie erlaubt dem Individuum, Liebe und Sicherheit zu entwickeln – und am bedeutsamsten, die Fähigkeit, anderen zu vertrauen. Solches Vertrauen ist eine Vorbedingung für jede Art weitergehender sozialer Bindungen. Nur in der Familie werden die sozialen Tendenzen des einzelnen geweckt und gefördert, und damit die Fähigkeit, für andere Verantwortung zu übernehmen. Ein Mensch, der keine Familienbande entwickelt hat, wird sich in seinem späteren Leben sehr schwertun mit der Entfaltung jeder tieferen Loyalität. Der normale Verlauf einer solchen Entwicklung nimmt in der Familie seinen Ausgang und

„breitet" sich dann auf größere soziale Gruppierungen „aus". Mit den Worten des deutschen Ethologen Eibl-Eibesfeldt: „Die menschliche Gemeinschaft basiert auf Liebe und Vertrauen; und beides wird durch die Familie entfaltet."

Das freilich hatte jederzeit seine Gültigkeit. Das heißt, es handelt sich dabei nicht um Aspekte des menschlichen Lebens, die auf die moderne Ära oder den durch die Bourgeoisie entwickelten spezifischen Familientyp beschränkt sind. Aristoteles hatte *alle* Gesellschaftsordnungen im Sinn. Aber eine Gesellschaft, die individuelle Verantwortlichkeit hochhält, was jede Demokratie tun muss, hat besonders auf diejenigen Institutionen zu achten, die diesen Charakterzug fördern. Wie wir zu zeigen versucht haben, gewährleistet die bürgerliche Familie mehr als jede andere und zumindest im Zeitalter der Moderne eine solche Erziehung. [...]

Den Spannungen und Unzufriedenheiten in der bürgerlichen Ehe stehen wir nicht blind gegenüber. [...] Dennoch sind wir davon überzeugt, dass zur Zeit keine lebensfähige Alternative zur bürgerlichen Familie, für die Erziehung von Kindern besteht, die zu der Hoffnung berechtigt, dass sich mit ihrer Hilfe verantwortliche und autonome Individuen entwickeln. Noch sehen wir alternative Arrangements, die den Erwachsenen – von der Jugend bis zum Alter – einen stabilen Kontext für die eigene Bestätigung und die ihrer Werte vermitteln könnten. Die Verteidigung der bürgerlichen Familie ist deshalb keine Übung in romantischer Nostalgie. Sie geschieht vielmehr in Verteidigung menschlichen Glücks und menschlicher Würde in einer schwierigen Zeit.

Berger, Brigitte/Berger, Peter L.: In Verteidigung der bürgerlichen Familie. Frankfurt/ M. 1984, S. 204, 209, 202.

■ AUFGABEN:
1. Ist in diesem Text die Familie ausschließlich durch ihren Nutzen für die Gesellschaft definiert?
2. Können Sie den Zusammenhang von Vertrauensfähigkeit und Selbstsicherheit erläutern?
3. Stimmen Sie zu, dass zur Freiheit die Fähigkeit gehört, dem Anpassungsdruck zu widerstehen? Welche Formen von Konformitätsdruck kennen Sie, dem es standzuhalten gilt?
4. Sollte die Familie die Erziehung der Kinder nicht übernehmen, wer könnte und wer müsste es dann tun?

K14 Amatai Etzioni: Das Programm des Kommunitarismus

■ INFO zur Einführung:

Da man in den westlichen demokratischen Staaten mit dem Verfall traditioneller Institutionen wie der Familie auch die Moral schrumpfen sah, hat eine Gruppe US-amerikanischer Philosophen die Stärkung der Gemeinschaften und das Engagement für sie und in ihnen gefordert. Deshalb nennen sie sich communitarians, „Kommunitarier". Sie vertreten die Auffassung, dass allgemeine Gesetze und formale moralische Regeln, die der Liberalismus betont, für die Gesellschaft nicht ausreichen. Einer ihrer Protagonisten, der die Bewegung populär machte, ist Amatai Etzioni. Die beiden folgenden Zitate stammen aus seinem Buch, das den Originaltitel trägt „The Spirit of Community. Rights, Responsibilities, and the Communitarian Agenda" (1993).

Wir behaupten, dass bei uns in den Vereinigten Staaten eine moralische Erneuerung ohne Puritanismus möglich ist – also ohne dass sich irgendwelche Wichtigtuer in unser Privatleben einmischen oder eine Gedankenpolizei unser intellektuelles Leben überwacht. Wir *können* ein neues Wertengagement erlangen – ohne puritanische Exzesse.

Wir behaupten, dass wir für Recht und Ordnung sorgen können, ohne dieses Land der Freien zum Polizeistaat zu machen, wenn wir den Behörden genau bemessene und begrenzte neue Befugnisse einräumen.

Wir behaupten, dass wir die Familie – ohne die noch keine Gesellschaft existieren, geschweige denn gedeihen konnte – zu retten vermögen, ohne die Frauen an den Herd zu zwingen oder sonst ihre Rechte zu verletzen.

Wir behaupten, dass die Schule entscheidend zur moralischen Erziehung unserer Kinder beitragen *kann* – ohne sie zu indoktrinieren.

Wir behaupten, dass die Menschen wieder in Gemeinschaften leben können, ohne einander zu bespitzeln oder sich sonst feindselig zu begegnen.

Wir behaupten, dass unser Ruf nach mehr sozialer Verantwortung – eine zentrale Botschaft dieses Buches – nicht auf die Einschränkung individueller Rechte zielt, dass vielmehr starke Rechte und ein hohes Maß an Verantwortung zusammengehören.

Wir behaupten, dass individuelles Erfolgsstreben mit Gemeinsinn vereinbar ist und keiner von uns in Askese, Altruismus oder Selbstaufopferung leben muss. Ungezügelte Habgier lässt sich zudem durch legitime Chancen und durch sozial „konstruktive Ausdrucksformen des Egoismus" ersetzen.

Wir behaupten, dass wir die mächtigen Interessenverbände, die in Washington und in vielen Rathäusern und Staatsparlamenten das Sagen haben, in ihre Schranken weisen können, ohne das verfassungsmäßige Recht des Bürgers zu beschneiden, durch Petitionen und dergleichen auf die Regierenden Einfluss zu nehmen. Das öffentliche Wohl *kann* walten, ohne dass wir die legitimen Interessen und Partizipationsrechte der diversen Wählergruppen unseres Landes negieren.

Wir behaupten das als Kommunitarier, als Bürger, die eine neue moralische, soziale und öffentliche Ordnung schaffen wollen, eine Ordnung, die auf grundlegend erneuerten Gemeinschaften aufbaut und Puritanismus sowie Unterdrückung ausschließt. [...]

Diese Behauptungen beruhen auf *einer* zentralen These: Dass nämlich die Amerikaner – die seit langem unter dem Zerfall privater und öffentlicher Moral, dem Niedergang der Familie, der hohen Kriminalität, der wachsenden Korruption in unserem Staat leiden – jetzt handeln können. Und zwar ohne fürchten zu müssen, bei dem Versuch, ihre Werte, Pflichten, Institutionen und Gemeinschaften zu stärken, in den dunklen Tunnel des Moralismus oder des Autoritarismus zu stürzen, an dessen Ende ein klerikaler Staat oder eine Welt nach dem Gusto der politischen Rechten stünde. [...]

Wir Kommunitarier wollen nicht zu den traditionellen Werten der 50er zurück. Wir plädieren nicht, um ein Beispiel zu nehmen, für eine Wiederauflage der Familie alten Stils (mit dem Vater im Betrieb und der Mutter in der Küche), sondern für die partnerschaftliche kommunitäre Familie – in der sich beide Elternteile wirklich und gründlich um ihre Kinder und deren Erziehung kümmern. Wir Kommunitarier wollen auch nicht zu autoritären Führungsprinzipien zurück, sondern ein Klima schaffen, in dem wir gemeinsam Positionen finden können, die dann zu gelten haben.

Wir brauchen ein System sozialer Tugenden, einige grundlegende und feststehende Werte, die wir als Gemeinschaft billigen und durchsetzen. Will Amerika in dieser Welt wachsender Konkurrenz seinen Vorsprung halten, dürfen wir nicht betrunken oder *high* zur Arbeit erscheinen, müssen wir während der Arbeitszeit von Drogen oder Alkohol die Finger lassen und für eine anständige Bezahlung anständige Arbeit leisten. Wir müssen klarstellen, dass diskriminierende Äußerungen oder gar Gewalt gegenüber Angehörigen anderer ethnischer Gruppen oder Rassen nicht toleriert werden. Und wir müssen – trotz unterschiedlicher Meinungen über das insgesamt nötige Maß an Umweltschutz (etwa über die Rechte des Fleckenkauzes) – allen unsere Missbilligung zeigen, die ihr Altöl in die Kanalisation leeren, ihren Müll partout nicht sortieren oder ihren Wagen waschen und ihren Rasen sprengen, obwohl die städtischen Wasservorräte gegen null gehen. Zugleich werden wir über andere, heute fragwürdig gewordene Werte weiterdiskutieren und auch die herrschende Meinung zu ändern suchen, ja rebellieren, wenn wir meinen, durch irgendwelche moralischen Forderungen oder durch den Chor unserer Mitbürger bei diesem Unterfangen zu weit getrieben zu werden.

Die 80er waren ein Jahrzehnt, in dem man das Wort „Ich" groß schrieb und die Verherrlichung des Ego zur Tugend machte. (Das war jedoch kein einmaliger Vorgang, denn diese Tendenz wurzelt tief in der amerikanischen Tradition.) Nun ist es Zeit, das Pendel in die entgegengesetzte Richtung ausschlagen zu lassen. Die Zeit ist reif für einen Neubeginn, eine gesellschaftliche Erneuerung, bei der wir den Akzent wieder auf das „Wir" legen, auf unsere gemeinsamen Werte, auf den Gemeinschaftsgeist.

Das ist ein spezifisch amerikanisches Anliegen. Die Chinesen, Osteuropäer und Japaner könnten gut daran tun, jetzt genau das Umgekehrte zu tun: ihrer Selbstdarstellung mehr Raum zu geben, übermäßige staatliche Kontrollen abzubauen und ihren strengen Moralkodex zurückzudrängen, der ihre Kreativität unterdrückt und ihre individuellen Rechte einschränkt. Aber das ist nicht unser Problem in dieser Phase der amerikanischen Geschichte. Sich bei uns über ein Zuviel an „Wir"-Orientierung zu sorgen, ist als ob man im tiefsten Winter vorschlüge, die Heizung ja nicht anzustellen, weil es einem zu heiß werden könnte. Auf die Art kann man erfrieren. Unserer Gesellschaft mangelt es deutlich an „Wir"-Bezug und an Werten, die nur Gemeinschaften aufrechterhalten können; was wir gegenwärtig brauchen, ist die Reaktivierung der *Communities* und ihrer moralischen Stimme.

Wenn wir Kommunitarier sagen, das Pendel sei viel zu weit in Richtung extremer Individualismus ausgeschlagen und es sei Zeit für eine Umkehr, dann geht es uns *nicht* darum, zum anderen Extrem zu wechseln und eine Gemeinschaft anzustreben, die der Individualität den Garaus macht. Wir wollen eine gute Mischung von Eigennutz, Selbstdarstellung und Gemeinsinn – von Rechten *und* Pflichten, von Ich und Wir. Das soziologische Plädoyer für eine Bewegung vom „Ich" zum „Wir" ist also nur die Kurzformel der These, dass zu dem etablierten Engagement für die Belange und Interessen des Individuums ein gerüttelt Maß an Gemeinsinn *hinzukommen* muss. Wenn wir die ichbezogenen Kräfte mit einem guten Quantum neu gewonnener „Wir"-Orientierung austarieren, dann wird unsere Gesellschaft näher an ein Gleichgewicht herankommen und weder die eine noch die andere schädliche Schlagseite haben und einen stabilen Kurs steuern können.

Etzioni, Amatai: Die Entdeckung des Gemeinwesens. Das Programm des Kommunitarismus. Frankfurt/M. 1998. S. 1f., 29f.

■ AUFGABEN:
1. Wie steht der Kommunitarismus zu den Freiheitsrechten?
2. Welche Argumente Etzionis finden Sie überzeugend, welche nicht?
3. Die Konzeption ist auf die USA zugeschnitten. Hat sie auch für uns Gültigkeit?

K15 Alasdair MacIntyre: Ist Patriotismus eine Tugend?

Eine zentrale Annahme der Moral des Patriotismus ist es, dass ich eine wesentliche Dimension des moralischen Lebens übergehe und verliere, wenn ich nicht die gelebte Geschichte meines eigenen individuellen Lebens als Teil der Geschichte meines Landes verstehe. Denn wenn ich es nicht so verstehe, werde ich nicht verstehen können, was ich anderen schulde oder was sie mir schulden, für welche Verbrechen meiner Nation ich Wiedergutmachung leisten muss, für welche empfangenen Vorteile ich meiner Nation gegenüber Dankbarkeit empfinden muss. Das Verständnis dessen, was man mir schuldet und was ich schulde, und das Verständnis der Geschichte der Gemeinschaften, denen ich angehöre, sind dieser Ansicht nach ein und dasselbe.

Es ist wichtig, die Konsequenz hervorzuheben, dass der Patriotismus, wie ich ihn in diesem Vortrag verstehe, nur in bestimmten Typen nationaler Gemeinschaften unter bestimmten Bedingungen möglich ist. Einer nationalen Gemeinschaft zum Beispiel, die ihre eigene wahre Geschichte systematisch verleugnete oder durch eine fiktive Geschichte ersetzte, oder einer nationalen Gemeinschaft, in der die geschichtlichen Bindungen nicht die wirklichen Bindungen der Gemeinschaft wären (zum Beispiel durch die Bindungen wechselseitigen Eigeninteresses ersetzt), würde der Patriotismus – von welchem Standpunkt auch immer – als irrationale Haltung erscheinen. Aus genau dem gleichen Grund, aus dem eine Familie, deren Mitglieder die Mitgliedschaft in dieser Familie lediglich als Frage wechselseitigen Eigeninteresses betrachteten, nicht länger eine Familie im herkömmlichen Sinne wäre, wäre eine Nation, deren Mitglieder eine ähnliche Haltung einnähmen, nicht länger eine Nation und böte hinreichenden Grund für die Annahme, dass das Projekt, das diese Nation konstituierte, letztlich gescheitert ist. Da alle modernen bürokratischen Staaten dazu tendieren, nationale Gemeinschaften auf diesen Zustand herabzusetzen, führen alle diese Staaten zu einem Zustand, in dem kein Platz ist für eine echte Moral des Patriotismus, und was sich noch als Patriotismus geriert, ist nichts weiter als ein grundloses Simulakrum.

Inwiefern wäre dies von Bedeutung? In modernen Gemeinschaften, in denen Mitgliedschaft nur oder vorrangig in Begriffen gegenseitigen Selbstinteresses verstanden wird, gibt es nur zwei Ressourcen, auf die zurückgegriffen werden kann, wenn zerstörerische Interessenskonflikte diese Gegenseitigkeit stören. Eine ist die willkürliche Aufzwingung einer Lösung durch Gewalt, die andere die Berufung auf die neutralen, unparteiischen und „unpersönlichen" Maßstäbe der liberalen Moral. Die Bedeutung dieser Ressource darf nicht unterschätzt werden, doch ist zu fragen, wie stark sie ist. Das Problem besteht darin, dass eine Motivation für die Anerkennung der Maßstäbe der Unparteilichkeit und Neutralität vorhanden sein muss, die sowohl rational gerechtfertigt ist als auch in der Lage, interessengeleitete Überlegungen zu übertrumpfen. Da aber die Notwendigkeit einer solchen Anerkennung in dem Maße steigt wie die Möglichkeit, an die Gegenseitigkeit von Interessen zu appellieren, zerbricht, kann eine solche Wechselseitigkeit nicht länger die relevante Art der Motivation darstellen. Und es ist schwierig, irgend etwas anderes auszumachen, was ihren Platz einnehmen könnte. Der Appell an moralische Subjekte qua rationale Wesen, ihre Verpflichtung gegenüber der neutralen Rationalität über ihre Interessen zu stellen, muss, gerade weil er ein Appell an die Rationalität ist, einen ausreichenden Grund liefern, dies zu tun. Und dies ist ein notorisch wunder Punkt liberaler Moralkonzeptionen. Diese Verwundbarkeit wird an einem zentralen Punkt in einer gesellschaftlichen Ordnung zu einem manifesten praktischen Problem.

Von sehr außergewöhnlichen Bedingungen einmal abgesehen, benötigt eine jede politische Gemeinschaft Streitkräfte für ihre minimale Sicherheit. Sie muss von den Mitgliedern dieser Streitkräfte verlangen, dass sie sowohl bereit sind, ihr Leben für die Sicherheit der Gemeinschaft zu riskieren, wie auch, dass ihre Bereitschaft dazu von ihrer eigenen individuellen Beurteilung, ob die Sache ihres Landes – gemessen an einem gegenüber den Interessen ihrer eigenen Gemeinschaft und den Interessen anderer Gemeinschaften neutralen und unparteiischen Maßstab – in bestimmten Fällen richtig oder falsch ist, unabhängig ist. Und dies heißt, dass gute Soldaten kaum Liberale sein dürften und dass in ihren Handlungen zumindest ein gewisses Maß der Moral des Patriotismus vorhanden sein muss. So hinge denn das politische Überleben eines Staatswesens, in dem sich die liberale Moral einer breiten Zustimmung versichern konnte, davon ab, dass es genügend junge Männer und Frauen gibt, die die liberale Moral zurückweisen. Und in diesem Sinne führt die liberale Moral zur Auflösung gesellschaftlicher Bindungen.

MacIntyre, Alasdaire: Der Verlust der Tugend? In: Kommunitarismus. Eine Debatte über die moralischen Grundlagen moderner Gesellschaften, hg. von A. Honneth. Frankfurt/New York ³1995, S. 99f.

■ AUFGABEN:
1. Ist der Patriotismus dasselbe wie der Nationalismus?
2. Warum genau muss laut MacIntyre ein Soldat ein Patriot sein?
3. Man hat in der Bundesrepublik Deutschland einen „Verfassungspatriotismus" gefordert, der sich dem Grundgesetz verbunden fühlt. Wie würde MacIntyre diesen Gedanken beurteilen?

K16 Konrad Lorenz: Bewältigung der Aggression

■ INFO zur Einführung:
Sigmund Freud hatte die These aufgestellt, dass eine Gruppe zumeist nur dann in relativem Frieden leben kann, wenn alle Mitglieder ihre Aggressionen, d. h. ihre Angriffslust und Gewaltbereitschaft, auf eine andere Gruppe richten, oft auf eine kulturelle Minderheit in ihrem Kreis. Aus dieser Ablenkung der Aggression auf Fremde erklärte er auch das Entstehen von Kriegen. Der Verhaltensforscher Konrad Lorenz, der die menschliche Aggressionsbereitschaft aus der Evolution ableitete, sah in ihr ebenfalls eine Gefahr für den Frieden und gab in Anlehnung an die Psychologie Ratschläge, wie die Gefahr zu bannen wäre.

Neu-Orientierung der Aggression ist der nächstliegende und hoffnungsvollste Weg, sie unschädlich zu machen. Leichter als die meisten anderen Instinkte nimmt sie mit Ersatzobjekten vorlieb und findet an ihnen volle Befriedigung. Schon die alten Griechen kannten den Begriff der Katharsis, des reinigenden Abreagierens, und die Psychoanalytiker wissen sehr genau, wie viele höchst lobenswerte Handlungen aus „sublimierter" Aggression ihren Antrieb gewinnen und zusätzlich Nutzen durch deren Minderung stiften. Sublimierung ist selbstverständlich durchaus nicht nur einfache Neuorientierung. Es besteht ein erheblicher Unterschied zwischen dem Manne, der mit der Faust auf den Tisch, statt dem Gesprächspartner ins Gesicht haut, und jenem anderen, der aus unausgelebtem Zorne gegen seinen Vorgesetzten begeisterte Streitschriften mit edelster Zielsetzung verfasst.

Eine im menschlichen Kulturleben entwickelte, ritualisierte Sonderform des Kampfes ist der *Sport*. Wie phylogenetisch entstandene Kommentkämpfe verhindert er sozietätsschädigende Wirkungen der Aggression und erhält gleichzeitig ihre arterhaltenden Leistungen unverändert aufrecht. Außerdem aber vollbringt diese kulturell ritualisierte Form des Kämpfens auch die unvergleichlich wichtige Aufgabe, den Menschen zur bewussten und verantwortlichen Beherrschung seiner instinktmäßigen Kampfreaktion zu erziehen. Die „Fairness" oder Ritterlichkeit des Sports, die auch unter stark aggressionsauslösenden Reizwirkungen aufrechterhalten wird, ist eine wichtige kulturelle Errungenschaft der Menschheit. Außerdem wirkt der Sport segensreich, indem er wahrhaft begeisterten Wettstreit zwischen überindividuellen Gemeinschaften ermöglicht. Er öffnet nicht nur ein ausgezeichnetes Ventil für gestaute Aggression in der Form ihrer gröberen, mehr individuellen und egoistischen Verhaltensweisen, sondern gestattet ein volles Ausleben auch ihrer höher differenzierten kollektiven Sonderform. […]

Wettkämpfe zwischen Nationen stiften indes nicht nur dadurch Segen, dass sie ein Abreagieren nationaler Begeisterung ermöglichen, sie rufen noch zwei weitere Wirkungen hervor, die der Kriegsgefahr entgegenwirken: sie schaffen erstens persönliche Bekanntschaft zwischen Menschen verschiedener Nationen und Parteien und zweitens rufen sie die einigende Wirkung der Begeisterung dadurch hervor, dass sie Menschen, die sonst wenig gemeinsam hätten, für dieselben Ideale begeistern. Dies sind zwei machtvoll der Aggression entgegentretende Kräfte […]. Anonymität trägt viel dazu bei, die Auslösung aggressiven Verhaltens zu erleichtern. […] Kein Mensch kann ein Volk hassen, von dem er mehrere Einzelmenschen zu Freunden hat. Wenige „Stichproben" dieser Art genügen auch, um ein gebührendes Misstrauen gegen jene Abstraktionen zu erwecken, die „dem" Deutschen, Russen oder Engländer typische Nationaleigenschaften – in erster Linie natürlich hassenswerte – anzudichten pflegen.

Lorenz, Konrad: Das sogenannte Böse. Zur Naturgeschichte der Aggression. Wien 1963, S. 396 ff.

■ AUFGABEN:
1. Dienen die Fußballspiele Ihrer Ansicht nach der Abreaktion von Aggressionen oder der Einübung von solchen? Wird aggressives Verhalten von den Hooligans gelernt?
2. Dienen die Olympischen Spiele dem Frieden, oder sind sie eher geeignet, internationale Konflikte mit anderen Mitteln fortzusetzen oder gar zu schüren?
3. Kennen Sie Beispiele für die These, dass man leichter anonyme Gruppen als individuelle Menschen hassen kann? Haben Sie eine Vermutung über die Gründe für diese Tatsache?

Verweise: Siehe die Texte zu „Besonnenheit" (D7) und „Toleranz" (D14) sowie zu „Frieden" (G21-22).

K17 Eugen Roth: Homo ludens

Zwei können gar nicht sich leiden –
Und doch siegt die Spielwut bei beiden.
Sie schweigen beim Schach bloß;
Sonst ging' gleich der Krach los –
Er lässt sich nur spielend vermeiden.

Eugen Roth: Ins Schwarze. Limericks und Schüttelreime. München 1968, S. 32.

K18 Arthur Schopenhauer: Eine Gesellschaft von Stachelschweinen

■ INFO zur Einführung:

Wenn aber das menschliche Ich – so Sigmund Freud – nicht Herr „im eigenen Hause" ist, wie ist es den Menschen dann möglich, gedeihlich und friedlich zusammenzuleben? Der Philosoph Arthur Schopenhauer (1787–1860) empfiehlt den Menschen, sich nach dem Vorbild von Stachelschweinen zu organisieren.

Eine Gesellschaft Stachelschweine drängte sich, an einem kalten Wintertage, recht nahe zusammen, um durch die gegenseitige Wärme sich vor dem Erfrieren zu schützen. Jedoch bald empfanden sie die gegenseitigen Stacheln; welches sie dann wieder voneinander entfernte. Wenn nun das Bedürfnis der Erwärmung sie wieder näher zusammenbrachte, wiederholte sich jenes zweite Übel; sodass sie zwischen beiden Leiden hin- und hergeworfen wurden, bis sie eine mäßige Entfernung voneinander herausgefunden hatten, in der sie es am besten aushalten konnten. So treibt das Bedürfnis der Gesellschaft, aus der Leere und Monotonie des eigenen Inneren entsprungen, die Menschen zueinander; aber ihre vielen widerwärtigen Eigenschaften und unerträglichen Fehler stoßen sie wieder voneinander ab. Die mittlere Entfernung, die sie endlich herausfinden, und bei welcher ein Beisammensein bestehen kann, ist die Höflichkeit und feine Sitte. Dem, der sich nicht in dieser Entfernung hält, ruft man in England zu: keep your distance! Vermöge derselben wird zwar das Bedürfnis gegenseitiger Erwärmung nur unvollkommen befriedigt, dafür aber der Stich der Stacheln nicht empfunden. Wer jedoch viel eigene, innere Wärme hat, bleibt lieber aus der Gesellschaft weg, um keine Beschwerde zu geben, noch zu empfangen.

Schopenhauer, Arthur: Parerga und Paralipomena II, Kap. XXXI, § 396. Zürich 1988, S. 558.

■ AUFGABEN:
1. Wie ist Schopenhauer zufolge ein Zusammenleben unter Menschen möglich?
2. Beurteilen Sie seine Empfehlung hinsichtlich ihrer Brauchbarkeit in der Familie, im Beruf und im Staat!

11 Ökonomie und Moral – ein Gegensatz?

L1 Cicero: Eigentum und Gemeinnutz

Die erste Aufgabe der Gerechtigkeit aber ist es, dass keiner dem anderen schadet, es sei denn, herausgefordert durch Unrecht, sodann, dass er Gemeingut als Gemeingut, Privates als das seine behandelt.

Es gibt aber von Natur keinerlei Privateigentum, sondern entweder aufgrund weit zurückliegender Inbesitznahme – so bei denen, die einstmals an herrenloses Gut gekommen sind –, oder aufgrund eines Sieges – wie bei Leuten, die im Krieg Macht erlangt haben über etwas – oder durch Gesetz, Vertrag, Übereinkunft oder Los. […] Daher, weil persönliches Eigentum eines jeden von ihnen das wird, was von Natur Gemeineigentum gewesen war, behalte ein jeder für sich, was ihm zugefallen ist. Wenn einer aber davon etwas erstrebt, dann wird er den Rechtsgrundsatz der menschlichen Gemeinschaft verletzen.

Da wir aber, wie zutreffend von Platon geschrieben worden ist, nicht nur für uns selbst geboren sind, sondern einen Teil unseres Daseins die Vaterstadt beansprucht, einen Teil die Freunde, und – wie es Ansicht der Stoiker ist – was auf Erden hervorgebracht wird, insgesamt zum Nutzen der Menschen geschaffen wird, die Menschen aber um ihrer Mitmenschen willen gezeugt sind, damit sie, einer dem andern, von sich aus sich gegenseitig nützen können, so müssen wir darin der Natur als Führerin folgen, den gemeinsamen Nutzen in den Mittelpunkt stellen, durch Gegenseitigkeit der Leistungen – durch Geben und Nehmen –, durch Fachkenntnisse, Opferbereitschaft und Mittel, das Band zwischenmenschlicher Zusammengehörigkeit festigen.

Cicero: De officiis. Vom pflichtgemäßen Handeln, übers., kommentiert und hg. von H. Gunermann. Stuttgart 1976, S. 21 und 23.

■ AUFGABEN:

1. Warum plädiert Cicero nicht für die Abschaffung des Privateigentums, wenn es ursprünglich nur Gemeingut gab?
2. Wie wird von Cicero die Verpflichtung für den Gemeinnutzen begründet, und ist diese Begründung für Sie überzeugend?
3. Wie könnte im privaten und wie im politischen Bereich Ciceros Vorstellungen von der Gerechtigkeit entsprochen werden?
4. Vergleichen Sie Ciceros Thesen zum Eigentum mit Artikel 14 (2) unseres Grundgesetzes: „Eigentum verpflichtet. Sein Gebrauch soll zugleich dem Wohle der Allgemeinheit dienen."

L2 Bernard Mandeville: Private Laster, öffentlicher Nutzen

■ INFO zur Einführung:

Im 18. Jahrhundert stellte der Arzt und Schriftsteller Mandeville (ca. 1670–1733) in seiner berühmt gewordenen Bienenfabel die provokante These auf, dass ein ausschließlich tugendhaftes Verhalten der Bürger die Gesellschaft verarmen und erschlaffen lasse, während gerade die unedlen Bestrebungen zu gesellschaftlichem Reichtum und zum Nutzen aller führten. Der Autor hat sich sehr harte Kritik gefallen lassen müssen. Aber noch heute wird von einigen Wirtschaftswissenschaftlern zumindest die Auffassung vertreten, ethische Kriterien des Handelns schadeten nur einer Wirtschaft, die allen zugute käme. Hier nur Mandevilles abschließende Moral seiner Fabel, die er überwiegend in die Form eines Gedichtes brachte.

*So klagt denn nicht: für Tugend hat's
In großen Staaten nicht viel Platz.
Mit möglichstem Komfort zu leben,
Im Krieg zu glänzen und doch zu streben,
Von Lastern frei zu sein, wird nie
Was andres sein als Utopie.
Stolz, Luxus und Betrügerei
Muss sein, damit ein Volk gedeih'.
Quält uns der Hunger oft auch grässlich,
Zum Leben ist er unerlässlich.
Stammt nicht des edlen Weines Saft
Von einem garstig dürren Schaft?
Der, wenn man ihn nicht sorgsam pflegt,
Bloß nutzlos wuchert und nichts trägt,
Doch dessen Frucht uns Lust bereitet,
Wenn man ihn bindet und beschneidet.
Genauso uns das Laster nutzt,
Wenn das Gesetz es kappt und stutzt,
Ja, ist so wenig aufzugeben
Für Völker, die nach Größe streben,
Wie Hunger ist, damit sie leben.
Mit Tugend bloß kommt man nicht weit;
Wer wünscht, dass eine goldene Zeit
Zurückkehrt, sollte nicht vergessen:
Man musste damals Eicheln essen.*

Werbeplakat „Geiz ist geil" an der Fassade des Elektronikkaufhauses Saturn

Einer der Hauptgründe, warum so wenige Menschen über sich selbst im klaren sind, ist der, dass die meisten Schriftsteller ihnen immer nur auseinandersetzen, wie sie sein sollen, und kaum jemals sich darum kümmern, ihnen zu sagen, wie sie in Wirklichkeit sind. Ich für mein Teil – denn ich will weder dem geneigten Leser noch mir selbst ein Kompliment machen – bin der Ansicht, dass der Mensch, abgesehen von dem leicht Sichtbaren, wie Haut, Fleisch, Knochen usw., ein Gemisch von verschiedenen Neigungen und Gefühlen darstellt, die ihn alle, je nachdem sie auf- und hervortreten, abwechselnd und unabhängig von seinem Willen beherrschen. Der Beweis dafür, dass eine solche Veranlagung, deren wir uns alle zu schämen vorgeben, das Hauptfundament einer blühenden sozialen Gemeinschaft bildet, ist der Inhalt des vorangehenden Gedichts gewesen.

Mandeville, Bernard: Die Bienenfabel oder Private Laster, öffentliche Vorteile, hg. von W. Euchner. Frankfurt/M 1968, S. 92 f.

■ AUFGABEN:

1. Führen laut Mandeville ausschließlich die Laster und das Streben nach Luxus zum Wohlstand der Gesellschaft?
2. Finden Sie die Ansicht des Autors überzeugend? Was spricht Ihres Erachtens für Mandeville, was gegen ihn?
3. Mandeville legt Wert auf die Feststellung, ein realistisches Menschenbild zu akzeptieren. Welches Bild vom Menschen liegt dem zugrunde, was wir die soziale Marktwirtschaft nennen? (Siehe dazu die folgende Information.)

L3 Was ist „Soziale Marktwirtschaft"?

Die deutsche Wirtschaftspolitik orientiert sich seit Mitte des 20. Jahrhunderts am Konzept der Sozialen Marktwirtschaft. Es geht zurück auf Ludwig Erhard, der von 1949 bis 1963 der erste Bundeswirtschaftsminister der Bundesrepublik Deutschland war. Die zentrale Idee besteht darin, die Freiheit aller, die als Anbieter oder Nachfrager am Markt teilnehmen, zu schützen und gleichzeitig für sozialen Ausgleich zu sorgen.

Märkte sorgen über den Preismechanismus für den Ausgleich von Angebot und Nachfrage: Sind Güter besonders begehrt knapp, steigt deren Preis. Das drängt Nachfrage zurück und bietet zugleich Gewinnmöglichkeiten für zusätzliche Anbieter. Anbieter werden versuchen, die Produktion so kostengünstig wie möglich zu gestalten. So kommt es zu einer effizienten Verwendung der Produktionsmittel und zu günstigen Preisen für die Verbraucher. Dafür ist wichtig, dass Wettbewerb mit offenem Marktzugang herrscht und Marktmacht verhindert wird. Der Marktmechanismus erhöht dann die Konsummöglichkeiten, motiviert die Anbieter zu Innovationen und technischem Fortschritt und verteilt Einkommen und Gewinn nach individueller Leistung. Es ist eine wichtige Aufgabe des Staates, den Rahmen für einen funktionierenden Wettbewerb zu schaffen. Gleichzeitig muss er die Bereitschaft und die Fähigkeit der Menschen zu eigenverantwortlichem Handeln und mehr Selbstständigkeit fördern.

Der zweite Grundsatz der sozialen Marktwirtschaft neben dem freien Markt ist der soziale Ausgleich. Dieser soll die Freiheit des Marktes möglichst nicht einschränken, aber eine soziale Absicherung für diejenigen bereitstellen, die aufgrund von Alter, Krankheit oder Arbeitslosigkeit keine Markteinkommen erzielen können. Dabei gilt es, die richtige Balance zu finden. Soziale Leistungen und das Handeln des Staates müssen durch Steuern und Abgaben finanziert werden. Diese belasten aber diejenigen, die mit ihren Einkommen den Wohlstand erzeugen. Ziel ist also eine gute soziale Absicherung, bei gleichzeitig größtmöglichem Wohlstand.

Bundesministerium für Wirtschaft und Technologie. Homepage.

■ AUFGABEN:
1. Handelt es sich bei dieser Kennzeichnung um eine Beschreibung der realen Situation oder um eine Richtlinie für das politische Handeln?
2. Wie beurteilen Sie die Aussagen zur „Marktmacht"?
3. Welches der genannten Elemente wünschten Sie gestärkt und welches eingeschränkt: die Eigeninitiative der Bürger oder den Eingriff des Staates?

L4 Karl Homann: Der systematische Ort der Moral für die Wirtschaft

■ INFO zur Einführung:
Die neuere Wirtschaftsethik stellt sich der Frage, wie ein Konflikt zwischen Gewinnstreben und Moral möglichst verhindert oder eingedämmt werden kann. Karl Homann plädiert für ein Modell, nach dem das erfolgsorientierte Handeln in der Wirtschaft zugleich moralisch wünschbare Ergebnisse zeitigt, und dies müsse die „Rahmenordnung" gewährleisten. Er schließt sich dabei an den berühmten englischen Wirtschaftstheoretiker und Philosophen Adam Smith aus dem 18. Jahrhundert an.

Marktwirtschaft und Wettbewerb bereiten den Menschen seit Jahrhunderten ethische Probleme. Der Wettbewerb ist produktiv, er zwingt die Akteure zu Kreativität und Disziplin; ihm verdanken wir den Wohlstand breitester Bevölkerungskreise, jenen Wohlstand, der den Menschen ein Leben nach eigenen Lebensentwürfen in Gemeinschaft mit anderen ermöglicht. Zugleich beschränkt derselbe Wettbewerb aber moralisch motivierte Vor- und Mehrleistungen Einzelner in einschneidender Weise. Wer als Einzelner unter Konkurrenzbedingungen aus moralischen Motiven z. B. durch Umweltschutz oder Sozialleistungen eine Erhöhung seiner Kosten in Kauf nimmt, wird mit wirtschaftlichen Nachteilen und wirtschaftlichem Ruin bestraft. Wettbewerb und Moral scheinen sich so im Handlungsvollzug auszuschließen: Darin besteht das Grundproblem der Wirtschaftsethik.

Der Sozialismus hat daraus die Konsequenz gezogen, dass man um der Moral, um der Solidarität aller willen den Wettbewerb (weitestgehend) ausschalten müsse. Heute wissen wir, dass diese Strategie die versprochenen Resultate nicht gebracht hat: Der Sozialismus ist ökonomisch und moralisch gescheitert. Die klassische Ökonomie und ihr Ahnherr A. Smith, der Professor für Logik und Moralphilosophie war, verfolgten eine andere Strategie: Smith wollte die moralischen Intentionen, für die ich hier als Kürzel die „Solidarität aller" setze, *in und durch* Wettbewerb realisieren. Dafür war es notwendig, das Paradigma der Moralphilosophie neu zu entwerfen. Die Grundzüge werde ich im Folgenden entwickeln. Es gelingt Smith, Wettbewerb und Moral simultan zur Geltung zu bringen, indem er sie auf unterschiedlichen Ebenen ansetzt. Der Kunstgriff besteht darin, dass er zwischen der *Rahmenordnung des Handelns* und den *Handlungen innerhalb der Rahmenordnung* unterscheidet und diese Unterscheidung auch institutionell implementiert. Dann findet in den Handlungen der – so überaus produktive – Wettbewerb statt, die moralischen Intentionen werden in den Regeln dieses Wettbewerbs geltend gemacht. Ein Vergleich mit dem Sport macht die Grundidee am einfachsten klar: Die Fairness wird durch die Spielregeln garantiert; über sie herrscht unter den Spielern Konsens, und sie bestellen einen Schiedsrichter, der die Einhaltung dieser Spielregeln erzwingt. Erst auf dieser Grundlage kann mit dem Anpfiff dann in den Spielzügen der Wettbewerb stattfinden, also jene antagonistische Bemühung, durch innovative, kreative Spielzüge den Gegner zu besiegen.

Ohne auf die Details einzugehen, die ich vielfältig an anderen Stellen entwickelt habe, mache ich hier nur auf die folgenden vier Gesichtspunkte aufmerksam.

1. Grundlage des Wettbewerbs in den Spielzügen ist der Konsens über die Spielregeln, und diese Regeln werden durch eine Erzwingungsinstanz (Gesetze, Justiz, Kartellamt) durchgesetzt.
2. Der Wettbewerb auf dem Spielfeld bzw. auf dem Markt ist eine Veranstaltung zum Nutzen der Zuschauer, der Konsumenten: Wettbewerb ist in diesem Sinne eine soziale Veranstaltung. Die Interessen der Wettbewerber und die Interessen der Konsumenten fallen auseinander: Die Wettbewerber wollen gewinnen, die Zuschauer bzw. Konsumenten wollen *für* ihr Geld ein interessantes Spiel bzw. gute Produkte bekommen. Die moralisch erwünschten gesamtwirtschaftlichen Ergebnisse und die unmittelbaren Handlungsmotive der Akteure auf dem Markt fallen auseinander. Dies ist der Sinn des berühmten Satzes von A. Smith: „Nicht vom Wohlwollen des Metzgers, Bauern und Bäckers erwarten wir das, was wir zum Essen brauchen, sondern davon, dass sie ihre eigenen Interessen wahrnehmen." Oder anders: „Der Wohl-Stand aller hängt nicht vom Wohl-Wollen der Einzelnen ab." […]
3. In einer modernen Wirtschaft erscheint die Moral daher nicht in den unmittelbaren Handlungsmotiven der Akteure am Markt, sie erscheint als Handlungsrestriktion in Form von Spielregeln.
4. Die Spielregeln müssen für alle Wettbewerber in der gleichen Weise gelten: So wird sichergestellt, dass das moralische Verhalten einzelner Wettbewerber nicht von der Konkurrenz ausgebeutet werden kann. Wettbewerb und Moral, unser Ausgangsproblem, können nur dann simultan realisiert werden, wenn die Moral nicht zu Wettbewerbsnachteilen führt, d. h., wenn sie in die Spielregeln inkorporiert wird und damit allen Wettbewerbern die gleichen Handlungsrestriktionen auferlegt.

Homann, Karl: Vorteile und Anreize, hg. von C. Lütge. Tübingen 2002, S. 4 f.

■ AUFGABEN:
1. Wie müssen für die Wirtschaft jene „Spielregeln" aussehen, damit ein moralisch gewünschtes Ergebnis resultiert? Versuchen Sie das etwa im Hinblick auf die Schonung der Umwelt zu überlegen!
2. Wie kann man auf dem Fußballplatz die Einhaltung von Regeln garantieren und wie in der Wirtschaft? Erörtern Sie das an den Beispielen des „Fouls" und der Bestechung!
3. Wie ließe sich mit Homanns Modell die Massenentlassung von Arbeitern wegen Verlagerung der Produktion ins Ausland bewältigen?

L5 Peter Ulrich: Wirtschaftliche Effizienz ist Mittel, nicht Selbstzweck

■ INFO zur Einführung:

An der Universität St. Gallen wird eine Wirtschaftsethik vertreten, die sich kritisch gegen die Auffassung stellt, dass alle sozialen Probleme allein durch den freien Markt zu bewältigen seien, und die die Wirtschaft an Sinn- und Wertfragen misst. Diese Ethik nennt sich „integrative Wirtschaftsethik", weil sie die Wirtschaft in den Kontext des ganzen menschlichen Lebens und der Gesellschaft stellt.

Vernünftig aus wirtschaftsethischer Sicht ist es, die Gestaltung unseres „Wirtschaftslebens" und unserer Wirtschaftsordnung an ihrer *Lebensdienlichkeit* zu orientieren: Wirtschaft ist Mittel, nicht Selbstzweck – Mittel eben für das gute Leben und das gerechte Zusammenleben freier und gleicher Bürger. Damit ist das Wirtschaften in den Kontext der beiden klassischen ethischen Grundfragen gestellt [...]: Die beiden Dimensionen lassen sich zum einen als die Sinnfrage und zum andern als die Legitimationsfrage des Wirtschaftens thematisieren. Die *Sinnfrage* entspricht der aristotelischen Perspektive einer teleologischen Ethik (Lehre vom Erstrebenswerten, vom guten Leben); sie bezieht unsere Wirtschaftsform auf die Wertorientierungen eines kulturellen Lebensentwurfs. Die *Legitimationsfrage* entspricht der kantischen Dimension deontologischer Ethik (Lehre von den moralischen Rechten und Pflichten, also von den zwischenmenschlichen Verbindlichkeiten); sie stellt unsere Wirtschaftsordnung ebenso wie die einzelnen Handlungsweisen unter das politisch-ethische Leitbild einer wohlgeordneten Gesellschaft freier und gleicher Bürger. [...]

So verstandenes vernünftiges Wirtschaften braucht also unabdingbar Wertorientierung und normative *Vorgaben*. Dieses Postulat wendet sich – um einem Standardmissverständnis vorzubeugen – keineswegs *gegen* einen effizienten Umgang mit knappen Ressourcen und Gütern, sondern klärt überhaupt erst, *wofür* und *für wen* eine lebensdienliche (Markt-)Wirtschaft effizient funktionieren soll: Der Markt kann von sich aus nicht „wissen", wofür er effizient sein soll. In einem unverkürzten Verständnis vernünftigen Wirtschaftens ist daher die Kategorie der Effizienz ein systematisch nachrangiges Kriterium, das erst *im Hinblick* auf die vorzugebenden Sinnorientierungen und Legitimitätsbedingungen als lebensdienlich begründet werden kann. [...]

Die heute gelehrte Ökonomik betrachtet dagegen das Wirtschaften nunmehr aus der *Perspektive der marktwirtschaftlichen Systemlogik*. Diese ist heute die Logik des globalen Marktes, auf dem mit dem „Standortwettbewerb" zugleich auch die ganzen staatlichen Rahmenordnungen der nationalen Märkte miteinander im Wettbewerb stehen. Unter diesen Umständen zählen nicht mehr die Kriterien der Lebensdienlichkeit, sondern allein die *internationale Wettbewerbsfähigkeit,* und das heißt: die „rein" ökonomische Effizienz. Die eigensinnige, unpersönliche (und bisweilen auch „unmenschliche") Systemlogik *entzieht* sich derzeit immer mehr menschlichen Sinnorientierungen und normativen Legitimitätsvorgaben und macht sich stattdessen in verkehrter Weise die Lebensbedingungen der Menschen und die Realpolitik untertan. Der vernunftethisch gebotene [...] *Primat der Ethik – auch und insbesondere der politischen Ethik – vor der Logik des Marktes* verkehrt sich so in sein Gegenteil. Der Wirtschaftshistoriker Karl Polanyi hat das schon 1944 in seinem Buch *The Great Transformation* auf die vielzitierte Formel gebracht: „Die Wirtschaft ist nicht mehr in die sozialen Beziehungen eingebettet, sondern die sozialen Beziehungen sind in das Wirtschaftssystem eingebettet." [...]

Wohlverstandene Freiheit ist nicht die voraussetzungslos gedachte Willkürfreiheit des Individuums, sondern das kostbare *öffentliche Gut* der gleichen, größtmöglichen und real lebbaren Freiheit aller Bürgerinnen und Bürger. Sie schließt wesentlich deren Möglichkeit zur gleichberechtigten Teilnahme an der *Res publica,* der öffentlichen Sache der Bestimmung der Spielregeln des guten und gerechten Zusammenlebens ein. Mit andern Worten: Der politische Liberalismus, der dementsprechend auch als *republikanischer Liberalismus* bezeichnet werden kann, meint die allgemeine Freiheit mündiger Staatsbürger *(Citoyens)* zur partizipativen Selbstbestimmung *in* der freiheitlichen Gesellschaft, der *Wirtschaftsliberalismus* dagegen nur die Privatautonomie sozial und gesellschaftlich desinteressierter Besitzbürger *(Bourgeois) vor* gesellschaftlichen Gerechtigkeitsansprüchen [...].

Dementsprechend anders ist das republikanisch-liberale Gesellschaftsverständnis: Gesellschaft wird nicht primär als Marktzusammenhang, sondern als *Rechtszusammenhang* gedacht. Nicht die Markteffizienz, sondern die *Gerechtigkeit der gesellschaftlichen Ordnung,* verstanden als gleiche lebbare Freiheit und Gleichberechtigung aller Bürger, wird als Grundlage der freiheitlich-demokratischen Gesellschaft begriffen. Somit lässt sich auch der Staat nicht mehr einfach pauschal als Gegenpol der Freiheit diffamieren, sondern er wird ganz im Gegenteil zunächst einmal als der unverzichtbare Garant einer wohlgeordneten Gesellschaft freier BürgerInnen gewürdigt und *gegen* wirtschaftliche Vermachtung „stark" gemacht.

Für das republikanisch-liberale *Leitbild einer voll entfalteten Bürgergesellschaft* können drei Grundmerkmale, die wesentlich auch das Verhältnis von Politik und Markt betreffen, als konstitutiv gelten:

1. Umfassender Bürgerstatus [....]: Dieser setzt starke allgemeine Bürgerrechte voraus, und zwar neben elementaren Persönlichkeitsrechten und Staatsbürgerrechten (politischen Teilnahmerechten) auch – teilweise noch fehlende – Wirtschaftsbürgerrechte (sozial-ökonomische Existenz- und Teilhaberechte), soweit diese zur selbständigen Lebensführung in realer Freiheit und Selbstachtung nötig sind.
2. Bürgersinn: In einer voll entwickelten Bürgergesellschaft nehmen die Bürger ihre privaten und ebenso ihre gemeinschaftlichen Angelegenheiten selbst in die Hand. Deshalb blüht ein lebendiges Netzwerk egalitärer Bürgervereinigungen auf (Zivilgesellschaft i. e. S.). Die Bürger fühlen sich für die Res publica, die öffentliche Sache des gerechten und solidarischen gesellschaftlichen Zusammenlebens, mitverantwortlich und spalten ihr privates Handeln davon nicht ab, machen es also von seiner Legitimität im Lichte der gleichen Freiheit und Grundrechte aller Bürger abhängig (republikanisch-liberales Wirtschaftsbürgerethos).
3. Zivilisierung des Marktes ebenso wie des Staates: In einer wahren Bürgergesellschaft gilt der freie Bürger mehr als der „freie" Markt! Und das heißt: die sachzwanghafte Eigenlogik des Marktes wird nicht als guter Grund akzeptiert, die reale Freiheit und Chancengleichheit der Bürger, vor allem des schwächeren Teils unter ihnen, und die Gerechtigkeit der Spielregeln ihres Zusammenlebens einzuschränken – vielmehr verhält es sich genau umgekehrt! Um es nochmals mit Dahrendorf zu formulieren: „Die Rechte der Bürger sind jene unbedingten Anrechte, die die Kräfte des Marktes zugleich überschreiten und in ihre Schranken verweisen."

Ulrich, Peter: Sich im ethisch-politisch-ökonomischen Denken orientieren – Der St. Galler Ansatz der integrativen Wirtschaftsethik. In: Mieth, Dietmar/Schumann, Olaf J./Ulrich, Peter (Hrsg.): Reflexionsfelder integrativer Wirtschaftsethik. Tübingen, Basel 2002, S. 13 ff., 25, 27.

■ AUFGABEN:
1. Was ist wohl mit „egalitären Bürgervereinigungen" gemeint?
2. Durch welche Maßnahmen könnte das Ziel von Ulrich realisiert werden?
3. Erkennen Sie wichtige Unterschiede zur Position von K. Homann (L4)?

L6 Ulrich Thielemann: Kritik der Ökonomisierung

■ INFO zur Einführung:
Die Wirtschaftsethik der Schule von St. Gallen erkennt in der gegenwärtigen Gesellschaft eine starke Tendenz, die sie den Prozess der „Ökonomisierung" nennt: Die Prinzipien des freien Marktes – Gewinnstreben und Konkurrenzkampf – greifen wachsend auch auf andere Bereiche der Gesellschaft über. Bei Ulrich Thiedemann heißt es: „Eines der deutlichsten Zeichen des Ökonomisierungsstrebens ist die Transformation nahezu aller Formen sozialer Interaktion in Kunden-Anbieter-Beziehungen. Bürger, Schüler und Studenten, Gemeindemitglieder, Patienten und Klienten werden zunehmend ‚Kunden'." Thiedemann zeigt das an der heute oft ökonomisch geprägten Sprache in Kirche und Verwaltung und belegt die Ökonomisierung und ihre Folgen besonders am Beispiel des Bildungssystems. Nachdem er seine Auffassung erläutert hat, dass im Zeichen der Ökonomisierung dem Recht des Stärkeren gehuldigt wird und nicht Kants Kategorischem Imperativ, fährt er fort:

Dieses soziologisch gesehen als sozialdarwinistisch zu qualifizierende Denken finden wir auch in den offensiven Bestrebungen der Ökonomisierung des „service public", beispielsweise im Bildungsbereich. Dies lässt sich gut am Begriff der „Qualität" von Lehre und Forschung festmachen. So wird die „beste Universität" als diejenige definiert, „welche durch ihren Lehrkörper und ihre organisatorische und technische Infrastruktur für die Studierenden am attraktivsten ist." Und natürlich sollen die Studierenden die ‚besten Universitäten' wählen und dementsprechend von den ‚schlechten' Universitäten abwandern, denen dann weniger Mittel zugesprochen werden. „Konkurrenz belebt das Geschäft und verbessert die Qualität des Studiums." Vorauszusetzen ist dabei, dass die Universitäten über die ‚Autonomie' verfügen, ein möglichst ‚attraktives' Angebot anzubieten. Und wenn die Universitäten „selbstständiger wirtschaften und ihr eigenes Profil entwickeln dürfen, *dann können sie nur besser werden*."

Dieses Denken tritt mit metaphysischen Gewissheiten auf, die ansonsten nur in Offenbarungsreligionen beobachtet werden können. Der ökonomistische Knackpunkt liegt nicht darin, dass so die Universitäten bzw. die ‚Bildungsangebote' offerierenden Professoren unter Druck geraten. Vielmehr besteht er in der Ablösung der Wahrheitstheorie durch die Wettbewerbstheorie. Haben bislang die Disziplinen […] darum gerungen und argumentativ dafür gestritten, wie Wissenschaftlichkeit und letztlich Wahrheit (Gültigkeit) zu bestimmen ist – sowohl auf allgemeiner, philosophischer Ebene als auch auf der Ebene der jeweiligen Disziplinen –, so werden all diese Dispute nun mit einem Streich erübrigt: Richtig ist diejenige Theorie, die sich im ‚Bildungswettbewerb' am besten zu behaupten vermag.

Die Wissenschaft ist nicht mehr, was bisher zu den selbstverständlichen, konstitutiven Merkmalen der Wissenschaften quer durch alle Schulen und Paradigmen gehörte, der Wahrheit verpflichtet; vielmehr richten die Wissenschaftler der verschiedenen Disziplinen ihre Texte und ihre Veranstaltungen opportunistisch auf die jeweils vorherrschenden „Kundenbedürfnisse" aus. Was bislang als Beitrag zum wissenschaftlichen Diskurs verstanden wurde, ist nun ein auf die „Nachfrage" zuzuschneidendes „Produkt", mit dem sich im „Bildungsmarkt" und im Reputationswettbewerb positioniert.

Diese Ablösung […] wird noch verstärkt, indem der Wettbewerb ein zweites Mal ins Spiel kommt. Denn die Studierenden fragen nicht, gleichsam ‚willkürlich', irgendwelche Bildungsgehalte nach, sondern solche, die ihre *eigene* „Attraktivität" bei den „Abnehmern (sic!) der Absolventinnen und Absolventen" bzw. ihre „Chancen auf dem Arbeitsmarkt" erhöhen. Schließlich stehen sie selbst unter dem Druck, nicht plötzlich mit den ‚falschen' Bildungsgehalten oder gar mit einem ‚falschen' Denken ausgestattet und so aller Chancen für eine respektable berufliche Karriere beraubt zu sein. Daher hat sich die Universität, haben sich Lehre und Forschung „den Bedürfnissen der Nachfragenden [d. h. der Studierenden] *bzw*. den Anforderungen, die sie auf dem Arbeitsmarkt werden erfüllen müssen", anzupassen. Entsprechend ist der Gesichtspunkt „Beschäftigungsgrad der Absolventinnen und Absolventen nach einem oder mehreren Jahren" in den Katalog der Kriterien für die „Qualitätssicherung" der Lehre aufzunehmen.

Thielemann, Ulrich: Integrative Wirtschaftsethik als Reflexionsbemühung im Zeitalter der Ökonomisierung. In: Mieth, Dietmar/Schumann, Olaf J./Ulrich, Peter (Hrsg.): Reflexionsfelder integrativer Wirtschaftsethik. Tübingen, Basel 2002, S. 97 f.

■ AUFGABEN:
1. Kennen Sie Menschen, die alles unter dem Gesichtspunkt der finanziellen Kosten betrachten? Wie verhalten sie sich?
2. In den verschiedenen Sphären der Gesellschaft gelten auch verschiedene Beurteilungskriterien, z. B. gut/böse, schön/hässlich, rechtens/widerrechtlich, freundlich/unfreundlich usw. Sind Ihnen Beispiele bekannt, die zeigen, dass die Unterscheidung gewinnbringend/verlustbringend andere Kriterien zurückdrängt?
3. Warum stellt der Autor Wahrheit und Wettbewerb gegenüber? Wird im Konkurrenzkampf der Schulen und Hochschulen nicht jeweils die Einrichtung siegen, welche die meisten Wahrheiten vermittelt?

L7 Josef Meran: Moral und Geschäft

Eine immer noch verbreitete Vorstellung besagt, dass zwischen wirtschaftlichem und moralischem Handeln keine Beziehung besteht. Geschäft ist Geschäft, und Moral ist Moral. Wirtschaftliches Handeln orientiert sich ausschließlich am eigenen Vorteil, sei es an dem einer Person, eines Unternehmens oder einer Organisation. Bei der Verfolgung des eigenen Nutzens lässt sich der wirtschaftlich Handelnde, der „homo oeconomicus", nur vom Gesichtspunkt der Effizienz leiten, indem er ein bestimmtes Maß an Bedürfnisbefriedigung oder Interessenserfüllung mit dem geringstmöglichen Mitteleinsatz oder mit einem bestimmten Mitteleinsatz den größten Nutzen zu erreichen versucht. Die Vernunft des „homo oeconomicus" betätigt sich gegenüber den zu erreichenden Zuständen instrumentell, gegenüber den kooperierenden oder konkurrierenden Mitmenschen aber strategisch. In beiden Fällen versucht der wirtschaftlich Handelnde, die Mittel für die von ihm erstrebten Zwecke zu optimieren. Er verhält sich zweckrational oder klug.

Anders der sittlich Handelnde, der „homo moralis". Er unterstellt sein Denken und Tun zuoberst den Forderungen der Gerechtigkeit und der sozialen Tugenden, dem Wohlwollen, der Solidarität, dem Mitleid, der Fürsorge. Sein Wesen wird nicht von dem berechnenden Verstand des Egoisten, sondern von dem mitfühlenden Herzen des Altruisten, oder wenigstens der aufrechten Gesinnung des unparteiischen Beobachters bestimmt. Für den moralisch Handelnden gibt es Entscheidungen, die zwar durchaus wirtschaftlich vernünftig, d. h. dem eigenen Nutzen und dem Effizienzkriterium genügen, keineswegs aber moralisch gerechtfertigt sind. Drogenhandel, Kinderprostitution, sadistische Pornographie, Handel mit menschlichen Organen, die auf mörderischem Wege gewonnen werden, die Anreicherung von Nahrungsmittel mit gesundheitsschädlichen Chemikalien, das ungereinigte Einleiten von giftigen Abfällen in die Umwelt usw. sind offenbar gewinnbringende Geschäfte, die sich auf eine Nachfrage marktgerecht eingestellt, sich einem verschärften Wettbewerb angepasst haben und auch nach den Grundsätzen einer korrekten Buchführung abgewickelt werden. Von einem moralischen Standpunkt aus stellen diese Geschäfte freilich Wirtschaftsverbrechen aus habsüchtigen Motiven dar, die sich zu den hunderten von lohnenden Arten alltäglicher Ausbeutung und soziale Ungerechtigkeit nur besonders empörend hinzugesellen. Denn die moralische Vernunft bezieht sich in erster Linie nicht auf die geeigneten Mittel zur Erreichung gegebener Zwecke, sondern ihr geht es mit Blick auf moralische Prinzipien, Normen oder Werte um die Rechtfertigung oder Kritik der obersten Zwecke selbst. Auch moralisch verwerfliche Ziele lassen sich effizient verfolgen. […]

Für die Wirtschaftsethik ergibt sich die spezielle Aufgabe, dass sie dort, wo ökonomische Beweggründe und Verhaltensweisen mit moralischen Grundsätzen und Empfindungen in Widerspruch geraten sind, bestrebt sein muss, zu zeigen, dass es wider die […] Vernunft ist, sich unmoralisch zu verhalten, da man langfristig den eigenen Nutzen minimiert. Der eigene Nutzen zeigt jedoch nicht ausschließlich das Ausmaß der Erfüllung rein egoistischer und kurzfristiger Interessen und Zwecke an, sondern er spricht, anders als manches wirtschaftswissenschaftliche Lehrbuch dies enthält, auch auf die soziale Perspektive der friedlichen und wohlstandsfördernden Kooperation, auf soziale Werte an. Wenn der wirtschaftende Mensch dadurch, dass er am Marktgeschehen teilnehmen will, ein Gespür dafür entwickeln muss, die Bedürfnisse seiner Partner aufzugreifen, so wird er schon dafür sensibilisiert sein, dass sein Wohlstand davon abhängt, ob sein Handeln auch den Wohlstand des Anderen mehrt, und dass der Andere, wenn er sich übervorteilt, ungerecht oder unwürdig behandelt vorkommt, aufhören wird, reziproke Leistungen zu erbringen. Freilich darf nicht übersehen werden, dass viele Tauschpartner gesellschaftlich und wirtschaftlich gar nicht die Wahl haben, ungerechte Verträge auszuschlagen. Ausbeutung bleibt ein Hauptthema der Wirtschaftsethik. Will Ethik jedoch nicht nur ein Klagelied anstimmen oder sich als reine Theorie auf die alleinige Aufgabe der philosophischen Begründung eines obersten Moralprinzips zurückziehen, so muss sie versuchen, Gesetzgeber und Wirtschaftsführer davon zu überzeugen, dass die Kosten von Ausbeutung langfristig erheblich höher für das Glück aller Betroffenen sind als diejenigen gerechter Tauschbeziehungen und humaner Arbeitsbedingungen. Die Ethik muss an die reziproke Struktur des marktwirtschaftlichen Handelns anknüpfen und dem „homo oecononomicus" darlegen, dass es […] durchaus ökonomisch vernünftig ist, moralisch richtig zu handeln.

Meran, Josef: Ist es ökonomisch vernünftig, moralisch richtig zu handeln? In: Auf der Suche nach einer modernen Wirtschaftsethik. Lernschritte zu einer reflexiven Ökonomie, hg. von P. Ulrich. Bern, Stuttgart 1990, S. 53 f, 81 f.

■ AUFGABEN:
1. Kennen Sie Beispiele, mit denen man die Ansicht des Verfassers plausibel machen kann, dass ökonomisch vernünftiges Handeln auch moralisch richtig sein muss?
2. Nehmen wir an, in der Wirtschaft kümmerte sich niemand um die Ratschläge der Ethiker, was sollten diese tun: schweigen oder dennoch offen ihre Meinung sagen?
3. Ist für die Wirtschaft auch ihr moralisches Ansehen wichtig?

L8 Notwendigkeit von Tugenden in der Wirtschaft

■ INFO zur Einführung:
In einem Buch über „effektive Führung" in der Wirtschaft heißt es, dass ein guter Manager folgende Tugenden benötige:

1. Menschlichkeit, 2. Treue, 3. Ehrlichkeit, 4. Fleiß, 5. Verlässlichkeit, 6. Mut, 7. Pünktlichkeit, 8. Intuition, 9. Sachkenntnis, 10. Begeisterung.

Drucker, Peter F./Paschek, Peter (Hrsg.): Kardinaltugenden effektiver Führung. Heidelberg 2004, S. 111.

■ AUFGABEN:
1. Versuchen Sie zu erläutern, wieso die einzelnen Eigenschaften wichtig sind!
2. Würden wir diese Eigenschaften alle als Tugenden bezeichnen?
3. Entspricht das Bild des Managers in der Öffentlichkeit dem, was hier verlangt wird?
4. Könnten nicht auch Untugenden in der Wirtschaft effizient sein?

L9 Michael Baurmann: Tugend als Basis des Vertrauens

■ INFO zur Einführung:
In der vieldiskutierten Finanzkrise wurde immer wieder der Mangel an Vertrauen beklagt, durch den sie schwer überwindbar sei. Schon vorher hatte man erkannt, dass für alles wirtschaftliche Handeln Kooperation und deshalb Vertrauen nötig ist, das Vertrauen aber auf der Überzeugung von der Tugend der Partner gründet. Da nun aber in der Ökonomie jeder von seiner Einstellung her auf die Vergrößerung des Gewinns ausgerichtet und so ein „dispositioneller Nutzenmaximierer" ist, besteht die Versuchung, nur das Vertrauen der anderen auszunutzen, selbst aber Tugendhaftigkeit nur vorzutäuschen. Der Autor des folgenden Textes ist dennoch überzeugt, dass sich letztlich die Tugend durchsetzt.

Ein fundamentales Misstrauen in die Tugendhaftigkeit von Mitmenschen scheint in einer ökonomischen Welt am Platz, weil die nützlichen Konsequenzen, die Tugenden für einen dispositionellen Nutzenmaximierer haben können, *allein* auf der *Annahme* anderer Personen beruhen, dass er diese Tugenden besitzt. Aus dieser Annahme entstehen entsprechende Erwartungen über sein zukünftiges Verhalten, und diese Erwartungen sind es, die eine wohlwollende oder respektvolle Haltung ihm gegenüber bewirken. Tugend ist für einen dispositionellen Nutzenmaximierer nur ein *Mittel zum Zweck*. Sie hat für ihn keinen „Lohn in sich selbst" und keinen intrinsischen Eigenwert. Für den Nutzen, den er aus seiner Tugend ziehen kann, kommt es nicht darauf an, dass er eine solche Disposition *tatsächlich* hat. Vom Standpunkt seines Eigeninteresses aus muss es vielmehr als optimal erscheinen, wenn er eine entsprechende Reputation erwerben kann, seine Tugend aber in Wirklichkeit nur vortäuscht und die zusätzlichen Vorteile gewinnt, die sich unter dem Deckmantel der Tugend erzielen lassen. […]
Aus der Tatsache, dass der Schein der Tugend dem scheinbar Tugendhaften den gleichen Dienst erweist wie die wirkliche Tugend dem wirklich Tugendhaften, könnte man den Schluss ziehen, dass eine Strategie der Täuschung für einen rationalen Nutzenmaximierer *grundsätzlich* klüger ist. Die Konsequenzen wären für ihn selber aber alles andere als erfreulich. Denn unter dieser Bedingung wird *weder* eine für alle Beteiligten vorteilhafte, auf Vertrauen basierende Kooperation zustande kommen, *noch* wird jemand aus einer Vortäuschung von Tugend Profit schlagen können. Niemand wird dann überhaupt erwarten, dass andere Personen wirklich tugendhaft *sind* – mit der Konsequenz, dass Tugendhafte *und* Täuscher gleichermaßen „leer" ausgehen. […]
Zwei Faktoren könnten dafür sorgen [dass sich die „raffinierten Schurken", die Tugend heu-

cheln, nicht durchsetzen werden]: die persönlichen *Kosten* und *Risiken,* die mit einem Leben als Täuscher verbunden sind. Wenn im Vergleich zu den möglichen Gewinnen die Kosten einer Täuschungsstrategie zu hoch sind und das Risiko der Entlarvung zu groß ist, wird ein dispositioneller Nutzenmaximierer als rationaler Akteur auf eine solche Strategie verzichten. Dann aber müsste man als sein Partner auch nicht mehr in jeder Situation über die Maßen misstrauisch und vorsichtig sein, selbst wenn man weiterhin kein sicheres Wissen über seine „Persönlichkeit" haben kann. Man könnte dann wenigstens wieder eine eher neutrale, „vorurteilsfreie" Position beziehen. Der Teufelskreis könnte durchbrochen werden, denn wenn sich das Misstrauen überwinden lässt, kann es sich für einen dispositionellen Nutzenmaximierer auch wieder eher lohnen, nicht nur tugendhaft zu *scheinen,* sondern auch tugendhaft zu *sein.*

Baurmann, Michael: Der Markt der Tugend. Recht und Moral in der liberalen Gesellschaft. Tübingen 1996, S. 414 ff.

■ AUFGABEN:
1. Könnte es sich auch für eine Schülerin oder einen Schüler lohnen, sich nur tugendhaft zu geben, ohne es zu sein?
2. Inwiefern demonstrieren uns Unternehmen in ihrer Reklame ihre Tugend?
3. Auf welche Tugenden des Geschäftspartners muss man vertrauen können? Denken Sie z. B. an einen Verkauf an jemanden, der nicht sogleich bezahlen kann!
4. Scheint Ihnen der Optimismus des Verfassers gerechtfertigt, dass schon aus Gewinnstreben man wirklich tugendhaft wird?

L10 Eugen Roth: Das liebe Geld

Zwei Knaben, die fanden 'nen Groschen –
Wie jäh war die Freundschaft erloschen:
'S wollt jeder der Knaben
Gefunden ihn haben;
Sie haben sich gründlich verdroschen.

Roth, Eugen: Ins Schwarze. Limericks und Schüttelreime. München 1968, S. 29.

L11 Das Gefangenendilemma

■ INFO zur Einführung:
Um die Wichtigkeit und die Folgen des gegenseitigen Vertrauens und Misstrauens deutlich zu machen, hat man im Rahmen der Spieltheorie das sog. Gefangenendilemma entwickelt. Man stelle sich folgende Situation vor:

Die Polizei hat zwei Männer gefasst, die dringend verdächtigt werden, gemeinsam einen Raubüberfall begangen zu haben. Allerdings kann ihnen die Polizei nur einen Verstoß gegen das Waffengesetz nachweisen. Deshalb stellt man die beiden vor die Wahl:
Wenn einer von ihnen die gemeinsame Tat gesteht und so seinen Komplizen verrät, kommt er nicht ins Gefängnis, der Andere, der nicht geständig ist, aber fünf Jahre lang. Gestehen beide, kommen beide vier Jahre lang ins Gefängnis. Gesteht keiner von beiden, kann man ihnen nur den Verstoß gegen das Waffengesetz nachweisen, und sie müssen beide für ein Jahr ins Gefängnis.
Die beiden Beschuldigten werden getrennt verhört und können keinen Kontakt mit einander aufnehmen.

■ AUFGABEN:

1. Welche Alternativen ergeben sich? Wann ist das Strafmaß für beide am geringsten, wann am größten?
2. Was wird in der konkreten Situation die Entscheidung der beiden beeinflussen?
3. Was folgt für das Vertrauen in der Wirtschaft daraus?

L12 Ein Dilemma der sogenannten „Dritten Welt"

Herr Hohage, Mitarbeiter eines mitteleuropäischen Möbelfabrikanten für gehobene Ansprüche, ist verantwortlich für den Erwerb tropischer Hölzer. Aus diesem Grund bereist er zahlreiche lateinamerikanische Staaten und schließt u. a. stellvertretend für kleinere Waldbauern Verträge mit brasilianischen Holzproduzenten. Auf einer dieser Reisen erfährt Herr Hohage die ökonomische Situation seiner Geschäftspartner: Seit mehreren Jahrzehnten bestehen zuverlässige geschäftliche Beziehungen mit europäischen Unternehmen. Der Preis für Holz ist seit geraumer Zeit jedoch massiv gefallen, so dass die Bauern für immer weniger Geld immer länger arbeiten müssen. Neben der Beschränkung auf das Notwendigste können die Kinder nicht mehr zur Schule geschickt werden, da nun alle Familienmitglieder mitarbeiten müssen, um den Lebensunterhalt zu sichern. Sollte diese unzumutbare Situation andauern, werden die Bauern gezwungen sein, pflegeleichte Pflanzen, beispielsweise Koka, anzubauen. Nur so ließe sich langfristig genügend Geld verdienen, um den Kindern eine Schulausbildung ermöglichen zu können.

Die eindringlichen Ausführungen des Holzproduzenten veranlassen Herrn Hohage, die bisher gezahlten Preise zu überdenken. Er ist sich aber auch dessen bewusst, dass ein höherer Preis die eigenen Produkte verteuern und die Absatzmöglichkeiten der Möbelprodukte auf dem heimischen Markt schmälern würde.

■ AUFGABEN:

1. Versetzen Sie sich in die Situation der Waldbauern! Welche Argumente sprechen für den Anbau von Koka-Pflanzen?
2. Versetzen Sie sich in die Situation des Einkäufers! Welche Folgen hätte ein überdurchschnittlich hoher Preis für die Möbelfirma, für die Herr Hohage eine große Verantwortung trägt?
3. Nehmen Sie den Standpunkt eines neutralen Beobachters ein! Entwickeln Sie ein Konzept, das beiden Seiten in diesem Dilemma helfen könnte!

12 Der Mensch – Herr oder Opfer der Naturbeherrschung?

M1 Francis Bacon: Die Utopie des Glücks durch Naturbeherrschung

■ INFO zur Einführung:

Francis Bacon (1561–1626) war der erste, der die modernen Naturwissenschaften im Hinblick auf die technische Naturbeherrschung begründete. Von ihm stammt der bekannte Satz „Wissen ist Macht". In seinem unvollendeten utopischen Roman „Nova Atlantis" zeigt er uns eine Gesellschaft, die ihr Glück auf neue Technologien gründet. Die hier beschriebenen Verfahren und Experimente können zur Reflexion der gegenwärtigen Manipulationen der Natur, ihrer Möglichkeiten und Folgen anregen.

Wir haben auch Baumschulen und verschiedenartige große Gärten, in denen uns nicht so sehr die Schönheit der Spazierwege und ähnlicher Einrichtungen als vielmehr die Verschiedenartigkeit der Erde und des Bodens, wie sie den einzelnen Bäumen und Pflanzen entspricht, am Herzen liegt. […] In diesen Gärten machen wir auch Versuche mit Pfropfungen und Inokulationen sowohl von Wald- als auch von Obstbäumen, die volle und große Erträge bringen. Auch bringen wir es in diesen Obst- und Baumgärten durch künstliche Mittel zuwege, dass Früchte und Blüten früher oder auch später kommen, als es ihre Zeit ist, ebenso dass sie in rascherer Aufeinanderfolge ausschlagen, sprossen und Früchte tragen, als sie es ihrer Natur nach zu tun pflegen. Wir bringen auch größere Bäume und Pflanzen hervor, als natürlich ist, größere und süßere Früchte, von ihrer gewöhnlichen Art unterschieden an Geschmack, Geruch und Farbe. Und viele davon bereiten wir so zu, dass sie zu medizinischen Zwecken geeignet sind. Wir kennen auch Mittel, durch die wir Pflanzen nur durch Erdmischungen ohne Samen aufgehen und wachsen lassen, und auch neue und unbekannte Pflanzen ziehen wir, […] so wie wir auch Pflanzen aus einer Art in eine andere umwandeln.

Wir haben auch Käfige und Gehege für Säugetiere und Vögel aller Art. Diese halten wir nicht so sehr ihrer Sonderlichkeit und Seltenheit wegen als zu Sektionen und anatomischen Versuchen, um dadurch so weit wie möglich auch Einblick in den menschlichen Körper zu gewinnen. Dabei haben wir viele wunderbare Entdeckungen gemacht, so etwa über die Fortdauer des Lebens, nachdem einige Teile, die ihr für lebenswichtig haltet, abgestorben sind oder entfernt wurden, über die Wiederbelebung einiger, die scheintot waren, und Ähnliches. Wir machen an diesen Tieren Versuche mit allen Giften, Gegengiften und Heilmitteln, sowohl auf medizinische als auch auf chirurgische Weise, um den menschlichen Körper besser schützen zu können. Wir machen auch die einen künstlich größer und länger, als sie von Natur aus sind, andere umgekehrt wieder zwergenhaft klein und nehmen ihnen ihre natürliche Gestalt. Außerdem machen wir die einen fruchtbar und mehrbäriger, als sie ihrer Natur nach sind, die anderen umgekehrt unfruchtbar und zeugungsunfähig. Auch in Farbe, Gestalt und Gemütsart verändern wir sie auf vielerlei Art und Weise. Wir sorgen ferner für Kreuzungen und Verbindungen von Tieren verschiedener Arten, die neue Arten hervorbringen, die trotzdem nicht unfruchtbar sind, wie die allgemeine Ansicht ist.

Bacon, Francis: Neu Atlantis. In: Der utopische Staat. Reinbek bei Hamburg 1986. S. 205 ff.

■ AUFGABEN:
1. Welche der hier beschriebenen Verfahren sind für uns selbstverständlich und ganz unbedenklich?
2. Welchen Experimenten stehen Sie kritisch gegenüber?
3. Kennzeichnen Sie das Verhältnis des Menschen zur Natur, das an diesem Text deutlich wird!

M2 Aldous Huxley: Eine schöne neue Welt?

■ INFO zur Einführung:
Während bis zum 19. Jahrhundert utopische Romane fast immer eine glückliche und vernünftig organisierte Gesellschaft plastisch vor Augen führten, hat die utopische Literatur seit dem 20. Jahrhundert auch eine ganz andere Funktion übernommen: Sie malt den Zustand aus, zu dem bedenkliche oder schlimme Tendenzen der gegenwärtigen Gemeinschaft führen können. Deshalb spricht man hier zuweilen von negativen oder schwarzen Utopien, von Anti- oder Gegenutopien. Der britische Gesellschaftskritiker Aldous Huxley (1894–1963) stellt in seinem satirisch-utopischen Roman „Schöne neue Welt" (1932) den Fortschrittsglauben der Menschen infrage und desillusioniert all ihre positiven Visionen der Zukunft. Der folgende Auszug beschreibt die Herstellung von Menschen in dafür eingerichteten Fabriken.

Natürliche Zwillinge oder in Massen produzierte Klone?

[Der Brutdirektor] sprach selbstverständlich zuerst von dem operativen Eingriff – „eine freiwillig zum Gemeinwohl auf sich genommene Operation, die überdies noch mit einer Prämie in Höhe von sechs Monatsgehältern verbunden ist" –, beschrieb hierauf das Verfahren, mit dem der entnommene Eierstock am Leben und funktionstüchtig gehalten wurde, ging dann auf die Frage der optimalen Temperatur, des Salzgehalts und der Viskosität über, erwähnte die Nährlösung, in der die abgetrennten und ausgereiften Eier aufbewahrt wurden, führte seine Schützlinge an die Arbeitstische und zeigte ihnen, wie diese Lösung aus den Reagenzgläsern abgezogen und tropfenweise auf die vorgewärmten Objektträger der Mikroskope geträufelt wurde, wie die in ihr enthaltenen Eier auf Fehlentwicklungen untersucht, gezählt und in einen porösen Behälter gelegt wurden und – hier ließ er sie bei der Prozedur zusehen – wie man diesen Behälter in eine warme Brühe voll freischwimmender Spermatozoen tauchte – Mindestgehalt 100.000 pro Kubikzentimeter, betonte er – und wie nach zehn Minuten der Behälter aus der Flüssigkeit gehoben und sein Inhalt neuerlich untersucht wurde. Waren einige Eier unbefruchtet geblieben, wurde er noch ein zweites Mal und, wenn nötig, noch ein drittes und viertes Mal eingetaucht. Dann kamen die befruchteten Eier zurück in die Brutöfen, wo die Alphas und Betas bis zur endgültigen Abfüllung in die Flaschen blieben, während die Gammas, Deltas und Epsilons schon nach sechsunddreißig Stunden herausgenommen und dem Bokanowskyverfahren unterzogen wurden.

„Bokanowskyverfahren", wiederholte der Direktor, und die Studenten unterstrichen das Wort in ihren Heftchen. Ein Ei – ein Embryo – ein erwachsener Mensch: das Natürliche. Ein bokanowskysiertes Ei dagegen knospt und sprießt und teilt sich. Acht bis sechsundneunzig Knospen – und jede Knospe entwickelt sich zu einem vollausgebildeten Embryo, jeder Embryo zu einem vollentwickelten Menschen. Sechsundneunzig Menschenleben entstehen zu lassen, wo früher nur eines entstand: Fortschritt. […]

Acht Minuten starker Röntgenbestrahlung waren nahezu das Äußerste, was ein Ei aushalten konnte. Einige gingen zugrunde; die am wenigsten empfänglichen teilten sich in zwei; die meisten trieben vier Knospen, manche acht. Alle wurden in die Brutöfen zurückgebracht, wo sich die Knospen zu entwickeln begannen; dann, nach zwei Tagen, wurden sie plötzlicher Kälte ausgesetzt und so im Wachstum angehalten. Nun trieben die Knospen ihrerseits zwei, vier oder acht Knospen. Wenn es soweit war, erhielten sie eine fast tödliche Menge Alkohol zugesetzt, bildeten daraufhin abermals Knospen, und dann, wenn die Knospe aus der Knospe entsprungen war, ließ man sie sich in Ruhe weiterentwickeln, da eine

weitere Unterbrechung meist verhängnisvoll wirkte. Zu diesem Zeitpunkt wurden aus dem ursprünglichen Ei bereits acht bis sechsundneunzig Embryos – gewiss ein gewaltiger Fortschritt gegenüber der Natur! Völlig identische Geschwister, aber nicht lumpige Zwillinge oder Drillinge wie in den alten Zeiten des Lebendgebärens, als sich ein Ei manchmal zufällig teilte, sondern Dutzendlinge, viele Dutzendlinge auf einmal. [...]
„Das Bokanowskyverfahren ist eine der Hauptstützen für eine stabile Gesellschaft." [...] Menschen einer einzigen Prägung, in einheitlichen Gruppen. Ein einziges bokanowskysiertes Ei lieferte die Belegschaft für eine kleine Fabrik.

„Sechsundneunzig völlig identische Geschwister bedienen sechsundneunzig völlig identische Maschinen! Da weiß man doch wirklich, woran man ist! Zum ersten Mal in der Weltgeschichte!" Er zitierte den Leitspruch des Erdballs: „Gemeinschaftlichkeit, Einheitlichkeit, Beständigkeit." Goldene Worte. „Wenn sich das Bokanowskyverfahren unbegrenzt fortsetzen ließe, wäre das ganze Problem gelöst." Gelöst durch gleiche Gammas, identische Deltas, einheitliche Epsilons. Millionlinge. Massenproduktion, endlich auch in der Biologie.

Huxley, Aldous: Schöne neue Welt. Frankfurt a. M. 1953, S. 19ff.

■ AUFGABEN:
1. Was spricht für das „Bokanowskyverfahren" aus wissenschaftlicher, ökonomischer und politischer Perspektive, was dagegen?
2. Könnte das „Bokanowskyverfahren" dazu beitragen, unterentwickelte Staaten zu „stabilen Gesellschaften" zu entwickeln?
3. Wie ist das „Bokanowskyverfahren" ethisch zu beurteilen? Worin sieht der Autor die Gefahren der modernen Gesellschaft?

M3 Richard Walther Darré: 80 Merksätze und Leitsprüche über Zucht und Sitte

■ INFO zur Einführung:
Im Nationalsozialismus gab es vielfältige Bestrebungen, Menschen so planvoll zu züchten wie Tiere. Der damalige Landwirtschaftsminister und „Reichsbauernführer" fasste seine Ideen in „Merksätzen und Leitsprüchen" zusammen und gab sie in hochwertiger Buchausstattung heraus.

Zucht ohne Zuchtziel
ist ein Widerspruch in sich selbst,
weil Zucht
die Auswertung gegebener Wirklichkeiten
im Hinblick auf die Zukunft ist.

Züchtung
ist angewandtes Wissen von der Vererbung.

Zucht ist in erster Linie
die züchterische Auswertung
gegebener Wirklichkeiten
im Hinblick auf die Zukunft,
wobei es gleichgültig ist,
ob sich das Ziel auf einen Idealtyp richtet
oder nur die Ausmerze der Untüchtigen
nach einem bestimmten Plan erstrebt.

Das einzige wirkliche Vermögen unseres Volkes ist sein gutes Blut.
Alles Bekenntnis zum Blut setzt die Unterwerfung unter die Gesetze des Blutes voraus, wenn man sich nicht in hohlen Redensarten erschöpfen will.
Dies bedingt die Bejahung der Zucht als einer sittlichen Forderung und sittlichen Notwendigkeit. [...]
Zucht ist in erster Linie die züchterische Auswertung gegebener Wirklichkeiten im Hinblick auf die Zukunft, wobei es gleichgültig ist, ob sich das Ziel auf einen Idealtyp richtet oder nur die Ausmerze der Untüchtigen nach einem bestimmten Plan erstrebt.

Darré, Richard Walther: 80 Merksätze und Leitsprüche über Zucht und Sitte. Merksätze aus den Werken „Das Bauerntum als Lebensquell der Nordischen Rasse" (1927/1928) und „Neuadel aus Blut und Boden" (1929/1930). Goslar ²1940 (ohne Seitenzählung).

■ AUFGABEN:

1. Ist es ein Kompliment für ein Volk, wenn es nur „gutes Blut" vorweisen kann?
2. Kann man sich den „Gesetzen des Blutes" unterwerfen?
3. Was hat Zucht mit Sittlichkeit zu tun?
4. Wer züchtet und entscheidet über die „Ausmerze der Untüchtigen"? Was vermuten Sie?
5. Wie ändert sich das menschliche Selbstverständnis, wenn der Einzelne erfährt, er sei das Ergebnis einer planvollen Zucht?

M4 Astrid Ley/Kerstin Wirth: Vererbungslehre – Die Zwillingsforschung von Auschwitz

[„Dr. Auschwitz":] Der Name Josef Mengeles ist zum Synonym für die Verbrechen deutscher Ärzte während der NS-Zeit geworden. Dr. phil. et med. Mengele war seit Mai 1943 SS-Arzt im Konzentrations- und Vernichtungslager Auschwitz-Birkenau. Hier beteiligte er sich an der Ermordung von Millionen meist jüdischer Menschen. Er führte auf der Ankunftsrampe und in den Krankenbaracken Selektionen durch und leitete die Vergasung der Opfer. Darüber hinaus nutzte er den rechtsfreien Raum des KZ für medizinische Forschungen […]. Das „Forschungsmaterial", das ihm dort zur Verfügung stand, waren die Häftlinge des Lagers. Aus ihnen wählte Mengele Versuchspersonen für verschiedene Experimente aus. Im Zentrum seiner Forschungen standen wissenschaftliche Zwillingsuntersuchungen. […]

[Die klassische Genetik:] Die heute als Humangenetik bezeichnete Vererbungswissenschaft untersucht die Entstehung und die Weitergabe erblicher Unterschiede beim Menschen. Ein Arbeitsschwerpunkt ist die Erforschung erblicher körperlicher und geistiger Erkrankungen. Dabei werden Erkenntnisse gesucht, die sich zur Präventionen oder zur Früherkennung von Krankheiten verwenden lassen.

Vor der Entdeckung der Gene konnte das Phänomen der Vererbung nur anhand äußerer Merkmale studiert werden. Eine der wichtigsten Methoden der sogenannten „klassischen Genetik" zum Ende der 1930er Jahre war die vergleichende Zwillingsforschung. Bei dem Verfahren wurden eineiige Zwillingspaare genauestens vermessen und untersucht. […] Von solchen Daten erhoffte man sich Aufschlüsse darüber, welche Merkmale und Krankheiten des Menschen genetisch bedingt waren und welche durch äußere Lebensumstände erworben wurden. Nach der Meinung vieler Genetiker lag es nahe, die Ergebnisse der Vererbungsforschung praktisch umzusetzen, indem man die Träger krankhafter Anlagen an der Fortpflanzung hindere. Hier kreuzten sich die Vorstellungen der Wissenschaftler mit den politischen Zielen des NS-Regimes. Die Nationalsozialisten räumten der Vererbungsforschung eine Schlüsselstellung ein, weil sie sich von dieser eine wissenschaftliche Legitimation ihrer „Erb- und Rassenpflege" versprachen. […]

[Menschenlabor KZ:] Den Aussagen ehemaliger Häftlinge zufolge kam Mengele auch in seiner Freizeit oft an die Rampe, um Zwillinge und Menschen mit körperlichen Auffälligkeiten aus den ankommenden Transportern auszusondern. Mengeles Versuchspersonen wurden in speziellen Abteilungen untergebracht, wo die Lebensbedingungen vergleichsweise gut waren. […] Dadurch sollte verhindert werden, dass die Ergebnisse der folgenden Untersuchungen durch Hunger und Krankheit beeinflusst wurden. […] Für jeden Zwilling wurde eine umfangreiche Personenmappe angelegt, in der Mengele die Befunde gewissenhaft dokumentierte. Über diese reine Datenerhebung hinaus führte Mengele verschiedene grausame Experimente durch. So nahm er Versuchsoperationen ohne Narkose vor, um die Schmerzempfindlichkeit von Zwillingen vergleichen zu können. Andere Kinder erhielten Bluttransfusionen oder wurden künstlich mit Krankheitserregern infiziert, da Mengele die Blutserum-Reaktionen von Zwillingspaaren studieren wollte. […] Um auch die inneren Organe der Zwillinge vergleichen zu können, tötete Mengele die Kinder zur selben Zeit, indem er ihnen Chloroform ins Herz injizierte.

Ley, Astrid/Wirth, Kerstin: Vererbungslehre. Die Zwillingsforschung von Auschwitz. In: Ley, Astrid/Ruisinger, Marion M. (Hrsg.): Gewissenlos – gewissenhaft. Menschenversuche im Konzentrationslager. Katalog zur Ausstellung des Instituts für Geschichte der Medizin. Erlagen 2001, S. 100ff.

■ AUFGABEN:
1. In welcher Hinsicht unterscheidet sich Josef Mengele von „üblichen" NS-Verbrechern und NS-Mördern?
2. Diskutieren Sie, ob es (überhaupt) Situationen geben könnte, die medizinische Forschungsprojekte in einem rechtsfreien Raum erforderlich machen würden!

M5 Bischof Graf von Galen: Vernichtung „lebensunwerten Lebens"

■ INFO zur Einführung:
Im September 1933 wurde Graf von Galen von Papst Pius XI. zum Bischof der Diözese Münster ernannt. Schon bald trat er dem Nationalsozialismus entschieden entgegen, erstmals in seinem Fastenhirtenbrief 1934. Weithin bekannt wurde er dann 1941 durch zahlreiche Predigten gegen den nationalsozialistischen Klostersturm und die Euthanasie.

C. A. Graf von Galen (1878–1946)

Seit einigen Monaten hören wir Berichte, dass aus Heil- und Pflegeanstalten für Geisteskranke auf Anordnung von Berlin Pfleglinge, die schon länger krank sind und vielleicht unheilbar erscheinen, zwangsweise abgeführt werden. Regelmäßig erhalten dann die Angehörigen nach kurzer Zeit die Mitteilung, der Kranke sei verstorben, die Leiche sei verbrannt, die Asche könne abgeliefert werden. Allgemein herrscht der an Sicherheit grenzende Verdacht, dass diese zahlreichen unerwarteten Todesfälle von Geisteskranken nicht von selbst eintreten, sondern absichtlich herbeigeführt werden, dass man dabei jener Lehre folgt, die behauptet, man dürfe sog. „lebensunwertes Leben" vernichten, also unschuldige Menschen töten, wenn man meint, ihr Leben sei für Volk und Staat nichts mehr wert, eine furchtbare Lehre, die die Ermordung Unschuldiger rechtfertigen will, die die gewaltsame Tötung der nicht mehr arbeitsfähigen Invaliden, Krüppel, unheilbar Kranken, Altersschwachen grundsätzlich freigibt!
Wie ich zuverlässig erfahren habe, werden jetzt auch in den Heil- und Pflegeanstalten der Provinz Westfalen Listen aufgestellt von solchen Pfleglingen, die als sog. „unproduktive Volksgenossen" abtransportiert und in kurzer Zeit ums Leben gebracht werden sollen. Aus der Anstalt Marienthal bei Münster ist im Laufe dieser Woche der erste Transport abgegangen! Deutsche Männer und Frauen! Noch hat Gesetzeskraft der § 211 des Reichsstrafgesetzbuches, der bestimmt: „Wer vorsätzlich einen Menschen tötet, wird, wenn er die Tötung mit Überlegung ausgeführt hat, wegen Mordes mit dem Tode bestraft." Wohl um diejenigen, die jene armen Menschen, Angehörige unserer Familien, vorsätzlich töten, vor dieser gesetzlichen Bestrafung zu bewahren, werden die zur Tötung bestimmten Kranken aus der Heimat abtransportiert in eine entfernte Anstalt. Als Todesursache wird dann irgendeine Krankheit angegeben. Da die Leiche sofort verbrannt wird, können die Angehörigen und auch die Kriminalpolizei es hinterher nicht mehr feststellen, ob die Krankheit wirklich vorgelegen hat und welche Todesursache vorlag.
Es ist mir aber versichert worden, dass man im Reichsministerium des Innern und auf der Dienststelle des Reichsärzteführers Dr. Conti gar kein Hehl daraus mache, dass tatsächlich schon eine große Zahl von Geisteskranken in Deutschland vorsätzlich getötet worden ist und in Zukunft getötet werden soll.

Galen, Bischof Clemens August Graf von: Aus der Predigt vom 3. August 1941 zu Münster. Akten, Briefe und Predigten 1933–1946, bearbeitet von P. Löffler, Bd. 2, Paderborn 1996, S. 876f.

■ AUFGABEN:
1. Wie verhielt sich der NS-Staat zum Recht?
2. Was waren ganz offensichtlich die Prinzipien der NS-Moral?
3. Mit welchen Argumenten würden Sie der Vernichtung sog. „unproduktiver Volksgenossen" entgegentreten?

M6 Der Eid des Hippokrates

■ INFO zur Einführung:

Die älteste ausformulierte Berufsethik findet sich im Bereich der Medizin und ist unter dem Titel „Der Eid des Hippokrates" bekannt geworden. Hippokrates war ein griechischer Arzt, der ungefähr 460–370 v. Chr. lebte. Aber der ihm zugeschriebene Text ist vermutlich älter. In ihm heißt es:

Diätetische Maßnahmen werde ich zum Nutzen der Kranken entsprechend meiner Kraft und meinem Urteilsvermögen anwenden; vor Schaden und Unrecht werde ich sie bewahren.

Auch werde ich niemandem auf seine Bitte hin ein tödlich wirkendes Mittel geben, noch werde ich einen derartigen Rat erteilen; in gleicher Weise werde ich auch keiner Frau ein fruchtabtreibendes Zäpfchen geben. Rein und heilig werde ich mein Leben und meine Kunst bewahren.

Das Schneiden werde ich nicht anwenden, nicht einmal bei Steinleidenden, dies werde ich vielmehr den Männern überlassen, die diese Tätigkeit ausüben.

In alle Häuser, die ich betrete, werde ich eintreten zum Nutzen der Kranken, frei von jedem absichtlichen Unrecht, von sonstigem verderblichen Tun und von sexuellen Handlungen an weiblichen und männlichen Personen, sowohl Freien als auch Sklaven.

Was auch immer ich bei der Behandlung oder auch unabhängig von der Behandlung im Leben der Menschen sehe und höre, werde ich, soweit es niemals nach außen verbreitet werden darf, verschweigen, in der Überzeugung, daß derartige Dinge unaussprechbar sind.

Wenn ich nun diesen Eid erfülle und nicht verletze, möge es mir zuteil werden, daß ich mich meines Lebens und meiner Kunst erfreue, geachtet bei allen Menschen für alle Zeit, wenn ich ihn aber übertrete und meineidig werde, möge das Gegenteil davon eintreten.

Hippokrates: Der hippokratische Eid. In: Antike Heilkunst. Ausgew. Texte aus d. medizinischen Schriften der Griechen und Römer, hg. von J. Kollesch und D. Nickel. Stuttgart 1994, S. 53 ff.

■ AUFGABEN:
1. Warum könnte dieser Eid formuliert worden sein? Warum ist zuerst in der Medizin eine Ethik niedergelegt worden?
2. Haben einige der Bestimmungen noch immer Gültigkeit?
3. Warum unterliegt der Arzt der Schweigepflicht?

M7 Gelöbnis der Ärzte

■ INFO zur Einführung:

1948 hatte der Weltärztebund ein für alle Ärzte geltendes Gelöbnis beschlossen, das auch in die „Berufsordnung für die deutschen Ärzte" aufgenommen wurde. Für jeden Arzt gilt folgendes Gelöbnis:

Bei meiner Aufnahme in den ärztlichen Berufsstand gelobe ich feierlich, mein Leben in den Dienst der Menschlichkeit zu stellen.

Ich werde meinen Beruf mit Gewissenhaftigkeit und Würde ausüben. Die Erhaltung und Wiederherstellung der Gesundheit meiner Patienten soll oberstes Gebot meines Handelns sein.

Ich werde alle mir anvertrauten Geheimnisse wahren.

Ich werde mit allen meinen Kräften die Ehre und die edle Überlieferung des ärztlichen Berufes aufrechterhalten und bei der Ausübung meiner ärztlichen Pflichten keinen Unterschied machen weder nach Religion, Nationalität, Rasse noch nach Parteizugehörigkeit oder sozialer Stellung.

Ich werde jedem Menschenleben von der Empfängnis an Ehrfurcht entgegenbringen und selbst unter Bedrohung meine ärztliche Kunst nicht in Widerspruch zu den Geboten der Menschlichkeit anwenden.

Ich werde meinen Lehrern und Kollegen die schuldige Achtung erweisen. Dies alles verspreche ich feierlich auf meine Ehre.

Deutsches Ärzteblatt, Heft 38 vom 20. Sept. 1979, S. 2442.

■ AUFGABEN:
1. Welche Bestimmungen finden sich schon bei Hippokrates, welche sind neu?
2. Wieso wurde auf die Unterschiede in der Bevölkerung hingewiesen? Sollte der Arzt nicht zuweilen religiöse Unterschiede in Rechnung stellen müssen?
3. Können Sie sich Situationen vorstellen, in denen ein Arzt oder eine Ärztin ihren Beruf „unter Bedrohung" ausüben muss?

M8 Paul Schölmerich: Maximen ärztlicher Ethik

Fragen der Verantwortung, der Ethik offenbaren sich in der praktischen Medizin anlässlich von Individualentscheidungen. Dabei wird das vielfache Bedingungsgefüge deutlich, das ärztliche Entscheidungen so problematisch macht, sofern man als ethische Maximen ärztlichen Handelns das Bestreben ansieht, dem Patienten die bestmögliche Hilfe angedeihen zu lassen. Nicht selten ist eine Güterabwägung notwendig, ein Konsens der pluralistischen Gesellschaft im Hinblick auf den Rang einzelner Güter liegt aber nicht mehr vor. Es wird auch beklagt, dass das ärztliche Handeln sich nicht mehr an eindeutigen gesellschaftlich akzeptierten und durch Sanktionen gefestigten Normen orientieren könne. Der Mangel hat im weiten Umfang rechtliche Regelungen notwendig gemacht, die bei Reduktion ethischer Maximen auf einen Minimalkonsens die Stabilität der Gesellschaft garantieren. Der Arzt ist in das Normenbewusstsein der Gesellschaft eingefügt wie jeder andere Träger eines Berufes, der mit zwischenmenschlichen Beziehungen befasst ist. Angesichts der professionellen Sondersituation, die sich auf höchst persönliche und häufig krisenhafte Lebenssituationen bezieht, ist er nur öfter und unter dramatischen Umständen mit ethischen Problemen befasst. Der Katalog ethischer Postulate ist prinzipiell nicht von dem der Gesamtgesellschaft verschieden. Er umfasst
– Anerkennung des einzelnen als Person,
– Recht auf Leben,
– Recht auf körperliche und seelische Unversehrtheit,
– Achtung der Würde des Menschen,
– Selbstbestimmung des Menschen unter Beachtung gleicher Rechte anderer,
– Gebot, den Menschen nicht als Mittel zum Zweck in Anspruch zu nehmen.

Daraus lassen sich unter dem Gesichtspunkt ärztlicher Handlungsweisen speziellere Maximen ableiten, nämlich
– Bemühung um Erhaltung des Lebens,
– Sorge für das Wohl des Kranken,
– Vermeidung von Schäden durch ärztliche Handlungen an Gesunden und Kranken,
– Notwendigkeit einer umfassenden Aufklärung, die Nutzen und Risiko ins Kalkül zieht.

Es ist deutlich, dass solche Postulate einen höheren Abstraktionswert aufweisen, der ähnlich wie im Rechtswesen eine Abwägung im Einzelfall notwendig macht, zugleich aber durch Interpretation und Bezugnahme auf einzelne Postulate eine Anpassung an Neuentwicklungen ethischer Dimension erleichtern kann. Versucht man diese Postulate in die Begriffswelt der gegenwärtig diskutierten Ethik einzuordnen, so lassen sich am ehesten Elemente der Verantwortungsethik erkennen. Sie orientiert sich an den Folgen unserer Handlungen oder Unterlassungen.

Schölmerich, Paul: Menschenwürde im Umfeld Patient-Arzt. In: Petri, Harald (Hrsg.): Die Würde des Menschen ist unantastbar. Bochum 1988, S. 60 f.

■ AUFGABEN:
1. Inwiefern macht ärztliches Handeln Güterabwägungen erforderlich? Führen Sie Beispiele an!
2. Was bedeutet es für die Entscheidungen und Entscheidungsmöglichkeiten eines Arztes, in das „Normenbewusstsein der Gesellschaft" eingefügt zu sein?
3. Vergleichen Sie die von Schölmerich aufgezeigten Maximen ärztlicher Ethik mit dem Eid des Hippokrates! Stellen Sie die Gemeinsamkeiten und Unterschiede heraus!

M9 J. Tristram Engelhardt jun.: Das Dilemma in den Heilberufen: Autonomieprinzip oder Fürsorgeprinzip?

■ INFO zur Einführung:
Während die Medizin immer neue Methoden der Behandlung von Krankheiten entwickelt und in unserer pluralistischen Gesellschaft mehrere Wertsysteme konkurrieren, haben die Ärztin und der Arzt eine Norm stets zu respektieren: die Freiheit als Selbstbestimmung der Patientinnen und Patienten. Dadurch geraten sie oft in ein Dilemma, wie J.T. Engelhardt zeigt.

Alles Ethische wurzelt in einem Spannungsverhältnis, das aus der Unterscheidung zwischen der Achtung der Freiheit des Menschen und der Wahrung seiner Interessen hervorgeht. Auch in der Gesundheitsfürsorge macht sich dieses Dilemma immer wieder bemerkbar. Patienten neigen häufig zu Verhaltensweisen, deren Gefahren sich Ärzte und Pflegepersonal nur allzu bewusst sind: sie können die Gesundheit stark beeinträchtigende und vielleicht sogar tödliche Folgen haben. Aufgrund der Achtung, die sie diesen Menschen entgegenbringen, bleibt Ärzten und Krankenpflegern oft, wenn nicht gar in der Regel, kaum eine andere Wahl, als den schädlichen Lebenswandel ihrer Patienten oder den Verzicht auf weitere Behandlung zu dulden. Da Ärzte wie Pfleger sich aber nun einmal für einen Beruf im Bereich der Gesundheitsfürsorge entschieden haben, haben sie damit zugleich die Aufgabe übernommen, nach bestem Wissen und Gewissen im Interesse ihrer Patienten zu handeln.

J. Tristram Engelhardt jun.: Die Prinzipien der Bioethik. In: Medizin und Ethik, hrsg. von H.-M. Sass. Stuttgart 1989, S. 96.

■ AUFGABEN:
1. Was sollte für eine Ärztin oder einen Arzt an erster Stelle stehen: das Autonomieprinzip oder das Fürsorgeprinzip? Stellen Sie sich vor, Sie liegen im Krankenhaus. Was verlangen Sie vor allem: dass man sich um Ihre Gesundheit kümmert oder dass Ihr eigener Wille respektiert wird? Nehmen Sie an, Sie wollen nicht auf Fleischgerichte verzichten, die Ärzte aber halten solche für äußerst abträglich, ja für gefährlich.
2. Wenn ein Patient ins Krankenhaus eingeliefert wird, der alkohol- oder nikotinabhängig ist, wie sollten die Ärzte Ihrer Meinung nach handeln?
3. Ein Fallbeispiel: Herr J. K. hatte sich bei einem Skiunfall das Bein gebrochen und kam in ein Krankenhaus. Nach einer Woche wollte er nach Hause zu seiner Familie. Die Ärzte rieten ihm zu bleiben, er aber wollte daheim gesunden. Er wurde entlassen – und verstarb nach ein paar Tagen an einer Lungenembolie. Könnte man den Ärzten rechtliche oder moralische Vorwürfe machen? Wann würde ein Arzt in solchem Fall gegen seine Pflicht verstoßen?
4. Jeder Arzt ist verpflichtet, den Patienten über seine Krankheit und über eventuelle Risiken der Behandlung aufzuklären. Nehmen wir an, Sie sind von den Ausführungen des Arztes nicht überzeugt oder haben sie nicht verstanden. Was würden Sie tun?

M10 Rita Kielstein/Hans-Martin Sass: Wer soll für mich entscheiden?

■ INFO zur Einführung:
Da heute die Möglichkeit besteht, das Leben auch bei sehr schweren Krankheiten und Schädigungen zu verlängern, appelliert das Bochumer Zentrum für Medizinethik, eine Patientenverfügung auszufertigen. Aus ihr geht dann hervor, wer den Patienten vertreten und wie ärztlich entschieden werden soll, wenn der Patient selbst zu einer Entscheidung nicht mehr in der Lage ist. (Unter der unten angegebenen Internet-Adresse finden Sie einen entsprechenden Vordruck.) Wir haben die kurze Begründung für eine Verfügung und das erste Fallbeispiel mit den entsprechenden Fragen ausgewählt.

Es gehört zur ethischen Tradition des ärztlichen Berufes, sich für den ganzen Menschen und nicht nur für die Symptome von Krankheiten verantwortlich zu wissen. Ärzte sind aus diesem Grunde arztrechtlich verpflichtet, Patienten über geplante Diagnosen und Behandlungen aufzuklären und die Zustimmung einzuholen. Eine Orientierung am Patientenwillen ist jedoch schwierig oder unmöglich, wenn Sie zeitweise oder längere Zeit, bedingt durch Krankheit oder Nebenwirkungen, nicht in der Lage sind, Informationen zu verstehen und Behandlungen zuzustimmen oder abzulehnen. In Sonderfällen, die Sie vermeiden sollten, werden Ärzte sich an das Gericht wenden mit der Bitte, einen Betreuer für Sie einzusetzen, der dann stellvertretend für Sie entscheidet. […]

[Fallbeispiel:]

Herr B. ist 79 Jahre alt und benötigt für alle Verrichtungen des täglichen Lebens die Hilfe anderer. Er kann zunehmend schlechter hören und sehen, er hat keine Interessen mehr und ist häufig geistig verwirrt. Weil er früher starker Raucher war, ist die Durchblutung seiner Beine gestört; er kann nur wenige Meter ohne Schmerzen laufen. Durch eine Gefäßoperation im Bauchraum könnten die Schmerzen beim Gehen behoben werden, seine Bewegungsfähigkeit verbessert und seine Hilfsbedürftigkeit reduziert werden. Herr B. ist aber nicht in der Lage, sich zu den Vorteilen und Risiken des Eingriffs sinnvoll zu äußern. Seine Kinder halten den geplanten Eingriff für problematisch und neigen dazu, ihrem Vater die Operation zu ersparen, da sie meinen, dass seine Lebensqualität dadurch nur unwesentlich verbessert werden würde. Herr B. selbst hat sich früher, als er noch Situationen klar verstehen und auch in ihnen entscheiden konnte, nie zu Fragen künftiger medizinischer Behandlungen geäußert.

http://www.zme-bochum.de/downloads/de/patientenverfuegung/01._Patientenverfu=egung_und_Gesundheitsvollmacht.pdf

■ AUFGABE:
1. Wenn Sie einmal in einer vergleichbaren Situation nicht mehr entscheidungsfähig sind, wer soll stellvertretend für Sie entscheiden, der Arzt, Ihre Kinder, Ihr Partner oder eine andere Person? Wen möchten Sie nicht mit dieser Verantwortung belasten?
2. Wenn jemand in ‚gesunden Tagen' erklärt, dass er bestimmte Behandlungen in bestimmten Situationen ablehnen oder vorziehen würde, sollten Ärzte und Familie sich nach Ihrer Meinung auch in ‚schlechten Tagen' daran halten?
3. Wenn Sie in Herrn B.s Situation wären, wie sollte man für Sie entscheiden?
4. Versetzen Sie sich in die Geschichte von Herrn B. und denken Sie diese Geschichte so um, dass die Behandlung Ihren Wünschen und Vorstellungen entspricht.
5. *Zusatzfrage:* Wie hätten Sie entschieden, wenn es Ihr Vater gewesen wäre? Was wären Ihre Kriterien gewesen?

M11 Organe spenden

■ INFO zur Einführung:

Die moderne Medizin macht es möglich, ein krankes Organ durch ein gesundes von einem anderen Menschen zu ersetzen und dadurch Leben zu retten. Dafür ist es in der Regel nötig, dass man jemandem unmittelbar nach seinem Tod das entsprechende Organ entnehmen kann. Das ist aufgrund unseres Gesetzes nur dann erlaubt, wenn eine ausdrückliche Zustimmung dazu vorliegt. Deshalb kann man einen Organspenderausweis ausfüllen. Weil das aber nur selten geschieht und viele von der Möglichkeit nicht wissen, sieht man darin einen wichtigen Grund dafür, dass sehr viele Kranke vergeblich auf eine Organspende warten. Der Nationale Ethikrat in Deutschland erläutert die gegenwärtig geltende Regelung und weist auf Möglichkeiten hin, den Kreis der Spender zu erweitern.

Nach der im TPG [Gesetz über die Spende, Entnahme und Übertragung von Organen und Geweben, Transplantationsgesetz – Anm. d. Red.] festgeschriebenen erweiterten Zustimmungsregelung ist in erster Linie die zu Lebzeiten schriftlich (vorzugsweise im Organspendeausweis) dokumentierte Erklärung des potentiellen Organspenders, also seine Einwilligung oder sein Widerspruch, maßgeblich für die Zulässigkeit einer möglichen Organentnahme. Wenn solche schriftlichen Zeugnisse nicht herangezogen werden können – weil es sie nicht gibt oder weil sie nicht auffindbar sind –, obliegt es dem nächsten Angehörigen zu klären, ob sich der Verstorbene mündlich zur Frage einer Organentnahme geäußert hat; die Zustimmungen zur oder gegebenenfalls auch Widersprüche gegen die Organspende werden nicht in einem zentralen Register erfasst. Wenn der Verstorbene zu Lebzeiten keine Erklärung abgegeben hat, ist sein mutmaßlicher Wille ausschlaggebend. Hierbei haben die Angehörigen alle Hinweise zu berücksichtigen, die über diesen Willen Aufschluss geben können. Erst in einem dritten Schritt können die Angehörigen eine eigene Ermessensentscheidung auf der Grundlage ihres Totensorgerechts treffen.

Diese Regelung unterstreicht das Selbstbestimmungsrecht und gewährleistet, dass jedweder Grund, den man haben mag, eine postmortale Organspende für die eigene Person auszuschließen, unmittelbar zur Geltung kommt. Zugleich aber führt sie dazu, dass aus der Bereitschaft zur Organspende nicht unmittelbar folgt, dass die Organentnahme zulässig ist. [...]

Die größte Klarheit über den Willen des Betroffenen würde erreicht, wenn alle Bürger verpflichtet würden zu erklären, ob sie einer postmortalen Organentnahme zustimmen oder widersprechen (Erklärungs*pflicht*regelung). [...]

Im Rahmen der sogenannten Widerspruchsregelung könnte jeder nach seinem Tod als Organspender in Anspruch genommen werden, sofern er dem nicht widersprochen hat. [...]

Eine dritte Gruppe von Lösungen, die in unterschiedlichen Varianten zum Beispiel als „Clublösung", „Solidarmodell" oder als „Reziprozitätsmodell" bezeichnet werden, beruht auf der Überlegung, dass es unfair sei, wenn sich jemand selbst als Organspender verweigere, für den Fall eigener Bedürftigkeit aber sehr wohl auf die Spendebereitschaft anderer vertraue. Um einer derartigen „Trittbrettfahrermentalität" entgegenzuwirken, schlagen die Befürworter solcher Lösungen vor, denjenigen, die einer Organspende im Sinne der Zustimmungsregelung nicht zustimmen oder ihr gemäß der Widerspruchsregelung widersprechen, im Bedarfsfall von Gesetzes wegen entweder überhaupt kein Organ zur Verfügung zu stellen oder sie jedenfalls auf der Warteliste nachrangig zu behandeln.

Nationaler Ethikrat: Die Zahl der Organspenden erhöhen – Zu einem drängenden Problem der Transplantationsmedizin in Deutschland. Stellungnahme: http://www.ethikrat.org/stellungnahmen/pdf/Stellungnahme_Organmangel.pdf

■ AUFGABE:

1. Würden Sie einen Spenderausweis ausfüllen oder nicht? Könnten Sie bestimmte Gründe für Ihre Entscheidung angeben?
2. Nehmen wir an, einer Ihrer Angehörigen ist tödlich verunglückt und man fragt Sie, ob Sie mit der Organentnahme einverstanden sind, nach welchem Kriterium würden Sie entscheiden?
3. Würden Sie das geltende Gesetz befürworten oder eine Änderung vorschlagen? Welche jener drei Möglichkeiten würden Sie dann bevorzugen?

M12 Sterben helfen?

■ INFO zur Einführung:

Die Tatsache, dass einerseits die Medizin heute in bisher nie gekanntem Maß das Leben von Menschen verlängern kann und andererseits sehr kranke Patienten zuweilen den Wunsch nach dem Tod äußern, hat eine Diskussion über die „Euthanasie" entfacht. Der Ausdruck stammt aus dem Griechischen und besagt soviel wie „guter Tod". Da er in der NS-Zeit für Verbrechen benutzt wurde (M5), spricht man heute in der Regel von Sterbehilfe. Im Hinblick darauf hat die deutsche Bundesärztekammer 1998 die Pflichten der Ärzte nochmals unterstrichen. (Zum Verständnis des Folgenden: Die Palliativmedizin befasst sich mit der Schmerztherapie.)

PRÄAMBEL

Aufgabe des Arztes ist es, unter Beachtung des Selbstbestimmungsrechtes des Patienten Leben zu erhalten, Gesundheit zu schützen und wiederherzustellen sowie Leiden zu lindern und Sterbenden bis zum Tod beizustehen. Die ärztliche Verpflichtung zur Lebenserhaltung besteht jedoch nicht unter allen Umständen. Es gibt Situationen, in denen sonst angemessene Diagnostik- und Therapieverfahren nicht mehr indiziert [angezeigt] sind, sondern Begrenzung geboten sein kann. Dann tritt palliativ-medizinische Versorgung in den Vordergrund. Die Entscheidung hierzu darf nicht von wirtschaftlichen Erwägungen abhängig gemacht werden.

Unabhängig von dem Ziel der medizinischen Behandlung hat der Arzt in jedem Fall für eine Basisbetreuung zu sorgen. Dazu gehören u. a.: menschenwürdige Unterbringung, Zuwendung, Körperpflege, Lindern von Schmerzen, Atemnot und Übelkeit sowie Stillen von Hunger und Durst.

Art und Ausmaß einer Behandlung sind vom Arzt zu verantworten. Er muss dabei den Willen des Patienten beachten. Bei seiner Entscheidungsfindung soll der Arzt mit ärztlichen und pflegenden Mitarbeitern einen Konsens suchen. Aktive Sterbehilfe ist unzulässig und mit Strafe bedroht, auch dann, wenn sie auf Verlangen des Patienten geschieht. Die Mitwirkung des Arztes bei der Selbsttötung widerspricht dem ärztlichen Ethos und kann strafbar sein. Diese Richtlinie kann dem Arzt die eigene Verantwortung in der konkreten Situation nicht abnehmen.

ÄRZTLICHE PFLICHTEN BEI STERBENDEN

Der Arzt ist verpflichtet, Sterbenden, d. h. Kranken oder Verletzten mit irreversiblem Versagen einer oder mehrerer vitaler Funktionen, bei denen der Eintritt des Todes in kurzer Zeit zu erwarten ist, so zu helfen, dass sie in Würde zu sterben vermögen. Die Hilfe besteht neben der Behandlung in Beistand und Sorge für Basisbetreuung.

Maßnahmen zur Verlängerung des Lebens dürfen in Übereinstimmung mit dem Willen des Patienten unterlassen oder nicht weitergeführt werden, wenn diese nur den Todeseintritt verzögern und die Krankheit in ihrem Verlauf nicht mehr aufgehalten werden kann. Bei Sterbenden kann die Linderung des Leidens so im Vordergrund stehen, dass eine möglicherweise unvermeidbare Lebensverkürzung hingenommen werden darf. Eine gezielte Lebensverkürzung durch Maßnahmen, die den Tod herbeiführen oder das Sterben beschleunigen sollen, ist unzulässig und mit Strafe bedroht. [...]

Bei Barmeyer, Jürgen: Praktische Medizinethik. Die moderne Medizin im Spannungsfeld zwischen naturwissenschaftlichem Denken und humanitärem Auftrag. Münster 2003, S. 126 f.

■ AUFGABE:
1. Können Sie erkennen, wie sich aktive und passive Sterbehilfe unterscheiden?
2. Warum ist von „wirtschaftlichen Erwägungen" die Rede?
3. Welche Entscheidungsspielräume sind durch diese Grundsätze dem Arzt gelassen?
4. Mit welchen Argumenten wird die aktive Sterbehilfe zurückgewiesen? Wie ist Ihre eigene Einschätzung des Verbotes?

M13 Peter Singer: Über die Zweckmäßigkeit, schwersterkrankte Kinder zu töten

■ INFO zur Einführung:
Der australische Philosoph Peter Singer (geb. 1946) gilt als einer der umstrittensten praktischen Philosophen. Er vertritt einen ausgeprägten Utilitarismus, den er auch zur Grundlage der Beurteilung medizinethischer Fragestellungen macht.

Ein häufiger Geburtsfehler [...] besteht in einer Fehlentwicklung des Rückgrats, bekannt als Spina bifida. In den schwereren Fällen bleibt das Kind von der Hüfte an abwärts dauernd gelähmt und gewinnt keine Kontrolle über Darm und Blase. Oft sammelt sich im Gehirn ein Übermaß von Flüssigkeit an, ein Zustand, der als Hydrocephalus bekannt ist und eine Verlangsamung der geistigen Entwicklung zur Folge hat. Obwohl bis zu einem gewissen Grad eine Behandlung möglich ist, können Lähmung, Inkontinenz und Entwicklungshemmung in schweren Fällen nicht überwunden werden. Einige Ärzte, die an Spina bifida leidende Kinder behandeln, sind der Meinung, das Leben mancher dieser sei so elend, dass es falsch wäre, eine Operation vorzunehmen, um sie am Leben zu erhalten. Das bedeutet, dass ihr Leben nicht lebenswert ist. Veröffentlichungen, die das Leben dieser Kinder beschreiben, stützen dieses Urteil. Wenn das stimmt, dann legen utilitaristische Prinzipien den Schluss nahe, dass es richtig ist, solche Kinder zu töten.

Singer, Peter: Praktische Ethik. Stuttgart 1989, S. 181 f.

■ AUFGABEN:
1. Definieren Sie Ihre Vorstellungen von einem „lebenswerten Leben"! Was versteht Singer darunter?
2. Beurteilen Sie die von Singer nahegelegte Schlussfolgerung!
3. Wie würden Sie sich als werdende Eltern entscheiden, wenn Ihnen der Arzt mitteilte, dass Ihr Kind in Zukunft an „Spina bifida" leiden wird?

M14 Christiane Nüsslein-Volhard: Grundlagen der Gentechnologie

■ INFO zur Einführung:
Anders als in der Zeit des Nationalsozialismus richten sich heutzutage in Deutschland gentechnologische Verfahren auf die Beseitigung bestimmter Krankheiten und biologischer Fehlentwicklungen. Die Nobelpreisträgerin Christiane Nüsslein-Volhard befasst sich mit den Möglichkeiten und Risiken dieser Verfahrensweisen:

Beim Umgang mit menschlichen Embryonen stehen Probleme der medizinischen Forschung im Zentrum der Debatten. Zum einen betreffen die Indikationen Fortpflanzungsfragen, zum anderen Zellersatztherapien bei degenerativen Erkrankungen. Dazu gehören vier Themenkreise:
- In-vitro-Fertilisation (IVF) und Präimplantationsdiagnostik (PID)
- Gentherapie
- Klonen
- embryonale Stammzellen

Künstliche Befruchtung oder In-vitro-Fertilisation:

Das Verfahren, menschliche Eier in vitro [im Glas, d.h. außerhalb des Organismus] zu befruchten und bis zur Implantation zu kultivieren, ist in England entwickelt worden. […] Unfruchtbarkeit hat unterschiedliche Ursachen, die nicht alle durch künstliche Befruchtung behoben werden können. In fast 50 % der Fälle sind die Spermien nicht oder schlecht befruchtungsfähig. Durch Spermieninjektion kann die Entwicklung häufig eingeleitet werden. In Deutschland werden in der Praxis alle nach Hormonbehandlung einer Frau erhaltenen Eier […] in vitro befruchtet. Drei werden kultiviert, die man später implantiert [denn etwas anderes darf mit ihnen nicht gemacht werden]. Die übrigen werden eingefroren, und zwar bevor sich der Eizellkern und der des Spermiums vereint haben, da dann nach dem deutschen Gesetz der Lebensschutz beginnt. […]

Titelbild der Zeitschrift „GEO. DAS NEUE BILD DER WELT" (11/1996)

■ AUFGABEN:
1. Welche moralischen Bedenken könnten hinsichtlich des beschriebenen Verfahrens geäußert werden? Halten Sie es für legitim, kinderlosen Ehepaaren mit Hilfe einer künstlichen Befruchtung zum Kinderglück zu verhelfen?
2. Darf der Mensch entgegen den natürlichen Gegebenheiten zum Schöpfer neuen Lebens werden?
3. Was vermuten Sie hinsichtlich des weiteren Geschehens der eingefrorenen Eier? Sollten Sie nach einer Schwangerschaft ggf. „entsorgt" werden?
4. Wann beginnt Ihrer Meinung nach das Leben? Was bedeutet die Definition des Lebens für den Umgang mit den befruchteten Eizellen?

[PID:]

Bei schweren Erkrankungen, bei denen beide Partner Träger für die gleiche Krankheit sind, besteht nach dem mendelschen Gesetz für die Zygoten eine Chance von 1 zu 4, die Krankheit zu bekommen. Das kann diagnostiziert werden, und dann werden nur gesunde Embryonen implantiert. […] Erbkranke Föten können durch Pränataldiagnose (relativ spät) während der Schwangerschaft erkannt werden. Diese werden in der Regel abgetrieben. […]
Gentherapie in der Keimbahn: Das bedeutet, dass in ein genetisch defektes Individuum das korrekte Gen so eingebracht wird, dass es dies und auch seine Nachkommen auf immer von der Krankheit befreit. […] Jedoch gibt es kein Verfahren, das erlaubt, in einen Organismus genau eine Kopie eines Gens so einzubringen, dass alle Zellen dieses Gen erhalten und keine unliebsamen Nebeneffekte entstehen. […]

■ AUFGABEN:
1. Nehmen Sie Stellung zum PID-Verfahren vor dem Hintergrund, dass „nur gesunde Embryonen" implantiert und erbkranke Föten abgetrieben werden!
2. Vergleichen Sie dieses Verfahren mit Darrés Grundsätzen der Zucht (M3)! Wie würde Graf von Galen (M5) das Verfahren beurteilen?
3. Diskutieren Sie die Selektionsproblematik aus der Perspektive betroffener Ehepartner!

Somatische Gentherapie:

Sie ist bei einigen genetisch bedingten Krankheiten prinzipiell möglich oder zumindest denkbar. Dazu wird in Zellen des Patienten mit Hilfe viraler Vektoren das Gen, das im Kranken defekt ist, eingebracht. Diese Zellen produzieren das im Kranken fehlende Protein, womit die Krankheit geheilt oder wenigstens gelindert wird. An der Entwicklung solcher Verfahren wird seit langem intensiv gearbeitet. Sie haben aber erst in sehr wenigen Fällen zum Erfolg geführt. Auch sind die bisherigen Verfahren riskant, da der Einbau des Gens in die Zellen nicht immer fehlerfrei verläuft und manche Zellen zu Tumoren werden können. […]

■ AUFGABEN:
1. Halten Sie es für legitim, die somatische Gentherapie trotz hoher Risikowahrscheinlichkeit durchzuführen?
2. Wer ist für unbeabsichtigte Nebenfolgen der Gentherapie verantwortlich?
3. Welches grundsätzliche moralische Problem stellt sich bei Verfahren und Therapien dieser Art?

Klonen:

Das wäre die Erzeugung eines Menschen, der erbgleich mit einem bereits existierenden ist, der also ein verspäteter Zwilling wäre. Dabei würde durch Kerntransfer aus einer Körperzelle in einer entkernten Eizelle ein Embryo hergestellt werden. […] Bei dem umstrittenen so genannten therapeutischen Klonen ist das Ziel lediglich, eine Blastozyste, die erbgleich mit einem Patienten ist, zu erzeugen. Daraus würden dann embryonale Stammzellen gewonnen werden, die bei einer Therapie dieses Patienten eingesetzt werden könnten. […] Diese Versuche sind ebenfalls sehr schwierig und haben noch keine Erfolge gebracht.

■ AUFGABEN:
1. Ist Klonen lediglich eine „moderne Variante" der Erzeugung menschlichen Lebens?
2. Macht es für Sie einen moralischen Unterschied, ob ein Mensch aus therapeutischen oder anderen Gründen geklont wird?
3. Hat der Mensch ein „totales Verfügungsrecht" über das Leben?

Embryonale Stammzellen des Menschen:

[…] Sie sind nicht leicht zu etablieren, und wegen der vielen ethischen Vorbehalte ist man mit der Forschung an ihnen noch nicht sehr weit gediehen. […] Mögliche Anwendungsgebiete sind vor allem Krankheiten, bei denen bestimmte Zelltypen degenerieren und nicht vom Körper ersetzt werden können, zum Beispiel Kinderdiabetes und Morbus Parkinson, auch Multiple Sklerose. Für diese gibt es bisher kaum eine Heilung.

Nüsslein-Volhard, Christiane: Von Genen und Embryonen. Stuttgart 2004, S. 57 ff.

■ AUFGABEN:
1. Informieren Sie sich im Internet darüber, welche ethischen Vorbehalte gegenüber „embryonalen Stammzellen" bestehen!
2. Welche Möglichkeiten und welche Risiken sieht Christiane Nüsslein-Volhard in gentechnologischen Verfahrensweisen? Ergänzen Sie die Liste der Vor- und Nachteile!

M15 Hubert Markl: Schöner neuer Mensch?

Selbst wenn sich die Hoffnungsvisionen auf eine genetische Verbesserung des Menschen – soweit sie uns aus ethischen Gründen überhaupt zulässig und erstrebenswert erscheint – […] mit einiger Wahrscheinlichkeit gar nicht verwirklichen lassen werden, ist das, was die Entschlüsselung des menschlichen Genoms tatsächlich an medizinischen Fortschritten erlaubt – von Prognose und Diagnose bis zu Prophylaxe und Therapie –, aussichtsreich genug, um genügend berechtigte Erwartungen zu wecken und erhebliche Forschungsanstrengungen zu rechtfertigen. Ein schöner neuer Mensch in einer nur noch schönen neuen Welt wird daraus zwar ziemlich sicher nicht hervorgehen. Aber bessere Lebenschancen für heute genetisch schwer benachteiligte Menschen, das wäre wahrhaftig eine Perspektive, die wir schön genug finden sollten, um danach zu streben. Die phantastischeren Traum- oder Alptraumszenarien gentechnisch aus- und aufgerüsteter Menschen der Zukunft können dann ihren Zweck als Gruselstücke für die unersättliche Unterhaltungsindustrie immer noch erfüllen – wie Märchen, die einen das Gruseln lehren, damit man es nicht im wirklichen Leben erfahren muss.

Markl, Hubert: Schöner neuer Mensch? München, Zürich 2002, S. 144.

■ AUFGABEN:
1. Welches Kriterium für erlaubte Gentechnik legt der Autor zugrunde? Lassen sich daraus auch Verbote ableiten?
2. „Die phantastischeren Traum- oder Alptraumszenarien gentechnisch aus- und aufgerüsteter Menschen der Zukunft können […] ihren Zweck als Gruselstücke für die unersättliche Unterhaltungsindustrie […] erfüllen". Erläutern Sie Hubert Markls Standpunkt und suchen Sie nach entsprechenden Beispielen!

M16 Harikesa Visnupada: Kritik am Streben nach biologischer Vollkommenheit

■ INFO zur Einführung:
Seit dem Sieg der Evolutionstheorie wandelte sich das humanistische Menschenbild des 18. Jahrhunderts, das wesentlich vom Ideal der sittlichen Vollkommenheit des Menschen geprägt war, zugunsten der Idee einer biologischen Vervollkommnung des Menschen. Der indische Philosoph Visnupada setzt sich kritisch mit den Konsequenzen des biologistischen Menschenbildes im 20. Jahrhundert auseinander und verdeutlicht das Problem genetischer Manipulation.

Obwohl der moderne Mensch äußerst stolz auf seine Fähigkeit ist, seine materielle Lage durch eine fortgeschrittene Technologie verbessern zu können, bleibt er doch in jeder Hinsicht unvollkommen. Trotz allen Strebens nach materieller Unfehlbarkeit kann etwas Vollkommenes nur von einem vollkommenen Wesen geschaffen werden. Die Frage, ob der Mensch vollkommen ist oder nicht, steht hier nicht zur Debatte. Allein die Existenz unzähliger Gesetze und Paragraphen, die das Verhalten des Menschen einschränken, beweist schon die Unvollkommenheit des Menschen; ein vollkommener Mensch würde solch ausführliche Reglementierungen nicht benötigen.

Normalerweise werden Diskussionen über vollkommene Menschen den Utopisten, Idealisten und Science-Fiction-Autoren überlassen, wahrscheinlich, weil fast alle von uns es als Hauptaufgabe betrachten, bloß darüber nachzudenken, was Vollkommenheit ist, und sich nicht darum kümmern, sie auch zu erlangen. Jeder alte Hase auf dem Gebiet der Wohnzimmerdebatten weiß, wie selten der Gesprächspartner ist, der es sich erlaubt, eine Meinung über Vollkommenheit zu haben, und wie noch viel seltener es vorkommt, dass solch eine Meinung unversehrt die Runden der lebhaften Diskussion übersteht. [...]

Gewisse Themen, wie die Erschaffung eines vollkommenen Menschen oder einer Herrenrasse, welche früher nur in Science-Fiction-Romanen behandelt wurden, werden nun von den modernen Wissenschaften ernsthaft überdacht. Fortgeschrittene Zweige der Genetik bemühen sich darum, die Gene des Menschen zu verstehen und zu manipulieren. Einige Wissenschaftler hoffen sogar, letztlich eine vollkommene Gattung Mensch genauso programmieren zu können, wie man einen Computer programmiert. Die an der genetischen Manipulation interessierten Wissenschaftler versuchen, die Kontrolle über die Persönlichkeitsentwicklung und das körperliche Wachstum des Menschen zu gewinnen, indem sie die komplexe Struktur der DNS- und RNS-Moleküle aufbrechen. Sie erstreben die Schaffung eines wahren Homo sapiens, eines Menschentyps mit beispielloser Intelligenz, den Superwissenschaftler von morgen, von dem sie glauben, er werde seine übernatürliche Intelligenz zum Wohle der Menschheit einsetzen. Gegenwärtig wird dieser Versuch allen Ernstes als kühner Schritt zur Lösung der Weltprobleme angesehen, und die riesigen Forschungsausgaben werden als geringer Preis für eine mögliche herrliche Zukunft gerechtfertigt.

Die genetische Manipulation ist zwar weit davon entfernt, ein unbestreitbarer Segen zu sein, wirft jedoch viele interessante Fragen auf. Ob die Wissenschaftler es zugeben oder nicht, eine der Schwierigkeiten, denen sie ins Auge sehen müssen, besteht in dem Paradoxon, dass ein unvollkommener Mensch danach trachtet, einen vollkommenen Menschen zu erschaffen. Tatsächlich liegt hier das offensichtlichste und mächtigste Hindernis des ganzen Versuches. Wenn der Mensch unvollkommen ist, wie kann er dann vollkommene Wesen erschaffen? Von einem unvollkommenen Menschen können nur unvollkommene Dinge kommen. Wenn mein Verständnis von der Welt und ihren Bewohnern unvollkommen ist, dann werden alle Handlungen, die auf diesem Verständnis gründen, auch unvollkommen sein. Darüber hinaus müsste nicht nur mein anfängliches Verständnis vollkommen sein, sondern ich müsste auch in der Lage sein, es in vollkommener Art und Weise anzuwenden. Das Werkzeug, das ich benutze, müsste perfekt sein, und ich müsste es auch auf vollkommene Weise handhaben – in der Tat ein Ding der Unmöglichkeit. [...] Der Mensch muss, um seine Forschungen voranzutreiben, immer genauere und feinere Instrumente herstellen, die aber unumgänglich fehlerhaft sein werden; und auch diejenigen, die mit diesen Instrumenten arbeiten, sind mit Fehlern behaftet. Somit ist der Irrtum ein ständiger, unvermeidbarer Begleiter.

Neben den technischen Schwierigkeiten müssen viele philosophische und ethische Fragen betrachtet werden. Der Mensch besitzt viele tiefverwurzelte Fehler wie Lust, Neid und Gier. Niemand kann behaupten, auch nur den Grund für die Existenz dieser Mängel zu verstehen. Zwar stellt die Menschheit Spekulationen darüber an, dass die natürliche Lust sich verringere, sobald ein Mensch jeden gewünschten Sinnengenuss erhält; doch wir stellen ganz im Gegenteil fest, dass gerade die reichsten und mächtigsten Menschen dieser Welt am unzufriedensten sind und ständig versuchen, ihre Macht und ihren Reichtum unbegrenzt zu vergrößern. Tatsächlich ist das Verlangen des Menschen unersättlich. Wie wird unser perfekter Mensch deshalb aussehen? Wird er jemand sein, der mit dem Geringsten zufrieden ist, das ihm gegeben wird oder in den Schoß fällt? Oder wird er immer neue Situationen erschaffen können, in denen sein Sinnengenuss mit seinem wachsenden Verlangen schritthält? Hier lässt sich unser Dilemma klar erkennen. Wer wird letztlich entscheiden, welche Eigenschaften unser vollkommener Mensch haben soll? Wer wird das endgültige Werturteil darüber fällen, was Vollkommenheit ist? [...]

Die ganze Sache wird noch komplizierter, wenn wir bedenken, dass wir von unserem neuen Menschen nicht nur die Intelligenz eines Wunderwissenschaftlers erwarten, sondern auch noch andere Supereigenschaften sehen möchten. Unser DNS-manipulierter Mensch sollte zu leben verstehen und wissen, wie man schnell zu Geld kommt, wie man eine gute Beziehung zu Familie, Geliebten, Freunden, Mitmenschen und der Regierung herstellt, wie man denken und was man glauben sollte.

Sicherlich möchten außer den Naturwissenschaftlern auch andere Mitglieder der modernen Akademikerklasse – Wirtschaftswissenschaftler, Soziologen, Politologen, usw. – bei der Programmierung mitmischen. Wahrscheinlich werden die Sexualpsychologen den größten Einfluss haben und überzeugend für einen Menschen plädieren, der vor allem dazu befähigt ist, sein ständig brennendes Verlangen nach Sex zu befriedigen. Was für eine Misere! Und wie können all diese verschiedenartigen Personen mit ihren unterschiedlichen akademischen Standpunkten und Prioritäten gemeinsam den idealen Menschen erschaffen? Selbst wenn sie miteinander feilschen und es irgendwie fertigbringen, sich auf einen Kompromissmenschen zu einigen, der ein begrenztes Ausmaß der besten Eigenschaften jeder Disziplin aufzuweisen hat – was ist mit der Möglichkeit, dass gegensätzliche Werte im Programm unseres Kunstmenschen miteinander in Konflikt geraten?

Swami Visnupada, Harikesa: Varnasrama-Manifest der sozialen Vernunft, übers. von J. Wilms. New York 1981, S. 43 ff.

■ AUFGABE:

1. Zeichnen Sie die Argumentation Visnupadas nach, indem Sie seine Kritik in ein Zeitungsinterview umformulieren!
2. Halten Sie Visnupadas Kritik an der modernen Wissenschaft für gerechtfertigt? Wäre unser Leben auch ohne Wissenschaften denkbar?
3. Wie stellen Sie sich selbst einen „vollkommenen Menschen" vor?

M17 Jürgen Habermas: Umgang mit der genetischen Ausstattung der Nachkommen

Bisher konnte das säkulare Denken der europäischen Moderne ebenso wie der religiöse Glaube davon ausgehen, dass die genetischen Anlagen des Neugeborenen und damit die organischen Ausgangsbedingungen für dessen künftige Lebensgeschichte der Programmierung und absichtlichen Manipulation durch andere Personen entzogen sind. Gewiss kann die heranwachsende Person die eigene Lebensgeschichte einer kritischen Bewertung und rückblickenden Revision unterziehen.

Unsere Lebensgeschichte ist aus einem Stoff gemacht, den wir uns „zu Eigen machen" und „verantwortlich übernehmen" können. Was heute zur Disposition gestellt wird, ist etwas anderes – die Unverfügbarkeit eines kontingenten Befruchtungsvorgangs mit der Folge einer unvorhersehbaren Kombination von zwei verschiedenen Chromosomensätzen. Diese unscheinbare Kontingenz scheint sich aber – im Augenblick ihrer Beherrschbarkeit – als eine notwendige Voraussetzung für das

Selbstseinkönnen und die grundsätzlich egalitäre Natur unserer interpersonalen Beziehungen herauszustellen. Denn sobald Erwachsene eines Tages die wünschenswerte genetische Ausstattung von Nachkommen als formbares Produkt betrachten und dafür nach eigenem Gutdünken ein passendes Design entwerfen würden, übten sie über ihre genetisch manipulierten Erzeugnisse eine Art der Verfügung aus, die in die somatischen Grundlagen des spontanen Selbstverhältnisses und der ethischen Freiheit einer anderen Person eingreift und die, wie es bisher schien, nur über Sachen, nicht über Personen ausgeübt werden dürfte. Dann könnten die Nachgeborenen die Hersteller ihres Genoms zur Rechenschaft ziehen und für die aus ihrer Sicht unerwünschten Folgen der organischen Ausgangslage ihrer Lebensgeschichte verantwortlich machen.

Habermas, Jürgen: Die Zukunft der menschlichen Natur. Auf dem Weg zu einer liberalen Eugenik? Frankfurt a. M. 2001, S. 29 ff.

■ AUFGABEN:
1. Welche Gefahren erkennt Jürgen Habermas in der Anwendung moderner gentechnologischer Verfahren?
2. Inwiefern sollten Eltern nicht das „Design" ihrer Kinder entwerfen?
3. Inwiefern spielt das säkulare Denken der europäischen Moderne ebenso wie der religiöse Glaube eine immer kleinere Rolle in Fragen der Medizin?

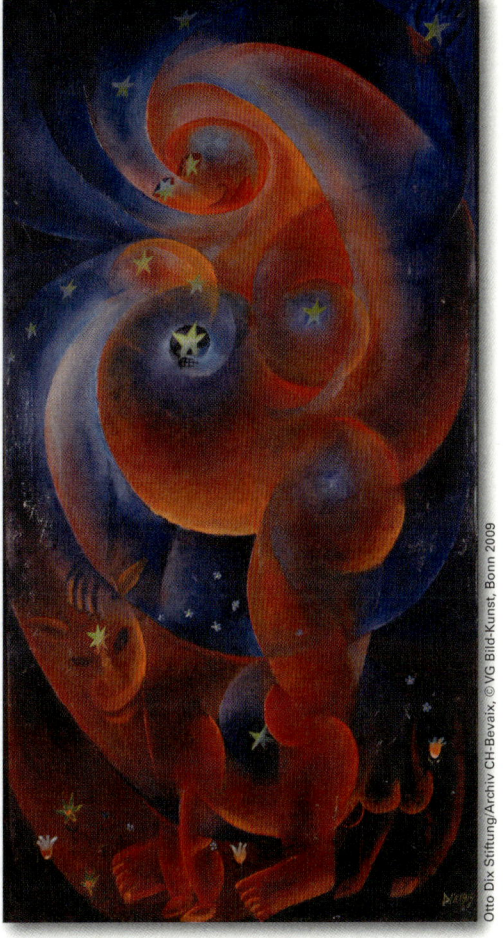

Otto Dix: Schwangeres Weib (1919)

M18 Robert Spaemann: Wann ist der Mensch ein Mensch?

Das britische Parlament hat den Verbrauch von Embryonen erlaubt, und [der deutsche] Kulturminister [...] verteidigt diese Genehmigung. Sie ist aber ein Anschlag auf die Menschenwürde [...]. Dass die so genannte somatische Gentherapie letzten Endes nur eine Variante traditioneller medizinischer Eingriffe ist, wird man kaum bestreiten können, vorausgesetzt, es können dabei unbeabsichtigte Veränderungen der Keimbahn des Patienten mit Sicherheit ausgeschlossen werden.
Dennoch müssen nach dem heutigen Stand der Dinge auch in diesen Fällen Eingriffe in die Keimbahn ausgeschlossen bleiben, und zwar deshalb, weil es sich bei den Versuchen zur Etablierung einer erfolgversprechenden Technik unvermeidlich um so genannte „verbrauchende Embryonenforschung" handelt. Die verwendeten befruchteten Eizellen, die im Dienst der Forschung verbraucht werden, hätten ohne ihren Verbrauch die Chance eines menschlichen Lebens vor sich.
Hier sind wir bei dem zweiten ethischen Aspekt des britischen Parlamentsbeschlusses. Es ist von „therapeutischem Klonen" die Rede. Aber das ist leider eine semantische Irreführung. Was hier mit menschlichen Embryonen geschieht, ist nicht Therapie, sondern das Gegenteil: Sie werden getötet, und zwar werden bestimmte existierende Embryonen getötet im Dienst wissenschaftlicher Verfahren, die vielleicht einmal in Zukunft einer unbestimmten Zahl von Menschen zu einem besseren Leben verhelfen werden. Und dies, obwohl die Wis-

senschaft bereits auf dem besten Wege ist, mit Stammzellen, die erwachsenen Menschen entnommen werden, das gleiche Ziel zu erreichen.

Der ethische Einwand dagegen ist klar: Es handelt sich um einen Verstoß gegen die Menschenwürde, die es verbietet, Menschen ausschließlich als Mittel den Zwecken anderer Menschen zu unterwerfen. Hiergegen wird geltend gemacht, Menschen im Frühstadium ihrer Existenz seien keine Menschen und hätten folglich keine Menschenwürde. Der englische Parlamentsbeschluss beruht nicht auf dieser These, sondern auf der in der britischen Gesetzgebung maßgebenden Ansicht, das Menschsein des Embryos beginne mit der so genannten Nidation, der Einnistung der befruchteten Eizelle in der Gebärmutter vierzehn Tage nach der Empfängnis. Ich will diese Position hier nicht diskutieren. Die Auffassung derer, die einen Dammbruch mit unabsehbaren Konsequenzen befürchten, könnte vielleicht in England als übertrieben angesehen werden. In Deutschland ist sie es nicht.[...]

Die These derer, die Menschenrechte durch Personenrecht ersetzen wollen und einem großen Teil der Menschheitsfamilie das Personsein absprechen, hat eine große Begründungslast, denn sie widerspricht der gesamten Tradition nicht nur der europäischen, sondern auch der Menschheitsethik. Ihre richtige Voraussetzung ist, dass wir Menschen deshalb Personenwürde zuerkennen, weil die normalen Mitglieder der Menschheitsfamilie über bestimmte Eigenschaften verfügen wie Selbstbewusstsein, Selbstachtung und andere. Daraus aber wird nun gefolgert, nur diejenigen Mitglieder hätten Anspruch auf Respekt, die aktuell über diese Eigenschaften verfügen.

Wenn wir uns bewusst werden, dass wir Hunger haben, dann beginnt doch der Hunger nicht erst mit seinem Bewusstwerden, sondern es ist derselbe Hunger, der zuerst unbewusst war und dann bewusster Hunger wurde. Jeder von uns sagt: „Ich wurde dann und dann gezeugt und dann und dann geboren", und Kinder fragen ihre Mutter: „Wie war das, als ich in deinem Bauch war?". Das Personalpronomen „ich" bezieht sich nicht auf ein Ich-Bewusstsein, das damals noch niemand von uns hatte, sondern auf das beginnende Lebewesen Mensch, das erst später „ich" sagen lernte, und zwar, weil andere Menschen zu ihm bereits „du" sagten, ehe es selbst „ich" sagen konnte. Und auch wenn dieses Wesen aufgrund einer Behinderung niemals „ich" sagen lernt, gehört es als Sohn oder Tochter, als Bruder oder Schwester zu einer menschlichen Familie und so zur Menschheitsfamilie, die eine Personengemeinschaft ist. Es gibt nur ein zulässiges Kriterium für menschliche Personalität: die biologische Zugehörigkeit zur Menschheitsfamilie. [...]

Wenn die Dinge so liegen, erübrigen sich scholastische Spekulationen über den zeitlichen Beginn der Personalität. Thomas von Aquin glaubte an die Verdrängung einer ersten vegetativen Seele durch die von Gott erschaffene geistige und unsterbliche im dritten Monat. Das englische Parlament glaubt an den fünfzehnten Tag des Lebens. All diese Spekulationen sind müßig. Die befruchtete Eizelle enthält das vollständige DNA-Programm. Der Anfang eines jeden von uns liegt im Unvordenklichen. Zu jedem Zeitpunkt ist es geboten, das, was von Menschen gezeugt, sich autonom auf eine erwachsene Menschengestalt hin entwickelt, als „jemanden" zu betrachten, der nicht als „etwas", zum Beispiel als Organersatzlager zugunsten anderer, und seien sie noch so leidend, ausgeschlachtet werden darf. Auch die Unterkühlungsexperimente in den nationalsozialistischen Konzentrationslagern geschahen bekanntlich zugunsten anderer Leidender.

Spaemann, Robert: Gezeugt, nicht gemacht. Wann ist der Mensch ein Mensch? In: DIE ZEIT 04/2001.

■ AUFGABEN:
1. Wann ist der Mensch ein Mensch? Rekonstruieren Sie Spaemanns Argumentation!
2. Diskutieren Sie die aufgeworfene Frage vor dem Hintergrund Ihres eigenen Verständnisses vom menschlichen Leben!

13 Wie weit reicht unsere Verantwortung?

N1 Jörg Zink: Menschliche Schöpfung

Am Anfang schuf Gott Himmel und Erde
Aber nach vielen Jahrmillionen war der Mensch endlich klug genug. Er sprach: Wer redet hier von Gott? Ich nehme meine Zukunft selbst in die Hand. Er nahm sie, und es begannen die letzten sieben Tage der Erde.
Am Morgen des ersten Tages
beschloss der Mensch, frei zu sein und gut, schön und glücklich. Nicht mehr Ebenbild eines Gottes, sondern ein Mensch. Und weil er etwas glauben musste, glaubte er an die Freiheit und an das Glück, an Zahlen und Mengen, an die Börse und den Fortschritt, an die Planung und seine Sicherheit. Denn zu seiner Sicherheit hatte er den Grund zu seinen Füßen gefüllt mit Raketen und Atomsprengköpfen.
Am zweiten Tage
starben die Fische in den Industriegewässern, die Vögel am Pulver aus der chemischen Fabrik, das den Raupen bestimmt war, die Feldhasen an den Bleiwolken von der Straße, die Schoßhunde an der schönen roten Farbe der Wurst, die Heringe am Öl auf dem Meer und an dem Müll auf dem Grunde des Ozeans. Denn der Müll war aktiv.
Am dritten Tage
verdorrte das Gras auf den Feldern und das Laub an den Bäumen, das Moos an den Felsen und die Blumen in den Gärten. Denn der Mensch machte das Wetter selbst und verteilte den Regen nach genauem Plan. Es war nur ein kleiner Fehler in dem Rechner, der den Regen verteilte. Als sie den Fehler fanden, lagen die Lastkähne auf dem trockenen Grund des schönen Rheins.
Am vierten Tage
gingen drei […] Milliarden Menschen zugrunde. Die einen an den Krankheiten, die der Mensch gezüchtet hatte, denn einer hatte vergessen, die Behälter zu schließen, die für den nächsten Krieg bereitstanden. Und ihre Medikamente halfen nichts. Die hatten zu lange schon wirken müssen in Hautcremes und Schweinelendchen. Die anderen starben am Hunger, weil etliche von ihnen den Schlüssel zu den Getreidesilos versteckt hatten. Und sie fluchten Gott, der ihnen doch das Glück schuldig war. Er war doch der liebe Gott!
Am fünften Tage
drückten die letzten Menschen den roten Knopf, denn sie fühlten sich bedroht. Feuer hüllte den Erdball ein, die Berge brannten, die Meere verdampften, und die Betonskelette in den Städten standen schwarz und rauchten. Und die Engel im Himmel sahen, wie der blaue Planet rot wurde, dann schmutzig braun und schließlich aschgrau. Und sie unterbrachen ihren Gesang für zehn Minuten.
Am sechsten Tage
ging das Licht aus. Staub und Asche verhüllten die Sonne, den Mond und die Sterne. Und die letzte Küchenschabe, die in einem Raketenbunker überlebt hatte, ging zugrunde an

Harald Duwe: Kind am Strand

der übermäßigen Wärme, die ihr gar nicht gut bekam.
Am siebten Tage
war Ruhe. Endlich. Die Erde war wüst und leer, und es war finster über den Rissen und Spalten, die in der trockenen Erdrinde aufgesprungen waren. Und der Geist des Menschen irrlichterte als Totengespenst über dem Chaos. Tief unten, in der Hölle, aber erzählte man sich die spannende Geschichte von dem Menschen, der seine Zukunft in die Hand nahm, und das Gelächter dröhnte hinauf bis zu den Chören der Engel.

Zink, Jörg: Menschliche Schöpfung. In: Buchner, Helmut/Klingel, Valentin/Neumüller, Gebhard: Menschliche Zukunft. Frankfurt a. M., München 1978, S. 25f.

■ AUFGABEN:
1. Lassen sich Jörg Zinks „menschliche Schöpfungswerke" noch ergänzen?
2. Ein Naturwissenschaftler vertrat einmal die Ansicht, dass der Mensch selbst nicht die Krone, sondern die Dornenkrone der Schöpfung sei. Wie beurteilen Sie die Stellung des Menschen in der Welt? Teilen Sie diesen Pessimismus?
3. Was müsste geschehen, damit die Naturzerstörung beendet wird?

N2 Albert Schweitzer: Ehrfurcht vor dem Leben

■ INFO zur Einführung:
Der als Urwald-Doktor berühmte Albert Schweitzer (1875–1965), der 1913 an der Westküste Afrikas das Hospital Lambaréné gründete, war auch Theologe und Philosoph und verfasste eine Ethik. Sein ethisches Prinzip ist für alle Diskussionen um das richtige Verhältnis zur Natur fruchtbar geworden, da es sich nicht nur auf Menschen und Tiere, sondern auf das Leben überhaupt bezieht.

Albert Schweitzer (1875–1965)

Das in unserem Willen zum Leben gegebene Wollen geht über unser Erkennen der Welt hinaus. Das Entscheidende für unsere Lebensanschauung ist nicht unsere Erkenntnis der Welt, sondern die Bestimmtheit des Wollens, das in unserem Willen zum Leben gegeben ist […].
Das neue Vernunftdenken jagt also nicht dem Phantom nach, über den Sinn der Welt wissend zu werden. Es lässt die Erkenntnis der Welt als etwas für uns ewig Unerreichbares dahingestellt und sucht über den Willen zum Leben in uns zur Klarheit zu kommen.
Das Problem der Weltanschauung, auf die Tatsachen zurückgeführt und in voraussetzungslosem Vernunftdenken erfasst, lautet also: „Wie verhält sich mein Wille zum Leben, wenn er denkend wird, zu sich selber und zur Welt?"
Die Antwort heißt: „Aus innerer Nötigung, um sich selber treu zu sein und mit sich selber konsequent zu bleiben, tritt unser Wille zum Leben zu unserem eigenen Sein und zu allen Erscheinungen des Willens zum Leben, die ihn umgeben, in ein Verhältnis, das durch die Gesinnung der Ehrfurcht vor dem Leben bestimmt ist."
Ehrfurcht vor dem Leben, veneratio vitae, ist die unmittelbarste und zugleich tiefste Leistung meines Willens zum Leben.
In der Ehrfurcht vor dem Leben geht mein Erkennen in Erleben über. Die unbefangene Welt- und Lebensbejahung, die in mir ist, weil ich ja Wille zum Leben bin, braucht also nicht mit sich selbst in Konflikt zu treten, wenn mein Wille zum Leben denkend wird und den Sinn der Welt nicht versteht. Trotz des negativen Resultats des Erkennens habe ich Welt- und Lebensbejahung festzuhalten und zu vertiefen. Mein Leben trägt seinen Sinn in sich selber. Er liegt darin, dass ich die höchste Idee lebe, die in meinem Willen zum Leben auftritt … die Idee der Ehrfurcht vor dem Leben. Daraufhin gebe ich meinem Leben und allem Wil-

len zum Leben, der mich umgibt, einen Wert, halte mich zum Wirken an und schaffe Werte. Die Ethik wächst mit der Welt- und Lebensbejahung aus derselben Wurzel hervor. Denn auch Ethik ist nichts anderes als Ehrfurcht vor dem Leben. Die Ehrfurcht vor dem Leben gibt mir das Grundprinzip des Sittlichen ein, dass das Gute in dem Erhalten, Fördern und Steigern von Leben besteht und dass Vernichten, Schädigen und Hemmen von Leben böse ist. Bejahung der Welt, das heißt Bejahung des Willens zum Leben, der um mich herum in die Erscheinung tritt, ist nur dadurch möglich, dass ich mich selber an anderes Leben hingebe. Aus innerer Nötigung, ohne den Sinn der Welt zu verstehen, wirke ich Werte schaffend und Ethik übend in der Welt und auf die Welt ein. Denn in Welt- und Lebensbejahung und in Ethik erfülle ich den Willen des universellen Willens zum Leben, der sich in mir offenbart. Ich lebe mein Leben in Gott, in der geheimnisvollen ethischen Gottespersönlichkeit, die ich so in der Welt nicht erkenne, sondern nur als geheimnisvollen Willen in mir erlebe.

Schweitzer, Albert: Kultur und Ethik (1923). München [11]1953, S. XIV–XV.

■ AUFGABEN:
1. Warum führt bei Schweitzer der Wille zum Leben auch zur Ehrfurcht vor dem Leben und nicht zur Zerstörung anderer Lebewesen?
2. Wie verhalten sich bei Schweitzer Wissenschaft und Ethik?
3. Wie sähe eine Gesellschaft aus, in der alle nach dem ethischen Prinzip Schweitzers lebten? Was wäre verboten, was erlaubt? Lassen sich aus dem Prinzip konkrete Lebensregeln ableiten?

N3 Hans Jonas: Verantwortung für die Zukunft

■ INFO zur Einführung:
Angesichts der wachsenden Naturzerstörung hat der Philosoph Hans Jonas (1903–1993) in seinem berühmt gewordenen Buch „Das Prinzip Verantwortung" (1979) ein Umdenken gefordert. Inzwischen ist „Umweltethik" oder „ökologische Ethik" ein wichtiger Teilbereich der Praktischen Philosophie.

Die moderne Technik hat Handlungen von so neuer Größenordnung, mit so neuartigen Objekten und so neuartigen Folgen eingeführt, dass der Rahmen früherer Ethik sie nicht mehr fassen kann.
Man nehme zum Beispiel, als die erste größere Veränderung in dem überkommenen Bild, die kritische *Verletzlichkeit* der Natur durch die technische Intervention des Menschen – eine Verletzlichkeit, die nicht vermutet war, bevor sie sich in schon angerichtetem Schaden zu erkennen gab. Diese Entdeckung, deren Schock zu dem Begriff und der beginnenden Wissenschaft der Umweltforschung (Ökologie) führte, verändert die ganze Vorstellung unserer selbst als eines kausalen Faktors im weiteren System der Dinge. Sie bringt durch die Wirkungen an den Tag, dass die Natur menschlichen Handelns sich de facto geändert *hat,* und dass ein Gegenstand von gänzlich neuer Ordnung, nicht weniger als die gesamte Biosphäre des Planeten, dem hinzugefügt worden ist, wofür wir verantwortlich sein müssen, weil wir Macht darüber haben.

Keine frühere Ethik hatte die globale Bedingung menschlichen Lebens und die ferne Zukunft, ja Existenz der Gattung zu berücksichtigen. Dass eben sie heute im Spiele sind, verlangt, mit einem Wort, eine neue Auffassung von Rechten und Pflichten, für die keine frühere Ethik und Metaphysik auch nur die Prinzipien, geschweige denn die fertige Doktrin bietet.
Heute, in der Form der modernen Technik, hat sich *techne* [das Herstellen] in einen unendlichen Vorwärtsdrang der Gattung verwandelt, in ihr bedeutsamstes Unternehmen, in dessen fortwährend sich selbst überbietendem Fortschreiten zu immer größeren Dingen man den Beruf des Menschen zu sehen versucht ist, und dessen Erfolg maximaler Herrschaft über die Dinge und über den Menschen selbst als die Erfüllung seiner Bestimmung erscheint.
Doch wer ist „er" [der Mensch]? Nicht ihr oder ich: es ist der kollektive Täter und die kollektive Tat, nicht der individuelle Täter und die individuelle Tat, die hier eine Rolle spielen; und es ist die unbestimmte Zukunft viel mehr als der zeitgenössische Raum der Handlung, die

den relevanten Horizont der Verantwortung abgibt. Dies erfordert Imperative neuer Art. Wenn die Sphäre des Herstellens in den Raum wesentlichen Handelns eingedrungen ist, dann muss Moralität in die Sphäre des Herstellens eindringen, von der sie sich früher ferngehalten hat, und sie muss dies in der Form öffentlicher Politik tun. Mit Fragen von solcher Umfangsbreite und solchen Längen projektierender Vorwegnahme hatte öffentliche Politik es nie vorher zu tun. In der Tat, das veränderte Wesen menschlichen Handelns verändert das Grundwesen der Politik.

Ein Imperativ, der auf den neuen Typ menschlichen Handelns passt und an den neuen Typ von Handlungssubjekt gerichtet ist, würde etwa so lauten: „Handle so, dass die Wirkungen deiner Handlung verträglich sind mit der Permanenz echten menschlichen Lebens auf Erden"; oder negativ ausgedrückt: „Handle so, dass die Wirkungen deiner Handlung nicht zerstörerisch sind für die künftige Möglichkeit solchen Lebens"; oder einfach: „Gefährde nicht die Bedingungen für den indefiniten Fortbestand der Menschheit auf Erden"; oder, wieder positiv gewendet: „Schließe in deine gegenwärtige Wahl die zukünftige Integrität des Menschen als Mit-Gegenstand deines Wollens ein".

Es ist ohne weiteres ersichtlich, dass kein rationaler Widerspruch in der Verletzung dieser Art von Imperativ involviert ist. Ich *kann* das gegenwärtige Gut unter Aufopferung des zukünftigen Guts wollen. Ich kann, so wie mein eigenes Ende, auch das Ende der Menschheit wollen. Ich kann, ohne in Widerspruch mit mir selbst zu geraten, wie für mich so auch für die Menschheit ein kurzes Feuerwerk äußerster Selbsterfüllung der Langeweile endloser Fortsetzung im Mittelmaß vorziehen.

Aber der neue Imperativ sagt eben, dass wir zwar unser eigenes Leben, aber nicht das der Menschheit wagen *dürfen;* und dass Achill zwar das Recht hatte, für sich selbst ein kurzes Leben ruhmreicher Taten vor einem langen Leben ruhmloser Sicherheit zu wählen (unter der stillschweigenden Voraussetzung nämlich, dass eine Nachwelt da sein wird, die von seinen Taten zu erzählen weiß); dass wir aber nicht das Recht haben, das Nichtsein künftiger Generationen wegen des Seins der jetzigen zu wählen oder auch nur zu wagen. Warum wir dieses Recht nicht haben, warum wir im Gegenteil eine Verpflichtung gegenüber dem haben, was noch gar nicht ist und „an sich" auch nicht zu sein braucht, jedenfalls als nicht existent keinen *Anspruch* auf Existenz hat, ist theoretisch gar nicht leicht und vielleicht ohne Religion überhaupt nicht zu begründen. Unser Imperativ nimmt es zunächst ohne Begründung als Axiom.

Es ist ferner offensichtlich, dass der neue Imperativ sich viel mehr an öffentliche Politik als an privates Verhalten richtet, welches letztere nicht die kausale Dimension ist, auf die er anwendbar ist.

Jonas, Hans: Das Prinzip Verantwortung. Versuch einer Ethik für die technologische Zivilisation. Frankfurt/M. 1984, S. 26–37.

■ AUFGABEN:

1. Was alles ist laut Jonas neu an unserer Situation?
2. Wofür hat man laut Jonas Verantwortung?
3. Was meint er mit der „Verletzlichkeit" der Natur, und woran zeigt sich diese?
4. Wie unterscheidet sich sein neuer Imperativ von Kants kategorischem Imperativ?
5. Wer muss verantwortlich handeln? Soll nur die Politik, nicht der einzelne Bürger diesem Imperativ gehorchen?

N4 Ein neues Staatsziel

a) Richard von Weizsäcker: Verantwortung für die Umwelt

Unsere Mitverantwortung unter den Völkern gilt besonders der Umwelt. Nicht alles, was Menschen technisch und ökonomisch fertigbringen, dürfen sie der Natur zumuten. Es geht um mehr als nur um die Bewohnbarkeit der Erde für den Menschen. Menschen können zerstören, was sie nicht geschaffen haben und worüber sie nicht verfügen dürfen: die Schöpfung. Diese Freiheit haben sie sich genommen. In der Verantwortung der Freiheit wird sich zeigen, ob sie ethisch und damit am Ende auch biologisch überlebensfähig sind.

Die Aufgabe ist im wahrsten Sinn global. Sie stellt sich weltweit für jeden Staat, für Länder, für Gemeinden und für den einzelnen. Sie ist allgemein und daher auch die politischste Frage, der wir uns gegenübersehen. Beim neuen Anfang unserer Nation muss sie eine klare normative Antwort finden.

Das Grundgesetz gilt nun für alle Deutschen. Im Einigungsvertrag haben wir vereinbart, dass wir uns mit den Bestimmungen über Staatsziele befassen wollen. Es geht um Verfassungsaufträge, die nicht unter dem Vorbehalt einschränkender Gesetze stehen sollen, sondern den Gesetzgeber wie uns alle verpflichten.

Gibt es zur Ergänzung unserer Ziele ein dringlicheres als den Schutz der Natur in ihrer Rechtlosigkeit? Haben wir eine größere Aufgabe, als die Schöpfung zu bewahren und damit die Nachwelt zu schützen? Ich kenne keine.

Verantwortung für die Umwelt. Aus der Rede des Bundespräsidenten Richard von Weizsäcker anlässlich des Staatsaktes zum Tag der Deutschen Einheit am 3. Oktober 1990.

b) Grundgesetz: Verantwortung für die künftigen Generationen (Artikel 20a)

Der Staat schützt auch in Verantwortung für die künftigen Generationen die natürlichen Lebensgrundlagen und die Tiere im Rahmen der verfassungsmäßigen Ordnung durch die Gesetzgebung und nach Maßgabe von Gesetz und Recht durch die vollziehende Gewalt und die Rechtsprechung.

Ergänzung des Grundgesetzes der Bundesrepublik Deutschland aus dem Jahr 2002.

■ AUFGABEN:
1. Wie begründet der Bundespräsident, wie das Grundgesetz den Naturschutz?
2. Was meint von Weizsäcker mit dem Zusammenhang von ethischem und biologischem Überleben?
3. Wie muss Ihres Erachtens ein Staat geschaffen sein, der effektiv auch die Natur schützen kann?
4. Worin bestehen die großen Hemmnisse, jenes Staatsziel zu erreichen?
5. Sehen Sie einen möglichen Konflikt zwischen der Freiheit und dem Umweltschutz?

N5 Joachim Ringelnatz: Seehund und Robbenjäger

„Ich bin ein armer Hund.
Ich habe keine Brieftasche. Im Gegenteil:
Man macht aus mir welche; sehr wohlfeil.
Und Wohlfeil ist Schund.

Taten wir jemals Menschen beißen?!
Im Gegenteil: Jedes menschliche Kind
wird uns, wenn wir auf dem Lande sind,
Mit Steinen totschmeißen.

Wie ihr Indianer und Neger
Nicht glücklich für sich leben ließt,
Stellt ihr uns nach und schießt
Uns nieder. Für Bettvorleger!

Wo ihr Menschen Freischönes erschaut,
Öffnet ihr, staunend, euren Rachen.
Warum erstrebt ihr es nicht, euch vertraut
Mit den Tieren zu machen?

Wilde Tiere sahen allem, was neu
Und friedlich war, anfangs unsicher zu.
Wer nahm den wilden Tieren die Ruh?
Wer gab ihnen zur Angst die Wut?

Der Mensch verkaufte Instinkt und Scheu.
Das Tier ist ehrlich und deshalb gut."

Ringelnatz, Joachim: 103 Gedichte. Berlin 1934, S. 20 f.

N6 Biblische Tierethik

a) Der Gerechte erbarmt sich seines Viehs; aber das Herz des Gottlosen ist unbarmherzig.

Salomo, Sprüche 12,10 (Übers. Luther)

b) Wenn du siehst, dass der Esel deines Widersachers unter seiner Last zusammenbricht, dann sollst du aufhören, ihm aus dem Weg zu gehen; du sollst gemeinsam mit deinem Gegner Hilfe leisten.

2. Mose 23,5 (Übers. V. Hamp, M. Stenzel, J. Kürzinger).

c) Herr, bis an den Himmel reicht deine Huld, deine Treue bis zu den Wolken! Deine Gerechtigkeit gleicht den Gottesbergen, dein rechtes Urteil dem großen Weltmeer. Menschen und Tiere umfasst deine Hilfe, o Herr.

Psalm 36, 6.7 (Übers. V. Hamp, M. Stenzel, J. Kürzinger)

■ AUFGABE:
Lassen die drei Zitate erkennen, wie in der Bibel die Tierethik begründet wird?

N7 Michel de Montaigne: Gegen die Grausamkeit an Tieren

■ INFO zur Einführung:
Einer der ersten, die sich entschieden gegen die Grausamkeit an Tieren aussprachen, war der Philosoph und Politiker Montaigne (1533–1592), den auch die grausamen Morde der „Bartholomäusnacht" in Frankreich von 1572 schockiert hatten.

Ich lebe zu einer Zeit, in der es durch die Zügellosigkeit unsrer Bürgerkriege von unglaublichen Beispielen dieses Lasters der Grausamkeit nur so wimmelt, und man findet in der alten Geschichte keine ungeheuerlicheren, als wir sie Tag für Tag vor Augen sehn. Aber das hat mich nicht im geringsten dagegen abgestumpft. Ich hätte, bevor ich es selbst erlebte, kaum geglaubt, dass es so blutrünstige Seelen geben könnte, die aus reiner Mordlust andre hinmetzeln, indem sie ihnen die Glieder ausreißen oder abhacken, und die sich den Kopf zerbrechen, um neue Foltern und Todesarten zu ersinnen, keineswegs aus Hass oder um ihres Vorteils willen, sondern zu dem einzigen Zweck, sich an dem für sie genussreichen Schauspiel der jämmerlichen Bewegungen und Zuckungen, des erbarmungswürdigen Stöhnens und Schreiens eines qualvoll sterbenden Menschen zu ergötzen. Es ist der Gipfel der Grausamkeit, *wenn der Mensch den Menschen nicht aus Wut und nicht aus Furcht tötet, sondern um der Augenweide willen.*

Nie vermochte ich für mein Teil auch nur die Verfolgung und Tötung eines unschuldigen Tiers ohne Schmerz mit anzusehn, das wehrlos ist und uns nichts zuleide tat. Und wenn der Hirsch, sobald er Atem und Kraft schwinden fühlt und keinen anderen Ausweg mehr sieht, als sich ausgerechnet uns, seinen Verfolgern, entgegenzuwerfen und zu ergeben, mit seinen Tränen um Erbarmen bittend (wie es häufig geschieht), [...] so hat dieses Schauspiel stets meinen heftigsten Unwillen erregt.
Selten fange ich ein lebendiges Tier, das ich nicht sogleich wieder freilasse. Pythagoras pflegte die Beute der Fischer und Vogelfänger zu kaufen, um dasselbe zu tun. [...] Menschen, die blutrünstig gegenüber Tieren sind, beweisen damit einen angeborenen Hang zur Grausamkeit.
Nachdem man sich in Rom an das Schauspiel des Hinmetzelns von Tieren gewöhnt hatte, kamen die Menschen an die Reihe, namentlich die Gladiatoren. Die Natur selber, fürchte ich, hat dem Menschen einen gewissen Trieb

zur Unmenschlichkeit eingepflanzt: Niemand macht es zu seinem Zeitvertreib, den Tieren beim Spielen und Kosen zuzusehen; ihnen aber zuzusehn, wenn sie sich gegenseitig zerfetzen und zerfleischen – jeder.

Damit man über mein Mitgefühl für die Tiere nicht spotte: Selbst die Theologie schreibt uns vor, sie freundlich zu behandeln! Und wenn wir bedenken, dass ein und derselbe Herr uns allesamt, ihm zu dienen, in seinem Weltpalast Wohnung gegeben hat und dass sie ebenso wie wir zu seinem Hausstand gehören, so hat sie recht, uns Achtung und Zuneigung für sie zur Pflicht zu machen. [...]

Wenn ich nun sogar unter den gemäßigtsten Ansichten auf Argumente stoße, die nachzuweisen suchen, wie eng die Ähnlichkeit zwischen uns und den Tieren sei, in welchem Ausmaß sie unsere größten Vorzüge teilten und wie berechtigt der Vergleich daher scheine, gebe ich wahrhaftig nicht mehr viel auf unsre Einbildung und entsage bereitwillig der Königsherrschaft, die man uns fälschlicherweise über die andern Geschöpfe zuschreibt.

Aber auch wenn die Tiere keinen einzigen dieser Vorzüge besäßen, sind wir zu einer gewissen Achtung und allgemein menschlichen Haltung ihnen gegenüber verpflichtet – und nicht nur ihnen gegenüber, die Leben und Empfindung haben, sondern ebenso gegenüber den Bäumen und Pflanzen. Den Menschen schulden wir Gerechtigkeit, aller anderen Kreatur jedoch, die dafür empfänglich ist, Freundlichkeit und Wohlwollen. Es bestehen mancherlei Beziehungen zwischen ihnen und uns und mancherlei wechselseitige Verbindlichkeiten.

Montaigne, Michel de: Essays, übers. von H. Stilett. Frankfurt 2002, Bd. 2, S. 159 ff.

■ AUFGABEN:
1. Was für ein Bild vom Menschen vermittelt uns Montaigne?
2. Was sind die entscheidenden Argumente des Autors gegen die Grausamkeit an Tieren?
3. Heute wird der Tierschutz oft mit der biologisch erwiesenen Ähnlichkeit von Mensch und Tier begründet. Hätte Montaigne die Ansicht richtig gefunden?

N8 Jean-Jacques Rousseau: Mitleid auch mit Tieren

■ INFO zur Einführung:
Bis heute wird der Tierschutz ethisch oft durch das Mitleid begründet. An das Mitleid appelliert ja auch das Sprichwort „Quäle nie ein Tier zum Scherz, denn es fühlt wie du den Schmerz." In diesem Sinn hat sich auch im 18. Jahrhundert der Philosoph J.-J. Rousseau geäußert: Was das Tier mit dem Menschen verbinde, sei seine Fähigkeit, Schmerzen zu empfinden und zu leiden.

Wir lassen [einmal] von allen wissenschaftlichen Büchern ab, die uns die Menschen nur als das Werk ihrer selbst sehen lehren, und denken über die ersten und einfachsten Regungen der menschlichen Seele nach. Dabei glaube ich zwei Prinzipien zu bemerken, die vor dem Verstand da sind. Das eine macht uns leidenschaftlich um unser Wohlergehen und unsere eigene Erhaltung besorgt. Das andere flößt uns einen natürlichen Widerwillen dagegen ein, irgendein fühlendes Wesen, vor allem unseresgleichen, umkommen oder leiden zu sehen. Gerade aus dem Zusammenwirken und der Verbindung, die unser Geist aus diesen beiden Prinzipien herzustellen imstande ist, ohne dass man notwendigerweise den Hang zur Geselligkeit hinzufügen muss, scheinen mir alle Regeln des Naturrechts zu fließen. [...]

Junge mit zahmem Neuntöter auf seiner Schulter

Auf diese Weise braucht man den Menschen nicht zu einem Philosophen zu machen, bevor man einen Menschen aus ihm gemacht hat. Seine Pflichten gegen andere sind ihm nicht allein von den später kommenden Lehren der Weisheit eingegeben. Wenn er nicht dem inneren Impuls des Mitleids widersteht, tut er niemals einem anderen Menschen Böses, nicht einmal irgendeinem fühlenden Wesen. Nur in dem berechtigten Falle, in dem seine eigene Erhaltung ihn parteiisch macht, ist er verpflichtet, sich selbst den Vorzug zu geben. Dadurch endigt man auch die alten Streitereien über die Einbeziehung der Tiere in das Naturgesetz. Denn es ist klar, dass sie, denen Erkenntnis und Freiheit abgehen, dieses Gesetz nicht erkennen können. Da sie aber in manchen Dingen durch die Sensibilität, mit der sie begabt sind, unserer Natur ähnlich sind, wird man schließen, sie müssten an dem Naturrecht teilhaben, und der Mensch sei ihnen gegenüber gewissen Pflichten unterworfen. Es scheint in der Tat so: Wenn ich verpflichtet bin, keinem von meinesgleichen Schlechtes zuzufügen, so bin ich dies weniger, weil er ein verständiges als weil er ein fühlendes Wesen ist. Da diese Eigenschaft Tier und Mensch gemeinsam ist, muss man wenigstens dem einen das Recht einräumen, sich nicht unnütz von dem anderen peinigen zu lassen.

Rousseau, Jean-Jacques: Über den Ursprung der Ungleichheit unter den Menschen. Schriften zur Kulturkritik, übers. von K. Weigand. Hamburg 1971, S. 72f.

■ AUFGABEN:

1. Muss man Rousseau zufolge Vegetarier sein? Darf man Tiere töten?
2. Können wir mit allen Tieren Mitleid empfinden?
3. Welche Auffassung vom Menschen scheint Ihnen überzeugender zu sein, die von Montaigne oder die von Rousseau?
4. Lässt sich vom Mitleid aus auch gegen das Artensterben argumentieren?
5. Wie sollen wir uns zu dem Leid verhalten, das Tiere anderen Tieren zufügen (Katze – Maus, Krokodil – Gazelle)?
6. Gibt es weitere Gefühle oder Argumente, die zum Tierschutz führen könnten?
7. Wie unterscheidet sich das Verhältnis zum Tier vom Verhältnis zum Menschen?

N9 Immanuel Kant: Pflichten „in Ansehung der Natur"

In Ansehung des *Schönen* obgleich Leblosen in der Natur ist ein Hang zum bloßen Zerstören (spiritus destructionis) der Pflicht des Menschen gegen sich selbst zuwider; weil es dasjenige Gefühl im Menschen schwächt oder vertilgt, was zwar nicht für sich allein schon moralisch ist, aber doch diejenige Stimmung der Sinnlichkeit, welche die Moralität sehr befördert, wenigstens dazu vorbereitet, nämlich etwas auch ohne Absicht auf Nutzen zu lieben […]. In Ansehung des lebenden, obgleich vernunftlosen Teils der Geschöpfe ist die Pflicht der Enthaltung von gewaltsamer und zugleich grausamer Behandlung der Tiere der Pflicht des Menschen gegen sich selbst weit inniglicher entgegengesetzt, weil dadurch das Mitgefühl an ihrem Leiden im Menschen abgestumpft und dadurch eine der Moralität, im Verhältnisse zu anderen Menschen, sehr diensame natürliche Anlage geschwächt und nach und nach ausgetilgt wird; obgleich ihre behende (ohne Qual verrichtete) Tötung, oder auch ihre, nur nicht bis über Vermögen angestrengte, Arbeit (dergleichen auch wohl Menschen sich gefallen lassen müssen) unter die Befugnisse des Menschen gehören; da hingegen die martervollen physischen Versuche, zum bloßen Behuf der Spekulation, wenn auch ohne sie der Zweck erreicht werden könnte, zu verabscheuen sind. – Selbst Dankbarkeit für lang geleistete Dienste eines alten Pferdes oder Hundes (gleich als ob sie Hausgenossen wären) gehört *indirekt* zur Pflicht des Menschen, nämlich *in Ansehung* dieser Tiere, *direkt* aber betrachtet ist sie immer nur Pflicht des Menschen *gegen* sich selbst.

Kant, Immanuel: Die Metaphysik der Sitten. Gesammelte Werke, hg. von W. Weischedel, Bd. 8, Frankfurt a. M. 1977, S. 578f.

■ AUFGABEN:
1. Wie begründet Kant ethisch richtiges Verhalten gegenüber der Landschaftsnatur, wie gegenüber den Tieren? Was ist sein Prinzip?
2. Stimmt Kant Experimenten mit Tieren zu oder nicht?
3. Ist die Natur um ihrer selbst willen schützenswert? Was sagte Kant, was sagen Sie?

Salvador Dalí: Thunfischfang (1967)

N10 Aus dem Tierschutzgesetz der Bundesrepublik Deutschland

§ 1 Grundsatz

Zweck dieses Gesetzes ist es, aus der Verantwortung des Menschen für das Tier als Mitgeschöpf dessen Leben und Wohlbefinden zu schützen. Niemand darf einem Tier ohne vernünftigen Grund Schmerzen, Leiden oder Schäden zufügen.

§ 2 Tierhaltung

Wer ein Tier hält, betreut oder zu betreuen hat,
1. muss das Tier seiner Art und seinen Bedürfnissen entsprechend angemessen ernähren, pflegen und verhaltensgerecht unterbringen,
2. darf die Möglichkeit des Tieres zu artgemäßer Bewegung nicht so einschränken, dass ihm Schmerzen oder vermeidbare Leiden oder Schäden zugefügt werden,
3. muss über die für eine angemessene Ernährung, Pflege und verhaltensgerechte Unterbringung des Tieres erforderlichen Kenntnisse und Fähigkeiten verfügen.

Strafen

Das Tierschutzgesetz enthält auch Straf- und Bußgeldvorschriften. Der erste Paragraph dazu (§ 17) lautet:

Mit Freiheitsstrafe bis zu drei Jahren oder mit Geldstrafe wird bestraft, wer
1. ein Wirbeltier ohne vernünftigen Grund tötet oder
2. einem Wirbeltier
    a) aus Rohheit erhebliche Schmerzen oder Leiden oder
    b) länger anhaltende oder sich wiederholende erhebliche Schmerzen oder Leiden zufügt.

Aus dem Tierschutzgesetz der Bundesrepublik Deutschland (nach Bekanntmachung vom 18.05.2006, geändert 18.12.2007).

■ AUFGABEN:
1. Wird die rechtliche Regelung des Tierschutzes ethisch begründet oder nicht?
2. Was sind Ihrer Meinung nach „vernünftige Gründe" für das Töten der Tiere?
3. Wird im Umkreis Ihrer Erfahrung diesen Forderungen überall Rechnung getragen?
4. In den sog. Legebatterien leben die Hühner jeweils in Käfigen, die – sind die Vorschriften eingehalten – 50–60 cm hoch sind und deren Grundfläche 800 cm² beträgt. Ist dies im Sinne des Tierschutzgesetzes oder nicht?
5. Was folgt aus dem Tierschutzgesetz für die Tierversuche?
6. Wie beurteilen Sie die Begrenzung der Strafe auf Vergehen an Wirbeltieren?

N11 Schwierigkeit: Was sind Tiere?

Tiere sind keine Sachen. Sie werden durch besondere Gesetze geschützt. Auf sie sind die für Sachen geltenden Vorschriften entsprechend anzuwenden, soweit nicht etwas anderes bestimmt ist. (Bürgerliches Gesetzbuch § 90a)

N12 Angela Kallhoff/Ludwig Siep: Tierethik aufgrund von Tradition und Reflexion

Die Interessen jedes einzelnen Tieres hinsichtlich Leben und Schmerzfreiheit zu berücksichtigen kann nur eine moralische Überforderung solcher Lebensformen sein. Daher muss eine adäquate Tierethik, wie auch eine sinnvolle Pflanzenethik, auf ein anderes Fundament gestellt werden: auf eine evaluative Konzeption von Natur, die einen weitgehenden Konsens über kulturelle Differenzen hinweg beanspruchen kann. Vorstellungen einer „guten Ordnung" der Natur sind in den meisten Religionen und anderen Kulturformen (etwa der älteren Literatur der meisten Völker) vorhanden. Zumindest ein „überlappender Konsens" darüber ist möglich. Ein solcher liegt implizit auch den modernen internationalen Konventionen zum Natur- und Artenschutz, zur Nachhaltigkeit usw. zugrunde.

In der europäischen Kultur kann man vor allem an zwei solcher Vorstellungen anknüpfen: die griechische Kosmosvorstellung und den jüdisch-christlichen Schöpfungsbegriff. Man muss diese Vorstellungen aber mit der Evolutionstheorie vereinbaren, um sie in das moderne, inzwischen auch lebensweltlich wirksame wissenschaftliche Bewusstsein integrieren zu können. Das setzt voraus, eine Wohlordnung der Natur nicht als definitiv gegeben, sondern als temporär möglich und von der Mitwirkung des Menschen abhängig zu verstehen. „Kosmos" [Ordnung] ist eine Aufgabe, keine Gegebenheit. Die menschliche Perspektive darf den Kosmos nicht auf menschliche Interessen reduzieren, sonst unterschreitet sie die Unparteilichkeit, die für das moralische Bewusstsein – als säkularisierter „god's eye view" – konstitutiv ist. Die leitende Vorstellung ist die einer Mannigfaltigkeit von Gruppen und Individuen, die einen Lebensraum für ihre Entwicklung und ihr Gedeihen zur Verfügung haben sollten. Diese Vorstellung lässt Raum genug für Konkurrenz zwischen Gruppen und Individuen, auch für die Ernährung der einen Gruppe durch den Verzehr von Mitgliedern der anderen, wenn dabei insgesamt berücksichtigt wird, dass auch nicht-menschliche Lebewesen und Naturgegenstände in ihrer Daseinsform und ihren Ansprüchen respektiert werden sollten. Innerhalb dieser evaluativen Gesamtvorstellung der Natur wird man auch, wie in der traditionellen Vorstellung der „scala naturae", von einer Stufenordnung ausgehen können. [...] Der Mensch betrachtet sich in fast allen Kulturen als die Spitze dieser Stufenfolge, wenn sie nicht zu höheren Wesen weiterführt. [...]

In Bezug auf jeden Bereich ist es geboten, unbegründete Zerstörung zu vermeiden und entsprechend der „physis" [der Natur] der jeweiligen Gegenstände angemessen zu handeln. Wohlergehen ist der gebotene Zustand, dessen Förderung das Umgehen mit Tierindividuen leiten sollte. Wenn es einer genauen deskriptiven Erfassung zugänglich ist, können Handlungen, die Wohlergehen fördern, eindeutig von schädigenden unterschieden werden. Daraus folgt aber nicht, dass jedes einzelne Tier unter allen Umständen umfassend in seinem Wohlergehen berücksichtigt werden sollte. Vielmehr sind die Beförderung und der Schutz des Wohlergehens Prima-facie-Pflichten, die Abwägungsregeln und -verfahren (natürlich auch gegen konkurrierende menschliche Interessen) zulassen beziehungsweise fordern. Die Pflichten der Schmerzvermeidung sind dabei nicht obsolet; vielmehr werden sie ergänzt um weiterreichende Forderungen. Insbesondere beziehen sich die Pflichten gegenüber Tieren nicht nur auf domestizierte Tiere, sondern auch auf wild lebende Exemplare. Dabei ist es nach diesem Ansatz nicht notwendig, Tiere als „Gleiche" anzuerkennen. Tiere leben anders als Menschen und gelangen zum Wohlergehen auf ihre eigene Art und Weise. Zum Respekt und der Förderung ihres Wohlergehens gehören vor allem die Schonung von Lebensräumen wild lebender Tiere und die tiergerechte Haltung in der Tierzucht und Forschung.

Diese bioethische Konzeption verlangt eine Konzeption des Wohlergehens von Tieren, die aus naturwissenschaftlicher Perspektive konkretisiert werden kann. Vorstellbar sind Listenmodelle, in denen analog zum Begriff des „objektiven Wohlergehens" in der Humanethik die unterschiedlichen Aspekte des Wohlergehens von Tieren beschrieben werden, welche den in naturwissenschaftlichen Untersuchungen herausgestellten Fähigkeiten von Tieren entsprechen. Das Wohlergehen („good welfare") von Tieren kann gestaffelt werden nach Selbsterhaltung, artgemäßem Leben, Gedeihen und Leidensfreiheit.

Kallhoff, Angela/Siep, Ludwig: Tierethik. In: Bioethik. Eine Einführung, hg. von M. Düwell und K. Steigleder. Frankfurt/M. 2003, S. 417 ff.

■ AUFGABEN:
1. Wieso wird in diesem Text eine wissenschaftliche Kenntnis der Tiere gefordert?
2. Warum wird zugleich auf die Traditionen verwiesen?
3. Ist die Behauptung der weitgehenden Übereinstimmung der Traditionen im Hinblick auf das Tier einleuchtend oder nicht?

N13 Bernhard Rambeck/Andrea Clages/Edmund Haferbeck: Welche sachlichen Überlegungen sprechen gegen Tierversuche?

Die Ergebnisse von Tierversuchen sind nicht mit der hinreichend nötigen Zuverlässigkeit auf den Menschen übertragbar. Erst die Wiederholung des Experiments am Menschen kann Informationen bringen, ob und in welcher Weise das Tier in gleicher oder entgegengesetzter Weise reagiert wie der Mensch. [...] Kein Tierversuch kann den Menschen vor toxikologischen [durch Gifte verursachte] Problemen ausreichend schützen. Der Tierversuch täuscht eine Scheinsicherheit vor, die es letztlich nicht geben kann.

Da die meisten Krankheitsbilder des Menschen beim Versuchstier nicht spontan und auf natürlichem Wege auftreten, müssen sie

Wieder mehr Versuchstiere

Berlin. Tierversuche haben trotz jahrelanger Proteste von Tierschützern in Deutschland weiter zugenommen. Die Zahl der betroffenen Wirbeltiere stieg 2007 im Vergleich zum Vorjahr um knapp vier Prozent auf gut 2,6 Millionen. Das meldeten die Bundesländer der Bundesregierung. Mit 82 Prozent stellten Nagetiere die größte Gruppe. dpa

WAZ, 22.11.2008

in irgendeiner Form künstlich, also durch schädigende Chemikalien, durch einen operativen Eingriff oder auch durch Bestrahlung, erzeugt werden. Die so beim Versuchstier hervorgerufenen Symptome haben aber kaum etwas mit der menschlichen Erkrankung zu tun, die ja meist psychische, soziale, ernährungs- und umweltbedingte, aber auch anlagebedingte bzw. genetische Ursachen hat. Die multifaktoriellen Bedingungen, die zur Entstehung einer Krankheit beim Menschen führen, sind im Tierversuch nicht reproduzierbar.

Schon vor mehr als zehn Jahren machten die sogenannten Zivilisationskrankheiten bereits einen Anteil von 85% (!) an den Gesamtkrankheiten und Todesfällen aus […]. Trotz unzähliger Tierversuche und angeblicher Tiermodelle ist nirgends ein Durchbruch bei der Behandlung dieser Krankheiten in Sicht. […]

Generell erlauben die Ergebnisse der Tierversuche keine gesicherten Rückschlüsse auf den Menschen, da zwischen Tier und Mensch vielfältige Unterschiede in anatomischer, physiologischer, metabolischer [stoffwechselbedingter] und psychischer Hinsicht bestehen. Weiterhin gibt es viele Beispiele, die zeigen, dass Medikamente bei Mensch und Tier unterschiedlich wirken und verarbeitet werden können. Es ist ein Wahn zu glauben, dass neue Heilmittel und Heilverfahren für den kranken Menschen auf einem Berg von gefolterten und getöteten Tieren produziert werden könnten.

Rambeck, Bernhard/Clages, Andrea/Haferbeck, Edmund: Tierversuche müssen abgeschafft werden. Göttingen 1997, S. 19f.

■ AUFGABEN:
1. Die Autoren verweisen auf die Unterschiede von Tier und Mensch. Widerspricht dies der Ähnlichkeit, die beim Mitleid mit Tieren vorausgesetzt wird?
2. Obwohl die Vereinigung „Ärzte gegen Tierversuche" gegründet worden ist, halten dennoch viele Mediziner Tierversuche für unverzichtbar. Wie sollte man handeln, wenn die Spezialisten sich widersprechen?

N14 Pflanzenethik – Projekt: Eine Million Bäume für ein besseres Klima

Die Schülerinitiative „Plant for the Planet" will bis zum Jahr 2009 in Deutschland eine Million Bäume pflanzen. Allein in Berlin und Brandenburg sollen es 100.000 Bäume sein. Zum Start dieser Pflanzaktion empfing die parlamentarische Staatssekretärin im Bundesumweltministerium, Astrid Klug, in Berlin eine Delegation der jungen Umweltschützer und überreichte ihnen 400 Buchensetzlinge. „Wenn wir den Klimawandel begrenzen und den Verlust an biologischer Vielfalt stoppen wollen, sind der Schutz und Erhalt der Wälder weltweit von großer Bedeutung. Ich freue mich sehr über die ehrgeizigen Ziele, die sich die Schülerinnen und Schüler von ‚Plant for the Planet' gesetzt haben, und hoffe, dass sie noch viele Unterstützer finden", sagte Klug. Im Gegenzug überbrachten die Schüler mehrere hundert Briefe mit Wünschen und Anregungen für die kommende Weltklimakonferenz in Posen (Polen).

Mehr als 210.000 Bäume hat die Initiative bundesweit bereits gepflanzt oder von Förderern zugesichert bekommen. Astrid Klug: „Das Engagement der Kinder und Jugendlichen ist Ansporn und Verpflichtung für die Umweltpolitik, bei den Anstrengungen für einen wirksamen Klimaschutz nicht nachzulassen. Wir würden die Zukunft der kommenden Generationen aufs Spiel setzen, wenn wir wegen der aktuellen Turbulenzen auf den Finanzmärkten den langfristigen Klimaschutz vernachlässigten."

„Plant for the Planet" wurde im Jahr 2007 von dem heute elfjährigen Starnberger Schüler Felix Finkbeiner ins Leben gerufen und ist Teil der weltweiten „Billion-Tree-Campaign", die vom Umweltprogramm der Vereinten Nationen (UNEP) auf Initiative der kenianischen Friedensnobelpreisträgerin Wangari Maathai im Jahr 2006 gestartet wurde.

Die Kampagne läuft so erfolgreich, dass bis heute schon über 2,3 Milliarden Bäume gepflanzt wurden und UNEP als neues Ziel „7 Milliarden Bäume bis Ende 2009" ausgegeben hat.

Pressemitteilung des Bundesministeriums für Umwelt, Naturschutz und Reaktorsicherheit vom 16.10.2008.

■ AUFGABEN:
1. Wie erklärt sich das große Engagement der Schülerinnen und Schüler?
2. Wie hoch ist der Nutzen des Projektes einzuschätzen?
3. Wären weitere, ähnliche Projekte denkbar? Würden Sie sich beteiligen?

N15 Würde der Pflanzen?

■ INFO zur Einführung:
Die Schweizerische Verfassung macht es in ihrem § 120 Abs. 2 der Gentechnologie zur Aufgabe, der „Würde der Kreatur" Rechnung zu tragen. Die Ethikkommission der Schweiz für Biotechnologie (EKAH) hat vor diesem Hintergrund versucht, Richtlinien auch für den Umgang mit Pflanzen zu entwickeln. Aus ihrem Bericht stammt der folgende Auszug.

Die Schweizerische Bundesverfassung kennt drei Schutzkonzepte für Pflanzen: den Schutz der Biodiversität, den Schutz der Art und die Verpflichtung, im Umgang mit Pflanzen der Würde der Kreatur Rechnung zu tragen. Der Verfassungsbegriff der Kreatur umfasst Tiere, Pflanzen und andere Organismen. Auf Gesetzesstufe wurde der Geltungsbereich der Würde der Kreatur im Gentechnikgesetz auf Tiere und Pflanzen eingeschränkt. Die bisherige verfassungsrechtliche Diskussion bezieht den Begriff der Würde der Kreatur auf den Wert des individuellen Lebewesens *um seiner selbst willen*. […]
In ihrer Diskussion hat die EKAH drei Wertkonzeptionen unterschieden:
– *Instrumenteller Wert*: Pflanzen sind nicht um ihrer selbst willen zu schützen, sondern weil und insofern sie für den Menschen (oder andere Lebewesen), z. B. als Nutzpflanzen oder als Teil der Biodiversität, von Nutzen sind.
– *Relationaler Wert*: Pflanzen sind nicht um ihrer selbst willen zu schützen, sondern weil jemand sie als schützenswert erachtet. Ihre Schutzwürdigkeit steht in Relation zu einem ihnen aufgrund bestimmter Eigenschaften zugeschriebenen Wert. Zum Beispiel kann ein Baum für einen Betrachter einen besonderen Wert haben, weil er zum Gedenken an einen verstorbenen Menschen gepflanzt wurde. Auch ein ästhetischer Wert ist ein relationaler Wert.
– *Eigenwert*: Pflanzen haben einen Eigenwert. Aufgrund dieses Eigenwerts sind sie um ihrer selbst willen zu schützen.

Diese drei Wertkonzeptionen lassen sich am Beispiel eines Rosenbusches illustrieren:
– Der Rosenbusch hat einen instrumentellen Wert, weil er als Rosenhecke vor unerwünschten Eindringlingen schützt.
– Der Rosenbusch hat einen relationalen Wert, weil die schönen Rosen, die er trägt, an die verstorbene Großmutter erinnern.
– Der Rosenbusch hat einen Eigenwert unabhängig davon, ob er jemandem nützt oder jemand ihm eine Bedeutung zuschreibt.

Die Würde der Kreatur bei Pflanzen, hg. von der Eidgenössischen Ethikkommission für Biotechnologie im Außerhumanbereich EKAH, Bern 2008. (http://www.ekah.admin.ch/uploads/media/d-Broschure-Wurde-Pflanze-2008.pdf)

■ AUFGABEN:
1. Schließen sich die drei Wertmaßstäbe aus?
2. Welchen Maßstab kann man argumentativ am besten begründen?
3. Die Ethikkommission erklärt es z. B. für unmoralisch, Pflanzen am Wegesrand ohne rationalen Grund niederzutreten. Finden Sie das überzeugend oder nicht? Welcher Maßstab wurde dabei zugrunde gelegt?

N16 Grüne Gentechnik: Pro und Contra

■ INFO zur Einführung:
Da die Anwendung der Gentechnik in der Landwirtschaft ein strittiges Thema ist, hat das zuständige Bundesministerium eine Diskussionsrunde einberufen und die verschiedenen Parteien zu Wort kommen lassen. Daraus zuerst die Definition und dann einige Hauptargumente:

Grüne Gentechnik – das ist die Anwendung gentechnischer Verfahren in der Pflanzenzüchtung, der Anbau gentechnisch veränderter (Gv-)Pflanzen und ihre Verarbeitung zu Lebensmitteln. Grundsätzlich ist dabei zwischen gentechnischen Verfahren zur Übertragung von Erbmaterial zwischen unterschiedlichen Organismen und solchen zur Analyse der Eigenschaften von Organismen zu unterscheiden. Auch die gentechnische Herstellung von Zusatzstoffen und Lebensmittel-Enzymen und ihre Verwendung wird der Grünen Gentechnik zugerechnet.

Pro
Herbizidtolerante und insektenresistente Pflanzen sollen effektivere und weniger umweltbelastende Anbauverfahren ermöglichen. Die wachsenden Anbauflächen gelten vielen als Beleg, dass diese Erwartungen in der Praxis eingehalten werden. Sie argumentieren:
– Die Landwirte haben ökonomische Vorteile, etwa durch weniger Arbeitsaufwand oder Einsparung von Treibstoff.
– Gv-Pflanzen ermöglichen die effiziente Kontrolle von Unkräutern und Schädlingen, dadurch müssen weniger chemische Pflanzenschutzmittel eingesetzt werden.
– Durch herbizidresistente Pflanzen sind bodenschonende Bearbeitungsverfahren (weniger Pflügen) möglich. [....]

Kontra
Andere Beobachter verweisen darauf, dass die Erfahrungen mit dem Anbau von Gv-Pflanzen nicht durchweg eindeutig und positiv sind:
– Einige in den USA durchgeführte Studien zeigen, dass durch den Anbau von Gv-Pflanzen die Erträge eher sinken.
– Auswertungen über den Verbrauch an Pflanzenschutzmitteln brachten unterschiedliche Ergebnisse. Eine einheitliche Tendenz zu weniger Insektiziden und Herbiziden ist nicht zu erkennen.
– Mittel- und langfristig verlieren herbizid- und insektenresistente Pflanzen – ob gentechnisch oder konventionell gezüchtet – ihre Wirkung, da sich angepasste widerstandsfähige Unkräuter und Schädlinge ausbreiten.

Bundesministerium für Verbraucherschutz, Ernährung und Landwirtschaft (Hrsg.): Diskurs Grüne Gentechnik. Hintergründe, Standpunkte und Erwartungen vom Einsatz der Gentechnik in der Land- und Ernährungswirtschaft. Köln 2003, S. 7f.

■ INFO zur Einführung:
Da die Entscheidung in dieser Frage große Konsequenzen für die Natur und die Menschen, für die Landwirtschaft und die Verbraucher hat, kämpfen auf beiden Seiten Verbände und Regierungen. Hier zwei Beispiele:

Pro
Für den Landwirt, die Umwelt und den Verbraucher in Deutschland bietet die Grüne Gentechnik entscheidende Vorteile, und sie hat ein hohes Potenzial für unsere Wirtschaftskraft. So können beispielsweise beim Anbau schädlingsresistenter Kulturen Pflanzenschutzmittel in erheblichem Umfang eingespart werden. Auch an der Gewinnung von Impfstoffen aus Pflanzen oder allergenfreien Nahrungsmitteln wird gearbeitet. Mit konventioneller Nahrungsmittelerzeugung allein ist der Hunger in dieser Welt nicht mehr zu besiegen. Nach Angaben der Ernährungs- und Landwirtschaftsorganisation der Vereinten Nationen (FAO) wird der weltweite Nahrungsmittelbedarf bis zum Jahr 2015 um 2,2 Prozent, die landwirtschaftliche Produktion aber nur um 2,0 Prozent steigen. Die Bevölkerung allein in den Entwicklungsländern wird in dieser Zeit um fast eine Milliarde Menschen zunehmen. Die Gentechnik im Bereich von Landwirtschaft und Ernährung ist deshalb eine große Zukunftschance auch für die Dritte Welt.

Bayrisches Staatsministerium für Umwelt, Gesundheit und Verbraucherschutz: Zwölf Eckpunkte zur Grünen Gentechnik. 2003, Vorwort.

Kontra

Wer Gentechnik in Ernährung und Landwirtschaft propagiert, nimmt unkalkulierbare, unkontrollierbare und unwiderrufliche Risiken in Kauf. Ein Nutzen für die Menschen und die Umwelt ist nicht zu erkennen. 70 bis 80 Prozent der Verbraucher lehnen gentechnisch veränderte Lebensmittel aus gesundheitlichen und ökologischen Bedenken ab, Lebensmittelhersteller und Handel nehmen diesen Verbraucherwunsch sehr ernst. Auch eine breite Mehrheit der Landwirte stemmt sich gegen genmanipulierte Saat, um nicht noch stärker von global agierenden Saatgut- und Agrarchemiefirmen abhängig zu werden.

Seit Jahrzehnten verspricht die Gentechnik-Branche immer neue Wunderpflanzen, die mit Schädlingen, Krankheiten oder Trockenheit besser zurechtkommen. Herausgekommen sind lediglich wenige Sorten, die häufigste Eigenschaft dieser Pflanzen ist die Resistenz gegen ein Totalherbizid. Die Gentechnikindustrie verspricht, den Hunger auf der Welt zu stillen. Zur Lösung des Hungerproblems bedarf es jedoch anderer Strategien, dazu gehören eine nachhaltige und regional angepasste Landbewirtschaftung, lokale und regionale Handelsstrukturen, Zugang zum Land und eine gerechtere Verteilung von Kaufkraft.

Mit gentechnisch veränderten Pflanzen sind immer auch Patente verbunden. Sie machen die Bauern und letztlich auch die Konsumenten von wenigen weltweit tätigen Saatgut- und Agrarchemie-Konzernen abhängig. Die Firma Monsanto vermarktet bereits heute 90 Prozent aller genmanipulierten Pflanzen.

Ein gesamtwirtschaftlicher Nutzen der Agro-Gentechnik ist nicht zu erkennen. Der Anbau gentechnisch veränderter Pflanzen ist vielmehr mit hohen Kosten für die gesamte Lebensmittelkette verbunden. Um weiterhin gentechnikfreie Lebensmittel anbieten zu können, müssen Hersteller heute bereits viele hunderttausend Euro pro Jahr ausgeben, um getrennte Verarbeitungsketten aufzubauen. Dazu kommen hohe Analysekosten, um die Erzeugnisse auf Verunreinigungen mit GVO zu untersuchen. (Bio-)Landwirte und mittelständische Unternehmen tragen die Risiken und Kosten, die durch den Einsatz der Gentechnik verursacht werden. Dadurch steigt absurderweise der Preis für diejenigen Lebensmittel, die gemäß Verbraucherwunsch ohne Gentechnik hergestellt werden.

Biobauern wollen ohne Gentechnik arbeiten. Der Einsatz der Gentechnik ist im Biolandbau gesetzlich verboten. Das Nebeneinander von gentechnisch veränderten Pflanzen und einer gentechnikfreien Landwirtschaft – die „Koexistenz" – ist in der Praxis nicht machbar, das zeigen Erfahrungen zum Beispiel aus USA und Kanada. Landwirte und Verbraucher können nicht mehr frei wählen, wenn Saatgut, Pflanzen und Lebensmittel mit gentechnisch veränderten Organismen verunreinigt sind. In Europa muss die gefährliche Saat gestoppt werden!

Gerald Wehde, Leiter Fachstelle Agrarpolitik, Bioland e.V.

■ AUFGABEN:
1. Wie kommen die unterschiedlichen Stellungnahmen zustande? Welche Interessen spielen eine Rolle?
2. Wie können Verbraucher in diesem Streit für sich eine Entscheidung finden?
3. Welche Argumente scheinen Ihnen die entscheidenden und welche nachrangig zu sein?
4. Was hat diese Diskussion mit Ethik zu tun? Gehört sie überhaupt in den Philosophieunterricht?

N17 Bertolt Brecht: Zweck der Wissenschaft

■ INFO zur Einführung:

Der Dichter Bertolt Brecht (1898–1956) prangert in seinem Drama „Leben des Galilei" die Rückständigkeit des christlichen Weltbildes, aber auch das Selbstverständnis der Wissenschaften, wie es sich in Abhängigkeit von gesellschaftlich-politischen Kontexten entwickelt, an. Zunächst erläutert „Galilei" dem jungen „Andrea Sarti" die Stellungen und Umlaufbahnen der Planeten, das heliozentrische Weltbild und die elliptischen Bewegungen der Erde. Schließlich hinterfragt er die Naturwissenschaft selbst.

Wofür arbeitet ihr? Ich halte dafür, dass das einzige Ziel der Wissenschaft darin besteht, die Mühseligkeit der menschlichen Existenz zu erleichtern. Wenn Wissenschaftler, eingeschüchtert durch selbstsüchtige Machthaber, sich damit begnügen, Wissen um des Wissens willen aufzuhäufen, kann die Wissenschaft zum Krüppel gemacht werden, und eure neuen Maschinen mögen nur neue Drangsale bedeuten. Ihr mögt mit der Zeit alles entdecken, was es zu entdecken gibt, und euer Fortschritt wird doch nur ein Fortschreiten von der Menschheit weg sein. Die Kluft zwischen euch und ihr kann eines Tages so groß werden, dass euer Jubelschrei über irgendeine neue Errungenschaft von einem universalen Entsetzensschrei beantwortet werden könnte.

Ich hatte als Wissenschaftler eine einzigartige Möglichkeit. In meiner Zeit erreichte die Astronomie die Marktplätze. Unter diesen ganz besonderen Umständen hätte die Standhaftigkeit eines Mannes große Erschütterungen hervorrufen können. Hätte ich widerstanden, hätten die Naturwissenschaftler etwas wie den hippokratischen Eid der Ärzte entwickeln können, das Gelöbnis, ihr Wissen einzig zum Wohle der Menschheit anzuwenden! Wie es nun steht, ist das Höchste, was man erhoffen kann, ein Geschlecht erfinderischer Zwerge, die für alles gemietet werden können.

Brecht, Bertolt: Leben des Galilei. Gesammelte Werke, Bd. 3, Frankfurt a. M. 1967. S. 1340f.

■ AUFGABEN:
1. Erläutern Sie das angesprochene Verhältnis von Wissenschaft und Macht!
2. Welche Vorwürfe erhebt Brecht gegen die Naturwissenschaft?
3. Was empfiehlt er den Naturwissenschaftlern?
4. Halten Sie es für richtig, dass man nicht nur um des Wissens willen forschen darf?

N18 Carl Friedrich von Weizsäcker: Die Verantwortung der Wissenschaft

■ INFO zur Einführung:
Der Physiker Robert Oppenheimer, der als „Vater der Atombombe" gilt, war nach deren Einsatz in Japan von schweren Gewissensnöten bedrückt und wandte sich entschieden gegen ihren weiteren Gebrauch. 1957, in der Zeit des Wettrüstens während des Kalten Krieges zwischen den westlichen Ländern und der Sowjetunion, sagte der Physiker C. Fr. von Weizsäcker in einer Rede Folgendes:

Die persönliche Verantwortung des Naturwissenschaftlers entspricht der praktischen Bedeutung seines Fachs. Ich möchte einen Vergleich gebrauchen. Jeder Naturwissenschaftler lernt die Sorgfalt beim Experimentieren, ohne die seine Wissenschaft in Geflunker ausarten würde. Ich glaube, solange uns die Sorgfalt bei der Prüfung der Rückwirkungen unserer Erfindungen auf das menschliche Leben nicht ebenso selbstverständlich ist, wie die Sorgfalt beim Experimentieren, sind wir zum Leben im technischen Zeitalter nicht reif. Man hat an einen hippokratischen Eid für Naturwissenschaftler und Techniker gedacht. Überlegen Sie sich das. Es wird nicht leicht sein, eine solche Verpflichtung hinreichend konkret zu formulieren, aber sie wird sich wohl als nötig erweisen. Ich glaube im übrigen, dass eine solche Verpflichtung zunächst nicht von oben auferlegt werden kann, sondern durch freiwilligen Entschluss Weniger beginnen muss.

Ein Hauptproblem für den Naturwissenschaftler und Techniker, der verantwortlich handeln will, ist seine Verflochtenheit in gesellschaftliche, in wirtschaftliche und politische Zusammenhänge. Er will wohl Leben fördern und nicht gefährden; aber erlaubt es ihm die Struktur der Welt, in der er lebt?

Die Atomwaffen sind das größte Beispiel dieser Verstrickung.

Für einen Marsmenschen, der ohne Kenntnis dessen, was wir Politik nennen, die letzten zwölf Jahre der Erdenmenschheit von außen betrachtet hätte, wären die Atombomben wahrscheinlich der schlagende Beweis für den infantilen Charakter der technischen Zivilisation auf der Erde: Nicht einmal, wenn es an ihr eigenes Leben geht, können sie das Spielen lassen.

Wir Erdenmenschen freilich wissen es besser. Wir sind Realisten. Wir wissen: Außenpolitik und Krieg haben ihre ewigen Gesetze, daran ändern auch die Atomwaffen nichts. Im sicheren Bewusstsein von der Unabänderlichkeit der menschlichen Natur stürmen wir dem dann ebenso unabänderlich über uns verhängten Untergang entgegen. Oder wollen wir uns wehren?

Weizsäcker, Carl Friedrich von: Die Verantwortung der Wissenschaft im Atomzeitalter. Göttingen 1957, S. 15f.

■ AUFGABEN:
1. Wie müsste im Grundzug ein solcher „hippokratischer Eid" für Naturwissenschaftler aussehen?
2. Was vermuten Sie, warum Naturwissenschaftler die Rückwirkungen ihrer Forschungen auf das menschliche Leben nicht immer hinreichend beachtet haben?
3. In unserem Text ist von der Gefahr der Atomwaffen die Rede. Scheint Ihnen nach dem Ende des Kalten Krieges die Gefahr der Massenvernichtungswaffen beseitigt, vermindert oder größer geworden zu sein?

Ausdruck eines infantilen Charakters der menschlichen Zivilisation oder „Wohltaten" für die Menschheit?

N19 Ethische Grundsätze des Ingenieurberufs

Erarbeitet vom Verein Deutscher Ingenieure (VDI), 2002

1. Verantwortung
1.1 Ingenieurinnen und Ingenieure sind alleine oder – bei arbeitsteiliger Zusammenarbeit – mitverantwortlich für die Folgen ihrer beruflichen Arbeit sowie für die sorgfältige Wahrnehmung ihrer spezifischen Pflichten, die ihnen aufgrund ihrer Kompetenz und ihres Sachverstandes zukommen.
1.2 Sie verantworten ihre Handlungen gegenüber ihrem Berufsstand, den gesellschaftlichen Institutionen, den Arbeitgebern, Auftraggebern und Techniknutzern.
1.3 Sie achten die gesetzlichen Regelungen des Landes, in dem sie tätig sind, sofern diese universellen moralischen Grundsätzen nicht widersprechen; sie kennen die gesetzlichen Regelungen, die für ihre berufliche Arbeit einschlägig sind, und setzen sich in ihrem Einflussbereich für deren Befolgung ein.
Darüber hinaus wirken sie aus ihrer fachlichen Kompetenz heraus beratend und kritisch am Zustandekommen und der Fortschreibung rechtlicher und politischer Vorgaben mit.

1.4 Ingenieurinnen und Ingenieure bekennen sich zu ihrer Bringpflicht für sinnvolle technische Erfindungen und Lösungen:
Technische Verantwortung nehmen sie wahr, indem sie für Qualität, Zuverlässigkeit und Sicherheit sowie fachgerechte Dokumentation der technischen Produkte und Verfahren sorgen. Sie sind mitverantwortlich dafür, dass die Nutzer technischer Produkte über die bestimmungsgemäße Verwendung und über die Gefahren eines naheliegenden Fehlgebrauchs hinreichend informiert werden.
Strategische Verantwortung nehmen Ingenieurinnen und Ingenieure wahr, indem sie daran mitwirken, die jeweiligen Leistungsmerkmale technischer Produkte und Verfahren festzulegen: Sie zeigen Lösungsalternativen auf, eröffnen neue Suchräume und berücksichtigen die Möglichkeiten von Fehlentwicklungen und vorsätzlichem Fehlgebrauch.

2. *Orientierung*
2.1 Ingenieurinnen und Ingenieure sind sich der Einbettung technischer Systeme in gesellschaftliche, ökonomische und ökologische Zusammenhänge bewusst und berücksichtigen entsprechende Kriterien bei der Technikgestaltung, die auch die Handlungsbedingungen künftiger Generationen achtet: Funktionsfähigkeit, Wirtschaftlichkeit, Wohlstand, Sicherheit, Gesundheit, Umweltqualität, Persönlichkeitsentfaltung und Gesellschaftsqualität.
2.2 Grundsätzlich orientieren sie sich bei der Gestaltung von Technik daran, die Bedingungen selbstverantwortlichen Handelns in der Gegenwart und Zukunft zu erhalten. Insbesondere sind alle Handlungsfolgen zu vermeiden, die sich zu „Sachzwängen" (Krisendruck, Amortisationszwängen) entwickeln und nur noch bloßes Reagieren erlauben. Erst der Erhalt von Freiheit und ihrer ökologischen, ökonomischen und sozialen Bedingungen ermöglicht eine pluralistische Ausrichtung auf Güter jenseits von Fremdbestimmung und Dogmatismus, auch und gerade für die zukünftigen Generationen.
2.3 Die spezifische Ingenieurverantwortung orientiert sich an Grundsätzen allgemein moralischer Verantwortung, wie sie jeglichem Handeln zukommt. Sie verbietet, Produkte für ausschließlich unmoralische Nutzung (beispielsweise ausgedrückt durch internationale Ächtung) zu entwickeln und unwägbare Gefahren und unkontrollierbare Risikopotenziale zuzulassen.
2.4 In Wertkonflikten achten Ingenieurinnen und Ingenieure den Vorrang der Menschengerechtigkeit vor einem Eigenrecht der Natur, von Menschenrechten vor Nutzenserwägungen, von öffentlichem Wohl vor privaten Interessen sowie von hinreichender Sicherheit vor Funktionalität und Wirtschaftlichkeit.
Dabei sind sie sich bewusst, dass Kriterien und Indikatoren für die unterschiedlichen Wertbereiche nicht dogmatisch vorauszusetzen, sondern nur im Dialog mit der Öffentlichkeit zu ermitteln, abzuwägen und abzugleichen sind.

3. *Umsetzung in die Praxis*
3.1 Ingenieurinnen und Ingenieure verpflichten sich, ihre beruflichen Kompetenzen zu erhalten und im Zuge ständiger Weiterbildung fortzuentwickeln.
3.2 Widerstreitende Wertvorstellungen müssen in fach- und kulturübergreifenden Diskussionen erörtert und abgewogen werden. Daher erwerben und pflegen Ingenieurinnen und Ingenieure die Fähigkeit, sich an solchen Diskussionen zur Technikbewertung konstruktiv zu beteiligen.
3.3 Ingenieurinnen und Ingenieure sind sich der rechtlichen Bedeutung ingenieurethischer Grundsätze und Richtlinien bewusst. Denn zahlreiche allgemeine Wendungen im Umwelt-, Technik- und Arbeitsrecht verweisen auf die Notwendigkeit ingenieurethischer und -wissenschaftlicher Ausfüllung, an der Ingenieurinnen und Ingenieure, gestützt auf ihre professionelle Urteilskraft, mitwirken. Das Arbeitsrecht geht einer Berufsordnung, diese wiederum privatrechtlichen Vereinbarungen vor.
3.4 In berufsmoralischen Konfliktfällen, die nicht zusammen mit Arbeit- und Auftraggebern gelöst werden können, suchen Ingenieurinnen und Ingenieure institutionelle Unterstützung bei der Verfolgung ethisch gerechtfertigter Anliegen. Notfalls ist die Alarmierung der Öffentlichkeit oder die Verweigerung weiterer Mitarbeit in Betracht zu ziehen. Um solchen Zuspitzungen vorzubeugen, unterstützen Ingenieurinnen und Ingenieure die Bildung geeigneter Einrichtungen, insbesondere auch im VDI.
3.5 Sie engagieren sich bei der Förderung, Gestaltung und Wahrnehmung technologischer Aufklärung sowie technikethischer Reflexion in Aus- und Weiterbildung an Schulen und Hochschulen, in Unternehmen und Verbänden.
3.6 Sie wirken an der Fortentwicklung und Anpassung dieser berufsethischen Grundsätze mit und beteiligen sich an einschlägigen Beratungen.

■ AUFGABEN:
1. An welchen Beispielen lässt sich die Verantwortung des Ingenieurberufs deutlich machen?
2. Mit welchen Hindernissen müssen Ingenieure rechnen, die sich an diesem Ethikkodex orientieren?
3. Sind die in Punkt 2.1 genannten Kriterien leicht vereinbar oder sind Konfliktfälle denkbar?
4. Muss man diesen Grundsätzen zufolge im Ingenieurberuf nur die gesetzlichen Vorschriften kennen oder sind weitere Normen wichtig?

N20 Das Verhältnis des Menschen zur Technik

a) Slade: „Ready to explode"

Titelbild der LP „The Amazing Kamikaze Syndrome" der britischen Band „Slade" aus dem Jahre 1983

■ AUFGABEN:
1. In einem den oben gezeigten Bildern zugeordneten Liedtext der Band „Slade" heißt es: „Sitting here in my mean machine". Beschreiben Sie die Bilder hinsichtlich des Verhältnisses von Mensch und Maschine!
2. Führen Sie Beispiele aus dem Alltag an, in denen die Menschen auch in einer „mean machine" sitzen!
3. Vergleichen Sie Ihre Alltagserfahrungen mit der Erzählung „Eine Maschine" von Thomas Bernhard!

b) Thomas Bernhard: Eine Maschine

EINE MASCHINE, die wie eine Guillotine ist, schneidet von einer sich langsam fortbewegenden Gummimasse große Stücke ab und lässt sie auf ein Fließband fallen, das sich einen Stock tiefer fortbewegt und an welchem Hilfsarbeiterinnen sitzen, die die abgeschnittenen Stücke zu kontrollieren und schließlich in große Kartons zu verpacken haben. Die Maschine ist erst neun Wochen in Betrieb, und den Tag, an welchem sie der Fabrikleitung übergeben wurde, wird niemand, der bei dieser Feierlichkeit anwesend war, vergessen. Sie war auf einem eigens für sie konstruierten Eisenbahnwaggon in die Fabrik geschafft worden, und die Festredner betonten, dass diese Maschinen eine der größten Errungenschaften der Technik darstelle. Sie wurde bei ihrem Eintreffen in der Fabrik von einer Musikkapelle begrüßt, und die Arbeiter und die Ingenieure empfingen sie mit abgenommenen Hüten. Ihre Montage dauerte vierzehn Tage, und die Besitzer konnten sich von ihrer Arbeitsleistung und Zuverlässigkeit überzeugen. Sie muss nur regelmäßig, und zwar alle vierzehn Tage, mit besonderen Ölen geschmiert werden. Zu diesem Zweck muss eine Arbeiterin eine Stahlwendeltreppe erklettern und das Öl durch ein Ventil langsam einfließen lassen. Der Arbeiterin wird alles bis ins kleinste erklärt. Trotzdem rutscht das Mädchen so unglücklich aus, dass es geköpft wird. Sein Kopf platzt wie die Gummistücke hinunter. Die Arbeiterinnen, die am Fließband sitzen, sind so entsetzt, dass keine von ihnen schreien kann. Sie behandeln den Mädchenkopf gewohnheitsmäßig wie die Gummistücke. Die letzte nimmt den Kopf und verpackt ihn in einen Karton.

Bernhard, Thomas: Eine Maschine. In: Ders.: Ereignisse. Frankfurt a. M. 1994, S. 37f.

■ AUFGABEN:
1. Analysieren Sie Thomas Bernhards Parabel hinsichtlich des Verhältnisses von Mensch und Technik!
2. Welche Folgen des unreflektierten Umgangs mit Technik werden deutlich?

N21 Robert Spaemann: Natur – Kultur

Naturwissenschaft als Herrschaftswissen ist gegen den Unterschied zwischen Mensch und Natur indifferent. Ausdehnung der Herrschaft über die Natur ist deshalb immer zugleich Ausdehnung der Beherrschbarkeit von Menschen. Aber der Prozess dieser Ausdehnung ist selbst noch naturwüchsig. Und eine Geschichte des Menschen, die als bloße Geschichte der Naturbeherrschung verstanden wird, ist selbst bloße Naturgeschichte. D. h. aber: In ihr hat die Unterscheidung „natürlich–unnatürlich" gar keinen Ort. Auch die gänzliche Zerstörung dieser Biosphäre auf diesem Planeten durch den Menschen kann ja als naturgeschichtliche Transformation verstanden werden. Eine Müllhalde ist – so gesehen – nicht unnatürlicher als eine Bergquelle. Der Trieb, der die vorgegebenen Strukturen der Natur auflöst, transformiert, und Natur auf ihre molekularen Elementarstrukturen reduziert, ist genauso natürlich wie das, was er zerstört. Es liegt in ihm kein Herausgehen aus der Natur. Der vollendete Technizismus ist so zugleich vollendeter Naturalismus. Herausgehen aus der Natur findet nur statt, wo Natur als sie selbst erinnert wird. Die Grundbedeutung des Wortes Kultur ist Ackerbau, Pflege eben jener Natur, aus welcher Kultur befreit. Jahrtausendelang bedeutete Kultur ein Verhältnis der Symbiose von Mensch und Natur, in welcher Natur zugleich als Feind, als Spenderin und als Gegenstand pflegender Herrschaft des Menschen auftrat, „weil eine Natur, die man zu Freundlicherem zügeln und zähmen kann, das Schönste ist, das es auf Erden gibt."

[Adalbert Stifter] In der Neuzeit ist an die Stelle dieser Symbiose das Verhältnis einer progressiven Herrschaft getreten, die despotisch genannt werden muss, weil der Eigenstand des beherrschten Objektes fortschreitend abgebaut wird. Konnte Sokrates noch sagen, die Kunst des Hirten sei durch das Wohl der Schafe, nicht durch den Gesichtspunkt des Schlachters definiert, obgleich die Schafe am Ende bei diesem abgeliefert werden, so kann dies vom modernen Tierhalter und Züchter nicht mehr gesagt werden.
Der Prozess der naturwüchsigen Naturbeherrschung ist allerdings nun an einem Punkt angelangt, wo er sich gegen den Menschen selbst wendet. Erstmals kommt zum Bewusstsein, dass die Ressourcen der Natur hinsichtlich dessen, was die Lebensbedingungen der menschlichen Gattung ausmacht, endlich sind. Das Überleben der Gattung ist damit geknüpft an die Bedingung, dass die technische und industrielle Expansion sowie die durch die moderne Medizin herbeigeführte Bevölkerungsexplosion beendet wird zugunsten eines neuen längerfristigen Gleichgewichtszustandes, einer neuen Symbiose, die nun nicht mehr durch die menschliche Ohnmacht stabilisiert wird, sondern durch bewusste Erinnerung der natürlichen Voraussetzungen menschlicher Existenz. Die naturwüchsige Expansion der Naturbeherrschung, weit entfernt, Herrschaft des Menschen über den Menschen zu verringern, steigert vielmehr sowohl deren Notwendigkeit wie deren Möglichkeiten. Sie steigert die Notwen-

digkeit wachsender Manipulation des Menschen, um ihn zu einem brauchbaren Glied seiner eigenen Naturbeherrschungsmechanismen zu machen. Die „Emanzipation" von allen geschichtlichen Lebensordnungen dient dieser Funktionalisierung. Umgekehrt steigern wiederum die wachsenden Möglichkeiten der Naturbeherrschung die der Beherrschung von Menschen, einer Beherrschung, die nicht als Verhältnis von Befehl und Gehorsam Freiheit zum Inhalt hat, sondern die als „Manipulation" den Menschen als Natur objektiviert. Die Rechtfertigung solcher Manipulation wird darin gesehen, dass der Mensch, soweit er manipulierbar ist, ohnehin Natur, also nicht frei ist, und dass es nur darum gehe, an die Stelle naturwüchsiger Sozialisationsprozesse rational gesteuerte zu setzen. Aber Freiheit ist nicht ein „Kern", der zurückbleibt, wenn alle Natur unterjocht ist. Der fundamentale Akt der Freiheit ist der des Verzichtes auf Unterjochung eines Unterjochbaren, der Akt des „Seinlassens". In ihrer gegenseitigen Anerkennung und Freilassung allein überschreiten natürliche Wesen die Natur.

Spaemann, Robert: Natur. In: Ders.: Philosophische Essays. Stuttgart 1983, S. 35ff.

■ AUFGABEN:
1. Worin zeigt sich, dass der Mensch selbst Gegenstand seiner eigenen Naturbeherrschung wird? Nennen Sie Beispiele!
2. Was könnte es heißen, die „Natur als sie selbst" zu erinnern, auf ihre Unterjochung zumindest teilweise zu verzichten? Oder: Was heißt Freilassen der Natur?
3. Wie könnte ein Gleichgewicht von Natur und Kultur aussehen?

Gleichgewicht von Natur und Kultur, Naturbeherrschung oder vollendeter Naturalismus?

14 Medien: Welt des Scheins oder Wahrheitsquellen?

01 Deutscher Presserat: Pressekodex

1. Die Achtung vor der Wahrheit, die Wahrung der Menschenwürde und die wahrhaftige Unterrichtung der Öffentlichkeit sind oberste Gebote der Presse.
Jede in der Presse tätige Person wahrt auf dieser Grundlage das Ansehen und die Glaubwürdigkeit der Medien.
2. Recherche ist unverzichtbares Instrument journalistischer Sorgfalt. Zur Veröffentlichung bestimmte Informationen in Wort, Bild und Grafik sind mit der nach den Umständen gebotenen Sorgfalt auf ihren Wahrheitsgehalt zu prüfen und wahrheitsgetreu wiederzugeben. Ihr Sinn darf durch Bearbeitung, Überschrift oder Bildbeschriftung weder entstellt noch verfälscht werden. Unbestätigte Meldungen, Gerüchte und Vermutungen sind als solche erkennbar zu machen. Symbolfotos müssen als solche kenntlich sein oder erkennbar gemacht werden.
3. Veröffentlichte Nachrichten oder Behauptungen, insbesondere personenbezogener Art, die sich nachträglich als falsch erweisen, hat das Publikationsorgan, das sie gebracht hat, unverzüglich von sich aus in angemessener Weise richtigzustellen.
4. Bei der Beschaffung von personenbezogenen Daten, Nachrichten, Informationsmaterial und Bildern dürfen keine unlauteren Methoden angewandt werden. […]
8. Die Presse achtet das Privatleben und die Intimsphäre des Menschen. Berührt jedoch das private Verhalten öffentliche Interessen, so kann es im Einzelfall in der Presse erörtert werden. Dabei ist zu prüfen, ob durch eine Veröffentlichung Persönlichkeitsrechte Unbeteiligter verletzt werden. Die Presse achtet das Recht auf informationelle Selbstbestimmung und gewährleistet den redaktionellen Datenschutz.
9. Es widerspricht journalistischer Ethik, mit unangemessenen Darstellungen in Wort und Bild Menschen in ihrer Ehre zu verletzen. […]
11. Die Presse verzichtet auf eine unangemessen sensationelle Darstellung von Gewalt, Brutalität und Leid. Die Presse beachtet den Jugendschutz. […]

Honoré Daumier: Ah! Du willst dich mit der Presse anlegen! (1833)

Deutscher Presserat: Publizistische Grundsätze (Pressekodex, Auszug). Richtlinien für die publizistische Arbeit nach den Empfehlungen des Deutschen Presserates, Bonn 2008, S. 4 ff.

■ AUFGABEN:
1. Was könnte zu den „unlauteren Methoden" der Informationsbeschaffung (Punkt 4) gehören?
2. Scheint Ihnen der zweite Satz von Punkt 8 sinnvoll zu sein oder nicht? Ermöglicht er eine klare Entscheidung?
3. Tragen alle Medien den genannten Kriterien Rechnung? Welche Verstöße gegen die genannten Grundsätze haben Sie beobachtet?
4. Was sind vermutlich die wichtigsten Motive für die Missachtung dieser Richtlinien?
5. Wäre heute eine Demokratie ohne die Freiheit von Presse, Radio und Fernsehen möglich?
6. Wären die Massenmedien auch für eine Diktatur und einen totalitären Staat nützlich?
7. Ist durch das Internet eine neue Situation eingetreten?

O2 Presseratsrügen für Falschmeldungen

a) „Bild" macht aus Tätern Türken

Presseratsrüge für „Bild" im Jahr 2006; Verstoß gegen Ziffer 12 (BK2-147/06)
„Bild" berichtet, dass zwei Männer, die einen Mord begangen haben sollen, festgenommen wurden, und nennt sie „Murat G." und „Nasir L.". In Wahrheit handelt es sich allerdings um Deutsche, sogar ohne sogenannten Migrationshintergrund und mit typisch deutschen Namen. Die Zeitung hat nicht nur, ohne darauf hinzuweisen, die Namen der „Mörder" geändert, sondern auch ihre scheinbare Herkunft. Ein Leser beschwert sich beim Presserat, dass dadurch Vorurteile bedient und geschürt würden.
Die Rechtsabteilung von Axel Springer bestreitet, dass durch die Namensänderung Stimmung gegen türkische Mitbürger gemacht worden sei. Sie weist darauf hin, dass die Polizei ursprünglich nach „Tätern südländischer Herkunft" gesucht habe. Die Redaktion habe vergeblich versucht, am Tag vor der Meldung die tatsächlichen Namen der Täter in Erfahrung zu bringen. (Anmerkung von uns: Gelungen war es ihr allerdings offenbar, Details über das Privatleben des Haupttäters zu recherchieren, siehe Ausriss.) Der Zusatz „Name geändert" habe versehentlich gefehlt, erklärte die Rechtsabteilung. Schon am nächsten Tag habe man die korrekten Vornamen benutzt.
Der Presserat meint, dass „Bild" auch ohne Namensnennung über die Verhaftung hätte berichten können. Dadurch, dass ohne erkennbaren Grund türkische Namen benutzt wurden, könnten Vorurteile geschürt werden. Den Hinweis, es habe nur der Zusatz „Name geändert" gefehlt, erkennt der Presserat nicht an. Er bemängelt außerdem, dass „Bild" zwar später die korrekten Namen genannt, aber die Leser nicht auf die irreführenden Phantasienamen im ersten Bericht hingewiesen habe. (Öffentliche Rüge)

http://www.bildblog.de/ruegen2006.php

b) „Bild" macht Opfer zum Täter

Verstoß gegen Ziffer 8 und 11 (B 14/02)
Ein Mann springt vor eine fahrende Straßenbahn. „Bild" druckt einen Bericht mit der Überschrift „Er hat gerade einen Menschen überfahren" und einen Pfeil auf das Foto des geschockten Fahrers, der von einem Feuerwehrmann zum Krankenwagen geführt wird.

Seine Augenpartie ist mit einem Balken bedeckt.
Der Presserat kommt zu dem Schluss, dass durch die Aufmachung suggeriert werde, der betroffene Fahrer sei weniger Opfer des Vorgangs als selbst Täter. Trotz des Balkens sei er zudem für einen bestimmten Personenkreis erkennbar gewesen. (Öffentliche Rüge)

http://www.bildblog.de/ruegen2006.php

■ AUFGABEN:
1. Gegen welche Prinzipien des Pressekodex (O1) wurde jeweils verstoßen?
2. Begrüßen Sie die Aktivitäten des Presserates, oder scheint er Ihnen selbst parteiisch zu sein und die Freiheit der Presse einzuschränken?

O3 Johann Martin Chladenius: Die Bedeutung des Gesichtspunktes

■ INFO zur Einführung:
Die Frage nach der Wahrheit und Objektivität von Berichten war bereits bei der Beurteilung von historischen Werken aufgebrochen, da in diesen oft dasselbe Ereignis ganz verschieden dargestellt wurde. Der Theologe und Philosoph Johann Martin Chladenius warnte schon im 18. Jahrhundert, daraus auf die Unwahrheit der Geschichtserzählungen zu schließen, und gab den Rat, jeweils auf den „Sehepunkt" und d. h. auf den jeweiligen Gesichtspunkt oder Standpunkt der Berichterstatter zu achten.

Bei der Erkenntnis der Begebenheiten und den daraus fließenden Erzählungen ist es ebenso nötig, auf den Zuschauer und dessen Beschaffenheit Achtung zu geben, als auf die Sache selbst. Von beiden hängt die Erkenntnis der Begebenheiten und mithin auch die Wahrheit der Erzählungen selbst ab. [...]
Der Mond ist bald voll, bald halb, bald noch weniger erleuchtet, nämlich vor uns; denn von einem anderen Sehepunkte betrachtet, ist er allemal halb oder [...] etwas mehr als halb erleuchtet. Der ganze Begriff der Mondviertel beruht auf dem Stand der Erdbewohner. [...]
Bei der Wahrnehmung von Körpern beachtet man hauptsächlich das Sehen, welches nicht allein der deutlichste Sinn ist, sondern derjenige, womit wir am weitesten reichen; und bei diesem Sinn nun ist klar genug, was der Sehepunkt sei, nämlich der Ort, wo das Auge des Zuschauers sich befindet. Davon hängen offensichtlich die sichtbaren Begebenheiten ab, jeder erkennt sie nach dem Stande seines Auges [...].

Die Erfahrung aber lehrt, dass, je nachdem ein Mensch in seiner Seele beschaffen ist [...], er bald Sachen zu empfinden anfängt, die er vorher nicht empfunden hat, bald aber Dinge und Umstände nicht wahrnimmt, die ein anderer gleich wahrnimmt: dass er auch Sachen anders empfindet, widrig, angenehm, leicht, langsam, je nachdem er gesund und munter oder irgendwie beschwert ist. Denn so sind alle Kranken sehr empfindlich und unleidlich. [...] Im Durst sieht man nicht darauf, was sich etwa für Unreinigkeiten im Wasser oder Gefäße befinden; auf der Flucht fühlt man die Sachen, die sonst drücken oder reiben oder wohl gar eine große Wunde machen, nicht. Daher hat auch der innerliche Zustand der Seele eines Menschen einen Einfluss auf das, was er durch die Sinne empfindet, und auf die Erzählungen, die aus solchen Empfindungen entstehen.

Chladenius, Johann Martin: Allgemeine Geschichtswissenschaft. Leipzig 1752, S. 92 ff.

■ AUFGABEN:
1. An welchen Beispielen aus dem täglichen Leben lässt sich aufweisen, dass alle Berichte von einem bestimmten Standpunkt aus erfolgen?
2. Wie muss man nach Chladenius eine Zeitung lesen?
3. Wenn man mit Chladenius die Standortgebundenheit der Berichte in Rechnung stellt, lässt sich dann noch Wahrheit und Lüge unterscheiden oder nicht?

04 Der Witz von der Wahrheit, die eine Lüge ist

An der Küste erzählt man sich folgenden Witz: Als auf einem Schiff der Steuermann einmal etwas zu viel getrunken und einen Schwips hatte, schrieb der Kapitän ins Logbuch: „Heute war der Steuermann betrunken." Der Steuermann las das und rächte sich. Als er das Logbuch führen musste, schrieb er eines Tages hinein: „Heute war der Kapitän nicht betrunken."

■ AUFGABEN:
1. Mit welchen einfachen Mitteln kann ein Journalist in ähnlicher Weise den Leser täuschen?
2. Der Philosoph Hegel sagte: „Die Wahrheit ist das Ganze." Lässt sich das Ganze überhaupt berichten? Oder müssen wir uns immer mit Teilwahrheiten zufriedengeben?

05 Persönlichkeitsrechte

■ INFO zur Einführung:
Da die neuen elektronischen Medien es sehr leicht machen, sowohl Bilder als auch Tonaufnahmen herzustellen, haben die sog. Persönlichkeitsrechte, die dem Schutz der Würde und der Privatsphäre des Einzelnen dienen, an Bedeutung gewonnen. Zu den Persönlichkeitsrechten gehört auch der Schutz vor unerwünschter Abbildung. Die gesetzliche Bestimmung lautet:

Bildnisse dürfen nur mit Einwilligung des Abgebildeten verbreitet oder öffentlich zur Schau gestellt werden. Die Einwilligung gilt im Zweifel als erteilt, wenn der Abgebildete dafür, dass er sich abbilden ließ, eine Entlohnung erhielt. Nach dem Tode des Abgebildeten bedarf es bis zum Ablaufe von 10 Jahren der Einwilligung der Angehörigen des Abgebildeten. Angehörige im Sinne dieses Gesetzes sind der überlebende Ehegatte oder Lebenspartner und die Kinder des Abgebildeten und, wenn weder ein Ehegatte oder Lebenspartner noch Kinder vorhanden sind, die Eltern des Abgebildeten.

■ INFO:
Gesetz betreffend das Urheberrecht an Werken der bildenden Kunst und der Photographie, § 22.
Im Strafgesetzbuch wird diese Bestimmung noch verschärft:

Wer von einer anderen Person, die sich in einer Wohnung oder einem gegen Einblick besonders geschützten Raum befindet, unbefugt Bildaufnahmen herstellt oder überträgt und dadurch deren höchstpersönlichen Lebensbereich verletzt, wird mit Freiheitsstrafe bis zu einem Jahr oder mit Geldstrafe bestraft. (StGB § 201a)

■ INFO:
Das Recht schützt ebenso die „Vertraulichkeit des Wortes" und stellt auch hier die Verletzung unter Strafe:

Mit Freiheitsstrafe bis zu drei Jahren oder mit Geldstrafe wird bestraft, wer unbefugt
1. das nichtöffentlich gesprochene Wort eines anderen auf einen Tonträger aufnimmt oder
2. eine so hergestellte Aufnahme gebraucht oder einem Dritten zugänglich macht. (StGB § 201)

■ AUFGABEN:
1. Vertragen sich diese Bestimmungen mit der Praxis vieler Paparazzi, von denen man liest?
2. Was ist von Zeitungen zu halten, die ihre Leser einladen, Reporter zu spielen? Werden diese die gesetzlichen Vorgaben kennen und beachten?
3. Werden diese gesetzlichen Bestimmungen in Ihrem Freundes- und Bekanntenkreis beachtet? Wenn nicht, was könnten die Gründe sein?

06 Reality-TV

Die Fernsehanstalten wetteifern, „die Wirklichkeit, wie sie ist" zu zeigen, indem ein Kamerateam zum Beispiel Polizeieinsätze begleitet und filmt. Man nennt diese Sendungen „Reality-TV". Sie werden sicherlich solche Sendungen kennen.

■ AUFGABEN:
1. Welche „Wirklichkeit" wird in der Regel dargestellt? Bekommen wir eine Orientierung über die Welt, in der wir leben?
2. Werden in Sendungen wie „Big Brother" die Richtlinien des Pressekodex beachtet? Gegen welche wird am häufigsten verstoßen?
3. Warum haben die einschlägigen Sendungen so hohe Einschaltquoten?
4. Die Beteiligten an diesen Sendungen geben oft vorher ihr Einverständnis, wenn sie in sehr privaten oder peinlichen Situationen gefilmt werden sollen. Wie ist das zu erklären?

07 Hermann Schäfer: Bilder, die lügen

■ INFO zur Einführung:

Seit es die Fotografie gibt, hat man sie auch missbraucht: Man hat Fotos und auch ihre Gegenstände so verändert, dass die Bilder bestimmten politischen oder kommerziellen Interessen dienen konnten. Deshalb hat das Haus der Geschichte in Bonn 1989/99 eine Ausstellung organisiert, die eine große Zahl von Beispielen für diese unselige Praxis vor Augen stellte. Darunter befanden sich auch die berühmten Fotos, auf denen Stalin seine Kampfgefährten retuschieren ließ, nachdem sie bei ihm in Ungnade gefallen und von ihm eliminiert worden waren. Der folgende Passus stammt aus dem Vorwort des Ausstellungskatalogs.

Lenin auf dem Swerdlow-Platz in Moskau am 5. Mai 1920, links mit Trotzki, rechts retuschiert ohne Trotzki

Die Lust an Visualisierung ist dramatisch angestiegen. Das Fernsehen wurde zum Leitmedium – für viele eine Sucht. Es überschwemmt uns täglich mit einer ansteigenden Flut von Bildern, von denen die wenigsten einen wahrnehmbaren neuen Informationsgehalt aufweisen. Ob es sich um Naturkatastrophen in Lateinamerika oder bürgerkriegsähnliche Auseinandersetzungen in asiatischen Nachfolgerepubliken der Sowjetunion handelt – die Bilder bedürfen immer der Erklärung, um von Zuschauern richtig eingeordnet werden zu können. Journalisten sollten idealiter diese Rolle übernehmen. Aber können sie überhaupt in einer Einspielung von 90 Sekunden Hintergründe ausreichend beleuchten, zum Beispiel von Religionskonflikten, deren Ursprünge Jahrhunderte zurückliegen? Der Nutzer medial vermittelter Bilder ist auf begleitende Texte angewiesen. Erst das Zusammenspiel von Bild und Text ermöglicht, Inhalte zu interpretieren und Informationen zu sammeln. Dass Bilder einer Erklärung bedürfen, eröffnet zugleich weitere Manipulationsmöglichkeiten.

Die technologische Revolution der Bildmanipulation ist ein weiterer Faktor, der uns in der Gegenwart zu noch größerer Wachsamkeit zwingt. Digitale Bildbearbeitung – inzwischen am heimischen Computer möglich – eröffnet ungeahnte, fantastische Perspektiven. Gewiss hat das Bemühen um Schönung der Realität die Fotografie von Beginn an begleitet, doch inzwischen ist die Grenze zum Original fließend geworden. Digitale Kameras verfügen über diverse Aufnahmemodi, die bereits während der Betätigung des Auslösers die abgelichtete Realität verfremden […].

Die Wahrnehmung der Menschen hat mit diesem qualitativen Sprung in der Technologie nicht Schritt gehalten. Noch immer glaubt die Mehrheit der Bevölkerung unkritisch an den Wahrheitsgehalt von Fotografien.

Schäfer, Hermann: Vorwort, zu: Bilder, die lügen, hg. vom Haus der Geschichte der Bundesrepublik Deutschland. Bonn 1998, S. 6f.

■ AUFGABEN:
1. Von welchen Bildern fordern wir, dass sie nicht verändert wurden, von welchen nicht?
2. Wie unterscheidet sich die gesehene und erlebte Wirklichkeit von der in einem Bild eingefangenen?
3. Warum bringen die Menschen in der Regel den Bildern ein solches Vertrauen entgegen?
4. Wie könnte man dem Missbrauch manipulierter Bilder in den Medien entgegenwirken?

08 Clemens Albrecht: Bilder lügen – immer

■ INFO zur Einführung:
Der Sozialwissenschaftler Clemens Albrecht vertritt die These, dass Bilder immer einer Deutung bedürfen und wir uns täuschen, wenn wir in ihnen bloß Abbildungen einer Realität sehen. Hier ein Ausschnitt aus seiner Argumentation:

Füße durch eine Glasplatte gesehen

Wo auch immer hier die Grenzen der bewussten Manipulation zu ziehen sind, die These, dass Bilder immer lügen, zielt auf etwas Grundsätzliches, eine Eigenschaft des Mediums selbst: Bilder sind wirklichkeitsnah und wahrheitsfern. Denn Wirklichkeit, wie sie sich unseren Sinnen zunächst darstellt, ist ein zwar verschiedenartiges, aber unstrukturiertes Kontinuum, in das wir erst durch sprachliche Kategorisierung Ordnung hineinlegen: Dies ist ein Baum, das eine Wiese, jenes der Himmel. Erst durch diese sprachliche Strukturierung der Sinneseindrücke empfangen die Dinge aber ihre Bedeutung, indem sie in praktische Beziehung zum Menschen gerückt werden: Aus dem Baum kann ich mein Haus bauen, auf der Wiese kann ich meine Schafe weiden, im Himmel wohnen die Götter. Die Wahrheit der Dinge erschließt sich uns also nicht in ihrer bloßen Wirklichkeit, sondern in der Bestimmung dieser Wirklichkeit durch Bedeutungen, einerlei ob sie pragmatischen oder auch metaphysischen Bedürfnissen oder Interessen folgen.

Bilder sind nun insofern wirklichkeitsnah, als sie dicht an der bloßen sinnlichen Repräsentation von Phänomenen sind. Aus dieser Repräsentation lassen sich theoretisch unendlich viele ganz unterschiedliche Bedeutungen ableiten. Ein römischer Priester, der das Vogelflug-Orakel befragt, sieht den Himmel sicherlich mit anderen Augen als ein Pilot vor dem Start. Die Deutung von Wirklichkeit ist also kontingent [zufällig]. Erst dort, wo sich uns eine – wie auch immer gesicherte – feste Deutung anbietet, wo die Phänomene in ihrer Bedeutung weitgehend fixiert werden, kristallisiert sich ihre Wahrheit heraus. Aus dem An-sich der Dinge wird ein Für-uns. Deshalb sind Bilder, auf der Netzhaut genau wie auf dem Bildschirm, immer interpretationsbedürftig. Während Wörter und Sätze Bedeutungen festlegen und nur eine relativ geringe Bedeutungsstreuung generieren […], sind Bilder immer bedeutungsoffen. Bilder sind eben keine Texte, wie uns die ikonologische Tradition weismachen möchte. […] Ich möchte […] drei verschiedene Arten von Lügen durch Bilder unterscheiden:

1. die bewusste Veränderung von Fotos, Filmen oder Gemälden (Materialfälschung);
2. die bewusste Manipulation oder unbewusste Verfälschung, bei der das Bild in einen anderen zeitlichen, räumlichen oder semantischen Kontext gesetzt wird (Kontextfälschung);
3. die – meist unbewusste – Verfälschung der Interpretation von Bildern, indem eine Deutung anderen Deutungen gleichen Plausibilitätsranges vorgezogen wird (Interpretationsfälschung).

Albrecht, Clemens: Wörter lügen manchmal, Bilder immer. Wissenschaft nach der Wende zum Bild. In: Mit Bildern lügen, hg. von W.-A. Lieber und T. Metten. Köln 2007, S. 30f.

■ AUFGABEN:
1. An welchen Beispielen kann deutlich gemacht werden, dass wir mit der Sprache die Wirklichkeit strukturieren?
2. Erläutern Sie die These, dass Bilder zugleich wirklichkeitsnah und wirklichkeitsfern sind.
3. Zu Lüge 1: Welche Möglichkeiten kennen Sie, um Bilder technisch zu verändern?
4. Zu Lüge 2: Was könnte mit „Kontextfälschung" gemeint sein?
5. Zu Lüge 3: Was stellt das unten folgende Bild dar: ein abstraktes Gemälde, Heidekraut im Schnee, die Zeichnung in einem Kiesel (durch das Mikroskop fotografiert)? Was sind die Voraussetzungen, um diese Frage richtig zu beantworten, oder: wer kennt die Wahrheit dieses Bildes?

6. Darf man unbewusste Verfälschungen „Lügen" nennen? Was ist das Kennzeichen der Lüge?

O9 Friedrich Schiller: Der ästhetische Schein

■ INFO zur Einführung:
Während heute oft die bunte „Scheinwelt" kritisiert wird, die uns die neuen Medien vermitteln, wurde und wird der Schein in der Kunst nachdrücklich verteidigt. Eine wichtige, klassische Theorie dazu verfasste Friedrich Schiller (1759–1805), der nicht nur Dichter, sondern auch Philosoph war.

William Turner: Schneesturm vor der Hafeneinfahrt (1842)

Die höchste Stupidität und der höchste Verstand haben darin eine gewisse Affinität miteinander, dass beide nur das *Reelle* suchen und für den bloßen Schein gänzlich unempfindlich sind. Nur durch die unmittelbare Gegenwart eines Objekts in den Sinnen wird jene arg ihrer Ruhe gerissen, und nur durch Zurückführung seiner Begriffe auf Tatsachen der Erfahrung wird der letztere zur Ruhe gebracht; mit einem Wort, die Dummheit kann sich nicht über die Wirklichkeit erheben und der Verstand nicht unter der Wahrheit stehenbleiben. Insofern also das Bedürfnis der Realität und die Anhänglichkeit an das Wirkliche bloße Folgen des Mangels sind, ist die Gleichgültigkeit gegen Realität und das Interesse am Schein eine wahre Erweiterung der Menschheit und ein entschiedener Schritt zur Kultur. Fürs erste zeugt es von einer äußern Freiheit, denn solange die Not gebietet und das Bedürfnis drängt, ist die Einbildungskraft mit strengen Fesseln an das Wirkliche gebunden; erst wenn das Bedürfnis gestillt ist, entwickelt sie ihr ungebundenes Vermögen. Es zeugt aber auch von einer innern Freiheit, weil es uns eine Kraft sehen lässt, die unabhängig von einem äußern Stoffe sich durch sich selbst in Bewegung setzt, und die Energie genug besitzt, die andringende Materie von sich zu halten. Die Realität der Dinge ist ihr (der Dinge) Werk; der Schein der Dinge ist des Menschen Werk, und ein Gemüt, das sich am Scheine weidet, ergötzt sich schon nicht mehr an dem, was es empfängt, sondern an dem, was es tut.

Es versteht sich wohl von selbst, dass hier nur von dem ästhetischen Schein die Rede ist, den man von der Wirklichkeit und Wahrheit unterscheidet, nicht von dem logischen, den man mit derselben verwechselt – den man folglich liebt, weil er Schein ist, und nicht, weil man ihn für etwas Besseres hält. Nur der erste ist Spiel, da der letzte bloß Betrug ist. Den Schein der ersten Art für etwas gelten lassen, kann der Wahrheit niemals Eintrag tun, weil man nie Gefahr läuft, ihn derselben unterzuschieben, was doch die einzige Art ist, wie der Wahrheit geschadet werden kann; ihn verachten, heißt alle schöne Kunst überhaupt verachten, deren Wesen der Schein ist. Indessen begegnet es dem Verstande zuweilen, seinen Eifer für Realität bis zu einer solchen Unduldsamkeit zu treiben und über die ganze Kunst des schönen

Scheins, weil sie bloß Schein ist, ein wegwerfendes Urteil zu sprechen; dies begegnet aber dem Verstande nur alsdann, wenn er sich der obengedachten Affinität erinnert. […]

Die Natur selbst ist es, die den Menschen von der Realität zum Scheine emporhebt, indem sie ihn mit zwei Sinnen ausrüstete, die ihn bloß durch den Schein zur Erkenntnis des Wirklichen führen. In Auge und dem Ohr ist die andringende Materie schon hinweggewälzt von den Sinnen, und das Objekt entfernt sich von uns, das wir in den tierischen Sinnen unmittelbar berühren. Was wir durch das Auge *sehen,* ist von dem verschieden, was wir *empfinden;* denn der Verstand springt über das Licht hinaus zu den Gegenständen. Der Gegenstand des Takts ist eine Gewalt, die wir erleiden; der Gegenstand des Auges und des Ohrs ist eine Form, die wir erzeugen. Solange der Mensch noch ein Wilder ist, genießt er bloß mit den Sinnen des Gefühls, denen die Sinne des Scheins in dieser Periode bloß dienen. Er erhebt sich entweder gar nicht zum Sehen, oder er befriedigt sich doch nicht mit demselben. Sobald er anfängt, mit dem Auge zu genießen, und das Sehen für ihn einen selbständigen Wert erlangt, so ist er auch schon ästhetisch frei, und der Spieltrieb hat sich entfaltet.

Schiller, Friedrich: Über die ästhetische Erziehung des Menschen (1795). Sämtliche Werke, hg. von G. Fricke und H. G. Göpfert, Band 5, München ⁹1993, S. 656f.

■ AUFGABEN:

1. Wie und warum rechtfertigt Schiller die Welt des Scheins?
2. Was hat der Schein mit der Freiheit zu tun?
3. Wie verhalten sich Schein und Wahrheit, Schein und Täuschung?
4. Welche Verbindung besteht zwischen dem Schein und dem Sehen?
5. Kann man mit Schillers Gedanken die moderne Reklame verteidigen?
6. Würde Schiller Cyberspace begrüßen oder kritisieren?

O10 Thomas de Zengotita: Second Life

■ INFO zur Einführung:

Im Sanskrit, der Schriftsprache der Hindus, bedeutet das Wort Avatar „Herabkunft", nämlich die Manifestation eines Gottes. Inzwischen meint es auch eine Person in einer virtuellen Welt, in die man durch das Internet gelangen kann.

WAS IST SECOND LIFE? Zuerst einmal ist es kein Spiel – es gibt keine Punkte, keine Gewinner, keine Ziele. Und es ist viel mehr als eine Website, es ist ein unendlich erweiterbares digitales Universum, in welchem Menschen aus der realen Welt sich selbst als „Avatare" verkörpern und Bewohner einer virtuellen Welt werden, welche sie selbst konstruieren.

Wenn man sich zum ersten Mal registriert, stellt Second Life eine Avatar-Schablone bereit. Diese ist in ihrer Erscheinungsform menschlich, man kann sie jedoch beliebig modifizieren. Man kann das Geschlecht und die Kleidung wählen, und es steht ein breites Spektrum an körperlichen Merkmalen zur Verfügung – Größe, Alter, Gewicht, Frisur und Hautfarbe. Die Form von Kopf, Ohren, Augen, Nasen und Kinnpartien können schrittweise modifiziert werden, sodass man für sein zweites Leben eine wiedererkennbare Kopie des eigenen realen Selbst erstellen kann. Wenn man das möchte. Man kann sich aber auch als eine Kopie der eigenen Mutter verkörpern oder als Mick Jagger. Oder als riesiger Laufvogel. Oder als ein metallener Android.

Im Second Life wird jener alte Spruch verwirklicht, der unser postmodernes Gefühl persönlicher Bestärkung am besten ausdrückt: „Sei, was du sein willst." Im August 2007, während ich diese Zeilen schreibe, gibt es mehr als acht Millionen registrierte Bewohner (im Gegensatz zu einer Million im Oktober 2006). Eine Hochrechnung geht davon aus, dass es bis Mitte März nächsten Jahres 25 Millionen sein werden.

Mit einem Wort, es ist riesig. […]

Narziss hatte es noch nie so gut – und in Second Life wird es sogar noch besser. Betritt man diese virtuelle Welt mit seinem eigens gefertigten Avatar, multiplizieren sich die Möglichkeiten, selbst zum Zentrum allen Geschehens zu werden, bis ins Unendliche. Es ist ein plasmaartiges Wunderland, gefüllt mit jener träumerischen Ästhetik, wie Zeichentrickfilme sie haben – nur, dass man jetzt nicht einfach nur zuschaut, sondern mittendrin ist. Man kann nach Belieben umherwandern, mit jedem Kontakt aufnehmen, Besitz erwerben oder verkaufen, Sex haben, politische Bewegungen organisieren, Landschaften und Bauwerke kreieren, Kleidung, Kunst, Musik oder Filme produzieren und verkaufen. Man kann einer Kirche beitreten, eine Therapie beginnen, zur Schule gehen. Ein Professor aus Harvard hat einen Avatar, mit dem er Vorträge vor Studenten-Avataren hält. IBM-Avatare halten Forschungs- und Entwicklungssitzungen in virtuellen Konferenzräumen ab. MTV bietet eine Second-Life-Version seines Show-Hits Laguna Beach an. Dort kann man hingehen und mit anderen seine Freizeit verbringen.

Ebenso kann man sich augenblicklich an jeden beliebigen Fleck der Welt teleportieren. Oh, und man kann fliegen; einfach „Page Up" klicken – und hinwegschweben. Wie der Architekt der Büros des Magazins Wired es in Second Life ausdrückt: „Warum sollte Newtonsche Physik im Weg stehen?" Dies sind göttliche Kräfte und jetzt gehören sie Ihnen.

Die bedeutendste unter diesen Kräften ist jedoch subtiler als das Fliegen: Wenn man das Keyboard erst einmal gemeistert hat, tritt die physische Dimension der eigenen Situation in der realen Welt in einen hinteren Winkel des eigenen Bewusstseins zurück. Man ist sich ihr kaum mehr bewusst. Man verschmilzt mit seinem Avatar. Man wird zum Akteur auf dem Bildschirm. Aber natürlich sitzt man noch immer an seinem Computer und hat alles in der Hand. Dank der wesentlichen Eigenschaft eines Avatars ist man gleichzeitig Ausführender und Beobachter. Der Zuschauer und der Star – die wesentlichen Rollen einer medialisierten Gesellschaft – sind verschmolzen. Eine Art neuer synaptischer Zusammenschluss ist vollzogen; eine neue Art menschlicher Erfüllung entsteht. Wenn man den ganzen Verlauf der Geschichte betrachtet, könnte man sogar sagen, dass eine neuartige Daseinsform verwirklicht wurde.

Zengotita, Thomas de: Wie wär's mit einem (zweiten) Leben? In: What is Enlightenment (Deutsche Ausgabe), Frankfurt 2007, S. 28f.

■ AUFGABEN:
1. Wie unterscheidet sich dieses „Spiel" von der Verkleidung im Fasching?
2. In welchen Lebenssituationen der Internetbenutzer übt dieses Angebot vermutlich besondere Faszination aus, in welchen nicht?
3. Wie würden Sie sich zu Ihrem Freund oder Ihrer Freundin verhalten, wenn er oder sie sich täglich am PC in einen Avatar verwandelte?
4. Wo sehen Sie die Gefahren, wo vielleicht auch die Chancen dieser digitalen Technik?

O11 Wilhelm Dilthey: Das Realitätsgefühl

■ INFO zur Einführung:
Die Philosophie hat immer Schwierigkeiten gehabt, gegenüber dem radikalen Skeptizismus die Realität der Außenwelt jenseits des Bewusstseins zu beweisen, da alle Wirklichkeit doch nur für unser Bewusstsein und in ihm gegeben ist. War nicht vielleicht alles, was wir real nennen, nur Schein? Der Philosoph Wilhelm Dilthey (1833–1911) führte die Gewissheit von der Außenwelt auf die Erfahrung von Widerstand zurück.

Indem ein Kind die Hand gegen den Stuhl stemmt, ihn zu bewegen, misst sich seine Kraft am Widerstande: Eigenleben und Objekte werden zusammen erfahren. Nun aber sei das Kind eingesperrt, es rüttle umsonst an der Tür: dann wird sein ganzes aufgeregtes Willensleben den Druck einer übermächtigen Außenwelt inne, welche sein Eigenleben hemmt, beschränkt und gleichsam zusammendrückt. Dem Streben, der Unlust zu entrinnen, all seinen Trieben Befriedigung zu verschaffen, folgt Bewusstsein der Hemmung, Unlust, Unbefriedigung. Was das Kind erfährt, geht durch das ganze Leben des Erwachsenen hindurch. Der Widerstand wird zum Druck, ringsum scheinen uns Wände von Tatsächlichkeit zu umgeben, die wir nicht durchbrechen können. […] Die Eindrücke halten stand, gleichviel ob wir sie ändern möchten; sie verschwinden, obwohl wir sie festzuhalten streben; gewissen Bewegungsantrieben, die von der Vorstellung, dem Unlusterregenden auszuweichen, geleitet werden, folgen unter bestimmten Umständen regelmäßig Gemütsbewegungen, die uns in dem Bezirk des Unlustvollen festhalten. Und so verdichtet sich um uns gleichsam immer mehr die Realität der Außenwelt.

Dilthey, Wilhelm: Beiträge zur Lösung unseres Glaubens an die Realität der Außenwelt und seinem Recht (1890). Gesammelte Schriften Bd. 5, Stuttgart, Göttingen 1982, S. 105.

■ AUFGABEN:
1. Wie und mit welchen Sinnen erfahren wir Widerstand?
2. Stellen Sie sich vor, Ihre Bewegungen träfen auf keinen Widerstand, was würde daraus folgen?
3. Ist Diltheys These inzwischen durch die modernen Medien widerlegt oder nicht?

O12 Gute Musik – böse Musik

a) Musikmagie bei Pythagoras

■ INFO zur Einführung:
Eine der ältesten Erfahrungen des Menschen ist die, dass Musik eine rätselhafte Macht über uns ausübt. Der Philosoph Pythagoras – einer der ältesten Philosophen, der im 6. Jahrhundert v. Chr. lebte – soll sie bereits für die Gesundheit und die richtige Lebensführung eingesetzt haben, und dabei unterschied er hilfreiche und schädliche Musik. Dies illustriert die folgende amüsante Anekdote. Wir dürfen wohl nicht davon ausgehen, dass sich diese Geschichte wirklich zugetragen hat, aber die zugrundeliegende Erfahrung vom Einfluss der Musik ist sicherlich ernst zu nehmen.

Griechischer Aulosbläser mit der charakteristischen Mundbinde und Tänzerin, Zeichnung auf einer Trinkschale (550 v. Chr.)

Pythagoras war der Auffassung, die Musik trage Wesentliches zur Gesundheit bei, wenn man sie in der rechten Weise betreibe. Nicht nur nebenbei pflegte er diese Form der „Reinigung": so nannte er nämlich die Heilung durch die Musik. […] Dabei gab es bestimmte Melodien, die auf die Affekte – etwa auf Anfälle von Mutlosigkeit und nagendem Kummer – zugeschnitten waren; diese waren sehr hilfreich erdacht. Andere wieder wirkten auf Zornes- und Gemütswallungen und auf jedes Außersichgeraten der Seele, die dafür anfällig ist. Gegen die Begierden war ebenfalls eine bestimmte Art von Musik erfunden. Sein Instrument war die Lyra, Pythagoras fand nämlich, die Auloi (Oboen) hätten einen enthemmenden Klang, der für Festversammlungen passte, aber freier Menschen ganz unwürdig sei. […]
Pythagoras soll auch, als er einmal in seine Arbeit vertieft war, durch spondeische [beruhigende] Musik mit Hilfe eines Aulosspielers die Raserei eines betrunkenen Jünglings beschwichtigt haben, der nachts einer Angebeteten an der Haustür des Nebenbuhlers nach-

schwärmte und diese in Brand stecken wollte. Dazu hatte ihn nämlich die erregende phrygische Aulosweise angefeuert. Dem machte Pythagoras – er trieb gerade mitten in der Nacht Sternkunde – sehr schnell ein Ende, indem er dem Bläser empfahl, ins spondeische Maß überzuwechseln. Durch diesen Wechsel wurde der Jüngling alsbald besänftigt und verzog sich sittsam nach Hause, obwohl er doch kurz vorher sich nicht im mindesten beherrscht und schlechthin keinen Versuch des Philosophen, ihn zurechtzuweisen, sich hatte gefallen lassen, ja sogar in sinnloser Wut das Zusammentreffen mit Pythagoras zum Henker gewünscht hatte.

Jamblichos: Pythagoras. Legende, Lehre, Lebensgestaltung, hg., übers. und eingel. von M. v. Albrecht. Zürich, Stuttgart 1963, S. 117, 119 [Text etwas vereinfacht.]

■ AUFGABEN:
1. Trifft es Ihrer Meinung nach zu, dass durch Musik sich die seelische Stimmung verändern kann? Welche Erfahrungen und Beobachtungen haben Sie gemacht?
2. Viele Beschwerden, somatische und psychische, behandelt man heute oft mit Musiktherapie. Wären Sie vor die Wahl gestellt, Tabletten zu nehmen oder an einer Musiktherapie teilzunehmen, was würden Sie bevorzugen und warum?
3. Gibt es auch heute noch Musik, die einen Betrunkenen aufstacheln könnte, in das Haus seiner begehrten Freundin einzubrechen?

b) **Michael Grossbach/Eckart Altenmüller: Musik und Emotion**

■ INFO zur Einführung:
Aufgrund der Tatsache, dass die Musik am tiefsten unsere Seele berührt, hatte Platon für seinen idealen Staat, den er uns schildert, auch bestimmte Musikformen vorgesehen, und er vertrat sogar die Auffassung, die Verfassung eines Staates würde sich ändern, wenn die Musik eine ganz andere würde. Heute wird die Bedeutung der Musik für das soziale Leben bestätigt, aber natürlich in viel schwächerer Weise.

Daniel Barenboim und sein arabisch-israelisches Jugendorchester „West-Eastern Divan"

1. Musik erzeugt Gruppenbindung: Der Zusammenhalt der Gruppe mit effektiver Organisation des Soziallebens (Arbeitsteilung, Jagd, Verteidigung) war mit Sicherheit ein evolutionärer Vorteil gegenüber anderen, weniger gut organisierten Prähominidengruppen.
2. Musik ist weltweit und in jedem Alter an emotionalen Ausdruck gebunden: Emotionen sind evolutionär von höchster Bedeutung und schon lange vor dem Auftreten beispielsweise der Sprache fester Bestandteil des Wahrnehmungs- und Verhaltensrepertoires der Wirbeltiere. Durch Emotionen werden erfreuliche oder gefährliche Situationen gekennzeichnet und im Gedächtnis eingeprägt. Dadurch können bereits erlebte Gefahren besser vermieden und potenziell belohnende Situationen gezielt aufgesucht werden.
3. Musik ist selbstbelohnend: Die archaischen, einst das Überleben in der Gemeinschaft und durch die Gemeinschaft sichernden Strukturen unseres Emotionssystems werden heute in der Kunst zu etwas zunächst vollkommen Zweckfreiem genutzt. Aber die

dadurch erzeugten positiven Emotionen aktivieren das Belohnungssystems unseres Gehirns und machen so das Leben reicher. Sie können aber auch weiter eine Quelle der Manipulierbarkeit darstellen – zum Beispiel durch politische Interessen.

Grossbach, Michael/Altenmüller, Eckart: Musik und Emotion – zu Wirkung und Wirkort von Musik. In: Die Macht der Töne. Musik als Mittel der Identitätsfindung im 20. Jahrhundert. Münster 2003, S. 21.

■ AUFGABEN:
1. Können Sie aus eigener Erfahrung bestätigen, dass Musik die Gruppenbindung fördert? Welche Folgen hat das?
2. Was hat Musik mit unseren erlebten Emotionen zu tun, mit Liebe, Zorn, Melancholie, Aggressivität?
3. Wie könnte man erläutern, dass Musik „selbstbelohnend" ist?

c) **Thomas Pfeiffer: Musik im Rechtsextremismus**

■ INFO zur Einführung:
Dafür, dass Musik politischen Interessen dienen kann, finden wir heute manche Beispiele, so auch Musik, die sogar auf die Aufhebung unserer Verfassung abzielt.

Die Bands heißen „Zillertaler Türkenjäger", „Macht + Ehre", „Landser" oder „Zyklon B" und liefern den Soundtrack zur menschenverachtenden Ideologie des Rechtsextremismus. Diese Musiker agitieren in ihren Texten häufig besonders aggressiv gegen Migranten oder Juden in Deutschland, manche verherrlichen den Nationalsozialismus ausdrücklich. So unterschiedlich die musikalischen und sprachlichen Mittel sind – die Bandbreite reicht von treibendem Punk-Rock bis zu sanften Volksliedern, von plump und hasserfüllt bis pathetisch und symbolbefrachtet –, zumindest auf einen ausgrenzenden völkisch-deutschen Nationalismus können sich die Macher solcher Lieder verständigen. In jüngster Zeit ist die öffentliche Aufmerksamkeit für Musik mit rechtsextremistischen Inhalten nicht zuletzt deshalb gestiegen, weil die aufputschende Wirkung mancher Songs im Zusammenhang mit Gewalttaten gegen Migranten, politische Gegner oder angeblich „Undeutsche" deutlich geworden ist. [...]
Dass Rechtsextremisten nach Strukturen suchen, die den staatlichen Eingriff erschweren, hat seinen Grund. Nach der Welle fremdenfeindlicher Anschläge der frühen 90er-Jahre wuchs der Verfolgungsdruck gegen Neonazi-Organisationen; 16 Gruppen und Einrichtungen wurden verboten, zuletzt die deutsche Sektion der Skinhead-Organisation „Blood & Honour" und die militante Gruppe „Hamburger Sturm". Wenn die Rede von „befreiten Zonen" auch nicht frei ist von Wichtigtuerei, so haben Rechtsextremisten doch Dominanzsphären errungen: manchen Straßenzug, manchen Stadtteil, insbesondere in den neuen Bundesländern. Hier kann sich die modernisierte rechte Gegenkultur mehr als anderswo entfalten: Man hört „Faustrecht", „Endstufe", „Störkraft" und „Kraftschlag" statt altbackener NS-Märsche. Getragen von einem Stil, der sich an Hardrock und Punk orientiert, bricht plumper Rassismus in die Lebenswelten des 21. Jahrhunderts ein. Politische Agitation geht auf im rechten Lifestyle.

Pfeiffer, Thomas: Hurra, hurra, ein Nigger brennt. Funktion und Bedeutung der Musik für den Rechtsextremismus in Deutschland. In: Die Macht der Töne. Musik als Mittel der Identitätsfindung im 20. Jahrhundert. Münster 2003, S. 194 f.

■ AUFGABEN:
1. Sind nur die Texte dieser Musik gefährlich oder ist es auch die Musik selbst?
2. Will man der Faszination, die diese Musik auf manche ausübt, entgegentreten oder sie zumindest eindämmen, was könnte man tun?
3. Wie würden Sie handeln, wenn Sie der Gesetzgeber wären? Würden Sie alle Formen von Musik erlauben, weil es sich um Spiel und Kunst handelt und unser Grundgesetz die Freiheit der Kunst gewährt?

Bildquellenverzeichnis

Kapitel/Seite/Bild	Quelle
A1, 13/1	akg images GmbH, Berlin
A2, 15/1–3	akg images GmbH, Berlin
A6, 21/1	akg images GmbH, Berlin
A7, 21/2	akg images GmbH, Berlin
A8, 23/1	Stadtmuseum Dortmund
A8, 24/1	akg images GmbH, Berlin
A9, 25/1	akg images GmbH, Berlin
A10, 26/1	akg images GmbH, Berlin
A10, 27/1	ullstein bild – Roger Viollet
A13, 31/1	akg images GmbH, Berlin
B1, 33/1	akg images GmbH, Berlin
B1, 33/2	R. Glitza, Bochum
B2, 34/1–2	dpa Picture Alliance GmbH, Frankfurt
B2, 35/1	Verlag Hans Carl, Nürnberg & Stadtgeschichtliche Museen, Nürnberg
B3, 36/1	akg images GmbH, Berlin/ © Banco de Mexico Diego Rivera & Frida Kahlo Museums Trust/ VG Bild-Kunst, Bonn 2009
B4, 37/1	ullstein bild
B6, 39/1	VG Bild-Kunst, Bonn 2009
B12, 44/1	R. Glitza, Bochum
B12, 44/2	akg images GmbH, Berlin
B15, 47/1	akg images GmbH, Berlin
C1, 54/1	akg images GmbH, Berlin/ © VG Bild-Kunst, Bonn 2009
C1, 55/1–7	Eberhard Spangenberg/ VG Bild-Kunst, Bonn 2009
C3, 57/1	akg images GmbH, Berlin
C5, 59/1	The Art Institute of Chicago
C6, 61/1	akg images GmbH, Berlin/ © VG Bild-Kunst, Bonn 2009
D1, 72/1	ullstein bild – Reuters
D1, 72/2+3	ullstein bild – Sven Simon
D2, 73/6	akg images GmbH, Berlin
D18, 84/1	ullstein bild – Paul Hauke
E1, 87/1	bpk Bildagentur f. Kunst, Kultur und Geschichte, Berlin
E1, 88/1	dpa Picture Alliance GmbH, Frankfurt
E9, 99/1	akg images GmbH, Berlin
E13, 105/1	R. Glitza, Bochum
F1, 110/1–4	R. Glitza, Bochum
F1, 110/5	akg images GmbH, Berlin
F1, 110/6–11	R. Glitza, Bochum
F9, 118/1	akg images GmbH, Berlin
F12, 121/1	R. Glitza, Bochum
F12, 122/1	R. Glitza, Bochum
F16, 127/1	dpa Picture Alliance GmbH, Frankfurt
G2, 141/1	Verlag Hans Carl, Nürnberg & Stadtgeschichtliche Museen, Nürnberg
G11, 153/1	R. Glitza, Bochum
G11, 153/2	Verlag Hans Carl, Nürnberg & Stadtgeschichtliche Museen, Nürnberg
G12, 154/1	Museum Paris
G13, 156/1	ullstein bild – Schicke
G21, 162/1	MEV Verlag GmbH, Augsburg
G22, 163/1	akg images GmbH, Berlin
H1, 165/1	Committee f. Investigation China
H1, 166/1	akg images GmbH, Berlin
H1, 167/1	akg images GmbH, Berlin
H1, 170/1	ullstein bild – Häfele
H2, 171/1	R. Glitza, Bochum
H4, 176/1	R. Glitza, Bochum
H6, 178/1	Kindernothilfe e.V., Duisburg
H6, 178/2	R. Glitza, Bochum
H7, 179/1	dpa Picture Alliance GmbH, Frankfurt
J1, 182/1	R. Glitza, Bochum
J5, 186/1	ullstein bild – Reuters
J10, 191/1	Peiling, Xiao, Beijing
J12, 195/1, 5, 9	MEV Verlag GmbH, Augsburg
J12, 195/2–4+ 6–8+10	R. Glitza, Bochum
K2, 201/1	akg images GmbH, Berlin
K9, 210/1	akg images GmbH, Berlin/ © Succession Picasso/VG Bild-Kunst, Bonn 2009
K13, 213/1	MEV Verlag GmbH, Augsburg
L2, 221/1	ullstein bild – Bonn-Sequenz
M2, 232/1	R. Glitza, Bochum
M5, 235/1	ullstein bild – Borgas
M14, 242/1	GEO
M17, 247/1	Otto Dix-Stiftung/Archiv, CH-Bevaix, © VG Bild-Kunst, Bonn 2009
N1, 249/1	Museumsberg Flensburg/ © VG-Bild-Kunst, Bonn 2009
N2, 250/1	akg images GmbH, Berlin
N6, 254/1	ullstein bild – SIPA
N6, 254/2	ullstein bild – Sylent-Press
N8, 255/1	ullstein bild – Röhrbein
N9, 257/1	akg images GmbH, Berlin/ © VG Bild-Kunst, Bonn 2009
N18, 265/1	R. Glitza, Bochum
N20, 267/1	Reproduced by permission of Perseverance Limited
N21, 269/1–4	R. Glitza, Bochum

Kapitel/ Seite/Bild	Quelle	Kapitel/ Seite/Bild	Quelle
O1, 270/1	Rogner & Bernhard Verlag, Berlin	O9, 277/1	dpa Picture Alliance GmbH, Frankfurt
O2, 271/1	ullstein bild – Werner Otto	O12, 280/1	F. Herzfeld, Du und die Musik, Berlin 1950
O7, 274/1–2	akg images GmbH, Berlin		
O8, 275/1	ullstein bild – Imago	O12, 281/1	dpa Picture Alliance GmbH, Frankfurt
O8, 276/1	Prof. G. Scholtz, Bochum		

Register

Achtung (gegenüber dem Anderen) D14, D16, H1b
Aggression C6, K16
Andere, der/die J1–14
Anerkennung D14, H2b, J8
Angst A4[4], F6, K5e
Anthropologie A1–14, B2–3, B14–18
Arbeit A3, A9, B2, F6, F20, H7b
Arzt/Ärztin, siehe Medizin/Medizinethik
Atlantis/Nova Atlantis D5, M1
Augenmaß D9
Autonomie, siehe Selbstgesetzgebung

Barmherzigkeit D3b
Besonnenheit A5, D2, D7–8
Bilder D1, O5–11
Bioethik, siehe Ökologie/ökologische Ethik
Böse, das C1–14, F11
Buddhismus F12

Christentum F16–17

Demokratie B 19, D14, G7–8, G17, K13
Demut B3, D2
Denken, positives F6
Deontologie/deontologische Ethik E7, E15, E21
Deszendenztheorie A10–11
Determination/Determinismus A8, B14, B18
Diebstahl G19
Dilemma E18, J6, L11–12, M9
Diskursethik E15
Distanz D9, D16, K18
Dritte Welt E18

Edel D18–19, E13
Egoismus F19, K1
Ehe K11–13
Ehrfurcht E14, N2
Eid des Hippokrates, siehe Hippokratischer Eid
Eigenes – Fremdes J1–5
Eigentum D5–6, F13, G15, L1
Einfühlung K2–4
Emotionen, siehe Gefühle
Empathie, siehe Einfühlung
Endgericht F16
Entwicklung/Evolution A6, A9, A10, A11, K5a
Erlebnisgesellschaft F4
Ethik, Einführung
Euthanasie M5, M13

Fairness G16
Familie G2, K13
Feind J4

Fernste, der J10
Formalismus (der Ethik) E4
Freiheit A3, A11–12, B14–19, F10, G7, G13–15, G21, H1, L5
Fremdes; Fremde, der/die J1–J12
Freude, F8, F21
Freundschaft D11, J4, K7–8, F18
Friede G2, G21–22, K5d
Fürsorgeprinzip M9

Gebot E1, siehe auch Imperativ, kategorischer
Gefühle D7, K1–5, O12
Geiz C1, E1b[4], L1/2 (Bild)
Gemeinnutz L1, L2
Gemeinsinn K14
Gemüt E14
Genetik/Gentechnologie M4, M14–17, N16
Gerechtigkeit D2, D13, F16a, G11, G15, G17, K5d, L1, L5
Gesellschaft, ideale, siehe Utopie
Gesellschaftsvertrag G2, G4
Gesetz E4, E6, E12
Gesicht B7, J13
Gewalt C6, C9
Gewaltenteilung G5
Gewissen C11–14, G17
Gier C10, D7
Glaube D2b
Gleichheit A3, D13–14, G2, G11, G13, G15, H1
Gleichmut F10, F13
Glück F1–10, F21–22
Goldene Regel E11
Grausamkeit C6, N8
Größe, menschliche A7
Gute, das/Gutes D6, E2–4, F7, F10, F17–18, F21, N2

Hedonismus F8
Heilberufe M9
Herz D3, F13
Hippokratischer Eid M6, N18–19
Höchstes Gut F7, F10, F17
Hochmut B3
Hoffnung D2b
Höflichkeit D16–17
Humanität, siehe Menschlichkeit

Ich B5–10, J5, K14, M18, siehe auch Selbst/Selbstidentität
Identität, siehe Selbst/Selbstidentität
Imperativ, kategorischer E4, E12, H2b
Individualität B8, B11
Ingenieurberuf N19
Interessenausgleich E16

Interkulturalität J10
Islam E1b, F16d

Judentum B8, E1

Kapitalismus F20
Kategorischer Imperativ E4, E12
Kinderarbeit H6
Kinderrechte H6
Klischee J14
Konvention D16
Kommunismus F20
Kommunitarismus K14–15
Konfuzianismus E10–11
Konkurrenz K5e, siehe auch Wettbewerb
Kosmopolitismus E5
Krieg G21–22
Kultur A1, A3, B7, J10a–11, N21

Landwirtschaft, siehe Ökologie
Langeweile C5, F4
Laster C1, L2
Leben, glückliches F7, F10, H3
Leben, gutes F23
Leid, Leiden F12, F17–18
Liebe D20, J9, K9–10, K13
Lüge, siehe Wahrheit – Lüge
Lust F8–10
Luxus L2

Macht G3–5, F18
Machtmonopol G3
Mängelwesen A1, A12
Marktwirtschaft L3
Marxismus F20
Maschine A8, N20
Maß A3[5], D2, D9, E9, E10
Massenmörder C8, C9
Medien O1–12
Medizin/Medizinethik M6–15
Mensch A1–14, B2–3, B12, B15, G1–2, L2, M1–18
Menschenrechte F24, H1–H7
Menschenrechtserklärungen H1
Menschlichkeit A14, G22, H2d, K1
Menschwerdung A3, A9
Mitgefühl K2–4, N9, siehe auch Einfühlung
Mitleid C11, D3b, G22, K4, N8
Mitte E9, E10
Moral/Moralgesetz A5, C8a, E4, E6, E14, F11, L4, L7
Mord C8–9, siehe auch Tötung
Musik O12
Mut, siehe Tapferkeit

Nächste, der/die J5
Nächstenliebe E11b, J5

Nähe – Distanz D16, K18
Natur, siehe Ökologie/ökologische Ethik
Naturbeherrschung M1–4, M15–17, N1, N3, N13–21
Naturnotwendigkeit, siehe Determination/Determinismus
Naturrecht G2, H1–2
Naturzustand G2a, G4
Neid C1, K5e
Nützlichkeitsethik, siehe Utilitarismus

Ökonomie, siehe Wirtschaft/Wirtschaftsethik
Ökologie/ökologische Ethik N1–16
Organspende M11

Paradies A2, F16d
Patriotismus K15
Patientenverfügung M10
Person/Persönlichkeit B7, B10, B12, C2, E12, E14, F23, H1, O5
Persönlichkeitsrechte O5
Perspektive/Standpunkt O3
Pflicht B4, E4, E7, G17, N9
Pflichtenlehre E1–18
Pflanzen/Pflanzenethik N15–17
Praktische Philosophie: Zur Einführung
Presse/Pressefreiheit O1–2
Pressekodex O1

Realitätsgefühl O11
Reichtum D5, F16, F24
Recht E6, G2, G4, G7, G11, G16–21, H1–2, O5
Regel, goldene E11
Religion F16, F24, G10
Ressentiment K5d
Rollen, soziale B12–13, E16
Rollentausch E16, K2

Säkularisation G6, G9–10
Schauspieler B12
Schein O9–11
Schicksal/Zufall F7–8, F10–11
Schweigen: D8
Schweigepflicht M6–7
Seelenruhe F8, F10
Selbst/Selbstidentität B6–13, J4, J11, O10
Selbsterkenntnis B1–6
Selbstgesetzgebung E4, E12, M9
Selbst-Sein B9
Selbsttäuschung F23
Selbstverwirklichung B9, F23
Seligkeit F16b
Sicherheit G2, G21
Sinn des Lebens F22
Sklaverei H1d, H7
Solidarität K5, L4
Sozialethik K1–18

Sozialismus L4
Sozialstaat G13–14
Spiegelbild B1, B6–7
Spiel K16–17
Staat F20, G1–21
Stereotype J13
Stolz C1, F12
Streit J15
Sünde/Todsünde C1
Sündenfall A3
Sympathie K3–5

Taoismus: D3, D12, D19, F13, J15
Tapferkeit D2, D10–12
Technik N16–21
Tier/Tierethik A5[7], K5, N2, N5–13
Tierschutzgesetz N10
Tierversuche N13
Tod A5 [6], F8, F14–16, F18
Todsünde C1
Toleranz D14–15, G6
Totengericht F14, F16
Tötung C8, C9, E1, M13
Trägheit C1
Tugend D2–19, E13, F7–8, K15, L8, L9

Übel C1–3, F17
Umweltethik, siehe Ökologie/ökologische Ethik
Ungehorsam, ziviler G16–18
Universalität (des Sittengesetzes) E4, E12
Utilitarismus F21
Utopie F20, M1–2

Verantwortung D9, K13, N1-N19, M7–8
Verbrechen M4–5
Vernunftmoral E4, E12
Vertrauen K6, K8, K13, L9
Völkerrecht G21
Volkssouveränität G4
Vorbild D1
Vorurteil J10, J12c, J13–14

Wahrheit – Lüge F12, O1–4, O7–9
Weisheit D2, D5–6
Weltethos F24
Wert-/Zweckrationalität E8
Wettbewerb L3–5
Widerstand/Widerstandsrecht G20, siehe auch Ungehorsam, ziviler
Wille, guter E4
Willensfreiheit B16, B18
Wirtschaft/Wirtschaftsethik: C10, J14, K5d, L1–11
Wissenschaft A14, B18, C7, N17–19
WollustC1, F9
Würde A5, H1d-e, H2d, H3, K5c, M18

Zivilcourage D10
Ziviler Ungehorsam siehe Ungehorsam, ziviler
Zorn C1, K16, O12
Zucht/Menschenzüchtung M3
Zufall siehe Schicksal/Zufall
Zukunft A2[6], F8, F16, N3–4
Zwang B16
Zweck/Selbstzweck A3[7], E12, F23